東協共同體的建構與成立:
「4C 安全文化」之理論與實踐

林若雩 著

※ 本書之出版,特別感謝國科會專題計畫 (編號:NSC 99-2410-H-032-055)
之研究補助獎助暨兩位匿名委員之審查

國家圖書館出版品預行編目資料

東協共同體的建構與成立：「4C安全文化」之理論與
實踐／林若雩著.－－初版一刷.－－臺北市：三民，
2016
　　面；　公分
參考書目:面
ISBN 978－957－14－6148－9　（平裝）

1.東協共同體 2.亞太安全

578.1637　　　　　　　　　　　　　　　　105006661

© 　東協共同體的建構與成立
—— 「4C安全文化」之理論與實踐

著 作 人	林若雩
責任編輯	林怡君
美術設計	林易儒
發 行 人	劉振強
著作財產權人	三民書局股份有限公司
發 行 所	三民書局股份有限公司
	地址　臺北市復興北路386號
	電話　(02)25006600
	郵撥帳號　0009998-5
門 市 部	(復北店)臺北市復興北路386號
	(重南店)臺北市重慶南路一段61號
出版日期	初版一刷　2016年11月
編 　 號	S 571450

行政院新聞局登記證局版臺業字第○二○○號

有著作權‧不准侵害

ISBN 　978-957-14-6148-9　　（平裝）

http://www.sanmin.com.tw　三民網路書店
※本書如有缺頁、破損或裝訂錯誤，請寄回本公司更換。

謹以此書獻給我
在天上的父親

林建昌先生

蕭全政教授推薦序

（現任考試院考試委員，國立臺灣大學政治學系教授）

　　2015 年 12 月 31 日，東協國家的領導人簽署《吉隆坡聯合宣言》，宣布成立「東協共同體」，而且開始推動以「東協政治安全共同體」、「東協經濟共同體」，及「東協社會文化共同體」等三個支柱為基礎的共同體發展；其間，要體現東協十國經濟一體化的「東協經濟共同體」，當然是第一要務。「東協共同體」的出現，無論是對東協各國、亞太地區，或全球層次的政治經濟而言，都是非常重大的事情。

　　東協成立於 1967 年；在發展成「東協共同體」之前，亦已經歷將近 50 年的歲月。在此其中，在其對外關係上，東協各國曾在東西對抗的冷戰時代，面臨東方陣營共產主義的顛覆與入侵危機；在冷戰終結後，東協各國面臨美蘇從區域內撤軍後的權力真空，而有激烈的軍備競賽；而在進入 21 世紀，面對中國大陸逐漸崛起和中美競爭逐漸強化後，東協各國在安全和經濟上亦逐漸轉向具有東協主體性的合作。相對地，在對內關係上，東協各國內部的政治、經濟、社會與文化，向來是以歧異多元而見稱。例如，在政府體制上，東協各國中，多的是威權體制，也有民主政權，但亦有王國專制；而在經濟發展和宗教信仰上，它們亦屬全球三大經濟區塊中，最稱分歧和複雜的。這些分歧和多元，經常影響東協各國內部相互之間的政經關係，亦影響各國不同的對外關係，更將影響它們之間未來的整合方向和速度。簡言之，從東協的成立到其邁向「東協共同體」的發展，東協各國及其內外關係，都曾經歷非常複雜、曲折的變遷；要將此等複雜、曲折的因果變遷解釋清楚，其實是一件非常困難而富挑戰性的工作。

　　若雪教授長期關心東協國家的政經變遷；若從她 1980 年代初開始的碩士論文寫作，到博士論文，再到她對於東協國家的教學與研究，她至少已浸淫於這個領域三十年。她堪稱是國內終身關注東協國家政經變遷的少數學者之一。加上她以往長期派駐東南亞的記者生涯，及她在美國智庫多年的訪問研究經驗，若雪教授實在是非常有資格告訴我們：一個過去幾乎沒人看好的東協組織，到底是 / 要如何演變成「東協共同體」？

　　在她的新著《東協共同體的建構與成立：「4C 安全文化」之理論與實踐》中，若雲教授以建構主義的觀點，將東協組織的設立到成立「東協共同體」的近五十年間，依安全文化的特質差異分成四個階段，即冷戰時期的衝突型安全文化 (conflict security culture) 階段、冷戰終結後的協商型安全文化 (coordinative security culture) 階段、中國崛起與中美競爭時期的合作型安全文化 (cooperative security culture) 階段，及「東協共同體」成立後的共同型安全文化 (common security culture) 階段。這個所謂「4C」的安全文化階段論，將冷戰時期、冷戰終結後，及中國崛起與中美競爭時期，東協國家如何因應其內外政經變遷，而逐漸確立其東協主體性，並促成「東協共同體」的成型與發展，具體而微地講得淋漓盡致。這是本書最精彩的核心，也是若雲教授最具啟發性的創見！它不但可以把東協國家 50 年來非常複雜的內外政經變遷，只用一句話就講清楚；也可以將它們之間的政經網絡糾纏及複雜發展過程一語道破！

　　東協國家都是中小型國家，近 50 年來，從不被看好的東協組織到「東協共同體」的發展，東協國家其實不斷面臨各種困境，卻也不斷發揮它們的智慧而轉化這些困境。例如，1978 年底越南入侵柬埔寨，東協一方面要弭平內部的矛盾，也要面對外部的國際變局。尤其 1970 年代美國的亞洲政策不斷更迭，採取聯中制蘇、亞洲事務亞洲化的原則，促使東協各國瞭解到僅靠東協內部力量並不足以應付變局，而必須求助於外部大國，而且不能只依賴一、兩個大國，故當大國對本地區的「集體利益」有所幫助之時，東協不再像以前一樣排除外國勢力的介入，而且因而建立了十個對話夥伴。其次，在其尋求共識的過程，東協各國亦強調「靈活的風格以及非正式管道」的所謂「東協方式 (ASEAN way)」，而務實、漸進的形塑東協的各種內外關係、制度與規範。東協國家的這類經驗，其實非常值得臺灣的學習；若雲教授的大作中，就有很多範例。

　　「東協共同體」的發展，尤其是「東協經濟共同體」的體現，假設其他條件不變，將對受經濟邊緣化威脅的臺灣帶來雪上加霜的效果；但是基於東協國家的臺商網絡和臺灣與東協各國之間的密切經濟、社會關係，「東協共同體」的發展，尤其「東協經濟共同體」面向的發展，應該會為臺灣帶來更多的機會和啟發。在此方面，國內急切需要更多的研究；若雲教授的大作正在

此關鍵時刻適時出版，必然能給予國內的東協研究及政治、經濟實務界，帶來重大之貢獻，故本人非常樂意為之作序推薦。

蕭全政謹誌於考試院
傳賢樓 802 室
2016 年 9 月 13 日

蕭新煌教授推薦序

（現任中央研究院社會所特聘研究員，政治大學東南亞研究中心執行委員會主席，曾任中研院亞太區域專題中心執行長）

從 1994 年開始，在國民黨李登輝的執政時代就提出第一波南向政策，而且此一「南向」概念是那時開始用的，接著在民進黨陳水扁執政下，也繼續主張第二波南向（2003 年開始）。但到了 2008 年，國民黨馬英九執政後，由於對外政策巨變，只看西向（中國），於是南向思維終告中斷。

第一波的南向政策，成績有二，一是開啟二次戰後臺灣東南亞區域研究的制度化契機，二是提升東南亞各國政經勢力對臺灣的注意力和關心程序。但由於將全部政策重心放在投資，未顧及其他非經濟領域的交流和深根，以致重一時和眼前的經貿利益，輕長遠的外交多方位的策略思考，以致矮化侷限了臺灣與東南亞各國的關係，只會見錢眼開，過於現實利益取向。第二波的南向的雖然有意擴大到國會、學術、NGO、宗教交流，但卻缺乏統籌的決策中樞，以致作法零散，還是走短線，拉個人關係，缺乏累積性和制度化。而另一結果是在本國的東南亞研究的深化方向，更已顯得疲態。

在過去八年的馬政權下，臺灣與東南亞實質關係每況愈下，糟糕的是，雖也有所謂「東南亞經貿工作綱要」在推動，但大都在較低的外交行政層級，並無高視野的外交目標可言。臺灣在東南亞各國政府眼中的「政治地位」一再下降，駐東南亞各國的臺灣代表處乃淪為「國民黨和中」的工具，根本無能力展現臺灣立場和國格，也根本沒策略沒作為去加強與東南亞的「國家外交」工作。更糟的結果是國內東南亞研究從此被視為「政治不正確」的領域，政府的文教部門也放棄了對東南亞區域學術研究的鼓勵和帶動，東南亞研究也立即嚐到「後天失調」不幸命運。

2016 年 5 月 20 日後，民進黨重新執政，蔡英文總統也在選前公開提出所謂的「新南向政策」（我稱它為「南向 3.0」）。既然是「新」政策就一定要去除之前十六年走過卻不成功或錯誤的「舊」思維、「舊」途徑。

我認為「新」政策有幾個「要」和幾個「不要」：

1. 要全方位建構臺灣與東南亞的關係；不要只限經貿投資或招商，更不要再

走個別商人和政治人物的後門。

2.要將東南亞政策提高到國安會秘書長辦公室；不要只停留在外交部亞太司的層級。

3.要深化國會、學術、智庫、宗教、勞工、城市、體育、藝術、環境、人權各領域的雙邊和多邊關係；要在各領域認定選擇幾個主要的交流窗口，重點切入；不要再走過去外交部 NGO 委員會的「均貧」小氣老路。

4.要嚴肅體認東南亞學術研究水準的提高絕對是固本的必要途徑，再次重視和鼓勵臺灣的東南亞研究，要重點培養幾個在臺灣的東南亞研究機構或智庫；不要再從以前那樣，由各大學或智庫任憑功夫搶短線經費，而根本無長遠的研究視野和策略，一旦沒錢就「撤下」或「落跑」。

5.要善用臺灣在東南亞一萬多家「臺商」和五十萬的臺僑，以及在臺灣的十五萬東南亞配偶和四十萬東南亞勞工，以建構具有互惠、公平和人權特色的東南亞政策；不要短視或是濫用上述經濟和社會資本，甚或只是無厘頭地空談或畫餅。

　　從上述「要」和「不要」的新南向政策思維下來看林若雩教授的這本新書：《建構東協共同體：東協 4C 安全文化的理論與實踐》就能更凸顯它的意義和重要。我有機會在出版前先睹為快，認為這是一本對東協 (ASEAN) 組織做認真的歷史回顧和分析的學術著作。她以 4C 來勾勒四個東協的發展歷史和特色，分別為「衝突」(Conflict,1967～1989)，「協商」(Coordinate, 1990～2002)，「合作」(Cooperative, 2003～)，以及「共同」(Common, 2015)。本書以各篇分別探討比較上述不同安全文化演進的主軸思考的組織特色。

　　這 4C 安全文化的分析架構是否為最有效也最精準的理論視野；是不是真的言前所未言；又是不是除了學術觀點的創見外，還有具體政策貢獻；那就有待其他東南亞學術界內對 ASEAN 有鑽研行家來給予公平論斷。但在我看來，這 4C 分類是有指引讀者回頭看東協的 50 年發展史的價值。

　　另外，我在結論中也讀到作者針對東協未來發展願景所發抒的樂觀態度和結論，如稱之為「新世紀的閃亮巨星」、直指它「對外聯繫計劃有亮眼成績」以及推崇它是「區域整合的駕駛者角色」等，這恐怕將由未來的現實發展來加以驗證。至於對臺灣在 2016 年後的新南向政策，林教授雖也表示有

所期待，只是著墨不多。

　　總之，我非常高興若雲能認真花功夫寫成並出版這本大作，這也是她長年浸淫在東南亞的此一區域組織研究後的一次可觀成果展現。在此，我特別要恭喜她；我也相信這本新書對當今臺灣的東南亞研究會有它一定的貢獻。

蕭新煌

2016 年 9 月 13 日

莫大華教授推薦序

（現任國防大學政治作戰學校政治研究所教授）

區域研究是國內政治學界較少關注的研究領域，不僅涉及到理論建構與應用的問題，也涉及到當地語文使用的問題，也就少有學者樂於從事此領域的研究。林若雯教授是國內極少數長期樂於東南亞區域研究的學者，二十多年耕耘累積出篇篇精彩的學術論文與評論，塑造了她在東南亞研究的聲譽。如今隨著東協在 2015 年建立東協共同體，她深感有責任也有義務將此重大的東南亞區域發展趨勢告知政府官員、學者與一般大眾，瞭解及因應此趨勢發展的可能利基。

有些學者認為區域研究是不需要理論架構的，只要能深入研究區域內各國及之間的議題就可以了，這樣就能發展出堅實的知識或政策建議。這樣的論點或爭論存在於國內外的區域研究學界，願意運用理論於區域研究當中的學者是需要耗費更多的心力。此書就是林教授多年心力的佳作，她嘗試突破區域研究缺乏理論的困境，利用國際關係社會建構論觀點發展出她的「4C 安全文化」的架構，觀察與分析東協的過去、現在與未來。在不同類型的安全文化中，她剖析了東協各階段發展中成員國之間所展現的特質，使讀者能輕易地理解東協的本質。這是不同於一般區域研究學者常用的研究方式，也顯現出林教授的學術企圖心，令人感佩。

就個人而言，忝為社會建構論的研究學者有幸先行拜讀此書初稿，讚佩林教授將社會建構論延伸至東南亞區域研究，在 Alexander Wendt 的「無政府文化」類型基礎上發展出「4C 安全文化」的架構，並具體運用在觀察分析東協共同體的建構過程，使國內國際關係與區域研究學界運用社會建構論於議題研究上更為精進，而非只是在 Wendt 的理論內打轉。當然隨著 Wendt 本人新書 Quantum Mind and Social Science Unifying Physical and Social Ontology (Cambridge: Cambridge University Press, 2015) 出版，似乎他的社會建構論已經脫離既有的國際關係範疇，但他作為影響我國社會建構論研究的最重要學者，若是也能拜讀林教授此書，相信他會感謝林教授對他理論的充實與應用。

　　感謝林教授不嫌棄個人才疏學淺，囑咐寫序共襄盛舉，實屬殊榮。期待此書能為國內東南亞區域研究帶來嶄新的樣貌，尤其是結合理論與實務的研究上，林教授已經展現出深厚的學養，殊值後進學者及學生學習與效法。在此，再次感謝林教授美意，也預祝此書能大賣，成為國內東南亞區域研究的基本教材，提升此研究領域知識普及程度，使國內產官學界更加重視東南亞區域的發展與研究，掌握該區域的整體正面發展趨勢。當東協區域經濟、政治、文化及社會整合之後，這股力量是值得投入更多的關注，以使我國能借力使力提升國家整體的發展。

莫大華

2016 年 9 月 8 日

倪炎元教授推薦序

（銘傳大學傳播學院院長暨傳播管理學系主任）

　　延宕加推遲了數年，我的好友若雯終於將她的書稿寄給我了！這部著作的主題顯然已在她心中蘊釀了許久，但成書時間卻一拖再拖，她的難處我其實非常清楚，拋開教學、行政的牽絆因素不論，東南亞區域的變化實在太快了，相關文獻也實在太多了，而每一次的鉅烈變化，都會迫使若雯必須重新調整她的架構，增添書中的內容，這種辛苦，大概寫過學術專書的人都能體會吧！

　　想來有些驚異，粗略估算一下，我跟本書作者的結識，竟然都快三十年了！我們都是在報禁剛開放的年代相繼進入中國時報服務，我們當時都在特案新聞中心，我在專欄組，她在專案組，我們都是學政治學的，而且當時都在唸博士班，她唸臺大政治所，我唸政大政治所，後來也都從報界轉到學界，這種相仿的處境與命運，也讓我們經常互吐苦水，相濡以沫，渡過那些年既要交報告又得寫新聞稿的歲月。

　　我清楚記得，若雯對東南亞的興趣起緣的很早！1992 年菲律賓總統大選，她親自請纓單槍匹馬赴馬尼拉採訪，在短短不到一週內，竟成功專訪了七位總統參選人，最關鍵的是她最後克服了種種艱困，順利採訪到了後來的總統羅慕斯，這項紀錄不僅傲視於所有臺灣去的媒體同業，連國際媒體都瞠乎其後，相信這種特殊的經歷，也讓她對東南亞議題的關注，就這麼延續下來了！

　　這本題為《東協共同體的建構與成立》之著作，所揭示的企圖心相當大，它不僅是要為當下的東協共同體提一個分析架構，還要為過去半世紀東協諸國尋求整合的種種嘗試，提示一個更大的詮釋架構，這中間有純理論開發的旨趣，也有區域研究開發的旨趣，等於這兩方面的大量學術文獻，作者都必須加以爬梳，學術工程之浩大可想而知，但若雯終究還是將之打造完成了。

　　由於我個人並未專研東協或東南亞議題，所以這部分我選擇存而不論，除此之外我個人認為若雯這部專著有兩個非重要的貢獻：第一，完整透過建構主義的觀點進行分析，並有效的將現實主義與新自由主義的詮釋觀點，融

進了整個分析架構中，按建構主義在當代學術論述中雖然很早就被提及，但多半還是停留在理論引介層次，在實際區域或國際關係研究中，終究還是比不上現實主義與新自由主義的主流詮釋觀點，而若雲則是在這部著作中直接揭示了採取建構主義的視角，這一點理論開發上很重要！

第二，是藉由建構論的視角，若雲在書所提示的衝突型安全文化、協商型安全文化、合作型安全文化與共同型安全文化的四大類型，來詮釋不同時期東協諸國尋求整合與對話的嘗試，這中間貫穿了半個多世紀，各種形形色色的架構都曾提出過，這個特殊的視角也能有效跳離傳統現實主義與新自由主義的視角，轉而從一個偏向主觀的文化視角，去檢視東協諸國的變遷。

在政府重拾「新南向政策」的此刻，相信若雲一定會同意，無論 2016年之後東協共同體會出現怎樣劇烈的變化，這本書真的也不能再等了，一定得要跟讀者見面了，做為她近三十年的老友，非常幸運能預先成為這本書的讀者，也推薦所有對東南亞乃東協有興趣的讀者，一起來分享這部書的見解。

銘傳傳播學院，倪炎元

2016 年 8 月 29 日

左正東教授推薦序

（國立臺灣大學政治學系教授）

　　林若雩教授是國內東南亞研究的先驅者，也是我非常尊敬的前輩。在民國八十年代末期國內第一波東南亞研究熱潮興起前，即著手研究新加坡的威權轉型。同時，林教授曾長期擔任中國時報駐東南亞特派員，在冷戰結束初期東南亞輝煌燦爛的時代，周遊東南亞各國，採訪各國政要領袖，並深入各國社會，累積大量的在地觀察心得。這些寶貴經驗，讓林教授的著作，總是成為國內東南亞研究社群必讀的教材，這本即將問世的專著，相信也不例外。

　　筆者自民國九十八年開始開授供研究生選修的「東南亞國際關係專題」，當時有五位同學選修，之後修課學生持續增加，可以感覺到對東南亞研究有興趣的學生愈來愈多，但國內關於東南亞國際關係的著作數量相當有限，尤其以東協組織為主題的專書，更難尋覓。不可否認，因為我國缺乏參與東協官方會議的適當管道，研究東協組織有先天的困難。同時，東協組織涵蓋面向廣泛，包括政治軍事經濟社會文化，其各部門相關機構一年召開數百場會議，要從堆砌華麗文字的各項聲明中，扒疏重要議題的實質進展，非常不易。凡此，正足以說明本書對國內研究社群的重要意義。

　　自 Amitav Acharya 教授以安全社群界定東協特性，建構主義可說是對於東協研究的主流，作為一本東南亞的專書，本書雖不例外，但林教授也非毫無理由的盲從。正如她在書中所說，新現實主義和新自由主義對東協個別歷史階段，比其他理論典範更有解釋力，但鑒於東協發展至今形成制度與學習的過程，乃為東協特殊的安全文化所致，因此，全書以建構主義來解釋東協整合，再於不同歷史階段輔以其他理論。不只如此，筆者認為，本書借用 Alexander Wendt 三個文化的概念，將東協自成立至今的歷史，以四種文化加以區分，並認為其中具有演化特質，也就是從衝突、協調、合作、到共同，較之其他以建構主義為基礎的東協研究，更能避免文化解釋的命定與僵固，而展現相當程度的主體性與能動性，這是本書非常值得肯定之處。

　　另外，在東協安全文化的架構下，探討東協與海峽兩岸的關係，以及我國歷屆政府南向政策，是本書一項大膽嘗試。在民國六十年代中期以前，東

南亞的菲律賓、馬來西亞、和泰國曾與我國維持邦交關係近二十年，即便這三個國家在民國六十年代中期此三國與對岸建交，當時東協的另兩個成員國——印尼和新加坡——仍與兩岸皆不建交，直到冷戰結束。這樣特殊的國際關係狀態，若能從東協安全文化覓得具有說服力的解釋，相信對兩岸當政者都極具啟發，這也是本書令人期待之處。

　　最後，林教授長年耕耘東南亞研究的執著，是非常值得敬佩的。過去二十載，國內東南亞研究氛圍歷經數次起伏，時而獲得政府大量挹注，各方關愛眼神雲集，時而轉趨冷卻乏人問津。但林教授一直堅守東南亞研究陣地，不隨環境變遷而易其志趣，令數次更換研究領域的筆者極為汗顏。這本書可說是林教授這些年孜孜不倦，鑽研東協安全制度之集大成者，在此要再次向她恭喜，並祝本書熱賣暢銷，為國內東南亞研究再創高峰。

左正東

2016 年 9 月 1 日

自　序

2002 年到 2003 年，我赴美國華府布魯京斯研究院 (Brookings Institute) 東北亞政策研究中心擔任近一年的訪問學者 (2002.9.1～2003.6.30)。次年又多停留一年，於喬治城大學 (Georgetown University) 擔任亞洲研究部門的訪問研究員。

那兩年中，深刻體會到美國國會、智庫與外交政策制定之間的緊密關係，也再度延續我對政治、外交與安全決策之間關係的濃厚興趣。可說由 2003 年起，我的研究領域由上世紀的東亞與東南亞的政治發展、民主化與民主轉型，逐漸擴大延伸至國際關係領域中東亞與東南亞的區域安全與區域政經整合。近十年來的主要研究著作，也集中於東亞與亞太地區傳統與非傳統安全議題的研究。

開始構想到完成這本書，也花費了大約十年的時間，先是 1996～2002 年間，在淡江大學東南亞研究所擔任所長期間，曾開設不少有關區域安全的課程如「南海問題專題研究」、「中國、東南亞與臺灣三角互動關係研究」，2005 年由美國返國後，陸續開設了相關的課程如「東協組織的過去、現在與未來」、「東南亞國際關係與區域安全」、「美、中、日的亞洲政策」、「國際關係」、「東南亞各國政治與外安決策專題」、「亞太區域政經整合」，並在國際研究學院「臺灣與亞太全英語碩士學位學程」，開設 *ASEAN Organization* 課程；平日於授課及友儕的對話中，更不乏對亞洲未來安全之主題。

於「傳道、授業、解惑」教學相長的過程環境中，個人深覺受益匪淺，也於深入探討東南亞的研究中，瞭解十國許多多元文化、種族、宗教引致的區域安全威脅，深受伊斯蘭文明影響的東南亞回教國家，例如印尼、汶萊、馬來西亞與泰國南部四省、菲律賓南部的民答那峨群島。以人口而言，印尼是全球第一大的回教國家，中南半島人民則多半信奉佛教與印度教，如越南為大乘佛教，而柬埔寨（舊日高棉）、寮國、緬甸為小乘佛教，而接近印度的緬甸與泰國，則受到印度（興都）教的深刻影響。

以東協共同體與東協十國作為學術研究對象，事實上是一項十分艱難鉅大的工程，東南亞研究的複雜程度，未涉入其中者實難以理解，可說「如人飲水，冷暖自知」。如前所述，不同的歷史背景、多元文化與族群，不同的宗

教與社會習俗，都對研究者形成極大挑戰。

　　東協組織成立於 1967 年，迄今已將近五十年的歷史。2006 年起，東協組織憲章研究小組以兩年時間進行磋商，於 2008 年完成東協憲章草案，並於東協高峰會正式通過；憲章通過後，再以一年時間，由十個東協成員國國會通過，並於 2009 年 12 月正式生效。東協憲章之組織方式與內容有些與歐盟相似，但也有不同之處，若將東協組織視為「模仿」或「複製」歐盟，則與現實有所扞格不符。

　　本書的正式撰寫工作，大約始於 2006 年，當時中央研究院開始進行一系列的「亞太和平與安全研究」，我開始以建構主義的角度撰寫部分章節，並陸續發表於不同的期刊與國際關係學會、臺灣東南亞學會年會、臺灣政治學會年會。倏乎轉眼，由就讀臺大政研所碩士班起，個人耕耘於東南亞區域研究之領域，已將近有三十年的時間，總計本書前後撰寫也花費逾十年的時間。回首前程，個人深切期望能為本國東協研究領域留下些許貢獻與成果。

　　新世紀以來，最常聽聞的「東協加一」(10+1)、「東協加三」(10+3)，2005 年成立的東亞高峰會 (East Asia Summit)，到當今眾人耳熟能詳的區域綜合性經濟夥伴協議 (Regional Comprehensive Economic Partnership, RCEP: 10+6) 由起初「東協加三」(10+3)13 國（中日韓），到「東協加六」(10+6)16 國（增加印度、紐西蘭、澳洲），迄 2011 年於印尼峇里島邀請美國、俄羅斯首次參與，擴充為「東協加八」(10+8) 十八國。

　　東協十國皆是中小型國家，上世紀成立數十年仍不被大國重視，但由新世紀之始，東協團結一致面向大國，主導東亞與東南亞的區域整合，已成為區域間溝通的橋梁 (bridge)。東協不妄自菲薄，一方面悠遊於美、中兩大國間；另一方面東協也有能力掌握亞洲三大國中日、日韓、中韓間的矛盾，而近年來強調東協核心地位 (ASEAN Centrality Status)，欲主導本區域的政經發展，扮演全球性重要角色，自有不可忽略的意涵。

　　2006 年起，東協組織憲章研究小組以兩年時間進行磋商，於 2007 年完成《東協憲章》草案，並於東協高峰會正式通過。通過後再以一年時間，由十個東協成員國國會通過，2008 年 12 月正式生效。至此，不論《東協憲章》的執行是否真正有效，東協此一次區域組織 (sub-regional organization) 完善地安排制度，確實朝向其所欲達成如同歐盟相似的區域組織理想邁進。

　　由進入大學，於醫學院就讀兩年後轉學臺大法學院政治系，浸濡於政治理論與國際關係領域，悠忽將近三十年，在 1980 年由臺大政治系畢業之後，持續於臺大政治研究所攻讀碩士與博士期間，我同時也是採訪路線與經驗前後囊括國內國會政黨政治、國際事務與東南亞外交的資深新聞從業人員；1996 年起進入學界開始學術教育生涯，歲月悠忽已達二十年，期間寫作不斷，發表難以計數的期刊論文。

　　上世紀末，於 1980、1990 年代，我時常聽到不少學術界友人當面指陳：東南亞十個國家合起來不如中、美、日本任一個大國，研究東協組織沒有太大意義。當年更有不少知名美國學者直接對筆者表示，東協不是美國戰略要塞，如果中國執意在鄰近國家建立灘頭堡，美國並不在意，美國當然重視亞洲（例如中國、日本），但東南亞並非美國首選（然新世紀、新時代此類觀點已屬昨日黃花）。也有一位新聞界大老（姑隱其名）直接表示：東協十國是日薄西山的小國，其走勢下降前途並不看好，不值得花時間去做東南亞研究。

　　然則東南亞國家協會 (ASEAN) 成立將近五十年，當今東協十國不僅沒有國勢下降，反而彼此成員國間為具有共識，對內於日漸瞭解中獲得互信 (mutual trust)，於矛盾與衝突不斷中得獲磨合；對外並且有十個主要的對話夥伴國（Dialogue Partners，詳表 5–1, 5–2, 5–3）爭取與大國的等距交往。此與歐盟 (European Union) 組織相當不同，東協十國成員的多元背景（包含種族、宗教、歷史、文化）複雜，被殖民經驗使其缺乏一個以自由民主為核心價值的政治文化；東協於 1967 年成立之初，雖然具有外部共同敵人（共產黨），美國也想將東協五個創始國導向於亞太地區的盟友 (alliances)，但後來的發展並非如此。由於彼此間的制度、文化相互歧異，成立之初雖宣稱經濟合作，然而更大程度是組織成為一種次區域 (sub-region) 性質的社會共同體，而非如同歐洲北大西洋公約 (NATO) 組織般的軍事或經濟集團。正是此種非正式的鬆散關係，透過東協方式 (ASEAN way)，東協成員國由最初的彼此猜忌，進而可以克服相互間歧異與誤解，尋獲共識 (Consensus) 與建立制度規章，其中最具意義與價值則是包括互不干涉，不使用武力，建立「自由、和平、中立」原則，避免集體使用武力，以及東協方式 (ASEAN way) 的實踐。，而近年來東協強調核心地位 (ASEAN Centrality Status)，欲主導本區域的政經發展，並扮演全球性重要角色。

　　筆者衷心期盼於有生之年，能為國內學術界貢獻一本較有創意，並且兼具實用性、學術與理論意涵的東南亞研究專書，這一本《東協共同體的建構與成立：「4C 安全文化」之理論與實踐》新書的完成，縱橫東協組織五十年，其中描述不同時期「衝突、協商、合作、共同」四種安全文化的運作，探索其中的困境與奧秘，正可初步實踐個人的理想。

林若雩

2016 年 10 月 19 日

謝　辭

1987 年冬天，我首次赴泰國曼谷旅遊，詫異於冬季的東南亞竟是如此溫暖甚至炎熱，也總算瞭解為何歐洲人老愛來此地避寒兼度假。隨後於 1989 年中國大陸六四天安門一役，原來採訪東南亞新聞的同事徐宗懋負傷被送返臺北，隨後一年餘中國時報並無新人上任，因此我找了當時總編輯黃肇松一席談，決定由我來接替徐宗懋的工作，於 1990～1996 年成為中國時報採訪東南亞的特派記者。

我這一腳踏入東南亞領域，悠乎已逾二十五年。回首這將近三十年光陰，正是由大學畢業後的關鍵黃金時段，我幾乎將之全數獻給了東南亞，特別是上世紀末最後十年 1990 年之後，東南亞政經情勢起了很大的變化，如 1992 年的菲律賓大選，印尼與泰國大選，多次進出東南亞國家；每當白天整日忙碌訪談，夜晚抽空漫步於吉隆坡的 Jalan Bukit Betang（星光大道），或者走在河內與胡志明街道小徑時，內心總有眾多感觸，回首這段東南亞研究的日子，正是由青年、中年，並逐漸邁向中老年，可說是個人一生精華皆置於東南亞研究領域。

然而，近三十年也是全球政治最為動盪的時刻，隨著前蘇聯瓦解，「蘇東坡」民主化潮流，中國六四天安門事件，而走過二千年的「千年夢魘」，次年立即發生「September 11th」恐怖主義攻擊美國。隨後中國爭取 2008 年奧運成功，被稱為「和平崛起的大國」。新世紀以來的全球金融危機，加上歐盟組織的危機，2012 年中美於亞洲競逐態勢更為明朗，美國推出 TPP、TTIP，中國除與東協全力合作 RCEP 外，也支持 FTA AP，並拋出「一帶一路」和「亞投行」成立之議題，可說全球、亞太與東亞的變化無常，令人目不暇給。我相信過往這三十年間，正是研究國際關係理論與國際政治學者，最為興奮而關注的時刻。

筆者於此要衷心感謝恩師－臺灣大學碩、博士論文指導教授 蕭全政考試委員給予嚴謹的國際政治經濟學訓練以及長期對我溫暖的關懷鼓勵；這是完成本書的強大動力。感謝中央研究院社會所特聘研究員 蕭新煌博士，二十年來無私提供東南亞研究學者發表著作的平臺。過去一年餘，國防大學政戰學院政治系 莫大華教授，就相關國關理論（建構理論）於國際與區域政治的應

用，與筆者多次研究討論，並且邀請其研究生馮佳鈴參與本書編排工作；使本書在觀察東協遊走於大國間的角色更加清晰與接近事實，兼有理論與現實互為佐證的意涵。復於 2016 年 9 月出版前夕，得獲多年好友倪炎元教授（銘傳大學國際傳播學院院長）與左正東教授（臺大政治學系教授）為本書寫推薦序，誠為個人無比的殊榮。

　　本書寫作前後十年期間，然而收集資料時間逾二十五年。2007 年得獲中央研究院 CAPAS 的研究計劃獎勵，與歐美所林正義教授共同主持東協安全共同體的相關研究。2010 年得獲國科會 2010～2011 年專題計畫獎勵，2010 年底得獲三民書局慷慨允諾出版本書。2016 年寒假期間本校國際研究學院同儕先進翁明賢、陳一新、王高成等教授給予的寶貴意見，在此一併致謝。

　　十年寫作期間，歷年研究助理曲大威（2015 年已獲英國里茲大學博士，目前於汶萊大學任博士後訪問學人）、郭經翰、廖冠琪、黃耀寬、羅尹均等同學多所協助，淡江大傳系郭珂兒同學（目前已由臺大中文傳播所畢業）於 2010 年暑假期間協助蒐集相關資料；2011 年暑假期間王書毅、林資軒、施明雄、林雅盈同學；2012 年暑假期間簡志達、廖柏威、尹亮、林雅盈、凌靜怡同學等人協助處理許多打字稿與編排工作；2013～2015 年林右峰、劉玟妤、柯沛潔、王郁勻、黃章庭與范譽警等研究生的協助整理資料，特別感謝過去的指導學生賴俊榮於工作閒暇協助文稿潤飾；2015 年秋季接近出版階段，好友孫秉正先生協助校對。另外，我也衷心感謝過去二十年參與筆者《東協組織的過去、現在與未來》課程之每一位東南亞所與亞洲所研究生、所友，以及碩專班同學跟我的良好互動回饋、憶及課堂上熱烈的溝通與辯論，他們對於促使本書內容更加完善，確實有相當程度的助益與貢獻。

　　最後，我更要感謝家母 林張清香女士、二哥富裕、妹妹若絜，家人長久以來對我無私的照顧與精神鼓勵。惟一遺憾的是父親 林建昌先生於五年前過世，無法親眼目睹此一學術成果。謹將本書獻予他，以慰其在天之靈。

林若雰　謹誌於　淡江大學「東協研究中心」
驚聲大樓 1101 室，2016 年 10 月 19 日

目次 contents

目次 contents

目次 contents

圖目錄

目次 contents

表目錄

附　錄

第一篇

東協共同體與東協成員國的安全思維

第一章　緒　論

東南亞國家協會 (The Association of Southeast Asian Nations, ASEAN，以下簡稱東協或東協組織) 成立於 1967 年 8 月 7 日，創始成員國有泰國、馬來西亞、新加坡、菲律賓與印尼等五國，共同在曼谷舉行會議，發表《東南亞國家協會成立宣言》，亦即《曼谷宣言》。1984 年汶萊申請加入，1995 年越南加入，1997 年緬甸與寮國加入，1999 年 4 月柬埔寨亦成為東協十國最後成員。目前共有十個對話夥伴國家，他們是：澳洲、加拿大、中國、歐盟、印度、日本、紐西蘭、俄羅斯、韓國與美國。

2003 年於印尼峇里島舉辦的第九次東協高峰會議，十個東協成員國通過《東協第二協議宣言》(簡稱《峇里第二協議》，Bali Concord II)，根據此協議，東協將於 2020 年成立東協安全共同體、東協經濟共同體與東協社會一文化共同體；東協 2009 年峇里島再度開東協高峰會，決定提前共同體之推動，較原時程提早五年，於 2015 年成立東協共同體 (ASEAN Community)。

2014 年 5 月 10 日與 11 日於緬甸奈比都 (Naypyidaw) 舉辦的第二十四屆東協高峰會中，以「團結朝向和平與繁榮的共同體邁進」(Moving forward in Unity to Peaceful and Prosperous Community)，檢視 2015 年完成東協共同體 (ASEAN Community) 之進展，並討論經濟整合過程中所面臨挑戰的解決方式，會議結束時通過《奈比都宣言》(Naypyidaw Declaration)，宣示 2015 年完成東協經濟共同體 (ASEAN Economic Community, AEC)，東協各國同意加強對東協單一市場與生產基地之努力，其中包含貿易便捷化領域，即包括東協自助認證系統 (ASEAN Self-Certification System)、東協單一窗口 (ASEAN Single Window) 與東協海關轉運系統 (ASEAN Custom Transit System)，並涵蓋貨物、服務、投資、技術勞工、資本自由流動之領域。東協亦認知到透過「東協加一」自由貿易協定及《區域全面經濟夥伴協定》(Regional Comprehensive Economic Partnership, RCEP)，以加強外部經濟整合，並增進集體利益之重要性。南海議題方面，要求東協成員如實討論南海爭議，同時也希望藉此取得友邦支持。東協各國同意在《南海各方行為宣言》(Declaration on the Conduct of Parties in the South China Sea, DOC) 及符合國際法規範，並要求中國遵守《1982 年聯合國海洋公約》(the 1982 United Nations Convention on the Law of the Sea)。❶

　　東協領袖於 2015 年 4 月 26 日出席在馬來西亞首都吉隆坡舉辦的東協高峰會，計畫以 2015 年 12 月 31 日為最後期限，制定零關稅東協經濟共同體的藍圖。新加坡總理李顯龍於 4 月 27 日呼籲東南亞各國領袖，專注於將東協整合為單一經濟共同體，為東南亞帶來顯著利益。

　　2008 年以來，隨著美國國內經濟危機引起的全球經濟衰退，使得有「全世界工廠」之稱的中國日益崛起，成為美國全球最大的對手。中國推動「區域全面經濟夥伴關係協定」(Regional Comprehensive Economic Partnership) 被認為欲與美國主導的「泛太平洋夥伴關係協定」(Trans Pacific Partnership) 相互較勁。遑論 2013 年起中國倡議「一帶一路」，提供東南亞、中亞與歐洲沿線國家龐大貸款。2015 年中國大力推動亞洲基礎設施投資銀行（簡稱亞投行，Asian Infrastructure Investment Bank, AIIB），欲集資一千億美元，其中中國即負擔半數五百億。影響所及，使中國周邊的東南亞國家亦炙手可熱、水漲船高；區域內外大國競相爭取東南亞國家，國內外國際關係學者，常以東協與歐盟相互比較，也有學者認為東協組織鬆散，制度安排不如歐盟有效率，甚有懷疑東協能力，認為東協是否能於 2015 年完成東協共同體，誠然不無疑問。

　　如今，2015 年 12 月 31 日東協共同體正式成立了，是否能達成《奈比都宣言》所揭櫫的目標，以及能否成為一個經濟、政治、社會及文化整合的共同體，值得吾人深入研究與探索，尤其是歐盟正面臨因英國脫歐以及經濟蕭條與移民問題所引起的分裂危機之際。

第一節　寫作動機

　　2015 年年底之前，東協成立東協共同體，遂成為東南亞區域研究及國際（區域）組織研究領域的研究亮點。新世紀以來，東協組織充分展現其於東亞與亞太區域政經整合的野心，然臺灣社會長期重視美日歐，輕忽東南亞，筆者長年進行東南亞區域研究，深信此區域之重要性，未來將不亞於歐盟。本書的寫作動機，大約萌

❶　ASEAN, "Chairman's Statement of the 24th ASEAN Summit: Moving forward in Unity to a Peaceful and Prosperous Community," 2014/5/14, http://www.asean.org/news/asean-statement-communiques/item/chairman-s-statement-of-the-24th-asean-summit-moving-forward-in-unity-to-a-peaceful-and-prosperous-community，瀏覽日期：2014 年 6 月 5 日。

芽於二十年前，於上世紀 90 年代，筆者即對東協產生濃厚興趣，著手研究東協組織，二十五年來從未間斷。當時國內東南亞研究人才寥寥可數，國外的情況也好不到哪裡。東南亞研究重鎮美國康乃爾大學及日本京都大學堪稱翹楚，國內外的東南亞區域研究，不僅經常被漠視，甚至當時美國學界還認為區域研究不是真正的科學知識 (scientific knowledge)，只是如同照相機般地獵取鏡頭，或者如新聞記者有聞必錄，而非學術思想家。❷ 彼時，美國社會科學界相當強調理性抉擇理論 (rational choice)，然而區域研究發展迄今，已被承認為普世應用與有利全球的知識 (Ludden, 1998: 2)。❸

　　東協十國雖然均為中小型國家，國力不如本區域大國如中國、日本、南韓，但東協十國日益發揮其重要影響力。在後冷戰時期，東協國家倡議以綜合性安全、共同性安全及合作性安全之概念，強調以擴大「東協模式」(ASEAN Way) 的安全對話，促進本區域的安全、穩定與發展。❹ 1994 年東協區域論壇 (ASEAN Regional Forum, ARF) 正式啟動，東協為此一重要之區域多邊對話機制之主導力量，東協高峰會於 1992 年決議成立「東協自由貿易區」(ASEAN Free Trade Area, AFTA)，後於 2002 年東協創始六國正式啟動自由貿易區。1997 至 1998 年爆發的亞洲金融風暴，影響所及於南韓、印尼、泰國……等亞洲國家遭受鉅大創傷，東協面對此衝擊深知不可完全依賴美國，必須有東亞自身經濟整合力量，以對抗外在衝擊，而後有《清邁倡議》(Chiang Mai Initiative) 與東協十加三之結合，建立東亞區域經濟合作的制度安排。

　　東協原預定 2020 年成立共同體，於 2009 年的東協高峰會決議提早於 2015 年成立「東協共同體」。為何東協雖僅是中小型國家組成的區域組織，卻能發揮龐大的全球與區域影響力，此為作者強烈的研究與寫作動機。

　　潛心於探究南海主權爭端亦然，因東協十國中，南海主權聲索國有汶萊、菲律賓、越南、馬來西亞等四國，而新加坡、印尼、泰、柬、寮、緬未涉入其中（大多

---

❷　Christopher Shea, "Political Scientists Clash Over Value of Area Studies," *The Chronicle of Higher Education*, January 10, 1997, p.A12–13.

❸　David Ludden, "Area Studies in the Age of Globalization," *Frontiers*, Vol. 6, No. 1, (2000)
　　<http:// www.frontiersjournal.com/issues/vol6/vol6-01_Ludden.htm>

❹　林正義，「亞太安全保障的新體系」，《問題與研究》，第 35 卷，第 12 期，1996 年 12 月，頁 1–18。

為大陸東南亞國家）很明顯中國有意區別兩大群體，更希望與南海聲索國是採取以中國與單一聲索國「一對一」，雙邊磋商方式解決南海主權爭端。避免使緊張情勢升溫的舉動，並共同致力儘早完成《南海行為準則》(Code of Conduct in the South China Sea, COC)。然而，肇因 2012 年起中國對於中南半島依賴中國經濟較深的國家，例如柬、寮、緬等國施予強大壓力，期使三國於東協高峰會對南海爭議做出有利中國之決議。近年來南海主權爭端之糾葛，日益複雜難以解決，也引發筆者持續研究南海主權之強烈興趣。

第二節　東南亞區域研究是否需要國際關係理論？

近二十年來「區域研究是否需要國關理論」的爭辯沸沸揚揚，誠然並無任一國關理論可完美解釋實存世界，針對東協的研究，如東協內部的整合與對外的拓展合作等，若吾人嘗試以新現實主義、新自由制度主義或者建構主義來加以分析探討，三種國關理論皆有其適用性與侷限性（詳見第二章）。考慮亞洲政經體系的快速變化，本文雖認為新現實主義可以解釋冷戰時期東協成立之初的歷史背景，新自由制度主義可以解釋後冷戰時期的合作方式，然因東協確存在其運作方式的特殊性，故本文主要以建構主義來解釋東協之整合，並於不同時期輔以相關國關理論（現實主義、自由制度主義）。

本書採取國際關係與區域研究並重，不偏廢任一重要的國際關係理論。包括不同時期存在於東南亞地區有現實主義、自由制度主義、建構主義的綜合性研究方法。作者並非認為現實主義與自由制度主義於國際關係整合理論有相當不足或者較大之缺陷；而是作者認為，本書探討與詮釋東協組織建構共同體於形成規範、建立共識、尋求利益等學習之過程，此形成制度與學習之過程，乃是東協國家的特殊安全文化 (security culture specific) 所致，其中也包括社會學的建構方式。

作者討論東協組織於東亞區域整合的重要性，並強調國際關係與區域研究必須使用國際關係理論來解釋，以 Amitav Acharya 與 Alexander Wendt（溫特）的社會建構主義為基礎，解釋 1960 年代東協 5 個創始成員國為何藉由追求共同利益而結合，形成東協區域組織。闡釋東協安全思維的轉變，探討東協組織成立的歷史淵源、背景。早期有美國的協助，因此東協被認為傾向美國的利益。隨後，東協組織於經歷東南亞變局（如越柬寮政局變動，以及 1978 年底越南入侵柬埔寨）；東協一方面要弭平內部的矛盾，也要面對外部的國際局勢變化。1970 年代美國的亞洲政策更迭，

美國採取聯中制蘇，亞洲事務亞洲化的原則。使東協各國認知，僅靠東協諸國內部力量不足以應付變局，必須求助於外部大國，且不能只依賴一、兩個大國，當大國對本地區的「集體利益」有幫助時，東協並不會排除外國勢力的介入。東協一貫與大國維持等距，本書的內容也特別探討東協組織在於區域內外環境的互動。

二十一新世紀之初，東協提出「一個願景，一個認同，一個共同體」(One vision, One identity, One community) 概念，凸顯其於亞洲區域整合之決心，此決心與歐盟 (European Union) 相較，於經濟、文化與社會整合雖尚不及後者，然則東協組織十國已有彼此間充分之信任 (trust) 與認同 (identity)。冀望於未來，以東協中心地位 (ASEAN Centrality) 來充分整合東協與東亞、亞太之間的政經關係，並於區域政經整合過程中，扮演重要的引擎或發動機 (engine) 的角色。如此重要的議題不免引起國際關係研究與區域研究學者的關注，尤其是理論運用於研究議題的爭論，即是否要運用國際關係理論於區域研究的爭論。例如 Lucian W. Pye 強調亞洲區域研究更須通則性的概念，一方面可以避免文字敘述僅是事實的堆砌，並無理性的分析。另一方面，可以強化區域研究的功能，促使研究的可信性。❺

在研究區域整合的議題上，有些學者認為毋需應用國際關係理論，但另有些學者則認為必須妥當運用國際關係理論於區域研究之範圍，方有可能解釋現存的國際政治體系，西方學者於研究無政府狀態中的國際體系內國家間之衝突，為基本之事實。吾人觀察，於冷戰時期現實主義與新現實主義的確望風披靡，於分析東南亞國際關係的議題無出其右者，然則於後冷戰時期，隨著日益增強的經濟區域化，以期瞭解崛起的中國暨日本區域角色的變遷，不同國際關係理論的發展應用於本區域的方式，亦有所變更。❻

研究東協的著名學者，目前任教於美利堅大學的 Amitav Acharya 和 Richard Stubbs 即主張，亞洲研究採取建構主義是適當的。首先，亞洲文化、身分與認同可

---

❺ Lucian W. Pye, "Asia Studies and the Discipline," *PS: Political Science and Politics,* Vol. 34, No. 4 (2001), pp. 805–807.

❻ Amitav Acharya, Constructing a Security Community in Southeast Asia: ASEAN and the Problem of Regional Order (London: Routledge, 2001); *The Making of Southeast Asia: International Relations of a Region* (Ithaca: Cornell University Press, 2009); Richard Higgott and Richard Stubbs, "Competing Conceptions of Economic Regionalism: APEC versus EAEC in the Asia Pacific," *Review of International Political Economy*, Vol. 2, No. 3 (1995), pp. 516–535.

促進對亞洲瞭解，而非僅由物質性的基礎來解釋。其次，建構主義者挑戰新現實主義者的主張－亞洲區域秩序與權力平衡系統係因社會化過程導致改變與重組之可能。再者，建構主義者的著作已介紹諸多理論的多元化，而且已提出更多論述來因應更大辯論之空間，使傳統的東南亞研究能提升至較寬廣的國際關係理論之層次。❼Amitav Acharya 深刻討論形成在地化 (constitutive localization) 之過程及動力，包括從 1950 年代以來的亞洲，面對國際體系美蘇冷戰格局，當時能做的僅有互不干涉內政 (Non-intervention)，如 1976 年東協提出的「自由、和平、中立區」，而當時東南亞籠罩於民族主義與反殖民主義 (Nationalism and anti-colonialism) 的同仇敵愾中，但不能形成如同歐洲北大西洋公約組織般的集體防衛體系 (collective defense)。❽

筆者認為，於區域研究的方法仍需要有國關理論之應用，方能理解理論與實際政治體系之關聯性。本文雖採取社會建構論，但內容仍做部分修正，一方面符合東協區域主義現狀，另一方面符合東南亞的特殊歷史文化背景。後冷戰時期的亞太區域安全事務趨於複雜，區域性國際組織日漸興起，其中「東協區域論壇」(ASEAN Regional Forum, ARF) 主要作為亞太國家協商區域安全合作的重要多邊機制。目前共有二十二個成員國的「東協區域論壇」成立於 1994 年。後冷戰時期亞太區域多邊主義形成，加上區域安全架構面臨重組，使得多邊安全對話機制之形成有其必要。「東協區域論壇」成立之基本宗旨是促使亞太國家針對政治及國防安全議題，培養建設性對話之習慣。「東協區域論壇」在推動區域安全合作機制上，分三階段進行：第一階段為推動「信心建立措施」(Confidence Building Measures, CBMs)；第二階段為發展「預防外交」(Preventive Diplomacy)；第三階段則是研究區域衝突的解決機制 (Settlement of disputes)。至 1999 年第六屆「東協區域論壇」年會為止，已在「信心建立」上達成可觀的成就，並於 1997 年開始朝第二階段「預防外交」推動。亞太國家在「東協區域論壇」各項目標的推動下，逐漸對區域安全事務之合作建立共識，對於和緩國際緊張情勢，降低衝突升高機率，具有正面而積極之意義。惟其組織結構鬆散，屬性為協商安全議題之區域性論壇，雖然「信心建立措施」與「預防外交」的推動實施有其顯著成果，要能夠達到具備解決區域衝突的機制，仍待努力。

無論如何，長時間的合作與互動下，東南亞國協已成功克服困難，東協組織形

---

❼　Amitav Acharya and Richard Stubbs, "Theorizing Southeast Asian Relations: an introduction," *The Pacific Review*, Vol. 19, No. 2 (2006), pp.125–134.

❽　Amitav Acharya, *The Making of Southeast Asia*, pp.6–7.

成東亞安全社群的代表。雖然 1997–1998 東南亞金融危機一度使得東協的社群角色
受到質疑，但是各國卻用更密切的互動方式，甚至修改原本的「不干涉原則」，使得
東協成功地從「包容式的區域主義」(Inclusive Regionalism) 轉換成「干預性的區域
主義」(Intrusive Regionalism)。❾ 在這樣的轉變過程中，各成員國逐漸產生共同的
價值觀與認同，進而要成立東協共同體。

　　也許部分讀者會認為，本書較傾向國際關係理論中的社會建構論。筆者認為，
在 1967 年東協組織建立後，到 2015 年形成東協共同體之將近五十年漸近成長過
程，東協歷經半世紀變化，彼此間已有相當之瞭解、共識，並進一步達到相互信任
(mutual trust) 之效果。未來東協共同體之發展受到國際與區域內外環境之影響。（請
參圖 1–1）

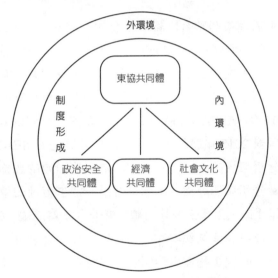

圖 1–1　東協區域內外環境關係圖

　　本書內容共分五篇，第一篇「東協共同體與東協成員國的安全思維」包括：第
一章為緒論，聚焦於研究問題意識的緣起、寫作動機，各章結構安排；第二章為理
論的爬梳，國際關係與區域研究的途徑的爭論，嘗試藉由檢視國際關係理論文獻發
展出本書建立在社會建構論基礎的 4C 安全文化理論架構，即是衝突型 (Conflict)、
協商型 (Coordination)、合作型 (Cooperation) 及共同型 (Common) 的安全文化，做為

---

❾　Amitav Acharya, "Realism, Institutionalism, and the Asia Economic Crisis,"
　　Contemporary Southeast Asia, (1999), Vol.21, No.1, p.19.

觀察分析東協國家發展東協共同體的依據；第三章為東協組織安全思維的轉變，著重於分析東協不同時期的思維。

第二篇「冷戰時期東協組織的成立背景與制度建立：衝突的 (Conflict) 安全文化 (1967～1989)」，著重於衝突型的安全文化，為東協 1967 成立迄 1989 前蘇聯瓦解時期東協之發展。包括第四章東協歷史背景、前十年五創始國之間的磨合；第五章對話夥伴制度的建立，以及第六章分析第二次世界大戰後東協與中國之關係與政策。

第三篇「後冷戰時期東協的內外環境：協商的 (Coordinative) 安全文化 (1990～2002)」，聚焦於後冷戰時期東協相對軍備競賽暨競爭激烈、而多有協商型 (Coordination) 安全文化，主要分析冷戰後東協面對內外環境的巨變，而有所調整，包括第七章東協與大國關係，第八章東協內部安全治理困境，第九章東協的一軌與二軌安全機制。

第四篇「區域主義與東亞整合：新世紀合作的 (Cooperative) 安全文化 (2003～2015)」，著重於東協合作型 (Cooperation) 的安全文化由新世紀成立迄今，第十章說明東協憲章與東協三大支柱的政治、經濟及社會文化共同體，第十一章分析東協中心地位與東協方式，第十二章分析全球化與區域化下的東亞整合。

第五篇「後 2015 年 (ASEAN post 2015) 東協願景：共同的 (Common) 安全文化（2016～迄今）」，探討 2015 年底起正式成立東協共同體 (ASEAN Community) 與未來發展，第十三章分析東協政治安全共同體，舉東協面臨的恐怖主義威脅及其反恐政策為例，第十四章分析東協經濟共同體是否是一個事實或幻象，第十五章分析東協社會文化共同體是「以人為本」的共同體，第十六章為結論，就東協後 2015 年的願景，提出本書的研究發現與結論。

吾人於研究東南亞政經情勢與東協組織之過程中，深深為東協於建立制度與學習過程中之靈活調適所著迷，「東協方式」雖常被批評為鬆散、不嚴謹，但另一方面東協務實靈活、與時俱進的特質，確實我國應可借鏡之處。

針對東協組織面對當前重大挑戰，東協共同體的未來發展究竟是可行的願景或是不確定的夢幻並不重要，只要東協組織存在且持續運作，扮演其於全球與區域之重要角色；可預見其未來披荊斬棘而達成如歐盟之影響力，為時不遠矣！

第二章　什麼是東協「4C」安全文化?

前　言

談及亞洲的整合與區域組織，成功案例首推東南亞國家協會 (Association of Southeast Asian Nations, ASEAN)，本書行文使用東協或東協組織，中國稱其為東盟，新加坡、馬來西亞一帶稱為亞細安國家，其創始成員國有五：新加坡、印尼、馬來西亞、菲律賓、泰國（1967 年）。隨後加入成為東協會員依序為汶萊（1984 年），越南（1995 年），寮國、緬甸（1997 年）與柬埔寨（1999 年）。根據東協揭櫫的理想藍圖，東協不僅已於 2015 年達成東協共同體 (ASEAN Community)，並且欲超越2015 年，思及 2030、2040、2050 年未來的東協發展，期待於後 2015 年 (post 2015) 未來建構一個「政治團結、經濟整合、負責的社會文化，真正以人民為中心 (people -centered)」，並可依法行事 (rules-based ASEAN) 的東協。

東協十國於 2014 年《奈比都宣言》(Nay Pyi Taw Declaration) 指出，在「後2015 東協」(post 2015 ASEAN) 的三大支柱：「後 2015 年願景－東協政治安全共同體」(post 2015 Vision-ASEAN Political Security Community)，建構一個和平、穩定與安全的東協政治安全共同體，彼此享有相同原則、價值與身分認同，與區域外的力量合作，加強區域建構中的「東協中心地位」(ASEAN Centrality)，以及全球議題中東協的參加平臺。「後 2015 年願景－東協經濟共同體」(Post 2015 Vision-ASEAN Economic Community) 期待未來十年，由 2015～2025 年，「東協經濟共同體」形成一個凝聚力強、高度經濟整合、有競爭力、創造力的活力東協 (Dynamic ASEAN)，具彈性的 (resilient)、包容性 (inclusive) 與以人民為中心 (people-centred ASEAN) 的東協；在「後 2015 年願景－東協社會文化共同體」(post 2015 Vision-ASEAN Socio -Cultural Community) 亦然，欲達成一個永續發展、活力十足，有利本區域人民的社會文化共同體。❶

「東協共同體」之形成背景，可溯及 1967 年東協成立初期，其後三十年東協經歷由成立、茁壯到發展的過程，1997 年東協提出「2020 年願景」(ASEAN vision

---

❶ ASEAN, "ASEAN Communication Master Plan ASEAN: A Community of Opportunities," http://www.asean.org/resources/item/asean-communication-master-plan -asean-a-community-of-opportunities，瀏覽日期：2014 年 10 月 11 日。

2020)，建構和平、穩定與繁榮之東協；隨後於 2003 年，提出《峇里第二協約》(Bali Concord II)，正式提出政治與安全合作、經濟合作、社會文化合作為東協共同體的三大支柱。❷ 2007 年東協高峰會發表《加速實現東協共同體至 2015 年之宿霧宣言》(Cebu Declaration on the Acceleration of the Establishment of an ASEAN Community by 2015)，並強調「東協中心地位」(ASEAN Centrality) 與扮演推動形成區域架構的角色。2011 年 5 月 7～8 日於印尼雅加達召開第十八屆東協高峰會，各會員國領袖發表「全球共同體中的東協共同體」(ASEAN Community in a Global Community of Nations) 聯合聲明。同年 11 月 17～19 日則於印尼峇里島舉行第十九屆東協高峰會，十國領袖共同發表《峇里第三協約》(Bali Concord III) 宣言，在推動 2015 年東協共同體的當前進展上，宣誓帶領東協更進一步放眼全球，基於共同的區域利益，打造東協成為回應全球性議題的平臺，並強化回應議題的能力及可能的貢獻。2012 年 4 月 3～4 日在柬埔寨金邊召開第二十屆東協高峰會，各會員國領袖決議將為 2015 年建立東協共同體之目標持續努力，並且宣示追求更進一步東協整合成就之重要決心。2012 年 11 月 15～20 日，在柬埔寨金邊舉行第二十一屆東協高峰會，各國領袖不僅於會中通過《東協人權宣言》(ASEAN Human Rights Declaration)，也宣示將在 2013 年初展開「區域全面經濟夥伴協定」(Regional Comprehensive Economic Partnership, RCEP) 之多邊談判。乃至美國積極參與的「跨太平洋夥伴關係協定」(Trans-Pacific Partnership) 也於 2015 年 10 月完成第一回合協商，其中東協成員汶萊、新加坡是發起國，越南、馬來西亞已加入談判中。

　　成立即將五十年的東協組織，其未來發展如何？做為一成功的案例，或仍然只是一個幻象 (remains an illusion)？為全球所關注。2015 年所要建立「東協共同體」的願景，將會呈現何種樣貌呢？國際關係理論是否又能對於東協的發展歷程提出何種解釋或說明呢？是否又能從國際關係理論中發展出適合說明東協發展歷程的新理論架構呢？本章將深入論述這些議題，尤其強調本書建立解釋東協發展的「4C」安全文化的理論架構，掌握東協各階段發展的重點與趨勢，以及吾人理解東協共同體三大支柱的未來願景。

---

❷　東協在 2003 年 10 月第 9 次高峰會提出《峇里第二協約》，表明未來「東協共同體」將仿效「歐洲聯盟」(European Union, EU)，以「政治安全共同體」、「經濟共同體」與「社會文化共同體」等三大支柱，在 2020 年前建立成為「東協共同體」。

第一節　2015 年底東協終於成立共同體：過程與願景

「共同體」若以族群的概念來定義，「想像的共同體」(Imagined Communities)
最富研究旨趣。多年研究印尼的學者 Benedict Anderson 對於民族及民族主義的起源
與發展有獨特的見解，其把民族稱之為「想像的共同體」，它是被表現為有限
(limited) 的，同時也享有主權的共同體。這樣的想像並不是虛無、捏造的，而是一
種認知的過程。民族是想像的，因為即使是最小的民族的成員，也不可能認識他們
大多數的同胞，和他們相遇，或者甚至聽說過他們；然而，其相互連接的意象卻活
在每一位成員的心中。❸Benedict Anderson 並指出資本主義、印刷技術以及語言的
交互作用，提供了想像共同體的技術手段；印刷資本主義的蔓延下，大量的閱讀者
透過小說、報紙，明白在「有限的」空間，有一群人與自己閱讀同樣的書籍、經歷
同樣的事件；語言則是想像「民族」重要的媒介，語言是辨別「他者」的重要憑藉。
而當一群人有共同的經驗、語言與共同的想像，就容易產生「我群」、「共同體」的
感覺。

國際關係領域中，Emanuel Adler 和 Michael Barnett 引述 Karl W. Deutsch 的觀
點認為共同體是主權國家組成，成員國間擁有共同的制度、共同價值觀、存在有共
同體感。他們凝聚到「相互間形成對國際體系的和平變化產生可以依賴的預期」，而
且成員國彼此同意建立組織，就形成了所謂的共同體。❹Deutsch 最早賦予「安全
共同體」定義，他將安全共同體界定為一個團體結合在一起，伴隨正式或非正式的
機制，確保團體內成員長期進行合理的和平演變。❺基本上東協所提出的共同體規

---

❸　參見 Benedict Anderson，吳叡人譯，《想像的共同體：民族主義的起源與散布》，臺
北：時報文化出版，1999 年，頁 10。

❹　Emanuel Adler and Michael Barnett, *Security Communities* (Cambridge: Cambridge
University Press, 1998), pp. 6–7.

❺　Karl Deutsch 將在安全共同體分為「合併」與「多元」兩種，「合併」的安全共同體
是兩個或更多的獨立單元合併成為一個單一的共同政府單位，例如美國聯邦共和
國。「多元」安全共同體是指各成員仍然保持法律的獨立，它並沒有高過於國家的
共同決策中心，所有決策權仍維持於各成員中，例如美國與加拿大的共同邊界就是
一例。請參閱 Karl W. Deutsch and Sidney A. Burrell, et al., *Political Community and
the North Atlantic Area : International Organization in the Light of Historical
Experience*, (Princeton: Princeton University Press, 1957), pp. 5–6.

範，是建構在 Deutsch 所謂的「多元安全共同體」的基礎上。依照 Amitav Acharya 的定義，安全社群主要指涉的對象是一個由主權國家組織而成的跨國性區域，且區域內的人民對於和平演變可以有所預期。同時，安全社群具備幾項特徵： 1.區域內沒有戰爭； 2.各國之間沒有對其他國家發動戰爭之打算，甚至連武器競賽也沒有。當然這並不代表差異、爭端與利益衝突就不存在。❻

前述 Emanuel Adler 與 Michael Barnett 更進一步定義共同體：「由人民對和平變化持可靠的預期的主權國家所構成跨國的區域」；他們認為此共同體應有三種特徵：一是成員擁有共享的認同、價值觀與意願；二是成員間擁有多方面直接地聯繫與互動；三是透過共同體成員的直接接觸產生某種程度的長期利益和利他主義所表現的互惠性。❼這三種特徵基本上是包括以物質利益為基礎的概念與行動，亦可說是三種階段的過程，透過相同價值觀、共享與意願所形成的共識，以此概念為基礎，透過互動聯繫，改變了相互角色認知，也增進了對於利他互惠性的信任。

國際社會認為，東協組織想效法歐盟，成立次區域組織，並且迄 2015 年已成立滿四十八年的東協，於成立初期具有濃厚的「反共」(anti-communist) 與「非共」(non-communist) 之色彩。隨著東協對中共角色認知的轉變，中共從極具危險的敵人，轉化為競爭性夥伴，這種角色認定的改變所導引出的概念轉換，亦是整個區域組織轉型的重要依據之一。長期以來，東協部分成員國間雖然仍存在雙邊主權糾紛或邊界衝突尚未解決，但是各國仍願意繼續尋求政治合作的機會；東協組織經歷 48 年的發展過程，也面臨多次的內外危機與挑戰，更在強權的競逐壓力下生存茁壯發展，東協共同體的概念係長期醞釀而形成。

2015 年可說是為亞太地區的關鍵時刻，不僅在美國總統歐巴馬之推動下，TPP 終於 2015 年 10 月磋商完成，等候各國國會通過議案後可望於兩 (2017) 年內開始實施，RCEP 也被期待儘速於 2016 年完成磋商。2015 年底東協共同體的成立亦為全球與區域大事，東協共同體包括政治安全、經濟、社會文化三大支柱，朝向單一市場模式，雖外界認為東協十國的宗教、文化、歷史過於多元 (diversified)，縱使其整合成效不如歐盟，但東協仍將依其「東協中心」(ASEAN Centrality) 與「東協方式」

❻　Amitav Acharya, *Constructing a Security Community in Southeast Asia: ASEAN and the Problem of Regional Order* (London: Routledge, 2001), p.17.

❼　Emanuel Adler and Michael Barnett, "A Framework for the Study of Security Communities," in Emanuel Adler, et al. (ed.), *Security Communities* (Cambridge: Cambridge University Press, 1998), pp. 29–49.

(ASEAN Way) 型塑東協共同體。

　　然則，東協雖想效法歐盟形成單一市場，但東協也自知自身條件與歐盟不同，東協很難複製歐盟經驗，東協與歐盟之間仍存在眾多差異，舉其犖犖大者有四：第一，東協於歷史、文化、宗教等層面較歐盟更加多元；第二，相對於區域內有影響力的中日韓大國，東協為中小型國家；第三，東協是弱勢國家 (weak states) 如何斡旋於強勢的大國 (strong states) 之間，並主導東亞區域整合，「以弱事強」必須有靈活策略；第四，東協共同體的形成，似乎有較多的戰略考量與制度安排。

　　東協於邁向全球化的過程中，過往將近五十年的發展史中，可以區別為四個主要時期：1. 1967～1989 年為冷戰時期，防堵共產主義並維持本身生存，係「衝突型安全文化」(Conflict Security Culture)；2. 1990～2003 年為後冷戰時期「協商型安全文化」(Coidinative Security Culture)，擔憂美蘇兩極瓦解的權力真空為東協軍備競爭最劇烈之時期；3. 2003 年～2014 年，為「合作型安全文化」(Cooperative Security Culture)；4. 2015 年～迄今，已於 2015 年形成由其三支柱形成的東協共同體，三支柱為包括政治安全、經濟與社會文化的三個共同體。該階段為「共同型安全文化」(Common Security Culture)，東協強調彼此間互信、認同之文化，❽係東協三個共同體整合並開始執行，東協組織以共同型安全文化為行事準則。

　　由 1967 年東協成立初期，自視其組織乃是為追求經濟、文化合作而組成；然實際上，東協成立起，就在政治及安全領域上，不斷摸索前進，企圖建立想像的安全共同體。正如泰國學者 Kusuma Snitwonge 所言，東協多年來最重要的成就是建構共同體。❾1967 年東協成立的《曼谷宣言》中，即確定東協的目的與宗旨：「以平等夥伴關係之精神，經由共同努力，加速本區域內之經濟成長、社會進步以及文化發展，以強化東南亞各國建立繁榮與和平共同體的基礎」。❿事實上，在《曼谷宣言》中，東協的最終目標就是建立「繁榮與和平的共同體」，成立宗旨要強化區域各國的經濟成長、社會進步與文化發展，這三者其實就是東協共同體的基礎平臺。這是東協國家的期望，但最重要的如何能夠實現「和平」，在宣言中未能顯示出來。

---

❽　有如冷戰結束後，歐洲聯盟 (EU) 開始將共同安全與防務合作提上了議事日程。

❾　Kusuma Snitwongse, Meeting the Challenges of Dynamic: Security, Political and Economic Issues in the Asia-Pacific Region (Jakarta: Centre for Strategic and International Studies, 1990), p. 40.

❿　ASEAN Basic Documents, The ASEAN Declaration, Bangkok, 8 August 1967, http://www.asean.org/3628.htm，瀏覽日期：2015 年 6 月 24 日。

　　因此，在東協成立後不久，即發生馬來西亞與菲律賓的糾紛，導致東協幾乎停擺，經由印尼與泰國的居中協調終於能夠化解雙方歧見，也使東協國家更清楚瞭解區域和平與安全的需求。終於在 1971 年吉隆坡會議明白宣示的《東南亞和平、自由與中立區宣言》，首次清晰表明東協處理內部與對外關係的行為規則，並強調東協將全力爭取「成為一個不受大國以任何形式干涉的和平、自由與中立區」的承諾與尊重。⓫

　　東協前任秘書長 Rodolfo C. Severino ⓬ 曾指出，東協宜加強本身認同感，才有可能成為成功的東協共同體。⓭ 事實上，東協成員國本身固然仍存在矛盾、衝突，但對外的態度仍能團結一致，共同謀求東協的最大利益。即使東協部分成員國對緬甸軍政府於 2007 年鎮壓民主有嚴厲批評，但對緬甸無實質強制力量。成員國之間加強相互瞭解及磨合彼此矛盾，因此能夠互相體諒，這是東協內部發展的基礎。面對內外環境之挑戰與改變時，「東協中心地位」成為東協面對外來衝擊時的資產與談判籌碼。如何看待、解釋東協中心地位的意義與功能？此為核心的議題，對於東協成員而言，「中心地位」就是確保東協所有的行動，在服膺於集體的共識下，所形成的一致意見，由其中獲取最大的利益，也就是說各國必須遵守共同的規範與機制，形成共識決並在同樣的遊戲規則下行動。

　　一方面，東協許多對話夥伴如美中兩國，亦擅長利用此一東協概念，取悅東協以獲得其個別利益與權力，另一方面，東協亦利用與區域外國家經貿合作之機會，加強東協中心於全球市場的核心地位。⓮ 因此，隨著公民意識的提高、非政府組織

⓫　ASEAN Basic Documents, Zone of Peace, Freedom and Neutrality Declaration, Kuala Lumpru, 27 November 1971, http://www.asean.org/3629.htm，瀏覽日期：2015 年 6 月 26 日。

⓬　Rodolfo C. Severino 擔任東協秘書長的任期為 1998 年 1 月 1 日至 2002 年 12 月 31 日。

⓭　康世人，「東協前秘書長：東協要實現共同體需加強認同」，中央社，2006 年 10 月 21 日。Rodolfo Severino 說：「我們正在前進的過程中，這種人與人之間的關係是建立互信的基礎，而信任則是進步的基礎，特別是我們都處在不同的政府治理與處在不同的制度之中。」http://hk.epochtimes.com/6/10/23/33418.htm，瀏覽日期：2015 年 8 月 18 日。

⓮　ASEAN, "ASEAN and US-ASEAN Business Council Cooperation to Highlight ASEAN Centrality in Global Markets," ASEAN Secretariat NEWs, 2013/2/5, http://www.asean.org/news/asean-secretariat-news/item/asean-and-us-asean-business-

的興起以及東協對於智庫的重視，一些較具爭議的議題將可藉由第二軌道的運作取得初步的成果，如「東協戰略與國際研究所」(ASEAN Institutes of Strategic and International Studies, ASEAN-ISIS) 其組成目的在鼓勵以政策研究為主要取向的學者，透過此一平臺進行合作與活動協調，促進、影響東南亞與東協和平、安全等各種戰略和國際問題的研究、資訊與意見交流，❶❺也因此開始有學者對政府之能力提出質疑，隨著東協的整合與頻繁地交往，東協開始出現東協公民的身分認同，❶❻「東協中心地位」是建立於人們的歸屬感，東協共同體的整合過程中不再只依靠政府與領導人，公民將發揮更多影響力，協助政府處理棘手且複雜的議題。❶❼

東協共同體之實踐、發展過程，本章前言已有詳盡說明，東協不僅關注 2015 年成立東協共同體，更重視的乃是後 2015 (ASEAN post 2015)，東協未來十、二十年，❶❽如 2025、2030、2035 年，甚至 2050 年的發展方向。

本書嘗試跳脫舊有窠臼，使用主要三種不同國關理論，對應東協實際發展過程，獨創四種類型的東協安全文化為概念型架構 (conceptual framework) 的理念型分析架構 (ideal type)。此概念架構有助於吾人分析與瞭解 1967 年以來東協的成立、茁壯與發展，但不同時期的安全文化呈現，並非理想型百分百，而是一種混合性安全文化 (mixed security culture)，依據不同時期的特質，以東協「4C」安全文化：衝突、協商、合作、共同型的安全文化，探討東協如何以「東協方式」，扮演成為東亞區域政經整合的核心角色。

---

council-cooperation-to-highlight-asean-centrality-in-global-markets，瀏覽日期：2014年9月3日。

❶❺ 林文程，「我國參與國際組織的困境與對策」，《新世紀智庫論壇》，第10卷（2000年6月），頁39。

❶❻ Eric C. Thompson and ChulaneeThianthai, *Attitudes and Awareness toward ASEAN: Finding of a Ten Nation Survey* (Singapore: Institute of Southeast Studies), pp.6–8. http://www.aseanfoundation.org/documents/Attitudes%20and%20Awareness%20Toward%20ASEAN.pdf，瀏覽日期：2014年9月2日。

❶❼ Kavi Chongkittavorn,"Asean centrality rests on peoples not leaders," THE NATION, 2014/5/5, http://www.nationmultimedia.com/opinion/Asean-centrality-rests-on-peoples-not-leaders-30232855.html，瀏覽日期：2014年9月2日。

❶❽ 東協於2015年高峰會，已明訂出「2025年之實行目標」或稱未來2025年之願景 (vision)。

第二節　五十年來國際社會有關東協共同體之辯論

筆者認為證諸歷史事實，事實上很難僅用單一理論來涵蓋所有國際體系發生的事實與狀況。本文雖採取建構主義的分析方式，但筆者認為不存在任一完美的國際關係理論足以涵蓋、解釋所有實存政治現狀。不同理論於不同環境、時間、背景下，具有不同的解釋力。

一、新現實主義與東協整合

首先，以新現實主義角度來分析，Kenneth Waltz 認為國際體系基本上是無政府狀態的，國家是基本的行為體，國家之上沒有共同的最高權力機構；在無政府狀態下，國家受到體系結構的約束，也就是說體系結構決定國家的行為。國際結構由國家力量對比來決定，而不是由國家本身的意識型態或領導人的性格而決定。因為對方都是敵人和威脅故彼此擔心害怕，在沒有更高權力機構的幫助下，為求保證自己的安全，只有靠自己與進行結盟。追求權力的最大化，尤其是軍事力量，是在危險環境中，保證安全的最佳方式，為保持優勢將不惜一戰，最理想的情況就是成為霸主。這些因果關係，反映出國際政治領域即國家自助邏輯的特徵。[19]

另外，「安全困境」(security dilemma) 的概念是由 John Herz 在 1950 年提出，他認為無政府狀態下，國家間不會相互攻擊，但是卻會相互猜忌，產生更大的恐懼與不安，進而驅使他們爭奪更多的權力以獲得更大的安全，但相互競爭的結果，是不可能得到安全的。[20] Robert Jervis 指出此種爭奪更多的權力，以獲得更大安全的作法，對他國而言更不安全，此效應即「安全困境」。[21] 亦即在安全困境中，一方聊以自慰的保障，可能是另一方的威脅來源。

新現實主義者認為國際體系缺乏一個至高權威的無政府狀態，使得國家「自保」成為主要行為準則。據此，國家間的權力平衡與結盟以對抗另一強權成為常態。新現實主義者如 Kenneth Waltz 承認有時國家會透過國際制度來行為，但此國際制度

---

[19] Kenneth Waltz，胡少華等譯，《國際政治理論》，北京：中國人民公安大學出版社，1992 年，頁 2。

[20] John Herz, "Idealist Internationalism and the Security Dilemma," *World Politics*, Vol. 2, No. 2 (1950), pp. 157–180.

[21] Robert Jervis, "Cooperation under the Security Dilemma," *World Politics*, Vol. 30, No. 2 (1978), pp. 167–214.

僅反映當事國的國家利益而已。各國對其利益的計算則是來自國際體系內物質力量的分配而定。

現實主義者認為,權力平衡基本上亦屬於一種「權力布局」(Distribution of power),某一國家除極大化本身的國家利益與權力外,並懷有一項「阻止其他國家力量的過分強大」,「尤其是該強大的國家可能形成區域霸權」,而此種均勢,維持了冷戰時期東南亞地區的和平與安全。㉒

吾人觀察東協及東協區域論壇的籌建過程,新現實主義的主張確實在某些方面有其效力。東協於 1967 年成立,東協創始國確實將共產黨赤化越南以及美國勢力撤出東南亞視為主要威脅。1994 年東協區域論壇的成立則是對中國崛起(或中國威脅論)的一種反應。這幾年的東協加三機制,也可視為是東協國家為解決與中國互動困境的方式。中國崛起確實使東協國家感到憂慮,但對後者而言中國截至目前為止尚未構成明顯而立即的威脅,使得東協國家必須採取權力平衡來制衡中國。㉓

於詮釋東協的發展,新現實主義者確實低估了制度與認同等因素。被視為現實主義者的 Michael Leifer 認為,所謂認同是伴隨國家利益而產生,並未能進一步促進國家間對於安全議題的合作;至於多邊的國際制度,則是缺乏效率。㉔依據 1976 年《東協友好合作條約》而成立之爭端解決特別委員會,因會員國間偏好以協商代替訴訟以解決爭端而成效不彰。東協區域論壇的欠缺制度化與法制化,乃是相關國家對於當初設計制度的戰略反應,仍是以國家利益為思考重心,而非以區域論壇的制度化為目標。㉕

新現實主義的觀察,引起不同理論的支持者及東協研究者的批評。總體而言,

㉒ Michael Leifer, "Indochina and ASEAN : Seeking a New Balance," *Contemporary Southeast Asia*, Vol. 15, No. 3 (1996), pp. 274–275.

㉓ Amitav Acharya, "Will Asia's Past Be Its Future?," *International Security*, Vol. 28, No. 3 (2003), pp. 149–164. 關於對威脅平衡 (balance of threat) 的論點,可參閱 Stephan Walt, *The Origins of Alliances* (NY: Cornell University Press, 1987),其他以新現實主義檢視東協安全合作的研究,可參閱 Ralf Emmers, *Cooperative Security and the Balance of Power in ASEAN and the ARF* (London: Routledge Curzon, 2003).

㉔ SorpongPeou, "Realism and Constructivism in Southeast Asian Security Today: A Review Essay," *The Pacific Review*, Vol. 15, No. 1 (2002), pp. 119–138.

㉕ Miles Kahler, "Legalization as Strategy: The Asia-Pacific Case," *International Organization*, Vol. 54, No. 3 (2000), pp. 549–571.

新自由制度主義者質疑新現實主義有關權力衝突的論述，認為國際制度及某些特定的規範，與制度所提供的資訊交換等功能，確有助於降低國家間發生欺騙行為。❷⑥建構主義者則主張國際體系的無政府狀態是國家造成的，而國家間的身分認同是經由社會互動所建構，此互動未必一定是新現實主義所主張的權力平衡。對於東協觀察家而言，新現實主義自認為「一體適用」的主張，必須另作調整才能符合東南亞地區。此過程中必須關注當地文化與其特殊歷史文化。舉例而言，雖然 Micheal Leifer 與被視為建構主義者的 Amitav Acharya 採取不同的理論來觀察東協，但他們皆認為，東南亞地區特有的歷史背景及文化因素絕不能被忽略。❷⑦

二、新自由主義與東協整合

以新自由主義角度而言，東協各國雖有競爭，只要有「絕對利益」，也可能有合作行為。英國學派的 Hedley Bull 即認為，國家間的合作是確實可能，某種合作形式的國際社會也存在；Hedley Bull 認為「在一組國家意識到一定的共同利益與共同價值之後，這些國家就會設想自己在處理相互間的關係時，會受制於一組共同規範，並分享共同制度的作用，這時它就形成了一個新的體系」。❷⑧

《峇里第二協約》中除了宣示要朝向安全共同體的創建方向努力外，更重要的也說明要用「創新的方法」來建構，其中包括：規範的制定、衝突與預防、衝突解決與衝突後的和平建設途徑。❷⑨東協進一步發展組織程度的成功與否，並不在於它建立多少的規範規則，關鍵將在於它訂定規範後，能否有效駕馭規則；也就是要看東協能否在現在成果的基礎上，以更堅定的政治意願與更大的魄力及勇氣，去推動內部的變革，以及適應國際環境不斷變化的現實。

新自由制度主義與新現實主義皆是源自理性主義 (rationalism) 思維，雖然雙方

---

❷⑥　盧業中，「東協區域合作：國際關係理論的再檢視」，《亞太經濟合作評論》，第 12 期（2004 年 12 月），頁 87–100。

❷⑦　MichealLeifer 與 AmitavAcharya 觀點的比較，參閱 SorpongPeou, "Realism and Constructivism in Southeast Asian Security Studies Today: A Review Essay," *The Pacific Review*, Vol. 15, No. 1 (2002), pp. 119–138.

❷⑧　Hedley Bull and Adam Watson (eds.), *The Expansion of International Society* (Oxford: OxfordUniversity Press, 1984), p.1.

❷⑨　ASEAN Basic Documents, Declaration of ASEAN Concord II (Bali Concord II) ; Bail, 8 October, 2003, http://www.asean.org/15159.htm，瀏覽日期：2014 年 9 月 5 日。

強調的程度不同，但雙方都接受國家是無政府狀態國際體系下的主要行為者，其行為之目的在於追求國家利益，尤其是物質力量的極大化。新自由制度主義將制度定義為：「行為者在特定領域所共同期望的一系列原則、規範、規則與決策程序」。❸⓪雙方的主要差異是，新現實主義者認為「自助」是國家間互動準則；新自由制度主義者則相信安全困境可透過「合作」來解決。是以國家乃依據彼此間絕對利益以及對未來的期望而互動，而可以促進資訊透明、降低交易成本的國際制度因此更形重要。❸①

　　新自由制度主義者如 Robert O. Keohane、Joseph Nye Jr.、Lisa L. Martin，在挑戰新現實主義的過程中，提出國際社會相互依存 (interdependence) 的觀念，影響國家與國家間關係的，不僅有政治因素，還有經濟等因素，國際間主要行為者也增加，除了國家之外，還包括國際組織、區域組織、跨國公司⋯⋯等等。新自由制度主義者認為，由於國際間主要行為者增加，因而相互間層級複雜，利益交錯綜合情形增大的同時；在建立多元安全制度，以及國家間政策協調的重要性。而隨著經濟全球化與國家間互賴依存度之增加，國際合作是日益成為可能。❸②而且，國際制度並非如新現實主義者所言，僅僅是反映成員國利益的工具。相反地，成員國的行為也可能受到該國際制度的限制與規範。David Lake 關於國家在國際制度下的戰略互動之研究指出，在 1990 年波灣戰爭之際，美國與阿拉伯國家組成的多邊聯盟，即反過來限制了美國本身的力量及策略選擇。❸③

　　Amitav Acharya 指出，新自由制度主義對東協國家間合作的觀察包括下列幾點：首先，東協成立的目標包括促進經濟成長、社會進步、文化發展、反區域和平與穩定。會員國認為，在這些領域的共同合作，有助降低會員國間互動的交易成本以及不必要的摩擦。而冷戰的結束，增強多邊合作的空間，此種合作並將進一步取代權力平衡，成為東協國家互動的主要模式。其次，透過東協本身對於信心建立、預防外交、衝突管理的三階段漸進發展，相關國家有可能逐步緩和區域內緊張態勢以及

---

❸⓪　Stephen Krasner, ed., *International Regimes* (NY: Cornell University Press, 1983), p. 1.

❸①　盧業中，「東協區域合作：國際關係理論的再檢視」，《亞太經濟合作評論》，第 12 期，（2004 年 12 月），頁 87～100。

❸②　Robert Keohane and Lisa Martin," The Promise of International Theory," *International Security*, Vol.20, No.1 (1995), pp. 39–51.

❸③　David Lake, "Beyond Anarchy: The Importance of Security Institutions," *International Security*, Vol. 26, No. 1 (2001), pp. 129–160.

來自區域外的強權競逐。此發展趨勢可為亞太地區日後建立相關機制的參考。此外，如許多觀察家所指出，亞太地區合作機制的發展軌跡相當不同於歐盟。在亞太地區，強調共識決、重視過程勝於結果、避免法制化、不積極建立相關官僚組織等，正構成此地區國際制度發展的特色。❸❹

相關國家透過東協及東協區域論壇架構所進行的各項磋商及其消弭猜忌、增加互信的功能，確實在某種程度上符合新自由制度主義的預期。然而，新自由制度主義這種樂觀的看法卻在 1997 年的亞洲金融風暴時遭到挑戰。當時，國內政治似乎取代了各國合作的意向，成為各國行為的主要考量。例如泰國與新加坡即為了開放外國勞工等議題而爭論不休。由此觀之，新自由制度主義在解釋東協區域合作時仍遭遇相當的困難。

東協的成立，其主因即是美國主導的《東南亞公約》幾乎無所作為，但又一手掌控《東南亞公約》的活動，造成東南亞國家反而無法在強權建立的規範下增進本身的安全與發展，因此東協成立之初，東南亞各國就有「摒除區域外強權加入組織的共識」，要以「平等的夥伴精神」建立共同行動的基礎，以提昇東南亞地區合作，致力地區的和平與繁榮。❸❺其實，東協在《曼谷宣言》中所宣示的內容，雖然沒有實質的約束力，但它卻建構一套東協規範；所有會員國同意並將遵守此項規範，共同為區域和平與繁榮努力。例如 1976 年的《峇里第一協約》與《東南亞友好合作條約》，更進一步將安全的顧慮加入規範中，東協各國開始建構非戰的體系文化，在《東南亞友好合作條約》中，各國同意「拒絕使用武力及威脅使用武力」的原則，其實即是體系文化建構的重要指標，東協國家間，不曾再有武力相向的情勢發生，雖然期間各國仍發生過一些邊境的衝突，但東協的規範，已經內化至各成員國，各國亦都堅持非戰及和平解決；經過長期的努力，東協在非戰的體系文化上已經形成重要且為各國遵守的規範。

安全領域的轉型還有另外兩種方式，其變化影響到當前的安全討論。首先，安全學者所思考的國家行為體本身，已經由於世界體系內的議題重組發生了轉變。軍事運作的多邊組織程度愈高，國家認同也愈高。在西歐尤其顯著。因此，隨著國家更加涉入世界經濟（及其機制、制度和相應的非零和國家發展學說），變得不那麼強

---

❸❹　Amitav Acharya, "Realism, Institutionalism, and the Asian Economic Crisis," *Contemporary Southeast Asia*, Vol. 21, No. 1, (1999), pp. 1–29.

❸❺　陳鴻瑜，《東南亞國家協會之發展》，南投，國立暨南大學東南亞研究中心，1997年，頁 232。

大的時候，國家的行為體身分將尋求合作，而非軍事挑釁。

　　1994 年「東協區域論壇」(ASEAN Regional Forum, ARF) 正式啟動，東協為此一重要之區域多邊對話機制之主導力量，東協高峰會於 1992 年決議成立「東協自由貿易區」(ASEAN Free Trade Area, AFTA)，於 2002 年東協創始六國正式啟動自由貿易區。隨後爆發了 1997～1998 年的亞洲金融風暴，影響所及於南韓、印尼、泰國⋯⋯等亞洲國家，東協面對此衝擊深知不可完全依賴美國，必須有東亞自身經濟整合力量，以對抗外在衝擊，而後有《清邁倡議》(Chiang Mai Initiative) 與東協十加三之結合，建立東亞區域經濟合作的制度安排。

三、建構主義與東協整合

　　對國際政治學建構主義做出最大貢獻的是 Alexander Wendt，他質疑現實主義和自由主義研究的起點問題——國際體系的無政府性並質疑傳統建構主義與現實主義和自由主義等完全以科學角度所發現的客觀原則之不可成立性。以 Wendt 為代表的建構主義學派，強調國際政治體系的結構是一種社會意義上的結構，重視國際體系結構對體系單位的作用。以建構主義的角度分析，傳統建構主義的代表人物如 Nicholas Onuf，其重要著作為 1989 年《我們締造的世界：社會理論中的規則、規制與國際關係》(*World of Our Making: Rules and Rule in Social Theory and International Relations*) 以及 1998 年主編的《建構世界的國際關係》(*International Relations in a Constructed World*)，其重要性是因為「首次在國際關係理論中使用『建構主義』者」。

　　若以研究東協安全共同體而言，最有名者首當推目前任教於美國首府華盛頓的 American University 的 Amitav Acharya 為代表性人物，其《建構東南亞安全共同體》(*Constructing a Security Community in Southeast Asia*) 出版時，受到相當大的矚目。Amitav Acharya 指出，建構主義由四個方面改變了安全共同體之研究：一是安全共同體的社會建構，即安全共同體是社會建構的過程，避免戰爭的慣例主要來自互動、社會化、規範和認同的建構。二是更加重視國際組織和制度的作用，組織和制度在導致國家間和平行為的社會化進程中扮演重要角色。三是建構主義的安全共同體超越了改變國際政治的物質力量的影響，儘管物質力量仍然重要，但觀念、文化和認同主體間因素在對外政策的互動中起著關鍵作用。四是超越了歐美中心的地域界限和自由、民主、相互依存的理論模式。在缺乏民主和較低經濟相互依存的第三世界裡依然可以建構安全共同體。❻ 以「東協規範」和「東協方式」著稱的東協，為建

構主義安全共同體研究提供重要和豐富的領域。❸

　　自 1980 年代中期開始，新自由制度主義與新現實主義的理性主義視角受到建構主義者的挑戰。建構主義者接受新自由制度主義關於制度於國家間合作中扮演重要角色的說法，但不同意後者的理性主義假設。首先，建構主義者強調在特定制度下，行為者互為主體的互動，而這些互動有助形塑行為者的身分，行為者並據此新的身分進行下一次的互動。如 John Ruggie 與 Friedrich Kratochwil 所指出，這樣的互為主體性 (intersubjectivity)，正是研究國際制度不可或缺的一項因素。❸

　　建構主義者還認為，國際制度是一種影響國家行為的社會結構，但制度與行為者的關係是相互構成的，並不是如理性主義者所言的線性因果關係。❸國際制度的重要性，不僅是如同新自由制度主義者所言可以限制國家行為及其策略，更重要的是，透過國家間互動的行為規範與規則，國際制度可以重塑會員國的身分與利益。因此，建構主義強調國際制度與行為者間相互構成的關係，而行為者的身分與利益，是會隨著時間而改變的，並非如理性主義所主張的一成不變。❹

　　建構主義也重視國際制度所提供的溝通功能。研究者不應該忽視這些透過制度所傳遞的文化因素，對於行為者的社會化有相當大的影響力。關於建構主義與理性主義互補性的討論，可以 Wendt 及 James Fearon 的觀點為代表。❹

---

❸　Amitav Acharya, *Constructing a Security Community: ASEAN and the Problem of Regional Order* (London: Routledge, 2009, 2nd ed.).

❸　Emanuel Adler and Michael Barnett, eds., *Security Communities* (Cambridge: Cambridge University Press, 1998), p.48, p.59.

❸　Friedrich V. Kratochwil and John G. Ruggie, "International Organization: A State of the Art on the Art of the State," *International Organization*, Vol. 40, No. 4 (1986), pp. 753–775.

❸　有關此結構與行為者關係的討論，亦可參照 Anthony Giddens and Christiopher Pierson, *Conversations with Giddens: Making Sense of Modernity* (CA: Standford University Press, 1998).

❹　Alexander Wendt, "Anarchy Is What States Make of It: The social construction of power politics," *International Organization*, Vol. 46, No. 2 (1992), pp. 391–425; "Constructing International Politics," *International Security,* Vol. 20, No. 1 (1995), pp. 71–81.

❹　James Fearon and Alexander Wendt, "Rationalism vs. Constructivism: A Skeptical View," inWalterCarlsnaes, Thomas Risse, and Beth Simmons, *Handbook of*

　　將這些建構主義觀點適用到東協上，值得注意的是其「不干涉原則」以及共識決的決策模式。此外，東協國家長久以來一直抱持著將東南亞十國納入東協這個家庭，或是「想像的共同體」的願望，也終於在 1999 年得到實踐。❷若自新現實主義與新自由主義的角度觀之，「不干涉原則」及東協區域論壇的發展無疑地會被歸類為異例而非通則的一部分。而東協區域論壇的發展，若是依照新現實主義的看法，東協國家應當邀請美國的加入，或是建立更有效的機制以解決衝突，而不僅是一個鬆散的組織而已。

　　由建構主義的角度，Amitav Acharya 與其他的觀察家為更深入地瞭解東協的發展提供了許多獨到見解。❸與新現實主義不同，其主要貢獻在於特別強調文化與歷

　　　　International Relations (Thousand Oaks, CA: Sage Publications, 2002), pp.52–72.

❷　Acharya 與其他學者均指出，區域性的認同感是透過彼此互動實踐而構成的。Amitav Acharya, *The Quest for Identity: International Relations of Southeast Asia* (London: Oxford University Press, 2000). 另外，關於「想像的共同體」概念，請參閱 Benedict Anderson, *Imagined Communities* (NY: Verso, 1991)，有詳盡的概念闡析。

❸　Acharya 可視為是將建構主義帶入東南亞區域研究的代表。請參閱其著作：*Regionalism and Multilateralism: Essays on Cooperative Security in the Asia-Pacific* (Singapore: Times Academic Press,2002); *The Quest for Identity: International Relations of Southeast Asia* (London: Oxford University Press, 2000);*Constructing a Security Community: ASEAN and the Problem of Regional Order* (London: Routledge, 2000); Amitav Acharya, "Regional Institutions and Security Order in Asia," paper prepared for the second workshop on Security Order in the Asia-Pacific, Bali, Indonesia, May 29-June 2, 2000; "Collective Identity and Conflict Management in Southeast Asia," in Emanuel Adler and Michael Barnett, eds., *Security Communities* (Cambridge: Cambridge University Press,1998), pp.198–227; "A Regional Security Community in Southeast Asia?," *Journal of Strategic Studies*, Vol. 18, No. 3 (1995), pp.181–182; "The Association of Southeast Asian Nations: 'Security Community' or 'Defense Community'?" *Pacific Affairs*, Vol. 64, No.2 (1991), pp.159–177. 其他學者也有相當卓越的相關研究，包括：JurgenHaacke, *ASEAN's Diplomatic and Security Culture* (London: Routledge, 2003); Hiro Katsumata, "Reconstruction of Diplomatic Norms in Southeast Asia: The Case for Strict Adherence to the 'ASEAN Way'," *Contemporary Southeast Asia*, Vol. 25, No. 1 (2003), pp. 104–121; Christopher Hemmer and Peter J. Katzenstein, "Why is There No NATO in Asia? Collective Identity, Regionalism, and the Origins of Multilateralism," *International Organization*, Vol.56, No. 3 (2002),

史因素在東南亞區域研究中的角色，並深入分析這些因素對該地區國家行為的影響。這些學者大都同意東協這樣的組織發展與東協國家對於「主權」的觀念息息相關，尤其受到 1960 年代這些國家脫離殖民地的過程所影響，使得這些國家在互動之際，主要考量即為確保本身的主權地位；❹強調主權以及「互不干涉原則」等規範，透過相關國家在東協以及東協區域論壇的架構下漸漸地制度化。❺所謂的「東協模式」，包括互不干涉原則、不使用武力、一致決，以及面對面的磋商以解決爭議等，也漸漸內化成為東協國家間彼此交往的準則。自東協國家的角度觀之，由這些原則所構成的「東協模式」，是有助於維繫其國內穩定的，也因此受到東協國家的信守。

此種建構主義的解釋，確實有助於擴充國際制度適用至不同地區的解釋力，也避免了新自由制度主義有時過於僵硬的分類標準，例如形式化及法制化這兩項制度主義者最常用的指標。對於擴大國際制度研究的貢獻而言，建構主義避免了新現實主義對於制度本身所能發揮之力量的低估，也避免了新自由制度主義對於亞太地區區域合作欠缺法制化的悲觀想法。藉由文化與政治交互作用的解釋，建構主義確實有助於拉近國際關係理論與國際現實的距離。

然而，建構主義對於東協的觀察也有其侷限。建構主義者認為，集體認同可藉由互動以及時間的演進而塑造，但卻無法明確指出此類過程需時多久，或是某些條件可以有效促成此種轉變。簡言之，我們無法僅由建構主義的視角，去預測「東協模式」的規範可以持續多久。事實上，東協的「互不干涉原則」在某些情況下已經受到挑戰。

舉例而言，儘管名義上東協國家對「互不干涉原則」表現出嚴格遵守的意願，但對於緬甸以及柬埔寨的加入東協卻呈現不同考量。以緬甸的情況為例，東協國家對於「互不干涉原則」做出部分修正，並不忌國際壓力，改採「建設性交往」(constructive engagement) 政策歡迎緬甸加入東協。透過「建設性交往」政策，東協

---

pp.575–607. Peter J. Katzenstein and Nobuo Okawara, "Japan, Asian-Pacific Security, and the Case for Analytical Eclecticism," *International Security,* Vol. 26, No. 3 (2001/2002), pp.153–185; Robin Ramcharan, "ASEAN and Non-interference: A Principle Maintained," *Contemporary Southeast Asia*, Vol. 22, No. 1 (2000), pp. 60–88.

❹　東協的主權觀，參照 Rodolfo C. Severino, "Sovereignty, Intervention, and the ASEAN Way," http://www.aseansec.org/3221.htm，瀏覽日期：2015 年 1 月 1 日。

❺　盧業中，「東協區域合作：國際關係理論的再檢視」，《亞太經濟合作評論》，第 12 期（2004 年 12 月），頁 87～100。

一方面以寧靜外交的方式，透過磋商來勸說緬甸的軍政府釋放包括翁山蘇姬等異議分子以降低國際壓力。另一方面，東協國家以加入該組織為誘餌，以強化軍政府的正當性，避免該政權過度向中國傾斜，威脅東南亞其他國家的安全。柬埔寨的加入，則因為其本身內政情勢的變化而遭到東協推遲。柬埔寨本應依照原定時程，與緬甸及寮國同於 1997 年加入東協，但其國內發生政變，引起東協國家的不安。東協國家認為，若是同意柬埔寨在政變剛結束後就加入東協，等於變相承認政變的正當性，可能使得其他內政不穩定的國家面臨更強烈的政治動盪，為該區域投下不穩定的因素。最後，柬埔寨一直到 1999 年才正式成為東協一分子。在這兩個案例中，東協國家確實在某種程度上沒有嚴格遵循「互不干涉原則」。若僅抱持建構主義，只注意「互不干涉原則」，而忽略緬甸案例中的戰略因素，以及柬埔寨一例中的內政考量，研究者將無法正確解讀東協的此項發展。㊻

　　因此，我們不能排除一種可能性，即東協國家乃將「互不干涉原則」作為一項策略工具。當介入某一特定事件，不符合東協國家利益之際，東協就會搬出此原則以抵抗來自區域外的壓力（如越南入侵柬埔寨）㊼；反之，若在一國的情勢有可能在區域內其他國家引起骨牌效應，甚至可能挑戰這些政權的合法性之際，東協國家是可能放棄或至少調整其「互不干涉原則」，但這種調整仍會透過協商等東協國家可以接受的模式。

　　Alice Ba 著作中提及東協與中國不同的交往方式，所謂複雜的交往 (complex engagement)。Alice Ba 特別強調東協與中國關係中社會化的過程，述及東協與中國於後冷戰時期相互交往的方式，雙方的關係被發展成為不同時期中的相互社會化過程 (mutual socialization process)。㊽中國在與東協交往之過程中，也能因此瞭解東協方式。Alice Ba 的著作使得建構主義的「社會化學習」過程凸顯於國際層次。

　　另外，Hiro Katsumata 以建構主義者的角度來詮釋「東協區域論壇」(ASEAN

㊻　Amitav Acharya, *Regionalism and Multilateralism: Essays on Cooperative Security in the Asia-Pacific* (Singapore: Times Academic Press, 2002), pp. 228–232.

㊼　盧業中，「東協區域合作：國際關係理論的再檢視」，《亞太經濟合作評論》，第 12 期（2004 年 12 月），頁 87～100。

㊽　Alice Ba, "The ASEAN Regional Forum: Maintaining the Regional Idea in Southeast Asia," *International Journal*, Vol. 52, No. 4 (1997), pp.632–656; Alice Ba, "Who's Socializing Whom?: Complex Engagement in Sino-ASEAN Relations," *Pacific Review*, Vol. 19, No. 2 (2006), pp.157–159.

Regional Forum, ARF)，東協現實與新現實主義不僅只是傳統的解釋方式，而是採取「東協各國提出安全合作之論述，發展身分認同」，ARF 比起其他傳統的機制，是較有意義與成效的多邊安全對話機制。**❹**

　　Wendt 指出，當行為體自我意識到他們認為是「成功」的行為體時，模仿行為就會開始。通過模仿獲得了身分與利益，模仿的效果將使群體的同質性提高。雖然實際生活中「成功」甚難被區別，但測量成功的標準卻都是被共有概念與認知所建構。國際間通常將成功定義為擁有和使用權力，但是何謂權力與合法使用權力的判定標準，卻存在極大的差異。**❺**東協在建構非戰體系規範的成功下，開始將此規範推向其他區域外國家，區域論壇是其中一個重要場所，中國則是第一個簽定《東南亞友好合作條約》的國家，這些實踐的過程，其實就是一種模仿與複製，他們期待擴大東協規範的適用範圍與效果，並藉此加深東協的影響力。東協期待從東南亞區域的信心建立措施中，將東協規範再外溢出去，除強化區域的安全共同體信念外，更期望能在短時間內，改變東亞甚至亞太地區群體的集體規範，建立一個非戰的大環境。

　　一個真正的「東協共同體」絕不僅僅是非戰、和平而已；隨著冷戰結束，傳統軍事安全的份量逐次降低，經濟、環境、社會等非傳統的安全明顯的增加。因此，東協將要面對的是一個複雜多元的國際環境，它必須發展具備完整的體系規範；當然現行的許多作法及堅持的原則就必須一一接受檢驗，方能順利進入「東協共同體」的新紀元。

　　近十多年來，東協內部要求重塑「東協規範」及改革「東協方式」的呼聲漸起，但是東協改革的步調仍然緩慢。東協一些國家已經開始朝擴大解釋規範內涵的方式努力，例如泰國推動的「彈性介入」他國內政的方式；新加坡、馬來西亞提倡對其有共同危害的問題提出積極建議；印尼建議成立「東協安全理事會」等；**❺**這些國家的觀點，從上世紀金融風暴後，已在東協內部進行多年的對話，但是卻仍未能獲

---

❹ Hiro Katsumata, *ASEAN's Cooperative Security Enterprise: Norms and Interests in the ASEAN Regional Forum* (London: Palgrave Macmillan, 2010).

❺ Alexander Wendt，秦亞青譯，《國際政治的社會理論》，上海：上海人民出版社，2000 年，頁 410–411。

❺ "Indonesia Propose That an ASEAN Security Community be Formed," 30 August 2003, http://www.rsi.com.sg/eglish/view. 2003092018349/1.html，瀏覽日期：2008 年 11 月 13 日。

致共識。如今東協已於 2015 年建構完成「東協共同體」，但如何推動與執行，要達到共同體的標準，尚待東協努力。

中國學者李開盛認為，於可見的未來，亞洲除了東南亞區域外，東北亞、東亞次區域均很難形成共同體，因兩者均不存在更大的不同外部威脅，因此不易形成安全共同體。我們要對目前的東亞安全合作有一個現實的政策期待。至少在目前乃至今後較長一個時期之內，維護東亞安全可行之道主要是以某種形式把長期進行各方的安全交往與協商，目標是防止衝突、緩解糾紛、建立互信，特別是避免在地區出現動盪甚至戰爭的局面。如果這些安全機制得以建立，特別是在互視為最大威脅的國家之間建立，就能緩解甚至消除彼此間的威脅，從而提供未來建構安全共同體的可能。❺❷

Sarah Easton 與 Richard Stubbs 曾集中討論「東協是否夠強大」(Is ASEAN powerful?) 的議題，試圖將現實與新現實主義、建構主義區分為兩大群體，有意義的是，藉由現實與新現實主義強調權力的執行（實施），以及建構主義者認為權力僅是動機的競爭 (competence motive) 或單純只是行為之能力 (the ability to act)。Easton 與 Stubbs 強調了一個清晰與有用的區分，有助於吾人瞭解東協效力的顯現（萌芽）；更進一步，兩作者描述初形成的脆弱東協與其建立主要的區域合作機制，其貢獻為建構主義者理論化有關權力的概念。❺❸

Tsuyoshi Kawasaki 批評建構主義的想法過於天真浪漫，而主張採取理性主義的思維方式。他指出東協區域論壇本身即是一項制度化的安排，目的在於制度化「東協方式」使之能夠成為區域內行為準則並建立信心措施。❺❹Kawasaki 之想法，認同東協制度化的安排仍是為求其「集體利益」，其思維方式較接近於新自由制度主義，強調可以實證方式的理性抉擇模式。

Tan See Seng 也提出對建構主義之批判，如同 Kawasaki 般地強調建構主義者對

❺❷　李開盛，「建構東亞安全共同體的可能性分析」，《國際論壇》，第 11 卷第 2 期 (2009)，頁 7–11。

❺❸　Sarah Easton and Richard Stubbs, "Is ASEAN Powerful？: Neo-Realist Versus Constructivist Approach to Power in Southeast Asia," *The Pacific Review*, Vol. 19, No. 2 (2006), pp.135–156.

❺❹　Tsuyoshi Kawasaki, "Neither Skepticism nor Romanticism: The ASEAN Regional Forum as a Solution for the Asia-Pacific Assurance Game." *The Pacific Review*, Vol.19, No.2 (2006), pp.219–237.

於東南亞區域關係的研究，仍然基於理想主義的色彩，Tan See Seng 挑戰建構主義者對於國際無政府狀態的謎思 (myth)，而無法提出較有說服力的完整解釋。㊷

四、英國學派 (English School) 與東協整合

英國學派（或稱倫敦學派）提出一個國際社會 (international society) 的概念架構，有別於 Wendt 的建構主義。英國學派（或稱倫敦學派）的「國際社會」之概念相當廣泛，可視其為一些遵守共同價值、規範之政治共同體 (political community)。倒如歐洲聯盟 (European Union) 即是一典型的國際社會，一開始由歐洲十六個國家所組成，相當重視規範包括：國際關係的主題、歷史的重要性、價值觀念之重要性，因沒有任何個體可以脫離價值判斷。

國際關係中的英國學派，特別是學者 Hedley Bull 提出的「國際社會」(International Society) 概念，用以說明於歐洲如何於十九世紀與二十世紀形成真實的全球社會。㊸哥本哈根學派 (Copenhagen School) Ole Waever 主張，英國學派至少有兩處優勢甚於建構主義學派，首先，是處理變化的能力；其次，是處理倫理的能力。由於英國學派處理變化的方式較為靈活，而建構主義於處理變化的方式是有些先入為主的範疇 (pre-conceived categories)；至於倫理方面，建構主義的方式較為武斷，而英國學派提供一個較深入的解釋方式而擁有修改的空間，此與建構主義截然不同。㊹

Shaun Narine 強調東南亞關係可以透過國際關係理論中的英國學派研究途徑，他指出建構主義與英國學派重疊部分在於英國學派的理論可以用來劃分東協組織，英國學派最能夠解釋與說明東南亞國際關係以及符合其於亞太區域的現實情況。㊺

㊷ Ralf Emmers and Tan See Seng, "The ASEAN Regional Forum and Preventive Diplomacy: Built to Fail?" Asian Security, Vol. 7, No. 1 (2011), pp. 44–60.

㊸ Hedley Bull, *The Anarchical Society: A Study of Order in World Politics* (London: Macmillan, 1977); Hedley Bull and Adam Watson, *The Expansion of International Society* (Oxford: Clarendon Press, 1984), pp. 117–126; Barry Buzan and Ole Wæver, *Regions and Powers: The Structure of International Security* (Cambridge: Cambridge University Press, 2003).

㊹ Ole Waever, "The English School's Contribution to the Study of International Relations," http://www.leeds.ac.uk/polis/englishschool/, 瀏覽日期：2014 年 11 月 19 日。

Shaun Narine 質疑建構主義者若僅以東協的身分認同，欲以解釋東協區域內的合作，其解釋力明顯不足。主因東亞迄今仍是一個國家主權至上，領土分歧與民族主義盛行的區域。Narine 認為，東協國家極為努力地建構一個「東協認同」(an ASEAN identity)，此正為建構主義學者們強調的區域關係，東協組織早期成立時強調各成員國獨立主權，互不干涉原則 (non-intervention) 與西伐利亞體系 (Westphalian System) 此恰為英國學派所重視者，例如如何詮釋東協之源起、發展與持續，與英國學派強調東協之萌芽、發展、茁壯的過程相當一致。❺❽Narine 的分析，有助於理解東協此一區域組織於全球體系的地位，有如歐洲於全球體系高居於重要地位。

第三節　剖析國內外學者對於共同體的理念與想法

綜合上述的文獻所言，筆者歸結以下的論點作為發展本書理論架構的基礎，進而提出「4C」文化的類型架構觀察東協的歷史發展與未來建立東協共同體的可能性。

一、三種主要國際關係理論依內容特質，可應用於不同時期

1990 年代以來，針對東亞區域安全與合作的研究發展計畫與論述日益增多，先以現實主義的代表人物為主，例如 Alan Collins 所著《東南亞的安全困境》(*The Security Dilemmas of Southeast Asia*)，強調中國威脅論問題。❻⓪Michael Leifer 強調權力平衡的概念，以及 Barry Buzan 強調的「安全複合體」(Security Complex)。❻❶雖

❺❽ Shaun Narine, "The English and ASEAN," *The Pacific Review*, Vol. 19, No. 2 (2006), pp.199–218.

❺❾ Shaun Narine, "Forty Years of ASEAN: A Historical View," *The Pacific Review*, Vol. 21, No. 4 (2008), pp.411–429

❻⓪ 長期以來，西方一直存在「中國威脅論」，例如部分西方學者和媒體指出，中國要在東南亞謀霸。參照 Alan Collins, *The Security Dilemmas of Southeast Asia* (Singapore: Institute of Southeast Asian Studies, 2000), p.137. 東南亞金融危機後，西方學界又主張「中國經濟威脅論」，將金融危機的責任歸咎於中國的經濟發展和中國競爭的結果。部分東協國家對中國仍有疑慮，使東協對中國混雜著矛盾心態。Leonard C.Sebastian, "Southeast Asian Perceptions of China," in Derek da Cunha (ed.), *Southeast Asian Perspectives on Security* (Singapore: Institute of Southeast Asian Studies, 2000), pp.174–178.

然狹猛的國家間體系看起來調節有序，有些現實主義者稱此為「成熟的」無政府狀態；然則，更廣泛的全球體系則並非如此。各種分離性的力量可能損害或者顛覆現存的協調形式或者全球制度和文化結構的要素。全球性的危機甚至可能在那些已經被安撫的國家和地區重新點燃傳統軍國主義的火焰。並不會自動出現或者一夜之間發生，而是依賴於國家認同。相反地，回應和管理集體威脅的世界責任正在加強，就像 Martha Finnemore 在她的論文所述，各國更經常地通過多邊機制進行干涉，以公認的現在或者正在出現的世界秩序為此類行動進行辯護。❻❷

　　現實主義之間的「無政府狀態」如今已是根深柢固和廣泛地存在，以至於現實主義的一些核心抽象——例如，極數 (polarities) 和戰爭之間的關係——被削弱或者垮掉了。其次，世界的經濟、社會和自然環境方面越來越被強化，擴大了安全威脅的清單。政策制定者和學者們相應地要求安全領域更廣泛的定義，或者在傳統的國家安全觀念之外，劃定全新的領域（例如處理恐怖主義、族群屠殺或者在跨國犯罪組織問題）。

　　另外，也有學者由新自由主義的觀點出發，如 Etel Solington 以國內（政治經濟）聯盟觀點探索東南亞區域合作的限制與發展。❻❸Ralf Emmers 結合英國學派與制度主義的觀點，探討東南亞區域合作範圍中的權力平衡與合作性安全共存共榮的發展。❻❹ShuanNarine 則由制度主義角度探討東南亞區域安全合作中的東協方式。❻❺

❻❶　Alan Collins, *The Security Dilemmas of Southeast Asia* (New York: St. Martin's, 2000); Michael Leifer, *ASEAN and the Security of Southeast Asia* (London: Routledge, 1989); idem, *The ASEAN Regional Forum: Extending ASEAN's Model of Regional Security* (Oxford: Oxford University Press for the International Institute for Strategic Studies, 1996); Barry Buzan, "The Southeast Asian Security Complex," *Contemporary Southeast Asia: A Journal of International & Strategic Affairs*, Vol. 10, No. 1 (1988), pp. 1–16.

❻❷　Martha Finnemore, *National Interests in International Society* (Ithaca, NY: Cornell University Press, 1996), pp.23–25.

❻❸　Etel Solingen, "ASEAN, *Quo Vadis*? Domestic Coalitions and Regional Cooperation," *Contemporary Southeast Asia: A Journal of International and Strategic Affair*, Vol. 21, No. 2 (1999), pp. 30–53;

❻❹　Ralf Emmers, *Cooperative Security and the Balance of Power in ASEAN and ARF* (London: RoutledgeCurzon, 2003).

❻❺　Shaun Narine, "Theory and Southeast Asia: The Case of ASEAN," *World Affairs*, Vol.

於 1997 至 1998 年亞洲金融危機之後，開始有學者由社會建構主義的角度，研究東南亞的區域安全，其中以印度裔，曾在加拿大與新加坡的大學任教，目前於美國華盛頓地區美利堅大學 (American University) 任教的 Amitav Acharya 為代表，他採取 Alexander Wendt 建構主義之觀點，強調東協組織由最初五國、六國到十國，建構出東協特有的「中立、和平、不干預他國內政」東協規範與「不使用武力並極力尋求共識」的東協方式，強調東協組織各國相互合作而研擬「東協安全共同體」㊻。

其餘有關東協共同體的討論見於 Jürgen Haacke、Peter Goldschagg、Johan Saravanamuttu R. C. Banlaoi, Mikael Weissmann, Ahn Deug Kee 等人的著作，㊼其中由歷史事實，也可見到現實主義與建構主義融合的角度，對東協共同體進行檢視。諸人雖對東協安全共同體實質功能有不同意見，然而基本上仍然肯定於不同時期可以現實主義或實存世界，並無一個完美無缺點的國關理論。

東南亞國家協會於多種內外部文件的闡述，明顯採取社會建構論（建構主義）與多邊主義 (multilateralism) 的觀念。研究東南亞安全與多邊主義的學者眾多，舉其瀟瀟大者，例如不以西方中心論 (Western-centric) 為理論模型主軸，而使用東南亞國協習用的規範、（身分）認同、思想文化的概念來進行有關安全之研究。如流行的本土觀 (local knowledge) 來理論化區域安全秩序，不少社會建構論者如 Peter

---

161, No. 1 (1998), pp. 33–47.

㊻ Amitav Acharya, "Do Norms and Identity Matter? Community and Power inSoutheast Asia's Regional Order," in Joseph ChinyongLiow and Ralf Emmers, ed., *Order and Security in Southeast Asia: Essays in Memory of Michael Leifer* (London: Routledge, 2006), pp.78–92.

㊼ Jürgen Haacke, *ASEAN's diplomatic and security culture: Origins, development and prospects* (London and New York: RoutledgeCurzon, 2003); Peter Goldschagg, *Does ASEAN Matter? Reconciling Realist and Constructivist Approaches to regional security in Southeast Asia* (Munich: GRIN Verlag, 2007), pp. 1–84; Johan Saravanamuttu, "Wither the ASEAN Security Community —some reflections?," *International Journal of Asia-Pacific Studies*, Vol. 1 (2005), pp. 44–61; Rommel C.Banlaoi, "Research on ASEAN as a Security Community: Strengths and Limitations of Realism and Constructivism in Southeast Asian Security Studies," paper prepared for presentation to the Annual Convention of InternationalStudies Association at the Town and Country Resort and Convention Center in San Diego, California, March 22–25, 2006.

Katzenstein，Amitav Acharya 與 David Kang 都有此想法。

　　社會建構主義在討論東南亞的安全時，多朝向多邊安全合作的觀點，如 Stuart Harris 強調，東南亞區域發展與其他國家地區不同，亞洲的區域多邊主義有三種形態：1.支持並非取代，此係全球性多邊制度。2.在半官方或第二軌道上活動，與其他區域進行的方式不同。例如設立研究機構、智庫和平臺，做為提議和討論的新規範。3.具有吸納的性質 (inclusive nature)，願意與潛在威脅或問題的國家對話。例如1997 年中國接受多邊主義政策並參與區域安全和經濟事務會議。⑱。

　　如以建構主義下東協安全思維的轉變（詳見本書第三章），分析探討過去東協如何處理安全困境與對外關係：1.建構主義不僅只是一種國際關係理論，而且是分析社會現象的理論，涉及國家本體地位的哲學思考；2.東協組織於過去解決其安全困境的過程中，一方面對內磨合國家間的主權爭議與利益糾葛（例如東協成立之初，菲律賓與馬來西亞對沙巴的主權爭議；新加坡與馬來西亞長期的飲水爭議）；另一方面，東協組織面對外在的國際與區域環境，必須尋求與區域大國如中國、日本、印度、澳大利亞及全球大國如美國、歐盟建立良好的互動關係。

二、建構主義的內容

　　當然，任何區域的安全情勢，都無法自外於國際體系，目前研究區域安全的全體主義下的區域主義方法，成就顯赫為 Peter J. Katzenstein，他將三種有關解釋國際政治的國關理論整合起來，以一種「理論三角體」的方式，將現實主義、自由主義與建構主義結合起來，其具體方法乃是由三種不同的國關理論中借用某些核心論點。例如現實主義注重物質性，分析國際政治體系以及不同環境下行為者的偏好對於國家行為之影響等，自由主義的互賴依存與制度化的合作安排以及社會偏好的理性選擇等，建構主義對於意識型態建構，集體認同社會規範以及重視國際體系重要變遷的過程等。⑲

　　本書除了採取 Alexander Wendt 的建構主義觀點，也由 Peter J. Katzenstein 的「理論三角體」建立一種中層次 (middle-range) 的理論架構中得獲啟發，而在區域安全主義的建構與實踐過程中，重視東協組織的發展過程，如同 Wendt 建構主義所形塑的

⑱　Stuart Harris, "Asian Multilateral Institutions and Their Response to the Asian Economic Crisis," *Pacific Review*, Vol. 13, No. 3 (2000), pp.500–501.

⑲　Peter J. Katzenstein, *A World of Regions: Asia and Europe in the American Imperium* (Ithaca, NY: Cornell University Press, 2005).

三種政府文化——霍布斯文化、洛克文化與康德文化。

根據建構主義學者 Matt McDonald 之分析，「世界本由相對物體之互動相互組成，基因與結構之相互作用與形成」。某些思維式的因素，如規範、（身分）認同、思想文化等形成（組成）世界政治。❼在安全研究上，可由社會結構的層面分析，例如一國視他國為敵人或朋友。社會建構學者因而強調社會、文化與歷史因素之重要性，因其可以決定國際政治中行為者的認同與行為。

於 1980 年及 1990 年代，除了擷取採納現實主義與自由制度主義舊有主張（傳統的軍事與安全）外，建構主義同時豐富了有關「安全」的概念。例如哥本哈根學派的 Barry Buzan 與 Ole Waever，將安全的概念由傳統的軍事安全領域，擴充到政治、經濟、環境與社會安全等領域。❼

(一) Alexander Wendt 建構主義三種無政府文化為類型

主張建構主義的研究者，強調運用一組在意義上相互關聯的社會學概念來解釋世界政治，它們主要是「規範」(norms)、「認同」(identity)、「文化」(culture) 等。例如建構主義者的著名學者 Alexander Wendt 經典的表述，他認為「無政府狀態是由眾多國家所組合而成的」(anarchy is what states make of it)。❼不同的國家行為者對於結構的無政府特徵的認同是不一樣。在二次大戰後的西方國家之間，對結構的無政府認同比較接近，形成一種認同共同體。

Alexander Wendt 認為國家在不斷互動過程發展出的自助體系，兩國間關係是國家受到外在刺激後，依本身社會建構所產生的行為規範、原則及共同信仰價值，對於身處環境的刺激予以界定，再予判斷國際政治中國家行為體的行為是威脅還是利益，之後擬定實現對外政策的工具，強調國家身處的國際環境是無政府狀態，國際政治中並無力量要求國家行為體應真誠的合作與信任，面對國際環境，國家係依本身需要來確定國家利益，且國際社會是變動的，國家利益並非一成不變，規範、認同、文化與互信 (mutual trust) 等是主體間之認知因素，影響國家對於外來刺激的判斷。另建構主義是國際政治的結構理論，其核心主張為國家是國際體系中主要行為

❼　Matt McDonald, "Securitization and Construction of Security," *European Journal of International Relations*, Vol. 14, No. 4 (2008), pp. 583–587.

❼　Barry Buzan, Ole Waever and Jaap de Wilde, *Security: A New Framework for Analysis* (London: Lynne Rienner, 1998).

❼　Alexander Wendt, "Anarchy is What States Make of It: the Social Construction of Power Politics," *International Organization*, Vol. 46, No. 2 (1992), pp.391–465.

體、國家體系中關鍵結構是互為主觀性的，而非物質性的、國家的認同與利益絕大部分是由社會結構所構成，不是由國家體系之外的人性與國內政治所決定。❼

Wendt 的建構主義認為國際體系結構不僅對行為體的行為產生影響，同時也塑造行為體（如中國）的身分。而且，基於「共有觀念」所建構的「身分」，同時也形塑行為體的「利益」。前述的「共有觀念」形成三種無政府狀態文化，包括「霍布斯文化」、「洛克文化」與「康德文化」，此三種無政府狀態文化的主要特徵為：敵人、競爭者與朋友，並透過三種途徑來達到此目的。此三種途徑為透過主權行為體的演變、行為體漸進式的合作，以及國際勢力由「利己的認同」轉變為「集體的認同」。

二十世紀末社會建構論（建構主義）認為：國際合作不僅可能，且國家還可以建構出一種合乎國際與區域安全的文化。無政府狀態本身也不是國際體系的唯一性，它很可能是由國際社會成員於國際體系互動所建構而成，其無政府性可能是敵對衝突，也可能是友好合作，端視國際體系內成員如何建構成員之間的關係，而國家安全的文化隨著世界體系的變化，安全領域的界定和概念化也會發生變化。❼例如隨著某些國家互動的類型被重組為「機制」，安全領域也相應以更為狹隘的方式重新定義。首先，以國際貿易為例。隨著多邊貿易協商越來越廣泛，國際貿易也已經不再是國家安全學者的核心議事日程了。其次，隨著時日移轉，大眾教育的理論和實踐被重新導向為經濟發展和國內社會議題。在現實的全球體系，有關教育的討論圍繞著人力資本，而非軍事力量的問題。說明某些國際安全議題已由傳統和意識型態問題轉變成文化問題。再者，優生學和人口控制提供第三例。以前它們被視為國家安全議題，但現今被重新定義為環境和大眾衛生問題。因此，國家安全的文化顯得較以往更重要。

Alexander Wendt 總結出國際關係無政府狀態下的三種無政府文化類型：霍布斯文化、洛克文化、康德文化。其中，霍布斯文化的主體位置是「敵人」，即國家之間的關係被定義為相互威脅的、無限制使用暴力的自然狀態。在洛克戰略文化中，國家之間的關係被定位為一種「競爭對手」，它們可以使用暴力來實現自我利益，但不會相互殺戮，只會有限和合法地使用暴力。在康德式的無政府文化模式中，文化的主體位置是「朋友」，其主要表現形式是結盟，不使用暴力解決爭端，並協力抗擊外

---

❼ Alexander Wendt, *Social Theory of International Politics* (Cambridge: Cambridge University Press, 1999), pp.92–138.

❼ Alexander Wendt, "Constructing International Politics," *International Security*, Vol.20, No.1 (1995), pp.71–81.

部安全威脅。**㊄**

　　霍布斯文化是一種處於極端的無政府狀態，它充斥著「所有人對抗所有人的戰爭」。國家的生存完全依賴軍事力量，安全意味著高度的競爭及零和遊戲，安全困境十分尖銳。霍布斯文化在拿破崙戰爭、希特勒的興起和第二次世界大戰中得到充分應證。**㊅**國際無政府文化的第二階段是洛克文化。在洛克文化中，國家之間的關係不再是你死我活的零和遊戲，而是在相互尊重主權的基礎上競爭。國家由於認識到「生命和自由」是對方的權利，因此不試圖征服或者統治對方。國家相互競爭的基礎是法治，它受到國際法承認的主權結構的限制。由於競爭並不排除以暴力解決爭端，所以洛克文化還不是一種完全的法治體系。競爭對手期待他者有時使用武力解決爭端，但是認為對方使用暴力的程度會被限制在「生存和允許生存」的界限之內。洛克文化在過去三個世紀的西伐利亞 (Westphalia) 政治中占據主導地位。**㊆**

　　國際無政府文化的第三階段，也是最高層次的是康德文化。在康德文化階段，友誼成為一種角色結構，國家期待他方遵守兩項基本原則：不使用戰爭或戰爭威脅解決爭端（非暴力規則）；若任何一方的安全受到第三方威脅，雙方將共同作戰。**㊇**

　　Katzenstein 等人主編之《國家安全的文化：世界政治中的規範與認同》(*The Culture of National Security: Norms and Identity in World Politics*) 與馬來西亞學者 Muthiah Alagappa 所主編之《亞洲安全實踐：物質與理念影響》(*Asian Security Practice: Material and Ideational Influences*) 則是將社會建構論引進國際安全研究領域的重要嘗試。**㊈** Wendt 亦是由 Katzenstein 的「理論三角體」建立一種中階 (middle-range) 的理論架構，**㊉**而在區域安全主義的建構與實踐過程中，瞭解與重視

㊄ Alexander Wendt, *Social Theory of International Politics* (Cambridge: Cambridge University Press, 1999), pp.246–258.

㊅ Ibid., pp.259–278.

㊆ Ibid., pp.279–296.

㊇ Ibid., pp.297–312.

㊈ Peter J. Katzenstein, ed., *The Culture of National Security: Norms and Identity in World Politics* (New York: Columbia University Press, 1996); MuthiahAlagappa, ed., *Asian Security Practice: Material and Ideational Influences* (Stanford, Calif.: Stanford University Press, 1998).

㊉ Alexander Wendt, "Collective Identity Formation and the International State," *American Political Science Review*, Vol. 88, No. 2 (1994), pp. 391–392.

東協組織的發展過程，如同 Wendt 建構主義所形塑的三種無政府文化——霍布斯、洛克與康德文化。Wendt 也認為，兩國間與多國間的互動，或者採取的外交行動，與各國的本身認同與制度形成頗有關聯，認同與制度的形成過程於各國的外交行動選擇，更占據頗大的分量。

㈡本書並不完全採取溫特「無政府狀態」下的三種文化觀點

國家安全領域的理論化是一個議題不斷流動的演進過程。這些議題流動的領域包括國家在「無政府」背景下的互動、機制下的政治交易，以及世界文化中相對來說不被重視的傳統或者理念問題。隨著時間的推移，純粹的「無政府」安全政治領域，現實主義的根本重地，由於多邊機制和世界社會的部分的、適當地擴張，在某種程度上可能已經被縮小了；同時，隨著「無政府」衝突的情況受到現實主義者的質疑，加強此一安全研究領域。

東協成員國間的歷史恩怨，雖無法立即消除，但透過彼此間的互動，以及長達四十八年以上的「認同」，雙邊與多邊的合作日益增強，並透過規範建立制度，東協雖是鬆散組織，也能達成相互合作。實際上，均以「無政府狀態」為分析基礎的現實主義與新自由制度主義於研究上有趨同之勢，可以說，以東南亞區域而言，很長一段時間於二次世界大戰後的國際關係理論中，可以採取現實主義與新現實主義來解釋東南亞現象，如以區域安全與政治關係而論，較重要者莫過於 1989 年越南撤出柬埔寨，同年馬來西亞共產黨 (the Communist Party of Malaysia, CPM) 與馬國、泰國政府簽訂協議，結束了數十年間與泰、馬政府間的對抗活動。但以東南亞區域而言，因其歷史背景、殖民文化錯綜複雜，很難概括使用 Wendt 的「無政府狀態下的三種文化類型」來做分析。

三、本書創設「4C」安全文化之理念型架構

筆者認為，單一的國際關係理論，不論是現實主義、新自由制度理論，或建構主義，任一理論無法解釋所有的東協現況，如冷戰後於亞洲日益流行的新自由制度論與建構主義可深入分析東協與美、中、日、印的關係，除四大國皆為東協對話夥伴外，東協 1994 年成立的東協區域論壇，成員亦包括此四大國。東協與外國之關係，可由圖 2–1 研究架構表現。在二十一世紀，東協與大國之互動，是東協欲擴張其勢力，並於全球化下新世紀東亞區域環境，與大國之互動，並有相互關聯及影響（如「十加三」、「十加六」），以及美國歐巴馬總統再三宣誓「美國將重返亞洲」之

際，東協與中、美、日、印等大國必須保持平衡。無可否認，現實是東協國家同區域外其他亞太國家尋求簽署自由貿易協定的主要動力，如東協與中國建立「東協—中國自由貿易區」、新加坡先後與日本和澳大利亞簽署雙邊自由貿易協定等。**⑧**這反過來又會削弱東協區域內部貿易增長的動力。

簡單而言，「4C」安全文化之構想，為一概念型架構 (Conceptual framework)，針對東協共同體於形成之過程，依其不同階段加以整理而成。本書將之區分為：1.衝突型 (Conflict) 安全文化；　2.協商型 (Coordinative) 安全文化；　3.合作型 (Cooperative) 安全文化；　4.共同型 (Common) 安全文化。以下第四節，將詳細闡釋東協「4C」安全文化之內容。

第四節　東協「4C」安全文化之內容剖析

本書作者認為，事實上很難僅用單一理論來涵蓋所有國際體系發生的事實與狀況。若要觀察東協成立初期的區域安全與國際關係議題，無疑地冷戰時期，1984 年以前僅有五個東協創始國，實力不夠。例如 1989 年越南撤出柬埔寨，或者同一年馬來西亞共產黨（簡稱馬共，the Communist Party of Malaysia, CPM）與馬國、泰國政府簽訂和約，馬共自此終結其於冷戰時期主導東南亞事務數十年之久的歷史。

Murphy and Nelson 曾指出，相關於分析英國與歐洲部分國家，國際關係領域或國際政治的經濟學 (IPE) 領域是可以被採用。吾人深入觀察，於冷戰時期現實主義與新現實主義的確望風披靡，於分析東南亞國際關係的議題無出其右者，然則於後冷戰時期，隨著日益增強的經濟區域化，期望瞭解崛起的中國、印度、東協暨日本、歐盟於區域角色的變遷，不同國際關係理論的發展應用於本區域的方式，亦有所變更。

以下分析東協近五十年來的重大發展，以十年為期觀察東協的五個十年：

一、東協的五個十年

1967 年東協組織成立迄今將達五十年（2016 年 8 月 8 日已滿四十九年），於 2015 年形成東協共同體尤具重大意義。如以每一個十年為期（基本單位），對東協

---

⑧　鄭先武，《東盟「安全共同體」：從理論到實踐》，2011 年 2 月 18 日，http://yunnan.stis.cn/xnjw/dmkjjj/200411/t20041101_233856.htm，瀏覽日期：2015 年 4 月 18 日。

組織進行分析探討，可以將東協整合過程分述於下列五階段：

㈠第一個十年（1967～1977 年）： 建立制度的時期

此十年東協歷經整合，外表看起來是經濟文化的次區域組織，但本質卻是政治意涵較高的組織。❷1971 年《吉隆坡宣言》表明「東南亞為一和平、自由、中立區」，避免受到任一大國或外力的控制。馬來西亞、新加坡與印尼三國要求共管馬六甲海峽，反對將馬六甲海峽國際化，加強東協組織的獨立自主性，此一階段為東協組織建立制度的時期。

㈡第二個十年（1977～1987 年）： 強化國際聲望

1978 年年底越南入侵柬埔寨，其背後支持者為前蘇聯老大哥，東協深感安全受到威脅，當時印支半島成為國際焦點，東南亞區域形成一方為東協組織（背後為美國），另一方為越南（背後為蘇聯），兩方對立的狀態。柬埔寨問題成為東協組織加強團結的因素，不僅向聯合國控訴，也加強內部凝聚力與區域合作的意識型態，提升東協國際地位。

㈢第三個十年（1987～1997 年）： 提升政治經濟實力階段

此階段為東協組織迅速擴充，由原來之五國到六國 (1984) 至十國 (1999) 之階段，於政治協調與經濟合作皆有良好的表現。東協以「大東協」(Grand ASEAN) 為目標，同時朝向建立「東協共同體」為最終目標。此十年東協與中南半島三國改善關係，隨著 1989 年越南由柬埔寨撤軍，柬埔寨問題由國際爭端轉向為內政治理問題。東協六國與越南及中南半島三國關係改善，東協組織的形象大為轉變成「較全方位的區域組織」。

㈣第四個十年（1997～2007 年）： 由上世紀末亞洲金融風暴中迅速復甦，邁入新世紀

邁入新（二十一）世紀的東協十國，由上世紀末亞洲金融風暴 (1997～1998) 危機中迅速復甦，轉向建立「東協共同體」。2003 年 10 月，為東協重要的里程碑。第九次東協領導人高峰會，東協通過《峇里第二協約》，預定於 2020 年建立包括政治安全共同體、經濟共同體與社會文化共同體的「東協共同體」，此為三大支柱。2005 年東協推動成立「東亞高峰會」(East Asia Summit)，為「十加六」之開端，東協高峰會於 2007 年再度決議，隨著亞洲政治經濟社會的重大變化，東協必須修改其時

❷　Michael Leifer, *ASEAN and the Security of Southeast Asia* (London: Routledge, 1989).

程，將東協共同體提前於 2015 年實現，東協憲章也依時公布。

㈤第五個十年（2007〜2017 年）：2015 年形成「東協共同體」之後，東協發展成為區域整合之推手引擎，建立東協中心地位

新世紀起東協加強其政經實力的擴充，並以其優勢如人口紅利、豐沛自然資源，以及團結一致的十國，推動東協與區域內外大國之關係，東協有十個對話夥伴國，其推動成立的「東協區域論壇」共有二十八成員國（包括美、日、中、韓、歐盟）。東協由 2013 年起，推動區域綜合性經濟夥伴協定，以整合五個「ASEAN+1」，成員包括東協十國與中國、日本、南韓、印度、紐西蘭、澳洲，預定於 2015 年底完成磋商，東協充分展示其全球化之角色與東協中心地位之野心。

二、區域主義與東協安全文化

重視安全文化，已蔚為東協成立以來的重要思維，東協研究者不可不知。著名的東協研究者，例如被視為現實主義的 Michael Leifer 與重視研究安全文化的 Amitav Acharya❽，兩人雖採取不同視角，但兩人皆同意不可忽略東南亞的區域特質（如多元文化、歷史、宗教、語言……）。

另一重視文化層面的學者卡贊斯坦 Peter J. Katzenstein 其主編的名著為《國家安全的文化：世界政治中的規範與認同》（*The Culture of National Security*），集中探討的是規範、認同和文化在國際國內安全中的影響問題，將建構主義的基本觀點第一次全面地運用於實證領域。此書由卡贊斯坦教授主編，彙集了包括 Alexander Wendt、Martha Finnemore、Elizabeth Gill、Johnston, Alastair Iain（江憶恩）等在內十六位美國一流學者的學術論文。

在《國家安全文化：世界政治中的文化與認同》一書中，Katzenstein 提到對安全的研究不應該只限於物質因素，社會文化因素也非常重要。這本書的作者們運用大量的案例，對傳統武器的擴散、核子武器與化學武器的擴散、人道干預、結盟、北約組織等傳統國家安全領域的諸多問題進行經驗分析。總之，國際體系中的社會結構對國家安全不僅有限制作用，而且還影響國家認同與安全利益的形成。❾

新現實主義的安全困境，於東協之間似乎已不復存在，在東協各國長期經營努

---

❽　著名的東協研究者 Amitav Acharya，被視為社會建構主義之重要學者。

❾　Peter J. Katzenstein, ed., *The Culture of National Security: Norms and Identity in World Politics* (New York: Columbia University Press, 1996)

力之下，對內各國都已建立「不武」的共識，並且形成了區域規範。對外東協正透過區域論壇，宣傳東協多邊協商、和平解決的處事原則，且已與中國達成進一步的共識及簽訂《東南亞友好合作條約》。東協建立的體系文化從基本的觀念開始轉變，除建立內部的共識外，並已將傳統的敵人都視為可以合作的對象。雖然，東協內部仍有部分極待解決的問題，但東協仍選擇放棄相互敵視的對立與跳脫自助的螺旋效應，推出在 2015 年建構「東協共同體」的願景，這就是一種東協安全文化的形成與擴散。

由於東協在區域安全合作方面成就明顯和成立以來沒有發生大規模暴力衝突的紀錄，它成為一個區域安全共同體的潛力，從二十世紀八〇年代末就得到政界和學術界的廣泛承認。新加坡外交家 Kishore Mahbubani 說：「東協成員之間不再發生戰爭是一個巨大的成就」。Sheldon Simon：「就成員國拒絕使用武力解決彼此爭端而言，東協應該是一個安全共同體」。 ㊺ Michael Leifer 稱東協為「外交共同體」(diplomatic community)。 ㊻ Noodin Sopiee 稱之為「準安全共同體」。 ㊼ Amitav Acharya 認為，東協雖不是 Karl Deutsch 所說的「安全共同體」，但符合「創始的安全共同體」概念。他還認為，東協目前是「發展中國家最近似的安全共同體」。 ㊽

證諸實際，東協共同體與歐盟不同，相較於歐盟二十八國，前者雖僅有十國，但彼此間的相異性大於相同性，形成東協共同體的困境很大。如此，在全球、區域與國家三層次均有困境。然東協以無比耐心一一克服，於 2015 年年底已經正式成立「東協共同體」。

三、東協「4C」安全文化類型的概念架構

事實上，東協國家在獨立之初，相互間仍存有許多歷史的遺緒 (legacy)，邊界

㊺　Sheldon Simon, "Regionalization of Defense in Southeast," The Pacific Review, Vol. 5, No. 2 (1992), p. 122.

㊻　Michael Leifer, "The Limits to ASEAN's Expanding Role," inKin Wah Chin and Leo Suryadinata, eds., MichaelLeifer: Seclected Works on Southeast Asia (Singapore: ISEAS, 2005), pp. 164–188.

㊼　NoordinSopiee, "ASEAN and Regional Security," in Mohammed Ayoob (ed.), Regional Security in the Third World (London: Croom Helm, 1986), p. 229.

㊽　Amitav Acharya, Constructing a Security Community in Southeast Asia: ASEAN and the Problem of Regional Order (London: Routledge, 2001), pp. 207–209.

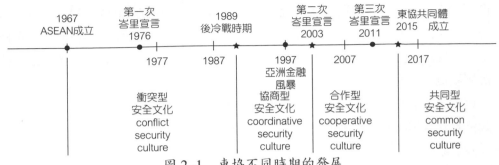

圖2-1　東協不同時期的發展

資料來源：作者自製

的糾紛引起的武裝衝突，對初成立的各國政府確是極大的威脅，各國政府處於缺乏合法性與整合決策能力的同時，解決國內各派系各族群對政權合法性的挑戰，成為當時的重要工作；區域內雖未發生大型戰爭，但是卻充滿衝突與緊張的氣氛。後冷戰時期，形成1990年代軍備競賽於東南亞炙熱的現象，❽至今，東協各國對軍備競賽並未完全停止。

新世紀以來，東協國家間的部分難解爭議，在經過協商與多國調停後若仍無法解決，都送交國際法庭仲裁解決，建立良好的解決問題模式。例如新加坡與馬來西亞之間白礁島爭議❾此外牽涉複雜多國的南海問題，亦在2002年11月簽訂了《南

---

❽　例如越南期望能採購24架SU-27新型戰機；馬來西亞積極進行部隊現代化，並期望建立遠程的部隊投射能力；菲律賓編列預算進行海上巡邏及預警飛機的採購，並積極加強其海軍艦艇的頓位及火力；新加坡也未曾稍緩其武器採購的步調。詳細研析各國武器種類及數量，以及東協推動的傳統武器登記管制措施，各國近年來採購的武器裝備，除了用於國內治安及武裝叛亂團體的剿滅外，其實大部分國家都只是因為軍方勢力依然存在，武器採購不容減緩。此外各國也希望在未來解決任何紛爭時，能有一支可恃戰力，但其目的均非想強過區域國家，進而企圖侵略或奪取他國領土。從東協與各國作為可知，東協成員國在經過長時間的合作與保證不使用武力及不威脅使用的條約約束下，似已獲得非戰的共識，並已有內化成區域規範的趨勢。

❾　白礁又稱白礁島（新加坡稱Pedra Branca、馬來西亞稱Pulau Batu Puteh），2008年5月23日經位於荷蘭海牙的國際法院裁決，由16名多國法官組成的陪審團以12票對4票判決白礁島主權歸新加坡，以15票對1票判決白礁島南部的中岩礁(middle rocks)歸馬來西亞，而南礁(south ledge)主權則歸擁有它所處海域主權的一方。因此，對於南礁到底應歸新加坡還是馬來西亞所有，兩國官員接下來必須開會

海區域行為準則》，暫時擱置爭議。對外方面，東協與中國在 2003 年簽訂《東南亞友好合作條約》，中國成為第一個簽署此條約的區域外國家，顯示東協已將這種視他者為敵人的角色觀念，漸漸轉化為競爭夥伴或是朋友的關係，並且由東協內部擴散外溢到區域以外的國家。

東協國家多曾受殖民統治，其最大安全威脅並不是外國的侵略，而是來自族群與政權合法性等層面，鞏固政權是其最重要的任務。❾❶由此可知東協堅持的「不干涉內政」原則其來有自。

在前述的文獻探討之後，依不同的東協區域特質，吾人可以將東協不同時期的安全文化區分為四種概念架構：一是衝突型安全文化 (conflict security culture)；二是協商型安全文化 (coordinative security culture)；三是合作型安全文化 (cooperative security culture)；四是共同型安全文化 (common security culture)，以下簡稱為「4C」東協安全文化。

東協組織於邁向全球化的過程中，由 1967 年迄今，過往近五十年的發展史中，可以區別為四個主要時期：1. 1967～1989 年為冷戰時期，東協安全思維主要繫於防堵共產主義並維持東協本身生存，係衝突型安全文化；2. 1990～2002 年為後冷戰時期協商型安全文化，受到外力影響深刻，擔憂美蘇兩極瓦解的權力真空，此時期為東協軍備競爭最劇烈之時期，成員之間協商以避免戰爭與軍事衝突，係協商型安全文化；3. 2003 年～2014 年，為合作型安全文化，以各國合作性的外交或貿易來抑止危險或威脅的發生、預防戰爭的發生，及抑止戰爭情況擴大為目的的安全概念；4. 2015～迄今，2015 年形成「東協共同體」之後，發展為共同型安全文化。❾❷東

確定它所處的地點屬於誰的領海範圍，才能決定主權歸屬。https://zh.wikipedia.org/wiki/%E7%99%BD%E7%A4%81，瀏覽日期：2015 年 4 月 10 日。

❾❶　Barry Buzan, *People, States, and Fear : The National Security Problem in International Relations* (Sussex, England : The University of North Carolina Press, 1983)

❾❷　此處「共同型的東協安全文化」(common security culture) 與傳統的共同安全 (Common Security) 概念並不一致，共同安全是指基於避免戰爭發生的共同利益下，與敵之一方合作而迴避戰爭發生的安全概念。該概念乃源自冷戰時期的歐洲，亦即否定向來競爭性對立的安全，轉而重視藉由與敵方勢力間相互依存的合作關係建立安全的保障。1975 年「歐洲安全合作會議」(CSCE) (現在的「歐洲安全合作組織」(OSCE)) 即為典型共同安全的具體案例。參見魏靜芬，2009，國家軍事力與安全保障，《法學論著》。《軍法專刊》，第 55 卷第 1 期，頁 17–29。

協共同體三支柱包括政治安全、經濟與社會文化三個共同體。

　　四種類型的東協安全文化，為本書使用的概念型架構 (conceptual framework)，此概念架構為理念型分析架構 (ideal type)。此概念架構有助於吾人分析與瞭解東協成立、茁壯與發展的過程。但不同時期的安全文化呈現，並非百分之百，而是一種混合性安全文化 (mixture security culture)，現實層面可以將之視為派 (pie)，依照不同時期的環境特質，「4C」衝突、協商、合作、共同型的東協安全文化，可參見圖2–2、圖2–3、圖2–4、圖2–5。

　　尤其重要者，新世紀東協組織所遭遇的挑戰相當多元。從國際層面而言，主要有：1.全球化加速和冷戰的結束；2.新區域主義興起；3.東協區域論壇效果欠佳。從區域層面看，東協主要有來自四個方面的挑戰：1.金融危機的衝擊；2.東協擴大的負面影響；3.經濟相互依存程度較低；從國家層面看，對東協的挑戰主要有：1.東協各國明顯的脆弱性孕育衝突根源；2.東協各國普遍存在的邊界問題影響國家關係；3.東協國家與區域外雙邊安全合作有礙本區域多邊進程。

冷戰時期（1967 ～ 1989）

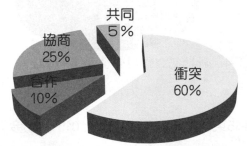

圖 2–2　冷戰時期衝突型安全文化 (1967～1989)

資料來源：作者自製

---

http://www.lawbank.com.tw/treatise/pl_article.aspx?AID=P000212610，瀏覽日期：2015 年 4 月 18 日。

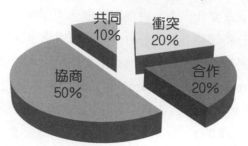

圖 2-3　後冷戰時期協商型安全文化 (1990～2002)

資料來源：作者自製

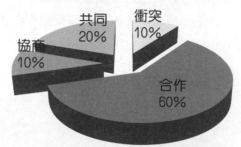

圖 2-4　新世紀合作型安全文化 (2003～2014)

資料來源：作者自製

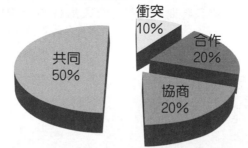

圖 2-5　2015 年起共同型安全文化 (2015～)

資料來源：作者自製

㈠冷戰時期衝突型安全文化 (1967～1989)

「東協共同體」的概念，這是用新現實主義權力與利益分配的觀點是難以周延

解釋的，成立於 1967 年的東協，其前身為 1961 年 ASA（東南亞公約組織）與 1963 年馬菲印聯盟，其中馬來西亞與菲律賓有沙巴主權爭議，於成立之初兩國經過斷交復交之過程，彼此間強調經濟合作但實質為政治意識型態掛帥。在長達二十餘年的過程中，東協組織被視為一個鬆散的、不具強制性與執行能力的區域組織，東協組織成員由最初五創始成員國，汶萊於 1984 年加入，成為第六國。

1960 年代的東南亞，對鄰國的猜忌與不安，籠罩在東南亞各國間；但 1967 年東協成立之後，在各國建構區域和平環境與重視國家發展前提下，東協國家共同合作追求彼此共同利益的趨勢，使區域劍拔弩張的緊張氛圍逐漸和緩。從 1976 年各國簽訂《東南亞友好合作條約》以後，國家間的關係開始改善，更因為有了《東南亞友好合作條約》中的第二條：締約國遵循「和平解決歧異與爭端，且拒絕武力的威脅與威脅使用武力」等基本原則；使得區域國家間的關係又更進一步。多年以來，東南亞各國透過各種信心建立措施，對彼此有更清楚明確的瞭解，大幅降低相互的猜忌與疑慮。**❽❸**

㈡後冷戰時期協商型安全文化 (1990～2002)

1989 年美蘇兩極體系瓦解，東南亞地區形成權力真空，由於美蘇兩國權力退出東南亞，例如 1992 年菲律賓國會通過美軍基地退出菲律賓（蘇比克海軍基地與克拉克空軍基地），當時東協六成員國莫不感到安全受威脅。由 1990 年到 2000 年，為競爭型安全文化，東協六國間軍備競賽相當明顯，各國皆增加軍備預算支出，彼此間為明爭暗鬥，新加坡與馬來西亞有關供水問題而爭吵不休；印支三邦難民問題也為馬來西亞與泰國帶來許多棘手難題。

1997～1998 年間，更由於西方投機客之炒作，使得東亞與金融風暴席捲東南亞，如泰國、菲律賓、印尼與東北亞的南韓皆受波及，東協於遭遇金融風暴後，開始有「相互合作、互賴依存之『大東協』(Grand-10) 概念」，1995 年越南成為第七個東協會員國，接著於 1997 年有寮國、緬甸，1999 年柬埔寨加入後，二十世紀末東協組織成為擁有十個成員國的大東協 (Grand-10) 區域組織。

㈢新世紀合作型安全文化 (2003～2015.12.31)

歷經亞洲金融危機、泰國霾害與 SARS 等流行疾病的教訓，促使東協各國加快學習的腳步，學習如何迎接全球化的世界、學習如何深化區域合作的內容。自從中

---

❸　葉仕臻譯，「東南亞諸國海軍航空兵力」，《亞太安全譯文彙集Ⅲ》，臺北：國防部史政編譯局，1999 年，頁 532。

國與東協簽訂友好合作協定後，冷戰時期東協國家共同的敵人已消失。東協內部的團結與否成為安全與發展的主要動力；面對當前世局，國際與區域間跨國問題日增，都牽涉到「東協方式」原則，因為這些問題的解決，顯現出必要的國家部分主權釋出。泰國、菲律賓早在 1998 年就提出「彈性介入」的概念，雖然當時並未被馬來西亞、印尼及新加坡接受，但是卻也獲得一些成果，即 2003 年《峇里第二協約》中提到，東協共同體將對共同關心的事務主動分享資訊，例如環境汙染、航行安全、共同防禦合作等議題，都有進一步成立處理機制的規劃。

新世紀起東協特別重視國際與區域合作制度的安排，包括四個方面：第一是東協區域內國家的和解，化解歷史恩怨；第二為抵禦外國之侵略，維護東南亞區域和平；三是反對外國干涉，維護地區穩定；四是擴展經濟合作，促進區域繁榮。本書也將從以上四個方面，瞭解有關東協合作制度的安排。

新世紀起，也隨著 2001 年 911 恐怖攻擊，美國推動全球反恐戰略，東南亞國協部分國家具備回教穆斯林宗教色彩，成為美國鎖定反恐合作的國家，如印尼、馬來西亞、新加坡、菲律賓。東協受到金融危機禍害，印尼總理蘇哈托因此下臺，東協與中、日、韓三國簽立《清邁倡議》(Chiang Mai initiative) 協定，建立避險換匯機制以避免未來之金融危機。

2003 年是另一東協的重大關鍵時刻，2003 年中國與東協簽訂《東南亞友好合作條約》，成為第一個區域外大國與東協簽訂友好協定之國家；不久，日本、南韓、加拿大、印度、紐西蘭、澳洲接著跟隨，迄目前為止，東協十國對話夥伴國 (dialogue partners) 皆與東協已簽訂《東南亞友好合作條約》。

東協 2003 年於峇里的東亞高峰會，簽訂《峇里第二協約》(Bali Concord II)，強調區域內成員相互合作，期待於 2020 年成立東協共同體。但 2009 年的高峰會議，與 2011 年 11 月 17～19 日於印尼峇里島舉行第 19 屆東協高峰會及相關會議，會議以「全球共同體中的東協共同體」(ASEAN Community in a Global Community of Nations) 為主題綱領，十國領袖亦共同發表相關宣言，東協復簽訂《峇里第三協約》(Bali Concord III)，決定將東協共同體 (ASEAN Community) 提前於 2015 年成立。

㈣ 2015.12.31 起共同型安全文化 (2016～)

2015 年 11 月的東協高峰會，東協領袖們共同決議，於未來東協的推動，仍本著三大共同體路徑藍圖 (Roadmap for an ASEAN Community, 2009～2015) 的基本原則❾❹，朝向東協未來的共同願景。2015 年對於東協的整合是個極為關鍵的一年，根

據東協揭櫫的理想藍圖，東協不僅已於 2015 年 12 月 31 日達成東協共同體 (ASEAN Community)，期待於 2015 年年底至少建構一個「政治團結、經濟整合、負責的社會文化，真正的以人民為中心 (people-oriented)」並可依法行事 (rules-based ASEAN) 的東協。可說 2015 年底起，東協進入共同型安全文化。此外，東協並且高瞻遠矚欲超越 2015 年，思及十年後 2025、2030、2040、2050 年未來的東協發展，期盼確實達到東協共同體的目標。

可預見之未來，2016 年年初「東協經濟共同體」(AEC) 已經啟動，有關於東協與六國「區域全面經濟夥伴協定」(RCEP) 之談判亦同時如火如荼進行中。在安全思維上，已開始隨著區域整合的進程，逐漸建立起共同型的安全文化，亦即在觀念、規範、安全文化上，建立起具有共識、相互合作及認同度高的共同體，朝向共同利益，扮演更重要的角色。

表 2-1　東協不同時期的安全思維轉變與安全文化

安全文化		國際關係整合理論	安全思維	重要主張	東協安全文化
衝突型	1967|1989	現實主義（綜合型）	依賴美國	建立自由、中立、和平區	Conflict Security Culture（衝突型安全文化）
協商型	1990|2002	現實主義、新制度主義	建立對話夥伴，互賴依存於交往合作	透過「東協區域論壇」多邊對話，強化區域安全	Coordinative Security Culture（協商型安全文化）
合作型	2003|2015.12.31	新制度主義、建構主義	擴大對外交往、建構「和平的東亞社區」	向外觀 (outward-looking) 及內觀 (inward-looking) 的安全視野、研擬 2015 年底建立東協安全共同體、建立東亞高峰會	Cooperative Security Culture（合作型安全文化）
共同型	2016|迄今	建構主義（綜合型）	建立具有共識、認同度高、相互合作的共同體	東協十國朝向共同利益,扮演更重要全球角色	Common Security Culture（共同型安全文化）

資料來源：作者自製

---

❾❹ http://www.asean.org/storage/images/ASEAN_RTK_2014/2_Roadmap_for_ASEAN_Community_20092015.pdf，瀏覽日期：2015 年 8 月 18 日。

　　準此，東協「4C」安全文化的理念類型頗有助於吾人分析與瞭解 1967 年以來東協的成立、茁壯與發展，但不同時期的安全文化呈現，並非理想型百分百，而是一種混合性安全文化 (mixed security culture)，依據不同時期的東協「4C」衝突、協商、合作、共同型的四種東協安全文化，東協採取「東協方式」(ASEAN Way) 行為模式，成為型塑東亞區域政經整合的核心角色。

　　以下各章，本書將有系統性地結合五十年來東協發展的理論與事實，依據不同主題分章節闡述不同時期東協「4C」安全文化：東協衝突型、協商型、合作型、共同型安全文化之發展。

第三章　東協組織安全思維的轉變

前　言

東南亞國家協會（Association of Southeast Asian Nations，ASEAN，以下簡稱東協或東協組織）的前身是由馬來西亞、菲律賓和泰國三國於 1961 年 7 月 31 日在曼谷成立的東南亞公約組織（the Association of Southeast Asia，簡稱 ASA）❶以及 1962 年馬來西亞、菲律賓、印尼聯盟（MAPHILINDO）。❷1967 年 8 月 7 日至 8 日，印尼、新加坡、泰國、菲律賓四國外長和馬來西亞副總理在泰國首都曼谷舉行會議，發表《東南亞國家協會成立宣言》，即《曼谷宣言》，東南亞國家協會正式宣告成立。除印尼、馬來西亞、菲律賓、新加坡和泰國五個創始成員國外，其餘五國先後加入東協－汶萊（1984 年）、越南（1995 年）、寮國（1997 年）、緬甸（1997 年）和柬埔寨（1999 年）。使東協組織涵蓋整個東南亞地區，當 2015 年建構完成東協共同體時，已形成一個人口超過 6.25 億、面積達 450 萬平方公里的十國集團。2006 年 7 月，東帝汶提出申請加入東協，目前為準會員國（預備會員）。另外，巴布亞紐幾內亞為東協觀察員。❸成立近五十年來，東協組織已日益成為東南亞地區以經濟合作為基礎整合形成的政治、經濟、安全之組織，並建立一系列合作機制。

2016 年 8 月成立已滿四十九週年的東協組織，❹係 1967 年冷戰期間於美國的支持影響下成立，歷經 1950 與 1960 年代國際體系美蘇兩極對抗，1970 與 1980 年代之後強調互賴依存，到 1990 年代之後主張區域安全與國際合作，二十世紀底形成東協十國。近二十年來，此一區域組織不僅扮演東亞區域整合之重要角色，在全球

---

❶ Amitav Acharya, *The Quest for Identity: International relations of Southeast Asia* (Oxford University Press, 2000), p. 79.

❷ Ibid, pp. 81–82.

❸ https://zh.wikipedia.org/wiki/%E4%B8%9C%E5%8D%97%E4%BA%9A%E5%9B%BD%E5%AE%B6%E8%81%94%E7%9B%9F，瀏覽日期：2016 年 2 月 2 日。

❹ 近幾任東協秘書長 Ajit Singh (1 Jan 1993 － 31 Dec 1997)，Rodolfo Severino Jr. (1 January 1998 － 31 December 2002)，Ong Keng Yong (1 Jan 2003 － 31 Dec 2007)，Surin Pitsuwan (1 Jan 2008 － 31 Dec 2012)。現任東協秘書長為 Le Luong Minh (1 Jan 2013 to 31 Dec 2017)。

化過程下其未來的發展也受到關切。

　　東協於 2009 年 3 月第十四屆高峰會簽署的《東協共同體 (2009～2015) 路線圖宣言》(Roadmap for an ASEAN Community, 2009～2015)，❺ 決定於 2015 年將東協組織轉變成為與歐洲聯盟一般的政治經濟共同體。東協共同體包括東協政治安全共同體、東協經濟共同體與東協文化共同體三大支柱。❻

　　東南亞國家安全危機意識的產生，始於冷戰時期，由早期 1961 年的東南亞公約、1962 年馬菲印聯盟，到 1967 年成立東協，而後有《曼谷宣言》(1967)、《吉隆坡宣言》(1971) 與《峇里島宣言》(1972)。《吉隆坡宣言》強調東協的「和平、自由、中立」原則與互不干預內政。東協的和平制度設計，包括： 1.東協組織成員國之間維持和平之設計，例如 1976 年 2 月東協組織在印尼峇里 (Bali) 簽署的《東南亞友好與合作條約》(Treaty of Amity and Cooperation in Southeast Asia Indonesia, 24 February 1976, TAC)❼ 與東協《峇里第一協約》(Bali Security Concord I，又稱《第一次峇里安全協約》)，以及 2003 年東協《峇里第二協約》(Bali Security Concord II)。 2.東協成員國與外部國家 (美、中、日、韓、俄羅斯) 維持和平的制度性設計。如東協 1971 年簽訂的《五國防禦安排》，到 1994 年 7 月 25 日成立「東協區域論壇」(ASEAN Regional Forum, ARF)，邀請對話夥伴國的加入，❽ 東協一貫性引進大國作為平衡力量，以外部力量來保障區域與國家安全。

---

❺　本宣言全文請見東協官方網站，網址：http://www.aseansec.org/22337.pdf，瀏覽日期：2014 年 8 月 2 日。

❻　詳細內容可參見 Roadmap for an ASEAN Community (2009～2015)， http://www.asean.org/storage/images/ASEAN_RTK_2014/2_Roadmap_for_ASEAN_Community_20092015.pdf

❼　東協五個創始成員國於 1976 年在峇里簽署的「東南亞友好與合作條約」中重點如下列原則：(1)相互尊重獨立、主權、尊重所有國家的領土完整；(2)保護締成員國存在，不受外部干預、顛覆和強迫；(3)互不干預內政；(4)運用和平手段解決分歧、處理爭端；(5)放棄使用武力威脅。1976 年在峇里召開的第一次東協峰會上，逐漸形成一種共識：將成員國之間的國防合作限制於東協外的一種雙邊合作的層次，以避免東協變成一種軍事聯盟。條約全文請見東協官方網站，網址：http://www.aseansec.org/5047.htm，瀏覽日期：2008 年 05 月 12 日。

❽　1994 年東協與美國、日本、澳大利亞、紐西蘭、加拿大、歐盟、南韓、中國、俄羅斯和印度等 10 個國家形成對話夥伴關係。蒙古與北韓也曾表示有意成為東協對話夥伴國，但尚未得到東協的共識。

本身俱為中小型國家的東協組織，由於本身實力不如周邊的東北亞中、日、韓等大國，對於區域安全與國家安全賦予極大關注。安全可以是一種雙贏，在特定條件之下，共同分享與欲求。國家與國家之間，為了達到安全，不論是攻勢的利益分享，或者守勢的威懾對峙。在追求安全的議題上面，國家之間存在著合作可能性，一般新現實主義劃分出了兩種行為，即制衡與扈從。國家如何選擇制衡或扈從之議題？

依據學者 Randall Schweller 之看法，制衡是藉由國際動員，或者聯盟達成軍事力量的集結，以防止外來力量或者聯盟對於領土的占領或者軍事的支配，以及為了潛在的戰爭做軍事的準備。而扈從則是企圖與強者一邊，但是不見得是最強者。他認為 1. Kenneth Waltz 誤將扈從簡單地認為完全的戰略投降； 2. 僅將扈從是為對於威脅的回應而忽略了扈從動機並不僅有威脅還有機會。華茲過分簡化了國家的理性特別是對於不受威脅之國家。❾

隨著蘇聯瓦解以及美國單極體系的浮現，關於制衡及扈從的爭議，兩極意識型態對立不再復見的環境下，小國面對大國是否制衡或是扈從，兩者之種何者是更為普遍的行為成為新的討論焦點，學者吳玉山以俄羅斯與周邊國家為例，在強勢的莫斯科的不對稱優勢之下，小國僅能在制衡與扈從之間擇一，其與 Waltz 同樣推翻了種族及歷史因素的影響重要性的說法。而是經濟水平高於俄羅斯者採取平衡，落後於俄羅斯則採取扈從，而若雙方沒有明顯的差別時，則外援的有無成為小國政策的變因，最後經過兩方政治集團的角力後才會完成政策的轉變。❿但這僅考慮到不對稱的大國帶來威脅的情況。具有不對稱優勢的大國就美國與俄羅斯兩者對於周邊的態度便有所區別，國際中也存在小國面對非威脅性的大國的狀況。

Schweller 再進一步以國家是否滿意現狀，做出維持現狀或者推翻現狀兩類區別，再以國家目標做區別，一個願意為了維持現狀付出極高代價的國家，是為獅子型國家，他們統治國際體系並且感到滿意，而行為上選擇制衡與卸責。而不願意付出高代價的國家為羊群國家，他們是沒有能力的獵物，願意扈以躲避威脅，並且盡可能的遠離衝突。至於豺狼型國家同樣是相對沒有能力的國家，但為了增加攻勢能力，不論是獅子或者狼群他們都願意扈從。⓫至於狼群，他們是獵捕型國家，對於

---

❾　Daniel H. Nexon, "The Balance of Power in the Balance," *World Politics*, Vol. 61, No. 2 (2009), p. 341.

❿　吳玉山，「抗衡或扈從：面對強鄰時的策略抉擇（下）」，《問題與研究》，第 36 卷第 3 期（1997 年 3 月），頁 80。

現狀已經無法容忍願意忍受風險，為提高地位而採取擴張行為。

東協成立後，對內各國加強政治、經濟和軍事領域的合作，並採取切實可行的經濟發展戰略，推動經濟迅速增長，東協逐步成為一個有影響力的區域性組織。採取制衡或扈從？在東協似乎不成問題。東協長期依其靈活的外交手腕，與區域內外大國維持良好關係，東協也知道團結的重要性，因此團結一致對外，有集體議價 (Group Bargaining) 之能力。目前東協十個對話夥伴國是：美國、日本、澳大利亞、紐西蘭、加拿大、歐盟、南韓、中國、俄羅斯和印度。**⓬**

本章首先剖析於「前東協」時期的歷史背景，接著分析東協如何組成區域組織，以充分保護五創始成員國的國家利益，採取「自由、和平、中立」的互不干預內政原則，尋求共識決之東協方式 (ASEAN Way) 與規範 (Norm)、原則；其次，後冷戰時期剖析東協如何強調團結一致對外 (outward-looking) 的過程，建構的東南亞抑或是東南亞建構？包括形成「東協加三」、「東亞高峰會」、「東協區域論壇」之過程，尋求共同利益以及對內 (inward-looking) 磨合、解決衝突；最後，分析東協組織作為一個區域組織，雖不如歐盟組織般健全，但仍持續漸進發展，於新世紀時期大國環伺東亞的競爭環境下，發揮此一區域組織的優勢，獲取最大的國家利益與維護區域安全。

第一節　「前東協」時期的個別國家利益

一個區域組織要進化到共同體的進程，集體認同是重要也必要的步驟。認同是一個複雜的過程，涉及觀念的改變，進而與新的理念「整合」的過程，而此整合的過程，是不知不覺的。認同不只是靜態的概念，也是動態的過程；其形成是經由跨越時間無意識過程的轉變，而不是最原始的意識。**⓭**

1953 年 7 月越南停戰協定簽署，給予越共更寬廣的活動空間。1954 年以美國為首的八個國家（美國、英國、法國、泰國、菲律賓、澳洲、紐西蘭、巴基斯坦），在

⓫　Randall L. Schweller, "Bandwagoning for profit: bringing the revisionist state back in," *International Security*, Vol. 19, No. 1 (1994), pp. 72–107.

⓬　蒙古和北韓有意與東協建立對話夥伴關係。http://mykampung.sinchew.com.my/node/374081，瀏覽日期：2014 年 8 月 24 日。

⓭　http://newidea.nandaw.net/modules.php?name=Sections&op=viewarticle&artid=176，瀏覽日期：2014 年 8 月 26 日。

馬尼拉簽署了《東南亞集體防禦條約》(《馬尼拉公約》)，其目的在尋求建立東南亞的集體防衛組織（簡稱《東南亞公約》）；1955 年該組織的第一次會議協商確定《東南亞公約》的組織型態，設立秘書處於總部曼谷，各國派遣大使級代表，最重要的是設立了「反顛覆委員會」，其目的是要防止共黨勢力以北越為基地入侵東南亞各國，條約第四條更明確指出，簽約各國若受到攻擊，各簽約國應依其憲法程序採取行動，以對付此一共同危機。❹此即為東南亞首次有組織型態的活動，是一個類似北大西洋公約組織的集體防衛組織，企圖運用個別與團體力量的建構，以自助及互助的方式解決共同的威脅；但此組織沒有美國的長期駐軍，英、法兩國也與美國步調不一；且八個會員，國家只有泰國、菲律賓、巴基斯坦為亞洲國家，其他只是鄰國或是基於殖民地宗主國的立場參加；泰、菲、巴等三亞洲國家，在組織中幾乎沒有發言權，以美國為馬首是瞻，這種組合自然無法於亞洲事務有所作為；尤因會員國中只有三個位於東南亞區域的國家，其他遠在歐美、澳洲；且各國國力懸殊，東南亞國家只有依靠美國的保護，英法兩國各自為政，幾乎沒有相互依存的關係。此外，組織成員國中幾乎沒有任何同質性，各國對共產黨勢力的擴張態度不一，更沒有共同命運的立場；加上各殖民地紛紛獨立，英、法兩國幾乎與東南亞沒有任何瓜葛，更反對美國插手越南戰場。上述現象似已注定《東南亞公約》失敗的命運，因為沒有集體認同，不易拉進彼此的距離，互賴依存，亦無法聚集集體的力量。更在美國退出越南戰場後，《東南亞公約》幾乎喪失功能。

　　由於《東南亞公約》的低迷，促成「東協」的誕生；它不是取代的關係，而是東南亞國家的認知改變，而產生對「他者」與「社會體系」認同的改變。正如東協秘書長 Rodolfo C. Severino 曾指出，1967 年東南亞部分國家領導人的本意是成立一個東南亞國家協會，以使他們為了共同的利益（和平與發展）自願性合作。因此，成員國間的團結是東協組織成立的最高目標，它並非企圖建立一個超國家實體，它更不能單獨代表其成員國在國際場合行事，東協也沒有區域議會或者擁有立法、執法與司法權的相關機制，東協沒有任何統一的東南亞軍備力量。且由於東協各國的多樣性與複雜性，國家間非正式的諒解 (understanding) 與自願性協定遠高於約束性強的正式法律。❺其實這就東協國家的原始思維意識，但並不意味東協組織無足輕

---

❹　張劍華，《東南亞的變局》，臺北：正中書局，1979 年，頁 4–9。

❺　Rodolfo C. Severino, "What ASEAN in and what it stands for," Remarks at the Research Institute for Asia and the Pacific, University of Sydney, Australia, 22 October 1998, in his *Asean: Rises to the Challenge* (Jakarta: Asean Secretariat, 1999), pp. 83–

重，東協是東南亞國家成功建構的國際體制，並得到東南亞國家普遍接受與支持，此即東協建構集體身分。

從《東南亞公約》到「東協組織」，東協組織從創始五成員國到二十世紀末前增為十成員國，主要原因是東南亞各國對區域安全思維的改變，並積極尋求建構一種新的區域「國際體系」，並期待因為區域組織的建構，能形塑新的國家身分與相互關係。建構主義中對國家與體系的重要思維，透過體系層次的互動以改變國家的身分與認知，進而形成出現在宏觀體系層次中，國家間新的集體身分，透過這種過程從而產生各國相互合作的關係，將有助於將國際體系中的無政府狀態轉變為「國際狀態」。❶❻東協的成立，事實上存有相同性質，創始各成員國對當時區域安全的不可信賴，尋求其有類似共識的五國，透過體系結構來結合共同命運，並透過相互合作形塑新的自我與他者的身分，這就已經是集體認同的重要進程。

東協雖被認為組織鬆散不如歐盟嚴謹，然而每年召開數百個大小不一的會議，東協成員國經長期磨合，相互之間已存在休戚與共的情感，東協普遍有下列四種共識與思維方式：相互依存、共同命運、同質性與自我約束，有其殖民經驗的歷史遺緒；例如五創始國擁有共同敵人──共產黨、共同的被殖民歷史（泰國除外）、相似的地緣文化背景、和諧共處的多元宗教體系、多數華人移民的社會，這些條件促成區域各國初期的結合。但各國執政者為確保國內政權的穩固，並兼顧國家及區域的安全發展，於協商東協組織型態時，出現「東協方式」的原則，原則促使東南亞區域國家願意組成東協，因各國都欲享有完整的國家主權，很難因為加入區域組織而放棄統治權；此外，各國內部問題與各國間存在歷史的領土糾紛，使各國的內政、軍事、外交各有自身的作法；當時的執政者認為，如果放棄部分國家主權，將會為國家帶來危險。因此東協方式互不干涉內政與和平協商的一致決，一方面成為國家主權重要的保障，另一方面也兼顧區域整體的利益。

東協運作近五十年的過往，迄上世紀 1999 年底東協終於擴充成為十國，包括除東帝汶以外的整個東南亞區域的國家。整體而言，東協組織運作相當成功，然其運作過程有成也有敗。東協國家透過不斷的驗證「東協方式」，逐漸將區域安全的概念與規範內化於自我行為，使「東協方式」成為由外部制約進而成為內部自省的因素，也形成為慣例。東協各國在 1980～1990 年代間，各國工業開始起飛，除了亞洲四小

99.

❶❻   Alexander Wendt, "Collective Identity Formation and the International state," *American Political Science Review*, Vol. 88, No. 2 (1994), p. 384.

龍的新加坡外，泰國、菲律賓、馬來西亞與印尼等國更被稱為亞洲四小虎，且運用團體力量，積極推動東協區域論壇，東協組織主導了區域政治與安全的各項議題。這些外在的改變，也進一步影響並轉變各國內部的政治文化。

位於美國華府「自由之家」(Freedom House)，每年依據改治參與及公民權利兩大標準，發表各國民主發展自由度，年度報告指出東南亞國家的民主於新世紀反而有倒退現象。影響區域安全因素很多，其中重要因素之一是民主制度；很明顯的，上世紀末東協各國的民主制度較之以往更為落實，且此種內化的經驗，並不是只有一、二個國家，而是全面性的轉變（緬甸的鎖國政策使其成為例外），「愈趨民主化轉變的國家。本質上往往較易遵循安全共同體的規範」❼，但新世紀如泰國（軍人再度政變）與新馬（再次強化《內安法》運用）確有民主走回頭路的疑慮。

擴大後的東協，其在物質條件上，從貧窮到小康再到貧富差異極大的景況；也必須承擔歷史包袱，歷史經驗的同時獲得；政治文化的演變，雖仍無法脫離軟性威權勢力的掌控；這些挑戰是東協國家自願的選擇，因為東協成員國已有集體身分的認知，即使柬埔寨、寮國、越南、緬甸 (CLVM) 發展程度落後，但老東協六國不會致他們於不顧，倘若東協拋棄政經發展落後的四國，將會成為區域整合的重大遺憾，且短期內極可能會降低東協的競爭力，但是，東協多元的體系文化已然形成，再加上外在民主制度的內化，更將促進各國遵守安全共同體的規範。

一個真正的「安全共同體」絕不僅僅是非戰、和平而已，隨著冷戰結束，傳統軍事安全的分量逐次降低，經濟、環境、社會等非傳統的安全明顯地增加。因此，東協將要面對的是一個複雜多元的國際環境，必須發展具備完整的體系規範，當然現行的許多作法及堅持的原則就必須一一接受檢驗，必能順利進入「安全共同體」的新紀元。

近十年來，東協內部要求重塑「東協規範」及改革「東協方式」的呼聲漸起，但是東協改革的步調仍然緩慢。部分東協國家努力朝向擴大解釋規範內涵的方式，例如泰國推展的「彈性介入」他國內政的方式，例如新加坡、馬來西亞提倡對其有共同危害的問題提出積極建設性建議、以及印尼建議成立「東協安全理事會」等；❽

---

❼　Alexander Wendt，秦亞青譯，《國際政治的社會理論》，上海：上海人民出版社，2000 年，頁 450。

❽　"Indonesia Propose That an ASEAN Security Community be Formed," 30 August 2003, http://www.rsi.com.sg/eglish/view. 2003092018349/1.html，瀏覽日期：2014 年 8 月 29 日。

這些國家的觀點，從金融風暴後，已在東協內部進行多年的對話，但是卻仍未能獲致共識。東協已在 2015 年建構「東協共同體」，證諸事實，要達到共同體的標準，尚待東協努力。

《峇里第二協約》中，除了宣示要朝向安全共同體的建構方向努力外，更重要意義在使用「創新的方式」來建構，其中包括：規範的制定、衝突與預防、衝突解決與衝突後的和平建設途徑。[19]東協進一步發展組織度的成功與否，並不在於它建立多元的規範規則，關鍵在訂定規範後能否有效實施；也就是觀察東協能否在現有成果的基礎上，以更堅定的決心、魄力及勇氣，推動內部的變革，以適應不斷變化的國際現實。

新現實主義所稱的安全困境，在東協之間似乎不復存在。因東協各國於長期磨合努力經營之下，對內，各國都已建立「不使用武力」的共識，並且形成區域體系的規範；對外，東協也透過東協區域論壇，倡議東協多邊協商、和平解決的處事原則與堅持，並已與區域外大國——中國達成進一步的共識及簽訂友好合作條約。東協建立的體系文化的觀念開始轉變，除建立內部共識外，如 Alexander Wendt 所言，已將傳統的敵人都視為競爭夥伴，甚至視為朋友，雖然，東協內部仍有一些亟待解決的問題，但東協仍選擇放棄相互敵視的對立與跳脫自助的螺旋效應，推出 2015 年建構「東協安全共同體」的願景，即是一種合作文化的形成與擴散。

英國學派的 Hedley Bull 認為，國家間的合作確實可能，某種合作形式的國際社會也是存在的；他認為「在一組國家意識到一定的共同利益與共同價值之後，這些國家就會設想自己在處理相互間的關係時，會受制於一組共同規範，並分享共同制度的作用，這時它就形成了一個新的體系」。[20]

東協的成立，其主因為 1960 年代由美國主導的《東南亞公約》幾乎無所作為，但美國卻一手掌控《東南亞公約》的活動，使東南亞國家無法在強權建立的規範下加強自身安全，因此東協成立之初，各國就有排除區域外強權加入組織的共識，東南亞國家要以「平等的夥伴精神」建立共同行動的基礎，來提升東南亞區域合作，並致力區域的和平與繁榮。[21]觀察東協在《曼谷宣言》中所宣示的內容，雖然沒實

---

[19] ASEAN Basic Documents, Declaration of ASEAN Concord II (Bali Concord II)；Bail, 8 October 2003, http://www.asean.org/15159.htm，瀏覽日期：2014 年 9 月 5 日。

[20] Hedley Bull and Adam Watson, *The Expansion of International Society* (New York：Oxford University Press, 1984), p. 1.

[21] 陳鴻瑜，《東南亞國家協會之發展》，南投：國立暨南大學東南亞研究中心，1997

質的約束力，但已建構一套「東協規範」；所有會員國同意並遵守此項規範，共同為區域和平與繁榮而努力。1976 年的《峇里第一協約》與《東南亞友好合作條約》，更進一步將安全的顧慮加入規範中，東協各國開始建構非戰的體系文化，在《友好合作條約》中，各國同意「拒絕使用武力及威脅使用武力」的原則，即是安全文化建構的重要指標，東協國家間，不曾再有武力相向的情勢發生，雖然期間各國仍發生過邊境的衝突，但「東協規範」，已內化至各成員國，各國也都堅持發生衝突時採取非戰及和平解決的方式；經過長期的努力，東協在非戰的體系文化上已經形成重要且為各國遵守的規範的方式，分析於下：於東協各種公開宣言，可觀察東協強調合乎國家利益的制度安排，以及形成「安全共同體」。

一、國家利益

在主張現實主義的東南亞研究學者中，最有名為 Michael Leifer，Leifer 應用現實主義理論研究東協的主要代表作是《東協與東南亞安全》(*ASEAN and the Security of Southeast Asia*)。於書中，他使用權力平衡 (balance of power) 理論解釋東協的行為與東協的發展過程，Michael Leifer 認為東協的行為主要為防止東南亞地區出現霸權國家。Michael Leife 的弟子 Ralf Emmers 在其專著《東協和東協區域中論壇中的合作安全與權力平衡》(*Cooperative Security and Balance of Power in ASEAN and ARF*) 中進一步推動 Michael Leifer 的理念，提出了權力的均衡的兩個面向：一是均衡思想的傳統面向，此一面向強調實力與實力的均衡；另一是他提出的均衡思想的規範面向 (normative dimension)，此一面向強調制度對大國霸權行為的制約作用。

作為一種合作制度安排，東協的基本原則是不干預內政和國家間相互平等，此點凸顯於東協組織的決策原則與制度安排。決定東協合作的非正式性和非對抗性原則。在東協所實踐的合作制度中，沒有一項規定懲罰措施。在合作實踐過程中，如果國家違反合作規定，東協組織並不對違反的國家進行懲罰，而是國家間透過新的協商談判，達成新的合作協定。

東協組織作為一區域合作制度，其維持和發揮作用，需要各國的共同努力，有時需要成員國為此犧牲本身的國家利益。但本質上，國家又是一個追逐最大自我利益的行為體。當國家利益與區域利益相衝突時，國家總是由自身的利益出發採取行動，甚至不惜違反本身已經做出的承諾，破壞已經達成的區域合作制度。

既有的制度是東協各國利益均衡的制度表達。當然此為動態均衡的，其受到國

年，頁 232。

際政治經濟形勢的影響，但此影響除了透過各國國內經濟發展與政治局勢變化顯示外，也透過各國的制度安排而顯示出來。

二、建構主義者的利益說

Alexander Wendt 曾指出，指導一個國家行為的國家利益，儘管此國會考慮其安全與生存的需求，但它是被鑲嵌在用來打造一國身分的規範與價值之中。㉒ 現實主義者認為，一國的國家利益係透過實力對比的格局強加給各國決策者；自由主義者則認為國家利益所呈現的是各社會階層的偏好；然建構主義者認為，國家利益是由國際社會所認同的觀念和信仰所構建的「正是這些共有觀念和信仰規範國際政治生活並賦予其意涵」。㉓

從體系層次看，正是各國對其自身、其他國家、彼此間關係等問題上形成的「共有規範與價值」構成了一種國際文化、一個擁有共同含義的體系。在無政府狀態下，由於不存在任何超越國家的權威，因此這種文化並不是一種恆量，各國也因此而被迫採取「自助」政策；相反地，由於此社會結構是「國際社會圍繞著正確及合適的選擇而達成的共有規範與含義」㉔ 所組成的，因此無政府狀態文化總共有三種表現形式，㉕ 且隨著各國認知彼此間關係的改變，此三種形式也會隨著時空背景的變化而變化：1.霍布斯式的無政府狀態，在該狀態下，各國都彼此互視為敵人；2.洛克式的無政府狀態，在該狀態下，各國都彼此互視為對手；3.康德式的無政府狀態，在該狀態下，各國都彼此互視為朋友。

㉒　在國家身分對國家利益——這裡所指的是那些沒有多少自私色彩的國家利益——的影響方面，有關經驗主義的研究請參閱 Glenn Chafetz, Michael Spirtas, and Benjamin Frankel, eds., *The Origins of National Interests* (London: Frank Cass, 1999).

㉓　Martha Finnemore, *National Interest in International Society* (Ithaca: Cornell University Press, 1996), p. 3.

㉔　Ibid., p. 2.

㉕　溫特 (Alexander Wendt) 也說過無政府狀態邏輯，所指的是布贊 (Barry Buzan)、瓊斯 (Charles Jones) 和利特爾 (Richard lIttle) 合著的《無政府狀態邏輯》(*The Logic of Anarchy*, New York: Columbia University Press, 1993)。布贊在其著作《人民、國家與恐懼》(*People, States and Fear*, Hemel Hempstead: Harvester Wheatsheaf, 1984) 中，提出了「成熟的無政府狀態」與「不成熟的無政府狀態」的區別。除了布贊之外，對溫特的思想產生較大影響的是英國學派，因為將無政府狀態分成三類的作法與布爾 (Hedley Bull) 有關，而布爾的思想則受到了懷特 (Martin Wight) 的啟發。

　　實際上，Wendt 感興趣的既非國家的內部社會建構，❷也非國家的歷史建構，而是國際體系的層面對國家的社會建構進行分析，從各國所置身的國際關係網絡角度來研究其社會化進程——正是這些國際關係網絡決定了各國對世界的認識及其在其中所發揮的作用。換句話說，Wendt 之所以把國家看成是國家間體系出現之前的「準社會實體」，❷並故意將國家實體形成的過程及其時空演變進程、那些次國家行為體對國家對外行動的影響完全撇開，因為他只關注被國家所共同認可的思想觀念對各國確定國家利益的影響及其對一國對外行為所造成的後果。❷

　　在 Wendt 看來，此種行動完全是受國家利益的驅使。「沒有人能否認國家是根據其自身的利益行事的，也沒有人否認這些利益都是自私的。至少是我不否認的。從某種程度上說，我是個現實主義者」。他甚至將國家利益分成了四大類——對此，Hans Morgansau 也不會否認：生存、自主、經濟財富和集體自尊。不過，Wendt 指出這種現實主義的局限之所在：「利益不能被視為現實主義所專有的變量。」(Wendt, 2005:114) 之所以這麼說，主要基於以下兩原因：1.因為國家利益並不取決於有形的力量對比所形成的客觀格局，而是取決於國家的身分——它是各國為自己和別國打造的一種象徵，代表著國際體系以及各國在該體系內的位置：「身分表明了行為體是誰。……而利益則表明了行為體想要什麼。……利益必須以身分為前提，因為一個行為體在明白自己是誰之前是不會明白自己需要什麼的。」2.其次是因為身分本身並

---

❷　事實上，類似「國家中心論」的原則幾乎在所有的現代建構主義者身上都可以找到。如 Martha Finnemore, *National Interest in International Society* (Ithaca: Cornell University Press, 1996) 一書中指出：「在各國確定目標和國家利益過程中，國內政治能夠發揮重要作用，有時甚至是決定性的作用。不過……國內政治以及局部條件很難解釋利益與現行政治選擇之間的關聯。」這一切可以用這些人都是體系建構主義者來解釋，這些人把解釋性的基本變量作為體系的分析層次。不過，其中也有的可以被稱作是個體主義的建構主義者，他們把身分認同感及國家利益的決定性因素作為行為體的分析層次，因而他們更看重的是那些內部的獨立變量。

❷　請參閱 Steve Smith and Robert Keohane, "Forum on Alexander Wendt," *Review of International Politics*, Vol. 26, No. 1 (2000), pp. 123–180.

❷　為了回應自己所受到的批評，溫特在文章 "On the Via Media: A Response to the Critics," *Review of International Studies,* Vol. 26, No. 1 (2000), pp. 165–180. 中指責那些批評其國家中心主義的人搞錯了對象：「一切取決於人們所提出的問題。面對一本有關國家體系的書，我們不能對它說『別將國家物化』，而是應該對它說『換個話題吧』。」

不是主觀的，而是主體間性的，即一個國家對自己所形成的思想觀念不但取決於它自身，而且也取決於其他國家對其所形成的思想觀念，以及其他國家所作出的反應──不管這些反應與這一觀念是否相符。

具體而言，Wendt 認為國家利益的建構源自於四種不同的身分，即團體身分、類屬身分、角色身分和集體身分。Wendt 指出，當行為體自我意識到他們認為是「成功」的行為體時，模仿行為就會開始。通過模仿獲得了身分與利益，模仿的效果將使群體的同質性提高。雖然實際生活中「成功」甚難被區別，但測量成功的標準卻都是被共有概念與認知所建構。國際間通常將成功定義為擁有和使用權力，但是何謂權力與合法使用權力的判定標準，卻存在極大的差異。❷❾東協在建構非戰體系規範的成功下，開始將此規範推向其他區域外國家，區域論壇是其中一個重要場所，中國則是第一個與東協簽定友好合作條約的國家，這些實踐的過程，其實就是一種模仿與複製，他們期待擴大東協規範的適用範圍與效果，並藉此加深東協的影響力。東協期待從東南亞區域的信心建立措施中，將東協的規範外溢 (spill over) 出去，除強化區域的安全共同體信念外，更期望能在短的時內，改變東亞甚至亞太地區社群的集體規範，建立一個非戰的大環境。

一個真正的「安全共同體」絕不僅僅是非戰、和平而已，隨著冷戰結束，傳統軍事安全的份量逐次降低，經濟、環境、社會等非傳統的安全明顯的增加。因此，東協將要面對的是一個複雜多元的國際環境，它必須發展具備完整的體系規範，當然現行的許多作法及堅持的原則就必須一一接受檢驗，必能順利進入「安全共同體」的新紀元。

十年來，東協內部要求重塑東協規範及改革東協方式的呼聲漸起，但是東協改革的步調仍然緩慢。東協部分成員國已開始朝擴大解釋規範內涵的方式努力，例如泰國推展的「彈性介入」他國內政的方式，例如新加坡、馬來西亞提倡對其有共同危害的問題提出積極建設性建議、印尼建議成立「東協安全理事會」等；❸⓿這些國家的觀點，於上世紀亞洲金融風暴後，已在東協內部進行多年的對話，但是卻仍未能獲致共識。如今東協提出要在 2015 年建構「東協共同體」，事實上，要達到共同

---

❷❾　Alexander Wendt，秦亞青譯，《國際政治的社會理論》，上海：上海人民出版社，2000 年，頁 410–411。

❸⓿　"Indonesia Propose That an ASEAN Security Community be Formed," 30 August 2003, http://www.rsi.com.sg/eglish/view. 2003092018349/1.html，瀏覽日期：2014 年 9 月 13 日。

體的標準，東協尚待努力。

第二節　冷戰時期的安全思維

　　東協組織雖已成立四十九年，但十國政權政體仍分歧且存在多元不同的文化、宗教、語言，欲整合如歐盟般的共同體可謂相當困難。然而，東協由最初五國到1999 年擴增為十國，努力尋求共識，形成共同文化建立規範與制度，進而形成集體認同，說明東協形塑共同體的努力。東協個別國家國內政治利益，與他國政治、外交利益不盡相同，東協十國由最初的磨合，進一步尋求共識，達成「集體認同」，最後決定形成「東協共同體」，其安全思維之轉變，可以區分成為下列階段：

一、東協成立初期的安全思維：(1967～1976) 建立規範與制度的時期

　　在《曼谷宣言》、❸《吉隆坡宣言》、《峇里島宣言》，可以見到東協建立規範與制度的努力，終於在 1976 年達成《第一次峇里協議》。此階段因冷戰時期背景，東協在美國的羽翼之下，只能擔任美國東亞戰略同盟的附屬角色。❸ 1971 年 1 月 16 日馬來西亞、新加坡、印尼宣布共管麻六甲海峽和新加坡海峽，並決定組成合作機構，負責海峽的航行安全問題。11 月 26～27 日東協 5 國外長在吉隆坡舉行特別會議，通過《和平自由中立區宣言》❸，宣言對相關區域與國際問題闡明的觀點，表示東協五國要共同努力，爭取「使東南亞成為一個不受外部強國任何形式或任何方式干涉的和平、自由和中立地區，得到承認和尊重」。

---

❸　東協成立時發表的《曼谷宣言》強調「經濟、社會、文化」三方面的合作，並未提及政治二字。1967 年《曼谷宣言》稱，東協的目標有兩個：(1)本著平等與合作的精神共同努力，促進本地區的經濟增長、社會進步和文化發展，以此為基礎造就一個繁榮、和平的東南亞國家共同體 (Community of Southeast Asian Nations)。(2)以公正、法治和《聯合國憲章》的原則規範本地區的國際關係，推進區域和平與穩定。1995 年，東協將其基本目標概括為「共建和平、分享繁榮」。

❸　Catharin Dalpino and David Steinberg, eds., *Georgetown Southeast Asia Survey 2003–2004* (Washington, D.C.: Georgetown University, 2003).

❸　http://www.mytrade.com.my/AFTA/CN/Database/History71.htm，瀏覽日期：2014 年9 月 19 日。

　　冷戰時期美蘇兩極體系下，東協在 1967 年成立，五創始成員國本身不是反共即是非共，當時被視為係美國傀儡，或美軍於西太平洋的聯盟。1969 年尼克森總統強調「越戰越南化」（亞洲事務亞洲化），採取「聯中制蘇」外交策略後，東協成員國也追隨此潮流。1972 年尼克森與毛澤東正式於北京會面，東協也開始與中國交往，1974 年馬來西亞與中國建交，1975 年泰國、菲律賓與中國建交。東協於成立之初，除英、法支持之外，美國為幕後最大功臣。然而，隨著美國在越戰的失利，東協國家認為美國對東亞事務失去熱情，因此於 70 年代起，加強與大國之間的交往與合作關係，並促進東協外交的靈活性。❸❹

　　東協在 1971 年 11 月於吉隆坡發表了《和平、自由與中立地區宣言》，確立其對外立場與原則。1976 年東協在峇里島舉行第一次領袖高峰會，簽署《東南亞友好合作條約》和《東協協調一致宣言》，確立了東協的宗旨和原則，成為東協發展的重要里程碑。東協於冷戰時期，先強調以認同方式建構出休戚與共的理念，強調對外團結一致，對內遵守「自由、和平、中立」與互不干預內政的原則，並發展出多邊磋商討論共識決的「東協方式」。後冷戰時期，東協組織尋求區域和平，加上安全議題的擴大化與跨國性，必須思考「建構」安全體的內涵及如何與區域大國建立交往的關係。

二、1976～1997 年：擴大成員建立集體認同

　　直到 1990 年代之前，東協的成功之處主要表現在政治合作方面，與其促進經濟合作與發展初衷大相徑庭。70 年代中期，美國撤出越南、印支三邦建立社會主義制度後，東協於 1976 年 2 月在印尼峇里召開第一屆領袖會議，簽署《東協和諧宣言》與《東南亞友好合作條約》，首次主動提及政治領域的合作，宣布東協各國「將就國

---

❸❹　參見東協官方網站第二屆至第七屆部長級會議文件，網址：http://www.aseansec.org/1210.htm，瀏覽日期：2010 年 8 月 2 日；ASEAN Secretariat, "Agreement for the Establishment of a Fund for ASEAN Rules Governing the Control, Disbursement and Accounting of the Fund for the ASEAN Cameron Highlands, 17 December 1969." 網址：http://www.aseansec.org/1213.htm，瀏覽日期：2014 年 8 月 2 日；ASEAN Secretariat, "Zone of Peace, Freedom and Neutrality Declaration Malaysia, 27 November 1971," http://www.asean sec.org/1215.htm，瀏覽日期：2014 年 6 月 2 日。Shee Poon-Kim, "A Decade of ASEAN, 1967–1977," *Asian Survey*, Vol. 17, No. 8 (1977), pp. 753–770.

際與區域事務協調其觀點、行動和政策」❸。在東協宣布「和平、自由與中立區」，東協由最初 1967 年的五個國家，增加新成員如汶萊（1984 年）、越南（1995 年）、寮國、緬甸（1997 年）以及柬埔寨（1999 年）。東協擴大會員國，顯示東協尋求集體認同，相互包容與諒解，進一步團結對外，及擴大共識的決心。

　　東協賴以發揮其在亞太區域安全的重要機制，它一手創立的東協外長後續會議(PMC)、東協區域論壇 (ARF)、「東協加三」、亞太經濟合作會議 (APEC)、亞歐高峰會議 (ASEM) 和東亞－拉美論壇等。其中，1993 年 7 月成立、1994 首次召開會議的「東協區域論壇」(ARF)，是目前亞太地區惟一的一軌多邊安全合作機制，是目前亞太地區唯一成型的多邊安全官方合作機制，也是東協顯示其特殊地位的最重要標誌。ARF 於 1994 年召開第一次外長級會議，此後每年都召開外長級會議。現有成員除東協十個成員國及一個觀察員國（巴布亞新幾內亞）❸以外，還包括東協的十個對話夥伴。

　　《峇里第二協約》(2003) 除了宣示要朝向安全共同體的創建方向努力外，更重要的也說明要用「創新的方法」來建構新的制度安排，其中包括：規範的制定、衝突與預防、衝突解決與衝突後的和平建設途徑。❸東協進一步發展組織的成功與否，並不在於它建立多元的規範規則，關鍵將在於它定訂規範後，能否有效駕馭規則；也就是要看東協能否在現在成果的基礎上，以更堅定的政治意願與更大的魄力及勇氣，去推動內部的變革，以及適應國際環境不斷變化的現實。

第三節　後冷戰時期東協的安全思維

　　歷經 1997～1998 年亞洲金融風暴後，1997～2003 年東協開始積極推動區域經濟整合。從 1996 年中國與東協建立全面對話夥伴關係後，即開始出現東協加中國的「十加一」，以及東協加中國、日本、南韓的「十加三」的共同合作機制，擴大在亞洲區域的影響力。中國與東協十國於 2002 年簽署協議，確定於 2010 年建立「中國與東協自由貿易區」。2004 年 1 月中國與東協在寮國永珍的「十加一」領袖會議中，

❸　Asean Secretariat , *ASEAN: an Overview* (Jakarta: Asean Secretariat, 1995), pp. 41–61.

❸　東帝汶於 2002 年 5 月獨立，外交部長作為特別代表，以東道國貴賓身分參加了 2007 年的 ARF 外長會議。

❸　ASEAN Basic Documents, Declaration of ASEAN Concord II (Bali Concord II); Bail, 8 October 2003, http://www.asean.org/15159.htm，瀏覽日期：2014 年 9 月 5 日。

簽署《中國與東協全面經濟合作架構協議》，承諾五年內取消大部分貨物進口關稅，象徵「十加一自由貿易區」的進程全面啟動。

一、推動「十加一」、「十加三」

　　1990 年代初期，東協率先發動區域整合過程，逐步形成以東協為中心的區域合作機制。1994 年 7 月成立東協區域論壇，1999 年 9 月成立東協一拉美合作論壇。其中，東協與中日韓「十加三」係淵源於中日韓分別與東協發展三個「十加一」合作機制，逐步成為東亞合作的主要管道。2003 年，中國與東協發展戰略夥伴關係，中國成為區域外第一個加入《東南亞友好合作條約》的非東協國家。形塑東協安全共同體的制度，可以從全球性組織或其他區域團體而來，也可淵源於當地政治、經濟、和社會文化背景。而東協規範則是此兩種制度來源的混合體，制度規範兼具全球與區域層次意涵。可以說，東協區域政治安全共同體的制度之理論意涵，除蘊含包括現實主義、新自由主義的觀點外，而十個「中小國家集合體」強調團結，東協的不同成員也慢慢發展出重視「規範、認同及戰略文化」的建構主義傾向。

　　東協 1997 年於推動成立的「十加三」基礎上，2005 年 12 月 16 個東亞國家領導人於馬來西亞舉辦首屆東亞高峰會 (East Asia Summit, EAS)，會議簽署《吉隆坡宣言》，啟動東亞政經合作的新機制，高峰會決定於 2020 年成立東亞自由貿易區[38]。2005 年底於馬來西亞吉隆坡舉行的第十一屆東協領袖會議簽署《關於制定東協憲章的吉隆坡宣言》，會議責成部長們成立高級行政工作小組負責起草憲章，成立「名人小組」為起草憲章提出建議。東協領袖會議認為，縮小發展差距對東協整合（一體化）具有重要意義，決定進一步加大《東協一體化（整合）倡議》等有關計劃的落實，並針對東南亞東部成長區、「印尼一馬來西亞一泰國」成長三角區、越柬寮緬四國合作、大湄公河次區域合作、三河流域經濟合作戰略機制等次區域合作機制，並高度肯定東協為縮小發展差距做出的努力。2005 年會議並強調，《永珍行動計劃》正在穩步落實，歡迎東協發展基金的設立並呼籲東協成員國和對話夥伴國向其提供資金支援。

---

[38]　為實現此一目標，2004 年 11 月舉行的東協領袖會議通過為期 6 年的《永珍行動計劃》，簽署並發表《東協一體化建設重點領域架構協議》、《東協安全共同體行動計劃》等。

二、1997 年金融風暴後：尋求外部合作

1997 至 1998 年亞洲金融風暴發生後，東協深感於經濟、政治安全均有所欠缺，在 2003 年的《第二次峇里協議》，提出「政治、經濟、社會文化」三大支柱的東協安全共同體之概念。❸此階段為東協尋求各方協助，包括金融危機的預警機制，與區域外的大國關係交好，並尋求各方之集體認同與共同利益的形成。

正如同東協前秘書長 Rodolfo C. Severino 所言：「當前重大的挑戰是全球化，必須要求東協內部更緊密的整合，更密切的合作與更堅強的團結」。❹因此更加需要比以前更廣泛提升區域意識的措施，有著更深層次與更強烈的尋求區域利益的追求。

東協於冷戰時期採取集體防衛「反共」思維、國家間的關係為敵人關係，較接近霍布斯的戰略文化。1976 年東協《第一次峇里協議》後，東協開始採取「合作性安全」概念，強調「互利、合作」的新自由制度主義觀點。1991 到 1997 年的後冷戰時期，東協重視區域和平的制度性設計，開始「綜合性安全」的思維、重視競爭的洛克文化。最重要是 1994 年「東協區域論壇」的成立。此時為霍布斯與洛克文化的交集。1998 年迄今為洛克戰略文化朝向康德戰略文化的方向，此時為兩者同時並存。2003 年東協簽訂《第二次峇里協議》後，2005 年成員國舉行東協國防部長會議，並預定於 2015 年達成「東協安全共同體」的目標。東協與亞太地區的命運日益緊密。

後冷戰時期，研究安全之理論發展方向，在研究範圍擴大以及理論基礎深化等兩大潮流影響下，國際安全研究可以分成傳統安全、非傳統安全及人類安全 (human security) 三大學派。非傳統安全學派強烈質疑現實主義者將安全扭曲為純軍事層面，

---

❸ 2003 年東協峰會召開前，各國打破互不干預內政慣例，敦促緬甸軍政府停止軟禁民主領袖翁山蘇姬；即將卸任的馬來西亞總理馬哈迪更呼籲，東協成員國不該放棄互不干預內政原則。雖然如此，《第二次峇里協議》中已經宣示，各國承諾「與彼此和世界各國和平共處，生活在一個正義、民主、和諧的環境中」。參見張其賢，「東協 2020 年前成立經濟共同體」（2003 年），見《自由時報》網站，網址：http://www.libertytimes.com.tw/2003/new/oct/ 8/today-fo7.htm，瀏覽日期：2014 年 8 月 2 日。

❹ Rodolfo C. Severino, "Wearhering the Storm: ASEAN's Response to Crisis," Speech in conference sponsored by the Far Eastern Economic Review on "Weathering the Storm: Hong Kong and the Asian Financial Crisis," Hong Kong (11 June 1998), also in *ASEAN Faces the Future: Collection of Speeches of Rodolfo C. Severino, Jr.* (Jakarta: ASEAN Secretariat, 2001), pp. 138–142.

主要是深受實證主義的影響，進而視「主權國家」與國際政治的無政府狀態為客觀實際的結果。在批判過去現實主義等主流派學者中，Wendt 批判現實主義只重視有形物質力量，卻忽略理念因素 (ideational factors) 的影響。建構主義者認為，國際政治中主要行為者之間的關係（友好或是敵對），取決於這些行為者在環境影響下所建構出的特定身分。建構主義者不認為身分是客觀的存在，而是行為者與其外在環境在互為主體性 (inter-subjectivity) 互動過程中建構出來的結果。❹

　　以東南亞區域而言，很長一段時間二次世界大戰後的國際關係理論中，可以採取現實主義與新現實主義來解釋東南亞現象，如以區域安全與政治關係而論，較重要者莫過於 1989 年越南撤出柬埔寨，同年馬來西亞共產黨（簡稱馬共，the Communist Party of Malaysia, CPM）與馬國、泰國政府簽訂協議，結束了數十年間與泰、馬政府間的對抗活動，馬共自此終結其於冷戰時期主導東南亞事務數十年之久的歷史。觀察東協成立初期的區域安全與國際關係議題，無疑地冷戰時期，1984 年以前僅有五個東協創始國，實力不夠。

三、二十世紀末，東協成員的擴大：由六國到十國

　　在後冷戰時期，東協的轉變相當明顯。東協不願侷限於東南亞區域，並極力對外擴大影響力。1994 年起，東協成功地啟動東協區域論壇 (ASEAN Regional Forum) 多邊對話機制，上世紀末東協並擴大為十個成員國，1995 年越南，1997 年緬甸與寮國，1999 年柬埔寨正式加入。冷戰後東南亞的政經發展，特別於區域經濟整合層面，例如 1989 年亞太經濟合作會議，於 1992 年東協高峰會推動形成東協自由貿易區；在 1997～1998 年爆發亞洲金融危機後，東協十國歷經美國主導國際貨幣基金會 (IMF) 強力要求金融體制改革，尋求區域內中、日、韓的協助，於東協之極力主導下形成了「十加三」的架構，亦即東協加三 (ASEAN Plus Three, APT)。

　　1994 年東協區域論壇 (ASEAN Regional Forum, ARF) 正式啟動，東協為此一重要之區域多邊對話機制之主導力量，東協高峰會於 1992 年決議成立東協自由貿易區 (ASEAN Free Trade Area, AFTA)，於 2002 年東協創始六國正式啟動自由貿易區。隨後爆發了 1997～1998 年的亞洲金融風暴，影響所及於南韓、印尼、泰國……等亞洲國家，東協面對此衝擊深知不可完全依賴美國，必須有東亞自身經濟整合力量，

❹　根據社會建構論而進行的著名的安全研究，請見 Alexander Wendt, "Collective Identity Formation and the International state," *American Political Science Review*, Vol. 88, No. 2 (1994), p. 384.。

以對抗外在衝擊，而後有《清邁倡議》(Chiang Mai Initiative) 與東協十加三之結合，建立東亞區域經濟合作的制度安排。

四、東協規範與多邊安全機制的逐步建立

在東協不同的文件中可看出成員接納部分規範，規範大致可分為二類。第一類是規範東協成員國之間關係，如尊重「本區域國家間關係中的公正與法制」(1967年8月《曼谷宣言》)；「透過和平程序解決區域爭端」、發生自然及「其他災難」時相互援助（1976年2月《第一次峇里協約》)，促進「一種共同的區域身分」(2003年10月《第二次峇里協約》)；互相尊重各國的獨立、主權、平等、領土完整和民族特性，各國的生存權利不受到外部的干預、顛覆和威脅，不干預內政，放棄使用或威脅使用武力（1976年2月《東南亞友好合作條約》)；不受「所有大規模毀滅性武器」的影響（1995年12月簽訂的《東南亞國家無核區條約》與1997年12月「東協展望2020」)；「綜合性安全原則」(2003年10月《第二次峇里協議》)。第二類是規範東協與區域外國家的關係，包括：遵守「聯合國憲章的原則」、「與現存的具有相似目標和宗旨的國際和區域性組織，進行緊密與互惠的合作」(1967年8月《曼谷宣言》)；「承認和尊重東南亞做為一個和平、自由和中立的區域，不受任何區域外大國的干預」(1971年11月《和平、自由和中立區宣言》)；「做為一個強大的共同體，按照民族自決、主權平等和不干預內政的原則，在互惠互利的基礎上，應受到各國的尊重，同時尊重所有國家」(1976年2月《第一次峇里協約》)；在亞太地區和世界上，東協是一支促進和平、正義和穩定的有效力量（1997年12月《東協展望2020》)。另外，接受非東南亞國家加入1976年2月《東南亞友好合作條約》以及指明東協是「東協區域論壇」(ARF) 與區域安全對話的主要動力。

第四節　新世紀東協的全球角色安全思維：強化對外關係與安全

2006年5月的首屆東協國防部長會議，決定於2020年成立「東協安全共同體」(ASEAN Security Community, ASC)，❷以實現2003年《第二次峇里協議》的目標，東協將成立包括政治安全、經濟、社會文化共同體等三大支柱，並實現「永珍行動

---

❷　東協政治安全共同體的蘊釀期相當長，2006年5月舉辦的首屆東協國防部長會議，除緬甸未派代表外，其餘九國國防部長一致同意推動「東協安全共同體」。

計畫」(Vientiane Action Programme, VAP) 的決心。

2007 年 11 月 20 日東協十國於新加坡共同簽署《東協憲章》❸以及「東協經濟共同體 (ASEAN Economic Community, AEC) 藍圖」❹。2009 年 3 月，東協十國於泰國舉辦的第 14 屆東協高峰會，共同簽署一份 2015 年將建構東協共同體之文件，會議通過了《東協共同體 2009－2015 年路線圖宣言》(Roadmap for an ASEAN Community, 2009〜2015)。❺此一 2009 年至 2015 年的前往東協共同體的路線圖，包括「東協政治安全共同體藍圖」(ASEAN Political-Security Community Blueprint)❻。宣布東協預定於 2015 年成立「東協政治安全共同體」(ASEAN Political Security Community)，則是未來本地區較高層次、多邊與多層次的安全對話機制。

2010 年前後，由於美國總統歐巴馬與前國務卿 Hillary Clinton 強調，「美國重返亞洲」，亞洲新格局產生變化。東亞地區的安全議題包括中國的崛起，美國與東協國家的戰力部署與聯合演習。東協涉入南海主權爭議的國家如菲律賓與越南，則十分在意中國於本區域的軍事擴張與外交部署。而中國近年來於南海島礁加強填海造陸，引起區域緊張，各國期待與中國儘速完成南海行動綱領細則。

2011 年 5 月 7〜8 日於印尼雅加達召開第十八屆東協高峰會，各會員國領袖發表「全球共同體中的東協共同體」(ASEAN Community in a Global Community of Nations) 聯合聲明。同年 11 月 17〜19 日則於印尼峇里島舉行第十九屆東協高峰會，十國領袖共同發表《峇里第三協約》(Bali Concord III) 宣言，在推動 2015 年東協共同體的進展，宣誓東協更進一步放眼全球，基於共同的區域利益，打造東協成為回應全球性議題的平臺，並強化回應議題的能力與可能的貢獻。2011 年 11 月於東亞有數項重要會議，包括印尼擔任東協輪值主席於峇里島舉辦的第十九屆東協高峰會，以及美俄首次參加的第六屆東亞高峰會 (East Asia Summit)。東協成員為諸項區域整合不同勢力中的重疊會員 (Overlapping members)，東協的關鍵力量與扮演角色，未

---

❸　有關憲章與其簽訂的情況，請見東協官方網站，網址：http://www.aseansec.org/21085.htm，瀏覽日期：2014 年 9 月 22 日。

❹　關於東協經濟共同體議題的協商結果，請見東協官方網站，網址：http://www.aseansec.org/21093.htm，瀏覽日期：2014 年 8 月 12 日。

❺　http://tw.epochtimes.com/9/3/2/106570.htm，瀏覽日期：2014 年 9 月 29 日。

❻　東協官方網站，網址：http://www.aseansec.org/5187-18.pdf，瀏覽日期：2014 年 6 月 20 日。

來更形重要。

　　2012 年 4 月 3～4 日在柬埔寨金邊召開第二十屆東協高峰會，各會員國領袖決議將為 2015 年建立東協共同體之目標持續努力，並且宣示追求更進一步東協整合成就之重要決心。2012 年 11 月 15～20 日，在柬埔寨金邊舉行的第二十一屆東協高峰會，各國領袖不僅於會中通過《東協人權宣言》，也宣示將在 2013 年初展開「區域全面經濟夥伴協定」(RCEP) 之多邊談判。❹

　　以「全球共同體中的東協」(ASEAN Community in a Global Community of Nations) 作為會議主題，東協第十九屆高峰會仍然強調東協的團隊合作、集體行動。此外，針對 2008 年以來的全球金融海嘯、歐債危機的傳統與非傳統安全 (Traditional and Non-traditional Security) 合作等議題；2011 年《峇里第三協約》 (Bali Concord III) 重申未來東協領袖參與全球多邊論壇的方式是必須強調共同立場，在經濟與社會文化合作，也必須在區域整合與國際合作有所貢獻，以強化亞太區域整合過程中的東協中心 (ASEAN Centrality) 之地位。

　　簡而言之，東協半世紀的發展，其安全思維由冷戰時期自我生存發展、後冷戰時期的區域內外勢力交往和解、新世紀時期擴大合作與發揮組織影響力，其安全思維由內斂、保守到靈活擴張，顯示其自我期許與信心建立的成功。

　　可以說，全球主義下的今日，除中國外各主要國家的亞洲影響力已不如從前。例如，以美國而言，2001 年 911 事件後美國將絕大多數的注意力轉向中東的反恐戰爭，表面上新世紀前十年美國與東協的政治關係似乎並不密切，但「美國－東協」雙邊於新世紀以來的經濟與企業合作，實際上多有進展。就經貿關係而言，美國與東協即有下列方式的合作關係:

一、東協合作計劃 (ASEAN Cooperation Plan, ACP)。此係美國前國務卿 Colin Luther Powell 2002 年 8 月 1 日於美國布希總統任內在汶萊的東協部長會議時所提出，主要三大目的在於: 1.美國與東協加強關係; 2.協助東協內部整合，以及 3.加強東協與美國在反恐與打擊毒品交易的作用。

二、東協企業倡議 (Enterprise for ASEAN Initiative)。❺係美國與東協進行較長遠的合作計劃，目的為促進美國與東協的經貿關係。美國的作法是鼓勵經濟發展較緩慢的東協國家（如越南、寮國、柬埔寨、緬甸）儘速加入世界貿易組織，再

<hr>

❹　http://www.aseancenter.org.tw/ASEANintro.aspx，瀏覽日期: 2014 年 7 月 19 日。

❺　李一平、庄國土主編，《冷戰以來的東南亞國際關係》，廈門: 廈門大學出版社，2005 年，頁 33–40。

與美國協商簽訂貿易與投資架構協定 (Trade and Investment Framework Agreement, TIFA)，成為未來奠定 FTA 談判的基礎。美國一方面鼓勵四個東協較晚的成員國加入 WTO，另一方面則強調美國與東協未來的雙邊自由貿易協定，將參照 2003 年簽訂的美國－新加坡雙邊 FTA 為基準。

三、美國歐巴馬總統「亞洲再平衡」政策 (Rebalancing in Asia)，加強與東協各層次的合作關係。2008 年總統歐巴馬上臺後，美國注意力又重回亞洲。一方面美國擔憂中國崛起造成美國於東南亞影響力的消退，另一方面由於東亞政經整合的趨勢，美國加強與東協各層次的合作關係。

可以說，至少在東協成立的前十年間，東協並未出現具體的合作事項，區域內的經濟合作並不顯著。直到 1976 年《第一次峇里協議》前後，方才展開較顯著的區域認同意識。另一重點是，東協在亞太安全合作領域已經發揮舉足輕重的槓桿 (leverage) 作用。

冷戰結束後，東協對外合作日益活躍，無論於南南合作或南北對話的成就引人注目。1992 年第四次東協高峰會議提出，「作為日益相互依賴的世界的一部分，東協應當加強與對話夥伴的合作關係」。1997 年公布的《東協展望 2020》(ASEAN Vision 2020) 強調，「外向的」東協要在國際社會發揮重要作用，要借此維護並擴大東協的「共同利益」；亞太地區特別是東亞地區，更是東協開展外交、促進合作的重心。

後冷戰初期的亞太多極結構中，東協因限於實力尚難構成一極。但在亞太區域的政治、經濟和安全等多邊合作事務中，東協發揮舉足輕重的「槓桿」作用，並且在今後相當長的時期內，其特殊地位是任何大國都難以取代的。原因在於：新舊格局轉換過程中，大國的政策調整與最終定位需時較久；而東協組織為中小國家組成，利用時機靈活穿梭於大國之間，發揮其協調、平衡甚至主導的作用，能夠為區域大國所接受。當然，隨著大國關係逐漸調整，大國與東協的利益差異也將逐日顯現，東協的作用與地位可能會有所削弱。然而，2001 年發生 911 事件與美國全球反恐戰爭的延伸，減緩區域新舊格局的轉換，有利於東協在亞太事務中持續發揮其特殊作用。

東協安全共同體的建構並不偶然，東協十國領導人於 2003 年首次決定 2020 年之前將東協建設成為一個共同體，包括經濟共同體、安全共同體、社會與文化共同體。於 2006 年 1 月的菲律賓宿務高峰會上，東協領導人又做出兩項重大歷史性決定：一是提前五年，也就是在 2015 年底正式建立東協經濟共同體。二是東協十國領

導人通過《東協憲章報告》，啟動《東協憲章》的制訂進程。㊾

　　於 2007 年，當時進入四十歲不惑之年的東協加速推動憲章過程，其中蘊含深意。東協外長會議修定於 2015 年完成東協共同體後，將三大支柱——政治安全、經濟、社會文化共同體正式記載於東協憲章，2008 年經過東協各會員國內部花費一年時間並經國會正式同意後，2008 年 12 月 15 日起東協憲章正式生效。㊿

　　新憲章生效，朝向東協共同體邁出重大一步，至少有下列四項重大意義：1. 東協國家自主性的提升；2. 發揮東協整合力量，使東協於區域權力更加穩固；3. 東協由鬆散組織朝向法制化，可以更有效因應內外變化；4. 與歐盟各國相較，東協人民對東協的認同仍不如歐盟人民對歐盟的認同，東協人民跟不上東協憲章的腳步。

本章小結

　　東協組織成立迄今已進入第五個十年的週期，但其未來發展仍然兼具向前大步邁進與不確定的狀態兩種可能。先以積極面而言，東協的發展更具制度化與前瞻性，例如東協與大國（如美、中、印、日），聯合推動成立政治安全、經濟與社會文化共同體；然而，由消極面而言，東協亦面對諸多挑戰，包括 2008 年的全球經濟衰退影響其經濟整合，東協內部的衝突未歇，如泰緬邊界的廟宇歸屬問題，有關緬甸保障人權、民主化與政治改革的問題，以及環境汙染、反恐威脅和禽流感等跨國問題都將影響東協安全思維與東協共同體的發展。東協共同體雖然建立完成東協共同體已經由原定的 2020 年提前到 2015 年，雖是東協各成員國的期待，但不乏觀察家並不看好前景，特別是東協組織的嚴密性不若歐盟，很難將歐盟經驗直接移植入東協。

　　雖然東協的「互不干預」原則於近幾年，多少似有「稀釋」趨勢，但對比區域的多邊主義與合作而言，仍然是一項障礙（如 2014 年東協對於泰國軍事政變以及過去對於緬甸保障人權問題束手無策）。東協組織未來能否是一個成功的區域組織，端賴東協組織是否維持團結一致，並持續推動內部之制度改革。

㊾　新加坡總理李顯龍原本期望 2006 年 11 月份就能誕生《東協憲章》。2006 年 7 月 30 日的東協外長會議則是落實以往東協高峰會的決議，並為 2007 年底的東協峰會做準備。

㊿　印尼總統尤多約諾說，「這是一個重大發展。東協正在整合、轉變成共同體」。見法新社，2008 年 12 月 16 日，「東協新憲章生效朝共同體邁出重大一步」，轉引自「苦勞網」網站，網址：http://www.coolloud.org.tw/ node/32069，瀏覽日期：2014 年 5 月 22 日。

　　東協不同時期的安全思維轉變與安全文化有密切關聯，亞太地區中，長期以來並未有制度化的「安全共同體」存在。以歷史背景言，十五、十六世紀以來直到二十世紀中葉，東南亞地區受到西方國家的殖民統治，西方列強的暴虐逆行、奴役當地人民、搜括自然資源與物產，引發第二次世界大戰以後亞洲國家獨立運動浪潮。直至第二次世界大戰結束前後，亞太地區國家之間沒有合作與信任。1967 年東協成立初期，五國中仍有衝突與敵對情形，此時期屬於衝突型安全文化。

　　由冷戰、後冷戰到新世紀，東協由相互避免衝突、尋求合作可能到當前十國全力型塑「東協共同體」全球的角色，期待有新的機會與挑戰；其安全思維，可說由被動、消極到主動、積極內部磨合、親善交往與推動外部合作，一方面尋求區域安全的保障，另一方面為東協組織尋找共同利益。

　　東協「4C」安全文化指涉，於冷戰時期美蘇兩大強權在全球的對抗，不僅雙方進行軍備競賽，越戰與韓戰使美蘇的對抗，形成恐怖平衡的國際戰略格局。這一時期為 Conflict Security Culture（衝突型安全文化）；冷戰結束之後，後冷戰時期之初可說處於 Coordinative Security Culture（協商型安全文化）。尤其是進入二十一世紀，東協國家重視相互合作為 Cooperative Security Culture（合作型安全文化）；2016 年之後接受東協安全共同體的安排，東協走向 Common Security Culture（共同型安全文化）時期。

第二篇

冷戰時期東協組織的成立背景與制度建立：
衝突的（Conflict）安全文化（1967～1989）

第四章　1967 年東協成立初期的戰略選擇

政治聯盟或經濟合作夥伴？

前　言

首先本章將探究，東協組織成立的源由。探究 1960 年代的東南亞國家剛從二次世界大戰的戰後動盪中，掙脫殖民主義的枷鎖，走向民族國家獨立與啟動政治發展。其次，試圖釐清當時東協五個創始會員國之歷史、文化、宗教、地理、經濟發展的程度差異，加諸東協成立之初五成員國中有三個國家之間並無正式外交關係；馬來西亞與印尼之間的「對抗」政策、菲律賓與馬來西亞之間有沙巴主權爭議問題。再者，探討 1967 年東協成立前後，主、客觀環境下東協究為以政治為前提的政治聯盟，或為經濟合作夥伴聯盟？最後，本章將同時探究東協成立後的最初十年期間，由於歷史的心結，彼此間仍存有猜疑態度，此種疑慮如何影響區域內的政治團結與合作之過程。

第一節　前東協組織成立的源由

1945 年第二次世界大戰結束，除了泰國以外的所有東南亞國家都曾經遭遇殖民的命運，回溯既往，由第二次世界大戰結束之後到 1967 年東協組織正式成立之前，東南亞地區有兩種不同的區域合作構想：一種為區域內合作的方式，另一種為跨區域的合作構想。東南亞觀念的形成與區域合作的構想，有很深的淵源，以下簡單敘述：

一、東南亞觀念的形成

第二次世界大戰期間，1943 年 11 月在日本主導下曾於東京舉辦一個「大東亞國家會議」(Assembly of Great Asian Nations)，參加的東南亞國家領導人包括菲律賓總統、緬甸殖民政府總理、泰國親王等。此次會議雖未能達成具體合作結論，但不同國家的領導人聚會，互相溝通不同見解，使得東南亞意識開始萌芽。

東南亞觀念的形成，始自於二次世界大戰，成立於 1967 年 8 月的東南亞國協，初期僅有五個創始國——印尼、馬來西亞、菲律賓、新加坡、泰國。事實上，二次

世界大戰前後，已有歷史事實發展或是區域次級組織、協會、聯盟模式與「東南亞」概念相關，於東協成立之前，另有數個機制於先，例如成立於 1954 年的東南亞公約組織 (Southeast Asian Treaty Organization, SEATO)，在東南亞的成員國有泰國與菲律賓，其他地區的國家則有法國、澳洲、紐西蘭、巴基斯坦、英國與美國，越南、柬埔寨、寮國為議定國。 ❶

東協成立初期，主要目的之一為防止區域內共產主義勢力擴張，合作方向主要側重在軍事安全與政治中立，各國政經情勢趨穩，開始轉向加強區域內經濟環保等領域的合作，並積極與區域外國家或組織展開對話與合作。

二、東南亞國家協會成立背景

東南亞國家協會（Association of Southeast Asian Nations, 簡稱 ASEAN），但亞洲各國稱呼不一，東盟（中國及港澳）；東協（臺灣）；亞細安（新、馬、泰、印）。1967 年 8 月 6 至 8 日在泰國曼谷成立，印尼、馬來西亞、新加坡、菲律賓、泰國五國外長在曼谷舉行會議，於 8 月 8 日發表了《曼谷宣言》，正式宣告東南亞國家協會成立，五個創始會員國即為前述五國。其後汶萊於 1984 年 1 月 8 日加入、越南於 1995 年 7 月 28 日加入、寮國和緬甸於 1997 年 7 月 23 日加入，柬埔寨於 1999 年 4 月 30 日加入，世紀結束前形成東協十國。

1953 年 7 月越南停戰協定簽署，給予越共更寬廣的活動空間。1954 年以美國為首的八個國家（美國、英國、法國、泰國、菲律賓、澳洲、紐西蘭、巴基斯坦），在馬尼拉簽署了《東南亞集體防禦條約》（《馬尼拉公約》），其目的在尋求建立東南亞的集體防衛組織（《東南亞公約》，簡稱《東約》）；1955 年該組織的第一次會議協商確定《東約》的組織型態，設立秘書處於總部曼谷，各國派遣大使級代表，最重要的是設立了「反顛覆委員會」，其宗旨是防止共黨勢力以北越為基地入侵東南亞各國，條約第四條明確指出，簽約各國的領土若受到攻擊，各簽約國應依其憲法程序採取行動，以因應此一共同危機。 ❷ 這就是東南亞地區首次有組織型態的活動，它是一種類似北大西洋公約組織的集體防衛組織，企圖運用個別與團體力量的建構，以自助及互助的方式來解決共同的威脅；但是，此組織卻沒有美國的長期駐軍，英、

---

❶ Sueo Sudo, "ASEAN at the Third Transition," http://ir.nul.nagoya-u.ac.jp/jspui/bitstream/2237/11952/3/paper153.pdf，瀏覽日期：2014 年 5 月 13 日。並參見宋興洲，《動態的東亞經濟合作：理論性爭辯與實踐》，臺北：鼎茂圖書，2005 年。

❷ 張劍華，《東南亞的變局》，臺北：中正書局，1979 年，頁 4–9。

法兩國更與美國步調不一；且八個會員國中心，只有泰國、菲律賓、巴基斯坦為亞洲國家，其他只是鄰國或是基於殖民地宗主國的立場參加；三個亞洲國家，在組織中幾乎沒有發言權，一切都仰望美國鼻息，這種組合自然無法有任何有效的作為；1966 年在美國退出越南戰場後，《東約》幾乎喪失功能。

1961 年，馬來西亞、菲律賓與印尼三國成立了「東南亞協會」(Association of Southeast Asia, ASA)，三國隨後因為對馬來亞建國（於 1963 年「馬來亞聯合邦」獨立建國，改稱馬來西亞聯邦，當時新加坡亦成為馬來西亞聯邦的一員，1965 年新加坡脫離馬來西亞聯邦而獨立）有不同意見，彼此間難以真正合作。

1963 年，馬來西亞、菲律賓、印尼成立了三國「馬菲印聯盟」(Maphilindo)，然而三國彼此間互有戒心，菲律賓、馬來西亞間因沙巴問題屢有爭執相處不佳，印尼則一向反對馬來亞將北婆羅洲的沙巴、沙勞越與汶萊併入「馬來西亞聯合邦」。但三國聯盟終因未能化解領土爭議，最終仍朝向瓦解。❸ 1966 年於東南亞另有兩個組織成立，一是東南亞經濟發展部長會議 (MCEDSEA)，另一是由南韓總統朴正熙提倡的亞太委員會 (APC)，APC 於 1974 年起不再有任何運作。❹

三、東協創始國之間仍有齟齬

如前所述，於 1967 年之前，東協組織創始國之間仍有齟齬，幸有泰國外交部長 Thanat Khoman（科曼）熱心穿梭於馬菲印三國，在化解三國矛盾心結上稍有成果，於是乃他納向印尼外交部長 Adam Malik 提出成立新的區域合作組織之構想，也獲得印尼肯定。而於 1966 年 9 月，印尼首先提出此一東南亞新組織之構想。❺

在印尼提出此一區域合作之構想後，其他各國反應可說相當冷漠，菲律賓總統 Ferdinand Marces 希望由其本身建議的新方案被採納，馬來西亞認為沒必要成立新組織，只要在「東南亞協會」運作下，加入印尼即可，且馬來西亞認為與菲律賓難以和平相處。新加坡則顯出事不關己的態度；最後於泰國外交部長 Thanat Khoman 大

---

❸　1963 年馬來西亞和菲律賓因為領土問題斷交。1965 年 8 月，新加坡、馬來西亞分治，聯盟由此陷於癱瘓。

❹　Peter J. Katzenstein, "Introduction: Asian Regionalism in Comparative Perspective," in Peter J. Katzenstein and Takashi Shiraishi, eds., *Network Power: Japan and Asia* (Ithaca: Cornell University Press, 1997), pp. 1–44.

❺　當時印尼總統 Suharto 期待國際社會的肯定，特別想脫離「軍人執政」的形象，極力爭取各方友誼。

力斡旋與奔走下，東協終於 1967 年 8 月，正式宣布成立。

東協組織最初強調為經濟、社會、文化三大目標，然則由於成員國之間缺乏信任，加之無從產生良好的合作機制，東協內部貿易佔其全部貿易的百分比，分別是 1967 年的 20.9%，1970 年的 21.4%，1975 年的 17.2%，1980 年 17.9%，1985 年 19.2%，1990 年 19.3%，1994 年 20.8%。可以說，東協成立的最初十年，至少由 1967 到 1976 年，成員國之間並不認為彼此間的經濟與貿易合作可以帶來更大的好處，因而合作的效果不彰。 ❻

從東協組織成立的前九年 (1967～1976) 到 1976 年巴里島高峰會，將近十年的東協組織發展尚處在「磨合期」，畢竟東協五國是初次形成一次級團體，彼此合作關係難免生疏，甚至出現同床異夢、貌合神離情況。東協國家之所以能夠一路走來，則是透過簽署與發表重要的條約宣言，明白要求其成員國乃至區域外國家遵循。東協採取此種方式，對區域之和平與穩定頗有助益。東協政治合作有一個特點，即是強調合作的基礎是確保各成員國、各族群利益優先的原則，為了要確保各族群利益，則必須保證成員國地位的絕對平等。平等的夥伴關係不僅呈現在東協的各項文件中，並且有根本的制度安排與保障方式。

東協成立初期，基於冷戰背景，可說其主要任務之一為防止區域內共產主義勢力擴張，初期合作重視軍事安全與政治中立，冷戰結束後各國政經情勢趨穩，開始轉向加強區域內經濟環保等領域的合作，並積極與區域外國家或組織展開對話與合作。

第二節　東協「和平、自由、中立區」的提倡

東協國家彼此間固存歧見與爭端，但基於共同利益考量，另一方面又謀求彼此間的相互合作，以聯合力量一致對外。東南亞國家由於歷史上長期被殖民統治的歷史心結，以及不被西方國家重視的反彈作用，使得東南亞國家產生異常強烈的自主意識，而欲聯合區域內的國家，形成集體力量，俾和境外勢力相抗衡。面對不確定的國際局勢，東協組織期望能成為亞洲的代言機構，而與美、日、歐盟等大國平起

---

❻ Jose D. Ingles, "Problems and Progress in Regional Interaction: The Case of ASEAN," in R. P. Anand & P. V. Quisumbing, eds., *ASEAN: Identity, Development, and Culture* (Manila: U. P. Law Center & East-West Center Culture Learning Institute, 1981), pp. 217–225.

平坐，舉行對話，並排除外國勢力的涉入。

一、1960 年代成立的東協

　　1966 年印尼「正式」提出設立新的區域合作組織構想，1967 年 8 月 6 日，印尼、馬來西亞、新加坡、菲律賓、泰國五國外長在曼谷舉行會議，於 8 月 8 日發表了《曼谷宣言》，正式宣告東南亞國協成立。曼谷宣言揭示，東協成立的宗旨與目標為：

1. 以平等夥伴之精神，經由共同努力，加速本區域之經濟成長、社會進步及文化發展，以強化東南亞各國建立繁榮與和平共同體之基礎；

2. 經由各區域國家間之正義及法規之尊重，以及嚴守《聯合國憲章》之原則，增進本區域各國間之和平與穩定；

3. 促進在經濟、社會、文化、技術、科學與行政範疇內，共同利益課題之積極合作與相互協助；

4. 提供在教育、專業、技術與行政領域內，培植訓練與研究設備之互助；

5. 對區域內各國農業、工業、貿易進行拓展，包括研究國際商品貿易問題、改進運輸與交通設備，以及提高人民生活水準等，作更具效益之合作；

6. 促進東南亞研究；

7. 透過現存國際與區域組織，以相同之目的與宗旨，維持緊密與互助之合作，並探究更密切之合作之道。

　　東協的宗旨是以平等和協作精神，共同努力促進地區的經濟增長、社會進步和文化發展；遵循正義、國家關係準則和《聯合國憲章》，促進地區的和平與穩定；與國際和地區組織進行緊密和互利的合作。 ❼

　　1967 年 8 月 5 國簽署的東協《曼谷宣言》，東協的宗旨與目標在於： ❽

1. 加速該地區的經濟成長、社會進步與文化發展；

2. 在持續尊重該地區各國家的法律規範，以及固守《聯合國憲章》的原則下，促進

---

❼　Thanat Khoman, "ASEAN Conception and Evolution," in Kernial Singh Sandhu, et al., *The ASEAN Reader* (Singapore: Institute of Southeast Asian Studies, 1992). http://www.aseansec.org/the-founding-of-asean/，瀏覽日期：2014 年 10 月 20 日。

❽　S. Rajaratnam, "ASEAN: The Way Ahead," in Kernial Singh Sandhu, et al., *The ASEAN Reader* (Singapore: Institute of Southeast Asian Studies, 1992), http://www.aseansec.org/the-founding-of-asean/，瀏覽日期：2014 年 10 月 21 日。

該區域的和平與穩定；

3.印尼外長 Adam Malik 強調「政治思維」的一致，是最重要的。

二、1970 年代「和平、自由和中立區」推動之過程

㈠當時區域內成員國對「東南亞中立化」的主張

　　首次公開提出東南亞地區中立化構想是 1970 年 9 月馬國副總理 Tun Abdul Razak 在成為總理之前參加在盧沙卡 (Lusaka) 召開的「不結盟運動」(Non-Alignment Movement, NAM) 會議上再度重申中立化地區的主張。馬來西亞選擇該時機公開提出中立化構想，其目的是先試探東協各國的反應，等待時機成熟後，再向東協會議正式提出議案。

　　事實上，當時東協內部對於「和平、自由、中立區」的設置，也有相當多的討論。首先，印尼外交部長 Adam Malik 表明：「若該項主張可使本區域擺脫外部干涉，印尼原則上支持該主張」。❾泰國與菲律賓則立場相當矛盾，一方面兩國支持該項建議中有關防止中國與蘇聯於本區域擴大影響力的想法；另一方面，中立政策與兩國當時較為傾向美國的外交政策並不一致。❿該兩國領導人對外界之說明可見一斑，泰國外長於接受外界訪問時說：「馬來西亞所倡議的東南亞中立化計劃，是要強國來保證本區域國家的主權獨立與領土完整，如此類建議，泰國當然給予支持，否則將感到一種罪過」。1971 年 11 月 17 日時，當時菲律賓總統 Ferdinerd Marcos 也曾於國家安全委員會上指出：「馬來西亞提出的東南亞中立化建議，並不是傳統嚴格意義上的中立，而是建立一個免受大國干涉或支配的地區」。⓫

㈡當時區域外大國對「東南亞中立化」的主張。

　　首先，美國起初對馬來西亞倡導的「和平、自由、中立區」所持態度較為含糊不清，美國先將該構想之提出歸功於「亞洲事務亞洲化」的尼克森主義，但避而不談大國保證與履行義務的實質性問題。1972 年 3 月美國國務卿 William P. Rogers 於其外交政策年度報告指出，⓬「尼克森主義」於亞洲事務上，有很大的進展，最大的表現即是吉隆坡「和平、自由、中立區」宣言之發表。

---

❾　參見《南洋商報》，1971 年 11 月 13 日，第 24 版。

❿　參見《南洋商報》，1971 年 6 月 13 日，第 5 版。

⓫　參見《南洋商報》，1971 年 11 月 17 日。

⓬　Dick Wilson, *The Neutralization of Southeast Asia* (New York: Praeger, 1975), p. 104.

　　蘇聯原先對此建議是懷疑、不解與觀望之態度，原因是蘇聯很難對於東南亞每一國家採取相同的中立與不結盟政策。但後來蘇聯發現，若支持此一構想將有利於蘇聯推動「亞洲集體安全體系」之構想。因此蘇聯官方《真理報》也為之表示支持。然而，東南亞國協於 1973 年 4 月舉辦的第六次外交部長會議，特別討論了蘇聯「亞洲集體安全體系」全體東協成員一致決議，否決蘇聯「亞安體系」的建議。

　　中國方面，則對於東協所及的「和平、自由、中立區」表示支持，認為此構想有助於消除美蘇兩大國於東南亞區域的競爭，1974 年中國總理周恩來於北京接見來訪的馬來西亞總理 Tun Abdul Razak，訪問時明白表示，中國支持馬來西亞的提議，若東協能獨立自主，可以避免遭受大國之控制。❸

　　「和平、自由、中立區」概念是由馬來西亞政府所提出來的，1970 年代 Tun Abdul Razak 取代前總理 Tengku Abdul Rahman 成為馬國總理後，Tun Abdul Razak 對馬來西亞外交政策做了重大的調整，其改變 Tengku Abdul Rahman 政府時期以英國為首的外交政策，重視改善和發展同為第三世界的國家，尤其是與東南亞國家之間的關係，改變以往消極參與東協組織活動的作法，開始積極參與東協的活動，力求在東協事務中最大限度地發揮自己的影響力和作用。馬來西亞前首相 Tun Abdul Razak 選擇以「和平、自由、中立區」為核心的東南亞中立化問題作為發揮其在東協中的地位和作用的突破點。Tengku Abdul Razak 提出此區域中立化建議的另一個動機是，東協成立不久後，英國工黨政府宣布 1970 年起逐步將蘇伊士運河以東地區的軍隊撤回，美國亦因國內壓力提出「尼克森主義」，將逐漸減少參與涉入越戰的深度，蘇聯則趁機推銷其「亞洲安全體系」的理念，有意取代英、美在此區域的地位。此情勢的發展使馬來西亞對自身的安全感到憂慮。❹

　　當時由於英美的撤軍，導致東南亞區域軍事力量對比出現變化，一向依靠英軍保護的馬來西亞與新加坡以及依靠美國保護的菲律賓和泰國，對區域安全產生疑慮，不安全感驟然而生。於此情勢背景下，馬來西亞對其中立化建議能在東協內部得到足夠的支持，充滿信心。

㈢馬來西亞的區域中立化原則與精神

　　馬來西亞政府所提出來的區域中立化，其主要包括三個原則：

---

❸　參見《南洋商報》，1974 年 5 月 30 日，第 5 版。

❹　王士彔、王國平著，《從東盟到大東盟－東盟三十年研究發展》，北京：世界知識出版社，1998 年，頁 79。

1. 本地區國家實現中立化，既不與區域外大國結盟，也不與他們為敵，同時，維護各大國在本區域的合法利益。
2. 美國、蘇聯及中國保證不在本區域角逐，不捲入本區域國家的內部事務。
3. 本區域國家相互合作，消除引起緊張情勢的根源。❶⑤

　　東南亞區域中立化構想提出後，在東協內部引起相當大的反應，其中，印尼的興趣最大。印尼強烈贊同區域中立化概念中「反對大國干預區域事務」的構想，因為排除大國的干預有助印尼在區域事務中發揮主導的作用。因而，印尼外長 Adam Malik 在東協討論馬來西亞的區域中立化提案時明確表示：「如果該主張意味著使本區域擺脫外部國家的干預，印尼原則上支持該主張」。❶⑥

三、《東南亞友好合作條約》：1976 年 2 月《峇里宣言》

　　1976 年 2 月 24 日於印尼峇里島舉行第一屆東協高峰會。東協五國的領袖—印尼總統蘇哈托、馬來西亞總理慕沙、菲律賓總統馬可仕、新加坡總理李光耀和泰國總理克立‧巴莫都出席此次會議。會議中簽署《東南亞友好與合作條約》的協議，《東南亞友好合作條約》主要是要求簽約國在經濟、社會、文化、技術、科學、行政等範圍，及在有關國際和平與此一區域安定及其他一切共同利益等問題上加強合作。❶⑦此條約對於區域合作做了詳細的原則規定，在東協的歷史上是前所未有。TAC 與過去所簽署的《曼谷宣言》只是對區域合作的動機、目標和宗旨等問題做了一般性的原則規定，兩者相比有極大的差異。

　　《東南亞友好合作條約》的內容共分九章和序言，涉及宗旨和原則、友好、合作、和平解決爭端及一般規定等五個方面的內容。該條約強調：「本條約的宗旨是在促進締約國各國人民之間的和平與持久的友好與合作」，「締約國在彼此的關係中應當以下列根本原則為指導」，即相互尊重彼此的獨立、主權、平等、領土完整和民族特徵；每個國家都有權保障其民族生存，不受外來的干涉、顛覆或壓力；互不相干涉內政；用和平的手段解決分歧或爭端；放棄使用武力或武力威脅；在締約國家內實施有效的合作。

　　另外，該條約對東協的政治、經濟、社會等方面的合作制定了九條規定，其中，

❶⑤　馬晉強，《當代東南亞國際關係》，北京：世界知識出版社，2000 年，頁 203。

❶⑥　參見《海峽時報》，1970 年 11 月 23 日。

❶⑦　張錫鎮，〈中國同東盟的睦鄰互信夥伴關係〉，梁守德（編），《中國的發展與二十一世紀的國際格局》，北京：北京大學國際關係學院國際政治系，1998 年。

對政治合作的作用和地位有了新的強調，認為政治合作與東協其他合作的關係是密不可分的，內容談到：「締約國將努力加強合作，以促進地區的和平、繁榮和穩定。締約國為此將定期接觸，對全球和地區事務進行磋商，以協調彼此的看法、行動和政策」。「締約國在努力實現此地區的繁榮和安全上，應當在各個方面進行合作，根據自信、自力更生、相互尊重、合作和團結的原則，增強本地區的防禦能力。這些原則將奠定在東南亞建立一個強大而能夠生存下去的國際社會的基礎」。由此可見，東協對於建立本身團結基礎的形象，相當重視。

首屆東協高峰會議的召開以及《東南亞友好合作條約》的簽署象徵東協合作和發展的步伐加快，東協影響力量的擴大，國際地位也明顯提升。另外，該「條約」的簽署對於東協的進一步發展，特別是為了吸收新的成員國做了預先的準備，把簽署《東南亞友好合作條約》作為新成員國加入東協的必要手續。《東南亞友好合作條約》所確立的平等夥伴關係與和平解決爭端原則，對東南亞其他國家開始產生強大的吸引力。

第三節　東協成立之初的重大問題與爭端解決

如前言所述，東協五個成員國於 1967 年成立之初，彼此間並非水乳交融、你儂我儂，相反地彼此之間仍有相當大的歧異、衝突與紛爭。最明顯的衝突如：1.馬來西亞與菲律賓之間的沙巴問題，於成立初期經常導致東協停止活動；2.菲、馬、印尼雖於 1963 年成立「馬菲印聯盟」，但三國對於馬來西亞聯邦之獨立建國，仍有不同的立場與意見。❶⑧

新加坡曾為馬來西亞婆羅乃同屬英國之「海峽殖民地」中的一環，在 1960 年代，新加坡未參加東南亞聯盟 (ASA)，也未參加「馬一菲一印尼」聯盟，1963 年新加坡經由全民公投，決定參加馬來西亞聯邦，後因新加坡人民行動黨主席李光耀與馬來西亞第一位首相 Tunku Abdul Rahman 不合，新加坡被迫離開馬來西亞聯邦，於 1965 年獨立建國。

一、東協成立之初，強調經濟合作，但實質為政治聯盟。

東協五個成員國——印尼、馬來西亞、新加坡、泰國與菲律賓等五國，於 1967

❶⑧　D. K. Mauzy (ed.)，季國興等譯，《東盟國家政治》，北京：中國社會科學出版社，1990 年，頁 273-274。

年於曼谷集會，共同發表《東南亞國家協會成立宣言》（又稱《曼谷宣言》）。❶

　　吾人若仔細觀察《曼谷宣言》，不難發現其內容強調經濟、社會與文化特質，其中經濟合作更是東協極力對外宣揚者。無可置疑，經濟合作與區域繁榮確是東協五創始國期待的目標，然則使五國合作的最根本原因，有下列五個重要原因： 1.此五國皆為「反共」或「非共」國家； 2.當時美國參與越戰，使中南半島情勢緊張； 3.冷戰時期，美國對共產國家採取「圍堵」政策； 4.五成員國形成區域組織，不僅加強區域安定與合作，也使東協內部緩和緊張與不安； 5.東協對外強調經濟合作只是幌子，實際的本質為政治聯盟。❷ 東協成立之初只是一個保衛自己安全利益及與西方保持戰略關係的聯盟，其活動僅限於探討經濟、文化等方面的合作。1976 年 2月，第一次東協高峰會議在印尼峇里島舉行，會議簽署了《東南亞友好合作條約》以及強調東協各國協調一致的《峇里宣言》。

　　實質而言，東協成立之初為一明確的政治組織，目的係維持成員國內部的和平與穩定，但並不完全排除經濟合作。❸ 雖則五國外交部長一致對外表示「東協僅是一個經濟、文化與社會聯盟」，然而在當時的時空背景下，誠如印尼外交部長 Adam Malik 所言：「雖然東協成立之初強調本身為經濟、文化與社會的合作組織，當時的考慮有其背景，但事實上五國於政治現實上的一致，方是使其 (ASEAN) 聯合起來的最主要因素」❹。因此，筆者大膽斷言，東協成立之初雖標榜其宗旨為非政治性 (non-political)，則其後於國際社會所瞭解者，則是東協組織創始成立所隱涵的重要意義，乃是為維護其本身生存，並促進區域安全與合作。

二、菲律賓、馬來西亞兩國的沙巴主權爭議

　　東協成立之初，並未被國際社會看好。成立初期，五國之間有三國並未在正式外交關係，成員國間的齟齬時有所聞，而最嚴重者莫過於菲律賓、馬來西亞兩國間的沙巴主權爭議。

　　菲律賓與馬來西亞兩國於東協成立初期，為沙巴主權產生矛盾與衝突，並因「科

---

❶　http://www.aseansec.org/1212.htm，瀏覽日期：2014 年 11 月 19 日。

❷　John Ravenhill, "Economic Cooperation in Southeast Asia: Changing Incentives," *Asian Survey*, Vol. 35, No. 9 (1995), p. 851.

❸　Swee Hock Saw (ed.), *ASEAN Economies in Transition* (Singapore: Singapore University Press, 1980), p. 201.

❹　Allison Broinowski (ed.), *Understanding ASEAN* (London: Macmillan, 1982), p. 14.

雷吉多爾事件」使兩國關係惡化，並使東協活動中斷八個月之久。「科雷吉多爾事件」肇因於菲律賓首都馬尼拉一家報社報導指稱，菲律賓科雷吉多爾島上有一批招募而來的穆斯林特種部隊。馬來西亞認為該島受訓穆斯林是一種破壞行為，目的是向沙巴進行滲透。❷❸

　　於 1968 年 9 月，菲律賓國會通過一項決議，將沙巴列入菲律賓的領土，此舉使兩國關係更為緊張。菲律賓所有駐外大使均接獲指示，於參加國際會議時，針對「馬來西亞指稱沙巴為其領土」的說法，必須提出保留意見。❷❹1968 年 11 月，菲、馬兩國再度斷交，東協其餘成員國（新加坡、泰國、印尼）為此一僵局加以調和，於 1969 年 12 月的東協第三屆外交部長會議，菲馬兩國宣布關係正常化。

三、東協成員國之其他爭議

　　除了菲律賓、馬來西亞的沙巴爭議外，東協五創始國之間，也有其他爭議。例如印尼與新加坡、泰國與馬來西亞之間，也有不同的衝突點，直至 1976 年 2 月 24 日，東協五國在印尼峇里島簽訂了《東南亞友好合作條約》，東協五成員國方真正邁向合作，而政治上的和睦友好，也對東協的經濟合作有正面效果。

　　於 1976 年 2 月五國領導人於印尼峇里島舉行東協首次高峰會議，會議中正式提出「政治合作」。❷❺當時為 1975 年南越淪陷，中南半島戰爭結束，東協五國間的爭端也一段落，因而五國領導人認知彼此間宜加強聯繫合作，當年同時簽署了三項與東協未來發展相關的重要條約（與協定）：1.《東南亞友好合作條約》；2.《峇里島第一協議》（又稱《東協協調一致宣言》）；3.建立「東協秘書處」協定。

　　自此之後，東協的高峰會議，由最初的第一屆 (1976)、第二屆 (1977)、第三屆 (1987)、第四屆 (1992)、第五屆 (1995)，迄 2015 年為止共二十七屆，一開始為每年舉辦一次，但第二屆到第三屆相隔十年之久，之後有相隔三年（第四屆、第七屆）；但新世紀，2001 年起每年有一次高峰會。於東協憲章 (ASEAN Charter) 簽署之後，由 2009 年起，每年均召開兩次高峰會議，分別於 4 月及 11 月，因此迄 2015 年 4 月

---

❷❸　D. K. Mauzy (ed.)，李國興等譯，《東盟國家政治》，北京：中國社會科學出版社，1990 年，頁 276。

❷❹　1968 年 9 月 30 日～10 月 5 日舉行的東協工商業常設委員會，菲律賓做了保留，馬來西亞旋即表示，於菲律賓該保留撤回之前，馬來西亞將不參加任何東協會議。

❷❺　D. K. Mauzy (ed.)，李國興等譯，《東盟國家政治》，北京：中國社會科學出版社，1990 年，頁 270–274。

底為止，已有二十六次東協高峰會議。各屆東協高峰會時間地點與主要成員，2015年 11 月第二十七屆東協高峰會，同時提出「東協後 2015 年願景」。（附錄 1：歷屆東協正式高峰會議簡介與成果表）

四、東協相關部門組織與制度設計

東協相關部門組織與制度設計是成立初期的工作重點，東協主要機構包括高峰會議 (Meeting of the ASEAN Heads of State and Government; ASEAN Summit)、東協外長會議、經濟部長會議、常務委員會、其他部長會議、秘書處、專門委員會以及其他民間和半官方機構。東協外長會議是制定東協基本政策的機構，每年輪流在成員國舉行；常務委員會主要討論東協外交政策，並落實具體合作項目。東協秘書處設在印尼首都雅加達。

㈠東協外長系列年會：

1.「東協外長會議」是東協組織機構主要機構，負責制定東協的基本政策，但東協的重大問題則是由東協高峰會議作出決策。㉖外長會議由東協成員國外長所組成，每年輪流在成員國舉行會議。東協外長還不定期舉行非正式會議。此外，在東協外長會議之後，還會與東協對話國召開「東協外長會後會」。

2.東協後部長會議（或稱「東協加三外長會議」，AMM）是根據東協加三合作機制，在東協外長會議結束後，另外舉行東協加三外長會議。東協加三外長會議是指東協十國加中國、日本、韓國三國外長舉行的會議，它是「東協加三」領導人非正式會議框架下的一個專業部長級會議機制。首次東協加三外長會議於 2000 年 7月在曼谷舉行。

3.「東協與對話夥伴國會議」始於 1978 年，是東協外長會議的後續會議。東協目前十個對話夥伴是澳洲、加拿大、中國、歐盟、印度、日本、紐西蘭、俄羅斯、韓國和美國。每年由東協成員國和對話夥伴國的外長出席會議，主要討論政治、經濟、東協與對話夥伴國的合作等問題。㉗

㉖　http://hk.on.cc/hk/bkn/cnt/commentary/20150806/bkn-20150806000218587-0806_00832_001.html，瀏覽日期：2015 年 8 月 22 日。

㉗　孫國祥，「東協機制及系列會議簡介」，
http://defence.hgsh.hc.edu.tw/announce.php?submenu=3&aid=523，瀏覽日期：2015 年8 月 21 日。

㈡東協高峰會

高峰會議是東協的最高決策機構，會議每年舉行一次，是東協國家商討區域合作大計的最主要機制，主席由東協成員國輪流擔任。

㈢東協秘書處

東協秘書處設置於印尼首都雅加達，成立目的是加強成員國之間的合作與聯繫，秘書處之成立係依據1976年峇里高峰會之決議。秘書長之職權經多次擴大與修正，但最重要者為綜理東協成員會，外交部長會議期間向外長會議負責，其他時間向常設委員會負責。

2003年10月在印尼峇里島舉行的第九屆東協高峰會議發表《東協協調一致第二宣言》（亦稱《第二峇里協約》），宣布將於2020年建成東協共同體，其三大支柱分別是「東協安全共同體」、「東協經濟共同體」和「東協社會與文化共同體」。

2004年11月在寮國永珍舉行的第十屆東協高峰會議通過了為期六年的《永珍行動計劃》(VAP)以進一步推進一體化建設，並決定建立「東協發展基金」以保障落實。會議簽署並發表《東協一體化建設重點領域架構協議》、《東協安全共同體行動計劃》、《東協社會文化共同體行動計劃》和《東協打擊販賣人口特別是婦女和兒童宣言》。會議還決定起草《東協憲章》以加強東協機制建設。

2005年12月在馬來西亞吉隆坡舉行的第十一屆東協高峰會議簽署《關於制定〈東協憲章〉的吉隆坡宣言》，會議責成部長們成立高級別工作組負責起草憲章，並成立名人小組為起草憲章提出建議。會議認為，縮小發展差距對東協一體化具有重要意義，決定進一步擴大《東協一體化倡議》等有關計劃的落實，並高度評價東盟東部增長區、印尼─馬來西亞─泰國增長三角區、越老柬緬四國合作、大湄公河次區域合作、三河流域經濟合作戰略機制等次區域合作機制為縮小東協發展差距做出的貢獻。會議認為，《永珍行動計劃》正在穩步落實，歡迎東協發展基金的設立並呼籲東協成員國和對話夥伴國向其提供資金支持。

此外，東協積極開展多方位外交。1994年7月，東協推動成立東協區域論壇(ARF)，主要就亞太地區政治和安全問題交換意見。1994年10月，東協倡議召開亞歐會議(ASEM)，促進東亞和歐盟的政治對話與經濟合作。1999年9月，在東協的倡議下，東亞─拉美合作論壇(FEALAC)成立。此外，自1978年始，東協國家每年與其對話夥伴（當時有美國、日本、澳大利亞、紐西蘭、加拿大、歐盟，後相繼增加南韓、中國、俄羅斯和印度）舉行對話會議，就重大的國際政治和經濟問題交

換意見。

　　東協成立至今，陸續發表一系列重要文件，對東協的發展產生重要影響：例如《曼谷宣言》（1967 年），《和平、自由和中立化宣言》（即《吉隆坡宣言》，1971 年），《東協協調一致宣言》和《東南亞友好合作條約》（1976 年），《東南亞友好合作條約修改議定書》（1987 年），《促進東協經濟合作架構協議》和《東協自由貿易區共同有效優惠關稅協定》（1992 年），《東南亞無核武器區條約》（1995 年），《東協 2020 年遠景規劃》（1997 年），《東南亞友好合作條約第二修改議定書》和《河內行動計劃》（1998 年），《東協一體化倡議》（2000 年），《為促進東協一體化、縮小發展差距的河內宣言》（2001 年），《東協一體化倡議行動計劃》（2002 年），《東協協調一致第二宣言》（2003 年），《永珍行動計劃》（2004 年），《東協一體化建設重點領域框架協議》（2004 年），《東協安全共同體行動計劃》（2004 年），《東協社會文化共同體行動計劃》（2004 年），《關於制定〈東協憲章〉的吉隆坡宣言》（2005 年）。

五、東協成員國之間的爭端與解決

　　如前節所述，東協經歷前九年的慘澹經營，於 1976 年簽訂三項重要條約後，東協成員國已發展一套自行運作的東協方式 (ASEAN Way)，並成為東協於日後加強區域團結與「經濟、社會、政治、文化的合作與發展」的重要原則。❷❽

　　東協組織的「不干涉他國內政」，「東協方式」係以印尼爪哇島的決策方式為基礎，並對於成員國內政、領土採取不干涉他國內政原則。❷❾換言之，東協組織於所有決策之前，各成員國應達成共識，若共識未能達成，則將採取「擱置爭議」，等待日後再予討論。雖然「東協方式」可以暫時避免紛爭，但實施久遠之後，在東協成員國形成共識的確存在實質困擾時，有其他方式可茲因應。因此在 1997、1998 年亞洲金融危機之後，東協方式亦有相當程度之修正，未必十國均有共識，若干國家因能力不足或有不同意見時，決策有「ASEAN minus N」(ASEAN－N) 模式之修正。❸❶

---

❷❽　Bilson Kurus, "The ASEAN Triad: National Interest, Consensus-Seeking, and Economic Co-operation," *Contemporary Southeast Asia*, Vol. 16, No. 4 (1995), pp. 404–420; Michael Antolik, "The ASEAN Regional Forum: The Spirit of Constructive Engagement," *Contemporary Southeast Asia*, Vol. 16, No. 2 (1994), pp. 117–136.

❷❾　Robin Ramcharan, "ASEAN and Non-interference: A Principle Maintained," *Contemporary Southeast Asia*, Vol. 22, No. 1 (2000), pp. 60–88.

❸❶　宋興洲，《動態的東亞經濟合作：理論性爭辯與實踐》，臺北：鼎茂圖書，2005 年，

第四節　東協組織的三大支柱

如本章第二節所述，東協於成立之初對外強調經濟合作，然則最重要者仍是將建立「東南亞的自由、和平、中立區」為首要目標。本節以東協成立前二十五年 (1967～1992) 於政治安全、經濟、社會與文化的共同合作，亦即東協組織的三大支柱，作一簡單的探討。

一、政治與安全合作 (Political and Security Cooperation)

東協成立之初，希望於下列四大目標建立互相信任的基礎：1.以和平方式解決內部紛爭，減低東協內部的緊張關係；2.減少外國勢力對區域的影響；3.以「自由、和平、中立區」作為東協定位，維護區域之和平與安全；4.期待會員國間彼此增進區域經濟合作。

於東協成立十一年後，1978 年底越南軍隊入侵柬埔寨，帶給東協成員國相當程度的震驚。加諸 1975 年南北越統一後，形成北越共產黨政權，愈來愈多的越南難民流竄至他國，不僅流竄至東協成員國，且出走的目標擴大於美、英、法等國。越南入侵柬埔寨之後，柬國難民亦大幅流向泰國與馬來西亞，東協成員國意識到柬越難民將到來對區域安全、繁榮發展之威脅，不能繼續袖手旁觀，而有共同的集體共識。

㈠東協外交部長會議討論印支難民問題

東協外長會議針對日益嚴重的印支難民問題，於 1979 年 1 月 12、13 日於泰國曼谷召開會議，並就難民問題發表聲明，指出印支難民流入東協成員國，造成「嚴重的政治、經濟、社會與安全問題」。

該次東協外長會議直接挑明「越南是解決印支難民問題的關鍵國家」，除了對越南未有的解決印支難民的措施，致使印支難民無止境地出走深表遺憾之外，並聲明東協相關國家不再接受難民，並將驅逐已在各國難民營駐紮之人士，除非其立即為安置國家或原籍國家接納。

東協之強硬立場，促成 1979 年 7 月底聯合國於瑞士日內瓦召開難民會議。越南終於承認於半年內（1979 年 12 月底）停止難民之流出，聯合國亦承認增加補助安置印支難民相關費用。

頁 169。

㈡東協外長會議譴責越南入侵柬埔寨

東協外長會議於 1979 年曼谷特別會議上，強烈譴責越南對柬埔寨「獨立、主權和領土完整」的武力介入，要求越南立即撤出柬國。東協外長會議並呼籲聯合國安全理事會對此事件，採取必要的措施。

此後，東協組織不斷透過相關國際組織（如 1979 年 9 月不結盟國家組織於哈瓦那），表達民柬政府可以持續代表柬埔寨之席次。1979 年 9 月聯合國大會中，東協組織成功運作了民柬政府在聯合國席次的合法性。由 1979 年起，東協組織成功地遊說大多數聯合國會員國，接受「持續譴責越南侵略以及民柬政府代表柬埔寨，同時全面尋求聯合國政治解決柬埔寨爭端之方式。

東協於柬埔寨事件，採取了尋求共識、和平解決爭端的「東協方式」，於 1991 年巴黎相關各方簽署《柬埔寨和平協定》，解決長達十三年的柬埔寨爭議。

二、經濟合作 (Economic Cooperation)

東協各國經發展程度不同，1980 年代之時亞洲雁行理論當道時，以日本為首的雁頭，後緊緊跟隨的東亞四小龍（臺灣、南韓、香港、新加坡），亦被稱為東亞新興工業國。四小龍之後，復有東南亞四小虎，包括印尼、菲律賓、泰國、馬來西亞，四小虎的經濟發展也令人刮目相看。

東協成立之初前九年，於經濟合作幾乎沒有任何成就而言。依 John Ravenhill 的說法，一方面東協是區域主義低度開發國家中的成功例子，但一方面於經濟合作的層面，卻是不成功的個案。❸ 不少政治經濟學者將東協經濟合作缺乏快速發展，歸因於缺乏政治意願，因為東協組織成員國並不認為區域經濟合作帶來的好處超過其成本負擔。

因此，東協組織於上世紀即推動東協自由貿易區 (ASEAN Free Trade Area, AFTA)，期待 2015 年東協內部成員國之間達到貿易零關稅，其中較早之六成員國——菲、馬、印、泰、新、汶於 2012 年達到貿易零關稅，較晚之四新成員國─越、寮、緬、柬於 2015 年達到貿易零關稅。但迄今超過十年，仍未有較大之進展。

東協成立之初只是一個保衛自己安全利益及與西方保持戰略關係的聯盟，其活動僅限於探討經濟、文化等方面的合作。1976 年 2 月，第一次東協首腦會議在印尼峇里島舉行，會議簽署了《東南亞友好合作條約》以及強調東盟各國協調一致的《峇

---

❸　John Ravenhill, "Economic Cooperation in Southeast Asia: Changing Incentives," *Asian Survey*, Vol. 35, No. 9 (1995), pp. 850–866.

里第一協約》。此後，東協各國加強政治、經濟和軍事領域的合作，並採取了切實可行的經濟發展戰略，推動經濟迅速增長，逐步成為一個有一定影響的區域性組織。除印尼、馬來西亞、菲律賓、新加坡和泰國五個創始成員國外，二十世紀八〇年代後，汶萊（1984 年）、越南（1995 年）、寮國（1997 年）、緬甸（1997 年）和柬埔寨（1999 年）五國先後加入東協，使這一組織涵蓋整個東南亞地區，形成一個人口超過六億、面積達四百五十萬平方公里的十國集團。巴布亞紐幾內亞為其觀察員國；東協 10 個對話夥伴國是：澳大利亞、加拿大、中國、歐盟、印度、日本、紐西蘭、俄羅斯、南韓和美國。

　　長期東協研究之重量級學者，對於東協成立之初期有下列不同的批評與見解。Simon J. Hay 歸納出以下觀察：❸❷

1. 泰緬及泰柬間之邊境安全問題，與各成員國間之領土爭議，及難民問題，皆使相關國家加強邊境防衛，而妨礙自由貿易的活動。

2. Seah Chee Meow 的評論：越南擁有二十億美元價值之軍事設備，區域內軍事力量最強大之國家，是一件令人不安的事。

3. 陳慶珠的評論：越南的軍事雖有能力擺出威脅姿態，而在所有合理的經濟預測中，至今無法証實其對外部軍事行動，但在合理擺脫貧窮經濟之際，不無可能進行擴張。

4. Dayli Merdeka 的報告：李光耀明確地斷言，東協為「非共產主義」的意識，其不願受共產主義的影響，東協體質強大，開放的意識，甚至軍事架構，皆杜絕於區域安全的發展架構中。

5. Otto Graf Lombsdorff 的論証：東協國家是遍及全球之經濟高成長率的區域之一，自從 1973 年，以年 7～8% 之高成長率，超越小於 3% 的「歐洲經濟共同體」之上。

6. Amado Castro 的論述：東協經濟合作是有希望的，但目前仍在一開始起步的水平，有待日後進一步整合。

7. Frances Lai 的觀點：東協在促進區域內貿易發展相當緩慢，早年設立之優先貿易產業互補計劃，以「東協工業計劃」架構下，通過五個工業計劃，但其發展計劃並非順利。

8. 東協優先貿易安排，於 1977 年 2 月確立何種產品享有區域內之優先貿易。

---

❸❷　Simon J. Hay, "The 1995 ASEAN Summit: Scaling a Higher Peak," *Contemporary Southeast Asia*, Vol. 18, No. 3 (1996), pp. 254–274.

9. P. J. Philip 的觀點：東協對農業發展步伐，已引起同等農業發展之關注，並已起步注入現代化農業發展進程，並增進區域合作之相互利益與支援。

10. 1978 年 11 月與「歐洲經濟共同體」的第一次對話，開啟東協與區域外的交流。

11. 區域內經貿合作之難度，在於會員國之間彼此的發展經驗差距，新加坡明顯領先其它 4 個會員國，李光耀總理認為：「在經濟領域的合作，計劃與執行的公式可為『5－1』、政治水平是最不可缺，而被提供的公式則包括有『5 for 1』與『1 for 5』」。

三、社會文化合作 (Social and Culture Cooperation)

　　早期東協在社會文化方面的合作中，值得一提的是人力資源相關的合作。如在 1984 年雅加達的東協外長年會上，擬訂了東協「人力資源發展計畫」，結合美、日、紐、澳等十一國，包括大學層級與相關訓練機構的人力資源，為該區域提供各種技術與專業的合作計畫。唯因馬來西亞擔心該計畫將削弱東協作為區域主導的地位，擱置了該計畫更進一步的發展。在 1987 年東協外長年會上，東協對當時的五個對話夥伴提出的「人力資源發展計畫」報告書中，在三十二項人力資源發展計畫中已經完成二十八項。❸❸

　　在《峇里第一協約》（1976 年）的聲明和《峇里第二協約》（2003 年），東協第三十四屆部長會議聯合公報之對外關係即有以下三大重點：❸❹ 1. 對於在「東協加三」架構下與中國、日本及韓國在各項領域之合作進展表示滿意，特別是在貿易、

---

❸❸　陳鴻瑜，《東南亞國家協會之發展》，埔里：國立暨南大學東南亞研究中心，1997 年，頁 159–160。

❸❹　http://www.google.com.tw/url?sa=t&rct=j&q=&esrc=s&source=web&cd=5&ved=0ahU KEwjqs6Wc4_HKAhVHJKYKHUPOCJgQFggxMAQ&url=http%3A%2F%2Fwww.tra de.gov.tw%2FApp_Ashx%2FFile.ashx%3FFilePath%3D..%2FFiles%2FTradeOldFile% 2F00%2F68%2F90%2F%25E4%25BA%258C%25E2%2597%258B%25E2%2597%25 8B%25E4%25B8%2580%25E5%25B9%25B4%25E4%25B8%2583%25E6%259C%25 88%25E6%259D%25B1%25E5%258D%2594%25E7%25AC%25AC%25E4%25B8%2 589%25E5%258D%2581%25E5%259B%259B%25E5%25B1%2586%25E9%2583%2 5A8%25E9%2595%25B7%25E6%259C%2583%25E8%25AD%25B0%25E8%2581% 25AF%25E5%2590%2588%25E5%2585%25AC%25E5%25A0%25B1.doc&usg=AFQ jCNG0wUOz6MtRGezPFnECqTCgs4Jy2A&sig2=YwDuygUXqbiYvv44CUDMGA，瀏覽日期：2013 年 10 月 13 日。

投資及金融方面。由於此等合作之加強對於東亞，尤其是東南亞之經濟動力之恢復極具重要性，因而更應優先鼓勵在基礎建設、資訊通訊科技及人力資源發展方面之合作。為此，歡迎中國、日本及韓國以及其他對話夥伴，參與執行東協之各項計畫如東協整合倡議 (IAI) 及《河內宣言》中為減少東協整合發展差距之措施。 2.再次強調，東協與其對話夥伴之關係為東協對外關係中最重要之一環，並且對於對話夥伴支持執行河內計畫行動 (HPA) 及其他東協計畫之行動，表示謝意。 3.重申東協與對話夥伴之全面合作關係應秉持不歧視原則，以及在合作發展之對話過程中應將東協視為個一區域實體。

　　綜觀 2003 年《峇里第二協約》的聲明，以及和在河內行動計畫 (Hanoi Plan of Action, HPA) 之中，加入東協在 2020 年的展望 (ASEAN Vision-2020)，東協的目標是在彼此更深入的理解和合作下，建立一個以人民為導向為中心、相互尊重、相處和諧、永續發展、公平正義的東協，這也是日後成為東協共同體三大支柱其中的基礎之一，「東協社會文化共同體」的精神所在。其主要特點如下：

1. 對於高度分歧差異的宗教、種族、語言、性別和社會和文化背景形成的障礙，透過更深入交往，取得彼此理解與尊重，凝聚對一個共同體的認同與想像。
2. 人類發展的重視。透過教育，在提升人力資本的同時，亦提供相互交流的機制。
3. 贊同社會規範和公正分配藉由處理貧窮和公平議題，並且特別照顧弱勢群體——兒童、青年、婦女、老人和殘疾人士——這些可能是被虐待、疏忽和歧視的族群。
4. 為了傳承給後代，對於環境和自然資源的保護和持續發展的管理。 ❸❺
5. 加強公民社會參與，提供東協更多政策的選擇。
6. 重視人們身體和心靈上的健康，使人民居住在和諧環境當中。
7. 使東協公民相互意識到彼此生命共同體的歷史聯繫和文化遺產，以及自我的身分認同。

本章小結

　　仔細閱讀東南亞國家協會成立三大宣言，即《曼谷宣言》、《吉隆坡宣言》、《峇里宣言》可知，東協成立初期，主要任務之一為防止區域內共產主義勢力擴張，合作側重在軍事安全與政治中立，但是表面仍然強調經濟、社會、文化合作。等待各

---

❸❺　http://www.aseancultureandinformation.org/coci/publication.php，瀏覽日期：2014 年 11 月 14 日。

國政經情勢日趨穩定之後，方能真正開始轉向加強區域內經濟環保等領域的合作，並積極與區域外國家或組織展開對話與合作。

　　簡而言之，冷戰時期成立的東協組織，於初期之戰略選擇，為依附美國霸權的區域組織，至少於前十年的發展，可以看出東協為因應內部的磨合以及外來的威脅，此時期之發展較符合新現實主義的觀點，一方面東協因應美國的期待；當時美國疲於應付越戰，中南半島情勢緊張；另一方面，全部為反共或非共國家組成的東協，對於美國維護東南亞區域安全，有極大的助力。

　　東協的成立，可能不是歷史的必然。但整體而言，當時的歷史遺緒、背景環境與政經因素，使得東協成立時，至少於初期十年之間，「政治與安全聯盟」遠遠大於「經濟合作夥伴」的意涵。

第五章　東協三大宣言與對話夥伴制度之建立

前　言

東協（或稱東協組織）是東南亞國家協會的簡稱，其前身是由馬來西亞、菲律賓和泰國等三國於 1961 年 7 月 31 日在曼谷成立的東南亞聯盟 (ASA)。1967 年 8 月 8 日，馬來西亞、菲律賓、泰國、新加坡和印度尼西亞五國在曼谷舉行會議，發表了《東南亞國家協會成立宣言》，即《曼谷宣言》，正式宣告東南亞國家協會（簡稱東協或東協組織）的成立。

東協的宗旨和目標是本著平等與合作精神，共同促進本區域的經濟增長、社會進步和文化發展，為建立一個繁榮、和平的東南亞國家共同體奠定基礎，以促進本地區的和平與穩定。東協組織成立之初只是一個保衛自身安全利益及與西方保持戰略關係的區域組織，其活動僅限於探討經濟、文化等方面的合作。

1976 年 2 月，第一次東協領袖會議在印尼峇里島舉行，會議簽署《東南亞友好合作條約》以及強調東協組織各國協調一致的《峇里宣言》。此後，東協各國加強了政治、經濟和軍事領域的合作，並採取確實可行的經濟發展戰略，推動經濟迅速增長，逐步成為一個有一定影響的區域性組織。

1984 年至 1999 年，文萊、越南、緬甸、寮國和柬埔寨相繼加入東協組織，如今東協組織涵蓋整個東南亞地區，已經成功於 2015 年時，形成一個人口超過六億、面積達四百五十萬平方公里的十國集團。

東協組織成立近五十年來，其政治影響力和經濟實力不斷加強，且於區域和國際事務中扮演愈來愈重要的角色。如前章所敘述，1990 年代初，東協率先發起區域合作，逐步形成以東協為中心的一系列區域合作機制。其中，東協十國與中日韓（三個「東協十國加一」，接著繼續整合形成十三國的合作——亦即東協加中日韓（十加三）、東協十國分別與中日韓（十加一）三國的合作機制迄今已經發展成為東亞合作的主要力量。此外，東協十國還與美國、日本、澳大利亞、紐西蘭、加拿大、歐盟、韓國、中國、俄羅斯和印度十個國家形成對話夥伴關係。2003 年，中國與東協的關係發展形成戰略合作夥伴關係，中國成為第一個加入《東南亞友好合作條約》的非東協國家。

根據 2003 年 10 月在印尼峇里島舉行的第九屆東協十國領袖會議，會中發表的

《東協協調一致第二宣言》（亦稱《第二峇里宣言》），東協將於 2020 年建成東協共同體。為實現這一目標，2004 年 11 月舉行的東協領袖會議通過為期六年的《永珍行動計劃》，簽署並發表《東協一體化建設重點領域架構協議》《東協安全共同體行動計劃》等。

第一節　東協成立初期五創始成員國前十年的磨合

東南亞區域主義的形成，並非偶然因素。可說東協五成員國於 1960 年代成立之初，經過大約十年的磨合期，初期東協五創始成員國合作的步履並不穩定，時有齟齬而有不穩定。於 1967 年正式成立的東南亞國家協會 (ASEAN)，被視為是東南亞五個「非共」與「反共」國家的正式結盟，事實上，當時創始國確有擔憂共產黨赤化的氛圍。

以印尼而言，1965 年於印尼曾發生近乎軍事政變的 930 事件，縱有許多論文曾經探討，然迄今史實還未能真正釐清。❶ Sukarno 政府被推翻，取代者為 Soeharto 將軍領導的軍人政府。菲律賓總統 Ferdinazd Marcas 也於同年當選總統，開始其長達三十二年 (1965～1986) 的極權統治，1965 年可說是東南亞政治發展的關鍵時刻。同年，1965 年新加坡被迫由馬來西亞獨立出來，此後新馬分治，李光耀成為新加坡獨立後的首任總理，擁有長達二十五年的執政權，1990 年方由吳作棟接任總理；例如以小國新加坡而言，獨立自主是其建國理想，新加坡處在印尼與馬來西亞周邊二個大的回教國之中，期待能夠走出自己的道路。彼時馬來西亞聯邦於 1957 年剛剛成立十年，也期待透過區域合作，改善與周邊鄰國的關係。而印尼則是東協人口、領土、資源最豐沛的國家，東協成立構想最初於 1966 年 6 月在印尼總統 Soeharto 授意下，由印尼外交部長 Adam Malik Batubara 正式提出。❷

印尼政治發展的特殊性，也因為 Soeharto 取代 Sukarno 成為新的國家領導人而

---

❶ 930 事件 (Gerakan 30 September / G 30 S PKI / Gestapu / Gestok) 是發生於 1965 年印尼的軍事政變，當時時任印尼總統的蘇卡諾，由於政治立場傾向共產主義陣營，當時的美國政府策動印尼軍人推翻蘇卡諾政權，但為蘇卡諾的手下翁東 (Letkol Untung) 中校所悉破。可參考 http://blog.xuite.net/rokok.indonesia/twblog/143808913-1965%E5%B9%B4%E5%8D%B0%E5%B0%BC%E4%B9%9D%E4%B8%89%EF%BC%AF%E4%BA%8B%E4%BB%B6。，瀏覽日期：2014 年 11 月 14 日。

❷ 關於誰最早提出設置東協之構想，可參見泰國前外長 Thanat Khoman 的文章。

有變化。1968 年 3 月，Soeharto 方被正式任命為總統。Soeharto 上臺後，對內政策採取較為穩健的施政方針來取代 Sukarno「有領導的民主制度」。

在對外關係上，Soeharto 一反 Sukarno 親近中國的政策，於政治外交的領域，採取親近西方的政策，而印尼期待西方國家的經濟援助，因此在外交上疏遠中國與前蘇聯，蘇哈托此作法也引起西方國家的好感。英美兩國於感受印尼之善意後，也於雙方互有交流之時，協助印尼於東南亞國際與區域關係，與同樣親近西方的泰國、菲律賓、馬來西亞等國，維持較為友好、合作之關係。❸

由 1967 年東協組織正式成立前的斡旋可知，印尼仍有爭取東協基本主導權之構想，印尼外長 Adam Malik 與泰國外長 THANAT KHOMAN 兩人合力攜手遊說下，菲律賓、馬來西亞、新加坡也同意，東協於 1967 年 8 月 8 日，正式誕生。

除沙巴領土主權的爭執外，另一個東協內部爭議重要事件為「科雷吉多事件」(the Corregider Affair) 的矛盾，此項衝突發生於東協 1967 年成立之初，使東協成員國之間分崩離析，甚至達到內部分裂、面臨瓦解的險境。

事實之源起，係 1968 年 3 月 21 日《馬尼拉新聞報》(*Manila Bulletin*) 登載一則消息，謂馬尼拉附近之科雷吉多島上存在一支訓練突擊隊營地的消息，指出此突擊隊成員為回教穆斯林，且其正從事顛覆馬來西亞的行動，準備派往沙巴進行顛覆行動。消息透露之後，菲律賓政府一再強調此消息並不正確，該隊伍目的係為了打擊菲律賓南部的非法武裝部隊。但菲律賓政府之說詞不為馬來西亞當局採信，認為該項活動正是對馬來西亞的不友善作為。❹

此項菲馬兩國間危機，涉及沙巴主權，馬來西亞針對所有進入沙巴海域的菲國船隻予以檢測，菲國政府亦發表強硬聲明，指稱馬國侵犯菲國之領空與領海主權，菲國得採取一切必要措施，對該國的安全威脅。

東協組織於成立初期，即遭遇此危機，東協積極予以處理，於 1968 年召開的東協外長會議，東協正式委託泰國與印尼積極進行調解，分別勸說菲馬兩國以大局為重，兩國外長也表示願意雙邊談判來改善兩國關係。然而，菲律賓國會於 1968 年 8 月 26 日突然通過參議院 954 執法案，將沙巴明確列入菲律賓版圖，馬來西亞表示不滿並發表聲明不受威脅。❺東協於是促使泰印兩國充當協調者，終於在 1968 年 12

---

❸　參見 Brian May 著，克勤等譯，《外國記者眼中的印尼》，北京：世界知識出版社，1987 年，頁 362–372。

❹　王士彔、王國平著，《走向 21 世紀的東盟與亞太──東盟的發展趨勢及其對亞太的影響》，北京：當代世界出版社，1999 年，頁 6–7。

月兩國同意重新參加東協活動。

另外，新加坡與印尼也因「間諜船員」事件導致兩國矛盾擴大，淵源於 1965 年印尼與新加坡對峙時期，新加坡政府逮捕兩名船員，並於 1968 年 10 月將兩船員以間諜罪名處死，印尼憤怒群眾攻擊新加坡大使館，兩國關係惡化❻。為了維持瀕臨崩潰的東協，泰國主動擔任調解人，居間調解新印兩國糾紛，使兩國克制相互敵意，恢復正常關係。

1960 年代東協成立當時，被共產國家如蘇聯、中國宣傳是「美國之走狗」。成立之初，菲律賓總統馬可仕希望由他來建議新組織；馬來西亞覺得沒必要，只需在東南亞協會 (ASA) 之下，加入印尼即可，且馬來西亞認為與菲律賓難以相處，新加坡認為事不關己而冷漠。但最後於泰國外長之積極穿梭、奔走下，各國終於卸下心防，同意成立東協。❼

可以說，東協成立之初，當時環境背景而言，主要有三個目標： 1.減低東協內部緊張關係； 2.降低外國勢力對區域之影響； 3.促進會員國社會經濟之發展以作為抵抗共產黨分子暴動與叛亂之屏障。一般而言，東協前十年沒有較大進展與合作。❽

東協於成立將近十年之後，1976 年 2 月，五國於印尼峇里島共同簽訂《東南亞友好合作條約》。此條約之主要目的乃在於加強會員間的多邊關係以建立「基本原則」，主旨包括： 1.所有國家應相互尊重獨立、主權、平等與領土完整和國家認同； 2.各國都有生存權利，可免於外來之干涉、顛覆； 3.各國間不應干涉國內事務； 4.透過和平方式解決歧見與爭端； 5.放棄軍事威脅和使用武力； 6.彼此間朝向有利合作，共創繁榮發展。

由前述《東南亞友好合作條約》之內容，吾人可知東協日後的處事原則與精神——東協方式 (ASEAN way) 即是由此而來。此種處事原則乃是一種「印尼爪哇」的決策模式，成員國彼此間內政、領土與主權皆採「互不干涉原則」，並發展成為一種經由諮商建立共識的型式。東協方式亦是另一種不衝突主義 (non-

---

❺　參見《海峽時報》(*The Strait Times*)，1968 年 9 月 5 日。

❻　參見 Allison Broinowski (ed.), Understanding ASEAN (London: Macmillan, 1982), p. 19.

❼　宋興洲，《動態的東亞經濟合作：理論性爭辯與實踐》，臺北：鼎茂圖書，2005 年，頁 166–167。

❽　Shee Poon Kin, "Singapore's Domestic Politics" in Arun Mahizhnan, ed., Singapore: The Year In Review: 1992 (Singapore: The Institute of Policy Studies, 1993).

confrontationalism)，有衝突時應先冷靜下來，毋需立即做決策；也可考慮暫時擱置(Pigeonhole) 爭議重大的問題，以待日後協商討論。

1976 年同年，東協同意實施一份工業共同投資計畫「東協工業計劃」 ❾，後於1980 年 3 月訂定《東協工業計劃基礎協定》(*Basic Agreement On ASEAN Industrial Projects Kuala Lumpur*)。基本上，是東協五國期待提升區域的進口替代發展，該計畫不僅是預防五成員國壟斷市場，且促進相關產工業之平均分配，有排除外力之效果，但由於事先未有周詳計畫，最終未必能有效實行。

第二節　東協組織成立初期三大宣言：
曼谷宣言 (1967)、吉隆坡宣言 (1971)、峇里宣言 (1976)

本節將針對東協三大宣言之歷史背景與其意涵，作一全面之探討分析。

一、1967 曼谷宣言

正如第四章所述，東協組織成立時宗旨確是期待彼此間的經濟成長，互助互利。但 1960 年代東協五成員國間經濟並不突出亮麗，雖然《曼谷宣言》強調東協本身是一個「經濟、社會與文化合作組織」， ❿但不可否認其成立確有政治動機，誠如印尼外交部長 Adam Malik 所言：「東協組織一開始曼谷宣言強調經濟與社會，但是基於五成員國政治觀點的一致，特別都是反對共產黨政權與思維方是使其聯合起來成立東協之主因」。⓫

首先，東協組織於 1967 年成立之初，雖故意漠視政治意圖，而強調經濟與社會合作，但其日後於 1971 年提出「東南亞和平、自由、中立區」，1976 年提出《東南亞和平友好合作條約》(TAC)，均與區域和平穩定息息相關，也受到國際肯定。

當時，東南亞各國紛紛剛從西方殖民者手中獨立。而冷戰下造成的美蘇對抗不僅侷限於歐洲，同時在東南亞地區發生著。因此當時獨立未久的東南亞各國一則面對跟鄰國之間領土疆界之糾紛，以及各國內部歷史、種族與宗教差異使維持體制穩

---

❾　《東協工業計劃基礎協定》(1980), *Basic Agreement On ASEAN Industrial Projects Kuala Lumpur*, 6 March 1980

❿　《曼谷宣言》，參見東協官網：http://www.asean.org/news/item/the-asean-declaration-bangkok-declaration，瀏覽日期：2014 年 6 月 16 日。

⓫　Allison Broinowski, ed., Understanding ASEAN (London: Macmillan, 1982), p. 14.

定難題的困境；另一方面則為避免區域內或國內衝突造成列強有藉口介入，必須不斷重申主權獨立的立場避免強權干預期內部事務。二次大戰結束後的去殖民風潮與冷戰開始，對外保持中立，不在立場上明確表態，對內力圖發展經濟增加國民向心力並穩定國內社會秩序成為東協會員國的選擇。是以，東南亞各國極力強調主權不得干涉原則之重要性。❷

1967 年《東南亞國家協會成立宣言》確定的宗旨和目標是：❸
1. 以平等與協作精神，共同努力促進本地區的經濟增長、社會進步和文化發展；
2. 遵循正義、國家關係準則和《聯合國憲章》，促進本地區的和平與穩定；
3. 促進經濟、社會、文化、技術和科學等問題的合作與相互支援；
4. 在教育、職業和技術及行政訓練和研究設施方面互相支援；
5. 在充分利用農業和工業、擴大貿易、改善交通運輸、提高人民生活水準方面進行更有效的合作；
6. 促進對東南亞問題的研究；
7. 東協與共同具有相似宗旨和目標的國際和地區組織保持緊密和互利的合作，探尋與其更緊密的合作途徑。

《曼谷宣言》的內容，歷經近五十年，已成為當前東協十國的行事準則。其中心精神如「本著平等與夥伴關係的精神，透過共同努力，促成區域的經濟發展、社會進步與文化發展，以奠定建立一個更加繁榮、和平的東南亞國家共同體的基礎，並且透過各成員國遵守正義、區域國家間關係法則，尊重《聯合國憲章》之精神，維持區域和平與穩定」。❹

因此，《曼谷宣言》整體使外界認為，東協組織成立之初，強調其為經濟、文化與社會性質，且五國均期待區域合作能加強彼此的經濟發展。1967 年至 1984 年，十七年間僅五成員國。直到 1984 年 1 月 7 日，汶萊剛剛獨立一星期，便加入東協，而成為第六個會員國。

---

❷ 陳翰堂，「保障人權或主權：論東協人權保障機制之演進」，http://fgumail.fgu.edu.tw/~cseas2013/2-3.pdf，瀏覽日期：2016 年 1 月 13 日。

❸ http://ppt.cc/uz9Tr，瀏覽日期：2014 年 6 月 17 日。

❹ R. Nagi, ASEAN: 20 years, A Comprehensive Documentation (New Delhi: Lancaster Books, 1989), p. 24.

二、1971 吉隆坡宣言（東南亞中立化）❶⑤

　　東協成立之初期前十年間，由於成員國間衝突不斷，使得前十年幾成為磨合期，主要在於改善與調解內部關係。其中最為明顯的衝突在於馬來西亞與菲律賓，兩國間由於沙巴主權問題爭執不斷，加上「科雷吉多爾事件」導致關係惡化，幾使東協組織活動中斷約八個月。1968 年 9 月菲國國會通過一議案，將沙巴列入菲律賓領土疆域，導致馬來西亞與菲律賓兩國關係更為冷淡。❶⑥

　　平心而論，東協五國於彼此間政治關係改善後，開始注意經濟合作，但於東協組織成立前九年 (1967～1976)，經濟發展十分緩慢。根據統計，於 1967 年 8 月～1975 年東協提出的數百項合作建議案，僅很小一部分達成。於擴大東協內部貿易與促進工業合作上進展有限。實質上，東協內部的貿易量在東協整個貿易比重不升反降，1970～1975 年間，由 15.5% 降為 12.6%。

　　然而，此時期東協對外關係開展有成，促進東協日後對外合作，以及對話夥伴國 (dialogue partner) 制度的成立。

　　於東協成立前十年，國際與東南亞區域之情勢有明顯變化，使五國認知彼此間政治合作的重要性。1969 年 7 月，美國總統尼克森於關島發表「尼克森主義」，明確宣示美軍將由東南亞撤出，亦即「亞洲事務亞洲化，越戰越南化」。相反地，前蘇聯對亞洲產生興趣，1968 年蘇聯於印度洋建立一支太平洋分艦隊，1969 年布里茲涅夫提出建立「亞洲集體安全體系」之建議，同年中、蘇間發生邊界武裝衝突。1971 年中華人民共和國取代中華民國 (ROC) 於聯合國之代表權，1972 年尼克森總統訪問北京，與毛澤東見面，美國與中國大和解，被視為美國亞洲政策大轉變，改採「聯中制蘇」外交政策。也即是當時美、蘇冷戰氣氛濃厚，馬來西亞提出「東南亞中立化」的建議，以及建立東南亞為「和平、自由、中立區」得到了美國、蘇聯與中國的首肯。

　　1971 年 11 月東協五國外交部長齊聚吉隆坡，共同簽署《吉隆坡宣言》，提出東南亞為「和平、自由、中立區」的概念。1967 年東協成立的曼谷宣言並未提出政治合作，《吉隆坡宣言》明確表達此一概念。❶⑦

---

❶⑤　http://ppt.cc/y4r4O，瀏覽日期：2014 年 6 月 20 日。

❶⑥　具體的例子如：1968 年菲律賓指示其出席國際會議之外交官，於馬來西亞代表沙巴之資格上作出「保留」，並且記錄在案。1968 年 9 月 30 日至 10 月 5 日舉辦的東協工商業常設委員會的會議上，菲律賓又做相關之「保留」，馬來西亞隨即表示，在菲律賓保留未撤回之前，馬來西亞將不參加東協任何會議。

　　然而，《吉隆坡宣言》後，五國於部分重大問題採取共同步驟。例如，1972 年五國明確拒絕「馬六甲海峽國際化」的要求，1973 年東協五國又一致拒絕蘇聯於 1969 年提出建立「亞洲集體安全體系」的主張；1972 年 7 月與 1973 年 2 月五國外長召開「非正式部長特別會議」，共同商討越南問題。1972 年 7 月會議的新聞發布也提及，東協國家將研商解決印度支那爭端作出具體貢獻之可能。1973 年 2 月的特別會議也討論 1973 年 1 月有關越戰結束後簽署《巴黎和平條約》對東南亞的可能影響，以上種種，顯示東協於進入第二個十年，已邁向政治合作。

三、1976 峇里宣言

　　以東南亞區域主義的角度，1976 年的《峇里宣言》乃是東南亞提出整合之先聲。特別是 1975 年面對蘇聯勢力透過越南進入中南半島，使得越柬寮相繼成為共產國家。東協五國感受共黨威脅，深覺應加強政治與經濟雙重合作，對外應表現「有決心的聯盟之形象」。❶⑧

　　1976 年可視為東協另一新階段，1976 年 2 月東協領導人於印尼峇里島舉行成立九年來首次領袖會議，正式將政治合作作為東協的重要目標，同時就經濟合作提出具體原則，向外表明東協於區域合作的決心，峇里會議重要性在於：東協五國建立東協政治協調與經濟合作的規範制度，並據以形成日後東協共識的制度性安排。

　　峇里會議有三個重要決議文件：1.《東南亞友好合作條約》❶⑨，2.《東協峇里第一協約》(ASEAN Concord I) ❷⓪，3.建立東協秘書處的協定。❷①

---

❶⑦　當時 5 成員國仍有所保留，例如菲律賓外交部長 Carlos Romulo（羅慕洛）其後表示：「外長們只能於『大範圍原則上』取得一致」。五國當時同意東南亞中立區的想法與目的並不一致。有的成員國希望依賴 5 國集體努力來達成中立化目標，有的成員國希望爭取到大國，尤其是美國的支持。參見 D. K. Mauzy (ed.)，季國興等譯，《東盟國家政治》，北京：中國社會科學出版社，1990 年，頁 281。

❶⑧　D. K. Mauzy (ed.)，季國興等譯，《東盟國家政治》，北京：中國社會科學出版社，1990 年，頁 280–281。

❶⑨　http://www.asean.org/news/item/treaty-of-amity-and-cooperation-in-southeast-asia-indonesia-24-february-1976-3，瀏覽日期：2014 年 7 月 23 日。

❷⓪　http://www.asean.org/news/item/declaration-of-asean-concord-indonesia-24-february-1976，瀏覽日期：2014 年 7 月 23 日。

❷①　http://www.asean.org/news/item/asean-secretariat-basic-documents-agreement-on-the-establishment-of-the-asean-secretariat-bali-24-february-1976-2，瀏覽日期：2014 年 7

首先，《東南亞友好合作條約》第九條規定：「締約國將努力加強合作，以推動區域和平、和諧與穩定」為目的。依此原則，締約國就國際與區域事務必須保持定期的接觸、溝通與協商，以協調五國共同的觀點、行動與政策。❷

其次，《峇里第一協約》提及的重點包括：1.東協成員國應在經濟、社會、文化與政治的領域擴大東協的合作；2.透過接觸、協調、溝通，形成相同立場，並採取可能的共同行動以促進團結；3.只要有可能，立即考慮開始採取步驟促進「東南亞和平、自由與中立區」的被尊重。❷因此，《峇里第一協約》明顯宣示，東協組織的彼此合作，已由經濟文化合作正式邁向政治合作。

《峇里第一協約》亦提及：「在安全問題上，成員國將依據五國共同之需要與利益於非東協之基礎上繼續合作」，第十八條指出：「東南亞其他國家可以申請加入本條約」。東協此一協約，事實上奠定了未來東協擴大成員國，以及為 1994 年成立首個亞洲多邊區域機制「東協區域論壇」(ASEAN Regional Forum, ARF) 深厚之基礎。

《峇里第一協約》於經濟領域亦有相當著墨，特別是東協於發展特惠貿易與安排工業項目，同時也規定有關事項若與其他區域聯盟（或單獨的經濟大國）合作時，宜採取共同態度與行動。經濟領域的合作，不僅是《東南亞友好合作條約》第六條提及：「為了東協人民的相互利益，它們將促進於工農業領域的更大合作，擴大貿易和改進經濟基礎設施」。《峇里第一協約》也概述了成員國建立經濟合作的範疇，諸如：1.各成員國承諾進行「基本商品，特別是食品和能源的合作」；2.建立大型的東協工廠；3.將建立特惠貿易安排做為長期目標並作出努力；4.在技術與生產方式上合作，以增加出口產品生產與提高其質量等。❷

1976 年峇里高峰會議後發表的《聯合公報》提及，日後東協五個經濟部長將定期聚會討論經濟合作途徑，制定適當措施來推動相互合作，以期建立東協大規模的工業項目。❷

月 24 日。

❷ R. Nagi, ASEAN: 20 years, A Comprehensive Documentation (New Delhi: Lancaster Books, 1989), p. 137.

❷ R. Nagi, ASEAN: 20 years, A Comprehensive Documentation (New Delhi: Lancaster Books, 1989), pp. 129–130.

❷ R. Nagi, ASEAN: 20 years, A Comprehensive Documentation (New Delhi: Lancaster Books, 1989), pp. 130–132.

❷ 可供東協經濟部長會議考慮的項目，包括尿素、過磷酸鈣、鉀礦、石油化工、鋼、

　　在經過 1976 年峇里會議後，可說東協組織的制度性安排已有初步基礎，1977年並有第二次非正式高峰會議，於吉隆坡舉行，進一步研商東協各方面合作。

　　第二次高峰會議除了重申「東南亞和平、自由、中立區」的目標外，❷❻也推動包括一億美元備用貸款基金的經濟合作。

第三節　東協對話夥伴制度之建立

　　如果觀察東協組織成立前十年，視為五國的「磨合期」並不為過，由 1976 年起，因東協中的馬來西亞主張「和平、自由、中立區」使得東協組織能穩健成長，一方面內部加強合作，另一方面與外國也建立良好的外交關係。1976～1987 年東協進入第二個 10 年的穩健期，而 1976 年首次東協領袖會議，簽署了《吉隆坡宣言》。《東南亞的合作條約》與《東協協調一致宣言》，《東南亞友好合作條約》將東協合作層面由經濟邁向公開的政治合作。❷❼而《東南亞友好合作條約》的簽署，成為區域內國家欲加入東協的必要手續；亦是區域外國家欲成為東協對話夥伴國的首要資格要件。❷❽而其內部包含的平等夥伴關係與和平解決爭端之原則，更是東協成立近五十年以來未曾發生戰爭的主要原因。❷❾

　　東協對話夥伴國的設置，更是世上其他區域組織所罕見。東協與第三國（對話夥伴國）聯絡委員會設立之初，主要目的係處理日本與歐盟（共同體）的貿易關係，而後，東協的對話夥伴國 (dialogue partners) 日益增加，美國、加拿大、澳大利亞、紐西蘭加入，每年召開的正式部長級對話夥伴，在東協外長會議後接著召開。成員

純鹼、新聞紙與橡膠產品；在特惠貿易安排方面，可包括長期數量合同，以優惠利率對購買進行財政補貼，政府實際採購的優惠與擴大關稅優惠等，參見 R. Nagi, ASEAN: 20 years, A Comprehensive Documentation (New Delhi: Lancaster Books, 1989), p. 142.

❷❻　馬來西亞極力推動，其他四成員則「有保留地贊成」，其中泰國對於其印支鄰國存在疑慮。

❷❼　參見東協官網 http://www.asean.org/news/item/the-first-asean-summit，瀏覽日期：2014 年 7 月 29 日。

❷❽　Simon J. Hay, "The 1995 ASEAN Summit: Scaling a Higher Peak," Contemporary Southeast Asia, Vol. 18, No. 3 (1996), pp. 254–274.

❷❾　Malcolm Chalmers, "ASEAN and Confidence Building: Continuity and Change after the Cold War," Contemporary Security Policy, Vol. 18, No. 1 (1997), pp. 36–56.

包括對話夥伴國各國外交部長與東協各國外交部長。對話夥伴國外長會議的內容東為工業科技、能源、文化與新聞、人力資源等項目的援助問題。

東協五創始國起初設置對話夥伴國關係，乃因東協欲加強對外關係，主要呈現於三方面：　1.使區域合作計畫中的技術助理無安全顧慮；　2.促進對外的貿易與經濟關係；　3.加強與第三國及區域集團的政治關係。❸首先形成對話夥伴國關係，是東協的重要貿易夥伴：歐盟、日本與美國。

此後，隨著汶萊 (1984) 與越寮緬柬陸續加入東協，上世紀末，東協已考慮將中國、俄羅斯、印度等區域大國，納入對話夥伴國關係，以因應冷戰後新形成的多極 (multi-polarity) 格局與新的政治現實 (the new reality of politics)。

當然，隨著東協成員國其後注意於區域內部合作與區域外和諧，東協期待自身為一「和平、穩定、中道」力量。東協於後冷戰時期推動東協區域論壇 (ARF)，以及 1997/98 亞洲金融風暴後，漸漸成形的「東協加三」(ASEAN+3)、亞太經濟合作會議 (APEC)、東協與歐盟推動的亞歐高峰會 (Asia-Europe Meeting, ASEM)，以及東協合作對話 (ASEAN cooperation Dialogue, ACD)。

進入二十一新世紀以來，東協組織除日益增強內部向心力，強調十個東協相同願景、相同認同、東協共同體 (one vision, one identity, one community)，成功打造一個以人為中心 (People-centered)，造福東協人民的組織。

東協於亞太與東亞地區，期待扮演主動積極之全球性角色，雖則目前其力量上不如中國、日本，但東協組織有其深厚潛力，再二十、三十年時間，東協較落後的柬寮緬三國也進入工業化國家時，未來無可限量。

東協與對話國聯絡委員會（包括東協大使），一般派駐於對話國首都，以利雙方溝通（或進行談判）工作。例如，設置於比利時布魯塞爾與瑞士日內瓦的委員會，早於 1976 峇里會議前卻已存在。峇里會議之後，增設的委員會有坎培拉、威靈頓、東京、伯恩、倫敦、巴黎、華盛頓與沃太華委員會。

每一個東協成員國協調員代表東協來協調與對話國之關係、雙邊與多邊關係，以及區域及國際組織之活動安排。以 1985 年為例，印尼為日本之聯絡國、馬來西亞為澳大利亞之聯絡國、菲律賓為美國與加拿大之聯絡國、新加坡為紐西蘭的聯絡國。

---

❸　參見 S. Pushpanathan, "ASEAN's Strategy Towards Its Dialogue Partners and ASEAN Plus Three Process," http://www.asean.org/resources/item/asean-s-strategy-towards-its-dialogue-partners-and-asean-plus-three-process-by-s-pushpanathan，瀏覽日期：2014 年 8 月 5 日。

　　每一個東協成員國，由於與外國接觸頻繁，辦理各項區域活動與國際會議。特別是每年輪值主席國，一年內所舉辦的各項會議，各委員會力行會議，與各工作小組的相關會議，達三、四百項～一千餘項之多。

　　因而，東協十國由成立迄今，各成員國累積眾多國際會議、國際談判與折衝經驗，有助東協成員國之間、成員國與對話夥伴國之關係加強，並有利於東協整體的對外關係。

表 5-1　東協對話磋商國 Coordinationship, 2006～2015

東協國家協調員	前前任 2006～2009	前任 2009～2012	現任 2012～2015
汶萊達魯薩蘭國	中　國	歐洲聯盟	印　度
柬埔寨	歐洲聯盟	印　度	日　本
印　尼	印　度	日　本	韓　國
寮國人民民主共和國	日　本	韓　國	紐西蘭
馬來西亞	韓　國	紐西蘭	俄羅斯
緬　甸	紐西蘭	俄羅斯	美　國
菲律賓	俄羅斯	美　國	澳大利亞
新加坡	美　國	澳大利亞	加拿大
泰　國	澳大利亞	加拿大	中　國
越　南	加拿大	中　國	歐洲聯盟
東協秘書處	巴基斯坦 *	巴基斯坦	巴基斯坦
東協秘書處	聯合國	聯合國	聯合國

* 巴基斯坦是唯一直接協調的國家

資料來源：作者自製。

表 5-2　東協對話磋商國區域集團

年	ECO	GCC	南方共同市場	里約集團	南亞區域合作聯盟
2008	泰　國	越　南	－	柬埔寨	印　尼
2009	越　南	汶萊達魯薩蘭國	泰　國	印　尼	寮國人民民主共和國
2010	汶萊達魯薩蘭國	柬埔寨	緬　甸	寮國人民民主共和國	馬來西亞
2011	柬埔寨	印　尼	菲律賓	馬來西亞	緬　甸
2012	印　尼	寮國人民民主共和國	新加坡	緬　甸	菲律賓

2013	寮國人民民主共和國	馬來西亞	馬來西亞	菲律賓	新加坡
2014	馬來西亞	緬　甸	越　南	新加坡	泰　國
2015	緬　甸	菲律賓	汶萊達魯薩蘭國	泰　國	越　南
2016	菲律賓	新加坡	柬埔寨	越　南	汶萊達魯薩蘭國
2017	新加坡	泰　國	印　尼	汶萊達魯薩蘭國	柬埔寨
2018	泰　國	越　南	寮國人民民主共和國	柬埔寨	印　尼
2019	越　南	汶萊達魯薩蘭國	馬來西亞	印　尼	寮國人民民主共和國
2020	汶萊達魯薩蘭國	柬埔寨	緬　甸	寮國人民民主共和國	馬來西亞

表 5-3　ASEAN DIALOGUE COORDINATORSHIP JULY 2012-JULY 2021

ASEAN MEMBER STATES	CURRENT COUNTRY COORDINATORS 2012～2015	INCOMING COUNTRY COORDINATORS 2015～2018	INCOMING COUNTRY COORDINATORS 2018～2021
Brunei Darussalam	India	Japan	Republic of Korea
Cambodia	Japan	Republic of Korea	New Zealand
Indonesia	Republic of Korea	New Zealand	Russia
Lao PDR	New Zealand	Russia	United States
Malaysia	Russia	United States	Australia
Myanmar	United States	Australia	Canada
Philippines	Australia	Canada	China
Singapore	Canada	China	EU
Thailand	China	EU	India
Viet Nam	EU	India	Japan

SECTORAL DIALOGUE PARTNER

ASEAN Secretariat	Pakistan	Pakistan	Pakistan

表 5–4　ROTATION OF ASEAN COORDINATORSHIP FOR REGIONAL GROUPINGS

The revised list of Country Coordinators for the Regional Organization is based on the agreement of the 4/2015 CPR Meeting held on 3 March 2015. The purpose of the list is for the ASEAN Member States to take turn in coordinating meeting between ASEAN and the regional organizations in New York and in Jakarta. The term of coordinatorship is one year and it is rotated alphabetically in accordance with the name of the ASEAN Member States.

Year	CELAC	ECO	GCC	MERCOSUR	PACIFIC ALLIANCE	SAARC
2014	Singapore	Malaysia	Myanmar	Viet Nam	(Chair)	Thailand
2015	Thailand	Myanmar	Philippines	Brunei Darussalam	Singapore	Viet Nam
2016	Viet Nam	Philippines	Singapore	Cambodia	Thailand	Brunei Darussalam
2017	Brunei Darussalam	Singapore	Thailand	Indonesia	Viet Nam	Cambodia
2018	Cambodia	Thailand	Viet Nam	Lao PDR	Brunei Darussalam	Indonesia
2019	Indonesia	Viet Nam	Brunei Darussalam	Malaysia	Cambodia	Lao PDR
2020	Lao PDR	Brunei Darussalam	Cambodia	Myanmar	Indonesia	Malaysia
2021	Malaysia	Cambodia	Indonesia	Philippines	Lao PDR	Myanmar
2022	Myanmar	Indonesia	Lao PDR	Singapore	Malaysia	Philippines
2023	Philippines	Lao PDR	Malaysia	Thailand	Myanmar	Singapore
2024	Singapore	Malaysia	Myanmar	Viet Nam	Philippines	Thailand
2025	Thailand	Myanmar	Philippines	Brunei Darussalam	Singapore	Viet Nam

Feature: Current Fiscal Year

資料來源：http://www.asean.org/asean/external-relations/asean-dialogue-coordinator。

第四節　東協秘書處的成立

　　東協早年成立時，秘書處的組織、人員配置並不完善。但由於日常業務擴大，東協於 1976 年正式成立秘書處，除了東協秘書長職權擴大，秘書處組織職掌功能增加，如 1992 年提升秘書長職權等規定。依據情勢變遷法則，東協分別於 1979、1982、1989、1992、2014 年修改秘書處協議。

一、秘書處秘書長職掌持續擴大

　　1976 年峇里會議後另一重要變化為，東協秘書處正式設置於印尼首都雅加達，由於東協五成員國之來往事務繁多且複雜，東協五國簽署了「關於設立東協秘書處」的協議，起初東協秘書處秘書長係由外長會議決定人選，任期為二年，隨後由於秘書長之職權不被充分授權，秘書長的職掌擴大而有多次更迭。

　　秘書處之下，有多個常設委員會與工作小組，分別處理專門事務。**㉛** 到了 1980 年代中期，工業、礦業與能源委員會擁有較多的工作與專案小組，且都定期召開的各項業務會議，如糧食、農業與林業委員會擁有完善的組織，下轄各種工作小組。**㉜**

　　秘書處 (ASEAN Secretariat) 之下，秘書處設置三個局長協助秘書長處理日常事務，此三局長為經濟局、科技局、社會文化事務局。此三個主要局平日主要職責為協助常務職能委員會之工作。為加強東協秘書處職能，1982 年東協經濟部長會議決定設立五個副局長，協助經濟局局長之工作。

　　隨著東協秘書處之成立，各東協成員國秘書處之秘書長改為 (Director General)，以避免與東協秘書處之秘書長混淆。**㉝**

　　於 1976 到 1987 年間，東協成立了一些非政府組織 (Non-Governmental Organization, NGO) 機構，例如東協議會間組織。此東協議會間組織，並無立法職能，此點並不同於歐洲議會組織，設置東協議會間組織的目的乃是加強東協各國議會間相互聯繫。

　　東協相關的非政府組織，還包括東協的工商會 (ASEAN-ICC) 其隸屬於常設經濟委員會，此一安排使 NGO 也可以參與經濟委員會的決策過程。東協工商會之下，也設有各小組，如工業互補、糧食、貿易、農業、林業……。

㉛　R. P. Anand & P. V. Quisumbing (eds.), ASEAN: Identity, Development, and Culture (Manila: U. P. Law Center & East-West Center Culture Learning Institute, 1981), pp. ix-xxviii & pp. 130–148; Mary Somers Heidhues, Southeast Asia: A Concise History (London: Thames & Hudson, 2000), Chpts. 5–7.

㉜　ASEAN, http://www.asean.org，瀏覽日期：2014 年 9 月 15 日。

㉝　http://asiagolfonline.com/business/pressure-grows-on-china-over-land-reclamation-1341，瀏覽日期：2014 年 9 月 18 日。

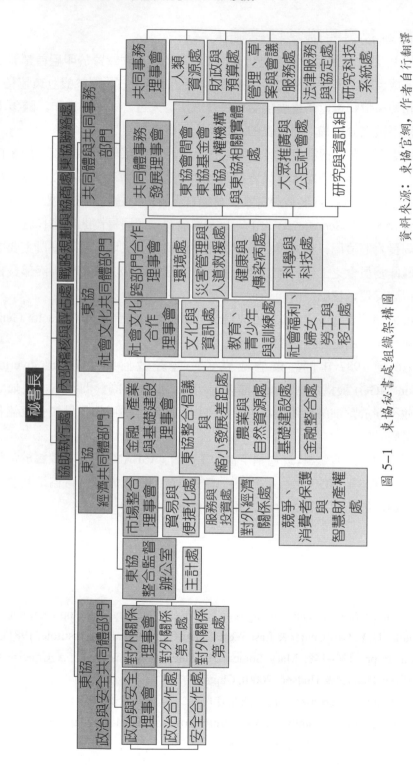

圖 5-1　東協秘書處組織架構圖

資料來源：東協官網，作者自行翻譯

二、東協組織的相關行政機構次第建立❸

於 1967 到 2015 年間，東協組織的相關行政機構次第建立，以下舉其犖犖大者：

1.東協領袖（高峰）會議 (ASEAN Summit)

自成立以來，東協舉行了二十七次會議（2015 年底為止）次非正式會議，就東協發展的重大問題和發展方向做出決策。2000 年第四次非正式會議決定取消正式非正式領袖之分，每年召開一次領袖會議。

2.東協外交部長會議 (ASEAN Ministerial Meeting, AMM)

東協的最高決策機構是制定東協基本政策的機構，每年輪流在成員國舉行。東協外長還定期舉行非正式會議 (RETREAT)。

3.常務委員會 (ASEAN Standing Committee, ASC)

由當年主持外長會議的東道國外長任主席，其他成員國駐該國大使（或高級專員）任當然委員，不定期舉行會議，負責處理東協日常事務和籌備召開外長會議，執行外長會議的決議，並有權代表東協發表聲明。

4.經濟部長會議 (ASEAN Economic Ministers, ACM)

是東協經濟合作的決策機構，在區域經濟合作方面發揮主導作用，每年不定期地召開一、二次會議。

5.其他部長會議 (Others)

包括財政、農林、勞工、能源、旅遊等部長會議，不定期地在東協各國輪流舉行，討論相關領域的問題。

6.東協秘書處 (ASEAN Secretariat)

東協的行政總部，並負責協調各成員國國家秘書處，向部長會議和常務委員會負責。

7.專門委員會 (ASEAN Standing Committee, ASC)

包括九個由高級官員組成的委員會，即：工業、礦業和能源委員會，貿易和旅遊委員會，糧食、農業和林業委員會，內政和銀行委員會，交通運輸委員會，預算

---

❸　http://www.baike.com/wiki/%E4%B8%9C%E7%9B%9F%E5%85%B1%E5%90%8C%E4%BD%93&prd=so_1_doc，瀏覽日期：2014 年 9 月 22 日。

委員會，文化和宣傳委員會，科學技術委員會，社會發展委員會。

8.民間和半官方機構 (Working Groups)

　　包括東協議會聯盟、工商聯合會、石油理事會、新聞工作者聯合會、承運商理
事會聯合會、船主協會聯合會、旅遊聯合會和博物館聯合會等。

　　東協秘書處協定經過多次修訂，例如 1979 年《印尼政府與東協秘書處間關於東
協秘書處特權與豁免協定》(Agreement Between the Government of Indonesia and
ASEAN Relating to the Privileges and Immunities of the ASEAN Secretariat Jakarta, 20
January 1979)；1989 年《修訂建立東協秘書處協定協議》(Protocol Amending the
Agreement of the Establishment of the ASEAN Secretariat Bandar Seri Begawan, 4 July
1989)；1992 年《修訂建立東協秘書處協定協議》(Protocol Amending The Agreement
On The Establishment Of The ASEAN Secretariat Manila, Philippines, 22 July 1992)；
2014 年 11 月 12 日在緬甸舉辦之第二十五屆東協領袖會議，東協各國共同通過《關

圖 5-2　ASEAN 高峰會部長會議與委員會組織架構圖
資料來源：東協官網，http://www.asean.org/

於加強東協秘書處和評估東協機構宣言》(Declaration on Strengthening the ASEAN Secretariat and Reviewing the ASEAN Organs)，在建立東協共同體工作與區域快速變動的同時，加強東協制度與機制的能力與協調作用。㉟

　　一言以蔽之，修訂建立東協秘書處協定協議，主要目標在於與時俱進；一方面增加東協秘書長權限，另一方面隨著每年輪值主席國之變動，強化東協秘書處行使制度與機制的能力與協調作用。

本章小結

　　東協制度化的形成，也使東協早期六成員國漸入佳境，且有東協方式 (ASEAN way) 的具體形成，東協方式意味有其重要解決爭端之機制，例如以協商代替對抗，不以武力解決衝突與矛盾，成為東協組織成員國最重要的象徵具體意義與工作目標。第二次領袖會議除了重申「東南亞和平、自由、中立區」的目標外，㊱也推動包括一億美元備用貸款基金的經濟合作。

　　在經過 1976 年峇里會議後，可說東協組織的制度性安排已有初步基礎，1977 年並有第二次非正式領袖會議，於吉隆坡舉行，進一步研商東協各方面合作。

　　東協制度化的安排，經過將近五十年的建制與修訂，包括各項重大宣言以及《東協憲章》的完成，各國在相互磨合中達成互信互諒 (mutual trust and mutual understanding)，加強東協制度化之完成與實踐。

　　二十一世紀以來，東協組織於東亞政經整合方面，除加速區內制度化經貿結盟的推展，如：「東協加一」、「東協加三」的研議與施行外，區內各國為提升競爭力，吸引外資流入，亦紛紛加速跨區域 FTA 的洽簽。目前 FTA 的簽署，除攸關商品與服務貿易障礙的撤除外，更擴及爭端解決、勞工標準、競爭政策、貿易促進及便捷化，以及資訊科技的合作議題等，東協組織均有其重要貢獻。

㉟　黃苡嵐，「東協領袖齊聚緬甸召開歷史性領袖會議」，http://web.wtocenter.org.tw/Page.aspx?pid=256994&nid=120，瀏覽日期：2015 年 5 月 16 日。

㊱　馬來西亞極力推動，其他 4 成員則「有保留地贊成」，其中泰國對於其印支鄰國存在疑慮。

第六章　由敵對漠視、和緩改善、日趨友好到積極親和

二次世界大戰後東協的中國政策

前　言

　　成立近五十年來，東協（或稱東協組織）已日益成為東亞與東南亞區域以政治、經濟合作為基礎整合形成的政治、經濟、安全之次區域組織，並已於 2015 年 12 月 31 日正式成立東協共同體。於 2017 年將慶祝滿五十週年的東協組織，係冷戰期間於美國的支持影響下成立，歷經 1950 與 1960 年代國際體系美蘇兩極對抗，1970、1980 年代之後強調互相依賴，到 1990 年代之後主張區域與國際合作，形成東協十國。十個「中小國家集合體」(small and medium states coalitions) 強調團結，此一區域組織不僅扮演東亞區域整合之重要角色，在全球化過程下其未來的發展也受到關切。

　　從 1996 年中國與東協建立全面對話夥伴關係後，即開始出現東協加中國的「十加一」，以及東協加中國、日本、韓國的「十加三」的共同合作機制，擴大在亞洲區域的影響力。中國與東協十國於 2002 年簽署協議，確定於 2010 年建立「中國與東協自由貿易區」❶。2004 年 1 月中國與東協在寮國永珍的「十加一」領袖會議中，簽署《中國與東協全面經濟合作架構協議》，承諾五年內取消大部分貨物進口關稅，象徵「十加一自由貿易區」的進程全面啟動。

　　2012 年 8 月在柬埔寨舉行的首屆東協與自由貿易夥伴國經貿部長會議，啟動「區域全面經濟夥伴關係」談判，「區域全面經濟夥伴關係」(regional comprehensive economic partnership, RCEP) 自貿區成立後，將覆蓋大約三十億人口，區內經濟總量接近二十兆美元，可望成為全球規模最大、貿易自由度較高的自貿區。

　　東協和中國於冷戰後加速交往，二十世紀的最後十年，1990 年代東協與中國的雙邊關係日益友好，2003 年中國與東協簽署《東南亞友好合作條約》，中國是與東協簽署《東南亞友好合作條約》的第一個區域外國家。新世紀起，中國和平崛起的

---

❶　「中國—東協自由貿易區」(China-Asean Free Trade Area, CAFTA)，又稱「東協 10+1」。

力量於亞洲地區無所不在，中國究竟為機會或是挑戰，於東南亞國家的眼中，中國是一條巨大的龍，一方面其各項軍備武力強大無比，另一方面中國能提供東協龐大市場與商機？本章以不同時期東協眼中的中國，歷經冷戰時期、後冷戰時期與新世紀時期現實主義之觀點，探討不同時期東協的中國政策。

　　本章主要談及二次世界大戰後東協的中國政策，闡釋東協對於中國，由敵對漠視、和緩改善、日趨友好到積極親合之過程。

第一節　第二次世界大戰後東南亞國家與中國之關係

　　整體而言，由第二次世界大戰之後，東協的中國政策由冷戰時期的漠視敵對，冷戰後改善緩和，二十一世紀初由友好到全面發展。個別東協成員與中國關係由於國家利益而有所不同，若以東協的中國政策深入研究，可以大致分成以下四個時期：

一、漠視或敵對時期 (1945～1969)

　　由於歷史因素，東協國家除泰國外，幾乎全被西方國家殖民過。如馬來西亞、新加坡曾為英國殖民地，菲律賓為西班牙和美國的殖民地，印尼曾為荷蘭的殖民地、大多數東南亞國家於此時期，除印尼、越南、緬甸與中國有正式外交關係外，新馬與英國關係較佳，菲律賓與美國意見一致，在 1967 年東協組織正式成立之前，東協的中國政策大多是漠視或者敵對。而中國共產黨與東南亞華人華僑問題是東協對中國保持高度警戒的原因。

二、改善關係時期 (1970～1989)：東南亞國家與中華人民共和國關係正常化時期

　　美國總統尼克森於 1992 年訪問中國，使中國周邊的東南亞國家瞭解並重視美國「聯中制蘇」全球戰略的轉向。中華人民共和國於 1971 年取代「在臺灣的」中華民國於聯合國的會員（包括聯合國安全理事會常任理事國）地位，使東南亞各國紛紛隨著美國的全球戰略與亞洲政策，紛紛改變原來的疏離中國甚或敵視態度，而與中華人民共和國建立正式外交關係。首當其衝為馬來西亞（1975 年）❷、泰國與菲律賓（1974 年）相繼與中華人民共和國建立正式外交關係，並與中華民國斷交。

---

❷　馬來西亞與臺灣原有外交領事級關係，我國於吉隆坡設有領事館。1975 年，馬來西亞與中國正式建交，並中斷與中華民國之領事關係。

三、關係日趨友好的相互交往 (1990～2008)

1990 年代初，美蘇兩極關係體系瓦解，全球走向多極化，東協對外關係也朝向多元化。1994 年「東協區域論壇」正式成立，東協多邊對話與協商機制。2003 年東協首先與中國簽訂《東南亞友好合作條約》。此時期東協的中國政策朝向友好與交往 (Friendship & Engagement)，中國對東協一再強調，雙方往來以「友鄰、富鄰、睦鄰」三鄰政策為導向，然則東協對中國仍有戒心，「中國威脅論」仍然難以消除。

四、美中於東亞平衡下東協與中國全面性發展（2009～迄今）

進入二十一新世紀，東協與中國進入全面性發展 (Comprehensive Development) 時期。東協的中國政策，也隨著東協一貫「維持與大國平衡」的外交政策而有變動。東協與中國雖正常交往，但部分歷史遺留的問題，例如南海主權爭端、兩岸關係（臺灣）問題，隨著美、中兩國於亞洲的競賽，仍為東協與中國關係中的不穩定因素。特別是 2009 年美國總統歐巴馬推動「亞洲再平衡」政策，東協面對美中兩大國於東南亞之競逐態勢，並不採取「選邊」站。

以下本文針對前述四個時期，東協成員國與中國之重要互動關係，進行較為詳盡之分析。

一、敵對與漠視時期 (1945～1969)

東南亞國家於二次大戰後，雖然逐次獨立建國，然因過去的歷史與殖民因素，除印尼採取第三世界的不結盟政策外，其餘東南亞國家都傾向某一西方大國。例如新加坡、馬來西亞與英國維持特殊關係，菲律賓與美國關係緊密，在東南亞新興國家獨立過程中，雖獲國際社會之承認，然於移交政權的同時，也擷取了西方國家的政治體制。此一階段為冷戰時期，東南亞國家剛由二次世界大戰後建立新而獨立的國家，馬來西亞極度擔憂中國共產黨於該國的滲透。

㈠馬來西亞對中國「西藏問題」的質疑

1957 年獨立的馬來西亞，第一任首相 Abdul Raman 採取反共之政策，對中國採取敵視的態度，於獨立之初，馬來西亞於 1957 年聯合國大會採取反對中華人民共和國進入國際組織的公開立場❸；1958 年 7 月，馬來西亞反對中國商品於吉隆坡參

---

❸ R.K. Jan (ed.), *China and Malaysia, 1949～1983* (New Delhi: Radiant Publishers, 1984), pp. 36–39.

展，10 月宣布對中國紡織品實行「反傾銷」措施。❹同年 12 月，馬國政府復通知中國銀行新加坡分行停止營業。1959 年 3 月，馬國政府發表外交白皮書，指責中國於馬來西亞進行顛覆活動。

當時，中國政府針對馬國政府的敵對行為，也不甘示弱，1959 年 2、3 月間，《北京周刊》與《人民日報》分別刊登，批評「馬來西亞政府對中國人民極不友好的作法」。中國政府施以懷柔政策，指出馬國政府的不友好行為，是「受到美帝國主義的利用」，強調中國仍然重視兩國間的貿易與文化，願意於「和平共處五原則」的基礎下，與馬來西亞發展關係。❺

然而，當時馬來西亞政府並未對中國善意回應，反中排中的狀況加深。於 1959 年 10 月，馬來西亞駐聯合國代表處提出討論中國「西藏問題」的提案，譴責中國於西藏侵犯人權，企圖消滅西藏之宗教與文化，對西藏表示同情。

㈡泰國山區游擊隊為中國所支持

另一明顯反中國的東南亞國家為泰國，泰國於二次大戰期間倖免於被殖民之困境，得力於其長期以來務實靈活的外交政策。除了泰國於 1946 年與中華民國簽訂《中泰兩國友好條約》，雙方互設大使館；泰國於 1949 年中華人民共和國成立初期，仍然與中華民國友好，主因泰國高層與軍方極度反中華人民共和國，且泰國與美國關係密切，泰國曾派兵參與朝鮮戰爭與越南戰爭，與美國同一陣線。僅於 1955 年萬隆會議期間，中泰兩國代表團團長，中國的周恩來總理與泰國外交部長那拉底親王會晤，就中泰關係交換意見，當時兩國透過晤談，關係略有改善，但未能有進一步發展。

泰國於冷戰時期的中國政策，主要有下列三項： 1.泰國採取親美路線的務實外交政策； 2.泰國軍方長期親美，軍方堅持對中國採取較強硬之立場； 3.泰國皇室與臺灣當局結強烈反共，並且採取一致的外交政策。

1950 年代初期，泰國追隨美國而斷絕與中國之貿易。❻1955 年亞非會議後，中國與泰國貿易稍有緩和，但僅維持三年。1957 年 9 月，泰國陸軍司令沙立發動軍事政變上臺後，對中國態度更加強硬。1958 年，泰國對中國進行經濟封鎖（制裁），

---

❹ *Ibid.*, pp. 36–39.

❺ *Ibid* ., pp. 38–39.

❻ 參見《中國對外經濟貿易年鑑》編輯委員會編，《中國對外經濟貿易年鑑》，北京：中國對外經濟貿易出版社，1984 年。

於 1959 年元月頒布「革命團第 53 號法令」，規定所有中華人民共和國之商品一律禁止進入泰國。接著由於印支戰爭的爆發與升級，中泰關係更達冰點。整體而言，泰中之間幾乎於 1960 年代至 1970 年代初，幾乎沒有任何經濟互動。一直到 70 年代初期，美國採取「聯中制蘇」美中和解到 1974 年中泰建立正式外交關係後，中泰經貿關係才逐步獲得恢復。

㈢印尼與中國的三次戲劇性「非正常關係」

印尼與中國於 1950 年至 1960 年代底為止，共存在三次戲劇性的轉向。第一次是 1950 年～1953 年，第二次是 1957 年～1960 年，第三次為 1960 年 3 月～1969 年 10 月。

1. 1950 年～1953 年

1949 年 12 月，依據印尼與荷蘭簽訂的《圓桌會議協定》，印尼成立印尼聯邦共和國，蘇卡諾與哈達各為正、副總統。當時印尼聯邦政府很快與中國建立外交關係。1950 年 3 月 23 日，中華人民共和國透過印度政府照會印尼聯邦共和國政府，表示收到印尼聯邦共和國宣布成立的公函，中國願意在平等、互利與相互尊重領土主權的基礎上與印尼聯邦共和國建交。1950 年 4 月 13 日，印尼聯邦政府復函表示願與中國建交，並歡迎互派外交使節，4 月 13 日也成為兩國建交紀念日。然而，順利的兩國關係發展，未能造就印尼、中國兩國的緊密關係，特別 1965 年之後掌政的印尼總統蘇哈托因為反共，冷戰時期發生不少排華之行動。

1950 年 5 月，印尼各邦實現統一建國，成立印度尼西亞共和國，印尼共和國首兩任內閣為納西爾內閣 (1950.9～1951.2)❼與蘇基曼內閣 (1951.4～1952.1)，❽皆由反共、右翼的馬斯友美黨與社會黨執政。兩屆內閣皆採取親西方的外交政策。因而 1950 年中國大使王任權抵達雅加達時，受到冷淡對待，中國駐雅加達總領事率 18 人抵達印尼時，其中持有入境簽證的十六名工作人員被拒絕入境。❾1951 年 5 月印尼追隨美國，宣布對中國採取禁運措施。

---

❼　納西爾為 1948 年「茉莉芬」慘案的策劃者之一。

❽　蘇基曼曾與美國私密簽訂《共同安全條約》。

❾　劉迪輝、汪新生編，《東盟國家內外關係》，香港：天馬圖書有限公司出版，2002 年，頁 134。

2. 1957 年～1960 年印尼頒布《總統第十號法令》與排華運動的推動

　　此階段為較親近中國的 Sukarno 總統時期，但 Sukarno 本身雖不願中印關係因華人華僑問題而惡化，但也不願意得罪反共的軍人集團以及國內一些「民族主義者」。蘇卡諾總統於 1959 年 11 月頒布《總統第十號法令》，規定於第一級與第二級自治區和州的首府意外的外僑、小商販、零售商自 1960 年 1 月 1 日起停止營業。同時，也頒布了兩套的接管外僑零售商資產的條例。❿

　　中印兩國針對華人華僑問題成立聯合委員會，並同意：⓫(1)兩國政府交換關於雙重國籍問題的批准書；(2)切實保旅、自願保留中國國籍或者選擇印尼國籍但未獲批准的華僑之政黨權益；(3)對於流離失所或不願繼續居留印尼的華僑，由中國政府派船接運返回中國。

　　印尼反中國的主要背景，在於右翼軍人的強烈反共，此時期的 Sukarno 政府雖欲穩固政權，與中國和解，但右翼的馬斯友美黨與地方勢力強烈反對。1959 年 Sukarno 推出「有領導的民主」(Guided Democracy) 政治改革方案，但當時擔任總理的 Ali Sastroamidjojo（阿里）面對各方勢力，亦不表支持。⓬Sukarno 轉而與陸軍參謀長納蘇帝安上將合作，並宣布進入緊急狀態，掌管國家與地方的權力機構，然此集團雖協助 Sukarno 平定地方叛亂，但對於 Sukarno 與中國友好仍然不安，也藉由反華與打擊華人華僑的經濟活動，企圖中斷華人華僑資助印尼共產黨的金援。

　　印尼排華的重要推動者包括前內政部長 Assat，其所推動的排華被稱為「阿薩特運動」(Assat Movement)。⓭早於 1956 年，他便於印尼全國進出口商會中，猛烈攻擊印尼華人華僑控制印尼經濟，強力要求印尼政府採取特別措施以扶助印尼本地商人，在印尼各級商會引起廣大迴響，並向政府施壓。1959 年印尼商業部排斥華僑零售業的法令（即《總統第十號法令》的前身），即是阿薩特運動推動的結果。⓮

---

❿　在此之前，於 1959 年 5 月 9 日，印尼政府已先行頒布了監督外僑居住與旅行之相關法律限制。參見謝益顯主編，《中國外交史 1949–1979》，鄭州：河南人民出版社，1988 年，頁 277。

⓫　謝益顯，*ibid.*，頁 278。

⓬　http://en.wikipedia.org/wiki/List_of_Prime_Ministers_of_Indonesia，瀏覽日期：2014 年 10 月 28 日。

⓭　1959 年印尼商業部所頒布，排斥印尼華人華僑零售業的相關法令，亦即《總統第十號法令》的前身，既是阿薩特運動積極推動的成果。

⓮　Ide Anak Agung Gde Agung, *Twenty Years Indonesian Foreign Policy 1945–65*

　　Sukarno 總統於眼見中印兩國關係倒退，可能引起中國不悅，擔心造成下列影響：(1)當時印尼正加強對西伊里安加亞的鎮壓，中國支持印尼立場，而印尼排華可能使中國改變支持的態度；(2)排華運動已影響印尼本身的經濟發展，印尼人無法取代華人；(3)中印雙方關係，可能因印尼排華而受重創。因此，Sukarno 總統於 1960 年 7 月 6 日，宣布派出印尼駐中國大使此舉逐漸平息印尼國內的反華運動。

3. 1960~1967 由親密關係轉入敵對的中國－印尼關係

　　Sukarno 總統派出新任駐中國大使後，1961 年 3 月到 1965 年 9 月印尼與中國的雙邊關係相當親密友好，此階段被稱為「雅加達－北京軸心」。Sukarno 總統因與中國關係友好，引起美國的擔憂，1960 年代初期，印尼欲以武力攻打收回西伊里安加亞，並尋求國際社會支持。但美國拒絕出售武器予印尼，印尼轉向前蘇聯尋求武器，後美國改變立場，支持印尼收回西伊里安加亞，並向荷蘭施壓要求荷蘭與印尼和談，但隨後印尼在「馬來西亞計劃」❶問題上，Sukarno 總統再度與西方國家發生摩擦與矛盾，並公開決裂，Sukarno 並於 1965 年元月 7 日，宣布退出聯合國。

　　印尼政府指控中國參與 1965 年 930 事件。此一事件為忠於 Sukarno 的左翼軍方所發動，目的在於對抗 Suharto 為首的將領委員會可能發動政變的「預防性行動」，最後為 Suharto 弭平，但種下了 Sukarno 失去政權的因子。「930 事件」後，印尼與中國關係墜入谷底，1967 年 4 月印尼政府宣布中國駐雅加達總領事為「不受歡迎的人士」，當年九月，印尼復驅逐中國於雅加達大使館之人員。❶

　　在印尼政府要求中國大使館於 1967 年 10 月 30 日前閉館後，印尼與中國之關係至此已無法挽回，由 1967 年 10 月 27 日中國大使館關閉，直至 1990 年中印恢復邦交為止，印尼與中國中斷關係達二十三年。

　　可以說，東協組織成員於二次戰後到 60 年代末期的中國政策，基本上認為中國此一共產國家，極力向近鄰滲透其意識型態，並扶植馬來西亞、印尼、新加坡、泰國國內的共產黨勢力不遺餘力，因此對於中國威脅，採取相當質疑審慎的態度。

(Hague: Mouton, 1972), p. 428.

❶　印尼總統蘇卡諾認為，「馬來西亞計劃」是西方國家的陰謀，特別是馬來西亞前殖民母國英國與二次戰後超強美國的精心策劃，欲將英國前殖民地的沙巴與砂勝越，都列入馬來西亞的疆域領土；而東馬與印尼領土接壤，將明顯危害印尼的國家安全。蘇卡諾持此項觀點，並多次向英美表達，使得英美兩國對蘇卡諾產生不滿，進而有矛盾與衝突產生。

❶　被驅逐者為中國大使館臨時代辦呂子波與二等秘書蘇生

二、改善與緩和：東南亞國家與中華人民共和國關係正常化時期 (1970～1989)

　　於 1967 年成立的東協組織，初期與美國關係良好，在對中國外交政策以美國為典範，但因美國於 70 年代初期採取「聯中制蘇」的全球戰略，東南亞國家也追隨美國腳步，與中華人民共和國建立正式外交關係。 ❶

㈠馬來西亞與中國關係緩和，於 1974 年 5 月建交

　　馬來西亞前駐美國大使 Tun Ismail 於 1968 年 1 月，提出東南亞中立化的和平計劃，首先主張馬來西亞應承認中國的國際地位。Ismail 的和平計劃獲得 1970 年 9 月底接任馬國首相的 Razak 所採納，於 9 月初即對外公開表明，馬來西亞已準備承認中國於國際社會的角色。

　　1971 年，是馬來西亞表示對中國接納的重要時刻。首先是馬國政府決定放棄「一中一臺」政策，而改採「一個中國」政策。其次，馬國第二位首相拉扎克親赴第二十六屆聯合國大會，對於中華人民共和國於聯合國代表權投下贊成票。再者，聯合國大會後，馬國駐聯大代表 Zakaria M. Ali 也與中國代表黃華就馬中兩國關係，進行深入研商。1974 年 5 月，拉扎克首相與中國周恩來總理，於中國北京簽署聯合公報，兩國建立正式的外交關係。

　　馬國第三任首相 Hussein Onn 就任後，對於越南入侵柬埔寨，以及中越矛盾衝突加大，採取較為中立的作法。1978 年 9 月，中國副總理鄧小平赴馬來西亞訪問，此為有史以來最高層級的正式到訪，1979 年 1 月，Onn 也回訪中國，馬中兩國高層互訪，關係漸漸加強。真正使馬中關係有關鍵性突破者，應是 1985 年馬來西亞第四任首相馬哈迪 (Mahathir bin Mohamad)，其執政時間長達二十二年（1981 年～2003 年）。關鍵性的一年為 1985 年首相馬哈迪親自率領 203 人的經貿代表團赴中國，進行其就職後的首次中國訪問。

　　馬國首相馬哈迪訪中後，馬中關係日益活絡，不只是政治關係，於經貿發展也日益增長。1988 年中馬簽署了兩國投資保障協定，促進兩國投資的加速成長。 ❷

---

❶　1974 年馬來西亞，1975 年泰國，菲律賓與中國建立外交關係。

❷　依中華人民共和國之經濟資料，1988 年，中國於馬來西亞進行兩項連營投資，總投資額為 1150 萬美元，而馬來西亞於中國有 9 項合資投資項目，總投資額為 265 萬美元。參見中華人民共和國編，《中國外交概覽》，北京：世界知識出版社，1989 年，頁 36。

㈡泰國的靈活外交－1975 年 7 月泰中建交

1971 年 10 月第二十六屆聯合國大會決議，通過由中華人民共和國取代中華民國在聯合國的一切權利，加上 1972 年 2 月尼克森總統訪問中國北京，使泰國政府改變對中國之政策。

由二次世界大戰之後，泰國的對中國政策，主要受下列三項因素之影響：

⑴臺灣問題

泰國於戰後長期與臺灣保持良好友誼，臺灣是僅次於日本與美國的第三大投資國。中國要求泰國採取「一個中國」政策，對泰國是難以抉擇的難題，最後泰國決定與中國建交。

⑵泰國內部的華人華僑問題

居住於泰國的華人華僑數目眾多，據 1970 年版《華僑經濟年鑑》記載，約有三百五十萬人取得泰國國籍，另有五十萬人取得居留權。1971 年中國取代中華民國成為聯合國成員（暨安全理事會常任理事國）地位後，反共的軍人執政他儂元帥於 1971 年 11 月發動政變，政變的一項理由是「中國加入聯合國使泰國政府無法控制此三百五十萬華人傾向共產主義的危機」，而且「中國入聯，將對泰國內部安全產生不利」。❶❾

⑶中國長期支持泰共並提供武器，使泰國畏懼中國

1969 年初，泰國人民解放軍成立於東北部，其成員除泰族外，不乏寮國與北越的居民，接受泰國共產黨之影響，並開啟「泰國人民之聲」電臺，在泰國山區亦存在部分苗族武裝力量，以上行動為中共所支持。

中國於 1972 年首次調整華人華僑政策，宣布「海外華僑華人應持有居留國之國籍，華僑不宜匯款中國」，中國並關閉設於中國內部的「泰國人民之聲」廣播電臺，同時保證將會停止過去為泰共與游擊隊培育人才、提供武器的作為。

1972 年 5 月，中國總理周恩來於北京召開的「新亞洲乒乓球聯合會」成立大會中，明確指出「中國對東南亞中立化的立場」表示衷心支持，並要求與會代表轉達此說法予各國政府。1972 年 9 月，有「泰國季辛吉」綽號的泰國行政委員會副主任巴實・甘乍那越訪中，1973 年 6 月，中國乒乓球代表團回訪泰國時，領隊為中國外交部高級官員陳瑞生，他與泰國外交部長差猜正式會晤。

1975 年 7 月 1 日，泰國新任的克立・巴莫總理與中國周恩來總理共同於北京簽

---

❶❾　劉迪輝、汪新生編，《東盟國家內外關係》，香港：天馬圖書有限公司出版，2002 年，頁 134。

署建立正式官方關係之聯合會報公報，公報載明「和平共處五原則」為泰中兩國發展關係之基礎。泰國採取「一個中國」原則，並撤走在臺北的一切官方代表機構。中國政府並強調，尊重泰國政府立場，實施「單一國籍」，泰中兩國同時聯手對抗越南，防止蘇聯與越南於印支半島的擴張威脅。⑳ 1978 年 11 月鄧小平於訪問泰國時，同時呼應 1975 年克立．巴莫之說法──「國家是國家關係，黨是黨內關係」，泰中兩國關係，不受黨與黨關係之影響。

㈢菲律賓於 1975 年首次與社會主義國家（中國）建交

於冷戰時期菲律賓的政策採取敵視中國，主要原因有三： 1.美國因素：菲律賓與美國關係密切，迄今為美國在亞洲的重要盟邦； ㉑ 2.臺灣因素：1940 年代後期，菲律賓與中華民國即建立正式外交關係。中國國民黨政權瓦解前夕，蔣介石曾訪問菲律賓，與菲國總統季里諾發表聯合公報，告誡亞洲各國宜重視「存在一個共產主義擴張的潛在威脅」，1950、60 年代，菲國與中華民國關係密切，加西亞總統曾訪問臺灣， ㉒馬可仕總統並訂 1966 年為「菲中（華民國）友好年」； 3.國內安全問題──菲國共產黨前身為菲律賓人民抗日軍，50 年代重新武裝並受中共資助，使菲國政府擔憂。另外，中國走私商品（包括中藥材）流入菲律賓相當驚人，相當嚴重影響菲國之經濟安全。 ㉓

1966 年，菲律賓參議員卡蒂巴克率領一訪問團訪中，返菲後倡議菲中建立貿易關係，使菲中關係產生鬆動。1967 年 3 月，馬可仕總統允許由香港輸入中國稻米，此後並開始與中國的部分經貿發展。1969 年，馬可仕總統於一次記者招待會表示：「菲律賓不久後可能與某些社會主義國家建立貿易關係，也許還要建立外交關係」。 ㉔稍早， 1969 年元月 27 日的國情咨文中已明確表示：「準備與中國和平相處」。 ㉕但菲國正式採取行動，還是在美國 Nixon 總統訪中之後。 ㉖ 1972 年 3 月 11

---

⑳　謝益顯主編，《中國外交史》，鄭州：河南人民出版社，1994 年，頁 488。

㉑　Catharin Dalpino, "US-Southeast Asia Relations: Denouement and Delay," *Comparative Connections : A Quarterly E-Journal on East Asian Bilateral Relations*, Vol. 12, No. 1 (2010), p. 47.

㉒　菲律賓加西亞總統甚至明言：「中國一旦攻打臺灣，菲律賓將於軍事及其他相關方面，給予臺灣支持」。

㉓　黃朝翰，《中國與亞太地區變化中的政治經濟關係》，廣州：暨南大學出版社，1990 年，頁 120。

㉔　黃朝翰，*Ibid.*，頁 122。

日，馬可仕總統簽署《第 384 項總統令》，正式批准與社會主義國家進行貿易，同年又由中國進口萬噸稻米，並以出口椰油三千噸作為交換。❷1973 年，中國同意菲律賓政府於廣州與北京設置貿易辦事處，菲中同時簽訂一個於兩國間進行直接貿易，不經香港轉口的協定。另外，1972～1973 年間的石油危機，中國也協助菲律賓取得低於美國石油公司提供的價格供應菲國。1973 年底，馬可仕明確表示：「有關我國安全與經濟發展的一切問題上，不考慮中華人民共和國，不僅不明智，而且可能是高程度的輕率和迴避」。❷

　　1974 年 5 月 11 日，菲國外長羅幕洛表示應盡快與中國建交，9 月間菲律賓總統夫人伊美黛率團訪中並簽訂石油協定，一個月後一百萬噸中國原油即運抵馬尼拉。而馬可仕總統稍早亦將菲律賓準備與中國建交的訊息，通報其他的東協成員國。中國已出口與供應菲律賓石油與稻米的戰略性商品，使臺灣試圖維持臺菲外交關係的努力受到挫折。菲律賓最後拋棄臺灣與中國建交，其較大動機為經濟因素。1975 年 6 月 7 日，菲國總統馬可仕與夫人伊美黛正式訪問中國，於 6 月 9 日菲中共同發表聯合公報，正式建立大使級官方的外交關係。

三、東協與中國關係日趨友好的相互交往 (1990～2008)

　　1990 年代初期，美蘇兩極的國際體系瓦解，全球走向多極化，東協對外關係也日趨多元化。東協對外關係得到很大進展，東協並與區域內外大國建立東協區域論壇，此為亞太地區第一個政治安全協商機制。東協並與歐盟國家成立歐亞高峰會，東協期待自身成為亞太甚至歐亞間的橋樑，不僅限於亞洲區域，而具有跨區域，甚至全球影響力。

　　同時，東協於內部整合也取得很大進展，成員國於內部政治、經濟與軍事各層面增進協商能力，越南 (1995)、寮國、緬甸 (1997)、柬埔寨 (1999) 已成為東協的正式會員，在二十世紀末期東協成為一個包括東南亞十國的「大東協」(Grand ASEAN

❷　衛林等編，《第二次世界大戰後國際關係大事紀》，北京：中國社會科學出版社，1991 年，頁 427。

❷　黃朝翰，*ibid.*，頁 123。

❷　1972 年支持中國國民黨的菲律賓華人華僑，曾與臺北蔣介石政府合作，於馬尼拉進行示威大遊行，企圖阻止菲律賓與中國進一步交往。但由政治趨勢與經濟發展而言，菲律賓都無法繼續漠視中國的存在，必須與中國進行交往。

❷　黃朝翰，*ibid.*，頁 125。

or ASEAN- 10)。

綜上所述，基於歷史、宗教與殖民背景等因素，東協內外關係具多元化、複雜與多變性。東協內外關係仍存在三項矛盾：一是大國間的矛盾、二是東協與大國間的矛盾，三是東協內部的矛盾。

70 年代美中關係緩和之後，東協與中國關係日趨友好，但此時前蘇聯基於其全球戰略之需求，欲在中國以南成立一包圍區。蘇聯也極力拉攏東協成員，提倡「亞洲集體安全體系」以取代已瓦解的「東南亞條約組織」。蘇聯此一企圖最終未能實現，乃因東協成員除擔憂「中國威脅論」外，也對蘇聯在東南亞的擴張存有戒心。再者，蘇聯於東南亞缺少歷史、文化、宗教之淵源與聯繫，因而於政治、經濟、軍事也缺乏足夠之影響力。

㈠新加坡與中國正式建立外交關係

長期以來，新加坡即採取務實、靈活的對外政策，新加坡總統李光耀不止一次指出：「小國外交必須於大國（尤指美、蘇、中）的爭奪之間迂迴前進。」❷⁹新加坡於冷戰時期即不排斥與中國交往，但因新加坡人口結構大多數為華人，擔心被其四陸（尤其馬來西亞、印尼）視為「第四個中國」，新加坡公開宣示：「將是東協國家中，最後一個與中國建交者。」

新加坡總理李光耀與海峽兩岸關係良好，雖然建國後十年間 (1965～1974) 新中關係相對疏離，但於 1960 到 1980 年代之間，於 1990 年之前，李光耀私人訪問臺北約二十四次，他同時與中國領導人也有互動。李光耀也曾因為消除東南亞國家「中國威脅論」的態度，指出「中國至少於今後二、三十年或更長的時間不可能（對東南亞）有什麼威脅」。❸⁰李光耀曾建議中國，在提到東協國家的華人時，勿有使用「海外華人」或「我們的外國同胞」的稱呼。❸¹

李光耀的務實主義使其游刃有餘地在美、中、臺之間扮演重要角色。特別是1990 年 10 月與中國建交之前，與中國歷經兩個月的磋商，才順利解決 1970 年代以來新加坡軍隊在臺灣訓練（簡稱星光計劃）的問題。1990 年代初期，新加坡投資了

❷⁹　參見 Chan Heng Chee and Obaidul Hag, ed., *The Prophetic and the Political: Selected Speeches and Writing of S. Rajaratnam* (Singapore: Graham Brash, 1989).

❸⁰　陳岳、陳翠華，《李光耀－新加坡的奠基人》，北京：時事出版社，1990 年，頁 200–201。

❸¹　李光耀認為，歸根究底東南亞華人效忠的對象並非中國，而是東南亞在地國家。中國政府如此稱呼，將使當地國對本國華人起了戒心。

蘇州工業園區，成為兩國間高層次、大規模技術合作的象徵。新加坡同時放寬對其公民赴中國旅遊、探親的限制，僅 1990～1992 入境到中國的新加坡人數即達二十七萬人。❸❷ 1990 年 10 月，新加坡與中國建交後，雙方之高層互訪，經貿往來，文化交流。1994 年，新加坡邀請中國國家主席江澤民訪問。

㈡馬來西亞與中國關係密切

1990 年代進入後冷戰時期，東南亞區域也有相當大的變化─柬埔寨內戰問題獲得聯合國介入得以解決，越南 1986 起推動的經濟改革已見成效。

馬來西亞境內，1989 年 12 月馬共停止武裝並解散，中馬關係之困境已解除。1990 年 9 月馬國取消公民訪中的限制，馬中的合作進入新時期。首先，馬國不再宣揚「中國威脅論」，馬國欲透過與中國之合作，促使雙方於亞太區域的政經安全發揮作用。另一方面，中國對於馬國馬哈迪首相提出「東亞經濟核心論壇」(East Asian Economic Caucus, EAEC) 構想予以支持，並積極參與東協各項論壇，1991 年馬國建議中國參與每年舉辦的東協外長會議，也獲得東協成員國之同意。

1991 年 9 月，馬來西亞最高元首蘇丹阿茲蘭·沙阿首次訪問中國。1992 年 1 月中國楊尚昆主席回訪馬來西亞。❸❸ 1993 年 6 月，馬國首相繼 1985 年後，在此率領二百九十人龐大的馬國工商代表團訪問中國，伴隨訪問的馬國工商會企業領導人與中國相關企業簽署了三十多項，總額超過五億美元的投資及貿易協議意向書。❸❹

1997/98 年的亞洲金融風暴期間，泰國、印尼受到重創（貨幣大跌）並配合國際貨幣基金會 (IMF) 之要求而改善金融體質。但馬哈迪首相堅持不聽從 IMF，且執行貨幣連整匯率，固定於美金：馬幣 =1: 3.86。在馬哈迪力挽國際投機客的同時，中國伸出援手，給予馬來西亞三千萬美元的貸款，協助馬國度過難關。

㈢泰國、印尼與中國交好，著重於經貿合作

泰國與中國及其他大國，並無領土與主權之爭執，因此於 1990 年代中期之後，中泰兩國致力於推動經貿合作。

1989 年 3 月，泰國總理察猜訪問中國時指出，「泰中兩國政治社會制度不同，

---

❸❷　王岩，「中國與新加坡關係的發展：回顧與展望」，《南洋問題研究》，第 1 期（1995 年 1 月），頁 41–53。

❸❸　參見中華人民共和國編，《中國外交概覽》，北京：世界知識出版社，1993 年，頁 65。

❸❹　中華人民共和國編，*ibid.*，頁 68。

但可以發展友好關係」。鄧小平也曾指出「在東南亞，中國最好的朋友是泰國，泰中有遠大合作前景。」❸

1990 年代中期之後，中泰柬緬四角經濟已被中泰兩國大力推動。泰總理察猜曾主張「將中南半島由戰場變成商場」。察猜於 1995 年 12 月於中華總商會成立八十五年週年會慶典致詞：「東南亞區域有兩個新興市場，一個是印度支那市場，包括越柬泰印支三國。另一既是中國雲南與緬泰等地區，中泰緬寮於經貿發展層面可以合作。」

印尼的情況與泰國雷同，在南海立場的爭議上，不若越南與菲律賓、馬來西亞三國於南海主權有紛爭。印尼與中國較大的問題在於華人華僑問題與臺灣問題。在1990 年印尼與中國恢復正常外交關係後，中國訪問印尼的高層政治人物包括國家主席楊尚昆、李鵬總理、人大委員長喬石、副總理兼外交部長錢其琛。印尼訪問中國有蘇哈托總理等，雙方於復交三年內有不少互訪活動。1990 年印中雙邊貿易額達到十一億八十五萬美元，1991 年更升上十八億八千萬美元。❸

第二節　新世紀以來東南亞國家的中國政策

對東協國家而言，中國於地緣政治不僅是東協各國北方的鄰國，又是亞太地區的大國，如何在新國際局勢下與中國交往成為新世紀以來東協國家一個共同難題，東協雖在政經方面積極發展與中國的友好關係，但仍依靠美國的軍事力量與日本的經濟實力來牽制中國，部分東協成員國亦利用俄羅斯與印度來牽制中國對區域之影響力。所以東協國家對於與中國之互動，存在著既積極又保守的態度，東協國家一方面基於潮流所趨，不得不與中國展開合作結盟關係，一方面仍與美國、日本及其他國家多方交往，以牽制中國不要使用軍事武力。

1997～1998 年金融風暴後，中國堅持人民幣不貶值，奠定中國－東協之良好基礎。2002 年中國總理朱鎔基建議東協與中國簽訂「中國－東協自由貿易區架構協定」，決定 2010 年成立「中國－東協自由貿易區」。2003 年可謂中國與東協最重要的一年，中國成為東協第一個區域外的對話夥伴國，並簽訂《東南亞友好合作條約》。

---

❸　參見《中華日報》，1995 年 12 月 7 日。

❸　經貿部國際貿易研究所編，《中國與發展中國家的經貿合作》，北京：中國對外經濟貿易出版社，1993 年。

　　現實政治考量下，東協與中國簽訂自由貿易區、大湄公河流域合作及定期舉辦非正式領導人峰會等作為，便是希望透過合作來確保自身利益，雖然在部分區域議題上，仍存在歧見，如南海周邊國家皆宣稱擁有南海海域主權，主權等同國家利益，故各國都列為最高優先考量，雖中共宣稱南海主權為「國家核心利益」，但提出「主權在我、擱置爭議、共同開發」主張和簽署《南海各方行為宣言》等方式，降低可能造成之衝突；❸❼另外在湄公河流域合作方面，中共因在上游建造水壩，使得下游國家面臨水量不足，甚至影響貿易與生態，造成泰、寮和緬等國不滿，故透過大湄公河流域合作機制來解決相關問題；而在能源需求方面，為確保經濟成長，中共積極在全球布局石油探勘工作，而東協周邊海域又是其主要運輸通道，且東協天然氣出口以中共為最大宗，故積極發展與東協國家間之全面合作關係，就是要確保中共能源運輸線安全及穩定的能源供應來源。

　　2012 年 11 月，東協外長會議首次無法完成主席宣言，外界認為是中、美在東亞之競賽，中國運籌帷幄，使柬埔寨總理韓森掌控議程。但美國也可利用東協內部矛盾，實行分化東協之實，未來兩國競賽勢將持續至少十年到二十年的時間。2013 年年初，東亞局勢隨著近月來中日間釣魚島的爭議，而更趨緊張之形勢。2013 年 1 月中旬美國國務卿希拉蕊於日本新任外相田文雄訪美之記者會，公開宣稱日本對於釣魚臺有管轄權，且「反對任何破壞日本管轄權之行動」；此舉使中國網民血脈賁張，且主張中國應對日宣戰。❸❽

　　針對東亞日益緊張之局勢，鄰近中國的東南亞國家皆感到倍受威脅，特別是面對日漸強大的中國，東協國家認為本身之軍備力量，經濟發展以及對外貿易能力，均遠遠不如中國。東協國家近年來與美、日以及韓、印度、紐、澳等區域內外大國

---

❸❼　依據 2010 年中國國務院副主席戴炳國訪問東協秘書處雅加達，除訪問印尼總統尤多約諾外，該行也順道拜訪汶萊，並於返程時於新加坡過境時訪問總理李顯龍。當年戴炳國提出的中國對東協之政策與雙方關係，明白指出：1.每週有 766 班次航空班機，飛行於中國東亞城市與東協國家；2. 2009 年 1 月至 10 月間，東協有 4 百萬觀光客遊覽中國，中國亦有 370 萬觀光客遊覽東協國家；3.於東南亞 35 個孔子學院中，約有 6000 名中國語言志工教導約 5 萬名東南亞學生學習中文。

❸❽　http://www.chinapress.com.my/20151104/%E5%8D%97%E4%B8%AD%E5%9C%8B%E6%B5%B7%E8%AA%B2%E9%A1%8C%E5%88%86%E6%AD%A7-%E8%81%AF%E5%90%88%E5%AE%A3%E8%A8%80%E9%A6%96%E6%AC%A1%E5%8F%96%E6%B6%88/，瀏覽日期：2014 年 10 月 15 日。

發展緊密關係，雖不一定完全針對中國；然而，針對此一日趨強大的政權，東協國家莫不懷抱警惕與恐懼。

一、東協的對外關係原則

東協於 1967 年成立，四十五年以來，東協對外關係以「大國平衡」為原則。東協於成立之初十年，即標榜「自由、和平、中立」（1971《吉隆坡宣言》），一方面維持本身自主性，另一方面維持與區域內外國家之和諧關係。東協的「大國平衡」外交政策，對外團結一致，對內互不甘涉內政、不侵犯主權。

新世紀以來，東協自居東亞區域經濟領導角色。2002 年起，東協國家內部雖有「東協自由貿易區」的成立，但成效不彰。東協國家與中國於 2002 年簽訂「中國－東協自由貿易區經濟架構協定」，並於 2010 年正式啟動。東協並與中日韓三國磋商成立「十加三」，另與東亞高峰會成員國研擬推動「十加六」——「區域全面性經濟夥伴」（東協十國與中日韓、印紐澳）。東協期待主導亞洲區域經濟整合，預定於 2015 年成立東協共同體，且分成「政治與安全」、「經濟」、「社會文化」三大共同體，進行東亞區域整合。

東協是否如國際觀察家所言係「小孩玩大車」？ ⊛東協有無主導能力仍有爭議，但東協深切瞭解，未來如不能伴演東亞整合主體角色，將在政治舞臺逐步被邊緣化。初步成形的東亞高峰會「十加八」架構概念或可符合現實需求，一方面可讓美俄中（共）等國元首利用東亞高峰會定期會晤，共同協商涉及東亞安全的議題；另一方面，東協亦可藉此區域合作架構，維繫住自身的核心地位。東亞高峰會將來更著重區域安全議題的討論，而與「十加三」、「區域全面性經濟夥伴」有所區隔。

二、東協於「東亞主義」與「亞太主義」之抉擇

美國歐巴馬總統的第一任期，提出較以高標準「跨太平洋經濟戰略夥伴」的亞太經濟戰略，並且朝向以成立「亞太自由貿易區」的目標，此被視為美國為首的「亞太主義」。初期於 2005 年，僅有四國（新加坡、汶萊、紐西蘭、智利）力倡跨太平洋經濟戰略夥伴，簡稱 P4，當時美國尚未參加，直到 2008 年，美國方決定加入，且邀集澳洲、越南、加拿大、泰國、馬來西亞等亞太經合會成員國加入目前馬來西

⊛　Amitav Acharya, "Regional Institutions and Regional Security Order: Norms, Power and Prospects for Peaceful Change," in Muthiah Alagappa, ed., *Asian Security Order: Instrumental and Normative Features* (Stanford University Press, 2003).

亞、日本、菲律賓亦初步答應加入。

　　相對地，由中國（或東協）主導的「十加三」，或者為擴大版的「十加六」已正式展開，中國與東協於 2012 年底強力推動「區域全面性經濟夥伴」，❹為十六國自由貿易區。中國認為此十六國之貿易區若能形成，全球將可以涵括亞洲主要貿易國家（包括印度、澳洲、紐西蘭），且中國認為本世紀重心在亞洲，「區域全面性經濟夥伴」主要成員國皆在亞洲，此被視為「東亞主義」。

　　東協國家基於「大國平衡」之外交政策，不僅參與美國的亞太自由貿易區，同時亦強力推動「十加六」與 2012 年「區域全面性經濟夥伴」，兩大貿易區有不少為重疊會員。此顯示東協內部仍有歧異性，東協雖主張對外一致，但仍有部分國家較傾向中國（如緬泰柬），東協創始國（印泰馬新菲汶）則較為傾向美國。而「亞太主義」與「東亞主義」之較勁，隨著中國實力之日益增強，以及美國不願失去於亞洲之影響力，可說未來十年美中兩國於亞洲之競逐，可能日益激烈。

　　東協的經濟外交戰略：除了加強亞太經濟合作會議和東協自由貿易區，對中日韓峰會機制高度關注，其餘的十加三、十加六、東亞共同體（日本倡議）、亞太共同體（澳洲倡議）、泛太平洋戰略經濟夥伴關係協定、亞太區域機構建制 (APRIA) 等，其累積的動能和發展速度，已遠超過年產值 1.5 兆美元的東協；換言之，東協未來如不能成為東亞整合是主體，將在政治舞臺逐步被邊緣化。初步成形的十加八架構概念或可符合現實需求，一方面可讓美、俄、中國等國元首利用東亞峰會定期會晤，共同協商涉及東亞安全的議題；另一方面，東協亦可藉此區域合作架構，維繫住自身的核心地位。

　　根據中國新國家領導人習近平 2010 年 11 月 15 日在新加坡曾表示，中國訂定與周邊國家交往的三項原則是：

　　1.中國仍自喻為開發中國家，國內生產毛額雖可望提升為全球第二，國民所得卻僅排名全球第 100 名，未來需要面對城鄉發展不均、貧富差距過大、貧窮人口等內部問題的挑戰。

　　2.繁榮穩定的中國，絕不會對任何國家構成威脅，它只會給周邊國家帶來更多的發展機遇。

　　3.中國在能力範圍之內，必然會負起維護區域和平與促進共同發展之責。❹

---

❹　The RCEP was first discussed at the 19th ASEAN Summit in November l 2012.

❹　http://sites.sphdigital.com/sphcountryspecial/wp-content/uploads/sites/5/2015/11/China-Singapore-Bilateral-Relations-Part1.pdf，瀏覽日期：2015 年 11 月 15 日。

　　習近平上述談話目的正為安撫因「中國崛起」而感受壓力的周邊國家，期望藉此避免或減少來自美國圍堵的壓力，以及與周邊東協國家確定長期穩定、互信的睦鄰友好合作關係。

　　東協期望中國提供發展機遇，2010 年啟動「(東協－中國自貿區」。中國與東協間，如利用大湄公河次區域經濟六國（中、越、泰、緬、柬、寮）的合作機制、泛北部灣區域合作計畫或促進雙邊成長區的合作計畫等，若運作順暢可以更為深化雙邊的經濟整合，促進開放與自由交流，進而產生更密切的相互投資，基於經濟整合成功，更有助於維繫政治關係。

三、未來東協與中國之間的可能爭議點

　　1992 年 7 月 22 日東協部長會議通過了《東協南海宣言》(ASEAN declaration on the South China Sea)，表達東協對於南沙群島主權爭議的期望：1.強調應以和平手段解決南海區所有主權與司法管轄權的問題，避免訴諸武力；2.促使涉及爭端之各方自制，以創造有助於解決爭議的良好氣氛；3.決定在不損及於南海地區擁有直接利益國家之主權與管轄權的前提下，研究此一地區進行關於航海與交通、海洋環境與保護、搜救協調即打擊海盜與毒品走私等方面之合作可能性；4.要求有關各方以《東南亞友好合作條約》中之原則，作為建立南海地區國際準則之基礎。此一宣言成為東協首次以國際組織的身分對於區域內潛在安全問題所做的一致立場，口氣或許溫和，但是全體一致的東協立場卻不能忽視。而中國確實在南海與越南以及菲律賓交火，但是在深入東南亞國際社會之後，國際社會的同儕壓力使的問題轉向其發解決的方式，1995 年初，南中國海的中菲衝突當中，馬來西亞毫不猶豫站在菲律賓這邊，在談判南中國海行為準則時，東協以整體方式向中國表達意見。❷

㈠南海主權爭端將日益擴大

　　由近幾年的東協峯會與東協區域論壇之焦點，可以瞭解南海主權爭端將日益擴大，東協與中國未來的衝突並非不可能而有擦槍走火之可能。

　　中國與日本在釣魚島的較勁，已使東南亞國家深切瞭解，中國確實因南海主權之堅持，不惜使用武力，不排除為窮兵黷武國家，對中國更加疑慮。東南亞國家日益重視南海主權爭端問題，由越南與菲律賓、馬來西亞聯合向聯合國大陸礁層委員

---

❷　http://www.cga.gov.tw/GipOpen/wSite/public/Attachment/f1421309892137.pdf，瀏覽日期：2015 年 10 月 15 日。

會提出大陸架劃界案即是真實案例。

2012 年 6 月於馬來西亞吉隆坡召開的紐、澳、馬、新、英「五國聯防組織」會議，會議討論未來於南海主權糾紛，五國可相互協商，一旦受攻擊時，考慮採取反擊行動，此決議令中國十分不悅，認為應依 2002《南海各方行為宣言》準則。尤其近期東南亞各國加強軍備，如菲律賓海軍司令表示增強各東南亞島嶼的裝備，越南也向俄羅斯購置十二架蘇愷─30MKII 多用途戰鬥機，而之前越南已與俄羅斯就購買六艘「基洛」級戰艦進行協商，由此看來東南亞國家對中國仍有相當大的疑慮。

中國將利用東協國家之矛盾，進行分化，菲律賓與越南由於南海主權問題，與中國有強烈衝突。菲越兩國期待東協會議作出決議，要求中國遵守國際法條約，並與東協國家就《南海各方行為準則》磋商行動大綱，中國於近期方於允諾。然而，2012 年於柬埔寨金邊的會議中，東協外交部長會議針對南海問題無法做出正式宣言。此係首次東協外長會議無主席宣言，柬國總理韓森近年與中國交好，菲越兩國於金邊無法作成決議。

中國主張的「九段線」範圍幾乎涵蓋整個南海，與菲律賓海域大幅重疊，2012年中菲船艦在黃岩島對峙近二個月，中國宣稱擁有主權，並以軍力接管該島。

隔年 1 月菲律賓就向海牙國際法庭提出南海仲裁案，依據 1982 年《聯合國海洋法公約》要求裁決中國在南海擴大主權無效，撤銷中國「九段線」主張。仲裁案結果出來前許多專家事前即指出，仲裁案結果應該會對菲律賓有利。

荷蘭海牙國際法庭於 2016 年 7 月 12 日公布中菲南海仲裁案結果後，南海已經成為整個亞太局勢的焦點區域，各大國和區域國家都在展開政治軍事外交等領域的博弈。上海國際問題研究院海洋和極地研究中心主任張耀指出，未來南海局勢走向出現三點新趨勢 ❸，即 1.域外力量政治軍事捲入南海； 2.軍事對峙和軍備競爭趨勢愈演愈烈； 3.相關聲索國在法律和輿論領域的博弈手段增加。

南海地區各國的軍事建設和軍備競爭也與日俱增，越南、印尼、馬來西亞的海空力量最近幾年都有長足的進步，越南儘管經濟實力有限，也向俄羅斯採購先進武器，形成具規模的海上打擊和威懾力量。南海地區已經成為世界上海空力量成長最迅速、最密集、競爭最激烈的地區。在缺乏戰略互信和危機管控機制的局面下，南海地區的危險性增加。

南海主權相關聲索國在法律和輿論領域的博弈手段增加，除了政治和軍事競爭

---

❸ 張耀語中評：未來南海局勢走向的三點新趨勢 (2016–02–29)，http://www.CRNTT.com

手段以外，相關聲索國在法律和輿論等領域的博弈也在增加。菲律賓向荷蘭海牙國際仲裁法庭提出訴訟案，揚言要「讓中國退出南海」。雖然中國宣布不承認、不參與、不接受海牙國際仲裁法庭的任何仲裁，但顯然南海主權問題相關聲索國可能對國際仲裁方法感到興趣並受到鼓勵，越南、日本都有輿論提出採用類似方法。

㈡中國經濟成長快速，形成對東南亞國家的強大威脅

中國的家電和摩托車等產品進入印尼市場，給印尼了更多的選擇，打破日本企業壟斷一些行業的局面，使印尼消費者帶來老百姓得到了好處。

新加坡資政李光耀早於 2002 年 5 月在日本《經濟新聞》主辦的「亞洲的未來」論壇指出，美國得準備在 2050 年看到一個國民生產總值大為提高的中國。如果你們不相信，「可以去中國看看。不用到上海那樣的大城市，即使是離揚子江不遠的小城市，也同樣可以看到臺灣的高科技工廠四處林立。」同時，李光耀也否定了由於中國經濟強大給東南亞國家帶來的威脅。他預測，十五年到二十年，中國將由東南亞的競爭者變成合作夥伴。❹❹

事實上，中國與東協的自由貿易區，仍存在多項疑慮。2010 年前後東協內部出現反對中國與東協自貿區聲浪，主要針對東協市場充斥中國廉價商品，導致當地國工廠倒閉，失業率激增，菲律賓、印尼、泰國陸續都出現過示威遊行。

㈢區域內外大國日俄印度介入，也形成東協與中國關係的主要制約因素

以美國為例，希拉蕊 2010 年 9 月 8 日在華府智庫 Council on Foreign Relations 演講，除詮釋歐巴馬國家安全戰略，意向國際社會傳遞美國重振東亞領導地位的決心。其後華府除公開示意要擴大與東協對話，並積極尋求加入東亞峰會，目的係為稀釋中共對周邊國家的影響力。❹❺

美國亞洲政策的三大核心（塑造未來亞太地區經濟；改善區域安全；支持民主制度與傳播普世價值）與實現目標的途徑（依靠盟國；建立新興合作夥伴關係；成立區域性機構）；其主要步驟即從外交著手，再談經濟合作，最後強化軍事合作。美國以此步調，除與東協若干國家傳統維繫緊密的經貿與安全關係，現階段則試圖與

---

❹❹　東南亞如何看中國發展，《環球時報》（2002 年 07 月 11 日第三版深度報道）。

❹❺　https://www.mnd.gov.tw/UserFiles/File/%E5%9C%8B%E9%98%B2%E6%99%BA%E5%BA%ABPDF%E6%AA%94/%E6%88%B0%E7%95%A5%E8%88%87%E8%A9%95%E4%BC%B0%E7%AC%AC%E4%B8%89%E5%8D%B7%E7%AC%AC%E4%BA%8C%E6%9C%9F.pdf，瀏覽日期：2015 年 10 月 15 日。

其他傳統上與中共保有經濟與軍事密切關係的國家，建立新的夥伴關係；換言之，美國利用東協對國際海域自由航行權的共同認知，重新建構與菲、泰、新、越、馬、印等國的盟邦關係，繼而設法與過去甚少接觸的柬、寮、緬等國建立新關係。

日本當前的防衛戰略核心已從北轉向西，2010 年「防衛白皮書」除強調中國軍事威脅，刻意以釣魚臺海域撞船事件作為調整軍事戰略與部署的藉口外，亦將加強與東協關係列為「防衛白皮書」重要一環。另利用經濟手段強化與東協關係，如湄公河流域開發，日本已加速介入。此介入勢必影響中國在東南亞的戰略布局。

俄羅斯正積極展開外交，希望取得在亞洲一席之地。亞洲國家發現與俄羅斯交往對其有利，俄羅斯則藉由出售武器、石油與天然氣及核能設施，自東南亞國家取得利益。俄羅斯焦於強化與越南、新加坡和紐西蘭等繁榮國家的貿易關係，加上東協同意俄羅斯和美國參加 2010 年東協高峰會，均顯示東協國家至為憂慮中國軍力及帶有侵略性質外交，藉由美俄的加入，擴大安全機制，以抵消中國軍事力量與存在。至於俄羅斯軍方，對中國軍事潛力亦日益不安。

印度近年亦加強對東協國家關係，推動與東協組織十國的密切雙邊經濟合作。印度外交部長克里希納 (S.M. Krishna) 於「第三階段德里對話」(Delhi Dialogue III) 指出，本世紀權力轉移到亞洲的趨勢幾可確定，因此，印度將致力深化參與東協國家事務。印度積極推展「東望政策」(Look East Policy)，2011 年已達到總理辛格 (Mamohan Singh) 預期，進一步與東協簽署全面性經濟合作協議，雙邊貿易額達七百億美元。雖然中國與東協國家亦展開類似計畫，但南海主權爭議將影響其預期效益。

㈣部分東協國家於中美間保持等距

部分東協國家左右迎合，成為中國與東協關係的另一個制約因素，尤其美國運用南海周邊國家的矛盾，從中設法稀釋中國對東協的政治影響力。就安全議題而言，儘管東協國家對南海主權問題的態度，大致可分為較傾向尋求美國庇護和外交上奉行遠交近攻策略（如越南）與拒絕外力介入且力主由東協和中國透過談判來解決（如菲、泰）等二類，惟關鍵仍取決於中美間保持等距的成員意向（如印尼、馬、新、汶）。

以東協區域論壇會議為例，與會的二十七個成員，接近半數包括美、日、歐盟、印尼、越、馬、汶萊等）都提出海上安全問題，同時支持以多邊談判方式解決。目前北京雖作讓步，願意和東協協商制訂共同遵守的南海衝突區「行為準則」，但美國

近來對東協國家的積極外交動作，未來可能成為中美間的潛在矛盾衝突變數。

另有學者認為東協與中共簽署自由貿易協定的效應其實也顯示中共在該區域睦鄰外交的成效，與其在東亞地區影響力的提升。中共不僅與東協在經貿上進一步整合，同時在政治外交上確立友好合作關係，成為和平與繁榮戰略夥伴，對中共而言，如今東協就如同其後院一般，甚至對近來中共對東協的政策與作法，視為具中共特色的門羅主義。㊻

㈤湄公河流域爭論不斷

東協與中共因湄公河流域水力發電、河運、漁業等的糾紛，似乎呈現愈演愈烈之趨勢，關鍵原因除跨國界的水資源管理機制並不完善外，中共對 2009 年 10 月開始蓄水的小灣水庫（190 平方公里的蓄水量 150 億立方公尺，是前 3 個水庫總量的 5 倍）詳細水文資料，似乎有所保留，北京也未承諾日後會定期提供相關資料，湄公河水資源爭端的背後，不乏強權介入之政治目的。

亞洲是全球水資源爭端最多的地區，而國際間向來沒有為此專設的國際法庭，解決問題和爭議通常有賴各方的自我克制和相互配合。中共於 2010 年多次主動提供湄公河委員會 (Mekong River Commission) 重要水文資料，以紓緩東協國家的輿論壓力，惟與水資源有關之糾紛仍不斷上演。（依據各國流域面積比例、湄公河委員會大事紀及湄公河重要戰略位置）。

第三節　海峽兩岸與東協

中國由新世紀以來，極力推動東南亞關係，1990 年代中期以來，中國積極經營與週邊國家之關係並躍登亞洲區域大國，同時臺灣積極推動南向政策，臺灣因素成為中國與東南亞關係重要的影響因子。

中國的「和平崛起」將不可避免地破壞區域的均衡勢力，與美、日競逐未來政經大國。以三邊關係而言中國因素在臺灣與東協關係，東協因素在兩岸關係，或者臺灣因素影響於中國與東協關係，俱為動態及與時推移的。個別行為者的戰略利益由中國的角度而言，更多政治與外交考量；由東協的角度看來，較多綜合性考量；由臺灣的立場而言，可能較多為經濟考量。㊼

㊻　江啟臣，「東協─中國 FTA 與臺灣應有之策略思維」，《當代中國研究通訊》，第 4
　　期（2005 年），頁 21。

一、中國極力推動東南亞安全戰略觀

以中國在東南亞地區的戰略利益，可以略述於下：

1. 減少美國或是其他國家在該地區的影響力；
2. 與中國友善國家創造一個與霸權之間的戰略緩衝區，減少大國在中國周邊地區的影響力；
3. 保護領土的主張，尤是針對南中國海（中國渴望成為內海，並獲國際認可）；目前中國擱置該衝突，傾向與爭議性較低的國家合作；
4. 東南亞航線的安全利益，尤其對於進口石油與天然氣的需求逐漸成長，故重要海上交通的癱瘓將會對中國造成重大的影響；
5. 未來十五至二十年是中國追求經濟發展以及成為富裕社會的戰略時期，故中國周邊安全與穩定有助創造一個合適的國際環境。

如果依中國對東南亞地區的戰略利益及周邊情勢評估，以各階段戰略需求提出論述，並將其在政治、經濟、區域及軍情等層面分別實踐，由近年來中國與東協間發展特點、意涵、發展走向制約因素、各國權力消長等觀察，中國急欲取得東南亞主導地位企圖相當明顯，試分析中國於東南亞地區的機遇與挑戰如下：

㈠中國在東南亞區域的機遇

1. 亞太區域安全形勢保持基本穩定；
2. 區域經濟發展乃前所未有的良好、已逐漸形成平等、多元、開放、互利的地區合作局面；
3. 逐步深化多邊安全對話與合作；
4. 以東協與中（共）、日、韓為主的東亞合作持續促進地區和平、穩定、繁榮；
5. 東亞峰會提供新的對話平臺。

㈡中國在東南亞區域的挑戰

1. 美國加快調整軍事部署、增強在亞太地區的軍事能力；強化美日軍事同盟、推進軍事一體化；
2. 日本謀求修改和平憲法、行使集體自衛權、軍事外向化趨勢明顯；
3. 國家間互信合作仍受領土、海洋權益爭端、族群與宗教糾紛影響（越、柬、日、韓、俄）；

---

❹ 林若雩，『中國與東南亞關係中的臺灣因素』，2005年臺灣的東南亞區域研究年度論文研討會東南亞研究新視野：在地觀點的開拓與紮根。暨南國際大學，2005年。

4.各主要國家加強在東南亞區域的軍事部署；

5.恐怖主義、分裂主義、極端主義威脅依然嚴峻；

6.部分國家經濟社會發展進入轉型期以致內部矛盾上升（泰、菲、印度、印尼）；

7.東亞與東南亞區域安全環境仍受「中國威脅論」與周邊歷史和現實問題所影響。

　　中國仍將經濟互利視為與東協關係的基礎與重點，深入在經貿領域開展合作，加深中國與東協相互依賴程度，從而導致雙方在規則與制度安排方面也取得進展，為雙方關係發展提供機制。❹中國也把臺灣問題列入中國對東協戰略的考量因素之一，為圍堵臺灣國際生存空間，中國在拉攏東協國家之際，仍然要求東協國家尊行「一個中國」政策。

二、我國與東南亞關係的契機

　　最後，本章嘗試就中國與東協之關係，試圖提出我國對於東協與中國交往之因應。臺灣在東南亞發展的支柱有二：一是經貿投資關係之拓展；二是社會文化關係之增強。前者除了強調臺灣要積極拓展東南亞經貿發展策略外，最重要者仍是臺灣本身經濟實力的提升，才是確保臺灣南向發展的利基。臺灣此刻最重要的應該是提升投資、重視研發、以及投資環境的改善，才能穩固臺灣經濟基礎，進而配合臺商區域與全球布局優勢。後者強調非政府組織可以成為臺灣社會外交工作推動的尖兵。在全球化與相互依賴的國際關係發展中，國家不再是主要的變數，跨國公司、非軍事的經貿、通訊、文化等非政府組織，都會影響到國家對外關係。

㈠推動軟實力 (soft power) 外交來提升關係

　　在政治外交空間上，東南亞國家在「一個中國」原則壓力下，臺灣可說完全沒有著力點。但臺灣與東南亞在非軍事、非官方、與非政治方面，卻可有相當的交流與合作。如非官方組織的外交可以透過學術、政黨、宗教、城市、教育、經貿、體育、文化、科技、人權等交流，此為所謂第二管道的外交。此外，人類安全外交至為重要，臺灣與東南亞可以透過雙邊或多邊的犯罪打擊、毒品走私、環保等，以為人類創造安全和諧環境為福址的外交也是重要的著力點。

㈡密切結合中國與東南亞市場

　　臺灣必須掌握在東南亞與中國之間作區域產業的布局與配置。基本上，臺灣在

---

❹　陸建人，「中國─東盟建立對話夥伴關係 15 年回顧與展望」，《廣西大學學報》，第29 卷第 2 期（2007 年 4 月），頁 6。

東亞區域的主要市場有二，一是中國；二是東南亞。臺灣若能結合東南亞與中國市場，進行產業分工整合，除能分擔必要的投資風險外，亦可創造出優越的經濟地位，以及開創臺灣經濟永續發展的基礎。

㈢加強臺灣在南海的主權宣示（不同於中國）

我國除維持兩岸穩定外，亦可考慮加強臺灣在南海的主權宣示（不同於中國，係以事實上臺澎金馬治權範圍為基礎）。一方面可使東南亞國家重視臺灣與東南亞的地緣政治關係，另一方面亦可增加臺灣與東南亞在外交上的交往、談判籌碼。東南亞國家或許因此不排除與臺灣訂定某種形式的《友好合作條約》或《南海行為準則》。

㈣善用臺灣對東南亞的比較優勢

積極與東南亞各國進行密切的務實經貿投資發展，臺灣不僅是東南亞重要的投資者，也為當地社會創造出就業機會與財富，更是東南亞重要的貿易夥伴國。除每年臺灣觀光客前往東南亞外，亦輸入大批的東南亞勞工，以及利用與東南亞婚姻外交效應，透過東南亞外籍配偶與其下一代之影響力來改善臺灣與東南亞的關係❹，不但將使其成為臺灣社會的外交尖兵，也可以促進雙邊建立深厚的邦誼。

㈤加強臺灣與東南亞的教育文化交流

積極推動與舉辦臺灣高等教育在東南亞的聯展活動，讓東南亞華僑及當地學生瞭解臺灣高等教育，並提供其準備及申請來臺就學所需資訊。透過參展機會對外宣傳及招收外籍學生，吸收東南亞優秀學生與人才，以提高臺灣競爭力，亦有助於臺灣學校之國際化。

西元 2000 年之前，與其他東南亞國家相同，東協各成員國與中國關係中仍存在三個不確定的因素： 1.中國威脅論仍然存在； 2.華人華僑問題未能完全解決； 3.臺灣問題仍然是一重要因素。然而，臺灣與中國相較，在處理前述問題的阻力較小，臺灣與東協成員國之間的多元化交流，必然為 2016 年蔡英文政府推動的重大外交政策。

---

❹　迄 2015 年為止，在臺灣的東南亞外籍配偶數量約 18～20 萬人，東南亞勞工數量約 60 萬人。

本章小結

　　東協內部本身存在矛盾與問題，東協平衡大國問題的能力也有限，現實而言，2015 年建成東協共同體可能會遭遇困難。如果東協共同體的建立背後有大國的影響，並利用海洋爭端問題來支持東協，對中國顯然不利。如果東協建立共同體能具完全自主性，不僅有助於東協解決內部矛盾、能夠加強區域穩定，同時也有利於加強東協和中國關係。

　　東協組織雖然對外強調團結一致，但其內部仍存在諸多衝突。個別國家間有共同利益也有個別不同利益。中國利用此矛盾擴大東協彼此間的間隙，美國當然也瞭解其間的奧妙並加以利用，以作為美國「重返亞洲」與中國抗衡的先機。

　　上世紀末展望未來，東協國家的中國政策，似較以往小心謹慎。東協面對崛起的中國，美國於東亞的「再平衡」政策，究竟將來美國的亞太主義或中國的東亞主義佔優勢，近期內恐無法獲得答案，未來也考驗東協的智慧；可預見之未來，東協仍然採取雙邊下注策略 (Hedging Strategy) 尋求集體最大利益，勢必不選邊（中國或美國）站，可以預見東協仍將持續既有對外政策，積極維持東協與大國之平衡關係。

第三篇

後冷戰時期東協的內外環境:
協商的 (Coordinative)
安全文化 (1990～2002)

第七章　後冷戰時期東協的對外關係

前　言

自從 1967 年泰國、馬來西亞、印尼、菲律賓、新加坡等五國成立東協「東南亞國家協會」以來，迄今將近五十年，東協一貫強調是以追求區域和平及安全，來達成經濟發展的區域性組織，對安全議題的考量極為重視，然而因為力量不足以抗衡大國，卻始終採取隱而不顯的態度；尤其在各國的傳統軍事能力上，針對區域內國家間的戰爭衝突，未能有效採取預防措施與干涉行為。

東協受限於國家體質的脆弱，時值亞太安全互賴性及共通性在後冷戰時期深化後，東協必須借助外力來建構國家暨區域安全。冷戰後東協一方面加強政治與經濟整合，另一方面透過集體力量與東協以外的國家發展合作關係，成為落實綜合性安全 (Comprehensive Security) 概念的重要一環。東協與東亞各國建立對話夥伴關係，發展合作關係即為一重要策略。迄今東協共有十個對話夥伴，其中美、日、歐盟等先進國家早就與東協發展經濟與科技轉移等合作關係。冷戰結束後所建立的對話夥伴關係則包括南韓（1991 年）、俄羅斯（1993 年）以及中共（1993 年）。因為對東協十國而言，基於其體質的脆弱，任一國無法單獨成為東亞的主角，若東協一致對外，透過建構東亞和平機制，實施大國平衡策略時，東協將可成為最大的獲利者。

吾人探討東協安全概念的轉變，針對東協與大國安全關係，就不同歷史時期的互動關係，進行有系統的研究分析。東協與大國安全合作的思維，至少歷經三階段：1. 1967～1989 年，為冷戰時期美國主導東亞安全。東協雖與大國發展合作關係，然美國為主要角色，此時期的合作關係多屬軍事與政治外交領域者；2. 1989～2002 年，此時期為「中美雙元」結構。前半段期間為東協開始與東協改變冷戰關係，後半段期間 1997～1998 年東南亞歷經亞洲金融風暴，中國大力協助並允諾人民幣不貶值，東南亞自主性日益增長，加速與各大國關係；3. 2002 年迄今，為東協全面推動三角或多邊主義的安全合作。❶

自 1994 年成立的「東協區域論壇」，對於安全議題區分為信心建立措施 (Confidence-Building Measures, CBMs)、預防外交 (Preventive Diplomacy)、衝突的解

---

❶ 宇都宮溪，「東協在大國參與區域整合後之多邊主義策略」，全球政治評論 (Review of Global Politics) 第四十七期 (2014) No.47，頁 121–144

決 (Conflict Solution) 三階段。但東協區域論壇成立迄今十餘年，置重點於如何建立公開具有透明度的信心建立措施以及建立如何預防外交的機制，對於該區域內各國家的軍事增長等基本傳統軍備控制等議題，東協則採取避而不談的態度。

第一節　後冷戰時期至新世紀的東亞政治局勢

首先，隨著中國的經濟快速發展及其自稱的「和平崛起」，致使亞太區域內國家緊張，尤其美、日、中、印度的戰略關係，於此戰略關係之中，目前最重要的角色仍是美國，美國仍致力於「重返亞太」的圍堵中國戰略。由於中國政治、軍事與經濟力量的上升，中國綜合國力逐步上升，國際社會遂關注其能力與意圖。以東亞地區當前局勢而言，中國的「大國外交」策略，除了與印度加強解決有關領土爭議外，並且推動與全球的密切友好關係，中國與太平洋島鏈國家展開經濟合作，未來每年提供大約三十億人民幣的優惠貸款。中國並與非洲及拉丁美洲加強合作；提升「上海五國合作組織」(Shanghai Cooperation Organization, SCO) 的功能，並與俄羅斯合作以期排除美國於中亞地區的影響力，其意圖可說昭然若揭。

一、東協採取對於中國與日本的「大國平衡」策略

國外所進行的東協與大國關係研究，多集中於東協成立的目的以及東協如何加強與大國「討價還價」的能力。但東協的成立，不是為了敷衍大國，大國競爭只是東協成立的一個背景。❷ 東協由於因應內部對「安全」的需求壓力，以及外部的大國優勢力量，不得不團結起來一致對外。

國外於研究東亞整合與安全思維之關係，所採取國際關係理論途徑包括如 Michael Leifer 的現實主義、新自由主義及 Amitav Acharya 的建構主義。在處理東協與大國安全合作關係上，不乏研究東協組織之外國學者強調冷戰時期的霸權，研究冷戰之後東亞權力政治，如 Robert S. Ross，強調「中美雙元」結構，已形成亞洲勢力的平衡，T.J. Pempel 則強調多元化、多邊主義的整合，以維護區域和平與安全；John G. Ikenberry and Michael Mastandunorm 強調「典則變遷」(regime change)，❸

---

❷　Amitav Acharya, *The Quest for Identity: International Relations of Southeast Asia* (London: Oxford University Press, 2000), p. 86.

❸　林若雩，2007，「二十一世紀初東南亞的安全策略與大國關係——兼論臺灣因應之道」，《國家發展研究》，第 6 卷第 2 期。2007 年 6 月，頁 29–66

美國不能再獨霸亞洲，而北韓核武威脅，使六方會談持續下去；John J. Mearsheimer 則強調東亞部分政府，早就指責美國全球霸權心態。❹

　　日本面對中國的崛起尤其憂心，好在近年日本的經濟逐漸復甦，掃除過去 1990 年代初期，約十年經濟蕭條的陰影。日本前首相小泉純一郎積極推動國際外交、區域安全甚至相關的「臺海議題」，多少顯示日本意欲於亞洲重振「亞洲第一」，以及成為「正常國家」的意圖。

　　日本與美國加強美日同盟關係，也是基於中國崛起的壓力、日本國內的推力、以及美國的支持力量。日本國內的壓力來自於日本公民對於國際地位與國家安全戰略的省思。例如前首相小泉純一郎祭拜靖國神社，引起中國的攻擊與指責，但日本國民卻堅強力挺小泉。2007 年日本發布的《防衛大綱》中言明，中國已是日本敵人或至少為日本的潛在敵人。日本於過去數年，於「十加一」、「十加三」與東亞高峰會的積極表現，顯示日本欲成為亞洲大國，以及日本欲更進一步參與亞洲事務和爭取亞洲領導者地位的決心。

　　中國於 1992 年之後的經濟快速成長，使美國認知：「一個富強的中國未來可能是美國的頭號對手」。中國不僅人口眾多，市場潛力雄厚，又是聯合國安全理事會的常任理事國，同時又擁有核武，也是北韓的重要盟友，其重要性日益增強。

　　美國柯林頓政府早於 1995 年 2 月提出的首份《東亞及太平洋地區安全戰略報告》明確指出，「維持與加強美日同盟」是美國亞太安全戰略的三大基石之一。❺ 1997 年中國國家主席江澤民訪美時，中美兩國同意建立「建設性的戰略夥伴關係」。但中國缺乏軍事透明化，又壓抑民主人權，使美國相當擔憂。❻

　　美國於未來的亞太戰略，仍然將與日本聯手，而其勁敵對手應是中國。另外，美、中、印三國的關係亦相當曖昧，2000 年柯林頓總統訪問印度，當年印度總理瓦傑帕伊回訪美國；布希總統於 2000 年剛上任時，將中國定位為「戰略競爭對手」(strategic competitor)，並於 2001 年 4 月印度辛格外相訪美時，將印度定位為「主要全球力量」，且於同年 5 月進行飛彈防禦指針的說明時，當時美國副國務卿阿米塔吉於訪問日本之後，並未順道訪問中國，而是訪問印度。911 恐怖攻擊之後，美國更

❹　John J. Mearsheimer, *The Tragedy of Great Power Politics* (New York: Norton, 2001).

❺　http://bbs.creaders.net/military/bbsviewer.php?trd_id=65920&language=big5，瀏覽日期：2015 年 12 月 20 日。

❻　金榮勇，「美國在東亞戰略角色之調整」，《國際關係學報》，第二十三期（2007 年 1 月），頁 91–122。

加強與印度的合作，並且解除了自 1998 年印度進行核子試爆以來，美國對印度的經濟制裁措施。❼ 中、印關係於過去十年的發展，也相當令人玩味。中國於 2000 年之前，並未有具體與印度改善關係的行動，但由於美國與印度關係的日益好轉，中國不得不改變對印度的態度。

以印度目前而言，它是美、中兩國關係的「活棋」與平衡槓桿 (leverage)。美印與中印關係並非十分穩固，美國對印度的核武始終有擔憂的成分，中、印間的領土問題也未完全解決，而印度對於美國的超強地位以及中國軍事擴張也感到不安。因此未來，中、美、印於全球的戰略三角形，以及三國均意圖加強於東南亞地區的關係，也是可以持續進行觀察的對象。

二、東協憲章似乎趨向建構主義的觀點

誠如本書第二章所述，雖然現實主義、自由主義與建構主義於確保亞太區域穩定有其主張，但策略與方法不同，其結果也不一樣。現實主義主張權力平衡作為，安排六方會談等構想；對自由主義、建構主義而言，未來亞太地區的穩定必須有完備的「綜合安全理念」、及完整「安全機制」，排除以往戰略嚇阻的構想。

建立一個安全機制，除了大國必須要有意願外，成員之間也必須有共同價值觀，並且不以犧牲他國利益來尋求本國利益。因此，東南亞整合機制，仍有很長一段路要走。

針對東亞區域政經領域，特別於安全合作議題，個人認為不同時期、不同議題（全球與區域層次）與不同的衝突點，於歷史發展有其特殊性。在以東協為主體，研究東協與大國政治外交，東協組織安全思維的轉變，由二次戰後東南亞國家如菲、馬與美國合作對抗共產黨，隨後認知到中、日等區域強權，特別是 1990 年代以後的中國勢力崛起，以及當前處於雙極過渡到多極的階段，應是較無疑義而具解釋力的論證。

因而，縱使建構主義學者對於建構主義仍有相當程度的差異觀點，但在批判理論、英國學派、社會學理論、語言分析哲學等理論基礎上，或是在其他不同的學科理論的援助下，逐漸強化其理論論述，擴展其經驗研究的主題。非傳統安全學派強烈質疑現實主義者將安全扭曲為純軍事層面，主要是深受實證主義的影響，進而視

---

❼　高木誠一郎，「中國經濟社會發展及國際情勢」，《中國的發展與今後的亞洲》，頁 142。　http://www.nd.ntu.edu.tw/uploads/asset/data/556dead86e74757319502300/2.pdf，瀏覽日期：2015 年 12 月 20 日。

「主權國家」與國際政治的無政府狀態為客觀實體 (objective realities) 的結果。在批判過去現實主義等主流派學者中，以社會建構主義美國學者 Alexander Wendt 為代表，他批判現實主義只重視有形物質力量 (material forces)，卻忽略理念 (ideational factors) 的影響。建構主義者認為，國際政治中主要行為者之間的關係（友好或是敵對），取決於這些行為者在環境影響下所建構出的特定身分 (identity)。建構主義者不認為身分是客觀的存在 (objective existence)，而是行為者與其外在環境在互為主體性 (inter-subjectivity) 互動過程中建構出來的結果。❽

　　2008 年開始實施的《東協憲章》強調「和平、合作、溝通」，較接近當前國關理論中的社會建構論。以建構主義來觀察東協與大國的安全合作，乃是適合東協有「互不干涉」、「東協方式」、「不使用武力」的行為模式與相互認知諒解，東協組織至少有下列三大特點：1.東協成立過程，彼此間的認同 (identity) 相當重要，東協方式的形成也非偶然，縱然其運作方式受到大國之影響；2.東協於初期成立，主要是成員國內部的安全顧慮，並使大國（如美、蘇）於做出決策時，能夠顧及東協之利益；3.東協成立之初即有某些認同，如「發揮集體外交的影響力，來因應外力（尤其大國）的影響」，另如李光耀所言：「也許無法使大國干涉本區之內部事務，但至少使大國在做出妥協時，考慮這些成員的利益」。❾

　　東協將與中國、日本等國，協商成立全球最大自由貿易區，名為「區域全面經濟夥伴關係」(RCEP) 協議。學者憂心，若臺灣無法加入 TPP、RCEP 等集團，將會被邊緣化。2012 年第二十一屆東南亞國協高峰會在柬埔寨首都金邊召開，東協十國將與中國、日本、印度及其他鄰近國家協商，成立全球最大自由貿易區，以降低東南亞國家對西方的過度依賴。東協十個成員與包括中國、日本、南韓、印度、澳洲、紐西蘭等共計十六個成員，協商設立「區域全面經濟夥伴關係」(Regional Comprehensive Economic Partnership, RCEP)，協商在 2013 年 1 月展開。❿

---

❽　根據社會建構論而進行的安全研究，最著名的是 1996 年由 Peter J. Katzenstein 等學者所出版之 *The Culture of National Security: Norms and Identity in World Politics* (New York: Columbia University Press, 1996)，以及 1998 年由馬來西亞學者 Muthiah Alagappa 所主編之 *Asian Security Practice: Material and Ideational Influences* (Stanford, CA: Stanford University Press, 1998).

❾　Amitav Acharya, *ibid.*, p. 86.

❿　RCEP 相較於歐洲聯盟只有 3.9 億人口和 13 兆國內生產毛額 (GDP)，「區域全面經濟夥伴關係」將會建立一個超過 30 億人和 GDP 總值超過 15 兆美元的單一市場，

第二節　大國在東南亞的權力競逐

由於東協十國皆為小型或中型國家，早期於成立之初，印尼的蘇哈托總統倡言「不結盟」運動，隨後於吉隆坡宣言正式提出「和平、自由與中立」。一方面區域內各國間的矛盾與衝突時，遵守互不干涉、互不侵犯原則；另一方面，大國亦不應介入本地區之事務，以維護東南亞的和平、自由與中立。

實際上，日、美、中等大國對東南亞的影響力，隨著新世紀的崛起，已有不同的變化。大體而言，美國於 1970 年代以來，約有二、三十年時間，由於越戰失敗的創傷背景，對東南亞可說是「既期待又怕受傷害」；很長一段時間，美國於政治外交領域較低調地對東南亞「保持距離」，但此並非意謂美國的影響力離開東南亞，美國於菲律賓曾設置基地❶、新加坡或琉球曾有駐軍，總數大約十萬名。在 2001 年 911 事件後，東協國家加強與美國的軍事與安全合作，以平衡中國崛起的力量，這是東協「大國平衡戰略」的重要一環。目前東協的菲律賓、泰國與美國仍存在軍事合作計畫。

一、東協與中國的關係

中國於 1989 年天安門事件發生時，內外氛圍氣勢對中國均不佳，當時已種下中國與其他亞洲國家關係改善的契機，1992 年時日本天皇訪問中國，同年中國與韓國建交，1994 年東協成立東協區域論壇，中國表明參與之意願。

整體而言，由 1990 年代中葉，中國積極參與東南亞事務，於 1997～1998 年亞洲金融風暴發生之時，中國除避免人民幣貶值，消弭東南亞各國的疑慮外，中國對泰國與印尼提供經濟援助。中國 1996 年成為東協的正式對話夥伴國，1997 年底與東協成立「ASEAN+1」，同時亦參與涵蓋中、日、韓的「ASEAN+3」機制。

同時，中國更進一步加強對外軍事安全互動，並擺脫自我設限，以避免被隔絕於國際社會。中國也開始參與如東協區域論壇，東協加三，參與多邊安全協調與建立合作機制的對話，並藉由參與其間而整合本身之國家利益。另外，2001 年的 911

屆時將會是全球最大的經濟區。RCEP 將會透過投資、改善基礎建設和技術移轉等合作方式，拓展東協和對話夥伴間各項既有的自由貿易協定，東協各國領袖將于 20 日宣布展開這項進程。http://www.epochtimes.com/gb/12/11/19/n3733562.htm 國際夥伴合作─學者憂臺邊緣化.html，瀏覽日期：2015 年 12 月 10 日。

❶　指菲律賓蘇比克灣海軍基地與克拉克空軍基地。

事件後，中國參與全球反恐；而透過區域安全合作，中國已與一百多個國家建立軍事關係，並於一百個駐外使館設置武官處。中國並透過戰略合作夥伴關係的建構，軍事上與俄羅斯高層的定期會唔機制，與中國與已發展強國如美、日、歐盟等，也進行不同層級的軍事合作關係。❷

　　整體上，中國強化對東協國家的政治、軍事影響力，對近鄰的關係，早已開放文革時期的「鎖國政策」。中國具體措施作法如下：1.以雙邊利益而言，政治上加速解決相互存在的領土、領海糾紛，尤其中國與越南的領土、領海糾紛，促使東協消除對中國的政治顧慮。2004年6月中國與越南於北部灣《海上邊界劃定協定》生效，從而結束雙方於大陸架問題、領海石油資源所發生的爭議，並朝雙方共同開發海上資源的方向發展。中越雙方在1999年12月30日簽署《陸地邊界協定》，解決一百六十四個有爭議的地段；2.於多邊層次上，對於長期存在爭議的南海諸島主權所屬問題，尤其是中國與菲律賓存在的美濟礁問題，臺海危機之後，中國事實上已採取「不再刺激東協」的作法。中國基本上於1996年穩定與東協的政治關係。中國與東協的貿易提升，有如北歐的芬蘭。「東南亞芬蘭化」的主要推動力是來自中國的經貿與投資，促使雙邊關係更加相互依賴。進而推動中國武器裝備的出售。❸

　　東協與中國於2002年11月，正式簽署《中國與東協全面經濟合作的架構協定》，於2010年成立中國與東協自由貿易區，東協與中國加強貿易往來與經濟合作，減少對美國的依賴性，期盼降低長期以來過度依賴美日經濟的模式。❹

　　1980年代以來，「中國威脅論」流行於東亞區域，中國於1990年代起，展開全

❷　許志嘉，「中共對臺軍事孤立策略與效果」，《東亞研究》，第35卷第2期，（2004年），頁83。

❸　例如，中國承諾進一步開放馬來西亞對中國投資、增加對馬來西亞投資的方式，換取馬陸軍購買KS1A地對空導彈。換句話說，北京已經把出售軍備與強化貸款等手段兩者加以並用。 http://big5.xinhuanet.com/gate/big5/news.xinhuanet.com/politics/2006–05/30/content_4619576.htm，瀏覽日期：2014年11月16日。

❹　東協十國與中國2010年推動自由貿易協定，形成涵蓋19億人口、2000億美元貿易金額的經濟區。關稅部分：中國與印尼、汶萊、馬來西亞、菲律賓、新加坡與泰國，在2010年將取消90%產品的關稅，寮國、越南、柬埔寨與緬甸，在2015年前取消關稅。貿易部分：東協與中國的貿易金額，將自2005年的1130億美元與2008年的1926億美元，在2010年達到2000億美元，成為僅次於歐洲經濟區與北美自由貿易區的全球第三大自由貿易區。http://www.epochtimes.com/gb/10/1/1/n2773403.htm，瀏覽日期：2014年12月10日。

面有力的「多邊合作」與「多邊協商機制」，包括與東協於 1992 年簽署《南海行動綱領》，1997 年簽署《建立面向二十一世紀睦鄰互信夥伴關係的聯合聲明》；2002 年簽署《中國與東協全面經濟合作架構協定》與《南海各方行為宣言》；2003 年中國加入《東南亞友好合作協定》並簽署《中華人民共和國與東協國家領導人聯合宣言》，宣布與東協建立「面向和平與繁榮的戰略夥伴關係」。其他如《大湄公河次區域合作聯合宣言》、《關於非傳統安全領域合作聯合宣言》以及《東協和中國禁毒合作行動計畫》等。**⑮**

　　中國與東協關係的改善，在後冷戰時期已出現契機。1991 年起，東協外長擴大會議每年都邀請中國外交部長以「特邀貴賓」與會。1996 年，中國成為非東協國家的第一個全面對話夥伴國。由 1997 年 12 月開始，「東協加三」（中、日、韓）機制成形，而三個「十加一」（東協加中國、東協加日本、東協加南韓），「十加三」與「十加一」俱為每年召開，成為催生 2005 年東亞峰會的主要機制。**⑯**

　　中國之立場相當明確，其欲與美、日爭逐全球與亞洲大國，凸顯其欲主導亞洲政經事務的野心，由 2001 年中國強力主導「博鰲論壇」(Boao Forum for Asia) 與 2010 年成立「東協－中國自由貿易區」，協助東協推動 2005 年的東亞高峰會成立可知。中國已明顯改變冷戰時期自我封鎖的局面。中國的改變非常顯著，不僅由雙邊到多邊，中國外交部戮力於參與各種國際組織，建立溝通平臺、機制與管道 (channel)；並積極與非政府組織、政黨、跨國企業集團、國際組織，進行二軌外交之合作，中國過去十年的整體表現，不得不令人刮目相看。**⑰**

　　中國的崛起與其在亞太區域扮演的角色所以日趨重要，主因中國勢力崛起，積極想與美國、日本於本區域爭霸，屬於積極主導的角色。由中國積極與東協合作，其同時參與「東協加三」轉型為東亞高峰會的過程尤其顯著。東協組織起初的構想僅是有關經濟與貿易的峰會，但北京試圖把議程擴大，此意涵是中國欲抓住難得機會，意圖形塑大國角色和主導東亞區域政經權力，而不欲由美國持續在相關亞太組織中扮演重要角色。

---

⑮　趙海立，「冷戰後中國對東南亞國際政治行為的基本特徵」，《南海問題研究》，第 4 期，2004 年，頁 67。

⑯　林若雯，「中共東南亞之經濟整合現狀與發展」，《研究通訊》，第 7 卷第 12 期（2004 年 12 月），頁 25。

⑰　趙海立，*ibid.*，頁 67。

二、東協與美國的關係

半個世紀以來，美國在東亞的霸權時有漲跌，但由二次戰後迄今，美國於亞太地區的影響力，隨著區域大國的實力崛起，而有所消長。時至今日，面對中國的崛起，美國於東亞的經營已較 2001 年 911 恐怖攻擊之前更為用心。

於 1970、1980 年代的冷戰時期，雖然美國於越戰後的氣勢大不如前，但此時東協三個主要成員國家如新加坡、馬來西亞與菲律賓，此三東協國家擔憂美國勢力一旦離開東南亞，可能導致蘇聯力量入侵；而泰國 1978 年年底於越南入侵柬埔寨後，也重新加強與美國的軍事合作關係，因而美國仍能於東南亞維持與蘇聯對峙之局面。

美蘇兩極冷戰結束之初，美國於東南亞的安全事務所應扮演的角色如何，曾經引起大量辯論。東協國家內部容有爭議，[18] 然而大多數東協國家認為，即使於政治層面，美國並未加強於東南亞的經營；但經濟層面上，美國與東南亞的貿易關係相當良好。冷戰後部分亞洲國家如日本，其試圖填補過去美蘇兩大勢力於東南亞的強大力量。

菲律賓學者 Rommel. C. Banlaoi 指出，美國加強與亞洲軍事合作，有助於亞洲和平，也重新填補 1992 年以來的「真空」。美國於過去十數年間，對於東南亞的關注，遠不如其他亞洲大國。[19] 平實而言，相較中國、日本或韓國與東協國家的交往，美國明顯地於安全、貿易等事務上，不如中、日、韓三個東北亞國家，[20] 甚至也不如紐、澳與南亞的印度。

由 1990 年代中期以來，東協國家於東亞扮演越來越重要的角色，不僅是拉攏中、日、韓大國，更利用中國與印度之間的矛盾，冀求獲得本身的利益，而美國表面上不動聲色，似乎美對東協漠不關心。同時，1990 年代，美國與東協國家於人權、貿易方面的摩擦層出不窮。

軍事與安全合作層面，仍有東協國家為美國海軍提供臨時停泊點（如新加坡提供加水、補給），然美國於東南亞國家已不再有駐軍與軍事基地。2001 年 911 事件後，美軍加快於全球重新部署的腳步，美日同盟確定為戰略夥伴關係。美國與泰國、

---

[18] 1992 年菲律賓國會甚至決議通過，美國應該盡速撤退離開蘇比克灣 (Subic Bay) 海軍基地，以及伊拉克空軍基地。

[19] Rommel. C. Banlaoi, 2009, *Philippine Security in the Age of Terror: National, Regional, and Global Challenges in the Post−9/11 World.* 1st Edition, pp 1−35

[20] "Policy Memo: New Power Dynamics in Southeast Asia," Stanley Foundation，November 9, 2006.

菲律賓於東南亞地區加強軍事合作，以對抗於東南亞流竄的「基地」組織，2003 年在美國的推動下，菲律賓與泰國也建立「主要非北約同盟國」之關係。2004 年於南亞大地震與印度洋海嘯發生的國際救援行動上，美國除了提供巨額的資金協助外，同時派遣包括航空母艦在內的大規模部隊協助救援泰國、印尼等國，更加彰顯美國於東南亞的地位。

㈠美國由 2009 年起，採取亞洲再平衡 (Rebalancing in Asia) 政策

顯而易見，東協國家雖然是中小型國家，實力不足以對抗大國，然則東協國家都不想捲入中美兩國的全球性競爭，或者中日兩國於亞洲的競爭；無論如何，東協任一國家，都不願被迫於中日或者中美間作一選擇。

許多研究國際政治的學者強調，美國當年不加入於 2005 於年吉隆坡舉辦的東亞高峰會，是美國觀察到此區域的亞太主義（或者稱為 trans-pacific）優於區域性的東亞架構 (East Asian frameworks)。❷❶美國更重視亞太經濟合作會議的重要性，對於東協組織推動的各種區域性組織，不論是東亞高峰會議、東協區域論壇，或者東協非正式高峰會議，美國常視之為「談話會」(talk shop)，認為此類會議起不了作用。

然而 911 事件之後，美國擔憂中東地區的恐怖分子與其「基地」，將會慢慢轉往部分東南亞回教國家發展。東協國家也認知：美國日益重視回教於東南亞的影響，甚而比單純觀察中東回教組織來得更加積極。不少美國學者認為，美國對東南亞的外交政策，尤重視「非傳統安全」的領域。❷❷美國必須長期且持續性地重視東南亞，以避免東南亞成為販毒與人口販子的天堂。

也即是說，對於美國過去一再指責部分東南亞國家相關的「傳統安全」領域，例如緬甸的人權，以及傳統的軍事競賽等議題，目前不再是美國國家安全機構的關注焦點；相較而言，美國已將更多關注置於「非傳統安全」領域的恐怖主義、海事安全、走私，（包括武器、槍枝、人口、毒品等）、更多的健康議題（如流行病）以及環境等相關問題。

軍事交流與演習方面，美國與東南亞國家目前已轉變成為維和演習行動、自然災害的訓練，以及人道救援行動之努力，美國也正考慮於東南亞地區降低其駐軍人

---

❷❶　由於美國不願意與東協組織簽訂「友好合作條約」(TAC)，因而不被邀請成為東亞高峰會的成員國，因此有些學者認為，過去美國於東亞地區的優勢，使美國多多少少仍存在「地區老大哥」的架勢。

❷❷　此部分如毒品走私、人口買賣、偷渡，如美國要求寮國政府杜絕境內不法行為。

數，代之以美國與盟友間的軍事合作與聯合演習，例如美國與泰國的「金色眼鏡蛇」(Cobra Gold) 之雙邊聯合軍事行動。

中國崛起之際，是否美國將於東南亞逐漸喪失影響力之議題。全球戰略層次上，美國於 911 事件後，全球性的戰略考量將中東如伊朗等回教國家列為第一優先；區域層次上，美國不排除與東協簽訂友好合作條約，而後加入東亞峰會的可能；另外，美國同時持續支持目前東亞惟一多邊安全機制一東協區域論壇與亞太經合會；期使之在未來的發展上，形成美國與東協個別國家更加堅固的雙邊連結。❷❸

二十一世紀初期在各國內部事務上，東協有許多領導人之更迭，例如 2003 年馬來西亞首相馬哈迪將政權和平轉移至巴達威，2004 年新加坡的李顯龍由吳作棟手中接任總理職位；2006 年變動更大，除泰國發生軍事政變導致前總理塔信遠走高飛外，越南「三頭馬車」的領導人幾乎全部更迭。2005 年開啟關於東亞高峰會的討論，卻存在幾個導致紛爭的議題，例如如何區隔出東協高峰會與東亞高峰會，以及如何決定參加國與主辦國等。

日本原本提議讓東協區域外的澳洲與紐西蘭兩國加入，以及邀請美國作為觀察者。當時東協各國與中國等大多數的國家表示反對東協加三以外的國家參與東亞高峰會，但在 2005 年之後，印尼、新加坡、越南開始支持澳洲參加。這些國家的態度轉變被解讀為，因為擔心中國會造成自身國家的影響力下降而表示支持。2005 年 4 月在菲律賓舉辦的東協非正式外交部長會議，以及同年 5 月東協加三非正式外交部長會議中，決定設下參與資格國的條件：1. TAC 締約國或者具有締結意願的國家；2. 東協的對話夥伴；3. 與東協有良好關係。在 2005 年 7 月東協加三外交部長會議上，正式決議讓澳洲、紐西蘭、印度三國參加東亞高峰會。

因此，東亞高峰會舉行之前，已經出現「東協加三」或「東協加六」的競逐。2005 年第一屆東亞高峰會中最重大議題是如何實現東亞共同體、以何種架構為主體來促進建立東亞共同體。於此議題上，雙方的對立日趨嚴重。最後東亞高峰會採取的《吉隆坡宣言》確立了東亞高峰會未來運作的架構，高峰會將成為定期會議，未來與東協高峰會同時舉行，且由東協主席國主辦並擔任主席；東亞高峰會參加的範圍也將遵循東協制定的參與標準，高峰會模式將由東協與東亞高峰會其他參加國共同審議。❷❹

---

❷❸　此部分可參閱 Yan Li, *Washington Observer weekly*, No. 201, November 22, 2006。

❷❹　宇都宮溪，「東協在大國參與區域整合後之多邊主義策略」，全球政治評論 (Review of Global Politics) 第四十七期 (2014) No.47，頁 121–144

　　於經濟安全的領域，美國面對中國與印度、中國與日本在東南亞競爭的現實，雖不致形成如同中國的「北京共識」(Beijing Consensus)，或者另外形成「華盛頓共識」(Washington Consensus)。然美國確已由 1997～1998 年的亞洲金融危機中學到教訓，因為當時美國與國際貨幣基金會處理手法過於嚴厲，遭致東協國家的強烈不滿，且因此使得東協向採取「睦鄰、安鄰、友鄰」三鄰政策的中國傾斜，美國未來加強與東南亞國家的努力，必須不再掉以輕心。

㈡美國無視中國警告，關注南海問題。

　　美國驅逐艦拉森號 (USS Lassen) 於 2015 年 10 月 27 日駛入南沙群島渚碧礁和美濟礁十二海浬範圍。這兩座礁岩以往漲潮時會被海水淹沒，大陸 2014 年展開大規模疏浚工程後才成為島嶼。神盾艦南海劍拔弩張，於 2015 年年末引發全球關注。2016 年 2 月 15 日至 16 日必然於會員國間引發熱烈討論，屆時南海問題將是主要焦點。

　　依據 1982 年《聯合國海洋法公約》(UNCLOS)，島嶼享有十二海浬的領海，與二百海浬的專屬經濟海域 (EEZ)；但非屬天然形成的人工島，以及或漲潮時沒入海面以下的礁岩，不得享有領海與 EEZ。從法理角度出發，美軍行動可以站得住腳，派軍艦進入爭議島礁海域，表明美國不承認中國在相關海域的主權。中國若要攔截美國驅逐艦，美國便能主張中國不遵守國際法。

　　中國高調的民族主義展現，開始於 2014 年爭議島礁海域的填海造陸。當美國派遣軍艦，共軍衝撞就坐實「中國威脅論」、不遵守國際法；若不強硬回應，習近平對內又難以交代。美國是否師出有名。美國專家表示，美海軍派軍艦駛近該二座島礁，係師出有名，因它們完全是人造的，而若是中國構建中的其他新島嶼，像是永暑礁 (Fiery Cross)，因原本就有些岩石露出水面，在法律上就有模糊空間。

　　基本上，美國軍艦進入南海，表面看起來情勢緊張危急，但實質上中美雙方都不想升高威脅、爭端，而想由外交途徑解決。11 月 4 日東協國防部長會議最後決定不發布聯合聲明，便是中美角力，使得東協於中美間左右為難又一明證。有關南海主權糾紛的最新發展，應屬東協期待於 2015 年內建構的東協共同體十年計畫：「東協共同體願景 2025」草案。草案載明「將通過東協主導的機制強化海上安全」，雖未提及具體措施，但呈現以東協為主體解決部分成員國與中國相抗爭的意向。十年計畫草案強調，東協共同體「將通過和平手段解決意見分歧和糾紛，克制威脅以及武力行使」，意欲對憑藉壓倒性軍事力量推進南海實際控制的中國加以制衡。為避免

發生衝突，草案中表明共同體將積極實施預防外交和爭端解決倡議的決心。同時稱將進一步加強與美國、日本等東協「對話夥伴」之間的合作關係。雖然成員尚未取得最後共識，2015 年 11 月 4 日東協國防部長會議決定暫時不發布主席共同聲音，但草案很可能於 2015 年 11 月下旬在馬來西亞首都吉隆坡召開的東協峰會上表決通過。

(三)中國與美國於南海利益之衝突角力日益激烈

中美兩大國關係日益緊張，淵源於中國政治與經濟實力崛起，欲爭取東亞區域主導權，使得長期於亞太地區擁有絕對勢力的美國感受極大威脅，中國國家領導習近平不同於過去的江澤民、胡錦濤，一方面於國內打擊異己，鞏固政權；一方面對外風塵撲撲游走亞洲與全球，極力爭取鄰邦與國際支持，提出極具野心的一帶一路與亞投行。❷⑤

從美國角度來看，在全球格局下，美國是現狀的強權 (status quo power)，中國是挑戰的強權。中國 2013 年劃設東海防空識別區 (ADIZ)，會不會劃設南海防空識別區？觀察中國已在南海建立五座人工島礁與至少三座機場，不無可能發生此一情勢。然而，從中國角度來看，中國在南海才是維持現狀的強權，美國成了挑戰的強權。中國外長王毅 2015 年 6 月 25 日在北京舉行的世界和平論壇上表示，中國對相關島礁的主權要求，「並沒有擴大，也絕不會縮小」。王毅還抱怨，事實上越南、菲律賓、日本都在圍海造島，國際不應獨責中國。

歐巴馬政府於行動前已通報東南亞國家，美國「可能計劃數日內」派遣軍艦或者軍機進入南中國海有爭議地區中國人造島礁十二海浬範圍，「試水」北京。而不久前，美國國務院、國防部重申派遣海軍巡航南海相關島礁的必要性，中國外交部則批評美方「高調炫耀」、「軍事化」南海，中國官方英文《中國日報》甚至引述軍事專家的話警告，中國的 B6 轟炸機已具備長程精確打擊能力。另外，美國國防部官員透露，計劃每季至少兩次，或再多一些，派軍艦進入南海的中國人工島礁十二海浬內巡航，巡航成為定期，但不致經常冒犯對方，這種安排亦符合美方的用意，即定期行使美國在國際法下的權利，並提醒中國及其他國家美方的看法。

美國強調該巡航行為不會只有一次，為實現「南海自由航行權」，未來仍將制度

---

❷⑤　林若雩，2015，「近期美國派遣拉森號軍艦進入南海之情勢分析」，*An Analysis of the USS Lassen Patrolling in the South China Sea*，《展望與探索》，13:11 2015.11[民 104.11]，頁 27–35。

化舉辦，中國表示不予同意，認為美方作法極具挑釁能事，但美國仍強調彼此思維模式不同，美中於南海問題的確有存在差異，且短期不易有共識，但兩國的合作對話，相互溝通為必要方式。

目前為止，美國一貫強調「航行自由權」。美方表明擁有巡行南海相關島礁十二海浬的權利與義務。美國國防部長卡特指出，美國未來也將在國際法允許的情況下「隨時隨地」執行飛行和航行任務，南海地區當然不例外。美國國務院發言人、前海軍少將柯比過去半年也一再強調，美軍如果不對南海進行巡邏和飛越活動，將會導致中國更多破壞穩定的行為，這不是「高調炫耀」。

事實上，中國國家主席習近平 2015 年 9 月 22 日至 25 日訪美時，美國總統歐巴馬即告知，美國的船艦、飛機將「繼續在國際法許可的任何地方」行駛。美國海軍軍令部長李察遜上將也稱，南海是國際水域，美國海軍是全球海軍，「能夠、也希望穿越國際水域」。美國的機、艦依照國際規章行事，不應被視為挑釁，因為「這只是國際體系中的日常作業」。另外，恰好在習近平訪美之後不足一個月，美國與菲律賓依然按既有計畫展開了一年一度的兩棲作戰演習。此一代號 "Phiblex 16" 的演習為期九天，來自駐日本沖繩的八百六十名美海軍陸戰隊和七百四十九名菲律賓陸戰隊官兵參加。演習開始前，美軍指揮官 Paul Kennedy 表示，「如果任何人挑戰這個國家（指菲律賓）的主權，他們區域內的盟友，將在數小時之內做出反應。」❷⑥

美國派遣軍艦進入南海之情勢分析，至少有下列意涵：1.南海區域快速軍事化，美國則是派遣軍艦反制，美國及中國互嗆對方才是造成緊張情勢的始作俑者，擦槍走火的風險升高；2.中美爭議的本質在於由誰掌控南海海域。美國派軍艦並非要抗議中國對南海這些人造島礁宣示主權，而是要凸顯這些人造島礁並不能賦予中國對周邊海域的掌控權；3.美國是否師出有名。美國專家表示，美海軍派軍艦駛近該二座島礁，係師出有名，因它們完全是人造的，而若是中國構建中的其他新島嶼，像是永暑礁 (Fiery Cross)，因原本就有些岩石露出水面，在法律上就有模糊空間；4.美軍還會有後續動作。美方已聲稱，此次所謂「自由航行行動」，只是在此區域一連串任務之始，但未來行動時，也會駛近其他國家，如菲律賓及越南，以彰顯一視同仁，未在領域糾紛中選邊站。

---

❷⑥　林若雩，2015，「近期美國派遣拉森號軍艦進入南海之情勢分析」，An Analysis of the US'S Lassen Patrolling in the South China Sea，《展望與探索》，13:11 2015.11[民104.11]，頁 27–35。

㈣國際仲裁法院：南海爭議具管轄權

荷蘭海牙國際仲裁法院 2015 年 10 月 29 日發表聲明指出，就菲律賓就南海爭議提出仲裁案具有司法管轄權，將擇期開庭聽取菲律賓的意見；德國總理梅克爾也就南海爭議，提出應交由國際法庭仲裁的解決之道❷。菲律賓與中共就南海主權問題近年來糾紛、爭議不斷，菲律賓後來以菲、中兩國都是《聯合國海洋公約》的簽約國，應以該公約的規定解決兩國間就南海部分島礁的主權爭議，決定到國際仲裁法院尋求解決。

仲裁法院表示，此案反映「兩國間對聯合國海洋法公約的解釋及使用出現的紛爭」，屬於法庭管轄的範圍。國際仲裁法院的最新決定，預料將為近來緊張的南海局勢再掀風波，有媒體分析指出，海牙國際仲裁法院的決定可能引來中共不滿。但中共堅持對南海具有主權，先前堅持拒絕出席參與國際仲裁的聽審程序，並指國際仲裁法院對此案不具管轄權。中國的反應，雖然不願接受仲裁法院裁決，但也擔憂其國際形象遭到損害。

中國於南海爭議島礁的填海造陸，引起各國針對區域安全之緊張，但中國姿態高調，表示「一寸國土也不讓」。同時軟硬兼施，於軍備與外交兩者雙管齊下，而菲律賓去年送交國際法庭的案件初步已受理並認為菲律賓訴求法院有管轄權，使得菲國大受鼓舞。

中國不太可能接受仲裁法院的說法及美國的作法，也已對美海軍在中國新建島嶼附近活動做出憤怒反應。但依據當前情勢分析，最大的風險亦即美中船艦直接對抗，現階段還不可能。面對當前南海的紛擾，中國內部也開始思考新的作法。因為南海不平和，中國的海上絲路就走不出去。以南海政策（包括以探勘海底石油維權、圍海造島）與海上絲路相較，南海政策的重要性當然比不上海上絲路的布局。中國可能以美國舉動為由，增強對這些島嶼的軍事布署，增設雷達及其他通訊設備，強化監看此區域活動的能力。何況圍海造島的工程基本上已經完成，剩下的是要不要軍事化的問題。中國一些學者建議不應急於軍事化，較重要的是緩和與東協國家的關係。

---

❷　http://money.udn.com/money/story/5648/1282409–%E5%8D%97%E6%B5%B7%
E7%88%AD%E8%AD%B0–%E5%9C%8B%E9%9A%9B%E4%BB%B2%E8%
A3%81%E6%B3%95%E9%99%A2%EF%BC%9A%E5%85%B7%E7%AE%A1%E8
%BD%84%E6%AC%8A，瀏覽日期：2014 年 11 月 16 日。

　　另外，中國也應瞭解區域內其他國家反應。大體上，此區域內的其他國家歡迎美國之舉，如菲律賓及越南近來年對中國在南海展現力量屢表不滿，而近期來甚至連馬來西亞與印尼也都來湊熱鬧。

　　有些中國學者指出，南海政策和東協政策是中國的兩個選擇。由 2012 年中菲兩國在黃岩島發生衝突起，南海政策在中國外交議程的排序升高。現在中國推「一帶一路」戰略，東協政策的優先順序就應該高於南海政策。只要其他國家不刻意製造事端，中國就應從海上絲路的大架構與東協政策的大局，來制定南海政策。他們指出，當前中國南海政策的戰略目標，應是「防止亞太國家在美國的唆使下，形成一個從反對中國南海政策，而擴大為反對中國復興的聯盟。」所以中國應以雙邊與多邊雙管齊下的方式，管控南海爭議，全面更新修正與主要東協國家之間的關係。

　　中美兩大國關係日益緊張，源於中國政治與經濟實力日益崛起，並欲爭取東亞區域主導權。中國國家主席習近平不同於過去的領導人江澤民與胡錦濤，一方面於國內以肅貪打擊異己，另一方面對外風塵撲撲，遊走亞洲與全球各國，極力爭取友邦支持，提出具野心的一帶一路。

㈤區域內東南亞國家之反應

　　區域國家在焦慮下，開始引進域外的勢力，包括軍事協定與購買武器。其中又以菲律賓和越南，引進美國與日本的力量來平衡中國最為明顯。2014 年 4 月，美國總統歐巴馬訪問菲律賓時，美菲簽訂十年的防衛協定。2015 年 4 月，兩國舉行為期十天的聯合軍事演習。這個名為「肩並肩」(Balikatan) 的演習，為十五年來規模最大，參與的軍人多達一萬二千人。此次軍演的場地包括菲律賓的巴拉望島、呂宋島，與班乃島。其中一個演習地點距離中菲產生爭議的黃岩島才二百二十公里。這個演習的時間和東協峰會同一周，也主導稍後東協峰會在南海問題上的基調。

　　菲律賓也和日本在 2015 年 6 月簽了戰略夥伴協定，日本同意將軍事物資與武器轉給菲律賓。同年兩國就進行了兩次軍演。當年 7 月，菲律賓國防部證實，2016 年將重開已經關閉了二十三年的蘇比克灣基地，也計畫在未來十三年內，投入二百億美元進行武器現代化。由於蘇比克灣距離黃岩島僅一百四十五海浬，重開基地將駐菲國軍方更有效因應南海爭議，但也讓區域情勢更為緊繃。

　　越南除了與日本加強軍事合作，也與美國頻頻進行高層訪問，其中以越共總書記阮富仲 2015 年 7 月訪問白宮達到高潮。值得注意的是，儘管菲律賓與越南等國急於引進域外勢力以平衡中國，但是處於中國的周邊，在中國軍事與經濟壓力的地緣

影響下，它們也必須在大國之間維持平衡。其中又以越南的態度最為明顯。菲律賓與越南已決定 2015 年底前成立「戰略夥伴關係」。這使得觀察中國周邊情勢，除了地緣政治外，又增加小國外交與內部聯盟的面向。

美國為拉攏越南，早在 2012 年 7 月，希拉蕊擔任國務卿訪問河內時，就提出邀請越共總書記阮富仲訪美。當時她希望 2013 年阮富仲能夠成行。但是越南有自己的節奏。實際上，越共對外聯絡部部長 2012 年 12 月才到美國，就總書記訪美的事與美方進行磋商。阮富仲行事向來謹慎，一定都要把每個行動的風險做仔細評估之後才會有所動作。而 2012 年越南軍方還對美國動機有所疑慮，認為只要美國看準時機，隨時都可能對越南發動侵略。所以總書記若真要訪美，對內對外都要有很多前期的鋪墊工作，也需樣先建立內外互信才能成行。

2013 年 7 月，越南國家主席張晉創訪美，試探美越關係的水溫。2014 年夏天，中越兩國發生中國深海鑽油平臺 HD-981 事件，雙方相互指責對方侵犯主權，越南也掀起一股反中的熱潮。這個事件改變了越南軍方態度。2015 年 3 月，越南又派出公安部長，到美國安排阮富仲到訪的細節。在 2015 年 7 月正式成行之前，阮富仲還在 4 月先跑了一趟北京與習近平會談。這就是越南周旋於中美兩大國之間的藝術。

西方有些媒體將 2015 年 4 月阮富仲訪美，解讀為美越聯合抗中，這可能是過度解讀，越南和菲律賓畢竟不同，越南和中國領土接壤，也曾經和中國打過仗。河內只是在兩強之間維持平衡而已。中國的解讀也是如此，不認為應過度放大阮氏訪美的戰略意義，所以中國仍頻頻加強與越南的互動，習近平也於 2015 年 11 月 7 日再赴越南、新加坡訪問。可見中國對越菲兩國政策的親疏有別。親疏有別也是各個擊破的戰略，這於中國的東南亞政策很清楚。

中國也面臨崛起之後，周邊國家對中國猜忌卻日漸加深的苦惱，而發起新周邊外交的攻勢，希望與周邊國家修好。越南國家主席張晉創訪美前先訪中，中國對阮富仲到訪當然表示歡迎，也給予許多經濟合作的承諾。雖然雙方在南海的領土爭議上仍有歧見，但都坦白地當面提出了這個問題，中國也希望經由經貿關係，把越南跟自己綁得更緊。

2015 年 APEC 會議 11 月中旬於菲國馬尼拉舉行，亦使中國感受芒刺於背，因中國近兩年對菲國不假詞色，近年來習近平數次於公開場合不給總統艾奎諾三世好臉色。中國眼見 2015 年 APEC 將至，擔心菲國以牙還牙，習近平訪問 APEC 會議成員國，11 月初訪越南、新加坡，也趁機推動兩岸領導人於新加坡的「習馬會」。

㈥臺灣之因應策略

俗語說「兩頭巨象打架，遭殃的是周邊小花小草」，事實的確如此，因為中美兩國於南海與東南亞地區的角力，使得周邊國家分裂成為中立或親中、親美三個陣營，也使夙來強調團結、凝聚共識的東協國家因而分裂，2012 年起對此議題東協組織數度難以達成共識。菲、越兩南海主權聲索國宣布將於 2015 年年底建立雙邊戰略夥伴關係，而先前日本與菲國已建立戰略夥伴關係。

我國馬英九政府由 2008 年執政以來，一貫強調「和中、友日、親美」，但實際作法卻是以大國大陸為主要交往對象，經濟上推動 ECFA，政治上對內強調「九二共識，一中共表」，但對外僅強調「九二共識」，致使國際社會往往誤解臺灣採取與中國相同的「一個中國」原則，也使臺灣陷入可能被併吞的極度危險處境。

南海主權爭議短期內不易化解，但中國不斷合理化其「填海造陸」行為並未被周遭東協國家接受，不斷發生的各國軍備強化與南海軍事化的趨勢，確實為本區域的安全情勢，增添不可知的因素。東協國家表面上不冒犯中美兩大國，但也暗中注意於中美間維持平衡，此恰為東協靈活外交所擅長者。臺灣為亞洲國家之一分子，在建構南海和平的活動不可缺席，更遑論太平島目前為臺灣實質佔有之島礁，於南海和平維護與南海主權歸屬、資源開發⋯⋯，臺灣是南海主權爭議的當事國，陷入困境的發展不僅使臺灣被邊緣化，同時已使臺灣在兩岸關係與對東協關係上進退兩難；簡言之，臺灣夾在中美兩強之間，一方面受牽制於中國；另一方面又極需美國安全支援。❷❽

解決南海主權爭議，最主要的關鍵還是在中國，但中共領導人利用目前的硬實力、軟實力，堅決不肯放棄的態度使得周邊東南亞國家及美國十分頭疼，未來會不會再度爆發類似 981 鑽油平臺事件尚不可知，但升級到戰爭態勢可能性較低，因為建立東亞區域主義才是中國真正的目的。總之，如果臺灣南海爭議處理較好，與美國區域安全合作、與東南亞國家更進一步的經濟整合，提升自身國際事務主導權便不再是夢想。

另外，雖然 2015 年馬英九與習近平「馬習會」成局，11 月 7 日於新加坡舉行。但臺灣已在 2016 年再度政黨輪替，則南海主權問題必須由新的執政黨與新的國家領導人重新擬訂臺灣的東南亞外交戰略與南海主權問題新戰略。

---

❷❽ 林若雩，2015，「近期美國派遣拉森號軍艦進入南海之情勢分析，An Analysis of the US'S Lassen Patrolling in the South China Sea，《展望與探索》，13:11 2015.11[民 104.11]，頁 27–35。

　　臺灣長期面對中國的武力威脅，南海問題更是情勢複雜，因不僅只是中國與臺灣的雙邊問題，同時也要面對菲律賓、越南、馬來西亞、汶萊等多方勢力。因此，面對南海爭議，臺灣的因應策略應當學習東協國家的靈活方式，遇事宜審慎評估、三思而後行，於中美兩國之間取得平衡。

　　綜上所述，針對當前二十一世紀初的東南亞局勢，相較於其他亞洲大國，美國仍有其優勢。例如，美國於科技的產業發展，在東協東亞高峰會議與亞太經合會間的平衡取向，於世界銀行與亞洲開發銀行間作為一槓桿作用；另外，處理東南亞各國政府在協助解決農民之貧窮問題，或者協助如著作財產權等自由貿易關係，和區域內部的合作等議題，美國仍有其強大的優勢。

三、東協與日本

　　日本與東協的關係，於二次世界大戰後曾歷經一段緊張時期，日本的勢力於1950 年代被逐出東南亞。但其後因美國捲入越南戰爭，需要西太平洋的重要盟友，1960 年代日本挾強大經濟實力重返東南亞。日本重新恢復與東南亞關係，其方法係先以戰爭賠償為基礎，由 1955 年 4 月到 1965 年 1 月，日本付出約十億餘美元的戰爭賠償。

　　東協成立後的東協與日本關係，大約可以分成三個階段： 1. 1967～1976 年，重啟雙邊關係； 2. 1977～1990 年，以海外發展援助 (Overseas Development Aid, ODA) 經援東南亞； 3. 1991 年迄今，雙邊之經濟合作。❷⁹

　　中國於亞洲的崛起，使亞洲大國如日本與俄羅斯皆十分緊張，日俄兩國也加強觀察中國於東亞持續的政經整合力量。美國有意識的防堵中國，尤其《美日安保條約》的強化與近期美、日、印、紐、澳的結盟，即是針對中國。早期的《美日安保條約》是二次大戰後美國為了防範日本的軍事活動再起，以及監控日本；迄 1970、1980 年代，便成了美日防止蘇俄擴張的一環。後冷戰初期，由於缺乏蘇聯的對抗，美日安保體制一度曾陷入所謂「漂流」的狀態；❸⁰ 然而，美日於 1994 年雙方具體改善關係，於 1996 年 4 月美日發表共同宣言，重新確認冷戰後的「美日安保體制」的確重要，即使並不存在潛在性的衝突或戰爭，美日兩國為有效因應地區不安定因素及不確定的制度，亦應扮演維護亞太地區和平與穩定的角色。

　　美日安保體制的合作，不僅有具體的條約，也有實質作為。於 1996 年 4 月美日

---

❷⁹　參見《日本經濟新聞》，1977 年 8 月 19 日。

❸⁰　其意義為「不穩定」，表面存在然實際上非常脆弱。

發表共同宣言後次年，1997 年美日即修訂《防衛合作指針》，另為因應 1998 年北韓試射大浦洞飛彈為契機，美日雙方進行的共同研究開發飛彈防禦技術，並同時完成日本週邊事態相關法案的立法，以及加強「美日合作體制」。2001 年 911 恐怖攻擊事件之後，隨著美軍加速軍事部署，美日同盟再度確認為全球性的夥伴關係。2006 年 5 月，美日繼續公布軍力調整路線圖後，兩國關係更加緊密。反之，美韓同盟關係卻因近年來南韓的反美情緒而有動搖，但美韓仍考慮未來將召開同盟構想會議。

另一個中、日兩國於東亞較勁的場合，可見於 2005 年 12 月的「東亞高峰會」，中國原期待東亞高峰會所有成員國俱為東亞國家，但日本強力要求必須允許澳洲、紐西蘭與印度的參與；中國雖不滿意且極力阻擋，但東協各國仍然採取日本之建議，邀請澳、紐、印度加入，俄羅斯則未獲允准，僅以觀察員身分與會。

時至今日，美日安保也有些許改變，即是當臺灣海峽及南北韓區域發生戰事時，依照新條約之規定，這兩區已是《美日安保條約》「週邊有事」的防衛範圍。經過美日的「二加二」會議之後，整個東亞的局勢有所變化，美國認知中國的武力威脅，必須要整合週邊的國家共同對抗中國，當然也包括北韓。美日安保強調「週邊有事」時，美日將合作維持本區域之和平、安定與繁榮。❸❶

2005 年中國積極拉攏東協成員國，刻意抵制美國的參與東亞高峰會。即使日本大力反對，東協似乎配合中國演出，由東協所主導東亞高峰會入會的「三大資格」是： 1.必須與東協成員國有實質關係； 2.必須已為東協對話夥伴國； 3.加入《東南亞友好合作條約》等參加東亞高峰會的三大門檻。❸❷ 面對此趨勢，日本感到十分緊張，除曾建議主辦國馬來西亞邀請美國擔任觀察員（但美國反應不熱烈）外，日本結合政府與民間智庫人員，約有一百多人的參與，並且針對東亞高峰會未來走向，提出「東亞共同體的未來面貌」研究報告，其中指出東亞高峰會的建制，顯示東亞

---

❸❶ 2005 年美日兩國針對安保，又設計共同戰略目標，確認雙方的任務、角色與能力分擔。

❸❷ 看好東亞高峰會未來遠景者，認為將來該峰會可以取代亞太經合會 (APEC)。特別是以東亞本身組成的區域建制，未來除經濟合作外，同時可以討論政治、軍事合作等相關議題。日本提出的「東亞共同體」(East Asia Community, EAC)，型塑未來的面貌是：一、重視和平、繁榮、進步，進一步邁向確立自由、人權、民主的價值；二、日本與東亞貿易之合作，由日本主導；三、東亞各國的金融、投資與國際化的合作；四、促進東亞地區的傳統與非傳統安全；五、東亞共同體的成員，有觀察員 (observer)、有組織團體 (associate) 等，臺灣、香港可以經濟實體 (entity) 加入。

區域成員的政經整合期待，此區域若如歐盟整合成功，將使全球清楚區分為北美、歐洲、東亞三大經濟板塊。一個非常明顯的態勢是：中、日都要搶東亞高峰會的主導權，美國當然是站在日本這一邊，一起對抗中國。

　　東協與日本的關係，在冷戰期間相當良好，亞洲金融風暴後，日本曾對泰國提供一百二十六億美元的資金與技術援助。㉝日本與東協個別國家的關係，較 1990 年代有過之而無不及。1990 年代以前，大部分東協國家只希望日本在該地區發揮的作用僅限於經濟，李光耀曾指出「寧願讓日本人集中精力去搞電視清晰度的研究，而不要去磨武士劍」。㉞但近幾年情況已有改變，越來越多的東協國家期待日本在政治與安全方面扮演本區域的重要角色，以制衡正在崛起的其他大國，東協國家期望日本發揮更重要的作用。新加坡前外交部長黃根成曾指出：「日本積極參與東協的政治與安全對話，證諸日本－東協關係更加成熟。」㉟菲律賓前外交部長 Domingo 表示：「日本與東協的區域合作必須超越經濟領域，尤其應該包括和平與安全事務。」㊱

　　日本與東協推動「日本－東協友好年 2003」，有許多相關的 NGO 活動，同年東協與日本的全面經濟夥伴會議於吉隆坡舉行。㊲日本與東協簽署《東南亞友好合作條約》，日本期待與東協有三項新領域的合作㊳，日本首相小泉純一郎於東京會議指出，從 2004 年起的三年間，日本將接受東協國家留學生和派遣日本技術人員到東

㉝　1997 年 8 月國際貨幣基金組織對泰國提供的援助計畫，日本向泰國提供了 40 億美元的貸款。為了幫助泰國振興出口，日本向泰國提供了 80 億美元的貿易擔保。參見，日本外務省網路「日本與泰國的關係」：http://www.mofa.go.jp/region/，瀏覽日期：2014 年 11 月 25 日。

㉞　李光耀接受美國《環球觀點》編輯加德爾 (Nathan Gardels) 訪問時的談話，新加坡《聯合早報》，1992 年 12 月 24 日。

㉟　"ASEAN-Japan Ties Mature with Security Talks, Says Wong," *Kyodo News International*, August 2, 1999.

㊱　Bhubhindar Singh, "ASEAN's Perceptions of Japan: Change and Continuity," *Asian Survey*, Vol. XLII, No. 2 (2002), pp. 293–294.

㊲　東協－日本全面經濟夥伴委員會第二次會議在東京舉行。2003 年 11 月 18 日，日本與東協各國的副部長級高級會議在東京舉行。

㊳　2003 年 12 月 11～12 日日本和東協十國領袖在東京舉行為期兩天的會議。會議發表了日本與東協包括政治和安全領域合作內容的《東京宣言》，以及為貫徹《東京宣言》宗旨所制定的《行動計畫》文件，日本外相川口順子並代表日本政府在《東南亞友好合作條約》上簽名。

協共計四萬人次，日本提供約十五億美金的資金，另外還將為湄公河流域東協國家開發湄公河提供十五億美元的援助。❸《行動計畫》強調，日本與東協雙方將在以下三個領域加強合作： 1.促進東協自身的融洽整合，包括縮小老成員與新成員國之間的經濟差距； 2.透過加強日本與東協的合作，提升東協各國的競爭力，日本將向東協提供援助以促進東協的教育與人力資源發展； 3.加強東協與日本於安全領域的合作。

2009 年 10 月日本與湄公河五國舉行了首次的經濟部長會議，並在當中敲定了以整頓重要基礎建設、促進貿易、振興中小企業與強化服務業等新興產業為四大支柱的《日本－湄公經濟產業合作倡議》(MJ-CI)。在同年 11 月所進行的首次高峰會中，除了提出《東京宣言》作為日後的合作準則與目標，並制度化高峰會外，同時也共同提出六十三項的具體合作內容，作為日後雙邊合作的骨幹。❹

在 2010 年 8 月所進行的第二次經濟部長會議中，日本方面採納了業界的意見，正式將 MJ-CI 中的各合作項目編成具體的「MJ-CI 行動計劃」。內容包括❹： 1.協助湄公河流域各國間的東西經濟迴廊與南部經濟迴廊之開發； 2.優先協助緬甸土瓦港與越南永安 (Vung Ang) 港的建設工程； 3.相互合作尋找適合當地發展的環保能源並協助發展環保能源產業； 4.為了促進雙邊貿易的進一步發展，將會進行各種有助於發展當地基礎設備與人才培訓之雙邊計劃； 5.利用日本經驗協助培育當地中小企業發展； 6.在科技產業、紡織業、食品加工業、觀光業等產業上，日本提供技術協助以促進產業發展與尋找當地特色等。

日本在湄公河當地的投資與援助早自 1950 年代日本以 ODA 形式償還戰爭賠款即已展開，並自 2009 年起每年舉行高峰會議，2009 年至 2012 年間，雙方也進行四次的經濟部長會議，商討有關基礎建設、貿易投資、人才培訓、醫療衛生等各方面的合作。因此這次的定期峰會在如此敏感的時間點進行，作者認為純屬巧合。

2012 年 4 月，在第四次高峰會中，日本依據 MJ-CI 行動計劃提出一項包括五十七項基礎建設，總額高達 2.3 兆日圓的發展計劃，被稱為「東京戰略 2012」。其中有三大主要發展方向： 1.提高湄公河流域諸國間的連結性； 2.湄公河流域諸國共同發展； 3.確保人類安全保障與環境之永續發展。

---

❸　參見日本《讀賣新聞》，2003 年 12 月 13 日。

❹　http://www.storm.mg/lifestyle/57695，瀏覽日期：2015 年 1 月 10 日。

❹　日本推「新東京戰略 2015」抗衡中國：日本與湄公河五國的新合作，洞見國際事務評論網，2015 年 7 月 19 日。

　　2015 年日本首相安倍晉三與湄公河流域五國元首在東京會面，並簽訂自 2016 年開始進行的「新東京戰略 2015」的經濟合作計劃，同時也分別跟越南與寮國簽訂無償資金協力計劃，與緬、泰兩國簽訂了土瓦 (Dawei) 經濟特區合作的備忘錄，並分別與五國領導人進行會晤。日本此舉應是平衡中國大肆推動的亞洲基礎設施投資銀行 (AIIB)，一方面提升由日本自身所主導亞洲開發銀行 (ADB) 的地位。另一方面抗衡中國給予當地的基礎建設與經濟發展貸款等。

　　簡而言之，日本於東南亞已建立長期的堅實基礎，特別是強化美日聯盟乃是針對中國的崛起。相較於中國，日本於二戰期間的軍團主義似乎已為東南亞國家所淡忘，日本更被期待扮演正常國家的角色。但對中國的政治、經濟與軍事力量的崛起，東協各國一方面期待由其中獲得經濟利益；然另一方面，由於中國大肆擴充軍備，即使中國大量釋出善意，東協確仍感受「中國威脅」的具體存在，就此點而言，中國對日本在東協國家的形象，有明顯差異。

四、中國、印度與東協的關係：東協、龍與象間的三角拉鋸戰

　　東協與印度關係冷戰期間結束後才重新開始發展。因為，冷戰結束後，國際狀況發生了巨大的變化，因為蘇聯瓦解而印度突然被孤立，所以為了改善國際情況、擺脫孤立、改變其外交政策而開始執行新的「東望政策」，並且印度理解東南亞的經濟奇蹟對其經濟會有利，同時，東協也發現展開巨大市場的機會。另外，中國崛起也影響到該國的經濟，從一些東協國家的角度來看，印度能進去該區域來平衡中國日益增大的影響。❷

　　東協也期待與印度有更加密切的關係。印度的「東望政策」乃是由前總理 P. V. Narasimha Rao 於 1992 年提出，主要是希望透過此一政策強化印度與東協國家間的經貿關係，同時亦想由東南亞國家經濟發展的經驗，以作為印度本身經濟發展策略的參考。1998 年 5 月東望政策因印度舉行核武試爆引起國際社會的責難及西方國家的經濟制裁，而停滯。迄 2002 年 11 月印度總理訪問金邊並出席第一屆的印度及東協高峰會議，才使印度的東望政策進入另一個嶄新的階段。

　　印度希望與東協簽訂自由貿易協定，促使雙方大幅減少貿易障礙而強化經貿關係，並於未來十年內完成雙方自由貿易區的建立，印度瞭解東協已是五億人口及七千二百億美元貿易額的區域經濟體。中國與東協於 2002 年 11 月已簽署建立中國一

---

❷　歐莉亞、林若雯，2013，「東協與印度 FTA 之發展」，2013 年臺灣的東南亞區域研究年度研討會「東亞區域經濟整合下的臺灣與東南亞」。

東協自由貿易區的協定，同時也希望未來於十年逐步減少關稅關稅貿易障礙，於 2010 年達成雙邊自由貿易區的建立。❹

　　東協國家改善與印度的關係亦有戰略上的考量，東協希望印度作為平衡中國，甚至是日本在東南亞地區的政經影響力，東協已經有東協加一（東協及中國）及東協加三（東協及中日韓）十三國的高峰會。崛起中的中國於經濟上對東協形成相當大的壓力，東協有必要平衡中國在東南亞地區的政經影響力，更何況中國與東協成員如越南、菲律賓及馬來西亞等國，仍存在南海主權之有爭議性島礁問題。

　　1992 年東協第四次領袖會議，東協同意印度成為東協的部分對話夥伴。1995 年 12 月東協第五次領袖會議，東協接受印度為正式對話夥伴。1996 年 7 月，印度外交部長第一次應邀參加東協第二十九屆後部長會議 (AMM/PMC) 和第四屆東協區域論壇。東協與印度的合作機制安排，另包括：1. 1993 年成立東協－印度合作委員會；2. 東協新德理委員會；3. 東協－印度商務委員會；4. 東協－印度聯合管理委員會。印度作為東協的對話夥伴，每年都參加以下由東協舉辦的會議：東協正式領袖會議、東協區域論壇、東協後部長會議、東協－印度雙邊合作委員會會議、聯合管理委員會會議、東協－印度商務委員會會議。

　　第一次「東協－印度領袖會議」於 2002 年 11 月 5 日在柬埔寨金邊舉行，為了加強雙邊聯繫，雙方領導人同意每年舉行一次領袖會議、經濟部長會議和高官會議。2003 年 10 月，於印尼峇里島舉行的第二次「東協－印度」高峰會議上，印度簽署了《東南亞友好合作條約》，雙方還同意建立東協－印度自由貿易區，為此，雙方簽署了「經濟合作架構協定」和「早期收成計畫」。❹

　　東協與印度之間的軍事安全與國防合作關係也日益密切，2003 年 10 月東協與印度於簽署《反恐聯合宣言》，宣言中表示，將在保護海上通道、共同打擊國際恐怖主義等方面加強合作。近年來，部分東協國家（如越南、新加坡）與印度不斷舉行聯合軍事演習，越南與印度簽署了《國防合作協定》。協定內容包括，印度幫助越南

---

❹　中國目前與東協國家有年達 40 億美元的貿易額，東協與印度則有 18 億美元的雙邊貿易額。

❹　根據經濟合作架構協定，雙方從 2004 年 1 月至 2005 年 6 月 30 日期間舉行減免貨物關稅問題起，開始在自由貿易區計畫下減免關稅；從 2011 年開始，東協消除全部關稅（菲律賓、柬埔寨、寮國、緬甸和越南除外），印度則從 2016 年起消除全部關稅。該協議還規定，東協與印度將加強開發湄公河流域的合作，修建一條連通印度與湄公河流域各國的交通網絡，其中主要是建設一條德里－河內公路和鐵路。

修理米格飛機和訓練飛行員，幫助越南建立國防工業以製造各種武器，越南派海軍官員到印度國防學院接受訓練，印度向越南海軍提供 Petiaxe 巡邏艇。

2004 年寮國永珍的高峰會中，印度與東協簽署了下列文件：

1. 「東協－印度和平、進步與共榮夥伴關係」(ASEAN－India Partnership for Peace, Progress and shared Prosperity)；
2. 落實東協與印度和平進步共同夥伴關係的具體方針。

2004 年 10 月當時印度外交部長 Natwar Singh 於新德里召開的印度與東協高峰會指出，印度與東協不僅是夥伴關係，印度的「東望政策」，事實上正在逐步研究「亞洲經濟共同體」(Asian Economic Community，AEC) 於東亞之可能性。

2004 年 3 月，新加坡與印度兩國國防部在新加坡舉行國防政策對話會議。此後兩國海軍又在印度科欽海岸進行第十一次年度反潛作戰演習。2004 年 4 月，新加坡正式向印度提出要求，由於自身國土面積狹小，沒有足夠的空域和陸域進行軍事演習，希望印度給予幫助，並且印度政府已正式同意新加坡在印度舉行軍事演習。❹⑤ 對印度而言，此可說是前所未有友好東協的舉動。

除了傳統安全領域外，在非傳統安全領域的合作，東協與印度的領導人互訪極為頻繁，如 2004 年吳作棟卸任後即出訪印度，獲得熱烈歡迎，目前印度與新加坡的雙邊貿易數額，已經超過三十億美元。

2009 年東協與印度簽署《貨物貿易協定》(Agreement on Trade in Goods under the Framework Agreement on Comprehensive Economic Cooperation between the Association of Southeast Asian Nations and the Republic of India)，對不同的國家該協定在不同時間生效，對新加坡、泰國、緬甸、馬來西亞、印尼和印度此協定 2010 年 1 月 1 號生效，對汶萊與越南 2010 年 6 月 1 號生效，其他國家（寮國、柬埔寨、菲律賓）2011 年才完成國內需求。使東協－印度關係進一步發展，規定 2013 年底印度與東協五國（新加坡、汶萊、印尼、馬來西亞和泰國）消除對大部分物品的關稅。其他國家較晚進入，2018 年底印度與菲律賓、柬埔寨、寮國、緬甸與越南能夠消除 Normal Track 1 貨物的關稅。特別貨物種類 (Special Products) 包括印度的粗製棕櫚油 (Crude Palm Oil, CPO)、精煉棕櫚油 (Refined Palm Oil, RPO)、咖啡、紅茶和胡椒。

對印度而言，與東協國家的貿易大量增加，印度特別在柬埔寨、寮國、馬來西

---

❹⑤ 一支由四架戰鬥機組成的新加坡空軍飛行中隊於 2004 年 10 月赴印度中部瓜廖爾基地進行首次演習。此外，新加坡陸軍也獲准前往印度西部博克蘭沙漠地區進行實彈演練。

亞、菲律賓、泰國與越南獲得進入市場的偉大機會。在印度市場東協各國都增強其出口商品的總額。不過，貿易自由化對國內生產與勞工帶來許多挑戰，失業率將來會增加得多。

對東協國家而言，馬來西亞、新加坡和泰國獲得許多利益，其他國家（柬埔寨、寮國和非律賓是例外）也受到正面的影響，柬埔寨、寮國和菲律賓因為大量負面的貿易會損失。對移動因素的需求和其價格，除了寮國以外在所有的東協國家仍然增加。

AIFTA（東協－印度自由貿易協定）對其成員很有可能提供所需要的效果，例如，較大的進入市場機會、亞洲貿易多樣化、國內福利增長等。加之，實施全面自由化後印度將來會受到更多利益。

正如前述，AIFTA 對兩邊不僅帶來經濟利益，而且扮演很重要的政治角色，亦即東協與印度為因應中國崛起而簽署 AIFTA，事實上，該協議與中國簽署的協議同年生效，非不巧合。

在人口、經濟成長、未來潛力等方面上，東南亞國家對印度市場表示重大的興趣，而且印度在此方面可能能夠當為中國的替代者，近年，中國商品的迅疾增長已經威脅到東南亞國家的經濟基礎，使該區域各國政府開始討論與印度進行的貿易，並敦促其公司趁機利用印度經濟增長。因而，中國經濟崛起影響到東協－印度關係的發展過程，成為最主要的動機之一。

2001 年「東協加一」(ASEAN+1) 此一由中國向東協提議的架構刺激印度加強與東協的聯繫，例如，印度跟著中國也推動東協－印度自由貿易區。並且，印中兩國關係向來以競爭為特徵，後冷戰期間仍然以缺乏互相信任為特徵，加之，目前兩國成為最大、發展最快的國家，此因素也帶來兩國互猜疑。印中兩國的未來發展可能會引起更大的競爭，但是其競爭可能會促使兩國與其他區域國家提高經濟效率。

兩國崛起的另一方面為兩國都增加能源消耗，由於大部分東南亞國家的資源相當豐富，因而兩國都企圖獲得能源，中國跟著印度都尋求與主要石油出口者的良好關係，在此方面的競爭使其關係更複雜，例如在南海有爭議區。印度為保持其在南海利益而加強與如越南、新加坡、菲律賓等東協國家，並且公開主張航海自由和資源開採自由，受到東協的熱情謝意。❻

---

❻　Ross Colvin, In China's shadow, ASEAN leaders look to India for maritime security, Reuters, December 20, 2012, http://www.reuters.com/article/2012/12/20/us-india-southeastasia-idUSBRE8BJ0Q220121220 (accessed on May 5, 2013).，瀏覽日期：

　　印度雖認知美國在國際社會中獨大，但印度也試圖使美國理解，印度所支持的多元世界秩序並非否認美國獨大的事實，而是希望透過多元世界來反應較弱小國家與人民對於他們本身利益的合法關切。許多由美國所主導而於二次世界大戰後成立的國際組織如聯合國及關稅暨貿易總協定等對於國際社會都有重大的貢獻。**❹** 聯合國固有其缺失，特別是安全理事會，但美國應思考的是讓這些組織有改革的機會，印度認為即便是單一超強如美國也仍須其他國家在解決共同問題方面的支持與協助。

　　冷戰後，雖然印度失去了利用蘇聯對抗中國的戰略，並在戈巴契夫表示要改善中蘇關係後迅速作出對中國政策調整，但是利用大國力量對中國形成力量牽制的作法並沒有改變。客觀而言，中國的力量及對外政策對印度並不構成巨大威脅，但印度一直堤防中國以「南亞的代理人」牽制和對抗印度的戰略意圖，並密切觀察中國與孟加拉、緬甸等印度鄰國的友好關係，認為中國有可能從陸上和海上構築針對印度的「戰略包圍圈」。印度不願看到亞洲另一大國全方位優勢的崛起，將危及「大印度聯邦」的說法。即使在短期內印度實力不能超越中國，至少印度努力達到與中國鄰近勢力量平衡。因此，印度在亞洲大國中尋求平衡力量，重新找回與俄羅斯的傳統關係後，又利用美國與中國的矛盾，以及印度的地緣戰略地位於美國亞洲戰略的重要性，積極發展印美關係，以此降低印度對中國的安全顧慮。

　　印度深知美國不欲中國崛起對其在亞太的主導地位形成挑戰，也不欲印度崛起將影響美國的主導本地區，但當前中國的發展似乎更強，因此美國可能選擇聯合印度制衡中國。**❹** 美國傳統基金會的研究認為，防堵中國和俄羅斯在該地區對美國的不利影響，是華盛頓與印度官方加強戰略對話的意義所在。**❹** 從此角度來觀察，美印的安全合作，是因為本地區美國的利益需求，恰好迎合印度借助大國力量牽制中

2012 年 12 月 21 日。

❹　陳文賢，「印度在新世界秩序形塑中的角色」，施正鋒主編，《外交戰略》，臺北：國家展望文教基金會，2004 年，頁 321–342。

❹　來自美國方面的資訊則印證了這一點。在美國國防部《2020 年聯合展望》報告中，暗示中國將成為美國最大的潛在威脅。

❹　Larry M. Wortzel and Dana R. Dillon, "Improving Relations with India without Compromising U.S. Security," *Backgrounder,* No. 1402, 11 December 2000, http://www.heritage.org/research/reports/2000/12/improving-relations-with-india，瀏覽日期：2014 年 12 月 10 日。

國的需要。

　　長期以來，俄羅斯是印度最大的武器供應國，但當前美國是印度最急於拓展關係的西方國家。基於冷戰期間印美兩國分屬不同陣營，印度長期採取不結盟的外交政策，美國過去對印度不夠重視及其與巴基斯坦的軍事政治關係，相當程度成為印美關係的障礙。911 事件提供了印美兩國合作的機會，美國在阿富汗打擊塔利班政權，在中亞地區掃蕩恐怖主義，都必須獲得印度的支持。特別是必須依賴印度維持穩定的巴基斯坦及印巴關係，印度也確實與美國在阿富汗反恐戰爭中相互合作。

五、東協與俄羅斯

　　為增進雙邊人民的接觸，促進東協的研究，並且提供東協的相關資訊，東協選定俄國外交部轄下的莫斯科國際關係學院，設立東協中心，該中心業於 2010 年 6 月揭幕成立。❺⓪

　　基本上，東協國家在區域安全事務方面，期待俄羅斯發揮較大的影響力；但是在經濟事務上，俄國被看重的程度，則遠落於中國、日本及韓國之後。再證諸雙邊的政經互動情況，大致上係呈現政治熱、經濟冷的現象，雙邊的政治互動可稱熱絡，不論是政府首腦或是部會首長，均安排定期的會談。❺①

　　簡而言之，東協與印度雙邊關係的重要考量在於： 1.地緣戰略上，以「印度制約中國」符合東協一貫的「大國平衡」策略； 2.經濟安全的考量，發展印度與東協的貿易與經濟，以印度的龐大市場，若能打開印度市場，將可加速東協各國的經濟成長。東協—印度貿易區對各國發展帶來巨大的影響，一方面，自由貿易區對各國對有利，加強雙邊關係與互相依賴性，促使進一步的貿易發展。印度與東協國家貿易總額隨著自由貿易區的發展一直增加，其中主要的印度夥伴為新加坡、印尼和馬來西亞，加之，與泰國和越南的貿易迅速增大，對彼此的外資也增加得多。

第三節　新世紀的權力動態與布局

　　於內部的安全合作上，東協將於 2015 年成立東協政治安全共同體。東協共同體將包括「東協政治安全共同體」、「東協經濟共同體」、「東協社會文化共同體」三部分。東協成員國已擴大共識，未來於政治及安全領域的合作上，將更向前推動。特

---

❺⓪　東南亞國協官方網站，"ASEAN-Russia Dialogue Relations."

❺①　www.aseancenter.org.tw/upload/files/outlook006–03.pdf

別於危害此地區安全的跨國犯罪、海事安全 (maritime security) 與反恐等領域進行多管道、多層次的合作。

　　美國傳統基金會亞洲中心的資深學者 Dana Dillon 曾指出，美國應更重視東南亞，充分與東協成員國溝通，以做為美國牽制中國的籌碼。❷然而以目前情勢看來，中國極力拉攏東協，推動「友鄰、安鄰、睦鄰」的「三鄰政策」，為使鄰近的東南亞國家承認中國是和平崛起的大國，中國對待東協鄰國相當友好，1990 年代初期的「中國威脅論」不再；❸反之，美國卻被中國與東協聯手排除於 2005 年底的東亞高峰會之外，而徒呼負負。過去數年美國忙於全球反恐與處理北韓非核武「六方會談」等議題，在亞洲的優勢力量漸漸下滑；而中國趁此機會拉攏東協十國，於 2002 年率先簽訂《中國—東協自由貿易區經濟合作架構協定》，強力發揮於東南亞區域的影響力，中國的大動作自然引發美、日、韓，印度等國的重視。

　　日本於二次戰後六十年，尋求未來成為「正常」國家，並期待成為聯合國安全理事會常任理事國，但遭致中國的反對。在可預見的未來，日本「東亞共同體」理念與中國及東協主導的「東亞高峰會」不一定契合。事實上，東亞於戰後六十年，仍未能形塑出與歐盟相同的價值觀，正是東亞區域整合的重大難題。淵源於本區域的殖民經驗，歷史的遺緒，多元與複雜的宗教、種族、文化差異，未來東亞高峰會的發展以及其與亞太經合會未來的關係如何，將促使世人正視此一情境，共同作深刻的思考。❹

　　東協組織雖強調對外一致，但內部往往難以協調。即使於東協對於紐、澳與印度、美、日、中等大國的態度，也往往因各國不同的國家利益與不同立場，對外政策有其差異。2005 年日本曾協助美國以觀察員身分參加東亞峰會，但遭到東協國家拒絕。東協排斥美國，而讓澳洲和紐西蘭參加，重要的關鍵是東協要求澳、紐須簽署《東南亞友好合作條約》，美國至今對此一條約沒有表示支持之意，所以遭到排拒。❺

---

❷　Dana Dillon 於 CNS 網站撰文。

❸　Beth V. Yarbrough and Robert M. Yarbrough, *Cooperation and Governance in International Trade: The Strategic Organization Approach* (Princeton University Press, 1992), pp. 111–133.

❹　http://iir.nccu.edu.tw/2005report/1–7%E9%87%91%E6%A6%AE%E5%8B%87.pdf，瀏覽日期：2014 年 12 月 3 日。

❺　Eric Teo Chu Cheow, "Geo-strategic imperatives of the East Asia Summit," *PacNet*,

一、東亞高峰會與東亞區域政經整合

　　2005 年 12 月首屆東亞高峰會於馬來西亞正式舉辦，並對外發表《吉隆坡宣言》，強調在政治、安全、經濟整合、縮小東亞國家經濟發展差距、應付傳染病疫情與天災及加深文化瞭解等方面加強合作，共同維持一個促進和平、繁榮、開放與合作的區域環境。強調東亞地區將形成如歐盟的「亞盟」組織，與「東亞共同體」朝這個目標跨出第一步。

　　東亞高峰會是目前「東亞」地區囊括範圍最廣、合作機制最多元的區域架構，因此未來的發展確實深受矚目。根據彼時新加坡《海峽時報》的報導，第一屆東亞高峰會並沒有提出實質的區域共同體建立模式，也沒有發表極具歷史性的重大宣言，嚴格而言，它不能被稱之為東亞區域發展的一個重大轉折。最主要的原因還是在於區域內仍有許多的爭議尚未解決，從而影響合作前景。❺❻尤其中、日兩大區域強權間的緊張關係，更成為危及東亞區域整合的不穩定因子。

　　儘管如此，觀察東亞高峰會的《吉隆坡宣言》，東亞高峰會被定位為一個廣泛討論具有共同利益的政治、經濟、與策略性議題之論壇，與會領袖同意提升相互間安全與經濟的聯繫，也同意每年定期召開東亞高峰會。不難發現其中的政治意涵大過於討論實質合作項目，此反映出一貫的「東協模式」或「東亞模式」在區域合作過程中的持續影響。同時，由東亞國家領袖對於東亞高峰會的肯定可瞭解，當今充滿變數的局勢中，現階段至少應有一個泛區域層次、整合政治、經貿與功能合作的對話論壇存在的必要性。

　　2020 年形成「東亞共同體」、「東亞自由貿易區」、甚至「亞元」貨幣，或者如「歐盟」區域組織的「亞盟」或已不再是幻夢，而是未來可能的前景。然則，東亞社會一分子的臺灣，卻為多邊組織所排斥，是否臺灣經濟更加邊緣化的威脅加深？臺灣面對此重大影響國家安全的危機，應如何制訂因應的有效策略？

　　簡而言之，亞太地區的政治生態與經濟發展於未來十年中，可能產生巨大的結構性改變，我國要如何回應，必須未雨綢繆，尋找臺灣的定位。面對俄羅斯甚至美國都可能加入東亞高峰會的情形，臺灣不能於「原地踏步走，以不變應萬變」，除了政治外，經濟亦可能被完全邊緣化。比較理想的方式，我國應尋求與美、日簽訂自由貿易協定，並且不刻意強調統獨爭議，並研議與中國簽署《中程和平協議》的可

Number 55, December 16, 2005.

❺❻ Yiyi Lu and Chris Hughes, "The East Asian Model to Creating a Regional Community," *The Strait Times*, December 24th, S19, 2005.

能性。2015 年東協成立共同體之後，東協經濟共同體 (AEC) 之發展，受到各方面之矚目。

二、2006 年美國倡議亞太自由貿易區

　　2006 年於亞太經合會河內部長會議上，美、中兩國在成立亞太自由貿易區議題上角力。繼中國表達反對成立亞太自由貿易區立場後，美國國務卿 Condoleezza Rice 在亞太經合會發表聲明支持亞太地區經濟整合，包括建立亞太自由貿易區機制。美國支持亞太經合會在亞太地區經濟整合的努力，包括建立亞太自由貿易區機制，亞太經合會應致力在亞太經濟整合上，找出好的方式及方向，維持繁榮與安全。中國、印尼及菲律賓對亞太自由貿易區持保留態度。中國在亞太經合會部長會議中，未作出聲明，中國反對亞太自由貿易區的理由，並沒有讓人信服，也沒有說明為何亞太地區不需要成立（區域貿易自由協定），多數亞太經合會會員贊成發展亞太自由貿易區。而我國也支持亞太地區朝自由貿易區方向邁進，而且臺灣也期待能夠擁有參與權利。

　　依據 2006 年亞太經合會的《河內宣言》，2007 年於澳洲召開亞太經合會會議前，亞太經合會秘書處應有一年時間對成立亞太自由貿易區進行深入研究，可能方式如下：1.成立工作小組，研究設立「亞太自由貿易區」之可行性；2.訂定有關「亞太自由貿易區」的準則，作為會議討論的提綱；3.「亞太自由貿易區」如何與東協自由貿易區以及其他相關國家的自由貿易區相結合；4.「亞太自由貿易區」應包括所有亞太經合會成員國，不應排除特定國家。㊼

　　當時，擺在檯面上有三種不同的方案：首先，按美國在河內所建議的，在亞太經合會範圍內實行自由貿易；其次，是按日本心儀的方法，先在東亞範疇內設置這一機制，即「東協加六」模式，其中包括東協、中、日、韓、印度、紐西蘭和澳洲，但不包括美國；最後一種是中國更喜歡的：「東協加三」，即東協國家加中、日、韓三國。當年仍只是表面的跡象，東京和北京好惡還未明朗化。

　　先不談這三種方案的優缺點，顯而易見無論任一方案，東協都被包含其中，因此其談判分量非常重要。當然，東協沒有必要統一回應這些自由貿易區的動議，東協組織成員可以依個別國家的身分發表意見。㊽

　　本訂於 2006 年底召開的第二屆峰會，因天候因素延遲於 2007 年 1 月中旬於菲

㊼　Yan Li, *Washington Observer weekly*, No. 201, November 22, 2006.

㊽　事實上，東協各國的想法並未一致，但相互間亦可因理念相同而相互「協調」。

律賓宿霧舉行。與會十六國亞太各國領袖會後發表《東亞能源安全宿霧宣言》，提出具體目標和措施，承諾將降低對傳統能源的依賴，推廣生物燃料應用，以確保區域經濟永續發展，同時也敦促北韓放棄發展核武。此一發展與最初推動貿易及走向共同體目標，有很大的落差。❺❾第二屆峰會強調「有必要制訂適合各國國情的能源政策和策略」，以實現永續發展，此宣言的宣示意義較大，並未設定具體的目標。相較第一屆峰會而言，雖有朝實質合作的方向前進，但主要還是一個各國交換意見的平臺。第二屆東亞高峰會期間另有其他會議的產出亦令人矚目，如中國與東協在十加一會議上所簽訂的《服務貿易協定》，充實了中國－東協自由貿易區的的內涵，代表雙方已從貨物貿易的等整合擴張到服務貿易的領域上。東亞國家於第二屆的東亞高峰會，很明顯欲擺脫此一高峰會沒有實質計畫的形象。

東協成功加強對於美國的交往政策，並且強化目前在美國霸權之下的東亞區域秩序。而且，東協利用於大國間的爭取主導權之競爭關係，獲得相當的利益。舉例而言，中國與日本在 2006 年以來各自提出東亞經濟整合的方案，同時強調自己可以提供東協的種種援助等。此外，在東亞高峰會啟動以後，由於美國擔憂中國在東亞區域的影響力增加，以在 2005 年 11 月宣布「Joint Vision Statement on the ASEAN-U.S. Enhanced Partnership」，強調美國對於東協的支持與援助。一般而言，大國建立有利於自己的國際建制之際，通常有必要以提供一些「國際公共財」（如自由貿易體制、國際安全等）來形成或支持國際制度，同時能獲得對於權力與領導的正統性。

三、未來東亞和平的契機

美國防堵中國，尤其美日安保條約的強化，主要係針對中國。中國之立場相當明確，其欲與美、日爭逐亞洲大國，欲強力主導亞洲政經事務的野心，由中國強力主導博鰲論壇與成立「東協－中國自由貿易區」以及中國積極參與 2005 年成立的東亞高峰會可知。

早期的《美日安保條約》是二次大戰後美國為了防範日本的軍事活動再起以及

---

❺❾　"Success for the EAS?" editorial, *Japan Times*, Tokyo Distributed by McClatchy-Tribune Business News, January 17, 2007,
　　https://search.japantimes.co.jp/member/member.html?file=ed20070117a1.html，瀏覽日期：2014 年 12 月 8 日。"East Asia summit signs energy security accord," *International Herald Tribune*, January 15, 2007. http://www.iht.com/articles/2007/01/15/business/asean.php，瀏覽日期：2014 年 12 月 11 日。

能夠對日本做某些程度上的監控，到了 1970、1980 年代便成了美日防止蘇俄擴張的一環，而到了今日，美日安保也有了些許改變，也就是將臺灣海峽及南北韓區域發生戰事時，依照新條約之規定，這兩區已是《美日安保條約》的防衛範圍。在經過美日的「二加二」會議之後，整個東亞的局勢似乎有了改變，也就是美國體驗到中國的武力威脅，而必須要整合週邊的國家共同對抗中國，當然也包括北韓。美日安保強調週邊有事時，美日將合作維持和平、安定與繁榮。

東協組織雖強調對外一致，但內部往往難以協調。即使於東協對於紐、澳與印度、美、日、中等大國和態度，也往往因各國不同的國家利益與不同立場，對外政策有其差異。

在中國持續表達不與臺灣進行協商，2005 年強調《反分裂國家法》，2015 年又提出《國家安全法》，維護國家主權統一與領土完整；臺灣面對中國的武力威脅，臺灣的亞太政策，不得不與美、日、印度等大國掛鉤。目前臺灣無法加入東亞高峰會，但作為亞洲社會的一分子，臺灣應學習東協靈活手腕，與大國維持平衡等距，以尋求臺灣的國家利益。

傳統安全的領域上，臺灣雖不是重要的行為者；但因位居重要地緣戰略位置，他國亦不敢輕忽我國。特別在中國崛起之下，兩岸的互動以及潛在戰爭可能性，都使臺灣扮演重要的角色。因此中國與周邊的東南亞國家，仍然戒慎恐懼，不僅軍備持續擴張，對此區域的大國動態，更不敢掉以輕心。總而言之，依軍事安全與科技發展的實力，美國仍是全球首屈一指，在東亞地區仍然需要美國軍力保護的情形下，美國仍然扮演監督者的角色，東亞主義雖然萌芽成形，但未來如何成長，有很大的變數與不可預測性。

㈠東南亞國家與亞太大國的戰略利益與行為的結合，是否可塑造一個有效的亞太安全秩序？

所謂的「區域安全」，從定義上來看，已經不再侷限於傳統軍事安全與國防安全的內涵，尤其在後冷戰期間，各種新的安全觀與安全理論重新建構了新的安全研究議程，釋放了各種隱含在國家與區域安全議題中的潛在威脅，更確立了一套「以人為本」的新安全價值與非傳統安全議程。就此，國家之間的安全不再只是政治菁英之間的權益分配與爭鬥問題，而是一種結合傳統安全與來自於基層社會、人民福祉息息相關之安全訴求的「整合性安全觀」。❻

---

❻　宋鎮照、林若雩合著，《中國與東協的新政治經濟—建構主義的觀點》，臺北：五南

　　「合作安全」出現的背景是冷戰的終結。冷戰結束後，美、蘇之間的意識型態對抗不再是國際關係的核心議題，部分參與安全事務決策的西方政治領袖開始倡議各國應該以協商、預防與合作的方式面對未來共同的安全威脅。合作安全建立在國家相互合作交往的基礎上，透過建設性和開放性的論壇，於平時即針對國家軍事準備、戰略部署和敵意評估等安全問題進行討論交流，化解國際關係長期存在的「安全困境」難題。合作安全同時強調「預防外交」(preventive diplomacy) 的重要性，充分認知在國際社會相互依存度大幅提升的趨勢下，沒有任何一個國家能憑一己之力單獨解決自身安全問題，唯有在各國安全合作下，才能因應國際安全的挑戰。

　　「綜合安全」強調安全的多面性，擴大對安全內涵的認知，將安全概念的範圍擴張至包括經濟和其他非軍事層面議題，認為國際安全環境與經濟環境發展相互影響，應該重視從經濟角度思考安全問題。

　　綜合安全概念的形成與實踐，是基於當代安全的內涵與議題已隨時代變化而呈現多樣化與多元化，安全所涉及的領域早已超越傳統軍事安全的範疇，而包括經濟安全、環境安全與文化安全等非傳統性安全問題。綜合安全的理念闡述與具體實踐，可以東協共同體建構為代表：東協國家自政治安全、經濟安全與社會文化安全等層面推進共同體的建構過程，逐步實踐了綜合安全的理念，營造有利於區域和諧與穩定的意識與制度。❻❶

㈡東協對大國間競爭的政經戰略

　　東協的亞太政經戰略主要有四：

　　1.在東亞地區試圖與中國和日本鼎足而立，成為三角架構的新東亞政治經濟秩序。至少在三角外交架構中，可以提高東協對東亞事務的影響力。而且在中國政治大國與日本經濟大國之間，可以應用雙向的結合外交，來爭取政治與經濟的利益，並且在中國與日本的不平衡的政經外交關係軸上，東協可以適時扮演關鍵性角色。

　　2.積極拉攏美國、俄羅斯，甚至印度等國，來制衡中國與日本勢力。傳統上，東南亞國家與中國傾向於發展政治外交，與日本發展經濟外交，自冷戰後東南亞國家對中國與日本外交策略，有交叉應用傾向，也就是開始與中國發展經貿關係，以經濟換取政治利益，積極與日本加強政治關係，以政治換取經濟利益。進一步再拉攏或結合美、俄、印度的政治和經濟勢力後，可以提高對中國與日本的相對政經自

圖書出版社，2010 年，頁 258。

❻❶　宋鎮照、林若雯合著，*ibid.*, p. 236.

主性。

　3.以經濟合作替代政治對立，一方面利用外交優勢發展經濟，另一方面利用聯合方式增強區域安全，以及增強本身軍事實力。

　4.結合內外部的多邊關係發展策略，並團結一致以「小、中、大」外交戰略反覆利用和支持。小戰略就是強調東協內部的整合與團結，這是東南亞區域機制，中戰略就是強調東協與東亞的合作關係，這是東亞區域的機制，大戰略就是東協與國際強權間的互動關係，這是東協與東亞、歐洲、美洲的多角外交關係。三層外交戰略的靈活應用，並以集體、平衡、合作、拉攏、結合、對話等機制和原則，來創造東南亞國家的最大外交利益。❻❷

本章小結

　未來於促進東亞和平、繁榮與發展的目標，顯而易見東協組織期待「東亞安全共同體」與「東協政治安全共同體」可以相輔相成，並行不悖，特別是於東亞政經整合的潮流下，東亞地區大國均採行多邊主義。美國、日本、中國、歐盟、印度日前已將東協十個國家視為「可持續合作邁向和平」的重要對象，可預見的未來十年到二十年，東亞與亞太主義的討論聲音仍然吵雜，但將不會影響東協與大國等距的「權力平衡」策略。

　在 1990 年代起大國參與東亞區域事務以後，東協以一方面強化東協本身的整合及合作，另一方面先行倡導東亞區域的多邊機制發展，堅持東協在東亞區域事務的東協中心性 (ASEAN Centrality)。因此個別東協國家應該拒絕一些區域大國提出的各種誘惑，強化東協的功能及整合，才能獲得區域更進一步的繁榮及和平。

❻❷　宋鎮照，《變動中的中國、臺灣與東南亞之新三角關係》，臺北：海峽學術出版社，2009 年，頁 122。

第八章　東協共同體內外安全治理之困境

前　言

　　1967 年「東南亞國家協會」成立之初，僅有五個成員國：菲律賓、馬來西亞、印尼、新加坡、泰國。爾後 1984 年汶萊、1995 年越南、1997 年緬甸與寮國相繼加入，1999 年最後加入的新成員國為柬埔寨，邁入二十一世紀前形成東協十國，東協組織也自稱為大東協 (grand ASEAN-10)。過去四十八年間，東協如同由嬰兒成長迄今日益成熟，並且選擇對本身組織最有利的方式，尋求東協的立足點。

　　東協組織成立近五十年以來，❶一貫強調東協是以追求區域和平及安全，來達成經濟發展的區域性組織，惟期間對安全議題的考量卻始終採取隱而不顯的態度，尤其在各國的傳統軍事能力上，針對區域內國家間的戰爭衝突並未有效採取預防措施與干涉行為。

　　在東協成立之初的前二十五年間，因東南亞內部多有動盪，加上近鄰中國實施共產主義，尚未確定全球發展政策，整個東協組織相當鬆散，形同一個談話會，當時為了區域內關稅遞減的問題不斷磋商、多次拖延時程重議。但自 1990 年代起，由於亞洲和平穩定，全球進出口暢旺，加上區域「集團化」的趨勢增強，東協的整合動力日益加速，不僅持續增加成員，促進區域內貿易投資，更積極擴增對話夥伴。2008 年東協正式通過實施《東協憲章》，目標在 2015 年期待達到歐盟的歐洲共同體架構。東協組織除泰國外，絕大部分成員（其餘九國）都有被殖民的經驗，因而成員國以「互不干涉內政」為宗旨原則，這也是東協整合能快速推動的原因。如果一切順利，東協於 2015 年年底建立成為一個人口將近六億五千萬，生產總值達兩兆美元的政治安全、經濟與社會文化的共同體。東協共同體看似是繼歐洲聯盟後第二個成功的範例。然而，在東協共同體的整合過程中，勢必存在許多變數與難題，需東協成員國共同商議與解決，以下將就安全治理與民主化程度大層面進行深入探討。

　　全球治理對於東協區域主義的影響，本章先針對區域主義的內涵、特徵與種類，加以敘述，進而說明全球治理對於區域主義的實際影響。

　　區域主義中「區域」的定義，是從事區域分析和研究時，首先要界定的基本概

---

❶　Shee Poon Kim, "A Decade of ASEAN, 1967–1977," *Asian Survey*, Vol. 17, No. 8 (1977), pp. 753–770.

念。Bruce M. Russett 認為區域的定義是靈活的，他在經過有系統的分析、研究後，提出五種不同的區域劃分標準：社會和文化相似的區域、由政治態度和對外政策相似的國家所組成的區域、政治上相互依存的區域、經濟上相互依存的區域；地理位置鄰近的區域 (Russett, 1967, 1–13)。而 Nye 則將區域定義為一個國際性區域，是由有限數量的國家，藉著彼此間地緣關係及一定程度的相互依存性，而連結在一起的 (Nye, 1968: vii)。此外，尚有以使用語言的異同來作區分；也有學者使用貨幣計價單位的差異來作區分；還有建構主義者運用「認同感」的不同來作為判別標準。若從結構分析的角度來看，區域這個「單位」是介於主權國家與全球之間的層級、領域。

　　區域主義中的區域，是以一定的地理界限為基礎，根據某個或多個特定的社會、政治關係方面的因素建構，且具有一定規模的社會生活空間。這些社會政治關係因素包括內聚力（同質的程度）、交往（互動的程度）、權力的層次（權力的分配）或各種關係的結構（如合作的程度和緊張的烈度）等（肖歡容，2003：8）。故而，區域的定義及概念，已經超脫其地理特質的原始定位，其真正的意涵可視為一種特定的空間領域來看待。

　　Balassa 認為區域整合可依其整合程度的高低，分為五種不同的層次（由低而高排序）：「自由貿易區 (Free Trade Area)」意指區域內國家同意消除關稅及限額的措施，不過簽署自由貿易協定 (Free Trade Agreement) 的國家針對第三國及其他貿易規範，不受此一限制；其次，「關稅同盟 (Customs Union)」在區域內免除關稅及限額，對外則採取共同的關稅稅率；再者，「共同市場 (Economic Market)」除具備關稅同盟條件外，主要著重在區域內生產要素（人員、資金、勞務、商品）的自由流動，對區域外的生產要素則採取一致的規範及限制；至於，「經濟聯盟 (Economic Union)」意指各成員國除同屬一個共同市場外，在財政、貨幣、工業、運輸，以及其他區域發展和經濟政策均採取一致的運作方式；最後，在「完整的經濟聯盟 (Full Economic Union)」架構下，區域內各國已經形成單一的經濟實體，同時由超國家機構 (Supranational Institution) 來掌理、統籌實施單一的經濟政策 (Balassa, 1961: 2)。

　　本章試圖以新區域主義的觀點，觀察東協組織「東協方式」與「東協中心性」之運作，例如互不干涉、尋求共識、不使用武力與區域自主性等，分析東協組織安全思維之轉變與安全治理之困境。2015 年底前東協將成立東協共同體，未來東協安全議題將包括傳統與非傳統安全的「綜合性安全」，有別於東協成立初期冷戰背景的傳統安全，更多元的集體安全與合作安全議題，促成具合作性的東協安全共同體。東協安全共同體，亦必須於區域安全主義的思維中，融入互賴，合作與多元議題的

「綜合性安全」之特質。東協各國內部安全的治理 (Governance) 良窳，自當影響東協共同體之動力與發展。即使東協組織已有四十九年以上的歷史，對外也強調整合與團結一致，但 2015 年要達到「互信互諒、共同合作」目標，仍然有其侷限。本章分析於東協共同體整合過程與東亞特殊安全環境下，東協組織面對的內外安全治理困境。

第一節　第二次世界大戰後東南亞區域主義的萌芽

　　新區域主義目前仍在發展當中，僅是名稱內容就呈現多種型態，如「空間區域主義」(spatial regionalism)、「功能區域主義」(functional regionalism)、「發展、型區域主義」(developmental regionalism)、「包容區域主義」(inclusive regionalism)、「排他區域主義」(exclusive regionalism) 和「轉型區域主義」(transformative regionalism) 等。此外，各區域又有各自不同特色（也是新區域主義特徵），強調由下而上、由內而外的過程，目前以東亞區域呈現蓬勃發展景象。

　　由於全球化與區域化的交互影響，大大衝擊了以「國家為中心」的理論觀點。在全球化時代中，國家主權的概念模糊且抽象，因而有學者針對國家主權式微之趨勢提出「跨國模式」(transnational states)、「跨國內政」、「全球地方化」等諸多觀念。因此，傳統中「國際關係」、「公共政策」、「傳統安全」等研究領域，將存在犬牙交錯的模糊情形。全球治理中，許多跨國，或是超國家的個人和機構、公共和私人共同結合、參與，以管理他們的共同事務，沒有單一行動者能壟斷執行遊戲規則的權威能力。公共政策在此全球化架構中，會納入各種不同的衝突與利益，以及採納合作的行為。因此，多層次治理 (Multi-Level Governance)，已經成為主要的分析架構，而且會出現垂直的政策協調 (Policy Coordination)。

　　國際間國家之互賴愈來愈加深；頻繁互動產生兩個問題：第一，從依賴理論推測，國際間國家與國家因為經貿合作越來越頻繁，而造成合作更甚以往，此種合作不過是已開發的工業國家於政治、經濟、文化各領域範圍仍繼續控制開發中國家，尤其在經濟方面仍剝削第三世界國家。第二，日益繁重的跨國關係，於人權、民主、跨國企業之趨勢下，國家普遍受到主權侵蝕，政府應妥當因應。

一、東南亞區域主義的萌芽 (1945～1967)

在 1967 年東協組織成立之前，東南亞已有類似「東南亞公約」的組織出現。

但 1967 年東協組織成立之後，對外雖宣稱團結一致，但事實上內部仍有其潛在的衝突點，就傳統的軍事安全而言，當時東南亞國家面臨的重要威脅，來自於： 1.外部國家的干預； 2.區域內國家間的邊界與領土領海爭端，種種爭端、分歧點以及歷史包袱，凸顯東協成員在建構整體、有效之安全建制上面臨相當大的阻礙與困難。（參見表 8-1）

表 8-1　第二次世界大戰後東南亞國家主要領土與領海糾紛

國　家	國際爭端
汶　萊	與馬來西亞的沿海爭端；南沙群島爭端問題；南通礁周圍海域專屬漁業區問題
柬埔寨	沿海島嶼；與越南的邊界問題；與越南的海上劃界問題；與泰國的邊界問題；與泰國的海上劃界問題
印　尼	東帝汶問題；與越南在納土納島嶼周圍海域的大陸架劃分問題；與馬來西亞的兩個島嶼主權問題
寮　國	與泰國的部分邊界問題
馬來西亞	與中國、越南、菲律賓和汶萊之間的南沙群島主權和海域劃分問題；與菲律賓之間的沙巴主權問題；與汶萊的海域劃分問題；與新加坡的兩個島嶼主權問題；與印尼塞拉貝斯海域的劃分問題；與越南的海上劃界問題
菲律賓	南沙群島主權與海域劃分問題；沙巴主權問題
新加坡	與馬來西亞在兩島嶼的主權爭端問題
泰　國	與寮國、柬埔寨的部分陸上邊界問題；與柬埔寨的海上劃界問題
越　南	與柬埔寨的海上劃界問題；越南宣稱對南沙群島擁有主權並佔有一些島嶼；與中國、馬來西亞的海上劃界問題；越南宣稱對西沙群島擁有主權；與柬埔寨在沿海和部分邊界的爭端；與印尼的納土納島周圍海域劃分問題

資料來源：John F. Garofano, "Flexibility or Irrelevance: Ways Forward for the ARF", *Contemporary Southeast Asia*, Vol. 21, No.1 (April 1999), pp.74-95.

就政治安全而言，東南亞各國都非常重視本國的安全環境，特別是反對共產主義，絕大多數東南亞國家於二次戰後脫離殖民主義，極不願再淪入分離主義與共產主義的威脅（參見表 8-3、表 8-4）

其實，東協內部也充滿矛盾。Collins 在其著作《東南亞的安全困境》一書中指出，即使到了 90 年代末，東協會員國之間仍存在若干危機與不信任，東協會員國間安全困境的特性有三：不確定性、幻想的互不相容性、自相矛盾性。雖然表面上東

協維持安全社群的假象，但彼此間仍視對方為潛在的對手。這可由部分會員國於冷戰結束之後，仍大幅增加軍備國防預算看出，而此一觀點並非空穴來風。❷

表 8-2　東協各會員國對爭議中領土的主權主張

1.菲律賓聲稱對馬來西亞的沙巴州擁有主權	印尼與越南因為鄰近納土納島 (Natunalsland) 大陸沙洲上的分界線問題引發疆界之爭
2.越南、汶萊、馬來西亞與菲律賓均聲稱有南沙群島中某些島嶼與礁石的主權	越南與柬埔寨的疆界之爭
3.越南與馬來西亞因為其離島分界線問題引發疆界之爭	印尼與馬來西亞對於西巴丹 (Sipadan)、瑟巴迪 (Sebatik) 與利吉丹 (Ligitan) 等島嶼及婆羅洲上沙勞越與加里曼丹邊界的主權爭議
4.馬來西亞與新加坡對於白礁 (PulauBatuPutih) 的主權爭議	馬來西亞與泰國的疆界之爭
5.泰國與緬甸的疆界之爭	一

資料來源：艾倫・柯林斯 Alan Collins, 2003,《東南亞的安全困境》，國防部史政編譯室，頁 182。

表 8-3　東南亞後殖民早期主要共產主義運動 (1946～1976)

國　家	共產主義運動
緬　甸	緬甸共產黨 (1949～　)
柬埔寨	紅色高棉 (1970～1975)
印　尼	茉莉芬共產主義運動；印尼共產黨
寮　國	巴特寮 (1951～1975)
馬來西亞	馬來西亞共產黨 (1948～　)；北加里曼丹共產黨 (1950s～　)
菲律賓	菲律賓新人民軍 (New People's Army 1969～)❸；胡克黨 (1947～1954)
泰　國	泰國共產黨 (1965)*
越　南	民族解放陣線 (1958～1975)

資料來源：作者自行整理。

❷　宋鎮照、林若雩合著,《中國與東協的新政治經濟—建構主義的觀點》，臺北：五南圖書出版社，2010 年，頁 117。
❸　2013 年 1 月起，新人民軍取消與政府的停火協議，改採取攻擊態勢。

表 8-4　東南亞後殖民早期主要分離主義運動 (1946～1976)

國　家	武裝分離主義運動
緬　甸	與種族有關的武裝叛亂 (1948～　　)
印　尼	伊斯蘭教國運動 (1948～1962)；印尼共和國革命政府－佩姆斯特 (1988～1961)；巴布亞獨立組織 (1963～　　)；亞齊獨立運動，東帝汶獨立革命陣線 (1976～　　)
寮　國	苗族抵抗運動 (1946～1975)
菲律賓	摩洛民族解放陣線 (1972)*；摩洛伊斯蘭解放陣線 (1984)*
泰　國	北大年聯合解放組織 (1967～2004)；北大年民族解放陣線 (BNPP, The Barisan Nasional PembebasanpPattani) (1971～　　)

資料來源：作者自行整理。

　　如表 8-4 中，此類擁有軍事配備的分離主義和共產主義運動不但成為各國的主要內部威脅，而且透過跨邊界的擴散將鄰國捲入其中。一方面，早期主要共產主義運動者經常依賴鄰國提供跨界的避難所，如馬來西亞曾支持泰國南部的穆斯林分離主義，泰國為緬甸的少數族群運動提供避難所，使馬來西亞－泰國關係和緬甸－泰國關係中產生嚴重摩擦。另一方面，也直接提供外部國家軍事干預的理由，例如美國在南越、英國在馬來西亞、菲律賓在寮國和南越等。❹所謂共產主義威脅主要是針對非共產黨的國家而言，在東南亞，儘管這些占大多數，客觀而言係普遍的區域現象；相反地，透過共產主義與非共產主義、分離主義與主權國家政府的對抗所表現出來的國內衝突才是對各國安全普遍性的嚴重威脅。正如 Bernard K. Gordon 所言：「二十世紀 60 年代東南亞國家國內衝突比共產主義更具威脅，那些與共產黨無關的衝突常常又是這些國家」。

　　二次大戰後的冷戰初期，東南亞區域是國際體系高度不穩定的地區，Milton Osborne 指出，當時東南亞區域正處於——著名的「動亂區」階段。Charles W. Fishers 將該時期的東南亞稱作「東方巴爾幹」，60 年代的東南亞無異於第一次巴爾幹戰爭的形勢，這裡可能發生類似的「第二次巴爾幹戰爭」的戰爭。❺Russel H. Fifield 認為「東南亞在世界政治中不能被視為一個有效的實體」。❻Nicholas Tarling

---

❹　Amitav Acharya, *Constructing a Security Community in Southeast Asia: ASEAN and the Problem of Regional Order* (London: Routledge, 2001), p. 55.

❺　Charles W. Fishers, "Southeast Asia: the Balkans of the Orient? A Study in Continuity and Change," *Geography*, Vol. 47 (1962), pp. 347–367.

❻　參見 Russell H. Fifield, *The Diplomacy of Southeast Asia, 1954–1958* (Hamden:

說得更明確：這時的東南亞只能讓人們想到一種混亂的景象和爭鬥的場所。❼

　　當時已產生「相互依存、自發性的安全區域化」成長的背景下，彼此相處開始出現善意關係。外部表現就是東南亞區域意識和嘗試性聯合行動的出現。而此意識及行動又是通過「外部行為體」來定義的。以「東南亞」作為一個區域概念，最早實質出現在第二次世界大戰期間。

　　1943 年 8 月，於加拿大魁北克會議上，西方盟國決定成立單獨的「東南亞戰區」(South-East Asian Command，簡稱 SEAC)，其地理範圍包括現在的緬甸、泰國、馬來亞和蘇門答臘。1945 年 8 月，波茨坦會議同意該戰區範圍拓展到包括婆羅洲、爪哇、蘇拉威西和印度支那南部地區，僅菲律賓和印度支那北部地區不包括在內。❽軍事需求為東南亞區域提供一個「賦有凝聚力的架構」，在此之前「從來沒有人認為東南亞區域是單獨的地理區域」。❾ Philip Charrier 認為，「盟國東南亞戰區」邊界的延伸為東南亞被視為亞洲一個擁有共同政治形態的地域打開了大門，因為面臨民族主義在東南亞的蓬勃興起，該區域已成為一種帶有共同特徵的政治單元❿。1945 年中期，美國政府使用「東南亞事務部」取代「西南太平洋事務部」的名稱，進一步強化東南亞區域觀念。⓫一年以後，英國外交部也設立「東南亞事務部」。1946 年3 月，英國以「東南亞特別委員會」取代「東南亞戰區」；兩年以後，改為「英國東南亞總委員會」，管轄範圍包括緬甸、泰國、法屬中南半島三邦、馬來亞、印尼和菲律賓在內的東南亞區域的政策協調。⓬當年美、英的作為已經不只是將東南亞視作

　　　　Archon Books, 1968).

❼　　Nicholas Tarling, *Regionalism in Southeast Asia: To Foster the Political Will* (New York: Routledge, 2006), p. 63.

❽　　Ibid., pp. 63–68.

❾　　C. M. Turnbill, "Regionalism and Nationalism," in Nicholas Tarling (ed.), *The Cambridge History of Southeast Asia,* Vol. 2, p. 586.

❿　　Philip Charrier, "ASEAN's Inheritance: The Regionalism of Southeast Asia, 1941–1961," *The Pacific Review*, Vol. 14, No. 3 (2001), p. 320.

⓫　　George Modelski, "The Long Cycle of Global Politics and Nation-State," *Comparative Studies in Society and History*, Vol. 20, No. 2 (1978), p. 228; Russell, H. Fifield, "The Concept of Southeast Asia: Origin, Development and Evaluation," *Southeast Asia Spectrum,* Vol. 4, No. 1 (1975), pp. 44–47.

⓬　　Philip Charrier, "ASEAN's Inheritance: The Regionalism of Southeast Asia, 1941–1961," *The Pacific Review*, Vol. 14, No. 1 (2001), p. 325.

一種地理概念，而且開始賦予其一種政治涵義，因為聯合監督東南亞區域殖民地的獨立是其主要目標。 ⓭

事實上，東南亞區域主義思想與行動伴隨著此區域意識的萌芽，與前殖民地國內的非殖民化暨國家認同的努力而產生。此思想及其行動最初是類民族主義的泛亞洲主義 (Pan-Asianism) 架構，1945 年 9 月，Ho Chi Minh 曾表達建立一個包括越南、柬埔寨、寮國、泰國、馬來亞、緬甸、印度、印尼和菲律賓等國的「泛亞洲共同體」(Pan-Asiatic Community) 的願望，借此推動越南的獨立；1946 年 12 月，Ho Chi Minh 寫信給印尼總理 Sutan Sjahrir，希望兩國共同努力聯合印度、緬甸、馬來亞等國提出走向「南亞自由人民聯邦」(Federation of Free Peoples of Southern Asia) 的動議，但印尼領導人對此反應冷淡。可知，東南亞區域主義的萌芽與發展並非任一蹴即成。

二、東協國家內部之安全折衝與解決模式 (1976～1991)

東協安全建制的不健全有其歷史脈絡，可藉由 1979 年到 1991 年 10 月 23 日東協對於柬埔寨問題於法國巴黎簽署《巴黎和平協議》得知，東協當時係最混亂的時期，彼時東協與中南半島半島國家敵意與衝突最嚴重，可謂此一時期。東協於當時尚未建立「東協區域論壇」的多邊對話機制，無法勸服入侵柬埔寨的越南自動撤離。

當 1979 年，東協成員國首次針對柬埔寨危機做出集體回應時，東協的外長會議敦促該區域的所有國家「尊重各國的獨立、主權、領土完整和政治制度」。也要求所有各方「停止干涉其他國家的內部事物，停止實施直接的或間接的針對其他國家的顛覆性活動」。 ⓮東協此次危機的回應符合東協的核心規範。包括以下目標：1.否認越南主導的金邊政府的合法性，在國際上孤立越南；2.確保一個「和平、中立和民主」的柬埔寨；3.確保東協在和平過程中的領導地位，衝突的最終解決應保障東協的安全利益，不能完全受外部大國支配。 ⓯同時，東協積極推動召開第二次中南

⓭　Nicholas Tarling, *ibid.,* p. 66.

⓮　ASEAM Secretariat, "Statement by the Indonesian Foreign Minister as Chairman of the ASEAN Standing Committee on the Escalation of the Armed Conflict Between Vietnam and Kampuchea," Jakarta, 9 January 1979, http://www.aseansec.org/1595.htm，瀏覽日期：2014 年 12 月 13 日。

⓯　Amitav Acharya, *Constructing a Security Community in Southeast Asia: ASEAN and the Problem of Regional Order* (London: Routledge, 2001), p. 81.

半島難民問題會議，呼籲西方國家加速安置難民，共同協商制訂各國的難民政策。可以說共同處理難民問題，彰顯出東協區域性政治合作的開始。❶

㈠柬埔寨案例

東協組織對於柬埔寨案例主張也莫衷一是，東協國家對實現目標的手段並未達成一致。在長達十年的「解決柬埔寨問題」過程中，東協內部為兩種不同的解決方法辯論不停：一種是寬容的外交解決辦法，即採取區域架構內部衝突處理方法，外部大國的作用被限制到最低限度，支持者是印尼和馬來西亞。另一種是對抗性的策略，目標是在國際社會中孤立越南，提高其入侵柬埔寨的外交和軍事成本，包括組織反對越南的聯合陣線，也包括東協內部軍事合作計劃。這兩種方法的分歧隨著1980 年 3 月印尼和馬來西亞推出「關丹主義」(Kuantan Doctrine) 而達到高潮。其主要內容為：支持一個不受蘇聯、中國影響的獨立越南；越南對中南半島地區擁有合法的安全利益；支持一個政治基礎更廣泛的柬埔寨政府，結束東協對紅色高棉政權（即柬埔寨共產黨，或稱赤柬）的支持，越南軍隊從泰國邊境部分撤軍。❷「關丹主義」遭到泰國和新加坡的公開反對，由此反映東協國家在安全利益上的重大分歧，也顯示東協機制的的脆弱性。

1980 年 6 月，東協經由集體協商過程，就幾個重大的問題採取區域合作一致對外的政策。❸ 1.爭取國際社會的支持，取消對越南的經濟援助並對越南施加壓力，同時爭取聯合國大會在 1979 年 3 月將柬埔寨問題列為議題，且連續八年使每屆聯大都通過要求越南從柬埔寨撤軍的決議；2.支持柬埔寨四派系中的反越三方於 1982年於吉隆坡簽署《民主柬埔寨聯合政府成立宣言》，並促使聯大承認民柬在聯合國代表柬埔寨；3.堅持以政治方式處裡柬埔寨問題，召開一系列國際會議，例如 1988 年7 月和 1989 年 2 月召開兩次雅加達非正式區域會議，協商柬埔寨各派系之間權力分配的複雜問題，以有效處理解決柬埔寨問題起了重要作用。❹根據當時新加坡駐聯

❶ ASEAN Secretariat, "Joint Press Statement Special Meeting of the ASEAM Foreign Ministers on Indochina Refugees," Bangkok, 13 January 1979, http://www.aseansec. Org/3707.htm，瀏覽日期：2014 年 12 月 19 日。

❷ Larry A. Niksch, "Thailand in 1980: Confrontation with Vietnam and the Fall of Kriangsak," *Asian Surrey*, Vol. 21, No. 2 (1981), pp. 223–231.

❸ Muthiah Alagappa, ed., *Asian Security Practice: Material and Ideational Influences* (Stanford: Stanford University Press, 1998), pp. 23–24.

❹ 參見 Amitav Acharya, Pierre Lizee and Sorpon Peou (eds.), *Cambodia-The 1989 Paris*

合國大使 Tommy Koh 在 1982 年 9 月在華盛頓舉行的關於柬埔寨危機會議發言指出，東協的柬埔寨政策有三大支柱：一是為了促使越南對尋求政治解決柬埔寨危機感興趣，東協必須阻止越南強加於國際社會的既成事實；二是孤立越南，向其施加政治、外交和經濟壓力，促使其回到談判桌；三是給予越南下臺階的政治解決途徑，既恢復柬埔寨的主權和獨立國家地位，且維護包括越南在內的柬埔寨鄰國的合法安全利益。❷⓿觀察柬埔寨問題的處理結果，東協顯然已實現此三個目標。

1991 年 10 月 23 日有關柬埔寨問題的《巴黎和平協議》最後簽署合約時，東協國家欣然予以接受。馬來西亞外交部長 Ahmad Badawi 在巴黎會議閉幕式發言指出：「儘管遇到許多障礙，但東協堅持尋求柬埔寨衝突和平而全面的解決，因而東協應該有一種滿足和成就感」。❷①Tommy Koh 認為，「沒有東協就沒有柬埔寨問題。因為，如果我們沒有在 1979 年初提出柬埔寨問題，並且堅定不移地支持它，它已經不復存在。」❷②總之，東協在處理柬埔寨問題的一致立場與相對有力的外交政策，使其贏得國際承認與肯定，且有助於提高作為一個區域組織的東南亞區域問題的解決能力。由於東協內聚力和團結一致的表現使之形成一種「外交共同體」或「集體政治防衛」，從而使「東協規範」和「東協方式」被廣泛認可為當代國際關係中的一個成功範例。誠如 Amitav Acharya 所言：「從這時開始，不管是管理區域內部的互動，還是區域外部的認知，東南亞已成為一個有生機、繁榮與和平的區域的象徵。」❷③

此一時期，對整個東南亞而言，是東協與中南半島國家之間的敵意關係和衝突情況最嚴重的時間；以東協次區域而言，是東協區域合作關係全面規範和機制化的時期，兩種關係在柬埔寨問題激烈碰撞的結果，既使敵意雙方沒有爆發嚴重的衝突，又使「東協規範」和「東協方式」經過嚴峻的考驗。最後，在短期利益衝突面前，東協國家內部選擇了妥協和對話。如此，一個「弱安全機制」在「東協核心區」不但得以確立，也提供「曾經對中南半島國家敞開、但一度緊閉的區域整合」一個重

　　　Peace Conference: Background Analysis and Documents (Millwood, NY: Kraus, 1999), pp. xxv-xlv; Amitav Acharya, *ibid*., pp. 80–98.

❷⓿ 許通美，《探究世界秩序：一位務實的理想主義者的觀點》，北京：中央編譯出版社，1999 年，頁 271–272。

❷① Amitav Acharya, *ibid.,* p. 95.

❷② "ASEAN's Resolve to Prevent Fai Accompli Pays off," *Straits Times*, 22 October 1991, p. 6.

❷③ Amitav Acharya, *ibid.,* p. 133.

啟的機會。

從二戰結束到柬埔寨問題解決為止這段時間內，於當時冷戰的背景下，在區域層面和各國內部安全相互依存（國內的政治運動、分離主義和國家間衝突等消極安全外部性的區域擴散）的驅動下，東南亞歷經從醞釀整體區域主義到共產主義與非共產主義區域分裂和極化，再到東南亞聯盟和「馬菲印聯盟」等區域主義的探索，以及東協次區域主義的產生、成長，最後至東協弱安全機制的確立過程。此一過程一方面是區域和次區域權力、利益分化、組合的過程，另一方面也是次區域共同規範、認同、相互信任和安全合作機制從無到有、從弱到強的發展過程。此一過程中，可說國家是核心領導者，區域政府組織是重要的黏著劑；軍事和政治安全是被關注的核心議題。產生的重要結果是東南亞軍事、政治安全區域化的縱深發展。此一時期，東南亞區域層次一方面沒有完全自主，另一方面也沒有從屬於冷戰重疊點，儘管冷戰影響並確定塑造區域衝突的兩極化。❷❹

㈡東協成員國戶簽，並與外國簽訂東南亞友好合作條約

1992 年於新加坡召開的第四次高峰會，被認為是東協 1967 年成立以來最重要的會議，該次會議是「有利在該區域建立一種新安全秩序的重要因素」❷❺。隨著東協高層領導人頻繁赴河內訪問激起熱潮，東協—越南關係實際上也在升溫。1992 年1 月 15 日泰國總理班雅拉春到達河內，是 1976 年以來泰國政府領導人第一次訪問越南。之後馬來西亞首相馬哈迪於 1992 年 4 月訪問越南。馬哈迪首相是自 1957 年馬來西亞獨立以來首位訪問河內的馬來西亞首相。雙方在吉隆坡和河內建立一個雙邊共同委員會。1992 年 4 月，新加坡前總理、內閣資政李光耀也首次到越南訪問，並被越南聘為越南改革方案顧問。❷❻

基於此一背景，過去將近三十年左右的歷史性變化再次出現於東南亞：如同1965 年蘇哈托「新秩序政權」結束與馬來西亞的反對推動東協的誕生一樣，中南半島國家與東協國家的和解過程，亦促進東協規模的擴大。1993 年 7 月於新加坡召開的東協外長會議上，越南和寮國簽署《東南亞友好合作條約》。1994 年 7 月在馬尼

❷❹　鄭先武，「安全複合體理論與東亞安全區域主義」，2006 年 5 月 27 日，http://club.news.sina.com.cn/thread−268929−1−1.html，瀏覽日期：2014 年 12 月 22日。

❷❺　Amitav Acharya, *ibid.*, pp. 106−107.

❷❻　Amitav Acharya, *ibid.,* p. 149.

拉首次舉行東南亞十國外長非正式會議，簽署《建立東南亞十國共同體設想的聲明》。1995 年 1 月和 7 月，柬埔寨和緬甸最終同意接受《東南亞友好合作條約》1995 年 7 月在汶萊召開的東協部長級年會上，越南正式成為東協會員。1997 年 5 月，吉隆坡東協外長會議同意於 1997 年 7 月接納柬埔寨、寮國和緬甸為成員國。1997 年 7 月 23 日寮國和緬甸如期加入東協，柬埔寨因國內政治動亂，延至 1999 年 4 月 30 日正式加入東協。東協由十個東南亞國家組成的「一個東南亞」的目標於二十世紀末正式完成。㉗前東協秘書長 Dr. Surin Titsuwan 曾自豪地說：「我們實現了創始成員將所有東南亞國家聯合在一個東協之家的夢想。這確實是當時創始成員國期待的歷史時刻。」㉘

　　中南半島國家相繼加入《東南亞友好合作條約》和東協擴大到十個成員國對東南亞區域安全有重要影響。其意涵不僅是意味東南亞極化的最終結束，且是「東協規範」擴大到整個東南亞區域。此有助於區域內部衝突的和平解決，例如，越南與東協六國的分歧比越南在東協框架之外時更容易解決。東協擴大還有助於東南亞區域經濟合作，增加區域經濟的相互依存，提高東協經濟的整體競爭力；東協擴大也有助於促進東南亞社會和人民之間的跨國聯繫，促進東協區域意識的形成。由促進東南亞的集體認同，從而推動東協朝「東南亞共同體」的方向發展。正如 1994 年 7 月舉行的首次老東協六國外長會議公報所指出的：「這是東南亞十國的外長首次坐在一起。他們希望東協與其他四個成員國關係將進一步深化，並重申他們對通過東協的共同成員建立一個東南亞共同體的責任。」㉙

㈢冷戰後的相互依存與合作

　　1991 年 11 月《巴黎協定》的簽署伴隨著冷戰兩極體系瓦解，東南亞區域安全結構開始發生歷史性變化，即開始由原來的軍事、政治安全為核心議題，轉化為以綜合性安全為核心議題，由第一軌道的國家、政府組織、與第二軌道由市場和公民

㉗　關於東協擴大到 10 國的進程，參見 http://www.aseansec.org.id，瀏覽日期：2014 年 12 月 28 日。

㉘　Dr. SURIN PITSUWAN (Thailand) 之任期為 2008 年 1 月 1 日至 2012 年 12 月 31 日，http://www.asean.org/asean/asean-secretariat/former-secretaries-general-of-asean，瀏覽日期：2014 年 12 月 28 日。

㉙　ASEAN Secretariat, "Joint Communique of the 27th ASEAN Ministerial Meeting," Bangkok, 22 –23 July 1994, http://www.aseansec. Org/2086.htm，瀏覽日期：2014 年 12 月 30 日。

社會共同組成的「異質安全複合體」。此變化又是在全球化背景下東南亞政治、經濟、社會等變革的力量推動而成。此變革主要的結果是,長期被區隔的中南半島(大陸東協)和島嶼東協兩個「次區域安全複合體」合併為一個新的「區域安全複合體」。

　　東南亞區域內部原有的敵意關係開始向善意關係轉變,又導致原來緊張的區域衝突型態開始走上區域合作的道路。整合的東南亞區域安全複合體是一個「標準型」的安全複合體,其物質結構(權力關係)主要由內部的中小國家所主導;其社會結構(友善/敵意模式)表現為衝突、競爭和合作關係共存態勢,但競爭與合作占主導地位;其安全議題表現出軍事、政治、經濟、社會、環境等多領域的綜合化趨勢,但非軍事安全問題表現得更為突出。這種統一的東南亞「異質安全複合體」結構的變化,除了受到全球化大變革的影響外,還受到東亞安全複合體結構變化的影響,從而推動以綜合安全相互依存核心特徵的東南亞安全區域化向縱深發展。❸⓪

　　冷戰的結束和全球化變遷,此一東南亞「異質安全複合體」的變化提供外部環境。在冷戰即將結束時,東協已形成一個「共同體」的基本特徵,但它的範圍只是一個「次區域」,因為其成員僅限於意識型態接近的東南亞國家。作為次區域聯盟的東協並不等同於東南亞。東協的區域秩序架構,包括建立一個「和平、自由與中立區」,1976 年在斯里蘭卡舉行的國家領袖會議上明顯受到中南半島國家的聯合抵制。然而,隨著柬埔寨問題的解決,東南亞消除兩極的主要根源,建構「一個東南亞」有新的機會。

　　1991 年《巴黎協定》簽署後不久,泰國總理 Anand Panyarachun 指出,東協必須尋找一種使所有的東南亞國家能夠「和平、進步和繁榮」的新區域秩序。印尼外交部長 Ali Alatas 提出更高訴求,符合東協自 1967 年以來公開宣稱的安全信條,即「東協致力於在柬埔寨實現和平的一個典型回應,將是在東南亞歷史上開創一個新的時代——在這個時代,東南亞將第一次真正和平與自由地根據自己的意願處理自己的問題;此顯示一個新的東南亞開端的時代,東南亞能夠真實表現自己,並且能夠在真正獨立、平等的基礎上處理自己內部的關係」❸①。

---

❸⓪　鄭先武,「安全複合體理論與東亞安全區域主義」,2014 年 5 月 27 日,http://club.news.sina.com.cn/thread-268929-1-1.html,瀏覽日期:2014 年 12 月 22日。

❸①　Amitav Acharya, *ibid.*, p. 102.

㈣新區域主義的發展──東協成員的擴大

　　1992 年元月召開的第四屆東協高峰會，可說是一具有重要意涵的關鍵會議，於東南亞安全結構發生重大變化。此次會議不但正式啟動擴大東協組織，且決議建立東協自由貿易區，更重要的是它首次明確將區域合作列入其區域主義的戰略，並謀求通過與區域外各國，尤其是亞太國家建立定期的對話關係，以增加東協在區域問題上的自主性。此次會議還決定東協各國領袖每三年召開一次正式會議，非正式領袖會議在領袖會議期間召開。確立東協領袖會議的制度化，結束東協領袖會議象徵性的角色。此次會議也決定擴大東協秘書處，重新設立東協秘書長辦公室，將秘書長的地位提升到內閣層級。除了秘書長以外，東協還設有一個副秘書長，由三個部門主任管理一般業務，包括經濟合作、功能性合作與對話以及東協自由貿易機構。東協因此從一個由外長主導下「外交共同體」過渡到由領袖會議主導下的外交、經濟和安全多個領域共同合作的區域組織。❸❷正如泰國總理 Anand Panyarachun 於會議總結發言時所言：「我們共同簽署的《新加坡宣言》和《關於東協經濟合作的架構宣言》明確提出東協未來的發展目標。它表明，我們已經做好準備，緊跟正在形成的世界與區域新秩序的潮流。它是東協新的憲章，開闢了東南亞發展的新時代。」❸❸可以說，1992 年元月召開的第四屆東協高峰會正式推動東協安全區域主義從「弱安全機制」向「強安全機制」過渡。

　　在新區域主義時期，東協一改冷戰時期拒絕經濟整合的作法，而啟動東協自由貿易區和東協投資區 (Investment Area) 計劃。第四屆東協領袖會議通過《加強經濟合作的架構協議》和《關於東協自由貿易區共同有效優惠關稅方案》(The Common Effective Preferential Tariff Agreement for AFTA)，決定以此為基礎，由 1993 年 1 月起十五年內（即 2008 年 1 月之前）建成東協自由貿易區，並成立了「東協自由貿易區理事會」，負責計劃施行。❸❹1992 年 12 月「東協自由貿易區理事會」第三次會議

❸❷　ASEAN Basic Documents, "Singapore Declaration of the Fourth ASEAN Summit," 27–28January1992, Singapore, http://www.aseansec.org/1396.htm，瀏覽日期：2014 年 1 月 5 日。

❸❸　許通美，《探究世界秩序：一位務實的理想主義者的觀點》，北京：中央編譯出版社，1999 年，頁 277。

❸❹　ASEAN Secretariat, "Framework Agreement on Enhancing ASEAN Econ Cooperation"; "Agreement on the Common Effective Preferential Tariff (CEPT) Schem the ASEAN Free Trade Area," Singapore, 28 January 1992. http://www.aseansec.

通過《共同有效優惠關稅操作程序》、《共同優惠關稅原產地規則》和《關於自由貿易區的共同有效優惠關稅方案的解釋細則》。㉟1994 年 9 月，第二十六屆東協經濟部長會議決定將商品貿易自由化範圍擴大到所有未加工的農礦產品，並決定建立東協自由貿易區的時間從十五年縮短到十一年（即 2003 年建立）。㊱1996 年 9 月，東協開始將 1358 種商品列入有效優惠關稅方案。

　　1999 年 9 月，在 AFTA 理事長會第十三次會議上，各成員國確定東協自由貿易區的最終目標為零關稅，東協六個老成員國（印尼、泰國、新加坡、菲律賓、馬來西亞、汶萊）實現零關稅的最後期限為 2018 年。作為過渡措施，各成員國要在 2003 年前將把 60% 的產品關稅降為零。㊲1999 年 11 月舉行的第三次東協非正式領袖會議將最後期限再次提前，即六個老成員國在 2010 年實現零關稅，而四個新成員國則於 2015 年實現此一目標。㊳於 2002 年初，東協六個老成員國率先啟動東協自由貿易區。

㈤經濟共同體的成立

　　東協建立「東協自由貿易區」和「東協投資區」旨在形成一個整合的東協市場，以擴大對外貿易，更多地吸引外國投資，從而提高區域對外整體競爭力。這正如馬哈迪所言：「為使東協自由貿易區發揮作用，東協國家之間的貿易和投資必須有實質性提高，現在，我建議必須向這個方向做出誠摯的努力，以便東協能夠很快地成長為有能力面對其他地方興起中的區域經濟集團帶來的挑戰的真正強大的組織。這表明區域經濟一體化開始成為東協區域主義重要組成部分，被普遍認為是東協開始對增進經濟一體化承擔主要的政治責任，因而是「東協合作進入新階段的突破性進展」。

　　東南亞「新區域主義」的另一種經濟合作形式是在東協架構外發展起來的「自

org/1164.htm，瀏覽日期：2014 年 1 月 7 日。

㉟　ASEAN Secretariat, "Press Statement 3rd Meeting of the AFTA Ministerial Council for Implementation of CEPT," Jakarta, Indonesia, 11 December 1992.

㊱　ASEAN Secretariat, "Joint Press Statements of the 26th ASEAN Economic Mini Meeting," Thailand, 22–23 September 1994.

㊲　ASEAN Secretariat, "Joint Press Statements of the 13th AFTA Council Ministerial Meetings," Singapore, 29 September 1999.

㊳　ASEAN Secretariat, "Chairman's Press Statement of ASEAN 3rd Informal Summit," Manila, 28 November 1999.

然經濟區」(Natural Economic Territories, NETs)，又稱「次區域經濟區」或「成長三角」。它代表了一種市場取向、自主發展與跨國性的「微區域主義」。

1.印馬新成長三角（左）與東協東成長區（右）：圖 8–1

在東南亞，自然經濟區主要有：「新加坡—柔佛—廖內成長三角」，又稱「印馬新成長三角」(Indonesia-Malaysia-Singapore Growth Triangle, IMS-GT)（成立於 1993 年，參見圖 8–1）包括新加坡、馬來西亞、印尼的部分省份；汶萊、印尼、馬來西亞、菲律賓之間的「東協東成長區」(East ASEAN Growth Area, BIMP-EAGA)（成立於 1994 年，參見圖 8–1），包括馬來西亞的沙巴、沙勝越、拉布安，印尼的蘇拉威西北部、加里曼丹島東部和西部，菲律賓的棉蘭老島和汶萊等；❸❾東協東成長區持續推動其會員國朝向東協整合目標邁進，其中即包括加強執行《東協連結整體規畫》(Master Plan on ASEAN Connectivity, MPAC) 之優先整合方案。

事實上，東協東成長區也已符合東協經濟共同體與社會文化共同體藍圖，得以接受由《東協整合與公平經濟發展倡議》(Initiative of ASEAN Integration and Equitable Economic Development) 所提供的相關資源與協助，目的在於 2015 年東協區域能夠建立貿易、投資與人員等方面的無障礙互動。

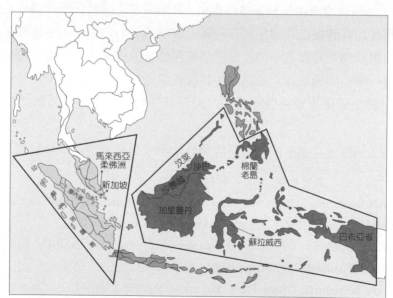

圖 8–1　印馬新成長三角（左）與東協東成長區（右）
圖片來源：BAREPORTS, http://borneoaseanreports.com/develop-
　　　　　bimp-eaga-region-curb-illegal-migration/

---

❸❾　http://www.twcsi.org.tw/multi_detail.php?Iid=1523，瀏覽日期：2014 年 1 月 7 日。

2.印尼—馬來西亞—泰國成長區：圖 8–2

「印尼—馬來西亞—泰國成長區」(Indonesia-Malaysia-Thailand Growth Triangle, IMT-GT)（成立於 1993 年，參見圖 8–2），包括印尼北部的蘇門答臘兩個省、馬來西亞北部的八個省和泰國南部的十四個省；人口約七千二百萬，總面積六十萬二千二百九十三平方公里。

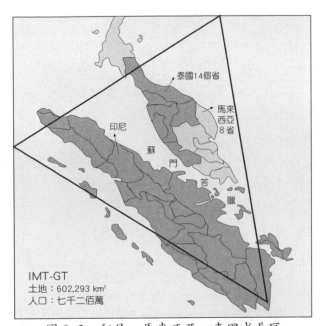

圖 8–2　印尼—馬來西亞—泰國成長區

圖片來源：Wikimedia Commons, the free media repository
https://commons.wikimedia.org/wiki/File:IMT-GT_map_
02.JPG

3.大湄公河成長區：圖 8–3

還有包括中國雲南省、寮國、柬埔寨、越南、泰國、緬甸在內「大湄公河成長區」(Greater Mekong Subregion, GMS)（成立於 1991 年，參見圖 8–3）。❹

---

❹　ASEAN Secretariat, "Development of Growth Areas," http://www.aseansec.org/4928.htm，瀏覽日期：2014 年 1 月 11 日。參見 Min Tang and Myo Thant, "Growth Triangles, Conceptual and Operation Considerations," in Myo Thant, Min Tang and Hiroshi Kakazu (eds.), *Growth Triangles in Asia: A New Approach to Regional Economic Cooperation* (Oxford: Oxford University Press, 1994), pp. 19–20.

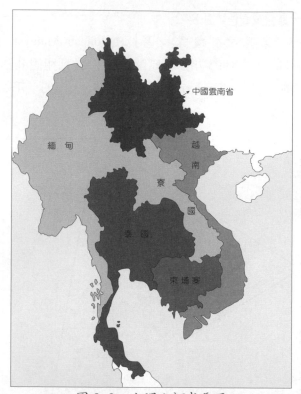

圖 8-3　大湄公河成長區

圖片來源：Wikimedia Commons, the free media repository
https://commons.wikimedia.org/wiki/File:IMT-GT_
map_03.JPG

　　此類自然經濟區以市場為導向，鼓勵私人企業廣泛參與；私人企業是其發展的主要推動力，政府的作用是為私人企業提供指導。近年來，此類「自然經濟區」在吸引投資方面發揮了越來越大的作用。以「東協東成長區」為例，1995～2003 年間，共吸引製造業投資 204.55 億美元，占四國同期引進類資金總額的 34.64%，其中來自東協區域內資金額 41.2 億美元，占其引資總額的 20.14%。❹ 有鑑於此，此類「自然經濟區」已被認為是東南亞區域經濟合作的「有用模式」。東協第四屆高峰會議通過的《加強東協經濟合作架構協定》就認定：「成員國之間或東協成員國與非

❹　ASEAN Secretariat, "Statistics of Foreign Direct Investment in ASEAN 7th Edition, 2005," http://www.asean.org/resources/2012–02–10–08–47–55/statistical-publications/item/statistics-of-foreign-direct-investment-in-asean-seventh-edition–2005，瀏覽日期：2014 年 1 月 19 日。

東協國家之間的微區域經濟合作安排，能夠作為東協總體經濟合作的補充。」 ㊷

㈥社會文化共同體的成立

東協在全球化的潮流中，除了政治、經濟力量的崛起外，東南亞民間社會力量也蓬勃發展起來。1980 年代起，東南亞各國公民社會迅速發展，並引發由公民結社革命自主性的社會組織崛起，非政府組織 (NGO) 從 1990 年的 6,558 個增至 2000 年的 11,270 個，已成為一種新的組織形式和社會政治力量。㊸一方面，東南亞國家的非政府組織數量急劇增長。其中，菲律賓為擁有全球第三大非政府組織的發展中國家（僅次於巴西與印度），從 1986 到 1995 年的十年間，非政府組織數目由 27,100 個增長到 70,200 個。在印度尼西亞，已註冊的非政府組織由 1996 年的 10,000 個增加到 2000 年的 70,000 個。1995 年，在泰國，已註冊的非政府組織和人民組織數量達到 10,000 個。在馬來西亞，1990 年根據 1966 年頒布的《社會法案》，有 14,000 個各種非政府組織登記註冊。在越南，目前有大約 150 個國際非政府組織在此國工作，越南政府在 1991 年允許非政府組織合法存在，目前已有 600 個非政府組織群體。柬埔寨 1991 年以前，該國還沒有現代意義上的國家或當地非政府組織，而到了 1996 年，柬埔寨有 400 多個本國的非政府組織和 100 個國際非政府組織活動。在新加坡，登記有案的慈善和社會組織由 1988 年的 656 個增加到 1994 年的 4,562 個。㊹

㊷ ASEAN Secretariat, "Framework Agreement of Enhancing ASEAN Economic Cooperation," Singapore, 27 – 28 January 1992.

㊸ Alexander C. Chandra, "Indonesia's Non-state Actors in ASEAN: A New Regionalism Agenda for Southeast Asia?," *Contemporary Southeast Asia*, Vol. 26, No. 1 (2004), pp. 155–174.

㊹ Gerard Clarke, *The Politics of NGOs in Southeast Asia-Participation and Protest in the Philippines* (London: Routledge, 1998), pp. 26, 93; Rueng Suksawat, *Behind the Thai NGOs: The Continuing Struggle for Democracy* (Bangkok: NGOs Support Project, 1995), p.65; Isagani R. Serrano, *Civil Society in the Asia-Pacific Region* (Washington, D. C.: Civicus, 1994), p. 8; Bob Hadiwinata, *The Politics of NGOS in Indonesia : Developing Democracy and Managing a Movement* (London: Routledge, 2003), p. 1; Mely Caballero-Anthony, "Non-state Regional Governance Mechanisms for Economic Security: The Case of the ASEAN People's Assembly," in Helen E. S. Nesadurai (ed.), *Globalization and Economic Security in East Asia: Governance and Institutions* (London: Routledge, 2006), p. 223.

另一方面，跨國的區域公民社會組織也開始成長，截至 2007 年 10 月，東協附屬的公民社會組織的數量已達 58 個。❹這些跨國社會組織網絡的發展促進東南亞的區域化。

總之，國家、市場、民間社會力量的全球化和區域化，在「生存、共生」的相互依存，使東南亞區域內外關係愈來愈緊密。一方面提供東南亞國家發展機會，另一方面帶來新的挑戰和威脅，最終形成全球化背景下東南亞安全的綜合化和區域化，其經濟相互依存和整合也可協助安全問題解決。❻世界銀行指出，在金融全球化的今天沒有任何一種固定的政策組合可以保證金融穩定。東協各國的國情不一，決策者面臨不同的制約因素，整合財政金融的管理方式需要各國與國際金融機構的共同努力與行動。❼

由前述六點可以發現東協雖透過多方努力（經濟、文化）試圖建構一套有效安全機制，且逐漸強化其影響力，但無論是 1967 年簽署的《東協宣言》或是 1976 年《東南亞友好合作條約》皆強調尊重各國國內法律規範、彼此主權與國家認同、不得干涉內政……等，可以觀察到東協安全建制事實上缺乏強制約束力，相較之下仍然可稱其為一弱安全建制，然而在東協整合過程中，各成員國雖積極透過安全建制形塑出規範、認同與互信。毋庸置疑地，東協各國現仍存在許多主權爭端與分歧，如何在尊重彼此主權、和平解決與維護國家利益的前提下達成共識，創造雙贏或多贏局面仍是東協棘手的議題。

第二節　東協安全治理失靈 (failure) 的挑戰

治理有以下幾個特徵：1.治理是一個持續性的動態過程，有其易變性；2.治理具有協調性，整合多方意見後形成共同利益，採取一致行動；3.除強制性的規章、制度，治理也包含非正式的制度安排，形成所謂第二軌道的方式，透過非政府組織、私人企業與社會團體的影響力，自然而然在公民社會中發展出社會自治 (social self-governance) 的概念❽。

---

❹　ASEAN Secretariat, "ASEAN-affiliated Civil Society Organisations (CSO)," http://www.asean.org/asean/entities-associated-with-asean，瀏覽日期：2014 年 1 月 18 日。

❻　Amitav Acharya, *ibid.*, p. 145.

❼　世界銀行編，《東亞的復甦與超越》，北京：中國人民大學出版社，2001 年，頁 46。

❽　Elinor Ostrom, James Walker and Roy Gardner, "Covenants with and without a Sword:

一、全球化下的治理危機

對於治理之定義學界存在許多爭論，治理 (govern) 一詞原意是治理、支配、控制、管理，主要用於闡述國家公共事務與政治相關的活動中，❹1992 年聯合國成立「全球治理委員會」(Commission on Global Governance)，1995 年發表「我們的全球夥伴關係」(Our Global Neighborhood) 明確指出全球治理的義涵：❺

「治理指諸多形式的公共或私人所形成的團體和機制，管理其共同事務方式的總和，而治理乃唯一持續性的過程，透過治理可融合相互衝突或不同的利益，使之形成共同意見並採取行動，它既包括有權迫使人們服從的正式制度和規則，也包括各種人們同意、或認為符合其利益的非正式制度安排」，❺

由於通訊科技的快速發展，國與國間的互動與交往越趨頻繁，除了政府與私人企業的跨國交流外，出現另一新而快速增長的跨國界聯繫與合作，各種非營利組織與非政府組織逐漸在全球化下的領域中扮演極其重要的角色，構成全球公民社會的發展基礎。在全球化的衝擊下產業、投資、個人與資訊在國界內外迅速傳遞，❺在此種全球邏輯下，盛行於十九世紀封閉國家模式的地理觀念受到劇烈衝擊，在全球化的影響下，出現跨國環境汙染、物種滅絕、生態破壞、氣候異常、經濟衰退等議題，都擴散到全球的範圍中，而此亦使國家政府的治理更趨困難，新的議題與需求導致新的治理模式，原先主導權力與資源的國家行為者，在國際與國內都難以維持有效治理，因此上述提及的非正式組織與安排更顯重要。

治理失靈此一概念，可追溯至 1989 年世界銀行《有關薩哈拉以南非洲從危機到永續成長報告》(Sub-Saharan Africa From Crisis to Sustainable Growth)，首次提出「治理」(governance) 一詞，❺此報告針對薩哈拉以南非洲地區政府之治理失靈進行深

Self-governance Is Possible," *The American Political Science Review*, Vol. 86, No. 2 (1992), pp. 404–417.

❹ 紀秋郎主編，《新知識英漢辭典》，臺北：遠東圖書公司，2008 年，頁 493。

❺ Commission on Global Governance (UN), *Our Global Neighborhood: The Report of the Commission on Global Governance* (Oxford: Oxford University Press,1995), pp. 1–2.

❺ 蕭力愷，「全球化與全球治理」，《競爭力評論》，第七期（2005 年），頁 24–34。

❺ 大前研一著，李宛蓉譯，《無國界的世界：民族國家的終結》，臺北：立緒出版社，2006 年，頁 103。

❺ Howard Stein, *The World Bank and the Making of the Governance Agenda* (Leiden: University of Amsterdam, 2009), p. 3.

入分析，非洲國家在脫離殖民母國獨立後並未如預期般地走向自由、繁榮，許多國家反而陷入內戰、飢荒、貧困之中，而這樣的狀態促使世界銀行試圖提供一套新的策略與解釋，其中最重要的議題乃為「治理」，然而治理所涵括的項目是相當廣泛的，包括金融、貨幣政策、穩定物價與市場等功能，而為達成以上功能政府需要完善的制度（法律、規章）、人才培育、自然環境、穩定人口成長、科技等作為補充，而最重要的還是政府治理的能力，綜括非洲國家所面臨的發展問題根源就是治理危機 (crisis of governance)，❺❹而治理危機多肇因於後殖民地與發展中國家之不穩定政治狀態，而政治與經濟原就緊密鑲嵌，二次大戰後各國陷入新一波的經濟衰退，東協與薩哈拉以南非洲有著相似後殖民地的歷史，加上本身具有宗教、文化、主權等爭端待解，導致東協的政治狀態更為複雜、多變，一個國家況且如此，何況是由十個不同國家組成之東協，可見東協的安全治理有其危機。

二、東協中心地位與東協方式

東協中心地位的具體展現於東協區域論壇的創建，1993 年第二十六屆東協外交部長會議及擴大外長會議中決議成立，並於 1994 年 7 月 25 日於泰國曼谷首度召開，其目標為促進東協成員之多方合作，針對亞太地區國家政治及安全的共同利益，推動多邊安全對話與協商，推進促成預防性外交 (preventive diplomacy) 與互信的建立，推動政策一致性，使東協成為推動整個東亞區域合作之主要力量，在多邊區域制度的運行過程中，對成員國行為的規範、主權與國內事務多採尊重、不干涉的態度；且在論壇中進行的協商、協調與諮詢乃著重於過程而非結果，形成一種非條文式、非約束性的方案，以達成群體共識，❺❺多邊機制為基礎下所形成的東協中心地位具有幾種功能：1.主動規劃並設定區域整合之方向及目標；2.被動地在成員國的需求下調整區域整合之方向；3.擺盪於上述兩者間，❺❻總言之，東協中心地位被視為一種弱指導性原則。

東協重視成員國相互間的互動，本著「平等夥伴精神，加速區域經濟成長，社

❺❹ World Bank, *Sub-Saharan Africa: From Crisis to Sustainable Growth: A Long Term Perspective Study* (Washington, D.C.: World Bank, 1989), p. 60.

❺❺ Kusuma Snitwongse, "Thirty Years of ASEAN: Achievements through Political Cooperation," *The Pacific Review*, vol. 11, No. 2 (1998), pp. 183–194.

❺❻ Peter A. Petri and Michael G. Plummer, "ASEAN Centrality and the ASEAN-US Economic Relationship," *Policy Studies*, Vol. 69 (2014), p. 6.

會進步與文化發展，俾加強東南亞國家繁榮與和平」為宗旨，共同發布《東協宣言》（又稱為《曼谷宣言》）後，正式成立東協。東協作為一個區域組織，由 1967 年的五國，擴大至 1999 年的十國，東協中心地位是很重要的信心建立與黏著劑，並且亦是強化東協力量對外發展不可或缺的重要因素。

然而，Alan Collin 指出，甚至到 1990 年代末，東協會員國之間仍存在若干危機與互不信任，東協會員國間安全困境的特性有三：不確定性、幻想的互不相容性、自相矛盾性。❺ 雖然表面上東協維持安全社群的假象，但東協成立最初十年，彼此間仍視對方為潛在的對手。❺❽ 這可由部分會員國於冷戰結束之後，仍大幅增加軍備國防預算可知，此一觀點並非空穴來風。❺❾ 近年各國雖努力朝東協共同體的方向邁進，但於南海主權問題上的爭端仍待解決，由於東協成員分歧的意見，故很難針對此一爭端發表有共識的聯合公報。

東協前任秘書長 Rodolfo C. Severino 曾指出，東協宜加強本身認同感，才有可能建立成功的東協共同體。❻⓪ 事實上，東協成員國本身固然仍存在矛盾、衝突，但對外的態度仍能團結一致，共同謀求東協的最大利益。即使東協部分成員國對緬甸軍政府於 2007 年鎮壓民主有嚴厲批評，但並無對緬甸實質強制力量。成員國之間加強相互瞭解及磨合彼此矛盾，因此能夠互相體諒，這是東協內部發展的基礎。面對

---

❺ Alan Collins, *Southeast Asia: Traditions and Modernity in the Contemporary World* (London: Lynne Rienner, 2003), pp. 200–212.

❺❽ Purification V. Quisumbing 的報告：東協五個會員國中有三個無正式外交關係；來西亞馬與印尼之間的「對抗」政策、菲與馬來西亞之沙巴主權問題。See Selo Soemardjan, "Introduction" & Estrella D. Solidum, "The Role of Certain Sectors in Shaping and Articulating the ASEAN Way," in R.P. Anand & Purificacion V. Quisumbing (eds.), *ASEAN: Identity, Development and Culture* (Manila: U.P. Law Center and East-West Center Culture Learning Institute, 1981), pp. ix-xxviii & pp. 130–148.

❺❾ 例如新加坡即認為自身如小蝦處於馬來大海之中 (A small shrimp in the Malay sea)，處境十分危險。對於兩大鄰國，新加坡對印尼與馬來西亞都有很大疑慮。

❻⓪ 康世人，「東協前秘書長：東協要實現共同體需加強認同」，中央社，2006 年 10 月 21 日。塞維里諾說：「我們正在前進的過程中，這種人與人之間的關係是建立互信的基礎，而信任則是進步的基礎，特別是我們都處在不同的政府治理與處在不同的制度之中。」http://hk.epochtimes.com/6/10/23/33418.htm，瀏覽日期：2014 年 1 月 22 日。

外來挑戰與改變時，「東協中心地位」此一致性將成為東協面對外來衝擊時最好的資產與談判的籌碼。對於東協成員如何看待、解釋東協中心地位的意義與功能？東協中心地位期許東協所有的行動，都能於集體共識下，形成一致的意見、獲取最大的利益，也就是說各國必須遵守共同的規範與機制，遵守相同的遊戲規則。實際上，許多對話夥伴如美中兩國，亦利用此一概念，取悅東協以獲得其個別利益與權力，另一方面，東協亦利用與區域外國家經貿合作的機會，加強東協中心於全球市場的核心地位。❻ 此外，隨著公民意識的提高、非政府組織的興起以及對於智庫的重視，某些較具爭議的議題將可藉由第二軌道的運作取得初步的成果，如「東協戰略與國際研究所」(ASEAN Institutes of Strategic and International Studies, ASEAN-ISIS)其組成目的在鼓勵以政策研究為主要取向的學者，透過此一平臺進行合作與活動協調，促進及影響東南亞與東協和平、安全等各種戰略和國際問題的研究、資訊與意見交流，❻ 也因此開始有學者對政府之能力提出質疑，隨著東協的整合與頻繁的交往，東協開始出現東協公民的身分認同，❻ 東協中心地位是建立於人們的歸屬感，東協共同體的整合過程中不再只依靠政府與領導人，公民將發揮更多影響力，協助政府處理棘手且複雜的議題。❻

實質而言，對於東協方式的確實定義與真正內涵，學界並沒有明確的運作型定義，即使東協官方網站也沒有明確清晰的解釋，❻ 較早使用此名詞的人士，包括：

---

❻　ASSOCIATION OF SOUTHEAST ASIAN NATIONS, "ASEAN and US-ASEAN Business Council Cooperation to Highlight ASEAN Centrality in Global Markets," ASEAN Secretariat NEWs, 2013/2/5, http://www.asean.org/news/asean-secretariat-news/item/asean-and-us-asean-business-council-cooperation-to-highlight-asean-centrality-in-global-markets，瀏覽日期：2014 年 9 月 3 日。

❻　林文程，「我國參與國際組織的困境與對策」，《新世紀智庫論壇》，第十卷（2000年），頁 39。

❻　Eric C. Thompson and Chulanee Thianthai, Attitudes and Awareness toward ASEAN: Finding of a Ten-Nation Survey (Singapore: Institute of Southeast Studies, 2008), pp. 6–8, http://www.aseanfoundation.org/documents/AttitudesandAwarenessTowardASEAN.pdf，瀏覽日期：2014 年 9 月 2 日。

❻　Kavi Chongkittavorn, "Asean centrality rests on peoples not leaders," THE NATION, 2014/5/5, http://www.nationmultimedia.com/opinion/Asean-centrality-rests-on-peoples-not-leaders−30232855.html，瀏覽日期：2014 年 9 月 2 日。

❻　東協官方網站為 http:// www.aseansec.org，瀏覽日期：2014 年 5 月 30 日。

印尼高級情報人員 Ali Moertopo，馬來西亞前副總理 Musa Hitam，以及新加坡外長 S. Tayakumar。

　　東協成員國的學術智庫，以馬來西亞的 Noordin Sopiee 提出「東協方式」的十三項內容較為明確，主要內容包括：1.反對內部和對外集體軍事條約；2.反對透過軍事威脅實現和平；3.主張和實現「真正的和平」方式；4.建立信心、信賴、可預見性、友好與友誼、國家抗禦力、豐富的生產網路和溫和的雙邊關係；5.積極尋求增進團結的共同基礎、一致與和諧的原則；6.敏捷性原則；7.禮貌、不對抗和一致進行決策的原則；8.相互關心的原則；9.尊重領土完整的原則；10.不干涉內政的原則；11.偏好平靜的外交，反對過分公開家醜，反對透過動員媒體和群眾進行外交；實用主義原則；12.偏好內容重於形式，偏好實質重於過程，反對卡笛爾式的方法和法理主義；13.平等主義原則。❻❻

　　研究東協安全的著名學者 Amitav Acharya 則建議將「東協規範」和「東協方式」區別。他認為「東協方式」是一種具備高度協商和共識為特色的決策程式，是一種與西方多邊主義談判中慣用的對抗姿態、多數和其他法律程式相反的，以自主、非正式達成共識和非對抗性談判形式為基礎的區域互動與合作的過程。他認為，「東協規範」核心內容，如不使武力與和平解決爭端、區域自主與集體自助、對國家內部事務的不干涉主義、拒絕軍事條約與偏好雙邊防禦合作等，並不是東協所獨有的，而真正彰顯東協特色的是上述「東協方式」，它才是東協特有的社會文化規範。❻❼

　　「東協規範」和「東協方式」曾遭遇的最大挑戰就是 1978 年底越南入侵柬埔寨和此後長達十年的戰爭，這也是東協成立以來面臨最嚴重的安全挑戰。就東協面臨的安全挑戰而言，主要表現在三個方面：一是東協擔心越南霸權下的中南半島聯邦的出現；二是東協擔心大國競爭的幽靈在東南亞再次出現；三是第三次中南半島戰爭增加了東南亞區域內部軍事對抗的可能性。事實上，越南入侵柬埔寨所造成的「消極安全外部性」已經嚴重「外溢」到東協國家。❻❽

❻❻　Noordin Sopiee, "ASEAN Towards 2020: Strategic Goals and Critical Pathways," paper presented to the 2nd ASEAN Congress, Kuala Lumpur, 20–23 July 1997, p. 9.

❻❼　Amitav Acharya, *ibid.*, pp. 47–72.

❻❽　Amitav Acharya, *The Quest for Identity: International Relations of Southeast Asia* (Oxford University Press, 2000), pp. 105–117.

三、冷戰後東協的安全治理失靈

　　持續至今的南海主權爭端仍是東南亞國家的衝突熱點之一，觀察南海爭端的歷史發展與衝突，可提供一個檢視東協安全治理失靈的切入點，然而安全治理之概念事實上有被過度解釋的傾向，且此一概念對於東協之可適性仍是學界爭論的議題，而其原因與東協成立背景、主權問題等有緊密之相關，條約、規範事實上不具強制約束力，此將導致安全治理的失靈與共同合作的破局。❻❾冷戰結束前後，南中國海成為東南亞主要的衝突熱點。依據馬來西亞海事協調中心的資料，截至 1980 年代末，原於南海的十五個領海邊界中有十二個存在爭端，兩個已經解決或部分解決，一個簽署了聯合開發協定。其中有六個邊界衝突是在東協國家之間，尤其馬來西亞與其他東協國家都存在領海爭端。❼⓿目前在該群島，有越南、菲律賓、馬來西亞、汶萊等四個東南亞國家與中國有主權爭端。證據表明，南海一直是東南亞國家軍事現代化方案和應急計劃背後考慮的主要因素。菲律賓前總統 Fidel Ramos 曾指出，南海爭端在亞太地區引發「一種小規模的軍備競賽」。就馬來西亞的情況而言，隨著 1988 年 3 月中國與越南之間發生的海事衝突事件，南沙群島在其防禦計劃中的地位已從「第二位上升到至關重要的優先位置」。1995 年 3 月 23 日，馬來西亞海軍巡邏船向沙勝越海岸外的中國拖網漁船開火，使四名中國船員受傷。同年 5 月，首相馬哈廸到馬來西亞占領的彈丸礁訪問，並重申對其主權，中國政府予以強烈反駁。東南亞國家在南海也不乏主權爭論與領土邊界問題，比如印尼和越南在納土納島的大陸架爭端曾經使印尼考慮「在南中國海迎接一場海戰的可能性」；1999 年 4 月和 6 月，菲律賓發現馬來西亞在其聲明擁有主權的兩個沙洲上建造房屋，使緊張關係逐步升級。

　　冷戰結束後對外部威脅和全球化加劇，所帶來的不確定性增加和內部邊界衝突、國內政治危機、資源的爭奪和反對恐怖主義等新趨勢，使東南亞國家普遍加快軍事現代化步伐。1990 年代，東南亞國家所進行的軍隊建設在以下三方面尤其顯著：1. 國防開支普遍增加。由於難以獲得準確數據，國防開支不是該區域軍事建設的可靠性標誌；2.武器採辦趨向提高常規戰爭能力，更能說明問題；3.是該區域軍隊建設

❻❾　Anja Jetschke, "Is ASEAN a Provider of Regional Security Governance?" *Southeast Asian Studies at the University of Freiburg (Germany) Occasional Paper Series*, No. 22 (2011), pp. 1–2.

❼⓿　以上引文參見 Amitav Acharya, *Constructing a Security Community in Southeast Asia: ASEAN and the Problem of Regional Order* (London: Routledge, 2001), pp. 108–114.

的重點是通過添置先進的戰鬥機、海上巡邏飛機、大型水面戰鬥武器，如輕型護衛艦和大型驅逐艦、巡航導彈裝載機，以及早期預警系統，來發展具有更高戰鬥能力的空中和海上軍事力量。所添置的戰鬥機包括：印尼、新加坡和泰國購買美國製造的 F-16s 戰鬥機；汶萊、馬來西亞和印度尼西亞購買了英國製造的稱鷂式飛機；馬來西亞並購買美國制造的 F/A–18s 戰鬥機；印尼購買俄羅斯制造的蘇 –30s 戰鬥機。值得注意的是，幾個東協國家為了便於海上操作，通過把這些與反艦導彈（如Exocet）組裝在一起，重新改造戰鬥機。東協國家海軍正重新定位，其職責超出迄今為止的海岸防衛任務。由此可見合作雖是立基於各自利益的考量，但由於區域安全與主權爭端已非單一國家可處理，故安全漸漸被視為公共財 (public goods) 的概念，透過集體力量、合作、規範、機制等，共同維護區域安全、實施安全治理。**❼❶**

　　東協並非建立於制度主義或臣服於區域大國霸權之下，東協的對話係建立於東協模式的基礎上，尊重彼此主權、建構認同，並透過在政治、社會、經濟層次的互動，形塑尊重、認同、互信，而產出的效益將外溢到安全層面，**❼❷**縱然於某些議題成員國仍考慮自身國家利益而產生分歧或矛盾，但東協確實扮演推動區域整合、安全、繁榮的歷史上重要角色。

　　由東協各成員國的政治、經濟、社會文化共同體的形塑過程觀察，於不同時期各國有其獨特的發展目標，但由於東南亞十個國家彼此間差異過大，宗教、歷史、語言、文化的分歧更勝於歐盟，即使東協組織過已有近五十年的歷史，對外也強調整合與團結一致，但要到達「互信互諒、共同合作」，仍有很長的路途要跋涉，然由1994 年東協區域論壇所塑造的對話平臺與友善區域安全環境，持續培養互信合作，2015 年要達到東協安全共同體之目標並非不可能。

第三節　東協成員國內部加強人權與民主化實踐

　　對東南亞國家政治安全的外部威脅主要為，西方人權觀對東南亞威權主義者挑戰和民族自決原則對國內分離主義者的刺激等。部分西方國家政府和該區域內部的一些人權組織結合，將人權、民主與安全緊緊聯繫起來，試圖以此推動東南亞政治西方民主化。東協與來自美國與歐盟等西方國家在緬甸加入東協問題熱烈辯論，即

❼❶ Anja Jetschke, *ibid.*, p. 12.

❼❷ 陳佩修，「邁向『安全共同體』的建構？論東南國協『安全治理』的機會與限制」，《全球政治評論》，第七期（2004 年 7 月），頁 67–84。

是此問題的呈現。

　　1988 年 9 月，經過一場全國民眾的高調民主示威後，緬甸政府再次被軍事集團控制。該集團成立一個「國家法律與秩序恢復委員會」來管理動亂的國家。導致西方國家中止對緬甸的援助。西方國家譴責緬甸「國家法律與秩序恢復委員會」侵犯人權、破壞民主進程。1991 年 9 月，盧森堡召開的東協與歐盟外長會議，當歐盟堅持把關注人權與環境作為任何東協與歐盟之間經濟合作協議的成分，而東協堅決反對。不久歐盟委員會副主席警告：「不能尊重人權對歐盟與發展中國家（包括東協之間）的關係將有『嚴重影響』」。美國政府則明令禁止美國人在緬甸進行投資，其理由是緬甸「大規模鎮壓民主反對派」。美國國務院發言人指出，我們試圖運用影響力給緬甸一個強烈的訊息，使之明白：「它並不受歡迎」。日本認為，不應該為經濟增長而犧牲人權，強調各國援助應該呼應當前國家與政府的人權狀況。

　　1991 年 11 月在東帝汶首府帝力發生印尼安全部隊槍擊支持獨立的示威者事件，當時荷蘭、加拿大終止對印尼的援助，馬來西亞、泰國、菲律賓等國也受到西方國家關於人權的指責，西方國家的觀點與東協國家的觀點產生很大的分歧。東協一貫反對以一國的人權記錄和缺乏真實的民主作為外交接觸的基礎，東協認為，將人權與民主掛鉤是對一個國家內政的外來干涉。當時新加坡總理吳作棟指出：「就每個國家的內政而言，東協不能對其進行審查，也不會把那些與我們體制不同的國家排除在東協之外。」

　　1997 年 5 月，東協不顧歐盟與美國等西方國家的強大壓力，決定接受緬甸加入組織。西方國家的反對削弱東協對緬甸加入的反對，使其決心採取「一種與西方對立的立場」❼❸。東協各國在緬甸拘禁翁山蘇姬及鎮壓和尚示威，過去因不干涉成員內政的原則，而承擔西方國家直接批評。

　　民主化的浪潮仍然影響東協，尤其是長期維持軍政威權統治的緬甸，於 2012 年 3 月獲軍方支持的緬甸新文人政府上任後，積極實施一連串的政治、經濟改革，釋放政治犯、鬆綁出版控制和言論自由，開啟多項民主改革，而緬甸 2012 年舉行自由、公平和透明的國會補選，一改各國對其負面看法，改善緬甸與西方各國的緊張關係。❼❹ 在 2013 年內因為宗教問題，於緬甸若開邦信奉回教的洛興亞人長期受到

---

❼❸　參見 Amitav Acharya , *ibid.*, pp. 108–114.

❼❹　宋鎮照，「第二十屆東協高峰會的機會與挑戰：一致或分歧」，《海峽評論》，第 257 期（2012 年 5 月），http://www.haixiainfo.com.tw/257-8451.html，瀏覽日期：2014 年 8 月 30 日。

迫害，過著流亡、無家可歸的生活，聯合國難民署指出到 2014 年 6 月為止約有五萬三千人從緬甸與孟加拉邊境逃亡，人數比去年增加 61%，❼❺更有約十四萬人安置難民營，四萬人被緬甸政府隔絕於孤立村莊，這些洛興亞難民缺乏基本生活保障、居住環境惡劣，更無基本醫療服務，❼❻人權嚴重受到侵害，聯合國特使李亮喜亦提出警告，認為緬甸最近的人權和政治自由進步可能出現了倒退，如果放任此情況繼續，緬甸成為國際社會負責任成員的努力可能會被削弱，緬甸的民主化程度與人權議題仍讓人憂心。❼❼2015 年的 11 月，緬甸舉行二十年來另一次大選；2011 年 3 月，軍人正式向民選政府交權。新政府上臺後，繼續實行深度政治改革，並得到包括美國在內的西方國家的認可與肯定，實現由軍人干政的威權政體朝向民主政體的轉型，可視 2015 年大選是緬甸緩慢從「民主轉型期」朝向「民主鞏固」。

　　如何透過《東協憲章》及「東協安全共同體」進行建設性干預而使緬甸惡劣的人權記錄有所改善，關乎東協未來能否成為真正的命運共同體。

　　觀察東協其他成員，在民主化和人權保障的努力上，出現不同的表現，根據美國華府「自由之家」(Freedom House) 2014 年的年度報告，寮、越、柬、緬、汶都被歸屬為不自由國家 (Not free)，印尼、馬、菲、新、泰則被歸為部分自由國家 (Partly free)，❼❽可見東協十國在民主自由的發展上仍待努力，如印尼在 1998 年推翻蘇哈托的獨裁統治後，經歷政黨輪替，黨派間展開相互競爭，公民社會組織也蓬勃發展，在政治參與上發揮重要影響力，也促使政治人物擔負起政治責任、尊重且回應民意需求、保障人權。菲律賓雖然已走上民主道路，但由於其國家資源、土地主要仍掌握於權貴家族，國家貧富差距懸殊，故領導權主要還是在政治菁英與權貴家族手中

---

❼❺ 聯合國，「難民署：從孟加拉灣等地乘船抵達東南亞國家非正規移民面臨困境」，聯合國新聞，2014 年 8 月 22 日，http://www.un.org/chinese/News/story.asp?NewsID=22412，瀏覽日期：2014 年 9 月 7 日。

❼❻ "Burma: End 'Ethnic Cleansing' of Rohingya Muslims," Human Rights Watch, 2013/4/21, http://www.hrw.org/news/2013/04/22/burma-end-ethnic-cleansing-rohingya-muslims，瀏覽日期：2014 年 8 月 30 日。

❼❼ 聯合國新任緬甸人權問題特使李亮喜 (Yanghee Lee) 在仰光召開的新聞發布會所發表之談話，2014 年 7 月 26 日，http://www.voacantonese.com/content/myanmar-rights-20140727/1966087.html，瀏覽日期：2014 年 8 月 30 日。

❼❽ Freedom House, "Country ratings and status, FIW 1973-2014 (EXCEL)," http://www.freedomhouse.org/report-types/freedom-world#.VAQAisXa6So，瀏覽日期：2014 年 9 月 1 日。

循環，真正的民主落實還需努力，人權問題與宗教問題更仍是存在。

泰國自 1932 年推翻絕對君主體制、採行立憲政體迄今，發生二十一次軍事政變，⑦在惡性的政治鬥爭循環之下，影響著整體國家之經濟與社會穩定，貪腐、貧富差距與權力鬥爭問題持續發生，2014 年的軍事政變癱瘓泰國政經社會，為維持社會安定，巴育將軍宣布實施戒嚴與實施宵禁，禁止人民集會結社與行動自由，⑧持續不斷的惡性政治循環，將成為泰國民主過程中的一大障礙。

新加坡自 1965 年獨立以來，「人民行動黨」(People's Action Party) 長期把持政權，實施威權統治，控制境內媒體、言論等，但也由於威權統治，使國內多元族群的加速融合強化國族建構 (nation-state building)，⑧此外，經濟發展的卓越表現使新加坡成為亞洲四小龍之一，執政黨也因此取得統治的正當性，⑧國內社會與政治狀態相對穩定。然而長久以來執政黨利用威權統治的方式，掌握經濟發展、媒體言論、選舉制度設計（如單一選區、集選區制）等之主導權以壓制反對勢力，缺乏公平與自由的政治環境與機制，人民未能有充分的選擇權，新加坡的民主是在威權統控下的民主，雖然近年公民意識提高，反對黨也獲得部分席次，但仍無法撼動人民行動黨國會中的多數地位，政治菁英缺乏民主信念、選舉機制的不公、社會輿論的冷漠都將加劇新加坡實施真正民主的難度，未來民主化的道路將充滿挑戰與波折。

2011 年新加坡人民行動黨於上屆大選中，雖然在八十七席中拿下八十席，但得票率 60.14% 為史上最低，在野的工人黨拿下七席為歷史新高。而 1965 年新加坡獨立後出生的選民人數也已經突破選民總數的五成，為歷史上首見⑧。自 2011 年大選以來，行動黨政府已經藉助設立「我們的新加坡」對話會、派官員出席電視論壇等方式，期待營造行動黨會聽取民眾意見的形象⑧，並希望藉助新加坡獨立五十週

⑦　陳佩修，「泰國的軍事政變與政治變遷」，《東吳政治學報》，第二十七卷，第三期（2009 年），頁 84。

⑧　「國際縱橫：軍方在泰國政治中的角色」，BBC 中文網，2014 年 5 月 24 日，http://www.bbc.co.uk/zhongwen/trad/world_outlook/2014/05/140524_world_outlook_thai_army_politics.shtml，瀏覽日期：2014 年 8 月 31 日。

⑧　翁俊桔，「新加坡的民主困境：第三波民主化的反例」，《稻江學報》，第一卷，第二期（2006 年），頁 246-264。

⑧　郭秋慶，「論人民行動黨與新加坡的一黨優勢之發展」，《臺灣國際研究季刊》，第八卷，第四期（2012 年），頁 63-84。

⑧　「新加坡 9·11 大選反對派聲音浮現」，明報（香港），2015-08-26.

年慶祝活動，令國民感到更自豪，令行動黨的民望變得更高❽，也希望民眾對李光耀的支持可以對行動黨的選情有所幫助。不過，他們在 2013 年發表的《人口白皮書》提議令新加坡人口在 2030 年上升到六百九十萬人，卻引起民眾不滿，更引起在當地罕有發生的示威。此外，和上一屆大選相同的是，收入不均、房屋價格和交通問題仍然是本屆大選的選舉議題，當中地鐵列車延誤和停駛更可能拖累政府的民望❿。按照當地規定，當地年滿二十一歲的公民都擁有投票權；當地新一代對行動黨執政初期新加坡創造的經濟奇蹟產生的共鳴遠遜於他們的祖輩，而且比起一黨獨大制，他們更偏好多元政治和不同的政見，選民也希望有作用的反對派可以制衡人民行動黨和提升新加坡國際形象❿。

　　新加坡於 2015 年 9 月 12 日舉行第十三屆國會大選，總理李顯龍領導的執政人民行動黨 (PAP) 贏得大選，在八十九個國會席次中奪得八十三席，反對黨工人黨獲六席。人民行動黨 (PAP) 自 1959 年新加坡成為自治邦以來，就一直執政至今。2015 年大選是新加坡建國總理李光耀去世後當地舉行的首場大選，國會大選結果執政黨壓倒性勝選。執政黨也光復一個在野黨選區，結果出乎意料。連續執政五十年的人民行動黨在大多數選區均取得較高的得票率，總票數為 69.86%，表現優於2011 年上屆選舉取得的 60%。反觀本屆選舉過程中聲勢浩大的在野黨得票率顯著滑落，表現令人意外。最大在野黨工人黨保住了重鎮後港單一選區、阿裕尼集選區六個國會議席，分別以 57.69% 以及 50.95% 險勝，但以 48.24% 失去補選中贏得的榜鵝東單一選區。可見，新加坡人民於前總理李光耀過世後的首次大選，仍然願意支持其兒子李顯龍，凸顯出新加坡獨立五十年國慶的歡樂氣氛、人民對已故前總理李光耀的感恩情緒，以及政府在過去四年來採取措施應付棘手問題等三因素，都是導致選票回流的原因。

　　馬來西亞自 1957 年獨立以來，也長期受到優勢一黨獨大「國民陣線」(Barisan

---

❽　Chua, Daniel. Managing voice, exit and loyalty in Singapore. New Mandela. Coral Bell School of Asia Pacific Affairs, Australian National University. 2013–02–01 [2015–09–10].

❽　選情料激烈或邁向多黨制. 星島日報. 2015–08–26: A26.

❿　Holmes, Oliver. Singapore elections: Lee Hsien Loong faces toughest test yet. The Guardian (Singapore: Guardian News and Media Limited). 2015–09–10.

❿　Singh, Bilveer. Singapore's GE 2015: Not Quite a Watershed Election (PDF). Singapore: S. Rajaratnam School of International Studies. 2015–08–18 [2015–09–10].

Nasional, BN) 的威權統治，執政黨利用經濟發展鞏固其政治權威，用各種手段箝制反對黨，但於最近兩次 2008 年與 2013 年的選舉中反對陣營大有斬獲，其原因首先是國民陣線長期壟斷政權，導致貪汙腐敗嚴重，加上經濟惡化；其次，由安華事件所引發的「烈火莫熄運動」使馬來人不再支持國民陣線。國民陣線雖然在近兩次選舉中席次大幅減少，但仍是執政黨，選舉的結果使得期望更換政府，或至少反對黨能獲得更多勝利的馬來西亞選民（至少佔了 50% 的人口）感到憂慮，因為，大部分的馬來西亞獨立投票站都預測反對黨即將獲勝。先前 2008 年第十二屆大選的結果，振奮了許多馬來西亞人，並促使選民更關心政治。這個選舉結果，自然而然地，可以預期許多馬來西亞人對政黨輪替幻想破滅，並再次對下一個五年任期間的政治發展，以及選舉委員會對於選舉舞弊裝嚨作啞進行「檢驗」。國際政治評論家認為，在「選區劃分不公」情形仍然到處充斥的情況下，人民聯盟不可能獲得勝利。但是，許多馬來西亞人似乎與過去相比，還更加有決心要努力迎向改變。

對馬來西亞而言，有一個危機隱身在其鄰國印尼背後。不久前，馬來西亞相對印尼仍猶如民主的指路明燈。十年過後，印尼正在發展的民主卻已經遠遠超越了馬來西亞既有的體制。至於緬甸，或許不必太久也能如此。由於前所未有的選舉舞弊嚴重，以及人們察覺到政府缺乏統治正當性而引起的大規模街頭集結、抗爭等等，這些都會再次將各種種族的馬來西亞人團結起來，朝向共同的理想邁進。馬來西亞首相納吉於 2015 年更爆出將國家資金挹注的（一馬公司）轉入私人秘密帳戶之貪瀆事件，可知今後馬來西亞要邁向民主化仍有許多隱憂。

東協各成員國各自擁有不同的歷史文化與背景，因此在政治與民主化的過程中呈現不同的發展狀態，但可肯定各國都朝著政治民主化而努力，而此亦成為推動東協安全整合中不可或缺的重要因素。

本章小結

綜觀前述，東協政治安全共同體的形塑確有其困難，2015 年東協共同體將成立；為解決此問題，東協成員無不投入極大心力，推動東協區域論壇就是很大的一步，東協開始對安全建制有較具體的實踐，使東協由包容式的區域主義漸朝向有限干預的方向移轉，除了官方的努力外，東協也朝著透過第二軌道途徑 (Track II Approach) 進行爭端、議題的談判與協商，藉由官方東協區域論壇與非官方的第二軌道途徑，形成多邊安全的談話機制，兩者相輔相成創造屬於東協區域的安全環境。

除了區域內國家的努力外，在民主化與人權問題上，雖然受限於尊重主權、互

不干涉等協議，導致東協國家尤其是泰國與緬甸之人權、民主化倒退或停滯不前，也因此歐美各國多有微詞。東協各國具有不同的歷史背景、文化、語言、宗教等分歧點，導致東協各國政治發展與民主化出現不同的路徑，尤其在民主與人權議題更為棘手，此亦是東協必須戮力處理、共同面對之議題。

　　一言以蔽之，2015 年底已正式成立東協安全共同體，但對東協組織更重要者為提升治理能力，東協各國更應思考後東協 2015 年 (Beyond ASEAN 2015) 的政治安全、經濟成長、社會文化發展將是影響東協共同體成敗的關鍵性因素。

第九章　東協一軌與二軌多邊安全機制

東協區域論壇 (ARF)、東協戰略暨國際關係研究所 (ASEAN-ISIS) 與亞太圓桌多邊論壇 (Asia Pacific Roundtable, APR)

前　言

在後冷戰時期，東協的轉變相當明顯。東協不願侷限於東南亞區域，並極力對外擴大影響力。1994年起，東協成功地啟動東協區域論壇多邊對話機制。冷戰後東南亞的政經發展，特別於區域經濟整合層面，例如1989年亞太經濟合作會議，於1992年東協高峰會推動形成東協自由貿易區；在1997～1998年爆發亞洲金融危機後，東協十國歷經美國主導國際貨幣基金會強力要求金融體制改革，尋求區域內國家如中、日、韓的協助，於東協之極力主導下形成了「十加三」的架構，亦即「東協加三」。

特別的是，東協建立一軌與二軌的多邊安全機制，一軌的東協區域論壇藉由與其他國家的對話，由政治安全議題、經濟安全議題而到社會、文化議題；二軌的「東協戰略暨國際關係研究所」(ASEAN Institute of Strategic and International Studies，簡稱 ASEAN-ISIS)、「亞太圓桌多邊論壇」(Asia Pacific Roundtable，簡稱 APR)，由學者專家的學術及實務交流而建立非正式的安全機制。

1994年東協區域論壇正式啟動，東協為此一重要之區域多邊安全對話機制之主導力量，東協高峰會於1992年決議成立東協自由貿易區，於2002年東協較老六國正式啟動東協自由貿易區。隨後爆發1997～1998年的亞洲金融風暴，致使部分東亞與東南亞國家貨幣嚴重貶值，影響所及於南韓、印尼、泰國等亞洲國家，東協面對此衝擊深知不可完全依賴美國，必須擁有東亞自身經濟整合力量，以對抗外在衝擊，而後有《清邁倡議》(Chiang Mai Initiative) 與東協十加三之結合，建立東亞區域經濟合作日後的制度安排。近二十餘年來，作為東協重要智庫的「東協戰略暨國際研究中心」藉由召開亞太圓桌多邊論壇會議而使各國學者專家就特定問題進行深入探討，並作出相關建議，以促進各國對話與合作。

第一節   後冷戰時期東協的安全困境

冷戰結束雖可象徵美蘇兩大超強兩極對抗的結束，兩國也陸續減少於亞太區域的兵力部署，但亞太區域也有權力真空 (power vacuum) 的疑慮。

大致而言，美蘇兩超強於亞太區域的力量，並未完全撤退，特別是美國。美國涉足亞太區域事務由二戰結束至今，雖於 1990 年代因越戰損耗國力與尼克森「越戰越南化」外交政策的闡明，牽涉亞洲事務不若從前深入；然隨著新世紀中國崛起，加上南海主權問題使週邊國家不安，2009 年美國再部署「亞太再平衡」(rebalancing in Asia) 政策，事實上美國力量與軍事存在從未遠離亞洲。

以東協國家角度而言，冷戰時期雖已結束，但不意味東亞與亞太即獲得和平。相反地，東協國家擔憂美國軍力撤出亞洲，可能使本區域產生安全疑慮；再者，東南亞各南海聲索國與中國之南海主權糾紛從未止息，使東協擔憂害怕。同時，另有東亞與亞太新興力量如日本、印度、澳洲等，東協認為必須與各大國維持較佳的等距關係，才能有利於東南亞區域安全之維持。

一、美國：亞太區域安全的穩定角色

實質而言，美國於二次戰後結束七十年之間，於亞太與東亞角色並未削減薄弱。冷戰期間強權的介入使亞洲國家陷入美蘇超強爭霸戰，二十世紀末美國評估東南亞區域戰略與美國軍事部署之關連性，而決定撤離軍事基地（菲律賓蘇比克海軍基地與克拉克空軍基地）。然而，即使美國的軍事存在不及於亞洲，但美國改採其他方式，例如外交、經貿、軍事演習與協議（如軍艦泊港休息、加水、添油）等不同方式，持續扮演美國於東南亞的穩定角色，並維持美國於東南亞區域的利益。

(一)後冷戰時期美國與東南亞的安全關係

對美國國家利益而言，東南亞可能並非美國最大利益所在，美國於冷戰結束初期，雖然仍短時間維持軍事基地，但一方面東南亞之重要性不及歐洲、東北亞與中東；另一方面美國國內經濟不理想，導致美國不願過度涉入全球事務。美國於 1992 年正式撤離於菲律賓的駐軍，以因應 1991 年菲律賓國會（參議院）決議美國不應繼續於菲律賓駐防，並終止美國兩軍事基地之租約：海軍蘇比克、空軍克拉克基地。

如前述，即使美國已不再於東南亞區域存在軍事基地，但為了扮演東南亞安全的「平衡者」與「穩定者」之角色，美國軍事撤離菲律賓雖為事實，但美國前國務

卿 Colin L. Powell 指出，「軍事上，美國仍持續強化與維持東南亞區域國家的軍事合作關係，以持續美國對東南亞的安全承諾。亞太地區的和平與穩定，是美國於亞洲的重大利益，而有效阻止其他的單一或集團強權的出現，美國於戰略部署是減少於亞太區域的駐軍，但衝突或危機發生時，美國將會以『決定性武力』介入，速戰速決」。❶

㈡東南亞國家並不反對美國持續於亞洲的軍事存在？

後冷戰時期，美國並不願意花費太多精力於東南亞，一方面美國認為維持軍事基地存在的成本過於龐大，另一方面東南亞部分國家也對美國持續於本區域部署強大的軍事力量持有疑慮。

除了長期以來優游於臺海兩岸，以及中、美之間的新加坡，兩國間軍事關係仍然緊密；泰國與美國之間仍維持固定的「金色眼鏡蛇」軍事演習，印尼與馬來西亞與其他東南亞國家對於美國的軍事力量感受威脅。

對東南亞國協之國家而言，後冷戰時期的亞太軍事權力重組，以及中國崛起導致的威脅，雖使東協感受到不確定局勢，但東協雖然期待美國於東南亞區域仍存在軍事力量，但也不希望單一而獨強的大國力量（區域外強權）於東南亞，宰制了整體東南亞的區域安全。

顯而易見，東協成員國一方面期待美國軍事上於東南亞的持續存在，扮演區域安全平衡的角色；另一方面，東協仍期待透過自身力量來建構區域安全，於外交上採取較為積極主動的策略，企圖擺脫任一區域強權於本區域的全面控制。

而美國於外交上也重申不會離開東南亞，1998 年 11 月美國發表《東亞戰略報告》(East Asian Strategic Report)，顯示美國將於亞太地區加強存在 (presence plus)。❷隨後，美國前助理國防部長 Kurt Campell 也表示：「美國決心增進與東南亞國家的全面性接觸與軍事訓練……此是僅低於某種設置基地卻高於偶爾進行訪問的一種安排」。❸

---

❶　Colin L. Powell, *National Military Strategy of the United States* (Washington: US Department of Defense, 1992), pp.6–7.

❷　Bruce Stock and James Shian, *The Test of War and the Strains of Peace: The US-Japan Security Relations* (New York: Councilon Foreign Relations Study Group Papers, 1998), p.35.

❸　參見胡鞍鋼主編，《中國大戰略》，浙江：浙江人民出版社，2003 年，頁 105。

二、中國：亞太區域安全的威脅角色

　　預估中國於 2020 年人口將已達十三億六千四百萬，上世紀冷戰甫結束時，大約擁有 12 億人口，身為全球人口數第一名的國家，中國仍然抱持「朝貢體系—中國中心」論，上世紀末中國鼓吹「大國」目標，隨著中國力量的崛起，中國期待於全球與亞太事務中不斷擴大影響力，成為多極體系中一個重要的角色。

　　「中國威脅論」開始流行於後冷戰時期，1992 年時美軍退出菲國軍事基地，美國費城「外交政策研究院」(Foreign Policy Research Institute) 亞洲部主任 Ross H. Munro 發表文章指出，中國近些年積極由前蘇聯取得先進武器，將顯著提高北京對中國領土以外區域的軍事干預能力。❹中國軍事力量上升，軍備預算大幅提升，對於周邊國家產生莫大的安全威脅。因此，「中國威脅論」不僅是亞太區域發展較為落後國家憂慮者，同時美國也擔憂對於中國勢力崛起所隱含的區域安全威脅，無法有效加以牽制。❺

　　隨著中國實力上升，以及對週邊國家帶來威脅，東協國家充滿戒心，因此於後冷戰時期，軍備預算不僅未減少，且一直往上提升，此充分顯示東協面對國際與區域安全情勢改變，而存在的安全困境。

三、東南亞國家對於中國懷抱不信任感

　　於 1990 年代東南亞國家普遍對於中國採取「質疑」的態度，因冷戰甫結束，一方面中國年年增加軍備預算（1990 年為 60 億美元；2014 年全年國防預算增至 2160 億美元）；另一方面 1990 年代中國雖然表示南海「主權在我，擱置爭議」，但對主權問題絲毫不肯讓步。

　　東南亞國家對於中國的態度也未完全一致，當時馬來西亞首相馬哈迪主張對中國採取建設性交往 (constructive engagement) 方式，馬哈迪指出「東亞地區最令人憂心的發展即是中國的崛起與逐漸壯大」，因為中國的提升軍備會引發日本採取軍備平衡政策。

　　其他東協國家如新加坡則認為，由於中國強大的經濟發展需求，應不至於破壞區域的和平與穩定；新加坡希望於承認中國為未來東亞可能霸權的情形下，對中國

---

❹　Ross H. Munro, "Awakening Dragon: The Real Danger in Asia from China," *Policy Review*, No. 62 (1992),pp.10–16.

❺　James Walsh, "China: The World's Next Superpower," *Times* (Asia Edition), May 10, 1993, pp.15–39.

採取合作與接觸方式。

　　南海聲索國與中國週邊大國印尼對中國則是高度警戒，菲律賓與越南因南海問題與中國相處不睦，然東協大國印尼則認為中國雖然擴充軍備發展勢力，明顯對於參與亞太事務有其野心，但東協與中國仍應加強交往。

　　隨著東協與區域外國家簽訂「十加一」自由貿易區計劃的推動，「中國－東協」自由貿易區首先於 2002 年簽署架構協定，並於 2010 年正式啟動。東協並於 2003 年接受中國為區域外首先與東協簽訂《東南亞友好合作條約》的國家。但不容否認，中國不願意放棄武力解決海峽兩岸（中國逾千枚飛彈瞄準臺灣）以及南海主權問題（中國不斷填海造陸，並威脅對主權「寸步不讓」），東協國家看在眼裡，自然不可能除去「中國威脅論」之色彩。

第二節　東協一軌多邊安全機制：東協區域論壇

　　如前幾章所述，戰後東協國家歷經殖民到獨立，獨立後擔憂國家利益與區域安全，五創始國成立了東協組織，但冷戰與後冷戰時期東協始終未能在區域安全的議程上取得主導權，東協成員亟思如何突破現狀，成立東協區域論壇於內在因素，即是東協欲取回區域安全之主導權，因應中國崛起對於東協之影響，例如東協認為中國提出「主權在我，擱置爭議，共同開發」，❻但外在行為卻透露敵意。因此，中國雖向東協極力示好，但東協仍認為中國是一個潛在的東亞區域強權，東協必須採取多邊的區域安全協商架構，並將中國納入，才可避免中國威脅。

　　而外在因素，包括美國外交政策重心離開亞洲，與亞洲部分新興勢力如印度、澳洲等亦加強東協成立東協區域論壇 ARF 之決心。首先，美國於後冷戰時期處於「一超多強」格局，且前蘇聯瓦解之際，國內責備過去軍備費用太高影響美國國力的聲音波濤洶湧，美國外交政策由雙邊轉變到多邊主義 (multilateralism)。

　　於多邊主義層次上，東協區域論壇之成立，至少含有下列兩項原因： 1.東協區域論壇是亞太區域主義之實踐。冷戰時期除東協 (ASEAN) 區域組織成立外，區域性多邊國際與區域組織亦持續興起，如太平洋盆地經濟理事會 (The Pacific Basin Economic Council，PBEC)、太平洋貿易暨發展討論會 (The Pacific Trade and Development Conference，PAFTAD) 以及太平洋經濟合作會議 (Pacific Economic

---

❻　1990 年 8 月～12 月中國總理李鵬訪問新加坡、馬來西亞時所提出，但 1992 年中國於南海爭端一連串採取之行動，令東協深感不安。

Cooperation Council，PECC) 等非政府組織之成立，促成了 1987 年「亞太經濟合作會議」(Asia Pacific Economic Cooperation，APEC) 的誕生，區域主義之發展，有助於增進亞太國家間的合作，提高彼此間信任感，進而促成各國於安全議題的合作；2.東協區域論壇於 1994 年在曼谷召開第一次會議，提供了會員國一個討論相關的區域政治與安全議題的論壇，並發展可以維持和平、安全及避免衝突的合作辦法。目前成員包括東南亞國協的汶萊、印尼、寮國、馬來西亞、緬甸、菲律賓、新加坡、泰國、越南、以及東埔寨十國和澳洲、東埔寨、加拿大、中共、日本、紐西蘭、巴布亞紐幾內亞、俄羅斯、南韓、美國、印度、蒙古等十二國再加上歐洲聯盟。同時，東亞與亞太區域，雖是過去三十年與未來三十年全球經濟成長最快速的區域，但也是政治矛盾衝突充斥的區域。東亞區域兩大國——中國與日本長期不合，中國政府要求與威脅每一任日本首相不准參拜靖國神社，日本不甘示威宣稱「釣魚臺島嶼屬於日本領土」，更不論有關歷史教科書、南京大屠殺……爭議事件不絕。

亞太地區除了北韓核武（朝鮮半島）問題、臺海問題（中國與臺灣兩岸）與南海主權爭議（牽涉五國六方）問題等三大衝突引爆點外，不僅未因冷戰結束而趨向解決，反而由於美蘇兩超強勢力離開東亞形成本區域勢力「真空」，導致亞太區域安全問題更加複雜難解。

一、東協區域論壇的成立經過

最早由「東協戰略暨國際研究中心」(ASEAN Institute of Strategic and International Studies, ASEAN-ISIS) 於 1990 年非正式提出，再於 1991 年 6 月向東協各國政府提議，將「東協部長後會議」(Post-MinisterialConference, PMC) 擴大邀請具貴賓或觀察員身分的國家共同與會，針對亞太區域安全問題進行對話，討論區域安全問題。❼1991 年 7 月在吉隆坡舉行的第二十四屆東協部長會議的聯合公報中，提到「東協部長後會議」是 1990 年代討論區域和平、安全議題的「適當基石」(appropriatebase) 之一，更是陳述區域和平安全問題的良好場合。❽1992 年 1 月，

---

❼ Michael Antolik, "The ASEAN Regional Forum: The Spirit of Constructive Engagement," *Contemporary Southeast Asia*, Vol. 16, NO. 2 (September 1994), p. 118–121.

❽ 另兩個基石為「和平、自由及中立區」與「東南亞友好暨合作條約」。*ASEAN Document Series, 1991～1992, Supplementary edition* (Jakarta: The ASEAN Secretariat, 1992), pp.22.

東協第四屆高峰會議所發表的《新加坡宣言》(Singapore Declaration) 中，東協政府首長表示：東協應透過「東協部長後會議」，以強化其在政治與安全事務上，與其他國家的對話。 ❾

　　1992 年，中共在南海採取多項政策宣示與行動，強化對南海的主權立場，中共南海政策的改變引發東協強烈反應。同年 7 月，在馬尼拉舉行的第二十五屆東協部長會議，菲律賓總統 Fidel V. Ramos 呼籲東協於六個範圍加強合作，除了經濟合作（包括貿易自由化）、環境保護、打擊海盜及毒品走私、處理大量勞工流動外，盼能在科技移轉及國防合作。其中，國防合作包括更多軍事諮商、技術交流、訓練與演習等事項。並在此一東協部長會議上，東協首度討論區域安全的問題，而且發表《東協南海宣言》(ASEAN Declaration on the South China Sea)，呼籲相關各造自制，以和平手段而非武力來解決南海主權爭端。 ❿

　　1993 年 7 月第二十六屆東協部長會議，與會外長歡迎 1993 年 5 月新加坡舉行的「東協部長後會議」資深官員會議所獲致的結果，並注意到聚集區域內國家討論政治、安全問題的必要性。他們支持資深官員會議所提議邀請東協成員國、七個東協夥伴國（美國、日本、加拿大、南韓、澳洲、紐西蘭與歐盟）以及三個東協觀察員（越南、寮國與巴布亞紐幾內亞）與二個東協貴賓國（中共、俄羅斯）參加在曼谷舉行的「東協區域論壇」會議，進行安全問題的對話。此乃東協區域論壇正式定名之始。

　　1994 年，隨著在曼谷召開的第一屆會議，「東協區域論壇」也正式成立，爾後參加此論壇的會員國也不斷增加。1995 年第二屆東協區域論壇年會增加柬埔寨為論壇參與對話國，印度與緬甸也於 1996 年舉行的第三屆東協區域論壇年會成為論壇參與對話國。1998 年，蒙古也成為東協區域論壇的參與對話國。2000 年，第七屆東協區域論壇年會中，北韓成為東協區域論壇的第二十三位參與對話國。2004 年第十一屆東協區域論年會壇，在印度方面同意巴基斯坦加入的情況下，巴基斯坦成為東協區域論壇的第二十四位會員國。2005 年與 2006 年，東帝汶與孟加拉兩國先後成為東協區域論壇的第二十五與第二十六個與會國。

　　東協區域論壇的成員國僅限於東亞、北美、歐洲與大洋洲，不包括中東、非洲和拉丁美洲國家。東協區域論壇幾乎涵蓋了整個亞太地區的國家，就地理區域而言，

❾　Ibid., pp.16.

❿　*The Twenty-fifth ASEAN Ministerial Meeting and Post Ministerial Conferences with the Dialogue Partners* (Jakarta: The ASEAN Secretariat, 1992), pp. 33.

東協區域論壇不僅是東南亞區域安全的重要機制，更是亞太地區唯一的多邊安全對話機制。臺灣礙於中共的反對以及主權國家認定等問題，始終無法成為與會國，臺海問題被歸類為中國的內政問題，在不干涉內政的前提下，臺海問題無法被提出來討論，使得該機制針對區域衝突熱點的預防功能大受限制。

二、東協區域論壇的組織架構

東協區域論壇並沒有正式的組織章程，型式上維持一個鬆散的「論壇」模式。在組織方面，東協區域論壇基本上是由一系列的會議所組成的，透過會議中針對安全議題的討論與對話來處理協調爭端。主要的組織架構包括如下：

㈠東協區域論壇年會

配合東協外長會議與擴大外長會議，每年定期輪流在東協國家舉行，通常在每年的 7 月底或 8 月初舉行，由各成員國外長或其代表出席。

㈡東協區域論壇資深官員會議 (ARF Senior Official Meetings)

負責籌備東協區域論壇年會的相關事宜，在年會召開前舉行會議，通常是在每年的 5 月舉行。就區域內的安全問題進行討論，並向年會提出報告。

㈢東協國防官員會議

在擴大國防官員參與方面，還包括: 已列入信心建立措施輔助小組的定期會議。

㈣「會期間輔助小組」(Inter-Sessional Support Group, ISG) 與「會期間會議」(Inter-Sessional Meetings, ISM)

東協區域論壇在年會與年會期間，設有「會期間輔助小組」與「會期間會議」，以協助資深官員會議。「會期間輔助小組」有「信心建立措施輔助小組」(ISM on Confidence Building)，負責信心建立議題，尤其是有關安全概念及國防政策報告書的分析與建議。

㈤東協區域論壇單位 (ARF Unit)

第一屆東協區域論壇的主席聲明中，特別強調東協是論壇的主要驅動力 (primary driving force)；東協區域論壇概念性檔中，亦表示東協在東協區域論壇中扮演樞紐角色。因此，由輪值主席的東協國家提供類似秘書處的服務工作以及協調東協區域論壇的活動，且短期內並沒有設置秘書處的打算。❶ 為了因應東協區域論壇

組織的擴大以及重要性提升，為論壇功能得以強化，東協於 2004 年 6 月 26 日在秘書處下設置了「東協區域論壇單位」。其角色與功能為：1.強化東協區域論壇主席的角色，包括與其他區域或國際組織、防禦性的官方對話機制以及第二軌組織進行互動；2.保管東協區域論壇的檔與記錄；3.管理登記資料；4.作為東協區域論壇制度化的發軔。

三、東協區域論壇的運作特色

　　任何一個組織或機制能否達成其所設定的宗旨或目標，端視其運作是否成功，然這又取決於其是否有一套依循之制度或規章。東協區域論壇雖然在設計上並非一個制度化的機制，但為使其仍能有效運作與發展，乃在其主席聲明中，提供相關建議。

　　第二屆做出《東協區域論壇：概念性文件》(The ASEAN Regional Forum: A Concept Paper)，提出東協區域論壇的運作大致是基於以下四項原則：

㈠發展步調方面

　　採取「漸進發展」原則，即依據概念性檔以及第二屆東協區域論壇主席聲明，東協區域論壇的發展三階段：第一階段：促進信心建立措施 (Promotion of Confidence-Building Measures)；第二階段：發展預防外交機制 (Development of Preventive Diplomacy)；第三階段：發展解決衝突機制 (Development of Conflict Resolution) 循序漸進的發展，因此東協區域論壇只有進度表而沒有既定目標達成的時間表。

㈡政策實行方面

　　採取「自願」原則，亦即歷屆會議雖然都有若干決議，但對於會員國遵行與否並沒有強制性，論壇所推動的活動以及各項計畫，完全依賴各國主動地參與執行。例如：第二屆東協區域論壇主席聲明終究指出，論壇活動鼓勵所有會員國以自願方式向「東協區域論壇年會」與「東協區域論壇資深官員會議」提交一份國防政策說明書；並鼓勵各國參加「聯合國傳統武器之登記」(UN Register of Conventional Arms，UNROCA) 並遞交一份予東協區域論壇；鼓勵成員國以和平手段解決爭端，以及支持全球軍備與裁軍協定等。

⓫　ARF Unit: http://www.aseanregionalforum.org/Default.aspx?tabid=65.

㈢推動工作方面

採取「雙軌並行」原則，為使論壇成員國就所同意之提案進行研議與提出建議，以及促進論壇的發展，將循雙軌方式活動。第一軌 (Track One) 活動由東協區域論壇會員國之政府來執行非官方的第二軌 (Track Two) 活動。

四、東協一軌多邊安全機制：東協區域論壇建立過程與發展

如前述，東協區域論壇為亞太區域首個多邊區域安全論壇，提供重要平臺，相關成員國可就特定的安全議題進行磋商，以期達成問題之解決。

東協區域論壇也是充分溝通的良好場合。（另兩個基石為「和平、自由、中立區」與《東南亞友好暨合作條約》）。⓬而 1992 年第四屆東協高峰會議發表的《新加坡宣言》(Singapore Declaration) 中，東協各國政府首長明確指出：東協應透過後部長會議 (Post-Ministerial Conference，PMC)，以強化其於政治與安全事務上，與其他各國之合作。⓭

㈠東協區域論壇的重要議題

1994 年首屆會議制定成立 ARF 六大目的為： 1.就亞太區域政治安全展開建設性對話； 2.為亞太區域建立信心措施； 3.核不擴散； 4.維持和平； 5.交換非機密軍事情報； 6.海上安全與預防外交。由 1994 年迄 2015 年，東協區域論壇已召開 22屆，對於討論區域安全，如 2001 年全球反恐各項議題，例如以下重要議題（1994年首屆會議暨新世紀以來）分年臚列如下（參見表 9–1；附錄 2）：

表 9–1　東協區域論壇歷屆會議內容簡介

時間	會議內容簡介
1994 年	目標分成三階段： ⑴促進信心建立措施 ⑵發展預防性外交機制 ⑶發展衝突解決機制，以第一軌與第二軌並進的方式進行
1995 年	⑴東協區域論壇的決議應由各成員國間謹慎與廣泛的協商，並達成一致後做出 ⑵設立「會期間輔助小組」(ISG) 與「會期間會議」(ISMs) 以協助東協資深官員會議 (SOM)

⓬　*ASEAN Documents Series, 1991～1992, Supplementary edition* (Jakarta: The ASEAN Secretariat, 1992), p.22.

⓭　*ASEAN Documents Series, 1991～1992, Supplementary edition* (Jakarta: The ASEAN Secretariat, 1992), p.16.

1996 年	(1)強調東協各國簽署的《東南亞無核區條約》對於區域安全及世界和平與穩定的貢獻 (2)呼籲各國以和平方式解決南海問題，並遵守 1982 年聯合國海洋法公約
1997 年	再次強調《東南亞無核區條約》、以及和平解決南海問題外，亦希望可以在《化學武器公約》、《禁止生物武器公約》上取得進展
1998 年	(1)期待恢復南、北韓與北京的官方對話，並啟動關於朝鮮半島和平進程的四方會談 (2)加強國際掃雷合作
1999 年	(1)各國一致認為《東南亞友好合作條約》是加強區域安全的重點文書 (2)探討信心建立措施與預防性外交的重疊部分，並發展預防性外交的概念與原則
2000 年	大國間建設性的作用與穩定的關係，仍對區域和平及穩定有重大影響
2001 年	強調信心建立是東協區域論壇進程的基礎，採用預防性外交的概念與原則報告
2002 年	關注恐怖主義對於區域安全的影響，將加強反恐及打擊跨國犯罪的合作
2003 年	推動預防性外交工作，並加強合作應對恐怖主義、跨國犯罪、海盜等威脅
2004 年	(1)討論朝鮮半島、印尼、緬甸、伊拉克、南海等地的情勢 (2)關注非法走私輕武器的問題
2005 年	以包含信心建立措施與預防性外交的會期間輔助小組取代過去信心建立措施的會期間輔助小組
2006 年	(1)採納預防性外交的概念與原則作為東協區域論壇發展的指標 (2)將舉辦第一次東協區域論壇專家與名人會議
2007 年	將持續強化與其他區域及國際安全組織的一軌、二軌聯繫
2008 年	加強與現有區域及新區域的對話與合作，以維持與提升區域的和平與安全
2009 年	預防性外交活動應加入聯合國與東協憲章的原則，並由官方授權開始擬定工作計畫
2010 年	由高級官員發展預防性外交工作計畫，並以自 1994 年以來的東協區域論壇文件與一、二軌外交為基礎
2011 年	(1)採納海上安全工作計畫 (2)以與東協區域論壇相關之支柱，發展政治與安全合作的區域架構
2012 年	將持續提升信心建立措施，進而實現預防性外交 (preventive diplomacy)
2013 年	藉由東協區域論壇為平臺，合作打擊網路威脅與犯罪
2014 年	(1)將持續實現與加強信心建立措施 (2)強化東協區域論壇的角色，以發展區域安全架構
2015 年	(1)強化一軌與二軌間的聯繫 (2)鼓勵發展 1.5 軌進程，以支持東協區域論壇作為複雜的政治與安全議題的討論平臺

資料來源：作者自行整理。

㈡建立官方與非官方二軌

　　1995～1998 年間確立東協區域論壇，組織上包括政府與非政府的兩軌制運作 (Two Tracks)，會議主席聲明也確定東協區域論壇 ARF 分三階段： 1.促進信心建立措施； 2.預防外交； 3.探討解決衝突機制，同時對朝鮮半島問題、南海問題有所討論，第五屆時界定 ARF 由「信心建立」階段朝向「預防外交」階段。

㈢全球反恐的推動

　　第六屆至第九屆（1999～2002 年）ARF 就預防外交之定義概念原則加以釐清，期間也因 2001 年於美國發生 911 恐怖攻擊事件，2002 年 7 月汶萊 ARF 會議中，決定增設「打擊國際恐怖主義和跨國犯罪會間會議」(ISM on CT-TC)，並通過了美國、馬來西亞提出的《東協區域論壇金融反恐措施聲明》與新加坡提出的《國防官員對話概念文件》。

　　其中，饒富意義的是，1997～1998 年發生的亞洲金融風暴，事實上到 2002 年東協區域論壇方有較正式的議決，可說當年東協於處理金融危機，頗有緩不濟急之勢。

　　ARF 東協區域論壇所關切的具體事例，包括：南海主權問題、朝鮮半島核武問題、核子試爆問題、大規模毀滅性武器擴散問題以及 911 事件後產生的反恐與跨國犯罪問題。目前，東協區域論壇共二十七成員國，除東協十個成員國外，依序加入之國家為首屆成員國十八國（印尼、馬來西亞、菲律賓、新加坡、泰國、汶萊等東協六國加越南、寮國、中國、日本、南韓、俄羅斯、美國、歐盟、加拿大、澳洲、紐西蘭、巴布亞紐幾內亞等十二國），柬埔寨 (19)、印度 (20)、緬甸 (21)、蒙古 (22)、北韓 (23)、巴基斯坦 (24)、東帝汶 (25)、孟加拉 (26)、斯里蘭卡 (27)。由歷屆（1～22 屆）主題中，東協區域論壇討論區域安全可說相當多元且富包容性，關於東協區域論壇歷屆會議舉辦時間、主題、決議與制度建立一覽，詳情可參見表 9–1、附錄 2。

五、當前東協區域論壇成員與關注議題

㈠南海問題之最新發展

　　最近幾年由於南海主權問題深受各方注目，東協外交部長會議曾多次討論，但因東協國家立場不一致，為南海聲索國的菲律賓、越南、馬來西亞、汶萊態度與非聲索國的國家不一致；新加坡與泰國較為中立，柬埔寨總理韓森友中，態度較傾向

中國。

2015 年 8 月 8 日第四十八屆東協外長會議與東協區域論壇原本未正式列入南海問題，但因中國填海造陸，南海情勢日趨緊張，十個東協成員國熱烈討論南海問題。

四個聲索國明確表達對中國的不滿，堅持應與中國儘速完成有關《南海行為準則》的具體綱領，但中國恃靠力量強大，表面不予反對，然實際上進度有限。

由於各國辯論言詞激烈，輪值主席國馬來西亞首相納吉指出，東協可以擔任亞洲「第三力量」，因東協擁有六億多人口，僅次於中國與印度。2015 年東協共同體完成後，將成為全球僅次於美國、歐盟與中國的第四大經濟體。泰國相關人士擔憂當前南海局勢，與 2013 年中國宣布設立東海防空識別區的情勢類似，擔憂中國宣布設立南海防空識別區。

㈡區域內外各國之想法與未來可能之因應措施

先以美日之反應而言，美國對於南海議題始終保持一貫的態度。一方面不想正面與中國直接衝突，另一方面持續軍售武器，加強與東南亞國家軍事外交關係。但是倘若不幸發生戰爭美國不可能不牽涉其中。

雖美國疲於克里米亞與伊斯蘭國等重大議題，卻不能對南海坐視不管。為了有效嚇阻中國的軍事意圖，美日菲在南海進行的首次聯合軍演，❶❹參加此次軍演的是美軍「安提塔姆號」導彈巡洋艦、日本海自「漣號」導彈驅逐艦以及菲律賓海軍「德爾畢拉爾號」護衛艦。軍演主要進行了實彈射擊訓練及夜間艦艇通信訓練。美國與菲律賓海軍連同日本海上自衛隊，三國聯合軍演於 10 月 22 日至 23 日在南海舉行了聯合軍演，此軍事演習明顯衝著中國而來。

中國對此也了然於胸，中國國防部對外宣稱：日本軍演比較密集的階段，2014 年 10 月 22 號、23 號日本與美菲進行軍演之後，2014 年 10 月 25 號又有一艘日本軍艦到俄羅斯參加救援演練。❶❺日美菲舉行的聯合軍演，中國打槍指「中方一貫主張，有關國家之間的軍事合作應該有利於地區的和平與穩定，而不是相反」。

---

❶❹ 馬麗，「美日菲首次在南海搞聯合軍演日媒稱欲牽制中國」，中國網，2014 年 10 月 24 日，http://big5.china.com.cn/military/2014-10/24/content_33864249.htm，瀏覽日期：2014 年 10 月 30 日。

❶❺ 「國防部回應美日菲聯合軍演：不應破壞地區穩定」，環球網，2014 年 10 月 30 日，http://mil.huanqiu.com/china/2014-10/5185292.html，瀏覽日期：2014 年 10 月 31 日。

　　菲律賓一貫強烈指責中國，菲國總統艾奎諾三世於 2014 年 6 月已大動作召開國際記者會，抨擊中國在南海群島附近造行徑。軍方空拍照片顯示中國最近數週將土石、建材運到赤瓜礁填海造陸，「他們正準備建一條跑道」，此舉違反《南海各方共同行為準則宣言》中禁止在主權爭議地區新建設施。被問及中國在該礁嶼興建跑道之想法，外交部長 Albert del Rosario 稱「根據《聯合國海洋法公約》，赤瓜礁位於菲國專屬經濟區內，中國也是該公約簽署國。根據以上資料顯示，中國在這五個島礁的積極布署，不管是在海權的擴展還是經濟資源的掠奪，都嚴重影響菲律賓海域的生存空間」。目前，菲國走的兩條路：訴諸國際法院或軍事武力警告。照國際往例即使被控訴國明白違反國際法，倘若被控訴國不遵守，國際法庭無強制執行能力。因此，菲律賓想藉著國際法院來解決南海問題可能性微乎極微。

　　中菲兩國由於軍事實力懸殊，正式宣戰可能性微乎其微。目前全球軍事力量排名，中國排名第三，菲律賓第二十三，❶而且空軍沒有戰鬥機，中國卻有航空母艦瓦遼寧號及性能優秀的戰機。因此，菲律賓只能把希望寄託在美菲共同防禦條約，一方面是因為美國的再平衡策略與軍事優勢，另一方面是 2007 年 11 月，美國小鷹號航空母艦在太平洋日本和臺灣海域間進行軍事演習時，一艘中共宋級潛艦無聲無息浮出水面，令美國海軍非常驚訝。❶以上案例都提醒美國，需要把更多的注意力放在南海，一旦菲律賓無力阻止中國的侵犯，美國的島鏈封鎖戰略將被突破，石油或其他資源的運輸將會受到威脅。

　　根據 2014 年 6 月 8 日的消息指出，菲越海軍在領土爭議島嶼舉行多項友誼賽。可以大膽推論除了美國之外，擁有共同利害的越南也是菲律賓亟欲拉攏的目標。東協平臺也是最近菲律賓可用來伸張自己權力的地方，但是東協組織裡大多數的成員與中國的經貿往來非常龐大，再加上與中國關係良好的緬甸 2014 年是東協的輪值主席國，❶所以透過此途徑來解決南海爭議筆者覺得可能性很低。

　　再者，分析以民族強悍著稱之越南，跟菲律賓相比，越南的動作更為積極，在

❶　李奉先，「中國軍事實力名列全球第幾位？」，新浪新聞，http://news.sina.com.tw/books/love/barticle/3910.html，2014 年 10 月 31 日瀏覽。

❶　呂振安，《中共潛艦突穿第一島鏈之戰略意涵》，臺北：淡江大學國際事務與戰略研究所碩士論文，2010 年，頁 13–16。

❶　JanePerlez andWai Moe，「緬甸官員稱在南海問題上支持東盟立場」，紐約時報中文網，2014 年 7 月 2 日，http://cn.nytimes.com/world/20140702/c02myanmar/zh-hant/，2014 年 10 月 31 日瀏覽。

2014 年 5 月 981 鑽油平臺事件引發排華暴動之後，中越關係也越來越緊張。和菲律賓相比，越南顯然能做的選擇很多，不論透過軍事力量，或是可以利用的盟友。越南和俄羅斯的關係較以往更加密切，因為在 2012 至 2015 年越南成為俄羅斯武器最大的買家，[19] 寧願放棄 2019 年亞運會的舉辦權也要提高軍購預算可見越南的堅定立場。同時，美國也是越南想要拉攏的目標。一方面，美國力挺越南，批評中國在西沙設置鑽油平臺是「挑釁行為」；另一方面，越南領導階層針對中國的談話也愈來愈強硬，也可以看出聯俄制中的可能性很大。

因此，越南這個市場對美國來說潛力無限，雖然沒有跟菲律賓或臺灣一樣跟美國簽署共同防禦條約，但如同英國前首相 Lord Palmerston 所說：「國際社會沒有永遠的朋友，也沒有永遠的敵人，只有永遠的利益。」相信伺機拉攏越南牽制中國，對美國來說絕對是有利無害的。

至於越南跟菲律賓合作成功的可能性相當低，一是菲越兩國的國力並不一致，屆時如果中越爆發衝突，菲律賓可以支援的力量相當有限，二來就近年來的資料可看出，越南想要左右逢源，利用美俄兩大國聯合制約中國。因此，菲越的合作可能只是名義大於實質。[20]

雖然 2014 年 5 月越南領土境內爆發所謂的反中行動，然而雙方的衝突爆發戰爭可能性極低。因為兩國經貿關係緊密，自 2004 年起，中國已經連續十年成為越南第一大貿易夥伴，目前為止中國還是越南最大的進口國，占出口總額的 10%，另外，中國海關統計，2013 年，中越雙邊貿易額達到 654.8 億美元，同比增長 30%。[21] 目前，中越關係的停滯不前南海爭議是唯一的障礙，照這種趨勢發展下去，基於對主權及現實主義的考量，越南寧願放棄中國龐大的經濟利益，也不願在南海主權問題上讓步。為了有效制衡中國，美國近年來更是極力拉攏越南，加強軍事層面交流使美越關係正常化。

---

[19]　遲來的中越衝突只是南海紛爭的開始」，和訊網，2014 年 05 月 19 日，http://news.cnyes.com/Content/20140519/KIVG7UW083R6U.shtml，2014 年 10 月 31 日瀏覽。

[20]　林若雩，「剪不斷理還亂：中國南海島嶼造陸的戰略意涵」，《展望與探索》，第 12 卷，第 11 期（2014 年），頁 5–12。

[21]　張璐晶，「中國企業越南生存現狀調查」，《中國經濟周刊》，第 20 期（2014 年），http://paper.people.com.cn/zgjjzk/html/2014-05/26/content_1434182.htm，2014 年 10 月 31 日瀏覽。

　　值得注意者，臺海兩岸問題不曾列入東協區域論壇之議題，由於中國強調臺海問題為中國的內政問題，不同意將臺海議題於 ARF 會議討論。而東協國家又基於《東南亞友好合作條約》中有「不干涉他國內政」之原則，便忽略對臺海問題之討論；加諸所有新成員之加入需經由全體會員國的共識決，因而臺灣被排除於外，也無法對於臺海問題提出看法。因此，ARF 能否真正討論亞太區域多邊安全，或有助於解決爭端，仍然有所疑問，此亦是許多研究國際關係與區域安全學者，對 ARF 功能存疑之原因。

㈢臺灣如何處理南海主權紛爭

　　2016 年 1 月 8 日，即將卸任的馬英九總統突然登上太平島，該項行動事先並未徵詢立法院，而從事此一卸任前的「宣示主權」之行為。

　　馬英九此舉，被視為其一貫主張與中國相同，例如 1948 年中華民國宣布的「十一段線」，及後來中華人民共和國修正內容，將部分主權給予（讓渡）越南，而有後來的「九段線」。馬英九於 2015 年底 12 月時本欲造訪太平島，但因美國方面反對而作罷，但 2016 年元月重新探勘去了太平島，行為具兩大意涵： 1.目的在於對外表達中華民國擁有南海主權； 2.其自身欲彰顯「中華民國存在」的道統。

　　馬英九總統的行動是否恰當，外界有不同解讀，但於即將卸任之前，想對下任新政府府下「指導棋」，並強調以善意對中華人民共和國「表態」，外界解讀其等同購買入場券，於卸任後穿梭兩岸，期望未來能如同連戰、吳伯雄等國民黨前主席，獲得大陸的肯定，進而能前往中國時得獲對岸奉為上賓規格接待。

　　馬英九此舉在博得個人「歷史地位」與名聲，未必符合國民黨或者臺灣的國家利益，理由分析如下：

一、亞洲目前仍是中美兩大強國爭蜂。

　　美國於 2009 年表達「重返亞洲」之後，極有發揮其亞洲之影響力；2014 年 9 月，前美國在臺協會臺北辦事處處長司徒之提及臺灣的南海主權之角色，主張「臺灣可以考慮放棄南海部分主權，並宣示二百海哩的專屬經濟區」。司徒之並表達美國重返亞太之政系乃是因應中國崛起，而臺灣不僅有能力，也應扮演重要角色。

　　臺灣於中、美之間很難選擇，也不能得罪任一大國，因此臺灣的因應之道，即是細心觀察中、美兩國之互動情形，因目前中美為全球最具實力的兩國，臺灣與美國、中國之特殊三角關係又相當複雜而不易兩面討好，惟有臨淵履薄，審慎處理與

面對可能的南海變局。

特別是 2016 年 5 月新任總統蔡英文上臺，挾其之高民意、高支持度而可以向臺灣人民說明其處理南海主權是依據國際法與 1982 年《聯合國海洋法條約》，民進黨主張「公海上的自由航行權」，使我國之處理南海主權，明顯不同於中國。

美國歐巴馬總統於 2016 年 2 月邀請所有十個東協國家領導人前往美國，舉辦「美國－東協」高峰會，會議的重要議題即是如何對於中國於南海「填海造地」或針對中國意圖實施其「九段線」南海主權，提出因應之道。雖然於會議中間未能獲得全體一致同意的共同結論，但與會各國領導人與美國歐巴馬總統已建立良好的私人情誼。

二、未來我國的南海對策，應有下列之考量：

1. 目前我國的有效司法管轄權範圍，僅及於臺澎金馬地位區。臺灣不必打腫臉充胖子，一定要與中國同步採取「九段線」的南海主權論點。

2. 菲律賓已將相關爭議島嶼主權問題，提交荷蘭海牙國際法庭處理。臺灣適宜靜待判決之結果，不必伴隨中國音樂起舞。

3. 臺灣與中國，不宜於南海問題共同合作，如上所述，海峽兩岸彼此間的主權爭端尚未解決，臺灣內部於二次世界大戰以來，為統獨問題爭吵不斷（停），迄今仍無藥效良方。中國之填海造人工島礁，引起周邊國家不安，美國及東協的南海聲索國懷疑中國欲主導南海議題，而且「軍事化」南海。

4. 臺灣目前僅占領南海最大的太平島，實力不足情況下，如果欲強力介入南海主權問題，結果只怕「吃力不討好」，徒然引起東協周邊各國對臺灣之疑慮不安，並造成東亞區域安全之不良影響。

5. 南海議題上，凸顯我國遵守《聯合國海洋法公約》。對臺灣而言，於南海議題不至挑釁東協各國主權，即是一個較務實的因應之道。

第三節　東協二軌多邊安全機制：東協戰略暨國際關係研究所 (ASEAN-ISIS)、亞太圓桌多邊論壇 (Asia Pacific Roundtable, APR)

加拿大著名學者 Paul Evans 認為，所謂第二軌道，一般指非政府或政府委託、簽屬合約的機構對安全問題的分析和對政策反應所做的準備。參與者為各種類型的

政策專家，包括學術研究人員、退休官員、偶有記者和政治人物，特別重要的還有，以私人身分出席的政府官員。如果按照參與者身分和目的來進行細分的話，各種軌道的區分標準為：第一軌道指政府部門；第二軌道指希望與政府組成團隊並試圖影響政府的政策專家；第三軌道指對政府工作持批評態度的人士；第四軌道指企圖推翻政府的激進分子組織。㉒澳洲著名學者 Stuart Harris 認為，一般而言，第二軌道係指非政府活動或制度聯繫，其形式可能是多邊的，其參與者包括學術界、代表個人身分的官員和工商界人士等。㉓於 1994 年正式啟動的東協區域論壇 (ASEAN Regional Forum, ARF) 便是東協一軌安全機制；東協戰略暨國際關係研究所 (ASEAN-ISIS) 與亞太圓桌多邊論壇 (Asia Pacific Roundtable, APR)，則是東協的第二軌道多邊安全機制。

第二軌道（Track two，簡稱為 T2），為純粹政府間外交相對應的一種民間外交活動。第二軌道概念，最早是美國前外交官 Joseph V. Montville 於 1982 年提出來的。㉔Joseph V. Montville 的第二軌道核心概念主要指為瞭解決衝突，透過心理因素作用，在敵對的組織和國家之間施加非官方和非結構性的影響，第二軌道活動的三大基本形式：1.解決問題的專題研討會；2.公眾輿論的影響；3.合作性的經濟活動。這一概念將政府部門開展的官方外交活動歸屬於第一軌道外交，其他使用半官方、非官方途徑解決衝突或糾紛，包括知名人士、非政府組織和輿論等社會力量促成糾紛的解決，都屬於非正式途徑之列，也就是所謂的第二軌道。早期第二軌道多運用

㉒　Paul Evans, "Possibilities for Security Cooperation in the Asia-Pacific: Track 2 and Track 1," Pacific Symposium 2001, Organized by the National Defense University, The US Pacific Command and the Asia Pacific Center for Security Studies, Honolulu, 27 March, 2001. 請參閱 http://www.ndu.edu/inss/symposia/pacific 2001/evanspaper.htm，瀏覽日期：2014 年 11 月 9 日。

㉓　Stuart Harris, "The Regional Role of Track Two Diplomacy," inHadi Senator and Anthony Bergin, eds., *The Role of Security and Economic Cooperation Structures in The Asia Pacific Region: Indonesian and Australian Views* (Jakarta: Center for Strategic and International Studiesin cooperation with Australian Defence Studies Center, Canberra, 1996), p.143.

㉔　Joseph V. Montville, "The Arrow and the Olive Branch: A Case for Track Two Diplomacy," in John W. McDonald and Diane B. Bendahmane, eds., *Conflict Resolution: Track Two Diplomacy* (Washington, DC.: Foreign Service Institute, 1987), p.124.

於中東區域，Joseph V. Montville 首次提出此一概念時即專門用在解決中東以、巴衝突問題的各種民間努力上。❷此後，不斷有學者對此觀點進一步發揮，並將此一概念適用範圍和重點由中東區域轉到亞太區域。

　　關於亞太區域第二軌道活動的特點，中國海外學者李虎將其歸納為六個方面：1.參加人員的非官方性。即無論參加者實際的公職位階如何，參與第二軌道活動，均以私人身分參加；2.所發表意見的非正式性。即參加者在第二軌道場合所發表的觀點不被認為代表任何政府或官方組織的立場或承諾，並且發言不記錄在案；有關會議檔案和資料僅僅限於個人傳閱，且通常不得複製、公開傳播或直接引用，會議發表的宣言等也不具有政策的約束力；3.所探討議題的現實性和政策趨向性。即第二軌道所探討的多為第一軌道的努力所難以達成的，但通常又事關重大、亟待解決或是具有前瞻性的問題，且重在提出具有建設性的解決問題的政策方案，而不僅僅停留在學術探討的層面；4.參加人員實際身分的多樣性。第二軌道活動的參加人員不僅有現任或離任的政府官員（包括外交官、軍界人士、情報人員等）、政府智庫的研究人員、相關領域的學者，亦包含記者、商界人士等；5.組織成員的交叉性。不少政府官員、政策研究人員和學者同時身為多個民間組織的成員；6.與政府安全政策制定的相關性。第二軌道的參加者或者由於其特殊的個人背景（社會關係、職業經歷等），或者由於其公職身分而使其與各自政府的安全政策決策層之間存在著某種微妙的個人或組織層面的關係。❷

　　因而，第二軌道被認為與第一軌道的安全政策取向，參與各方心照不宣。首先，此聯繫不僅表現在第二軌道的參加人員必須首先得到各自政府的首肯；其次，並且大多數第二軌道的參與者在參加完有關活動後，必須向其在職的部門或更高層提交情況彙報；並且，參與者發表個人觀點時難以擺脫各自政府在有關安全問題上的立場影響，很難擺脫成為政府的傳聲筒。事實上，以非官方、私人身分著稱的第二軌道活動的主要財政來源，有的也來自各有關國家政府的資助，已是公開的秘密。

　　第二軌道主要運作方式是召開各種論壇、研討會和培訓班。第二軌道外交，也被稱為會議外交。根據加拿大亞太研究中心編制的「對話與研究監察」統計，1995

---

❷　Michael Bavly,"Second Track Diplomacy," 請參閱 http://www.Shalam.org/Second%20Track%20Dipomacy.htm，瀏覽日期：2014 年 11 月 16 日。

❷　李虎，「亞太多邊安全中的第二軌道」，*Overseas Young Chinese Forum*，第 1 卷，第 3 期（2001 年），http://www.oycy.org/Perspectives/Chines-e /Chiese-3-09302001/LiHu.htm，瀏覽日期：2014 年 11 月 19 日。

年至 2000 年度亞太區域安全合作各種類型的多邊對話會議共計 441 次，年均 73.5 次。其中，第一軌道的會議共計 93 次，年均 15.5 次；第二軌道會議共計 349 次，年均 59 次。按 6 年平均計算，第一軌道會議占會議總數的 21%，第二軌道會議占 79%。由此可見，第二軌道會議在數量上是官方第一軌道會議的四倍，遠超過了第一軌道會議。以 1995 年為例，在亞太區域平均每週就有二場以上的第二軌道舉辦的會議。

　　東協戰略暨國際關係研究所、亞太安全合作理事會與亞太圓桌多邊論壇則是東協的第二軌道多邊安全機制。分別說明於下：

一、「東協戰略暨國際關係研究所」(ASEAN-ISIS)

　　「東協區域論壇」概念性文件特別提到協助「第一軌道（東協區域論壇）」官方論壇對話的兩個「第二軌道」機制：「東協戰略暨國際研究所」(ASEAN-ISIS) 及「亞太安全合作理事會」(CSCAP)。

㈠東協戰略暨國際關係研究所之成立

　　東協戰略暨國際研究所所提出的建議，多數均被第一屆「東協區域論壇」所討論及支持。東協戰略暨國際研究所是向東協登記在案的非政府組織，成立於 1988 年 6 月 27 日，其初始成員包括：印尼「戰略暨國際研究中心」(Center for Strategic and International Studies, CSIS)、馬來西亞「戰略與國際研究所」(Institute of Strategic and International Studies, ISIS)、菲律賓「戰略暨發展研究所」(Institute for Strategic and Development Studies, ISDS)、「新加坡國際事務研究所」(Singapore Institute of International Affairs, SIIA)㉗、泰國「安全暨國際研究所」(Institute of Security and International Studies, ISIS)。㉘ 之後再加入的有越南「外交學院」(Diplomatic Academy of Vietnam, DAV)、汶萊「戰略與政策研究中心」(Brunei Darussalam Center for Strategic and Policy Studies, CSPS)、柬埔寨合作與和平研究所 (Cambodian Institute for Cooperation and Peace, CICP) 及寮國外交事務研究所 (Institute of Foreign

---

㉗　新加坡國際事務研究所，http://www.siiaonline.org/page/isis。

㉘　「東協戰略與國際問題研究所」成立於 1988 年，其成員包括東盟 5 個成員國中成立於冷戰時期的 5 個「非官方」機構：馬來西亞的「戰略與國際問題研究所」(ISIS)、菲律賓的「戰略與發展研究所」(ISDS)、新加坡「國際問題研究所」(SIIA)、印尼的「戰略與國際問題研究中心」(CSIS) 和泰國的「安全與國際問題研究所」(ISIS)。

Affairs－IFA)。

　　東協重要智庫「東協戰略暨國際研究中心」(ASEAN-ISIS) 於 1990 年時，針對東協於後冷戰時期面對新的區域情勢，提議於後部長會議 (ASEAN Post-Ministerial Conference，PMC) 與東協對話夥伴國的部長們共同出席研商；1993 年的 PMC 午餐會中，部長們討論並接受資深官員會議 (Senior Official Meeting，SOM) 之建議，建立有關亞太區域安全多邊對話機制，並決定於 1994 年二次聚會，正式推動此一機制之成立，並稱呼其名為東協區域論壇 (ASEAN Regional Forum，ARF)，此論壇因此於 1994 年正式成立。

　　各研究機構囿於各國政治體制、經濟發展及社會文化的不同，其組織架構、目標任務、經費來源、研究人員素質、舉辦會議能力與規模以及針對區域重大情勢與議題關注的程度上等各方面亦有所不同，整體而言素質參差不齊，在此情況下，如何整合研究資源、規範及相互協調、合作，即成為東協戰略暨國際研究所各成員必須面對的實際問題，就筆者的研究與觀察顯示，該研究所仍具成長與調整的空間，亦面臨諸如整合、資金及與官方關係等未來挑戰❷⑨。

㈡新世紀以來的東協戰略暨國際研究所

　　1980 年代，隨著前蘇聯的解體，持續了近半個世紀的兩極冷戰格局宣告終結，世界首次以和平的方式轉變。這種前所未有的格局轉換方式影響後冷戰新格局的發展。隨著冷戰的結束，兩極格局的解體，世界進入了新舊格局交替的重要時刻。冷戰雖然結束，但其遺緒 (legacy) 沒有全部消除，加以各國之間往往存在不同經濟利益，因而國際武裝衝突未能停止。冷戰後國際局勢的另一特點是美國一強獨大，因而造成國際關係失去平衡。美國勢力的擴張不僅受到歐洲、俄國、中國的制約，而且引起部分發展中國家的不滿。結果出現 2001 年襲擊美國的 911 恐怖事件，以及美國借反恐而先後發動的阿富汗戰爭（2001 年）及伊拉克戰爭（2003 年）。美、英等聯軍出兵伊拉克，受到俄、法、德乃至中國的反對，而聯合國的作用也再度受到挑戰。各國外交政策的分歧，再次令國際上出現大國對立及重組關係的傾向，引起人們的高度關注。

　　整體而言，當前的國際情勢相對現穩定，國際間發生大規模衝突的可能性不大，但仍存在區域上的衝突與緊張的情勢。當前全球化的趨勢依然前進，國際間經貿的

---

❷⑨　曾家規，東協外交智庫－東協戰略暨國際研究所 (ASEAN-ISIS) 角色與功能之研究，淡江大學亞洲研究所碩士班碩士論文，2014 年 1 月，頁 28–30。

合作與整合加強，但冷戰後所遺留下的意識型態對立、領土主權的紛爭，與宗教及文明的對立卻依然存在，造成部分區域的衝突與緊張關係。上世紀末、新世紀初國際間呈現所謂的「一超多強」權力格局。美國是唯一的超級強國，其他大國包括中共、俄羅斯、日本、歐盟的英法德等三國、以及印度。其中中國的崛起最受到矚目，目前其已是全球第四大經濟體，預估 2020 至 2030 年時將超越日本成為第二大經濟體，至 2050 年時有可能超越美國成為第一大經濟體。冷戰結束後，全球化的趨勢日益明顯。所謂的全球化係指國際的相互依賴與相互影響增加、國際的時空隔閡大幅度的縮減。世界出現一個日益擴大的資本主義式的單一市場，在此單一的市場中，國際的資金、貨物、服務、勞力等能自由的移動，各國的經濟利益被包裹成一個整體，並進而向政治、社會、文化等領域蔓延，包括歐盟的擴大、北美自由貿易區的建立、東協自由貿易區、中共與東協預計 2010 成立自由貿易區、東協加三、大中華市場的形成等；通訊、電腦與網路科技的進步也提供了此一全球化趨勢的科技基礎。

　　英國學者 Martin Shaw 指出：一種具有決定性的、獨立與象徵性的轉變，已使全球朝向單一世界之方向變遷。單一世界如果出現，以國家為安全主體的思考將無意義，主權弱化後的「國家」與「區域」將無太大區別。社會學者已注意到此一現象，英國學者紀登斯即指出：全球化運動正在影響全世界各個國家的地位與能力，主權不再是最重要的事物，國家邊界與過去相比，正在不斷的變模糊。但全球化亦非無後遺症，隨著全球化的出現，人類之間的互動更為頻繁與緊密，互賴度升高，國家疆界作為區隔國境內外接觸的功能正逐漸弱化中，國境內環境受到境外因素影響的幅度與機率也愈大。國家安全產生新的威脅，包括國際經濟及金融的危機、能源價格的波動、跨國犯罪的猖獗、重大疾病的傳播、外來思潮的衝擊等。

㈢東協戰略暨國際研究所的功能及活動

　　亞太區域安全合作難以在官方層面加以展開。為緩解區域安全的不確定性所帶來的負面影響，並促進亞太各國在軍事和安全問題上的交流與合作，東協戰略暨國際研究所在立足於鞏固自身安全環境的同時，自成立以來，一直致力於推動亞太第二軌道多邊對話，並運用東協的大國平衡外交策略，將第二軌道外交機制擴展到亞太區域。

　　亞太區域的第二軌道多邊對話機制主要分兩類，第一類是東協與其對話夥伴的多邊對話機制。❸主要包括：「東協加一」為中國與東協建立「中國－東協自由貿

---

❸　曾家規，東協外交智庫－東協戰略暨國際研究所 (ASEAN－ISIS) 角色與功能之研

易區」(China-ASEAN Free Trade Area, CAFTA)，又稱「東協十加一」。❸由於中國自二十世紀 90 年代以來，與東協各成員國逐漸恢復外交關係，加上其經濟勢力崛起，為區域整合帶來效益，以及在 1997 年亞洲金融風暴時，對備受衝擊的東協各國給予貸款援助，有助於各國穩定國內經濟情勢，皆使東協各國對中國在經濟合作方面轉而持以正面態度。❸東協加三是東協會員國與中國、日本和韓國等三個東亞鄰近國家的合作機制，又稱「東協十加三」❸、「ASEAN+3」等。三國分別於 1997 年 12 月 16 日在馬來西亞吉隆坡與東協發表聯合聲明，承諾基於相互的利益與責任，共同為亞太的區域和平穩定、經濟成長繁榮、社會文化發展等層面共同努力。❸其他的對話機制尚有東協─美國對話會議（1981 年)❸、東協─日本對話會議（1987 年)、東協─中國對話會議（1996 年)❸、美國─日本─東協對話會議（1990 年)、東協─韓國論壇（1995 年) 等。

　　第二類機制主要是東協戰略暨國際研究所發起和主辦的東協以及亞太區域第二軌道外交機制，這些多邊對話機制不僅包括了亞太區域的主要大國和經濟體，而且涉略議題的範疇也十分廣泛，特別是東南亞金融危機之後，各國關注的議題逐漸從政治與安全的傳統領域拓展到經濟、人權、洗錢、毒品、人口走私、跨國組織犯罪、反恐及環境變遷等非傳統安全的領域。❸這些對話強化了各國之間的交流機制，深

　　究，淡江大學亞洲研究所碩士班碩士論文，中華民國 103 年 1 月，頁 99–101。

❸　東協「10+1」是指：東協＋中國自由貿易區、東協＋韓國自由貿易區、東協＋日本全面經濟夥伴協定，所以是有三個東協「10+1」。

❸　請參閱 http://www.aseancenter.org.tw/ASEAN1.aspx。

❸　東協「10+3」則是指：東協與中國、日本、韓國，四個經濟體一起簽一個自由貿易協定：東亞自由貿易協定。

❸　http://www.aseancenter.org.tw/ASEAN3.aspx

❸　有關東協與美國關係請參閱政治大學國關中心劉復國於 2008.01.01 所著美國與東協關係─http://iir.nccu.edu.tw/index.php?include=article&id=2310。

❸　1991 年，中國與東協開始正式對話。當年 7 月，中國外長錢其琛出席了第 24 屆東協外長會議開幕式，即中國開始成為東協的磋商夥伴。隨著政治交往的不斷發展，中國 1996 年 3 月明確提出希望成為東協全面對話國。中國的倡議獲得東協各國的積極回應。同年 7 月，東協外長一致同意中國為東協的全面對話夥伴國。中國首次出席了當月舉行的東協與對話夥伴國會議。中國與東協間的資深官員會議、商務理事會、聯合合作委員會、經貿聯委會以及科技聯委會共同構建了中國──東協五大平行對話合作機制。請參閱 http://proj.ncku.edu.tw/seataiwan/P4-2.htm。

化了彼此間的溝通管道，有助於增進瞭解，加強信任，為東協整體外交事物較以往
增添更多元的選項與施政方針，為區域政治安全、經濟繁榮富庶盡一己之力。其中
許多機制對東協自身建設和亞太區域合作，均產生了深遠的影響，特別是東協戰略
暨國際研究所主導的亞太圓桌會議（APR）❸、人權對話會議（AICOHR）和東協人
民議會（APA）❸。此三個對話會議對東協之發展，奠定了穩定的基礎，例如亞太圓
桌會議促成了建立「東協區域論壇」第一軌道的構想，並實踐之；人權對話會議帶
動了亞太區域對人權的重視，並出版區域的人權報告書；而東協人民會議讓東協人
民及相關的民間社會組織實際參與東協的發展政策。

表 9-2　東協戰略暨國際研究所主導的第二軌道對話機制彙整表

會議名稱	成立時間	發起機構和參與成員	會議主旨
亞太圓桌會議（APR）	1987 年 1 月	由馬來西亞戰略與國際研究所發起及主辦，會議由「加拿大國際開發署（CIDA）」長期資助，每年 6 月在馬來西亞吉隆坡舉行	討論安全問題，透過相互交流增加成員國之間得信任和減少衝突，自「東協區域論壇」1992 年成立後，就安全對話展開進程
人權對話會議（AICOHR）	1994 年 1 月	菲律賓「戰略與發展研究所(ISDS)」主辦，通常每年 2 月在菲律賓馬尼拉舉行	就東協區域的人權問題展開討論，以促進區域內人權狀況的改善，充分保障人權
東協人民議會（APA）	2000 年 11 月	由「東協戰略暨國際研究所」與其成員合辦，首次會議在印尼雅加達舉行，主辦方為印尼「戰略與國際研究中心」	培養東協區域人民的東協意識，探討東協建設政治、經濟和社會、文化共同體建設過程中的問題

資料來源：曾家規，東協外交智庫—東協戰略暨國際研究所(ASEAN—ISIS)角色與功能之
　　　　　研究，淡江大學亞洲研究所碩士班碩士論文，中華民國 103 年 1 月，頁 101。

---

❸　關於東南亞金融風暴的詳細經過與原因，可參閱 Karl D. Jackson (ed) (1999) 及 Hoa
　　and Harvie (eds.) (2000) 所編論文集。

❸　參見亞太圓桌會議（Asia-Pacific Roundtable，簡稱 APR）的議事規則。該年會是目
　　前亞太區域規模最大的第二軌道年會，由馬來西亞戰略與國際問題研究所和東協戰
　　略與國際問題研究所共同主辦。關於其歷史，請參閱 Paul Evans, op. cit., p.133,
　　Appendix I。

❸　Hadi Soesastro, et al., *op cit.*, pp.11-12.

二、亞太安全合作理事會（Council for Security Cooperation in the Asia-Pacific，簡稱 CSCAP）

　　東協戰略暨國際研究所自上世紀 1980 年代成立迄今，至衝突不斷又兼具國際合作的二十一世紀，該研究所的工作重點亦隨著國際局勢的變遷、影響區域安全情勢議題及重大突發事件等情況進行二軌機制之相關對話活動，以呼應區域及國際局勢的變革，讓東協此一組織在詭譎多變的情勢當中，穩定發展、成長茁壯。東協成立近五十年歷經相當多的改變，在冷戰結束後加快改變的速度，尤其是在 1997 年的金融危機之後，進行全面的變革運動，如此的氛圍亦大大的影響東協戰略暨國際研究所的因應措施與運作模式，即東協所面臨的挑戰與變革會直接反映在該研究所身上。為了因應區域時局變化，東協必須適時調整或改變策略，而最具關鍵性的改變列舉如下：　1.擴大東協組織；　2.對東協部分成員國推動民主化及政治系統多元化；3.在 2003 年的東協高峰會、《峇里第二協約》（2003 年）、《峇里第三協約》（2011 年）明確地推動東協共同體的遠景，還有與前述願景同等重要且正執行中的東協加三、東亞高峰會，東協的改變為東協戰略暨國際研究所創造出新的政治環境與發展空間。

　　正因東協上述三大改變，亦造就東協戰略暨國際研究所必須朝此方向規劃相關的對話機制與管道，故亞太圓桌會議（1987 年～）、南海潛在衝突研討會（1990 年～）、亞太安全合作理事會（1993 年～）、東協區域論壇（1994 年～）、東協人權對話會議（1994 年～）及東協人民會議（2000 年～）等對話機制將持續在新世紀發揮其功能與角色。時至二十一世紀，除了傳統的軍事安全外，亦針對非傳統安全威脅（反恐、非法移民、跨國犯罪、毒品、人蛇集團、環境汙染、愛滋病）召開一系列對話及研討會，又如針對南海的主權爭議，亦定期定點舉辦南海問題研討會。從上述資料顯示，東協戰略暨國際研究所隨著時空環境的變化，其策略亦隨著改變。面對新世紀，除持續強化既有的對話機制外，亦將針對新興的綜合安全議題列入推廣的重點範疇中。東協十國仍面臨多樣化的挑戰，如何在區域內濟弱扶貧、縮小差距，仍應是東協的必修功課。是故，東協戰略暨國際研究所必須針對東協共同體之理想規劃有關政治安全、經濟及社會文化的中長期計畫，依此藍圖全面協助東協未來發展。

　　靈活、開放的安全對話在亞太地區的廣泛展開，表明各國對於對話這種特殊合作形式的普遍興趣，但對話的頻繁、議題和出席人員的重疊也反映出這些交流活動缺乏協調。為了改善這一問題，由東協戰略暨國際研究所所屬的 5 家戰略研究機構

以及美國的「戰略與國際問題研究中心」/ 太平洋論壇 (Pacific Forum/CSIS)、日本國際事務研究所 (Japan Institute for International Affairs, JIIA)、韓國的「漢城國際事務論壇」等四家亞太區域內的非官方戰略研究機構一起，在 1992 年共同發起並組織了一系列以亞太安全合作 (Security Cooperation in the Asia-Pacific) 為主題的研討會。在 11 月召開的「漢城會議」上，與會各國代表對建立一個「第二軌道」安全合作組織產生了共識。1993 年 6 月，亞太安全合作理事會 (Council for Security Cooperation in the Asia-Pacific, CSCAP 或「理事會」) 在馬來西亞吉隆坡宣告正式成立。❹

　　1993 年 12 月，參加「漢城會議」的各研究機構代表組成的臨時執委會 (Steering Committee Pro Tem) 在印尼龍目島召開了第三次會議，正式通過了《亞太安全合作理事會憲章》(CSCAP Charter) ❹。根據此《憲章》，「理事會」的宗旨是「為亞太區域的國家和地區間建立信心和安全對話提供架構。」其主要功能包括：為學者、政府官員（以私人名義）探討政治和安全問題提供非正式安排；在政治和安全問題方面向「第一軌道」提供政策性建議；發起和組織區域、國際會議以及其它有關安全合作的活動；與其它區域性組織和機構建立聯繫，以交換有關政治和安全合作的資訊和經驗。《憲章》對其功能的規定反映了本文第一節所描述的「第二軌道」的基本特點。《憲章》並未給「安全合作」以明確界定，這表明「理事會」既不排斥其成員國已有的軍事同盟或防務合作，亦不強調以「機制化」為合作的目標。《憲章》關於亞太安全合作理事會組織形式的規定體現了充分的包容性。❹CSCAP 並不排斥其它各類「非官方」對話管道的積極作用，其成員每年經 ASEAN-ISIS（東協戰略與國際問題研究所）的安排參加由後者在馬來西亞吉隆坡舉行的亞太地區最大規模的非官方安全會議—「亞太圓桌會議」(Asia-Pacific Roundtable, APR)，以方便「亞太安全合作理事會」成員與非成員的交流。

三、亞太圓桌多邊論壇 (Asia Pacific Roundtable, APR)

　　冷戰結束後，亞太區域始終持續充斥懷疑、緊張及衝突的氛圍，美國與蘇聯、

---

❹　亞太安全合作理事會 CSCAP 成立宣言見 www.cscap.org/kl。

❹　Rf: www.cscap.org/charter and www.cscap.org/revised。

❹　《憲章》規定，該理事會以設在各成員國（或地區）的成員委員會 (Member Committee) 為基本組成部分，各成員委員會均應由具廣泛性的非政府或與政府下屬的政治、安全研究機構或個人（均以私人身分）組成。

中共與蘇聯、中共與日本、中共與越南等雙雙之間皆存在持續不斷的敵意或衝突，朝鮮半島問題以及柬埔寨衝突不僅使直接牽連的國家捲入紛爭，也讓鄰近各國及世界強權無法倖免於難。此外，柬埔寨衝突解決後，南海群島主權亦是鎂光燈聚焦的議題。除了上述這些國與國之間的問題外，各國內部的紛亂一直困擾著東南亞國家的和平及穩定。因此，東協各國以及區域強權均共同體認到有建立互信與信心的必要性，故遂形成建立亞太圓桌會議 (Asia Pacific Roundtable) ❹的構想。

㈠亞太圓桌多邊論壇❹源起及演進

　　建構區域的和平安全，無論透過政府或非政府的途徑，皆極須建立機制以維繫各界參與者的向心，並推動對話及討論來降低區域內的緊張與衝突，並同時提高區域內的信心建立，此依需求遂獲各方共同認可。為達成此目標，由馬來西亞國際戰略研究所聯繫區域內其他著名學術、專業機構，在 1987 年舉辦首屆以「減少衝突與建立信心」為主題的亞太圓桌會議，來自美國、中國、蘇聯、日本、北韓、澳洲、越南、南韓以及東協六國共七十七方與會者出席該會議，為期三天的會議於吉隆坡馬來西亞國際戰略研究中心會議室舉行。該會議自第三屆起，會議場地移師具設施完善的飯店舉辦。

　　首次會議由馬來西亞國際戰略研究所出資辦理。自 1989 年至 1992 年間則由「日本笹川和平財團」提供資金贊助。❹「加拿大國際開發署」(Canadian International Development Agency) 自 1993 年起成為該會議主要資金贊助來源，該開發署更是亞太圓桌會議永續經營的力量。❹德國斐特烈瑙曼基金會 (FNS) 亦在 1996

---

❹　請參閱亞太圓桌會議（Asia-Pacific Roundtable，簡稱 APR）的議事規則。該年會是目前亞太區域規模最大的第二軌道年會，由馬來西亞戰略與國際問題研究所 (ISIS-Malaysia) 和東協戰略與國際問題研究所 (ASEAN-ISIS) 共同主辦。關於其歷史，請參閱 Paul Evans, op. cit., p.133, Appendix I。

❹　H. Soesastro, C. Joewonoand C. Hernandez, eds.,Twenty Two Year of ASEAN ISIS: Origin, Evolution and Challenges of Track Two Diplomacy (Jakarta: ASEAN-ISIS, 2007), pp.43–48.

❹　日本笹川和平財團成立於 1986 年，其宗旨是促進國際間相互理解、交流與合作的事業。通過對這類事業的資助，達到為提高人類福利，發展良好的國際社會環境，進而為世界和平做貢獻。基金成立以來，在促進人員交流、人才培養和召開國際問題研討會等方面已開展各類項目近 200 項。請參閱 http://www.zwbk.org/MyLemmaShow.aspx?zh=zh-tw&lid=95422，瀏覽日期：2014 年 11 月 21 日。

年至 2000 年間提供贊助經費。❹其他著名的贊助者則有亞洲基金會❹及波音公司。❹近年來，日本駐馬來西亞大使館亦主動出資舉辦大型晚宴。

第一屆亞太圓桌會議計有七十七個與會組織機構。在 1990 年舉辦第四屆會議則有一百四十五個與會組織，至 1998 年時與會方數量更成長至一百五十個。在當時此一年度會議已成為亞太區域最大的第二軌道安全論壇，亦成為學術界、智庫、商業人士、記者以及政府官員依各專業領域參與活動的最重要聚會場所，以共同討論區域重要情勢議題。

亞太圓桌會議亦不斷充實其討論內涵，在 1988 年僅有七項議程，目前已擴大到十八項議程（十項全體議程、八項分組議程）。在 2002 年舉辦的第十六屆亞太圓桌會議更曾舉辦過夜間論壇以及閉門會議。迄 2005 年時計二百五十四個正式與會方、

❹　加拿大國際開發署 (CIDA) 成立於 1968 年，是負責實施加拿大政府發展政策和管理絕大部分發展資金的一個聯邦政府機構，該機構直接受對外關係及國際發展部部長和主管加拿大對外關係的國務卿雙重領導。加拿大國際開發署是一個被當今世界公認的富有成效的機構。目前，在世界上 100 多個國家，加拿大國際開發署從事著 1000 多個援助項目，宗旨是支持發展中國家的可持續發展，減少貧困，建設一個更加安全、平等、繁榮的世界。請參閱 http://en.wikipedia.org/wiki/Canadian_International_Development_Agency，瀏覽日期：2014 年 11 月 22 日。

❹　腓特烈瑙曼基金會（Friedrich-Naumann-Stiftungfür die Freiheit，簡稱 FNF）是德國一個與德國自由民主黨和國際自由聯盟有關聯的基金會，1958 年由西德總統特奧多爾‧豪斯創立，以推廣自由民主的價值。基金會以德國神學家腓特烈瑙曼命名。請參閱 http://zh.wikipedia.org/zh-tw/%E8%85%93%E7%89%B9%E7%83%88%C2%B7%E7%91%99%E6%9B%BC%E5%9F%BA%E9%87%91%E6%9C%83，瀏覽日期：2014 年 11 月 22 日。

❹　亞洲基金會 (Asia Foundation)，創始於西元 1954 年，總會設址於美國舊金山。目前在亞洲 16 個國家與區域有亞洲基金會的組織，包括太平洋群島 (Pacific Islands)、印尼、新加坡、菲律賓、馬來西亞、泰國、韓國、日本、中華民國、中國、香港、孟加拉、巴基斯坦、阿富汗、斯里蘭卡、馬地夫群島等。經費來以美國政府及私人捐贈為主。主旨為資助亞洲國家經濟與社會進步，促進亞洲國家與美國之間的相互瞭解，並強調亞洲人的命運由亞洲人自己決定。請參閱 http://ap6.pccu.edu.tw/Encyclopedia/data.asp?id=850，瀏覽日期：2014 年 11 月 22 日。

❹　波音公司 (The Boeing Company) 是美國一家開發及生產飛機的公司，總部設於伊利諾州芝加哥，在航空業上擁有頗高的佔有率。請參閱 http://zh.wikipedia.org/wiki/%E6%B3%A2%E9%9F%B3，瀏覽日期：2014 年 11 月 22 日。

十七個觀察員。自 1993 年起，亞太圓桌會議已成為東協國際暨戰略研究所主導之會議之一，而馬來西亞國際戰略研究所仍是該會議的主辦機構，東協國際暨戰略研究所則負責規劃討論相關議題。

㈡特　色

亞太圓桌會議模式具有許多特色，以下謹提出較為引人注目的面向：

1.以「第二軌道」模式為之

以第二軌道論壇模式動員組織的亞太圓桌會議，集結了智庫、政策研究機構、學術界、商業領袖、媒體人士以及資深政府官員，與會各界貢獻各自的專業，就區域內所面臨的重要安全挑戰進行對話，而不同屬性的團體則為該會議注入多元的議題、觀點，會議討論採用查達姆議事規則 (Chatham House Rules)❺⓪，藉以鼓勵更為坦誠、直接的對話，該議事規則促使與會者在討論敏感議題時能更加暢所欲言，使與會者針對議題得以更深入的瞭解。因為會議採行「第二軌道」模式，故亞太圓桌會議的會議成果可直接影響並強化區域內各國政策思考與政策轉變。

2.包容性強大

鑒於亞太圓桌會議的核心理念為建立信心及降低衝突，故該會議亦盡其所能邀請衝突中的各方單位與會，除南北韓兩造從未缺席朝鮮半島統一的議題討論外，北韓、美國及其他有關單位亦在防止核武擴散的議題上共同討論。然而亞太圓桌會議卻在邀請敵對各方與會情形上較不順利。例如，該會議在中國與臺灣雙方政府共存的時空下曾積極洽邀兩造對話，惟在兩岸關係惡化時，中共處心積慮反對臺灣參與該會議，中共與臺灣未能同時出席會議已持續多年，目前臺灣人士僅侷限於少數學者可以參與該會議，並且必須接受不得提出「兩個中國」，以及不得討論中國內部政治問題等兩大條件作為前提，然而這也是東協國際暨戰略研究所為了換取極為關鍵的中共出席會議而不得不為的讓步。

3.建立既深且廣的安全認知

亞太圓桌會議內容包涵政治、經濟、社會、環境以及傳統安全領域對人類福祉

---

❺⓪　該規則規範參與會議者可自由引述的討論，但不得透露與會者身分，代表機構或國籍、政黨。該規則係為增開放公眾政策和時事討論，充分授權與會者表達和討論有爭議的觀點和論述，故無遭被解僱的風險。請參閱 http://en.wikipedia.org/wiki/Chatham_House_Rule

及存續的各種核心威脅。故從安全角度而言，該會議具多元、綜合性之本質。因此亞太圓桌會議的議題包羅萬象，諸如軍武競賽與軍備支出、1997 至 1998 年間的金融危機、自然災害、愛滋病及禽流感等致命性之傳染疾病、民主與人權、跨國犯罪、全球化、區域主義、海盜、東亞區域金融危機、人道安全、合作安全概念、海事安全以及恐怖主義等外，亞太圓桌會議也關注更大規模的戰略問題，例如改變全球秩序、權力平衡概念、在全球化及相互依存的戰略環境下現實主義途徑安全觀點的適切性或其他可能性、人道干涉、伊斯蘭及西方世界的對立，以及國家間的關係規範等等。區域戰略熱點議題亦是媒體長期關注焦點，包括 1980 年至 1990 年代之柬埔寨衝突、兩韓問題以及南海主權爭議。

4.建立社交網路論壇

許多學者及社會賢達基於該圓桌會議題供絕佳的社交平臺而出席，絕大部分的與會者通常來自區域內已開發的國家，部分原因在於已開發國家人士較能負擔出席經費，且對於討論議題較具相關背景知識。

5.支持、領導及承諾

亞太圓桌會議長期以來一直獲得各任馬來西亞總理、副總理及外長持續且堅定的支持，如 Datuk Seri Abdullah Haji Ahmad Badawi 及 Mahathir Mohamad 等在亞太圓桌會議成立後多次在會議上發表演講。❺¹Abdullah bin Ahmad Badawi 總理亦是亞太圓桌會議的長期支持者，渠以外長、副總理乃至總理的身分在多次的亞太圓桌會議年會上發表主軸演講，有來自最高領導層級的支持，更深化圓桌論壇的地位及內涵；而東協國際暨戰略研究所也對亞太圓桌論壇的成功及長期吸引各方關注貢獻卓著，在該研究所各成員的領導者長期精心的投入下，並共同研議議事日程、主題、與會對象角色並且協助維持會議品質。另外值得一提的是「加拿大國際開發署」多年來對該會議的贊助與支持，讓亞太圓桌論壇的資金來源始終維持穩定。

三、APR（亞太圓桌多邊論壇）成就與貢獻

亞太圓桌論壇雖非屬全球性的活動，而其年度圓桌會議亦非各國總統或總理群聚一堂的盛事，然亞太圓桌會議是目前亞太區域最知名、最大型有關安全議題的「第二軌道」論壇，近三十年來均保持此一優勢地位，故長期以來贏得安全議題領域的

---

❺¹　請參閱馬來西亞歷任總理表 http://zh.wikipedia.org/zh-hant/%E9%A9%AC%E6%9D%A5%E8%A5%BF%E4%BA%9A%E9%A6%96%E7%9B%B8。

支持與關注，亦是其成立宗旨維持根基穩健的有力證據。

　　亞太圓桌論壇的關注焦點包括區域內普遍挑戰及威脅的相關討論、非正式且真誠的對話，促使敏感議題的討論可以相對透明、諸多領域參與者為會議注入豐富多元的知識與創見，而來自各方穩定的資金贊助（尤以加拿大國際開發署的金援為最），以及東協國際暨戰略研究所的積極主導，其中又以馬來西亞戰略與國際研究中心已故的 Noordin Sopiee、印尼戰略與國際研究中心 Jusuf Wanadi 以及菲律賓戰略與發展研究中心的 Carolina Hernandez 等三位學者貢獻特別卓著。

　　亞太圓桌論壇將年度會議發表的論文集結成冊，這些出版品成為每年論壇最佳的文章及簡報內容參考的薈萃，並且成為對安全議題具研究興趣者的參考資料。近年來這些出版品已成為對亞太區域安全議題研究的重要參考來源。許多來自亞太區域及其他區域的與會者在圓桌會議上展現獨到的專業見解，致使亞太圓桌論壇蓬蓽生輝，所發表的論文、倡議的概念以及引發的辯論，不僅豐富了亞太圓桌論壇的內涵與獨特性，也對該會議持續產生貢獻及發揮影響力。亞太圓桌會議的年度會議在協助建立信心及減少衝突的成效是難以用數據衡量的，尤其在區域內許多 NGO，亦配合推動及創造友善對話的環境。亞太圓桌會議成立近三十年來，以非正式、友善且坦誠的環境進行對話，讓許多陌生人結交成親近的朋友，讓與會各方彼此認識，進而瞭解。對南北韓及兩岸關係而言，亞太圓桌論壇是提供這些公開對立國家的少數對話管道之一，因此其重要性不言而喻。

　　亞太圓桌論壇也有助於推廣政府官員採取開放態度的文化，政府官員以往並未抱持如此開放的態度，亞太圓桌論壇題供各國一個相較於正式官方對話更令人滿意的環境，得以更加清楚解釋自身立場及應處邏輯；此外，亞太圓桌論壇也成為區域內已開發國家與主要強權之間強化聯繫網絡，並增進整合的重要管道。簡言之，亞太圓桌會議能夠更為有效並更具建設性地降低區域內的緊張及猜忌，該會議亦是一種緩慢但明確的多邊溝通工作，讓亞太區域的重要決策者與國家之間架構起穩固的安全共同體。

　　根據此憲章，理事會的宗旨是為亞太區域的國家和區域間建立信心和對安全對話提供管道。其主要功能包括：為學者、政府官員（以私人名義）探討政治和安全問題提供非正式場合的安排；在政治和安全問題方面向第一軌道提供政策性建議；發起和組織區域、國際會議以及其它有關安全合作的活動；與其它區域性組織和機構建立聯繫管道，以交換有關政治和安全合作的資訊與經驗。該憲章就功能角色而言反映了第二軌道的基本特點。該憲章並未對安全合作予以明確界定，這表明亞太

安全理事會既不排斥其成員國既有的軍事同盟或防務合作，亦不強調以機制化為合作的目標。該憲章對於理事會組織架構、形式體現了充分的包容性。㊿該理事會並不排斥其它各類非官方對話管道的運作與成效，其成員每年經東協戰略與國際問題研究所的安排，參加由東協戰略與國際問題研究所在馬來西亞吉隆坡舉行的亞太區域最大規模的第二軌道安全會議——「亞太圓桌會議」(Asia-Pacific Roundtable, APR)，以便於亞太安全合作理事會成員與非成員的交流。該理事會設有 4 個工作組，即「海事安全與合作工作組」、「信心及安全措施工作組」、「綜合與合作安全工作組」、「北太平洋工作組」，後來又增設了「跨國界犯罪研究工作組」。該理事會成立之初，即明確宣布其目標係為輔助以東協區域論壇為代表的官方管道的安全對話。透過對話的管道，網羅和培養戰略學者，並為各國政府提供亞太區域多邊安全有關的決策參考。該理事會各工作組所研究的題材均與各國政府極待解決的現實問題息息相關。

四、亞太區域第二軌道對話會議的四個主要特點

亞太區域第二軌道對話會議有四個主要特點：1.數量進一步增加。儘管官方正規的活動有了較大規模的增加，但第二軌道會議數量不僅沒有減少，而且有了進一步增加，由 90 年代中期的每年三十次增加到五十至六十次；2.朝向形式多樣化。由原來局限於學術研討，逐漸加入了體育運動、參觀軍事基地等活動；3.涉及問題的範圍更加廣泛。由原來集中在亞太甚至東亞區域，擴大到歐洲、南亞、中東區域；4.焦點問題有進一步擴散趨勢。雖然會議的主軸仍是傳統的政治安全議題，但是非傳統安全問題（如人類安全、跨國犯罪、環境問題、反恐、毒品）逐漸被納入討論及對話。㊽該等大規模會議的成員來自整個亞太區域學術界，如亞太區域最大規模的第二軌道安全合作對話會議是由東協戰略暨國際關係研究所主辦的「亞太圓桌論壇」。㊾會議與會者有時多達二百五十人，會議地點固定在馬來西亞首都吉隆坡舉

㊿　《憲章》規定，該理事會以設在各成員國（或區域）的成員委員會 (Member Committee) 為基本組成部分，各成員委員會均應由具廣泛性的非政府或與政府下屬的政治、安全研究機構或個人（均以私人身分）組成。

㊽　Paul Evans, "Track Two Dialogues: Getting from Security Cooperation to Community, Community Building in Asia Pacific," dialogue in Okinawa, Asia Pacific Agenda Project 2000, Tokyo: Japan Center for International Exchange, 2000, pp. 92–93.

㊾　APR 由 1987 年開始舉辦，至 2015 年已有 29 屆亞太圓桌會議。近來加拿大 CIDA

行，部分是小規模、技術性較強的、就特定問題進行深入探討的專業人士小組會議，如印尼主持的「南中國海問題研討會」。該等會議基本上是定期、定點、具備較強的連續性和制度性的多邊對話機制。

本章小結

　　東協「共識決」有其意義，為東協方式 (ASEAN Way) 的具體實踐，就東協處理多邊安全之方式，無論是第一軌的東協區域論壇或第二軌的東協戰略暨國際研究中心，都有其制度的安排與值得肯定的貢獻。

　　東協區域論壇已將所有亞太區域的強權全數納入，包括美國、中國、日本、俄羅斯與印度，雖因共識決無強制力，諸如南海與兩岸問題，無法要求中國遵守國際海洋法公約，但於東協與區域多數之壓力下，中國已由過去主張「一對一」雙邊，到當前中國願採多邊協商方式來處理南海爭端，已是一大進步。

　　東協戰略暨國際研究所的研究主題與範圍，則是另一種協助東協釋放「試探氣球」的方式，許多東協重大議案或決案之提出，例如東協區域論壇設置、《東協憲章》之推動……，都是首先由 ASEAN-ISIS 學者建議方式提出，於東協重要會議（部長會議、高峰會議）中得到肯定，而後逐步成為東協的重要決策。

表示願資助此會議。

第四篇

區域主義與東亞整合：
新世紀合作的（Cooperative）
安全文化（2003～2015）

第十章 東協憲章與東協三大支柱共同體

前 言

著名的東協研究學者 Amitav Acharya 曾言:「如果東協要成為一個具有真實意義的共同體,就必須於控制跨國威脅上拋棄與國家主權相關的工具性關注,以深化區域的互動」。❶新加坡總理李光耀也指出:「為使東協更加強大、更加重要,我們必須加快與加強區域一體化」。

而實質上,《東協憲章》是此一過程的關鍵,《東協憲章》改變國際與區域對東協的看法,而具有建立於法律基礎更有效率的決策程序,可使東協成為更緊密、有凝聚力的組織。❷東協領袖普遍認為,制定《東協憲章》有其必要性。

2006 年 5 月的首屆東協國防部長會議,除緬甸未派代表外,其餘九國國防部長一致同意推動「東協安全共同體」,東協區域安全體的制度建構,除包括現實主義、新自由主義的觀點外,不同成員也慢慢發展演變出身分、認同及戰略文化的建構主義傾向,而一個「中小國家集合體」的東協也不僅是向內觀 (inward-looking),也積極採取向外看 (outward-looking) 的途徑。

2007 年 8 月 8 日,當第十三屆東協高峰會議東協十國領袖共同於新加坡慶賀其四十歲生日之際,「四十而不惑」的東南亞國家,事實上已走過冷戰(美蘇兩強競爭)、相互依賴(東協合作一致對外),與目前朝向尋求更大的東亞區域(與全球合作)的國際合作格局。

2007 年 11 月 20 日東協十國於新加坡共同簽署《東協憲章藍圖》(ASEAN Charter) 以及《東協經濟共同體藍圖》。❸2009 年 3 月,東協高峰會十國於泰國共同簽署了一份 2015 年十國將實現東協共同體之文件,其中有多份有關東協共同體實

---

❶ Amitav Acharya, "What is a Community?" in Denis Hew et al, (eds.), *Towards Realizing an ASEAN Community: A Brief Report on the ASEAN Community Roundtable* (Singapore: Institute of Southeast Asian Studies, 2004), p. 34.

❷ ASEAN Secretariat, "Opening Plenary Remarks by Prime Minister Lee Hsien Loong at the ASEAN Summit," Singapore, 20 November, 2007, http://www.aseansec.org/ 21063.htm,瀏覽日期:2014 年 11 月 23 日。

❸ http://www.aseansec.org/21085.htm,瀏覽日期:2014 年 11 月 23 日。

現之重要路線圖，包括 2009 年至 2015 年的前往東協共同體的路線圖，包括《東協政治安全共同體藍圖》。東協預定於 2015 年成立「東協政治安全共同體」(ASEAN Political Security Community)，則是未來本地區較高層次、多邊與多層次的安全對話機制。

　　2009 年 3 月間第十四屆東協領袖會議正式簽署具法律效力的《東協憲章》，對於東協「互不干涉原則」與「東協方式」(ASEAN Way) 並無本質的改變。東協在 1997 年成立的「十加三」基礎上，2005 年底，十六個東亞國家齊聚馬來西亞舉辦首屆東亞高峰會 (East Asia Summit, EAS)，會議簽署《吉隆坡宣言》，啟動東亞政經合作的新機制，當時決定於 2020 年成立東亞自由貿易區；2006 年 5 月的首屆東協國防部長會議，復決定 2020 年成立「東協安全共同體」(ASEAN Security Community, ASC)，以實現 2003 年第二次《峇里第二協議宣言》的目標，東協將成立包括安全、經濟、社會文化共同體等三大支柱，並實現永珍行動計畫 (Vientiane Action Program, VAP) 的決心。東協安全共同體規範的制度，可以源自全球性組織或其他區域集團（例如歐盟），也可以源於當地社會、文化和政治背景。而東協規範則是這兩種來源的混合體。東協合作機制的擴大推動，促進了東亞地區國家的合作與發展，尤其東協為建立「經濟、安全與社會文化」三項共同體，除了外交與軍事國防外，已然逐步走向區域整合之途，類似早期歐盟成立前之共同體性質。茲就 2003 年三項共同體發展意義說明如下：

一、就安全共同體而言

　　東協各國依據共同規範實現區域安全整合，主要目的是：不在東協各國內部使用武力解決衝突，且此一安全共同體並非軍事同盟性質；東協各國仍強調互不干涉內政原則，面對區域安全問題，成員國仍可各自表示意見，共同協商解決安全困境。

二、就社會文化共同體而言

　　東協各國將採取共同行動，努力改進人力資源發展，減少失業人口，應付環境破壞與嚴重危害之疾病，例如 AIDS 與 SARS 等，並加強公共衛生合作與文化教育事項之交流。

三、就經濟共同體而言

　　東協各國採取共同措施，在自由貿易與投資同步發展基礎上，減少貿易壁壘，

擴大自由貿易，逐步實施經濟整合目標。東協將視中共為具有潛力之巨大市場，未來雙方建立聯合自由貿易區，成為發展中國家組成之最大自由貿易區。（總生產值達 2 兆美元，貿易總額可達 1.2 兆美元）。東協並積極與日本、韓國、印度、歐美各國商議建立自由貿易區，努力推動經貿合作，希冀加強彼此各項政經關係之建立。（巨克毅，「東協『十加三』與『十加一』合作機制之分析」，2003）。

　　本章分析探討新世紀之初，以東協組織推動的各項安全機制，形成對亞太地區安全的動力與影響。亦即分析《東協憲章》與東協安全共同體，於國際建制規範下對東亞區域合作發展趨勢的動力與可能的影響，同時討論臺灣的因應之道。

第一節　簽署《東協憲章》的淵源與背景

　　早在 1992 年舉行的第四次東協領袖會議上，東協就提出建立自由貿易區，力爭通過推進貿易自由化提高區域合作水準和經濟一體化建設，增強東協的整體實力。隨著經濟合作的不斷深化，特別是經歷了 1997 至 1998 年的亞洲金融危機，東協國家普遍認知到，只有在政治、經濟、安全、社會與文化等領域加強合作，建立區域自覺應對外部衝擊的多種機制，才能保證區域的安全、穩定與發展，建立一個類似於歐盟的「東協共同體」的設想便應運而生。

　　2003 年 10 月，第九屆東協領袖會議發表了《東協第二協約宣言》，正式宣布將於 2020 年建成東協共同體，其三大支柱分別是「安全共同體」、「經濟共同體」和「社會文化共同體」。這標誌著東協將由較為鬆散的以進行經濟合作為主體的區域聯盟轉變為關係更加密切的、一體化的區域性組織。

　　為進一步推進東一體化建設，2004 年 11 月，第十屆東協領袖會議通過了為期六年的《行動綱領》，以及《東協安全共同體行動綱領》和《東協社會文化共同體行動綱領》，並正式將制訂《東協憲章》列為東協的一個目標，為東協共同體建設尋求法律保障。

　　2007 年 11 月，第十三屆東協領袖會議通過了《東協憲章》，明確將建立東協共同體的戰略目標寫入憲章。與此同時，會議還通過了《東協經濟共同體藍圖》，重申在 2015 年之前建成東協經濟共同體。這是東協經濟一體化建設的總體規劃，也是一份指導性文件。2008 年，東協也逐步完成了政治安全共同體藍圖、社會文化共同體藍圖以及第二次東協一體化行動計畫藍圖的起草工作。

　　簽署《東協憲章》的重要性，在法律上《東協憲章》的重要性在於正式確立東

協的國際法律人格，並催生一個以規則為基礎的組織架構。儘管相關內容仍未臻完善，若各國正式批准新憲章，對外將確立東協對外行動的法律基礎，對內更將有助於促進成員國家恪守共同體合作的法律權責。

　　回顧簽署《東協憲章》的過程，若將之作為共同體合作基礎的《東協憲章》建構過程，源於 1974 年 5 月，在菲律賓馬尼拉舉辦的第七屆東協外長會議中，建議東協應該規劃一部憲章，以提高東協實際功能及組織結構的法制化程度。當時與會的各國外長均同意將這項提議由東協常設委員會研究相關方案，同時亦薦請成員國就憲章議題提供建言。由 1974 年之後的東協會議，後續的部長會議與高峰會議中並沒有出現憲章研擬的相關討論。當時的歷史場景中，一方面東協各國彼此間的互信程度不足，另一方面東協制度發展仍未臻成熟，這也使得成員國進一步推動制度深化的工作，不甚容易。❹就此，憲章的提案一延宕就是三十年之久，沒有憲章作為法律基礎的東協，常被外界譏為是個「談話會」不夠嚴謹的政治論壇，而東協各種決議更被視為是不具強制約束力或執行力的口頭宣示。

　　從 1974 年後，一直要到 2004 年 6 月的第三十七屆東協部長級會議，憲章問題才再次被東協國家提出討論。而該年度部長會議的決議，也只有唯一一點的模糊宣示。與會部長僅希望能在近期內草擬一部憲章，並且藉由憲章確立東協的法人地位，從而重新規範東協與成員國間的互動關係。各國外長們在這份政治宣示中強調要促進制度效率、確保人權、並進一步發展經濟，很明顯地意在回應外界對東協組織長期鬆散、制度化不彰的批評。❺值得一提的是，儘管各國希望推動制度改革，但外長們還是不忘重申各種既存規範與原則的重要性。這也使得不干涉內政原則、尊重主權與領土完整等既存規範，看起來都將持續作為憲章規劃的基本原則。

　　在菲律賓馬尼拉舉行的第四十屆東協外長會議 (40th ASEAN Ministerial Meeting) 揭開了慶祝東協成立四十周年的序幕。2007 年 8 月 8 日是東協組織成立四十週年，對區域而言具有非凡的意義。該會議主題延續了宿霧峰會的基調，即將東

---

❹　李佩珊，楊昊，「建構《東協憲章》：是作繭自縛？還是老調重談？」，《政治學報》，第 43 期（2007 年），頁 123–173。

❺　在 2008 年 1 月，馬來西亞智庫戰略與國際研究中心 (ISIS-Malaysia) 的執行長 Dato' Seri Mohamed Jawhar Hassan (2007) 指出，這一年是東協國家抉擇的關鍵時刻。如果《東協憲章》不能在各國國內順利批准，東協將無法更進一步制度化。他更表示，如果東協繼續以過去的論壇性質運作，將使得各種共同體計劃的協定與合作提案，僅剩不到 3 成的執行率。

協建成「一個關愛與共享的共同體」(One Caring and Sharing Community)。

　　《東協憲章》對東協組織之重要性，正如同一國之憲法對該國之重要性，在 2007 年 11 月 20 日通過的《東協憲章》成了決定東協區域合作路徑與共同體發展方向的新指針，同時也為近年來區域內整合的爭論暫時劃下休止符。《東協憲章》之形成與簽署至少有兩大階段：❻首先，是 2005 年東協高峰會上，由馬來西亞前首相 Tun Musa bin Hitam 擔任會議主席的「名人小組」(Eminent Persons Group, EPG) 的一項會議上，提出建議。

　　第二階段可說由 2007 年 1 月，東協領導人確認了「名人小組」提出的關於制訂《東協憲章》的具體建議 (Report of the EPG on the ASEAN Charter)，同時簽署關於制訂《東協憲章藍圖宿霧宣言》(Cebu Declaration on the Blueprint of the ASEAN Charter)，並指定一個由十人組成的「高級別特別小組」(High Level Task Force) 負責起草憲章文本。❼2007 年 7 月，「高級別特別小組」向東協外長會議提交憲章草案；2007 年 11 月 20 日，東協領導人在新加坡簽署《東協憲章》。各國簽署憲章之後，分別交由各自的國會核准，然後開始實施，估計需要一年的時間，而憲章的各項條款將在執行五年後進行檢討。

一、東協政治安全共同體與東亞整合

　　由 2005 年起，東協各國組成高層「憲章研擬」小組來進行《東協憲章》草案之制定。事實上，東協安全共同體之內容，與東協組織過去歷屆高峰會內容並無太大差距，最重要的核心概念仍是東協由著重「傳統安全」到當前與「非傳統安全」並重的綜合性安全概念。

　　2007 年 8 月 8 日是東協組織成立四十週年，對區域而言具有非凡的意義。東南亞國家之間巨大的差異性、迥異的歷史傳統、不同的形事風格、複雜的人口構成、不和諧的周邊關係，以及正式身分的缺乏等，一切情勢使得東協各國政府更加傾向於非正式程序（或稱「東協方式」，ASEAN Way）、薄弱的區域機制和全體一致的決策方式。

　　2007 年的 11 月 20 日，東協組織對外宣稱，2015 年成立「東協共同體」，是試

---

❻　Tommy Koh, Walter Woon, Andrew Tan,「名人小組」成員包括菲律賓前總統羅慕斯 (Fidel Valdez Ramos)、印尼前外交部長 Ali Alatas、新加坡前副總理 Prof Tony Tan、泰國前副總理兼外長 KasemamosornKasemsri、越南前副總理兼外長 Nguyen 等人。

❼　http://www.aseansec.org/19257.htm，瀏覽日期：2014 年 11 月 25 日。

圖朝向另一個歐盟整合的方向，期待透過政治安全、經濟與社會文化共同體之建立，協助各國短期內克服金融經濟困境，面對未來各項挑戰，長期可望強化對東協各國人民、區域和平繁榮發展，以及全球合作的共同利益，甫通過的《東協憲章》(the ASEAN Charter) 成了決定東協區域合作路徑與共同體發展方向的新指針，同時也為近年來區域內整合的爭論暫時劃下休止符。

㈠全球化與東南亞區域安全體之推動

可以說，東協由早期的「集體安全」、霸權理念到均勢的「共同安全」(Common Security)，仍為現實主義的安全思維。1980 年代起，東協開始朝向「東協四小虎」的目標而努力。冷戰後，東南亞的安全區域主義正式進入全球化時代，東協已意識到過去的「權力平衡」不再繼續是東協安全的保障，而多邊、多層次的「合作性安全」方為可行，東協開始推動更加「外向性」(Outward-looking) 的合作。❽

1991 年 7 月，東協發表《聯合公報》，決定將東協外長會議 (post-minister conference) 作為討論區域安全議題的基礎。❾ 1992 年 1 月，第四屆東協領導會議授權後部長會議於東南亞區域內部與亞太層面上處理安全問題，並可組織區域安全對話。❿誠如 1992 年東協第二十五次部長會議明白指出：「注意到冷戰與東西方對峙的結束，可能帶來新的戰略不確定性的影響」。⓫此後，東協領導人瞭解「合作性安全」機制，並同時重視非傳統安全層面的「綜合性安全」觀。

㈡建構東協安全共同體之淵源背景

1997 年亞洲金融危機後，為因應新情勢，東協提出《東協願景 2020》(ASEAN

---

❽ Amitav Acharya, *Constructing a Security Community in Southeast Asia: ASEAN and the Problem of Regional Order* (London: Routledge, 2001), p.170–171.

❾ ASEAN Secretariat, "Joint Communique of 14th AEASN Post-Ministerial Meeting," Kuala Lunpur, 19–20 July, 1991, cited in Daljit Singh, "Evolution of the Security Dialogue Process in the Asia-Pacific Region," in DerekdaCunba (ed), *Southeast Asia perspectives on Security* (Singapore: Institute of Southeast Asian Studies, 2000), p. 43.

❿ ASEAN Basic Documents, "Singapore Declaration of the Fourth ASEAN Summit," Singapore, 27–28 January 1992, http://www.aseansec.org/1396.htm，瀏覽日期：2014 年 11 月 27 日。

⓫ ASEAN Secretariat, "Joint Communique 25th ASEAN Ministerial Meeting," Manila, 21–22 July 1992, http://www.aseansec.org/1167.htm，瀏覽日期：2014 年 11 月 27 日。

Vision 2020)，將未來東協共同體列為重要發展方向。其重要內容包括：政治上，東南亞建立一個和平、穩定與「協調一致」的；經濟上，建立以區域經濟整合、快速發展的夥伴關係；社會上，建立以共同的區域認同的「關愛社會的東協共同體」。正如同東協前秘書長 Rodolfo Severino 所言：「當前重大的挑戰是全球化，必須要求東協內部更緊密的整合，更密切的合作與更堅強的團結。」因此更加需要比以前更廣泛提升區域意識的措施，有著更深層次與更強烈的尋求區域利益的追求。❶❷

　　該年 11 月，於東協的非正式領袖高峰會已正式提出，「各國人民不論其性別、種族、宗教、語言、社會與文化背景如何，都平等享有各種人類發展的機會，這是一個具有社會凝聚力與關愛的東協……，東協人民所滿意的國家治理，此治理也關注人類福利、尊嚴及共同的利益。」❶❸

　　東協政治安全共同體的「衝突預防」行動綱領分析，在非傳統安領域有以下規範：

1. 跨國犯罪與其他跨域問題的合作，如洗錢、非法移民、自然資源的走私貿易、販賣人口、毒品與疾病。
2. 促進東協海事安全合作。
3. 強化合作的法律執行層面。
4. 促進環境議題（如霾害、汙染、洪患（合作）。

　　東南亞擁有麻六甲海峽和新加坡海峽兩個重要航道，全球有一半的石油供應和四分之一的貿易貨物都透過這兩條航道運往全球各地，因此軍事官員和安全專家都憂心，新加坡國防部多次倡議，由新加坡、馬來西亞、澳洲、紐西蘭和英國組成的五國聯防組織，已從 2004 年起開始舉行海事安全演習。《東協憲章》有關非傳統安全領域的監督和約束機制，強調制度設計之建立。然而，各國的內部治理 (Governance) 良窳、行政效能優劣，影響東協安全共同體之動力。

---

❶❷　Rodolfo C. Severino, "Weathering the Strom: ASEAN's Response to Crisis," Speech at the Conference Sponsored by the Far Eastern Economic Review on "Weathering the Storm: Hong Kong and the Asian Financial Crisis," Hong Kong, 11 June 1998, http://www.aseansec.org/3416.htm，瀏覽日期：2014 年 11 月 27 日。

❶❸　ASEAN Secretariat, "ASEAN Vision 2020," 2nd ASEAN Informal Summit, Kuala Lumpur, 14–16 December 1997, http://www.aseansec.org/1814.htm，瀏覽日期：2014 年 11 月 28 日。

第二節　國際建制規範的形成：東協安全共同體與《東協憲章》

1982 年 12 月，第六屆東協領袖會議發布的《河內宣言》明確指出：「為增強處理東協內部相互依存融入世界經濟面臨的挑戰，我們將推動東協走上區域合作的更高水平。為此，我們應全心在既有的和將出現的議題的對話，進一步鞏固多樣性中的團結、內聚力和協調一致」。會議訂定《河內行動計劃》作為實現《東協遠景 2020》的目標。按照這一行動計劃，東協決心用六年時間推進更緊密的區域一體化。具體措施就是發布《果斷措施聲明》，加速東協自由貿易區和東協投資區建設進程。不過，當時東協仍然沒有將「安全共同體」納入「東協共同體」的規劃中。

2001 年發生 911 恐怖攻擊事件，接著又有 2002 年 10 月 12 日印尼峇里爆炸案，促使東協國家將建立「安全共同體」提上議事日程。2003 年 8 月，印尼總統梅加瓦蒂首次提出建立「東協安全共同體」(ASEAN Security Community) 建議。這一建議很快被東協各國領導人接受。2003 年 10 月 7 日，正值「峇里爆炸案」即將迎來一周年之際，東協第九屆領袖會議布峇里隆重召開。

會議上，東協十國致通過了《東協第二協議宣言》(Declaration of ASEAN Concord II)（簡稱峇里第二協議）(Bali Concord II)。根據協議，東協將在 2020 年全面完成以「東協安全共同體」、「東協經濟共同體」和「東協社會與文化共同體」為「三大支柱」的「東協共同體」(ASEAN Community)。這不但顯示二十世紀在歐洲首次出現、戰後在全球興起的安全共同體，首次以相同名字出現。《峇里第二協議》無疑是東協區域整合重要的里程碑，❹不僅是走向多層次與多方面的安全領域，型塑「多元安全共同體」機制的面貌，也是走向「綜合安全」的由保持現狀到區域安全模式朝向區域整合的努力。

2003 年的《峇里第二協議》有關東協安全共同體的重要規定如下：

1. 東協安全共同體謀求將東協政治和安全合作帶到一個更高的水平，以保證該區域各國在公正、民主與和諧的環境中與全世界和平生活。東協安全共同體成員將區域內部和平解決分歧，不但將彼此的安全實質聯繫起來，而且通過地理位置、共同觀點和目標來界定。

2. 東協安全共同體承認成員國有主權推動本身的外交政策、經濟、社會和文化和層

---

❹　Donald E. Weatherbee, *International Relations in Southeast Asia: The Struggle for Autonomy* (Lanham: Rowman and Littlefield Publishers, 2005).

面的綜合安全原則，而不是僅限於防衛條約、軍事聯盟或聯合的對外政策。

3. 東協安全共同體將遵守《聯合國憲章》和其他國際法原則，支持東協的不干預原則、以共識為基礎的決策、國家和區域抗禦力，尊重國家主權，放棄使用武力和以武力相威脅，運用和平方式解決分歧和爭端。

4. 用整體的、一體化的和綜合的區域方法解決本質上跨邊界的海事議題，東協成員間關於海事的雙邊和多邊合作將有助於東協安全共同體的發展。

5. 延伸作為東協政治工具的《關於和平、自由與中立區宣言》、《東南亞友好合作條約》和《東南亞無核區條約》，以有助於其在信任建設措施、預防外交和衝突解決方法等領域發揮中樞作用。

6. 《東南亞友好合作條約》高級委員會將是東協安全共同體的重要組成部分，因為它反映了東協和平解決各種分歧、爭端和衝突的責任。

7. 東協安全共同體將有助於進一步增強在更廣泛的亞太區域內的和平與安全，反映東協與之相適應的決定，就此，東協區域論壇仍然是東協作為主要推動者的討論區域安全的論壇。

8. 東協安全共同體是開放的、外向的，尊重東協的朋友和對話夥伴積極加入以促進該區域的和平與穩定，東協區域論壇的基礎有利於東協和他的朋友和夥伴之間在區域安全事務上的協商與合作。

9. 東協將努力使用現存東協內部的制度和機構來強化國家和區域打擊恐怖主義、毒品、走私和其他跨國犯罪的能力，並確保東南亞區域保持拒絕各種大規模殺傷性武器，它也將增強東協作為東協區域論壇主要推動者的更大責任和能力。

10. 東協安全共同體將探索加強與聯合國和其他旨在保持和平與安全的國際和區域團體的合作。

11. 為實現東協安全共同體，東協將探索促進安全和現存方法創新的方法，包括規範建設、衝突預防、衝突後和平建設等。該協調強調：「東協安全共同體」與「東協社會與文化共同體」是緊密聯結並相互加強的，以此確保該區域持久和平、穩定和共享繁榮。

　　東協為了有效推動建構《東協安全共同體》，於 2003 年後，首先於 2004 年 11 月 20 日第十屆東協領袖會議通過為期六年的《永珍行動綱領》(VIENTIANE ACTION PROGRAMME)，❶此方案持續 1994 年 12 月的《河內行動計劃》，其目標

---

❶　東協永珍峰會的主席聲明，請參考東協檔案：《Chairman's Statement of the 10th ASEAN Summit》(2004)。東協網址：http://www.aseansec.org/16631.htm，瀏覽日

在於透過綜合性質的東協整合，實現《東協願景 2020》和《東協第二協議宣言》的最終目標。它確定了東協安全共同體的目標，即提高綜合的政治和安全合作增強本區域的和平、穩定、民主與繁榮目標和具體戰略，規定了 2010 年以前完成的五個戰略重點，即政治發展、規範的塑造與共享、衝突預防、衝突解決及衝突後和平重建等。

一、東協安全共同體行動計劃

　　會議還制定《東協安全共同體行動計劃》，❶進一步規範了東協安全共同體建設的「五個活動領域」（即「五個戰略重點」）如下：

㈠政治發展

　　為強化政治環境，東協成員國必須堅持和平方法解決內部分歧，將其個體安全視作本質上是聯結在一起的，並受地理位置、共同願望和共有價值觀的限制。政治發展的戰略包括：透過增進人民之間的聯繫和第二軌道活動，促進成員國對政治、文化與歷史背景的重視，促進人權與義務，建立便於東協成員國間資訊流通的制度；在發展戰略方面，制定成員國之間相互支持援助方案，以增強公共和私人領域的法律規則、司法體系、法律設施、有效的公民服務和良善治理等；擴大東協人民國會議員、東協戰略與國際研究所等非政府組織的參與；預防和打擊貪汙。

㈡規範的塑造與鞏固和強化組織

　　為鞏固和強化東協的一致性、內聚性與和諧性，需實施規範建立和各項戰略，包括：啟動制定《東協憲章》的準備工作，以建立適用的、高效的制度，鼓勵非東協成員國加入《東南亞友好合作條約》，以強化該機制；確保《南海各方行為宣言》的貫徹，並建立南海區域行動法則；促使核武器國家簽署《東南亞無核區條約議定書》；達成《東協法律相互援助協定》和《東協反恐公約》等。

㈢衝突預防

　　主要戰略包括：透過增加軍事官員之間、軍事官員與一般公民之間的交流和互動以及軍事演習中觀察員的自覺溝通的機會，強化信任建設措施；透過東協成員國

期：2014 年 11 月 28 日。

❶　參考東協檔案 http://www.aseansec.org/VAP-10th%20ASEAN%20Summit.pdf，瀏覽日期：2014 年 11 月 28 日。

之間出版和交流關於本地區政治與安全發展的軍事概要或防禦白皮書，來促進防禦上更大的透明度與理解；建立基於現有機制之上的東協早期預警系統，以預防衝突的形成與升級；強化東協區域論壇進程；透過區域合作活動解決跨國犯罪和其他跨邊界問題；建立由東協秘書處管理的《東協武器登記冊》；促進東協海上和環境安全的合作等。

㈣衝突解決

為支持所有成員國在解決傳統的綜合方法和建立持久和平與安全方面的集體利益，在繼續使用現有的國家、雙邊、國際機制的同時，還應重點探索衝突解決的創新方法和模式，主要包括：運用一些東協成員國現有的和已規劃的國家維和中心，建立保持和平與穩定的區域安排；通過補充必需的機制強化現有的和平解決衝突的模式；從事聯合衝突管理與解決的學術研究。

㈤衝突後和平建設

由於創造持久的和平及預防衝突的復發需要特定類型的多學科的專門知識和制度，這樣，衝突後和平建設戰略就應包括：透過在衝突地區設置安全區來強化人道主義與援助；在經歷衝突解和重建的地區推動人力資源發展和能力建設計劃；促使建立東協人道主義危機管理與援助中心；透過教育交流和課程改革降低社區間的緊張關係，增進文化協商與促進合作等。

二、關於制定《東協憲章》的《吉隆坡宣言》

2005 年 12 月 12 日東協召開第十一屆領袖會議，通過了《關於制定東協憲章的吉隆坡宣言》(Kuala Lumpur Declaration on the Establishment of the ASEAN Charter)。❶馬來西亞首相巴達成主持會議時指出，東協決定制定憲章，是非常重要且有歷史意義的一步。會議結束後發表的一項《主席聲明》 ❶ 強調，《東協憲章》將成為東協具有里程碑意義的法律文件，其中將包括東協合作的基本準則、目標和結構，並將賦予東協法人地位，以保障通過東協一體化和共同體建設實現「一個遠景、一個認同、一個共同體」的基本目標。

東協決定成立一個由各成員國著名人士組成的「名人小組」，負責審議並提出有關東協發展方向和《東協憲章》性質的具體建議；同時還將成立一個「高級工作小

❶　參見 http://www.aseansec.org/18030.htm，瀏覽日期：2014 年 11 月 28 日。

❶　參見 http://www.aseansec.org/18039.htm，瀏覽日期：2014 年 11 月 29 日。

組」，在《吉隆坡宣言》及名人小組建議的基礎上負責起草《東協憲章》。在此之前的 2005 年 7 月，東協在寮國永珍達成《建立東協發展基金的協定》，確定每個成員國最初各提供一百萬美元的資金。

三、區域公民社會和自然經濟區被納入「東協共同體」的建設

第三個重要成果是區域公民社會和自然經濟區被納入「東協共同體」的建設過程之中。2006 年 6 月，東協發布《東協與公民社會組織關係指導原則》，規定公民社會組織通過東協秘書處與東協建立一種有效的聯繫，目的是將公民社會組織納入東協活動的主流之中，以便它們及時獲悉東協的主要政策、指令和決議，並獲得參與東協活動的機會和特權，確保現在的東協主要部門和公民社會組織之間的活動和成熟的聯繫，有助於推動以人為本的東協共同體的發展。

依照《永珍行動綱領》，新興的東協人民會議被視人為制定東協國家間更具人民導向的政策的重要協商機構。2006 年 12 月 8 至 10 日，第五屆東協人民會議在馬尼拉召開。來自東南亞區域內外的三百多名代表參加了會議。會議圍繞「人民在建設關愛、共享社會的東協共同體中的角色」這一主題展開了全面討論。具體的議題包括：恐怖主義、和平與社會衝突、東南亞媒體與出版自由、東南亞民主化、勞工移民、人道主義干預、人的發展與貧困以及安全部門的改革等。2007 年 10 月 23 至 26 日，第六屆東協人民會議再次在馬尼拉召開。會議的主題是「東協 40 年：實現人民的期望」。討論的議題包括：恐怖主義、跨國安全問題、和平與社會衝突、媒體與出版自由、區域人權機制、人的生存與發展、安全部門的改革與治理等。

四、東協正式啟動多邊安全合作機制——東協國防部長會議

2006 年 5 月 9 日，首屆東協國防部長會議在吉隆坡召開，會議發布了《成立東協國防部長會議概念文件》，確定了會議的目標、議題、指導原則和組織安排等。東協國防部長會議旨在補充進行中的促進安全對話和合作的其他區域努力。具體的目標包括：透過在防務和安全方面的對話與合作促進區域和平與穩定；指導東協內部和東協與對話夥伴之間在防務與安全領域現有的高級防務和軍事官員的對話與合作；透過增強對防務和安全的理解以透明度和開放性，來促進相互期望與信任；推動《峇里第二協議》確定的「東協共同體」建設和《永珍行動計劃》關於「東協安全共同體」計劃的實施等。主要議題包括：就區域和國際安全與防務議題交換意見；關於防務與安全政策的自主介紹；關於東協進程以外相關活動的討論；關於與外部

夥伴關係互動的討論；東協防務合作的評論等。該文件確定，東協國防部長會議在
《東南亞友好合作條約》規定的東協基本原則指導下行事，該會議也將成為東協整
體的組成部分，以促進東協總體的進程。文件同時規定，東協國防部長會議是東協
中最高的防務和安全協商與合作機構，它將直接向東協政府領袖提交報告，所有的
防務會議和活動報告都應提交東協國防部長會議。

　　2007 年 11 月 14 日，第二屆東協國防部長會議在新加坡召開。會議發布了《東
協國防部長關於增強區域和平與穩定聯合宣言》，確定了東協國防部長會議的十個工
作重點。主要包括：實施菲律賓根據《成立東協國防部長會議概念文件》制定的《東
協防長會議議定書》，設置 2008 至 2010 年間東協防務和安全對話與合作的優先領
域和行動指南；發布《東協防長擴大會議概念文件》，❶指導東協國防會議與東協
對話夥伴的聯繫；透過諸如研討會、工作會議、培訓、演習等具體的合作強化東協
軍事合作，增強東協解決跨國安全挑戰的能力；強化東協和東協國防部長會議，在
發展與東協朋友和對話夥伴關係中首要驅動力的作用；推動「東協安全共同體」如
期實現等。此宣言對一直以來並沒有把防衛合作列入正式議程的東協來說，無疑是
一項創舉。

　　然而緬甸問題仍然成為東協能否真實整合的試金石，2007 年 11 月 20 日，東協

---

❶　東協國防部長提出的概念文件指出，「東協國防部長會議附加（區域外國家）」
　　(ADMM-Plus) 強調「開放、靈活或向外看的」(Open, Flexible and Outward-looking)
　　思維，對外積極與東協朋友、對話夥伴國尋求交往的政策。
　　由概念文件的分析，東協各國的國防部長認為東協最重要的目標如下：
　　1.所有成員國的共同目標是團結與一致對外，強調安全挑戰共同承擔。
　　2.在不同對話場合，有效與透明的溝通，提升相互的信任與信心建立。
　　3.針對本區域的不同安全挑戰，透過國防與安全合作，促進區域的和平與安全。
　　4.執行 2003 年《峇里第二協定》的目標，及實現建立「東協安全共同體」，可以促
　　　進本區域與全球的和平、穩定與繁榮。
　　5.東協組織為尋求實現「永珍行動計畫」，必須與更多區域外的朋友交往，同時與
　　　所有對話夥伴國有實質關係，才可能有和平、安全與繁榮的東協。
　　在此項共識下，東協仍強調其相互間的合作、「共識決與互不干涉」、尊重各國主
　　權，但共同體及命運與共的思維正逐漸被接納。東協國防部長會議是一個軍事與安
　　全論壇，而非是軍事同盟。正如同東協主導的其他跨國多邊論壇，如「東協區域論
　　壇」、「東亞高峰會」、「亞太安全合作理事會」等第一軌道與第二軌道的會議，均強
　　調合作、對話與相互瞭解，透過尋求共識，以共享和平、安定與繁榮。

峰會簽署了《東協憲章》，但東協領袖臨時決定取消聯合國特使甘巴里的匯報會，致使峰會蒙上汙點。新加坡總理李顯龍在為峰會主持開幕時，懇求大家聚焦在《東協憲章》，以及貫徹東協經濟共同體的目標，不要讓緬甸議題喧賓奪主。他表示，「東協領導人將盡力避免緬甸議題破壞我們的努力，以加強東協的整合及落實建立一個東協共同體的目標。」然而，緬甸議題還是主導了本屆峰會。

五、宿霧宣言

2007 年 1 月 13 日第十三屆東協高峰會議通過《東協憲章藍圖之宿霧宣言》(Cebu Declaration on the Blueprint of the ASEAN Charter)，❷其中包括《加速於 2015 年前建立東協共同體》、《東協憲章藍圖》和《東協反恐公約》(ASEAN Convention on Counter Terrorism) 等。會議對名人小組提交的報告表示滿意，並責成一個高級特別小組根據確定的基本原則和目標起草《東協憲章》。根據《宿霧宣言》，東協將包括《東協憲章藍圖》的「東協共同體」成立時間提前到 2015 年。

根據《東協憲章藍圖》，東協有以下變化：　1.是將在制訂環保政策的標準、就熱點問題進行協商等方面學習和借鑒歐盟的作法；　2.是東協現有的一些機制將得以強化，將成立三個「部長級委員會」，分別就安全共同體、經濟共同體和社會文化共同體三個主要領域東協領導人報告；　3.是東協應有權力採取措施，對那些嚴重違背東協目標、主要原則和重要協議承諾的行為進行懲罰；　4.是東協秘書長和東協秘書處的權力將進一步擴大，副秘書長職位將由目前的二個增加四個，負責監督政治安全、經濟和社會文化領域的合作以及同外部世界的聯繫等；　5.是突出東協在外部聯繫中的主要作用，將在東協秘書處所在地印尼首都雅加達建立東協成員國常任代表處，並允許東協對話夥伴派駐大使；　6.是增強對一個「以人為本」、真正關愛與共享大家庭的認同感等。《東協反恐公約》要求成員國加強合作追查恐怖嫌犯及資金流動、共享情報以及互相引渡恐怖嫌疑人犯。這是東南亞地區第一份反恐法律文件「東協共同體」邁進的意願。

六、《東協憲章》正式簽署

此後，東協即正式進入憲章的制定過程，如前述的名人小組與高級小組的通力合作下，2007 年 11 月 20 日於新加坡召開的東協第十三屆高峰會議通過了《東協憲章》(Charter of the Association of Southeast Asian Nations)、❷《東協經濟共同體藍

---

❷　參考東協檔案 http://www.aseansec.org/19257.htm，瀏覽日期：2014 年 11 月 29 日。

圖》❷和《東協環境可持續性宣言》。❸會議同時授權東協部長會議和高級官員起草《東協安全共同體藍圖》和《東協社會與文化共同體藍圖》，以等待此兩項藍圖可於第十四屆東協高峰會議上發布。

《東協憲章》確立東協的目標、原則和地位，主要內容包括：憲章首先明確規定了東協發展的方向是將東協建成具有「一個願景、一個認同、一個關愛和分享的共同體」(OneVision, One Identity, One Caring and Sharing Community)，一個「政治上有凝聚性、經濟上整合、社會上負責任的共同體」。

㈠東協的目標

維護並加強本區域和平、安全與穩定；保持本區域無核武化，支持民主、法制和憲政，為東協居民提供公正、民主與和諧的和平環境；致力於經濟一體化建設，構建穩定、繁榮的東協市場和生產基地，實現商品、服務和投資自由流動，促進商界人士、技術人才和勞動力的自由往來；增強合作互助，在本地區消除貧困，縮小貧富差距。

㈡東協的原則。

繼續堅持不干涉內政的基本原則；尊重各成員國的獨立、主權、平等、領土完整和民族特性；堅持以和平手段解決紛爭；不干涉成員國內政；就涉及關係東協共同利益事宜加強磋商機制，依照東協條約和國際慣例解決紛爭，棘手問題將交由東協高峰會議協商決定。

㈢東協的地位

《東協憲章》對各成員國具有約束力，賦予東協法人地位。《東協憲章》將使東協成為一個法人和法律實體。透過包含使東協成員國團結在一起的價值觀，《東協憲章》將向國際社會和東南亞人民清楚展示東協代表什麼以及成員國對彼此的期望。透過設定區域經濟整合，也就是走向一個關稅同盟和共同市場的發展方向，《東協憲章》將引導部長和官員們在該方面採取措施及東協和國際商務部門制定投資和其他商務決策。

㈣東協的架構

㉑　參考東協檔案 http://www.aseansec.org/21069.pdf，瀏覽日期：2014 年 11 月 29 日。

㉒　參考東協檔案 http://www.aseansec.org/21081.htm，瀏覽日期：2014 年 11 月 29 日。

㉓　參考東協檔案 http://www.aseansec.org/21054.htm，瀏覽日期：2014 年 11 月 30 日。

　　東協高峰會議為東協最高決策機構，每年舉行二次會議；設立四個理事會，其中一個由外長組成，負責協調東協重要事務，另外三個分別負責政治安全、經濟一體化和社會文化事務；每個理事會各一名副秘書長負責；成立一個人權機構，致力於改進本地區人權狀況。

(五)其 他

　　憲章將英文定為東協的工作語言，並規定每年 8 月 8 日為「東協日」，並對東協旗幟、徽章做出相關規定。

　　迄 2008 月 4 月，東協陸續批准憲章的國家僅有新加坡、汶萊、寮國、馬來西亞、越南與柬埔寨等六國，其他尚未通過或尚待批准的國家仍包括菲律賓、泰國、緬甸、印尼等國。對於東協各國來說，憲章的簽署儘管為過去的路線之爭暫時劃下休止符；不過，由於這份憲章還得經過各國的國內批准程序才算正式生效，從而亦使得後續認可工作與憲章正式生效後的定位問題，將持續引起更多關於制度發展的論辯。2008 年 10 月 22 日印尼國會正式批准《東協憲章》後，東協十個成員國已經全部批准通過憲章。《東協憲章》是東協成立以來第一份對所有成員國具有普遍法律約束力的文件，也是建立東協共同體建設的重要法律保障。

　　《東協經濟共同體藍圖》是東協經濟整合建設的總體規劃，也是一份指導性文件。這兩個文件無疑是東協發展歷史中新的里程碑。❷❹東協前秘書長王景榮認為：「《東協憲章》的目標基本上是繼承了以往東協制度的基礎性、綱領性宣言、條約等文件的基本精神和原則，《東協憲章》將以三種互動的方式服務於東協，即正式給予東協法人地位、建立更大的制度責任與遵從體系、強化東協作為一個區域行為體在未來亞太區域中的感知能力。東協前秘書長 SurinPitsuwan 強調，隨著具有「歷史意義」的《東協憲章》的開始生效，「東協將成為一個以規則為基礎、以人民為本和更加整合的實體」。❷❺

　　《東協憲章》則以一種綜合的方式使得該等目標的根本原則法制化，《東協憲章》同時也結合新形勢、新挑戰為東協的建設和發展確定了新方向、新要求、新規

---

❷❹　正如東協第十三屆高峰會議主席聲明所言：「對東協來說，《東協憲章》的簽署是一個歷史性的里程碑，我們將東協共同體發展為一個持久和平、穩定、可持續經濟增長、共有繁榮和社會進步的區域的共同願望和共同責任。」詳見參考東協檔案 http://www.aseansec.org/21093.htm，瀏覽日期：2014 年 11 月 30 日。

❷❺　詳見東協檔案 http://www.aseansec.org/21063.htm，瀏覽日期：2014 年 11 月 30 日。

則和新措施。如此的一些行為準則和原則往往也構成能否成為聯盟成員國的衡量標準。反之，該等共同的標準和原則也是基於並反映了共同的價值觀和規範。

《東協憲章》的擬定過程中參照美洲和非洲的區域經驗，如聯盟成員國之間主權平等和互賴；東協成員國互動的一些原則、價值觀和準則，如互不干涉「該等屬於成員國國內管轄的事務」。❷❻

可以說，基於東協成員國之間較美洲和非洲成員國更大的政治、文化和歷史差異性，因此東協即便不是不可能，也是非常不易採取相似的原則、共同的價值觀和規則。然而，經過多年的發展，東協國家已直接或間接採取了一些共同的原則、價值觀和規則。事實上，《永珍行動綱領》已規範出《東協憲章》作為「一個民主、寬容、參與和開放的共同體所需良好行為規範的戰略選擇」。另外，由許多東協重大相關宣言可知其原則、價值觀和準則。（參見表 10-1）

表 10-1　與東協憲章精神符合之相關宣言

1967 年 8 月	《曼谷宣言》	本著平等和夥伴關係的精神，透過共同的努力加速本區域的經濟增長、社會進步和文化發展，為建立一個繁榮與和平的東南亞國家共同體奠定堅實的基礎
1976 年	《東協協調一致宣言》	在峇里島發表，藉由宣布一些「目標和原則」的方式詳細闡述了東協的目標，包括：每個成員國的穩定以及東協的穩定，對國際和平和安全是一種必不可少的貢獻
1976 年	《東南亞友好合作條約》	東協的目標是「促進各國人民之間永久和平、持續和睦與合作，這將有利於各國的強大、團結和形成更加緊密的關係」
1997 年	《東協展望 2020》	更加詳細地描繪二十一世紀東協最初二十年的目標
1998 年	《河內行動計畫》	重申該等目標，並制定達到該等目標的手段和方式
2003 年	《東協協調一致宣言》	第一行動部分是以東協前期所宣稱的目標為基礎並重申了該等目標
2004 年	《永珍行動綱領》	分別闡述了政治、安全、經濟和社會文化等不同領域的目標

資料來源：作者自製。

---

❷❻　資料來源：孫國祥 (2008)，《東協憲章簽署之意義及其對東南亞整合的影響》。

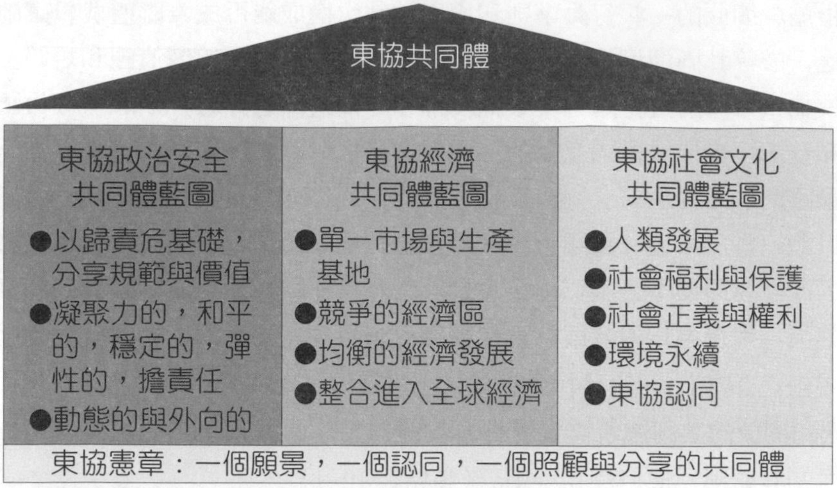

圖 10-1　東協共同體藍圖

資料來源：YuyunWahyuningrum, Understanding ASEAN: its Systems & Structures, Oxfam
International, 2009，由作者自行翻譯。
http://www.slideshare.net/PrachoomRangkasikorn/asean-structuresmechanisms-
yuyun100304。

表 10-2　東協區域經濟整合歷程

年　度	說　明
1961	馬來西亞、泰國和菲律賓於曼谷成立「東南亞聯盟」(ASA)
1963	馬來西亞和菲律賓因為沙巴主權爭議問題斷交
1965	新加坡、馬來西亞分治，東南亞聯盟陷於癱瘓
1967	印尼、馬來西亞、新加坡、菲律賓、泰國五國外長於曼谷舉行會議，並於 8 月 8 日發表《曼谷宣言》，正式宣告東南亞國家協會（東協）成立
1971	東協五國發表《吉隆坡宣言》
1976	於峇里島舉行之東南亞國協第一次高峰會簽署《東南亞友好合作條約》和《東協協調一致宣言》，即《峇里第一協約》(Bali Concord)，確定東協宗旨和原則，成為東協發展之重要里程碑
1984	汶萊獨立後加入東協，使東協成為 6 成員國。後來的越、寮、緬、柬等東南亞 4 國家加入東協後，此 6 成員國稱為原東協成員，或東協老成員
1995	越南加入
1997	1. 緬甸、寮國加入 2. 東協與中、日、韓三國建立「十加三」會晤機制
1999	1. 柬埔寨加入 2. 於馬尼拉舉行「十加三」第三次會議上，與會方共同發表「東亞合作聯合聲明」

2002	中國與東協簽署「中國—東協全面經濟合作架構協定」；同時，日本與東協發表加強全面經濟合作的「共同宣言」，東協並向南韓提議開始談判建立自由貿易區問題
2003	中、日、韓三國領導人簽署「中日韓推進三方合作聯合宣言」，針對簽署「自由貿易協定」問題啟動對話協商機制
2005	首屆東亞峰會於吉隆坡舉行，第一次正式討論東亞共同體的問題，使東亞區域整合架構初步顯現
2006	東帝汶提出申請加入東協。另巴布亞紐幾內亞為東協觀察員
2007	1.為慶祝東協成立 40 週年，特定當天為東協日 2.東協十國元首於新加坡簽署《東協憲章》
2008	1.南韓—印度自由貿易區協定簽署 2.日本—東協經濟合作夥伴協定簽署
2009	南韓—東協自由貿易協定簽署
2010	中國—東協自由貿易區正式實施；東協—印度自由貿易區協議亦開始全面實施
2011	日本與印度簽署經濟夥伴關係協定 (EPA) 以促進雙方貿易與投資自由化
2012	東協各國發表聯合聲明，宣布將於 2013 年啟動 RCEP 談判
2013	RCEP 第一回合談判於 5 月 9 至 13 日展開
2014	1.中國—東協自由貿易區升級談判啟動 2.香港—東協自由貿易區談判啟動
2015	1.東協於年底將成立東協經濟共同體 (AEC) 2.預計於年底前完成 RCEP 談判 3.中國—南韓自由貿易區協定簽署

資料來源：作者自製。

　　新加坡總理李顯龍曾於第十三屆東協峰會上表示，儘管目前國際焦點都放在緬甸課題上，但從長遠的角度來看，將出爐的《東協憲章》和東協經濟共同體總藍圖，對東協的未來發展是非常重要的，將為東協的未來發展奠基，它們將讓東協變得更團結、更結合、更以條例為依歸，並將為經濟與社會的整合、政治與國防的合作定下清楚的方向。❷❼《東協憲章》設下一套條規，允許國家靈活地按自己的步伐前進。雖然東協不得不取消聯合國特使甘巴里向東協和出席東亞峰會的十六國領袖彙報他在緬甸進行斡旋的進展，然簽署《東協憲章》的計畫將維持不變，各國領袖仍然表示支持。

　　2009 年 2 月 27 日至 3 月 1 日，第十四屆東協高峰會議在泰國華欣舉行。東協

❷❼ 參照新加坡聯合早報 http://ekm92.trade.gov.tw/BOFT/web/report_detail.jsp?data_base_id=DB009&category_id=CAT1900&report_id=141499，瀏覽日期：2014 年 12 月 1 日。

領導人在本次峰會上磋商東協共同體建設、《東協憲章》(ASEAN Charter) 以及合作應對全球性威脅三大議題並簽署相關文件。早在 2008 年年初，東協峰會就排在 2008 年 12 月 12 日至 17 日在曼谷舉行，然而「人民民主聯盟」(People's Alliance for Democracy, PAD) 發動反塔信 (Thaksin Shinawatra) 的街頭示威，峰會五次被迫改期易地。泰國官員表示，東協峰會改在華欣舉行，一方面慮及 81 歲的泰王蒲美蓬 (Bhumibol Adulyadej) 當時也在該地行宮靜養，接見國賓方便。另一方面，華欣又是軍事重地、保安森嚴，示威者難以跨越禁區。

　　第十四屆東協高峰會主題定為「東協人民的東協憲章」(ASEAN Charter for ASEAN Peoples)，㉘因此高峰會也特別安排東協元首與公民團體 (ASEAN Inter-Parliamentary Assembly, AIPA) 代表會面，但緬甸與柬埔寨的二位公民代表卻被國家元首拒於門外，二位元首威脅若二人參與就抵制與公民代表的對話行程。遭到阻撓與會的兩名異議人士之一、來自緬甸的 Khin Omar 在會談過後表示，「我感到失望，但這在預期之中。緬甸政權的拒絕態度明白顯示，他們無心改變」。她認為，這種態度顯示，劃時代的《東協憲章》於 2008 年 12 月生效，以及設立區域人權委員會機制「只是裝飾門面而已」。

　　本屆峰會共同簽署《東協共同體（2009 年至 2015 年）路線圖差安華欣宣言》(Cha-am Hua Hin Declaration on the Roadmap for an ASEAN Community (2009～2015))，其中包括設立東協經濟共同體、東協政治與安全共同體和東協社會與文化共同體。該宣言表示將在 2015 年將東協變為一個與歐盟一樣的經濟共同體，以防未來擁有五億七十四萬人口的多元集團陷入經濟風暴。然而，東協十國官員強調，在往真正經濟、政治和安全結合的路上，仍有很多障礙。當時東協秘書長蘇林表示，途中還有「很多挑戰，我們將無法很快完成。」他表示，「歐盟曾是、現在還是我們的期盼，但不是我們的模範……完全不是。」在可預見的將來，經濟的結合，主要是去除貿易壁壘以及共同貨幣的可能，「這還有很長的路……」。東協是一個複雜的地區，有逾五億人口，成員包括二個共產國家、二個君主立憲國家、一個軍事獨裁國家和數個尚未成熟的民主國家。

　　「東協政治安全共同體藍圖」(ASEAN Political-Security Community Blueprint) 清楚顯示，「東協需要進行更多工作，加強現有的和平解決爭端的機制，以及避免和解決日後的爭端。」該藍圖列出了許多目標，包括對付海盜、恐怖分子和網路罪犯以及推動民主和加強政府行政等。東協相信藍圖將能使得東協的政治與安全合作至更高

㉘　Chairman's Statement of the 14th ASEAN Summit, "ASEAN Charter for ASEAN Peoples," http://www.aseansec.org/22328.htm，瀏覽日期：2014 年 12 月 1 日。

層次。該藍圖要設立的警報系統是建立在現有的機制上，目的是避免衝突發生或是避免衝突加劇，並加強成員國之間軍力合作。（參見表 10-3）

表 10-3　東協憲章與東協安全共同體之互動與演進過程

時　間	主要協定或議題	地　點	核心主題之內涵與成果
2003.10.7	峇里第二協議	印尼峇里島	東協於 2020 年成立共同體，以安全共同體、經濟共同體、社會文化共同體為三大支柱。
2004.11.20	東協第十屆高峰會議	寮國永珍	為期六年《永珍行動計畫綱領》(Vientiane Action Programme, VAP)
2005.12.12	東協第十一屆高峰會議	馬來西亞吉隆坡	關於制定《東協憲章》的《吉隆坡宣言》
2006.06	發布《東協與公民社會組織關係指導原則》	東協秘書處	區域公民社會與自然經濟被納入東協共同體之建立
2006.12. 8～10	東協第五屆人民會（ASEAN People's Assembly, APA）	菲律賓馬尼拉	東南亞民主化、人道主義干預、勞工移民
2007.10. 23～26	第六屆 APA 東協 40 年實現人民的期望	菲律賓馬尼拉	深入討論東協「新」人類安全社群之建立
2006.05.09	首屆東協國防部長會議	馬來西亞吉隆坡	多邊安全合作機制之建立，發布《成立東協國防部長會議概念文件》
2007.11.14	第二屆東協國防部長會議	新加坡	《東協部長關於增強區域和平協定宣言》
2007.01.13	第十三屆東協高峰會議	菲律賓宿霧	《宿霧宣言》 1.《加速提前於 2015 年建立東協共同體》 2.簽署《東協憲章藍圖》 3.簽署《東協反恐公約》
2007.11.20	第十屆東協高峰會		通過《東協憲章》
2008.12.15	東協外交部長特別會議	泰國普吉島	發表《東協經濟共同體藍圖》、《東協環境可持續宣言》，正式宣布《東協憲章》開始生效
2009.02.27～03.01	第十四屆東協高峰會	泰國差安華欣	發表「東協政治安全共同體」藍圖與「東協社會文化共同體」藍圖

資料來源：作者自製。

第三節　東南亞安全仍受大國制約

　　東協組織已成立四十九年，集十國的努力團結一致對外，也發揮於區域與國際之影響力，2009年美國柯林頓國務卿也表明將與東協簽訂《東南亞友好合作條約》，由理論與事實發展而言，亞太地區安全網路之建構，很難不受到大國的影響，時值二十一世紀之初，仍然難以避免此宿命。以中國為中心對外擴展的「中國－東協自由貿易區」，直逼「東協加三」。日本－東協的「和平發展友善夥伴關係」，與南韓的「全面合作夥伴關係」，雖被東協宣傳成為強化亞洲式的以經濟安全為主軸之「新」人類安全社群的關鍵，但美國在亞太地區的實力仍不容小覷，也必須審慎觀察日本新任首相鳩山由紀夫的亞洲外交政策。

　　中國對東協安全戰略之考量，不斷向東南亞近鄰釋出友好的訊息，中國基於東南亞地區有其政治目的與安全考量。中國與東協欲建成有效的安全機制，可是所有安全機制的建立須經長期的累積相互的信賴，逐漸的除去內心的疑慮，建立良好互動模式之後，才可能發展出全面的合作；中國與東協在各領域各層面的互動，一開始或許存在各自不同的政治動機，經由經濟領域的交流與合作，逐漸發展至社會、政治、軍事等全方位互動，進而形成維護國家安全的機制；以東協而言，而透過參與中國此機制穩定區域安全，東協與中國均能互蒙其利。

一、日　本

　　過去二十多年日本由自民黨政府執政，小泉純一郎、安倍晉夫，皆遵守《日美安保條約》的政策。日本民主黨首相鳩山由紀夫於2009年8月27日當選首相後的首次記者會，即向中國提出「東亞共同體」(East Asian community) 構想，希望東亞依照歐盟的模式，建立「東亞共同體」之理想。㉙鳩山批評指出，日本在二戰後受到美國引導的「全球化」市場基本教派持續衝擊，人性尊嚴蕩然無存。鳩山呼籲回歸法國大革命的「自由、平等、博愛」理念，重建已經淪喪的傳統價值觀。鳩山批

㉙　紐約時報網站2009年8月27日刊出日本民主黨代表鳩山由紀夫投稿的文章「日本的新道路」(A New Path for Japan) 鳩山坦承日本與中國和南韓都有歷史及文化的問題待解，他認為軍事和領土的爭議很難透過兩造的談判化解，反而會激化民族主義。他以歐盟為例，建議用更大規模的整合來化解領土爭議。參見 http://www.udn.com/2009/8/28/NEWS/WORLD/WOR3/5103755.shtml，瀏覽日期：2014年12月1日。

評指出，在外交層面，「自由、平等、博愛」理念的努力目標是建立東亞共同體。鳩山重申《日美安保條約》是日本外交政策的基石，但也表示日本是東亞國家，有必要在東亞區域建構穩定的經濟合作與安全架構。鳩山預測，由於伊拉克戰爭的失敗和金融危機，美國主導的全球化將走向終結，世界將從單極走向多極。他認為美國獨霸的地位雖動搖，但在未來二、三十年仍將是全球經濟和軍事的一哥。

日本前首相鳩山由紀夫倡議的「東亞共同體」構思，❸雖然成立過程可能會事一條漫漫長路，但從中國、南韓立即附和，顯見中、日關係可望較前任明顯改善，也會比較密切。然則依據鳩山所提之版本，除了中國、日本和南韓之外，東亞共同體如何定位臺灣，值得關注，是否為「中國之一部分」，還是定位在「特殊關係」？臺灣應即早研究因應。

中國雖有意願與東亞各國合作建立東亞共同體，日本首相鳩山與中國國家主席胡錦濤在紐約會面，❸胡錦濤建議：1.增進雙方政府領袖級別的高層往來；2.促進民間交流的活躍化；3.強化併發展兩國的經貿關係；4.在亞洲及全球性問題上進行合作；5.從戰略高度和長遠角度處理兩國間的分歧問題。實質而言，「胡五點」中的第四點，可以看作是對鳩山由紀夫「東亞共同體」構想的一種回應。❸

二、區域內重大政治、安全情勢

東南亞國家日益重視南海主權爭端問題，2009 年由越南與馬來西亞聯合向聯合國大陸礁層委員會提出大陸架劃界案即是範例。2009 年 6 月初於馬來西亞吉隆坡召開的紐澳馬新英國「五國聯防組織」會議，會議討論未來於南海主權糾紛，五國可

---

❸　鳩山由紀夫在 2009 年 9 月號月刊《Voice》中曾撰文介紹他的構建「東亞共同體」的主張，在他看來，「東亞共同體」是指在通商、金融、能源、環境、救災援助、傳染病對策等廣闊的方面進行域內合作的一種體制。在這次「胡鳩會」中，針對環境問題，特別是鳩山提出的溫室氣體減排 25% 的日本中期減排目標，胡錦濤給予評價積極的評價。http://big5.chinabroadcast.cn/gate/big5/gb.cri.cn/27824/2009/09/23/541s2630148.htm，瀏覽日期：2014 年 12 月 1 日。

❸　據《朝日新聞》報道，鳩山在會談中還談到，「德法兩國在歐洲曾處於敵對關係，但他們由於在煤炭、鋼鐵方面開展合作，形成了友好關係，最終發展成為歐盟組織」，希望以此為借鑒解決東海油氣田的共同開發，推動「東亞共同體」的構建。這是鳩山由紀夫第一次當面向胡錦濤推介他的「東亞共同體」構想。

❸　http://big5.chinabroadcast.cn/gate/big5/gb.cri.cn/27824/2009/09/23/541s2630148.htm，瀏覽日期：2014 年 12 月 2 日。

相互協商，一旦受攻擊時，考慮採取反擊行動，此決議令中國十分不悅，認為應依 2002 年《南海各方行為宣言準則》。尤其近期東南亞各國加強軍備，如菲律賓海軍司令表示增強各東南亞島嶼的裝備，越南也向俄羅斯購置十二架蘇愷－30MKII 多用途戰鬥機，而之前越南已與俄羅斯就購買六艘「基洛」級戰艦進行協商，由此看來東南亞國家對中國仍有疑慮。

緬甸人權問題上，緬甸政府控訴一名五十三歲的美國人耶托，偷偷摸摸游泳進入民主聯盟 (NLD) 領袖翁山蘇姬家中，並且逗留二天，而思將之定罪與判刑。一般認為此係緬甸政府托詞，想把她延長羈押到 2010 年緬甸大選之後，純粹為緬甸當局之陰謀。雖有部分美國盟友的東協成員國如泰國、新加坡呼籲東協組織考慮撤銷緬甸之東協會員資格，然大部分東協國家仍不打算制裁緬甸，加諸緬甸於準備 2010 年大選外，同時增添許多軍事裝備，而豐富的石油資源及與中、印兩大國的友好關係，使緬甸不會被有效地孤立，此情況使華盛頓政學官各界，對於緬甸外交政策產生分歧。

2008 年，東協正式通過《東協憲章》後，東協組織發展可能面臨之挑戰，首先在於東協各國遭遇多樣性的問題。全球化的經濟壓力和來自中印兩國的激烈競爭，東協必須重新作出調整順應新形勢。實際上，新憲章從文化上規定東南亞是一個擁有「一種視野、一種身分」的單一「共同體」。因此，儘管東協方式也許成效不佳，但對該等試圖向前發展、但彼此迥異的國家而言仍是唯一的方式，新憲章是「在當前情況下它所能達到程度」。東協與對話夥伴國高峰會向來是與東協高峰會同時間召開，東協高峰會之後就是東亞高峰會登場。原本這兩場高峰會訂於 2008 年 12 月進行，卻遭遇泰國「黃衫軍」封鎖國際機場聚眾干擾，東協高峰會被迫延期至 2009 年 2 月底。可惜的是，2009 年 4 月泰國的政情仍然動盪不安。反政府的「紅衫軍」除了在各國代表下榻的飯店外包圍示威，更在首都曼谷各地滋事；在各種零星衝突及與會者的安全考量下，原訂於 2009 年 4 月 10 日至 12 日在泰國舉行的東協與對話夥伴國高峰會，再次被迫取消。

三、美國歐巴馬政府對東南亞的政策

歐巴馬政府強調美日同盟，以及與東南亞各國友好的重要性。歐巴馬總統派遣國務卿希拉蕊‧柯林頓訪問印尼，主要在強調印尼作為民主國家及伊斯蘭教國家的兼容並蓄，同時也象徵歐巴馬政府對東南亞國家的重視。過去布希政府在執行反恐政策時，造成部分東南亞國家的疑慮與抗拒，某些情報事後證實錯誤，也使美國政

府喪失外交誠信。民主黨的歐巴馬總統上臺後，讓東南亞國家有所期待，相信歐巴馬可以重建美國的外交誠信。

　　過去東南亞國家總是認為遭受美國忽視，但在希拉蕊・柯林頓訪問印尼之後，向伊斯蘭世界表示美國不是穆斯林的敵人。印尼為世界人口最多的穆斯林國家，美國若與印尼加強戰略夥伴關係，將有助於美國在中東的戰略。而美國與印度的關係，也牽扯美國、中國與東南亞的互動，東南亞雖然樂於與中國進行合作，但對於中國仍存在著些許懷疑，中國軍備預算大增，使東協相當擔憂，仍存有「中國威脅論」，而平衡中國在東南亞的影響力，勢必依賴美國的勢力，因此歐巴馬對於東南亞的政策十分重要。

　　不同於「布希主義」、「先發制人」的新安全戰略，美國歐巴馬政府為了不使東南亞向中國勢力傾斜，再度強調美日同盟的重要性，以及與東南亞各國友好的重要程度，前國務卿希拉蕊當時已簽署未來美國願意簽定《東南亞友好合作條約》(TAC) 的同意書。除了加強與泰國、㉝新加坡的關係，美國並且與印尼進行合作，希望消除東協國家對布希政府「較不重視東南亞」外交作為的負面印象。

四、中國對東南亞的政策

　　1990 年代以來，中國對東南亞採取積極交往的政策，貿易利益是當前中國推動東南亞外交的重要策略，中國希望藉由與東南亞的多方面、多層次交往，穩定其在亞太區域的領導地位，並化解中國威脅論。

　　有別於美國對東南亞的軍事政策，中國希望藉由經貿交往，拉攏東協國家的支持，中國與個別東南亞國家諮商更為緊密的雙邊貿易及經濟夥伴關係，並且承諾增加中國未來在東南亞國家的投資。有鑑於此，經濟層面中國國務院總理溫家寶於2003 年倡議每年在中國南寧舉辦具有國際性質的「中國－東協博覽會」。首屆「中國－東協博覽會」2004 年 11 月舉辦即獲得不錯的迴響，有數千家企業廠商參與，累計商品交易總額也達 10.84 億美元，效果良好。2005 年 10 月第二屆博覽會累計交易總額略增到 11.5 億美元。2006 年 10 月，第三屆中國－東協博覽會的規模再度擴

㉝　泰國軍隊裝備技術並不先進，然而當財力允許時，三軍都競相改進武器裝備。由於泰國的安全重點在陸上，尤其是與緬甸、寮國和柬埔寨接壤的地區，因此陸軍往往在預算爭奪中佔據主導地位。不過，隨著泰國著手保護其海上貿易通道，空軍和海軍在泰國的戰略中將會發揮更大的作用。鑒於泰國海空軍無力監控 2300 公里長的海岸線和專屬經濟區，與美國的聯盟關係尤為重要。

大，累計交易總額達 12.7 億美元。

　　2006 年，溫家寶在「中國與東協建立對話關係十五週年紀念峰會」上，開始倡議中國與東協應進行雙邊軍事對話及防衛合作，對於中國與東協在南海的主權爭議問題，雙方同意協議行為準則，以降低衝突。中國的外交政策影響東南亞的合作模式，由於反恐期間美國的強勢作為，使得東協國家對於美國勢力產生反感，而中國的適時介入，利用經貿合作加強與東協關係，更影響了美國在本區域的影響力，也使東協國家改變對中國觀感。近年中國對東南亞採取的政策，致力安撫東南亞各國，令東協國家相信中國在區域內不具威脅，又作出許多承諾，以及與東南亞各國就南沙群島爭端簽訂和平協議，使東南亞國家相信中國並未威脅區域安全。

　　整體而言，中國的東南亞政策走向依三個方向：1.是中國與東南亞各國都希望維持長遠的雙邊關係，努力排除障礙，使雙邊關係朝向更高層次；2.中國與東協簽訂各項協議，共同面對區域發展問題；3.中國對東協進行政治承諾，強調和平共處，降低東協對於中國威脅論的疑慮。

第四節　對東亞區域合作發展趨勢的動力與可能的影響

　　東協的大國平衡策略，使其與區域強國保持等距、密切交往，並且提供東協主導區域事務的機會，例如 2003 年東協與日本簽訂《日本與東協全面經濟夥伴關係架構協議》，加強雙方在貿易、投資及其他領域的經濟合作。2002 年東協與印度簽署於 2016 年成立「印度－東協自由貿易區」的協議，2005 年東協與俄羅斯簽署《東協與俄羅斯經濟發展合作協定》、《關於發展全面夥伴關係的聯合宣言》，2007 年東協與澳洲簽署《東協－澳洲全面夥伴關係聯合宣言》等，都彰顯東協欲提升自身主導能力的決心。經濟層面上，2009 年 3 月東協更與南韓簽訂「南韓－東協 FTA」。

　　東協於 2009 年 3 月峰會簽署了《政治安全共同體藍圖》與《社會文化共同體藍圖》，三個共同體主體架構及藍圖的提出，揭示東協向外擴展的堅持性與決心。一方面東協的「互不干涉」原則於近幾年多多少少有「稀釋」趨勢，但對比區域的有效率多邊主義與合作而言，仍然是一項障礙。東協未來能否形成一個成功的區域組織，端賴東協組織是否維持團結一致，並推動內部之制度改革。另一方面，東協利用大國之間的矛盾關係，加強本身在區域的自主性，透過區域合作模式，確立東協在東南亞區域的領導地位，間接增強東協主導區域議題的機會。

一、東協區域論壇與區域安全發展情形

2009 年新出爐的《東協政治安全共同體藍圖》有三大特色： 1.依法而行，共享價值與相同準則 (Norm)； 2.具有凝聚力、和平與愉悅的區域團體，以綜合性安全之概念來建構區域安全機制； 3.於日益整合與互賴的世界中，東協安全共同體朝向動態且具向外看 (Outward-looking) 的特質。東協透過強化東協區域論壇合作，來支持東協安全共同體之發展。2009 年 4 月份預定於泰國舉辦的東亞高峰會，因紅杉軍的示威被臨時取消，而再訂於 10 月 23 至 25 日於泰國普吉島舉辦。當年泰國總理艾比西 (Abhisit Vejjajiva) 6 月初於南韓訪問時指出，7 月泰國將於華欣召開第十六屆東協區域論壇，於東協十國外，邀請二十六國外交部長討論區域安全議題，由於中、日、南韓、北韓、俄羅斯、美國等六國都將與會，泰國總理艾比西因此倡議，六方會談於東協區域論壇恢復舉行。

二、「衝突預防」概念在東協區域論壇的實踐

2008 年東協區域論壇開會時，美國國務卿萊斯曾經會晤北韓外長，可視為「衝突預防」概念在東協區域論壇的實踐。新加坡總理李顯龍日前與到訪的泰國總理艾比希經會會晤時強調,新加坡將會與擔任東南亞國家協會 (ASEAN) 主席的泰國緊密合作，強化組織且推動東協整合進程有穩定進展。我國若能加入東協區域論壇，當然有助區域安全，然則目前情勢看來，時機仍未成熟。

在亞太地區，現階段雖然也有針對不同衝突議題或地域所設計的安全機制，例如「六方會談」（處理北韓問題）、「南海會議」（處理南中國海問題）、「東協區域論壇」（處理東南亞安全問題），以及「亞太安全合作理事會」、「亞太海線會議」等第二軌管道 (Track II)，作為不同國家間溝通意見的平臺。整體而言，這些機制多半只能發揮消極的對話功能，但具有某種程度約束力的衝突解決機制仍付之闕如，使得亞太安全環境的穩定仍然必須依靠大國的影響力（主要為美國、中國），缺乏建制性的長期保障。全球化提供了東協的國家取得接近經濟資源的機會，從而致使他們能發展它們的經濟以及為大部分它們的人民大幅改善生活水準。由於該等事實，東協組織形成有點鬆散且一致取向的 (consensus-oriented) 區域制度是適合於它們的環境。

然而，東協憲章與東協安全共同體國際建制規範，在全球化的世界被證明無法完全勝任，東亞安全仍受大國制約。

本章小結

兼論臺灣因應之道： 臺灣應如何擴展與東協關係、臺灣的東南亞外交政策

　　《東協憲章》與《東協共同體》已正式上路，但東協國家的「東協方式」仍維持其近五十年的非正式，以及強調協商、對話、非強制性、互不干涉內政的國家間互動方式，使東協成員國之間若發生衝突事件，仍無法以強制力介入，或發展一套明確有效的解決機制。前者如有關緬甸的羅興亞少數族群與人權（政治犯）問題，後者如南海主權問題，會員國仍無法依目前《東協憲章》所規範的方式來解決會員國之間的領海邊界與島嶼主權歸屬之問題，憲章內容只是把東協過去內部運作方式加以整合，並以文字記載下來，欲透過《東協憲章》的處理機制，想解決問題，助益不大。

　　冷戰之後二十多年，儘管東南亞與我國經濟互動良好，但東協國家普遍採取「一個中國、政經分離」原則，泰國、馬來西亞、菲律賓、印尼、新加坡等國與臺灣簽署投資保障協定，臺商投資東南亞於 1997 至 1998 年與 2008 年金融危機之際，雖有遲滯但總累積投資金額並未減少。

　　因此，延續臺灣過去於東南亞雙邊與多邊經濟與文化交流仍是必要的政策，而因應 2010 年中國與東協成立「中國－東協自由貿易區」，臺灣宜儘快且積極加入區域政經整合架構（如 TPP、RCEP）等制度，以免被邊緣化。於因應區域經濟整合之對策，我可以考慮採取較靈活之方式，與東協研究成為對話夥伴的可能性。

　　臺灣可以著力之處，仍然是軟權力 (soft power)。例如臺灣與東協在打擊犯罪、文化交流、經貿農技合作，亦可多加關注東協面對的諸多挑戰，包括 2015 AEC 成立後如何影響經濟整合；東協內部的衝突，如泰緬的邊界問題，有關緬甸政治改革的問題，以及環境汙染、反恐威脅和禽流感等跨國問題都將影響未來東協安全共同體的發展。

第十一章　東協中心地位與東協方式

前　言

　　大約近十餘年來，有關亞太與東亞區域整合的呼聲不斷，最常聽聞的名詞為「新區域主義」(new regionalism)，嘗試建立屬於東南亞地區的區域整合體制，尤其是以東協為中心的區域整合更是卓然有成。本世紀初即有「東協加三」（東協加中、日、韓）的形成，使東北亞與東南亞的合作加強；特別是 2005 年東協成功推動了東亞高峰會 (East Asia Summit, EAS) 的成立，形成了東協加上六國的高峰會——東協加中、日、韓（ASEAN+3 再加印度、紐西蘭與澳洲），甚至還包括美國與俄羅斯兩大冷戰時期的超強。東協遂強調以其為中心地位 (ASEAN Centrality) 及東協方式 (ASEAN Way) 的區域整合，既不同於歐洲的區域整合，也獨特於其他的區域，如此的區域整合由內而外，形塑出東協在此區域的重要性與關鍵性。

　　本章將深入觀察與探討東協組織「東協方式」與「東協中心性」之運作，例如互不干涉、尋求共識、不使用武力與區域自主性等，分析東協組織制度運作之轉變、安全思維與安全治理之困境等。

第一節　東協中心地位 (ASEAN Centrality) 與東協方式 (ASEAN Way)

　　所謂「東協中心性」或稱為「東協中心地位」，並不是一個嚴謹的名詞，它被視為東協處於駕駛員地位 (driver's seat)，❶ 或是於東亞區域整合過程中居於「東協主導」(ASEAN-centred modalities) 的方式。事實上，這十個中小型國家組成的東協組織，要維持其於東亞整合的主導地位，是相當不易的。然則，因為本區域的大國彼此互不相讓，例如崛起的中國，以及 1980 年代以來於東亞擔任領頭羊的日本，中日兩國有歷史恩怨情仇。日本與中國有釣魚臺的爭議，中國與馬來西亞、汶萊、菲律賓、越南存在南海主權爭議；使東協夾在大國之間，雖然試圖維持「中立」，很難完

---

❶　Tan See Seng, "Whither ASEAN Centrality in East Asia's Defence Regionalization?" http://news.ntu.edu.sg/SAFNTU/Documents/Panel%201%20-%20Assoc%20Prof%20Tan%20See%20Seng.pdf，瀏覽日期：2015 年 1 月 16 日。

全免去大國的影響力。最明顯的兩個例子：一個是 2012 年於金邊舉辦的第四十五屆外交部長會議，無法形成共識而發布官方聲明決議 (customary communiqué)，是東協成立五十年以來首次發生；❷另一個例子是 2014 年緬甸擔任輪值主席國，其表現不忍卒睹。此後，研究東協之學者，對於東協是否真有扮演「東協中心地位」的能力表示懷疑，而此懷疑隨著時間延續，非但未消失，且愈來愈有議論。但中、日兩國無法如歐盟的法、德兩國般居於領導與合作角色，則東協便有很大空間來操作東協中心地位。❸

　　坦白而言，東協經歷上世紀來的東亞金融危機後，於各種文件一再強調「東協主導」(ASEAN-lead or ASEAN-centred)，看在西方國家與區域大國眼裡，有時感受滑稽可笑，卻又不便說破。

一、東協中心的意涵

　　吾人若觀察國際關係學者的看法，可有下列三種主要的定義，第一種為東協成員的看法，第二種為東亞國家對「東協中心地位」的看法，第三種為非東亞國家對「東協中心地位」大致的看法。

㈠東協成員國的看法

　　由 2010 年起，於東協對內與對外文件，至少有三百多件都提到「東協中心地位」的說法，迄今東協並未有一個精確的官方版說法，但大致有關的代表性說明如下：

1. 於建構一個開放、透明與包容性的區域體系結構時，東協及其外部夥伴合作與交往關係中的主要動力。
2. 東協於參與各項規劃演進中區域體系結構的主要動力。
3. 東協期待於區域整合中扮演主導角色，東協藉此增進與區域外的關係，同時增加東協共同體的利益。
4. 東協成員國經過共同努力，可以造就東協組織在亞太與東亞區域主義中的中心地

---

❷　Amitav Acharya, "The end of ASEAN centrality?" *Asia Times Online*, August 8, 2012, http://www.atimes.com/atimes/Southeast_Asia/NH08Ae03.html，瀏覽日期：2015 年 1 月 17 日。

❸　Yang Razali Kassim, "East Asian Regionalism: End of ASEAN Centrality," *RSIS Commentaries*, No. 116 (2012), http://dr.ntu.edu.sg/bitstream/handle/10220/8674/RSIS1162012.pdf?sequence=1，瀏覽日期：2015 年 1 月 16 日。

位。

5. 東協必須關注區域內外大國，例如必須瞭解華盛頓與北京之想法，才有可能被接
　受。❹

㈡東亞國家對「東協中心地位」的看法

此部分為「非東協成員國的東亞國家」之看法，不乏中、日、韓東北亞國家的
學者認為，東協中心地位主要是一個「合作平臺」，並非真正的權力中心。東協因中
日兩國、日韓兩國關係不友好，中國與日本、韓國也樂意由東協來協助區域整合之
工作，因此東協主要是一個功能性中心地位，亦即東協於東亞合作中發揮者為「合
作平臺」作用，是功能性的而非東亞合作的權力中心。❺

㈢其他區域（除東亞外）包括亞太區域與全球學者的看法

除東亞區域以外的國際關係學者，包括亞太區域的美國、加拿大、紐西蘭、澳
洲或印度、俄羅斯等國之學者，基本上對於東協自稱「東協中心」、「東協主導」的
說法雖然懷疑，但仍抱持「寧可信其有，不可信其無」的態度。

美國學者 Peter Drysdale 曾指出，「東協是一個成長的力量」❻。例如，2012 年
東協十國的平均 GDP 為美金 3,800 元，大約介於印度（美金 1,600 元）與中國（美
金 6,100 元）之間；過去十餘年，東協的 GDP 約占全球 3.3%，出口占 7%，為 1990
年代的二倍之多。亞洲開發銀行學者 Giovanni Capannelli 也指出：「緬甸是東協最窮
國家，其 GDP 僅是新加坡 GDP 四十分之一，緬甸的經濟必須與其他東協成員國整
合在一起，才是發展其經濟的先決條件」。外國學者視「東協中心」地位，應多朝向
「對東南亞區域整合以及因此產生的東協對區域外國際關係影響力的簡略表示」。同
時，「東協中心地位」可能一方面是目標，另一方面也是實踐此目標的具體方法。

因此，本文綜合各家的說法，可視「東協中心地位」為東協成員國於推動東協

---

❹　Benjamin Ho, "ASEAN Centrality: A Year of Big Power Transitions,"*East Asia Forum*,
　　6 March, 2012, http://www.eastasiaforum.org/2012/03/06/asean-centrality-a-year-of-big
　　-power-transitions/，瀏覽日期：2015 年 1 月 16 日。

❺　顧靜，「東協中心地位面臨的變局及其重構」，《當代世界》，第 3 期（2014 年），
　　http://www.ddsjcn.com/14-3/14-3-18.htm，瀏覽日期：2015 年 1 月 17 日。

❻　Peter Drysdale, "ASEAN Economics Community: The Key to ASEAN's Centrality,"
　　http://www.establishmentpost.com/economic-community-key-aseans-centrality/，瀏覽
　　日期：2015 年 1 月 17 日。

共同體，以及東協於亞太、東亞區域整合過程中，欲扮演的角色與功能。具體而言，東協內部整合於 2015 年成立「東協共同體」是東協中心地位的基礎內容與核心方向。外部整合則是新世紀新區域主義下，東協提供的平臺與運作方式，是「東協中心地位」欲達成的期待（也為區域內外大國所接受），以及在區域內外大國默許之下，東協所擁有的運作空間。

二、東協中心地位的實踐

東協中心地位的具體實踐，展現於東協區域論壇 (ASEAN Regional Forum, ARF) 的創建，1993 年第二十六屆東協外交部長會議及擴大外長會議中決議成立 ARF，並於 1994 年 7 月 25 日於泰國曼谷首度召開，其目標為促進東協成員之多方合作，針對亞太地區國家政治及安全的共同利益，推動多邊安全對話與協商的方式，推進促成預防外交與互信的建立，推動政策一致性，使東協成為推動整個東亞區域合作之主要力量，在多邊區域制度的運行過程中，對成員國行為的規範、主權與國內事務多採尊重、不干涉的態度；且在東協區域論壇中進行的協商、協調與諮詢乃「著重於過程而非結果」，形成一種非條文式、不成文、非約束性的方案，以達成群體共識。❼ 依此，多邊機制為基礎下所形成的東協中心地位，具有下述幾種功能，❽ 1.主動規劃並設定區域整合之方向及目標； 2.被動性地依循成員國的需求而調整區域整合之方向； 3.擺盪於上述兩者間。總而言之，東協中心地位被視為一種弱指導性原則。❾

東協重視成員國相互間的互動，本著「平等夥伴精神，加速區域經濟成長，社會進步與文化發展，俾加強東南亞國家繁榮與和平」為宗旨，共同宣布《東協宣言》（又稱為《曼谷宣言》）後，正式成立東南亞國家協會。東協作為一個區域組織，由 1967 年的五國，擴大至 1999 年的十國，東協中心地位是很重要的信心建立與黏著

---

❼　Kusuma Snitwongse, "Thirty Years of ASEAN: Achievements through Political Accommodation," *The Pacific Review*, Vol. 11 (1998), pp. 183–194.

❽　Peter A. Petri and Michael G. Plummer, "ASEAN Centrality and the ASEAN-US Economic Relationship," *Policy Studies*, Vol. 69 (2014), p. 6.

❾　Heng Sarith, "How Can ASEAN Centrality in East Asian Community Be Maintained?" *CICP Working paper*, No. 49 (2012), http://www.academia.edu/9214045/CICP_Working_Paper_No._49_How_Can_ASEAN_Centrality_in_East_Asian_Community_Be_Maintained_Nov_2012_Revised，瀏覽日期：2015 年 1 月 17 日。

劑，也是強化東協力量對外發展不可或缺的重要因素。

　　Alan Collins 曾指出，甚至到 1990 年代末，東協會員國之間仍存在若干危機與互不信任，東協會員國間安全困境的特性有三：不確定性、幻想的互不相容性、自相矛盾性。❿雖然表面上東協維持一個安全社群的假象，但東協成立最初十年，彼此間仍視對方為潛在的對手。⓫這可由部分會員國於冷戰結束之後，仍大幅增加軍備國防預算可知，此一觀點並非空穴來風。⓬近年各國雖努力朝東協共同體的方向邁進，但於南海主權問題上的爭端仍待解決，由於東協成員分歧的意見，故很難針對此一爭端發表有共識的聯合公報。

　　東協前任秘書長 Rodolfo Severino 曾指出，東協宜加強本身認同感，才有可能建立成功的東協共同體。⓭事實上，東協成員國本身固然仍存在矛盾、衝突，但對外的態度仍能團結一致，共同謀求東協的最大利益。即使東協部分成員國對緬甸軍政府於 2007 年鎮壓民主有嚴厲批評，但並未真正採取如美國般對緬甸實質制裁力量。成員國之間加強相互瞭解及磨合彼此矛盾，因此能夠互相體諒，這是東協內部發展的基礎。面對外在強大的挑戰與改變時，東協中心地位此一致性將成為東協面對外來衝擊時最好的資產與談判的籌碼，對於東協成員如何看待、解釋「東協中心地位」的意義與功能，東協中心地位就是確保東協所有的行動，都服膺於集體的共識下，形成一致的意見，並獲取最大的利益。一方面各國必須遵守共同的規範與機

---

❿　Alan Collins, *Southeast Asia: Traditions and Modernity in the Contemporary World* (London: Lynne Rienner, 2003), pp. 200–212.

⓫　Purification V. Quisumbing 的報告：東協五個會員國中有三個無正式外交關係；來西亞馬與印尼之間的「對抗」政策、菲與馬來西亞之沙巴主權問題。See Estrella D. Solidum,"The Role of Certain Sectors in Shaping and Articulating the ASEAN Way," in R.P. Anand& Purificacion V. Quisumbing (eds.), *ASEAN: Identity, Development and Culture* (Manila: U.P. Law Center and East-West Center Culture Learning Institute, 1981), pp. ix-xxviii & pp. 130–148.

⓬　例如新加坡即認為自身如小蝦處於馬來大海之中 (A small shrimp in the Malay sea)，處境十分危險。對於兩大鄰國，新加坡對印尼與馬來西亞都有很大疑慮。

⓭　康世人，「東協前秘書長：東協要實現共同體需加強認同」，中央社，2006 年 10 月 21 日。塞維里諾說：「我們正在前進的過程中，這種人與人之間的關係是建立互信的基礎，而信任則是進步的基礎，特別是我們都處在不同的政府治理與處在不同的制度之中。」http://hk.epochtimes.com/6/10/23/33418.htm，瀏覽日期：2015 年 1 月 18 日。

制，遵守一致的遊戲規則。實際運作上，許多對話夥伴如美中兩國，亦利用此一概念，取悅東協以獲得其個別利益與權力；另一方面，東協亦利用與區域外國家經貿合作的機會，加強東協中心於全球市場的核心地位。❹

此外，隨著公民意識的提高、非政府組織的興起以及對於智庫的重視，某些較具爭議的議題將可藉由第二軌道的運作取得初步的成果，如「東協戰略與國際研究所」(ASEAN-ISIS) 其組成目的在鼓勵以政策研究為主要取向的學者，透過此一平臺進行合作與活動協調。藉此來促進、影響東南亞與東協和平、安全等各種戰略和國際問題的研究、資訊與意見交流，❺也因此開始有學者對政府之能力提出質疑，隨著東協的整合與頻繁的交往，東協開始出現東協公民的身分認同，❻「東協中心地位」是建立於人們的歸屬感，東協共同體的整合過程中不再只依靠政府與領導人，公民社會與非政府組織將發揮更多影響力，協助政府處理複雜棘手的議題。❼

正如同 Benjamin Ho Synopsis 所言，「東協中心地位」必須因應外在的動態世界，而非只是內視 (Inward looking)，必須向外看（外視 outward-looking）。❽

美國前國務卿 Hillary Clinton 曾指出本世紀為太平洋世紀 (Pacific century)，美國未來將積極與東南亞國家交往，並進行高層互訪。無獨有偶，中國也瞭解美國「返

---

❹ ASSOCIATION OF SOUTHEAST ASIAN NATIONS, "ASEAN and US-ASEAN Business Council Cooperation to Highlight ASEAN Centrality in Global Markets," ASEAN Secretariat NEWs, 2013/2/5, http://www.asean.org/news/asean-secretariat-news/item/asean-and-us-asean-business-council-cooperation-to-highlight-asean-centrality-in-global-markets，瀏覽日期：2015 年 1 月 18 日。

❺ 林文程，「我國參與國際組織的困境與對策」，《新世紀智庫論壇》，第 1 0 卷（2000 年 6 月），頁 39。

❻ Eric C. Thompson and Thianthai Chulanee, *Attitudes and Awareness toward ASEAN: Finding of a Ten Nation Survey* (Singapore: Institute of Southeast Asian Studies, 2007), pp.6−8, http://www.aseanfoundation.org/documents/Attitudes%20and%20Awareness%20Toward%20ASEAN.pdf，瀏覽日期：2015 年 1 月 19 日。

❼ Kavi Chongkittavorn, "Asean centrality rests on peoples not leaders," THE NATION, 2014/5/5, http://www.nationmultimedia.com/opinion/Asean-centrality-rests-on-peoples-not-leaders-30232855.html，瀏覽日期：2015 年 1 月 19 日。

❽ Benjamin Ho, "ASEAN Centrality: A Year of Big Power Transitions," *East Asia Forum*, 6 March, 2012, http://www.eastasiaforum.org/2012/03/06/asean-centrality-a-year-of-big-power-transitions/，瀏覽日期：2015 年 1 月 16 日。

回亞洲」的計劃，對其威脅甚大。❶2010 年起推動的「中國一東協」自由貿易區收效良好，並與大湄公河次區域開發計畫有好的連結，並聯合北部灣 (Beibu Gulf Economic Rim) 與南寧一新加坡，形成「東西」(the East-west Economic corridors) 經濟走廊與印支半島相連結。

2009 年起，中國政府開始大力推動並支援一百億美金，並貸款一百五十億美元給予東協進行經濟基礎建設，致使東方與西方來往日益密切。 ❷

此情形下，新加坡的前外交部長 K Shanmugam 與 Tommy koh 均認為，東協必須平衡自身利益於美國與中國大國，東協毋需選邊站，且毋需得罪任何一方，而必須採取一種 "acceptable to Beijing as well as relevant to Washington"（雙邊下注）的策略。 ❸

因此，有效的「東協中心地位」並非自己自視良好，或者僅關注自身利益，而必須「向外看」(need to be outward-looking)，要採取一種靈活、主動而非閉鎖者 (isolationist) 之政策。

無庸置疑，東協未來將扮演全球性的角色，但首要自身奠定於區域良好的基礎上，尤其是其內部的整合與合作，藉由其「東協方式」(ASEAN Way) 的協調建立共識而由內向外擴展區域整合。

第二節　東協方式的內容與實踐

實質而言，對於「東協方式」(ASEAN Way) 的確實定義與真正內涵，學界並沒有明確的運作型定義，即使東協官方網站也沒有明確清晰的解釋，❹較早使用此名詞的人士，包括：印尼高級情報人員 Ali Moertopo，馬來西亞前副總理 Musa Hitam,

---

❶ Hillary Clinton, "America's Pacific Century," *Foreign Policy*, 11 October 2011, http://foreignpolicy.com/2011/10/11/americas-pacific-century/，瀏覽日期：2015 年 1 月 20 日。

❷ Y. K. Gera , *Trade Commerce and Security in the Asia Pacific Region* (Delhi: Vij Books India Pvt Ltd, 2013).

❸ Benjamin Ho, "ASEAN centrality: a year of big power transitions," East Asia Forum, 6 March 2012, http://www.eastasiaforum.org/2012/03/06/asean-centrality-a-year-of-big-power-transitions/，瀏覽日期：2015 年 1 月 20 日。

❹ 東協官方網站為 http:// www.aseansec.org，瀏覽日期：2015 年 1 月 19 日。

以及新加坡外長 S. Tayakumar。「東協方式」一詞最早出現於 1974 年，是印尼 Ali Moertopo 將軍首先將東協決策成功歸於「東協方式」，這是一種強調以協商的方式，透過成員國領導人的密切關係，來解決東協組織的問題。㉓

學者 Jürgen Haacke 指出，「東協方式」是東協區域外交與安全文化的呈現，主要包括有六項內容： 1.主權平等； 2.不訴諸武力，以和平方式解決衝突； 3.互不干預； 4.不介入成員國之間的雙邊衝突； 5.靜態的外交； 6.相互尊重與包容。㉔ 另外，曾經擔任新加坡外交部長的 Shanmugan Jayakumar 曾於 1998 年 7 月東協第三十一屆外長會議指稱，「非正式性，組織最小化，廣泛性，深入細緻地協調，以達成一致化與化解爭端」。David Capie 與 Paul Evans 也界定「東協方式」有四個方面： 1.對待正式機制化建設持謹慎保留的態度；2.廣泛的包容性；3.對共識的重視與運用； 4.互不干預成員國的內政。㉕

一、何謂東協方式？

馬來西亞的 Noordin Sopiee 提出較為明確的「東協方式」十三項內容，主要內容包括： 1.反對內部和對外集體軍事條約； 2.反對透過軍事威脅實現和平； 3.主張和實現「真正的和平」方式； 4.建立信心、信賴、可預見性、友好與友誼、國家抗禦力、豐富的生產網路和溫和的雙邊關係； 5.積極尋求增進團結的共同基礎、一致與和諧的原則； 6.敏捷性原則； 7.禮貌、不對抗和一致進行決策的原則； 8.相互關心的原則； 9.尊重領土完整的原則； 10.不干涉內政的原則； 11.偏好平靜的外交，反對過分公開家醜，反對透過動員媒體和群眾進行外交；實用主義原則； 12.偏好內容重於形式，偏好實質重於過程，反對笛卡爾式的方法和法理主義； 13.平等主義原則。㉖

㉓ 參見張振江，「東協方式：現實與神話」，《東南亞研究》，第 3 期（2005 年），頁 22–27。

㉔ Jürgen Haacke, *ASEAN Diplomatic and Security Culture: Origin, Development and Prospects* (London: Routledge Curzon, 2003), p. 1.

㉕ 郭俊麟，「東南亞區域整合經驗——『東協模式』的實踐與探討」，《臺灣國際研究季刊》，第 4 卷，第 1 期（2008 年），頁 99–126。

㉖ Noordin Sopiee, "ASEAN Towards 2020: Strategic Goals and Critical Pathways," conference paper Presented to the 2nd ASEAN Congress, Kuala Lumpur, 20–23 July 1997, p.9.

　　研究東協安全的著名學者 Amitav Acharya 則建議將「東協規範」和「東協方式」區別。他認為「東協方式」是一種具備高度協商和共識為特色的決策程式，是一種與西方多邊主義談判中慣用的對抗姿態、多數和其他法律程式相反的，以自主、非正式達成共識和非對抗性談判形式為基礎的區域互動與合作的過程。他認為，「東協規範」核心內容，如不使用武力與和平解決爭端、區域自主與集體自助、對國家內部事務的不干涉主義、拒絕軍事條約與偏好雙邊防禦合作等，並不是東協所獨有的，而真正彰顯東協特色的是上述「東協方式」，它才是東協特有的社會文化規範。❷⓻

　　「東協規範」和「東協方式」曾遭遇的最大挑戰就是 1978 年底越南入侵柬埔寨和此後長達十年的戰爭，這也是東協成立以來面臨最嚴重的安全挑戰。就東協面臨的安全挑戰而言，主要表現在三個方面：　1.東協擔心越南霸權下的中南半島聯邦的出現；　2.東協擔心大國競爭的幽靈在東南亞再次出現；　3.第三次中南半島戰爭增加了東南亞區域內部軍事對抗的可能性。事實上，越南入侵柬埔寨所造成的「消極安全外部性」已經嚴重「外溢」到東協國家。❷⓼

第三節　以「東協方式」處理南海主權爭端？

　　第四十八屆東協外長會議 2015 年 8 月 4 日在馬來西亞首都吉隆坡開幕，會議旨在總結建設東協共同體方面的進展，為 2015 年 11 月在吉隆坡舉行的第二十七屆東協峰會做準備。據菲律賓外交部長 Albert del Rosario 透露，即使北京反對，藉由東協會議期間，美國就南海爭端問題提出「三停」(Three Halts) 倡議，也就是要求北京「停止填海、停止建設、停止可造成緊張的侵犯行為」，以降低區域緊張情勢。❷⓽中國與美國隔空交戰，但兩國都不是東協成員，包括美國國務卿凱瑞、中國外交部長王毅及日本、韓國等國家外交部長都獲邀出席參加東協論壇會議，南海議題特別是中國南海島嶼造陸成為吉隆坡會議的中心議題。

---

❷⓻　Amitav Acharya, *Constructing a Security Community in Southeast Asia: ASEAN and the Problem of Regional Order* (London: Routledge, 2001), pp.47–72.

❷⓼　Amitav Acharya, *The Quest for Identity: International Relations of Southeast Asia* (Oxford University Press, 2000), pp. 105–117.

❷⓽　http://www.appledaily.com.tw/realtimenews/article/new/20150804/662431/，瀏覽日期：2015 年 1 月 20 日。

一、東協對中國作為之認知

㈠中國南海島嶼造陸的戰略意涵

　　中國外交部發言人洪磊雖一再重申，中方對南沙部分駐守島礁進行的相關建設和設施維護，是為了完善島礁的相關功能，改善駐守人員的工作和生活條件，更是為了履行中方在海上搜尋與救助、防災減災、海洋科研等方面承擔的國際責任和義務。[30]

　　自 2014 年 6 月起中國積極建設永暑礁造陸工程，使該島面積成為南沙第一大島。[31]中國一系列的造陸舉動引起東南亞地緣政治情勢緊張，挑起南海敏感之神經，也無疑再次挑戰美國區域霸主的地位。中國填海造陸有其特殊的戰略考量，一方面為確保南海優勢，另一方面也展示其堅定捍衛其南海主權與利益的決心。然而，此作為確實引發區域安全負面效果。無怪美國稱其於南海填海造陸乃一挑釁行為，美國與東南亞國家更有理由懷疑中國於成立東海航空識別區後，下一階段想成立南海航空識別區。

表 11-1　中國填海造陸之現況與其考量 (2013～2015)

島嶼名稱	中國造島之現況與建物設施	中國考量
赤瓜礁	2014 年 5 月，中國在赤瓜礁進行填海作業，多艘艦艇在施工地附近警戒。菲律賓外交部指控中國在赤瓜礁填海造陸，似乎準備興建飛機跑道。島上建有前哨站，並有駐軍。2015 年 10 月 9 日中國宣布華陽礁燈塔和赤瓜礁燈塔竣工發光投入使用	一旦機場跑道落成，中國解放軍之空軍能夠進出自如，快速在南海部署，以抵抗美國為首的東南亞國家
東門礁	2013 中國啟動造島工程，東門礁填海造出的陸地，已經可見重型機械和碼頭狀的建築物，港口建設也已經可看見輪廓但島上面積有限[32]	增加中國解放軍軍隊戰鬥能力

[30]　http://news.sina.com.hk/news/20150417/-32-3712050/1.html?cf=hp-tab1Realtime，瀏覽日期：2015 年 1 月 21 日。

[31]　柏廷，「中共南沙造陸超越我太平島」，中時電子報，2014 年 10 月 21 日，http://www.chinatimes.com/newspapers/20141021000462-260108，瀏覽日期：2015 年 1 月 21 日。

[32]　「中國南海大舉填海，李翔宙：確實很擔心」，蘋果日報，2014 年 10 月 15 日，http://www.appledaily.com.tw/realtimenews/article/new/20141015/488451/，瀏覽日期：2015 年 1 月 21 日。

南熏礁	2013 年 5 月原本是汪洋中的一個彈丸之地，如今 7 月底陸地面積已擴大了近百倍。至 2015 年 3 月底，南薰礁地面基礎設施泰半已完成	同上
華陽礁	2015 年 10 月 9 日中國宣布華陽礁燈塔和赤瓜礁燈塔竣工發光投入使用	同上
永暑礁	經填海造陸後，至 2015 年 4 月 25 日為止，島嶼面積已經達 2.8 平方公里（現次於美濟島和渚碧島）。並在島上建造了長 503 公尺、寬 53 公尺、長約 3,125 公尺的機場跑道，可容納戰鬥機與偵察機。海洋探測站大約可容納 200 人，其中包括無線電，雷達和油料及維護人員。建築包括一個直升機平臺，一個 5,000 噸級碼頭	部署運輸直升機、快速登陸艇和汽艇艦，從而讓中國保衛周邊爭議島嶼方面擁有巨大優勢
美濟島	2015 年 6 月 10 日為止，中國在美濟礁填海造陸後面積約達 5.5 平方公里，為南沙第一大的人造島。2015 年並開始於美濟島修建飛機跑道	增強中國於該海域的軍事能力
渚碧島	2015 年 6 月 12 日為止，渚碧礁面積達 4 平方公里，為南沙第二大人造島，並於渚碧島修建飛機跑道	增強中國於該海域的軍事能力

資料來源：作者自製。

㈡赤瓜礁與永暑島為中國填海造陸重要例證

　　赤瓜礁位於菲律賓巴拉望島以西約三百公里處，中國 1988 年從越南手中奪取後實質控制該礁嶼，中國一直在赤瓜礁進行人工島作業。2014 年菲律賓指控中國在南海爭議海域的赤瓜礁填海造陸、興建簡易飛機跑道。菲國正式向中國提出外交抗議，指出軍方空拍照片顯示中國最近數週將土石、建材運到赤瓜礁填海造陸，細看之可發現明顯違反《南海各方共同行為準則宣言》中禁止在主權爭議地區新建設施。但北京以擁有該礁嶼主權為由拒絕接受。此事若屬實，將是中國在其占據八座島礁興建的第一條飛機跑道，意義非凡。❸

　　永暑礁距中國約七百四十海浬，海南島榆林港五百六十海浬。2013 年以來經過填海造地後，永暑礁面積達到大約 0.9 平方公里，升格為永暑島。人工島的戰略意義卻非同小可，其面積足可讓中國輕型戰艦提供一個可靠的永久性基地，包括能停靠至五千噸級艦船的碼頭。此外在島上還可以部署運輸直升機、快速登陸艇和汽艇

---

❸ 管淑平，「菲指控中國南海赤瓜礁建跑道」，自由時報，2014 年 5 月 15 日，http://news.ltn.com.tw/news/world/paper/779067/print，瀏覽日期：2015 年 1 月 21 日。

艦，從而讓中國保衛周邊爭議島嶼方面擁有巨大優勢。❸④可謂赤瓜礁與永暑島已經成為中國填海造陸重要例證。

㈢東協與區域內外各國之想法與未來可能之因應

以美日之角度而言，美國對於南海議題始終保持一貫的態度。一方面不想正面與中國直接衝突，另一方面持續軍售武器，加強與東南亞國家軍事外交關係。但是倘若不幸發生戰爭美國不可能不牽涉其中。

雖美國疲於克里米亞與伊斯蘭國等重大議題，卻不能對南海坐視不管。為了有效嚇阻中國的軍事意圖，美國與菲律賓海軍連同日本海上自衛隊，三國聯合軍演於 2014 年 10 月 22 日至 23 日在南海舉行了聯合軍演。❸⑤參加此次軍演的是美軍「安提塔姆號」導彈巡洋艦、日本海軍「漣號」導彈驅逐艦以及菲律賓海軍「德爾畢拉爾號」護衛艦。軍演主要進行了實彈射擊訓練及夜間艦艇通信訓練。

中國對此了然於胸，中國國防部對外宣稱：日本軍演比較密集的階段，2014 年 10 月 22 號、23 號日本與美菲進行軍演之後，25 號又有一艘日本軍艦到俄羅斯參加救援演練。❸⑥日美菲律賓舉行的聯合軍演，中國指「中方一貫主張，有關國家之間的軍事合作應該有利於地區的和平與穩定，而不是相反」。❸⑦

菲律賓一貫強烈指責中國，2014 年 6 月菲國總統艾奎諾三世已大動作召開國際記者會，抨擊中國在南海群島附近造行徑。軍方空拍照片顯示中國將土石、建材運到赤瓜礁填海造陸，「他們正準備建一條跑道」，此舉違反《南海各方共同行為準則宣言》中禁止在主權爭議地區新建設施。外交部長 Albert del Rosario 稱「根據《聯合國海洋法公約》，赤瓜礁位於菲國專屬經濟區內，中國也是該公約簽署國。根據以上資料顯示，中國在這五個島礁的積極布署，不論是海權的擴展或是經濟資源的掠

❸④ 請參閱中山大學胡念祖教授，「不軍不警如何捍衛東沙島與南沙島」，http://ppt.cc/bDZVn，瀏覽日期：2015 年 1 月 21 日。

❸⑤ 馬麗，「美日菲首次在南海搞聯合軍演日媒稱欲牽制中國」，中國網，2014 年 10 月 24 日，http://big5.china.com.cn/military/2014-10/24/content_33864249.htm，瀏覽日期：2015 年 1 月 22 日。

❸⑥ 「國防部回應美日菲聯合軍演：不應破壞地區穩定」，環球網，2014 年 10 月 30 日，http://mil.huanqiu.com/china/2014-10/5185292.html，瀏覽日期：2015 年 1 月 22 日。

❸⑦ http://m.wenweipo.com/newsDetail.php?news_id=IN1410300096&category=news，瀏覽日期：2015 年 2 月 25 日。

奪，都嚴重影響菲律賓海域的生存空間」。目前，菲國走的兩條路：訴諸國際法院或
軍事武力警告。照國際往例即使被控訴國明白違反國際法，倘若被控訴國不遵守，
國際法庭無強制執行能力。因此，菲律賓想藉著國際法院來解決南海問題可能性微
乎極微。❸

　　2015 年，菲律賓針對與中國的南海爭議問題，向聯合國常設仲裁庭提出十五項
訴求，並訴請仲裁法庭裁定臺灣領土「太平島」為島礁，以及不適人居。2015 年
10 月 29 日，海牙國際常設仲裁法庭 (Permanent Court of Arbitration，PCA) 表示依
《聯合國海洋法公約》(UNCLOS) 附件 7 的規定，仲裁庭具有司法管轄權，將依計
畫繼續舉行聽證會，並就「南海仲裁案」發表第一階段裁定，表示宣布菲對其中七
項訴求具有管轄權，另八項則保留至實體問題階段再審議。此外，也判定我國領土
太平島應為「島礁」，間接否定臺灣對太平島的領土權。我國外交部旋即發表聲明表
示，對此仲裁結果「不承認」、「不接受」。❸ 中國雖拒絕參加庭審，也不承認仲裁
法庭在本案中的權威。但國際常設仲裁法庭表示，這一爭端不涉及中國的領土主權，
且該庭所審議的是菲律賓根據《聯合國海洋法公約》所提交的法律文件，兩國都是
簽署國，須受此處理條款的約束，因此，中國的缺席「無法剝奪該庭的裁判權」。❹

　　中菲兩國由於軍事實力懸殊，正式宣戰可能性微乎其微。目前全球軍事力量排
名，中國排名第三，菲律賓第二十三且空軍缺乏性能良好的戰鬥機❹，中國卻有航
空母艦瓦良寧號及性能優秀的戰機。因此，菲律賓只能把希望寄託在《美菲共同防
禦條約》，一方面是因為美國的再平衡策略與軍事優勢，另一方面是 2007 年 11 月，
美國小鷹號航空母艦在太平洋日本和臺灣海域間進行軍事演習時，一艘中共宋級潛
艦無聲無息浮出水面，令美國海軍非常驚訝。❹ 以上案例都提醒美國，需要把更多

❸　「菲指控中國南海赤瓜礁建跑道」，http://news.ltn.com.tw/news/world/paper/779067，
　　瀏覽日期：2015 年 2 月 25 日。

❸　「菲 VS 陸『南海仲裁』殃及臺灣，太平島竟『降格』島礁!」http://www.
　　ettoday.net/news/20151101/589346.htm，瀏覽日期：2015 年 11 月 23 日。

❹　「宣稱具有司法管轄權! 海牙國際法庭受理南海紛爭」，http://www.ettoday.net/
　　news/20151030/588357.htm?feature=profile_099&tab_id=349，瀏覽日期：2015 年 11
　　月 23 日。

❹　李奉先，「中國軍事實力名列全球第幾位?」，新浪新聞，http://news.sina.com.tw/
　　books/love/barticle/3910.html，瀏覽日期：2015 年 1 月 22 日。

❹　呂振安，「中共潛艦突穿第一島鏈之戰略意涵」，臺北：淡江大學戰略所碩士論文，

的注意力放在南海，一旦菲律賓無力阻止中國的侵犯，美國的島鍊封鎖戰略將被突破，石油或其他資源的運輸將會受到威脅。2015 年 10 月 27 日，美軍導彈驅逐艦「拉森號」(USS Lassen) 直接駛入中國在南海建造的人造島：礁渚碧礁和美濟礁的十二海浬內，並停留數小時，直接挑戰大陸對南海人造島礁的主權宣示，該巡航是美國對大陸南海島礁主權宣示迄今最大的挑戰。**43**

　　2014 年 6 月菲越海軍在領土爭議島嶼舉行多項友誼賽。可知除美國之外，擁有共同利害的越南也是菲律賓亟欲拉攏的對象。東協平臺也是菲律賓可用來伸張自己權力的地方，但是東協組織裡大多數的成員與中國的經貿往來非常龐大，加上與中國關係良好的緬甸 2014 年是東協的輪值主席國，**44** 所以透過此途徑來解決南海爭議的可能性很低。

　　再者，與菲律賓相比，以民族性強悍著稱的越南，動作更為積極，2014 年 5 月981 鑽油平臺事件引發排華暴動之後，中越關係越來越緊張。和菲律賓相比，越南顯然能選擇的策略很多，不管是透過軍事力量，還是可以利用的盟友。越南和俄羅斯的關係較以往為佳，一方面在 2012～2015 年越南成為俄羅斯武器最大的買家，**45** 寧願放棄 2019 年亞運會的舉辦權也要提高軍購預算可見越南的堅定防衛國家安全的立場，另一方面，越南可能採取聯俄制中的策略。同時，美國也是越南想要拉攏的目標。一方面，美國力挺越南，批評中國在西沙設置鑽油平臺是「挑釁行為」；另一方面，越南領導階層針對中國的談話也愈來愈強硬。

　　因此，越南市場對美國來說潛力無限，雖然沒有跟菲律賓或臺灣一樣跟美國簽署共同防禦條約，但如同英國前首相 Lord Palmerston 所說：「國際社會沒有永遠的朋友，也沒有永遠的敵人，只有永遠的利益。」相信伺機拉攏越南牽制中國，對美國

2010 年，頁 136。

43 "USS Lassen to spend 'several hours' near China's islands," CNBC News, 26 October, 2015, http://www.cnbc.com/2015/10/26/us-navy-destroyer-lassen-nears-spratly-islands-china-territory-challenged.html，瀏覽日期：2015 年 11 月 23 日。

44 JANE PERLEZ, WAI MOE，「緬甸官員稱在南海問題上支持東盟立場」，紐約時報中文網，2014 年 7 月 2 日，http://cn.nytimes.com/world/20140702/c02myanmar/zh-hant/，瀏覽日期：2015 年 1 月 23 日。

45 「遲來的中越衝突只是南海紛爭的開始」，和訊網，2014 年 5 月 19 日，http://news.cnyes.com/Content/20140519/KIVG7UW083R6U.shtml，瀏覽日期：2015 年 1 月 23 日。

來說絕對是有利無害。**㊻**

　　至於越南跟菲律賓合作成功的可能性相當低。一是菲越兩國的國力並不一致，屆時如果中越爆發衝突，菲律賓可以支援的力量相當有限，二是就近年來的資料可知，越南想要左右逢源，利用美俄兩大國聯合制約中國。因此，菲越的合作可能只是名義大於實質。

　　雖然 2014 年 5 月越南在領土境內爆發了所謂的反中行動，然而中越雙方的衝突爆發戰爭可能性極低。因為兩國就經貿關係而言，自 2004 年起，中國已經連續十年成為越南第一大貿易夥伴，目前中國還是越南最大的進口國，占出口總額的 10%，另外，中國海關統計，2013 年，中越雙邊貿易額達到 654.8 億美元，同比增長 30%。**㊼**目前，南海爭議是中越關係的停滯不前唯一的障礙，此種趨勢發展下去，基於對主權及現實主義的考量，越南寧願放棄中國龐大的經濟利益，也不願在南海主權問題上讓步。美國也瞭解中越矛盾，為了有效制衡中國，美國近年來更是極力拉攏越南，加強軍事層面交流使美越關係正常化。

　　2016 年 2 月 15～16 日美國歐巴馬總統首度邀請東協國家領袖舉行高峰會議。值得一提的是，峰會地點選在加州幻象農場 (Rancho Mirage) 的陽光花園 (Sunnylands)，歐巴馬總統與東南亞國協十個國家領袖除了討論美國協助東南亞國協進行區域整合、經濟發展之外，中國在亞太地區日益增加的影響力，以及南海主權爭端也列入高峰會的議程中。在中美兩國日日益競逐於東南亞影響力過程中，一方面美國認為中國有可能成為其未來競爭者甚至是挑戰者；另一方面，中國近年來在南海地區的島礁建設使美國感受強烈的戰略危機感。

二、近來情勢觀察

　　中國的大國崛起，不可避免地破壞區域的均衡勢力，除美、日深感不安外；中國近年於南海爭議採取高調姿態，相當程度引起東南亞國家的矛盾與擾嚷情緒，甚而認為中國雖然昔日提出三合「和諧、和平、合作」、「敦親睦鄰」的友好政策，然則今日採取「擴張主義」的強硬立場。菲律賓與越南更向國際社會多方投訴，指中國南海政策實質是「以大欺小」，成為未來南海區域可能的潛在和「安全威脅」。

㊻ 鈕先鍾，《戰略研究入門》，臺北：麥田出版社，1998 年。

㊼ 張璐晶，「中國企業越南生存現狀調查」，《中國經濟周刊》，第 20 期（2014 年），http://paper.people.com.cn/zgjjzk/html/2014-05/26/content_1434182.htm，瀏覽日期：2015 年 1 月 23 日。

　　於東南亞國家牽涉到南海主權爭議之國家，目前反華情緒可說相當高昂，其中主要的兩國為菲律賓與越南，不乏許多「排華活動」（如 China：Back off From Vietnam EEZ）。越南境內排華最有名者，如 2014 年因 981 鑽井平臺事件，越南民眾上街遊行，多有死傷，且臺商遭受波及。2015 年 11 月當中國國家主席習近平訪問越南前夕時，也爆發反中遊行。

　　此外，馬來西亞於 2015 年 9 月馬來西亞首都吉隆坡有萬人反華遊行，示威者對於馬來西亞華人加以撻伐，並指出「馬來族之尊嚴不可踐踏，必須維護」。近期越南「親美」的總理阮晉勇雖已退出中央政治局，但他的親信卻擔任越南「四頭馬車」中的三個席位——總理、國家主席、國會主席。儘管阮富仲在三人中權力最大，但後兩者皆與阮晉勇關係密切，這將對阮富仲形成牽制，❹❽實質上中美兩國於東南亞的影響力持續拉鋸之中。

三、中國對南海情勢之回應

　　綜觀近來南海之發展，中國之填海造陸引起週邊國家之不安，且引發美國與日本的強烈反應，但中國方面的回應，並非以和諧穩定為目標，有下列之擬議及回應：

㈠中國擬籌設「國際海事司法中心」

　　由於中國在南海主權問題上與東南亞多個國家有分歧看法。其中菲律賓在 2015 年年底向荷蘭海牙國際仲裁法庭提出申訴，尋求反駁中國對於南海爭議島礁的領土訴求；中國則認為菲律賓作法不合法，不接受仲裁。於 2016 年元月中國第十二屆人大會議，中國最高人民法院的年度人大會議報告中提到，「中國將建設國際海事司法中心，維護國家主權和海洋權益。」中國最高人民法院院長周強表示，中國各級人民法院在 2016 年仍將服務國家的重大戰略實施。「服務和保障『一帶一路』、海洋強國等戰略實施，堅決維護國家主權、海洋權益和其他核心利益。」

　　中國舉動外界見仁見智，反對者認為中國對於菲律賓將黃岩島主權爭議送國際法庭的訴求強力反駁的作法相當不智，若是未來仲裁結果認為中國之主張不合法，將對中國引來國際社會諸多懷疑不易辯解。但是，贊成者仍然堅持南海為中國自古的既有領土，必須維護領土與主權獨立完整，「一寸也不能讓」。

㈡中國加強宣傳「一帶一路」，並將經濟利益廣施於東南亞國家

---

❹❽　對此，新加坡東南亞研究所學者黎洪和 (Le Hong Hiep) 認為，「越南現有路線可能不會被改變，但越南的改革速度會放緩。」

中國極力向東南亞國家示好，強力推動「一帶一路」與「亞投行」之宣傳。「一帶一路」要堅持共商、共建、共享原則，積極推進東南亞國家發展戰略的相互對接。為推進實施「一帶一路」重大倡議，讓古絲綢之路煥發新的生機活力，以新形式使亞歐非各國聯繫更加緊密，互利合作邁新的歷史高度，中國政府特制定並發布《推動共建絲綢之路經濟帶和二十一世紀海上絲綢之路的願景與行動》，中國強調與東南亞共創「由黃金升級至鑽石十年」。中國一再聲明支持中國與湄公河流域家開展更緊密的次區合作，歡迎泰國提出的瀾滄江—湄公河次區域永續發展倡議，歡迎中國和湄公河次區域國家建立相關對話與合作機制的可能性。次區域國家建立相關對話與合作機制的可能性。

中國期盼以「一帶一路」與「亞投行」戰略對抗美國「重返亞洲」戰略：降低美國在亞洲的影響力，然後增強國力成為亞太區域霸權，最終把美國勢力逐出西太平洋。

⇐針對美國航母駛入南海，中國加以強烈指責

中國基本上認為美國不應涉入南海事務，因為美國並非南海主權爭議之當事國，美國若繼續施壓中國，只會引起中國之反彈，對於問題的解決沒有幫助。

美國海軍戰艦現身南海島礁爭議海域，飛彈驅逐艦「拉森號」(USS Lassen, DDG 82) 經常性航行至南海島礁的十二海浬範圍，伴隨 P-8A 和 P-3 巡邏機，同時進行海空偵查。預定目標為南沙群島的渚碧礁和美濟礁海域。此舉已觸怒北京當局，但美方宣稱，「拉森號」、「神盾號」仍然將持續進行，這類巡弋任務未來不會只有一次。

有些中國學者認為，南海政策和東協政策是中國的兩個選擇。由 2012 年中菲兩國在黃岩島發生衝突起，南海政策在中國外交議程的排序升高。現在中國推「一帶一路」戰略，東協政策的優先順序就應該高於南海政策。只要其他國家不刻意製造事端，中國就應從海上絲路的大架構與東協政策的大局，來制定南海政策。他們指出，當前中國南海政策的戰略目標，應是「防止亞太國家在美國的唆使下，形成一個從反對中國南海政策，而擴大為反對中國復興的聯盟。」所以中國應以雙邊與多邊雙管齊下的方式，管控南海爭議，全面更新修正與主要東協國家之間的關係。

四、中國與東南亞菲越兩國的南海爭端

⇐區域內東南亞國家之反應

區域國家在焦慮下，開始引進域外的勢力，包括軍事協定與購買武器。其中又

以菲律賓和越南，引進美國與日本的力量來平衡中國最為明顯。2014 年 4 月，美國總統歐巴馬訪問菲律賓時，美菲簽訂十年的防衛協定。2015 年 4 月，兩國舉行為期十天的聯合軍事演習。這個名為「肩並肩」(Balikatan) 的演習，為十五年來規模最大，參與的軍人多達一萬二千人。此次軍演的場地包括菲律賓的巴拉望島、呂宋島，與班乃島。其中一個演習地點距離中菲產生爭議的黃岩島才二百二十公里。這個演習的時間和東協峰會同一周，也主導稍後東協峰會在南海問題上的基調。

菲律賓和日本在 2015 年 6 月簽了《戰略夥伴協定》，日本同意將軍事物資與武器轉給菲律賓。同年兩國就進行了二次軍演。7 月，菲律賓國防部證實，2016 年將重開已經關閉了二十三年的蘇比克灣基地，也計畫在未來十三年內，投入二百億美元進行武器現代化。由於蘇比克灣距離黃岩島僅一百四十五海浬，重開基地將駐菲國軍方更有效因應南海爭議，但也讓區域情勢更為緊繃。

越南除了與日本加強軍事合作，也與美國頻頻進行高層訪問，其中以越共總書記阮富仲 2015 年 7 月訪問白宮達到高潮。值得注意的是，儘管菲律賓與越南等國急於引進域外勢力以平衡中國，但是處於中國的周邊，在中國軍事與經濟壓力的地緣影響下，她們也必須在大國之間維持平衡。其中又以越南的態度最為明顯。菲律賓與越南已決定 2015 年底前成立「戰略夥伴關係」。這使得觀察中國周邊情勢，除了地緣政治外，又增加小國外交與內部聯盟的面向。

美國為拉攏越南，早在 2012 年 7 月，希拉蕊擔任國務卿訪問河內時，就提出邀越共總書記阮富仲訪美。當時她希望 2013 年阮富仲能夠成行。但是越南有自己的節奏。越共對外聯絡部部長直到 2012 年 12 月才到美國，就總書記訪美的事與美方進行磋商。阮富仲行事向來謹慎，一定要把每個行動的風險做仔細評估之後才會有所動作。而 2012 年越南軍方還對美國動機有所疑慮，認為只要美國看準時機，隨時都可能對越南發動侵略。所以總書記若真要訪美，對內對外都要有很多前期的鋪墊工作，也要先建立內外互信才成行。

依目前情勢之推斷，中國與東南亞關係之可能發展如下：

1. 「中國威脅論」於部分東南亞國家之刻意宣傳，未來仍將流行不輟

如菲律賓與越南拉高南海主權衝突衝突，如爆發戰爭或區域衝突，美國與日本很難不涉入。

2. 東協已有四成員國加入第一階段 TPP，當前東南亞國家親美多於親中

東協長期採取「大國平衡」、各方保持等距的「中立、不結盟外交政策」。然而，

菲律賓、泰國與美國夙來友好，馬來西亞、新加坡、汶萊、越南已經參加 TPP。中南半島國家如緬甸、寮國、柬甫寨過去與中國友好，但由於美、日大力經營東南亞，未來之情勢可能發生變化。

3. 中國事實上欲爭取中南半島國家如越、柬、寮、泰、緬，近來親美的前總理阮晉勇下臺，但上臺者仍為其親信。

　　近來中南半島政權更迭與移轉，如緬甸大選由翁山蘇姬領導的 NLD 上臺，總統亦是該黨元老、翁山蘇姬長久以來的親信碇喬 (Htin Kyaw) 當選新總統，寮國、柬埔寨過去顯然力挺中國，但未來似有變化之可能。

　　總之，於美國「重返亞太」之政策下，中美於東南亞之競賽不可免，但未來競賽將可能影響及東南亞國家之意向，中國強勢的南海政策和中國與東南亞國家間的南海主權衝突，使得此區域劍拔弩張，仍可能有一發不可收拾，不穩定情勢之存在。

第四節　「東協中心地位」真實存在？──未來如何發展

　　正如本書前幾章所言，許多國際學者於東協成立之初並不看好東協，認為東協的命運將與 1954 年東南亞公約組織或 1963 年馬菲印聯盟一樣，僅能維持短暫時間，不久便會灰飛煙滅。在 2015 年 8 月，東協將慶祝其四十八歲生日，並於 2015 年 12 月 31 日成功建構「東協共同體」。2017 年 8 月將滿五十年，東協組織當前的願景已規劃至 2030 與 2050 年。何以當年被認為可能「短命而已」的東協，得以存活至今？並且看起來生命力日漸暢旺，消失或滅亡是極不可能。

　　東協何以能夠維持如此長久？而且將歷史背景歧異、文化、宗教、語言……極不相同的十國集結在一起成為區域組織？則平日不為大眾瞭解的「東協方式」就是一劑凝膠或是強心針，東協強調一種過去爪哇式的決策模式，對於成員國內政、領土、主權保持「不干涉」(non-interference) 之原則，形成建立共識與諮商溝通的可能性。

　　如果各方共識無法達成，就將問題先予擱置，待日後形成共識再來解決，一方面不會傷了和氣，另一方面也可暫時擱置爭議。❹ 當然，東協方式也有缺點，如常

---

❹　George O White III, "Foreigners Beware ?Investing in a Jungle with Many Predators: The ASEAN Investment Area," *Texas International Law Journal,* Vol. 37, No. 1 (2002), pp. 157–176.

被稱為「雞尾酒會」(cocktail party)，它絕非一個可以放諸四海而皆準完美的行事方式。

　　時序發展至新世紀的 2015 年，當年被認為完美靈活的「東協方式」，如今未必能有效運作。就以上世紀的亞洲金融風暴而言，東協仍須依賴外力協助來解除困境，若無《清邁倡議》，則東協難保不再發生金融危機。而本世紀的南海主權爭議，因牽涉到至少有越南、菲律賓、馬來西亞、汶萊等國，加上非東協的中國與臺灣（一般稱之為五國六方），很難尋求一致共識，因此「東協模式」既然運作未必如同過去順利，東協內部開始不斷有要求修正，或重新檢討的聲音。

　　由於東協十國力量的總和，可能不如單獨的一個區域大國如中國、日本或韓國，要維持「東協中心地位」，遭致區域內外很大的懷疑眼光。「東協中心地位」若想有效維持，必須有五項因素加以配合：1.東協力量是否持續強大；2.未來「東協方式」與東協制度之變化；3.東協自身的實力與認同；4.「東協互不干涉」原則之變更；4.「區域性綜合經濟夥伴協定」是否能順利運作。

1.東協力量是否持續強大？

　　東協於上世紀末遭受亞洲金融風暴後，立即推動與區域大國的合作，特別是1999 年開始的「東協加三」，東協大力推動與中國、日本、韓國的合作，形成一個實質有力的政治與經濟次團體。十個中小型國家組成的東協組織，於遭遇內外安全威脅，採取主動出擊的方式，推動東亞區域政經整合。確實，若無東協的努力推動，可能無法產生今日的「十加三」，也沒有辦法推動重要的「十加六」、「區域性綜合經濟夥伴協定」，未來東協是否能持續強大，而「東協中心」地位的持續或下降，端視東協的實力發展。❺⓿

2.未來「東協方式」與東協制度安排之變化

　　就東協與大國關係而言，雖然東協強調建立東亞共同體之重要性，但東協成員有兩種截然不同之觀點：一種是悲觀主義，認為東協推動整合不僅一方面無法成功，另一方面還傷害日本之主權與美日聯盟，破壞普世價值；另一種是樂觀主義者，認為東協推動合作，可以降低彼此間族群衝突，使極端民族主義難以得逞，該派強調當前世界為新世紀和解年代，不宜再有武力衝突。❺❶東協強調人民與人民間互動，

❺⓿　SarithHeng, "How can ASEAN Centrality in East Asian Community Be Maintained?" *CICP working paper*, No. 49 (2012), pp. 1–24.

❺❶　G. W. Noble, "Japanese and American Perspectives on East Asian Regionalism,"

同時透過民間社會的力量推動和平、和解，亦可降低朝鮮半島緊張情勢。❷

　　另外，東協本身若實力不足，難以擔當領導大任，將降低「東協中心地位」的成功性。也即是說，東協如無法妥善處理相關的區域內外問題，如中國主導「一帶一路」與「亞投行」，美日聯盟推動「跨太平洋夥伴關係」，東協如何於美日間取得平衡以及東協內部的治理問題，包括內部貪汙腐敗（如 2015 年爆發馬來西亞首相納吉的貪汙問題）以及民主化程度降低（如 2014 年泰國軍人政變再次成功）。

3. 東協自身的實力與認同，影響東亞社區成功與否的因素

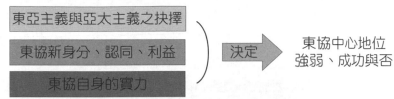

圖 11-1　影響東亞社區成功與否的因素
資料來源：作者自製。

　　東協主導的區域制度之安排，無論是「十加一」、「十加三」、「十加八」、「十加N」或者東亞高峰會，不乏研究國際與區域政治的學者，指出「東協中心地位」象徵性意義仍是大於實質性意義。由於東亞區域內仍存有許多未解決爭端，加上各國權力的角逐，因此東協主導的區域制度如東協區域論壇 ARF、東亞高峰會、被定義為一個具有共同利益與考量之政治、經濟與政策論壇，參與國領袖藉由此平臺交換意見與討論，共同提升彼此於安全、經濟、政治與軍事之聯結。❸

　　而此展現「東協方式」的影響力，東協依據東協自身的實力形塑出一套東協專屬東亞的遊戲規則，代表東協新身分、認同、利益而有別於過去；東協於兼顧全球化、區域化的原則下，自身的實力採行的東協模式 (ASEAN Way) 看似寬鬆、無拘束，但卻能符合東亞之國情、歷史與文化等因素，也因如此模式藉以凝聚東南亞共識與東協中心地位。

International Relations of the Asia-Pacific, Vol. 8 (2008), pp. 247–262.

❷　C. Hernandez, "Obstacle to East Asia Community Building," in Tadashi Yamamoto and James Gannon, eds.,*East Asia at a crossroads* (Tokyo: Japan Center for International Cooperation, 2008).

❸　徐郁芬、楊昊，「東亞高峰會的區域意涵：形構中的層疊型區域主義與臺灣的因應策略」，《新世紀智庫論壇》，第 38 期（2007 年），頁 94。

4.「東協互不干涉」原則之變更

東協成立將達五十年，自然有不少依循過往的制度，但也有不同的聲音，由於歷史、宗教、語言過於多元，東協就各項議題要達成共識並不容易，對於「互不干涉」的東協方式，有不少成員國如泰國前總理就提出「有限制的涉入」，特別是2000 年之前有不同的聲音。2014 年泰國再度發生軍事政變，部分東協成員認為應加以「關注」，使軍人政治不會過於囂張。但是仍然在「互不干涉內政」的思維下，泰國迄 2015 年底前雖已修改完成憲法，並未能使國會通過，遑論恢復選舉還政於民。

迄目前為止，東協仍然認為自身處理衝突的方式較為靈活，延續早期「5-X」、「4-X」到目前「ASEAN-X」的東協方式。可以預見，(老) 東協前六國的發展迅速，(新) 東協後四國若無法大力向前邁進，此二個層次 (two tiers) 的東協國家，仍是貧富不均，經濟發展差異過大，將降低整體東協的力量。

2015 年後的東協，若仍要居於駕駛人 (driver's seat) 座位，持續主導未來東亞政經整合，除了維持或小幅度修改「互不干涉」與「東協方式」尋求共識之外。東協必須避免激烈的民族主義 (radical nationalism)（如伊斯蘭基本教義派）的影響，與大國關係的平衡 (balance of power) 並積極努力以成功建立 2015 東協經濟共同體。

另外，如東協前秘書長 Surin Pitsuwan 也曾針對東協秘書處的不足與無效力 (inefficiency) 之問題，提出解決的方向，稱之為「東協挑戰」(ASEAN Challenge)；❺❹其餘問題，如較弱化的輪值主席如 2012 年柬埔寨與 2014 年緬甸，在推動東協之工作，較不易達成。

一個成功且亮麗的東協經濟共同體，除了吸引國外直接投資 (FDI) 外，同時也將促使政治更加和諧，社會更加安定。如此東協及其十個對話國才可順利合作，保障本區域的安全與和平。

5.跨太平洋夥伴關係協議 (TPP)

2015 年 10 月，十二個亞太地區國家締結了《跨太平洋夥伴關係協議》(TPP)，其中簽署該自由貿易協議有四個東南亞國家：汶萊、馬來西亞、新加坡和越南。TPP 談判已圓滿結束。東協的其他國家如馬來西亞、泰國、印尼、菲律賓表態考慮他們的選擇加入 TPP。例如菲律賓和泰國已表示出有興趣成為 TPP 的一分子，而印

---

❺❹　Amitav Acharya, "The end of ASEAN centrality?" *Asia Times Online*, August 8, 2012, http://www.atimes.com/atimes/Southeast_Asia/NH08Ae03.html，瀏覽日期：2015 年 1 月 17 日。

尼也正式宣布其加盟意向。❺

　　這些東協國家為何想加入 TPP 呢？東協國家考慮兩種情形。第一種情形是，TPP 被各成員國批准通過，東北亞的南韓和中國也考慮加入其中。甚而，韓國聲稱它是 TPP 的「天然夥伴」，而中國則表示「對這個依照世貿組織規則制定，並對亞太地區經濟整合有幫助的 TPP 始終保持開放的心態。」在這種情況下，亞太地區的貿易將發生鉅大改變。

　　第二種情形則是，TPP 在某些成員國國內並沒有通過，其中最明顯的是美國。例如，美國國會可能認為，由三十個章節為代表的「單一承諾」方式未免過於寬泛，代價太高。這可以為協議的修正改進建立一個範圍，同時增大其他新成員加入的可能性。

　　相對較小的經濟體經常使用的雙邊和區域協議作為國內改革的動力。事實上，其餘東協國家加入與否，他們都可以從 TPP 的優勢中學習，忽略更多可疑的規定，並著手進行自我改革。畢竟，任何形式的全球化仍需讓步於國家利益，而不是反其道而行。

6. RCEP 是否能順利運作

　　東協自 2013 年起，推動《區域綜合性經濟夥伴協定》(RCEP)，以整合五個「ASEAN+1」，成員包括東協十國與中國、日本、南韓、印度、紐西蘭、澳洲等共十六國，原本期待 RCEP 於 2015 年底完成磋商，現改為預定 2016 年達成，東協充分展示其全球化之角色與推動東協中心地位之野心。❻

　　RCEP 之推動及運作與東協經濟共同體 (AEC) 之成立關係密切。除了二者的目標相似，欲藉區域內經濟合作與開放市場，以創造最大共同利益外，在實際發展層面，二者亦有相得益彰之效果。以 RCEP 之角度而言，若在 2015 年 12 月 31 日成立的 AEC 順利發展，將有助於整合東協於 RCEP 之談判，進而加速 RCEP 之進程。執行層面上，依 RCEP 協商目標與原則可知，RCEP 將提供成員適當形式之彈性空間，此漸進式自由化之採行與目前 AEC 的作法相同，惟此可能產生簽署成員是否能按承諾計劃有效執行之疑慮，若 ASEAN 各國無法真正落實 AEC 的義務，則 RCEP 是

---

❺　http://hk.crntt.com/doc/1040/1/8/0/104018095_3.html?coluid=93&kindid=15732&docid
　　=104018095&mdate=1125154734，瀏覽日期：2015 年 11 月 25 日。

❻　「林若雩觀點：南邊鄰居結盟辦喜事，臺灣如何思考自己的未來？」，風傳媒，2016
　　年 1 月 3 日，http://www.storm.mg/article/77245，瀏覽日期：2016 年 1 月 3 日。

否能達到預期效益將遭受質疑。簡言之，AEC 後續協商之進展及成員是否能有效實踐東協共同體及 AEC 所訂定之規範與目標，係 RCEP 是否能順利推動的重要指標，其成果亦將影響 RCEP 之後續談判。❺

本章小結

　　東協一路走來，有時艷陽高照，有時颶風下雨，有時得意，有時失意，但不影響此十個中小型國家團結一致對外的精神與原則，東協方式可能有缺點但「瑕不掩瑜」。以 2012 年金邊外長高峰會斷言「東協中心地位」不可行，或以泰國、緬甸持續存在軍人干政情形而指稱東南亞國家不存在民主制度，也是太過莽撞地妄下結語。

　　東協存在歧異的歷史背景，宗教文化語言的多元化，較世界其他區域更為複雜。「東協方式」與「東協中心地位」或有其不可避免的缺失，但東協十個成員國藉著彼此間的互信，對於爭端矛盾的解決，採取磋商、溝通、協調的方式，至少做到 1967 年以來，各國政府不以軍事武力對抗，更形成東協日益重視治理與政府負責任的有效管理。

　　當然，有些國家的民主化不被肯定，如老東協成員泰國、新加坡、馬來西亞，民主有倒退疑慮；新東協成員柬埔寨、緬甸，步履更為搖擺不定。而「東協方式」如不干涉它國內政，往往是這些國家的「緩衝」(buffer) 方式，但歷史發展與政治改革並非一蹴可成，「東協方式」強調中庸、緩和，也許正是減少衝突的重要因子，亦更加可以加強東協中心地位的穩固。

　　東協依據東協自身的實力形塑出一套東協專屬東亞的遊戲規則，代表東協新身分、認同、利益而有別於過去；東協於兼顧全球化、區域化的原則下，自身的實力採行的東協模式 (ASEAN Way) 看似寬鬆、無拘束，但卻能符合東亞之國情、歷史與文化等因素，也因如此模式藉以凝聚東南亞共識與東協中心地位。

---

❺　田起安，「簡析 RCEP 未來發展之挑戰」，《經貿法訊》，第 142 期 (2013 年)，頁 3–4。

第十二章　全球化與區域化下的東亞整合

前　言

2016 年 1 月 23 日，由廈門大學東南亞研究中心研究團隊撰寫、北京社會科學文獻出版社出版的《東南亞藍皮書——東南亞地區發展報告 (2014～2015)》在北京市「當前東南亞形勢研討會暨東南亞發展報告發布會」正式公布。該報告認為，東協共同體建設已經取得了一定成效。❶

第一，伴隨著東協一體化的進程，東協區域綜合實力和國際競爭力迅速提升。2014 年東協國內生產總值達到 2.57 兆美元，進出口貿易額為 2.5 億美元，東協成為世界第七大經濟體、世界第四大進出口貿易地區。同時，東協也是發展中國家吸收外商直接投資的主要地區。

第二，單一市場和生產基地已經初具規模。在東協區域內，關稅和非關稅壁壘逐步消除，東協六國已取消了 99.65% 的貨物進口關稅，其他四國已將 98.86% 的貨物進口關稅稅率降到 5% 以下。

第三，區域政治發展和安全合作取得進展。東協進一步調整和完善現有組織與機制，增強了東協的內部協調性。

第四，東協區域社會文化建設成效明顯。近年來，東協以人的發展為中心，促進社會福利與保障，重視教育，推動和保護婦女和兒童權益，確保環境可持續發展，並取得明顯的成效。

報告指出，未來東協共同體的建設仍任重道遠。儘管 2015 年年底東協共同體已宣布正式建成，但要真正達到區域一體化的發展目標，實現區內政治安全同盟的構建、生產要素自由流動和社會文化資源整合，仍存在相當大的距離。東協成員國政治制度多樣、發展階段不同、意識形態各異，加上內部合作和協調機制不完善，均會制約這一區域性制度安排的實際效應。

以區域主義而言，亞太地區可依政經整合狀況區分為三類：1.亞太主義，以美

---

❶　王勤，2016，《東南亞藍皮書——東南亞地區發展報告 (2014～2015)》。王勤為廈門大學東南亞研究中心主任。參見 http://hk.crntt.com/doc/1040/9/7/7/104097745.html?coluid=7&kindid=0&docid=104097745&mdate=0123155833，瀏覽日期：2016 年 1 月 23 日。

國推動的「泛太平洋戰略經濟夥伴協定」(Trans-Pacific Partnership) 為主，或 2006 年美國 Obama 總統於河內亞太經合會會議主張的亞太自由貿易區 (APFTA)；2. 東亞主義，以中國支持的「十加三」與東協推動的 (Regional Comprehensive Economic Partnership, RCEP)，日本也曾推動 CEPEA (Comprehensive Economic Partnership in East Asia)；3. 東協主義，東協成員為主的次區域經濟體，以 2015 年將成立的 AEC (ASEAN Economic Community) 為代表。

2009 年東協於第十四屆東協峰會上簽署《2009～2015 年路徑圖宣言》(Roadmap for an ASEAN Community 2009～2015)，決議繼續促進共同體成立及加強對外合作。期間，美國與俄羅斯於 2010 年新加入東亞峰會，使得合作範圍更形擴大，影響力亦再次提升。2014 年南洋爭議再起，該年 5 月舉辦的第二十四屆東協峰會上，宣示對外和平解決相關爭議，對內縮小各國發展差異。隨後於該年 11 月舉辦的第二十五屆東協峰會上，除重申依國際法和平解決南海爭議外，基於《2009～2015 年路徑圖宣言》即將到期，針對 2015 年後發展事項達成協議，簽署通過《後2015 年發展願景》(Post-2015 Vision)，東協已於 2015 年底前完成經濟整合之相關法制修訂，其餘部分則留待後續協商。

第一節　東亞區域主義之內涵：「海洋型」與「大陸型」兩概念

東亞區域主義具備重要的地理意涵，其代表以位於東亞區域範圍的國家為核心，進而推動區域內相關的各種國際合作，而在此地理概念上又可區分為日本主導型的「海洋型東亞主義」與中國主導的「大陸型東亞主義」，海洋型東亞主義是由日本提倡的「東亞全面經濟夥伴關係」(Comprehensive Economic Partnership in East Asia, CEPEA)，ASEAN+6 的模式在中、日、韓三國外再增添紐西蘭、澳洲與印度；大陸型東亞主義則具較強的區域內主義概念，透過「東亞自由貿易區」(East Asia Free Trade Area, EAFTA) 的建立形成以「東協加三」為主體的經貿交往模式，海洋型東亞主義乃為大陸型東亞主義的擴充，中日競爭東亞區域主導與話語權的情況不言可喻。然而在 1980 年代中國實施改革開放快速崛起後，取代日本成為世界第二大經濟體，由於中國與東南亞各國緊密的地緣關係，加上日本國內經濟與政治局勢不穩定之內外因素，日本遂逐漸向美國為首的亞太主義靠攏，故在中日東亞主導權的角逐中，中國取得主導位置，影響東亞區域主義之發展，❷在「東亞自由貿易區」的運

行下彼此不僅在經貿互動上更趨密切，透過良好之合作關係增加互信、互賴，擴展除經貿外政治、安全合作之可能。

　　區域主義在區域層次上去除關稅壁壘所帶來的負面效應，具備睦鄰效果、規模化的區域經濟、降低運輸成本、藉由提升投資關係加速經濟成長、增加經貿效率與競爭力。至 1980 年代以來世界經濟的發展，一直以西歐、北美為中心，形成所謂歐盟與北美自由貿易區，由於東亞之區域整合並未形成如此緊密的國際制度與區域組織，故東亞區域之整合與東協之發展長期受到主流的歐洲與北美學者所忽視，然而東亞卻表現得超出預期，在經濟、政治與安全層面都展開不同程度之合作，逐漸受到國際重視。由於東南亞經歷越戰與冷戰所帶來的衝擊，加上長久以來區域內成員關於主權、領土、宗教等爭端，以及受區域外大國殖民、侵略等因素，造成各國存在猜忌與不信任，故在整合的過程中主權與自主性往往被置於優先地位，因此東協的互不干涉與共識決的決策原則，成為東協存續的重要關鍵，決策過程的重要性高於結果的產出更突顯此一原則。

　　在東亞區域主義的架構下出現許多雙邊與多邊自由貿易區，但由於東亞區域之合作的制度化程度較低，加上東協中心地位與東協方式的原則，故區域內成員雖理解合作將帶來長期收益，但受到主權、領土、宗教、種族等分歧造成爭端之影響，使決策者僅關注短期利益，進而採取不合作或不妥協的政策。事實上「東亞區域主義具有動態性質，並透過建構和實踐的方式改變和擴張」，此種說法與建構主義者主張，只要享有共同體認同 (communal identity) 的國家都應該視為區域的組成的說法相互呼應，❸因此區域是社會建構而成的概念，隨時可能改變。❹

　　東亞區域主義的發生始源於「自發、非制度化的過程，在市場和經濟發展需要的趨動下」❺而興起，此外由於東南亞國家多數為開發中國家，在貿易上多仰賴歐

❷　廖舜右，「亞太主義與東亞主義對峙下的東協加八」，《政治學報》，第 51 期（2011年），頁 29–51。

❸　宋興洲，「區域主義與東亞經濟合作」，《政治科學論叢》，第 24 期（2005 年），頁 1–48。

❹　Peter J. Katzenstein, "Introduction: Asian Regionalism in Comparative Perspective," in Peter J. Katzenstein and Takashi Shiraishi, eds., *Network Power: Japan and Asia* (Ithaca: Cornell University Press, 1997), pp. 1–44.

❺　李金潼、朱旭，「東亞區域主義的緣起與未來——評經濟區域主義的政治學」，《國際政治科學》，第 31 期（2012 年），頁 121–138。

美等已開發國家，形成高度依賴的貿易關係，然而東南亞金融危機的爆發加速東亞區域主義的發展，有感於經濟與政治合作的缺乏，以致在此波金融危機中各國經濟受到嚴重衝擊，更導致東亞多國政治與社會動盪，如韓國長期執政的保守黨在總統大選中落敗、1998 年泰國民主黨重新執政、印尼執政三十二年的蘇哈托政府倒臺、馬來西亞馬哈迪為穩定政權實施獨裁與政治清算打壓反對者，使馬來西亞陷入政治危機，加上國際貨幣基金 (International Monetary Fund, IMF) 要求借款國大幅削減政府開支和提高利率以減緩貨幣增長和通貨膨脹援助的嚴厲條款，❻無疑加劇東亞國家之經濟復甦。東亞國家認知高度依賴大國所造成之風險，遂展開一連串的合作，東亞區域主義早期具體顯現於經貿合作等低度政治的範疇中，自 1990 年以來多邊區域貿易協定 (Regional Trade Agreements, RTAs) 盛行，雙邊的自由貿易協定也於雨後春筍般興起，除了雙邊自由貿易協定，東亞的多邊自由貿易協定也迅速增加，包括「東協加 N」、「東亞全面經濟夥伴關係」、「東亞自由貿易區」等貿易協定的簽訂，❼但由於東亞各國，尤其是東協各國在經貿發展上之落差，導致整合仍停留於自由貿易協定的層次。而以東協為核心之東亞區域主義之發展，被視為是東亞國家團結一致回應外來全球化與冷戰後國際權力結構急遽變遷，與內部經貿互動、互賴強化所需，以解決彼此間共同問題，也是第一次東協嘗試主動發揮其影響力，而非被動接受外來的影響與挑戰。

　　而導致東亞區域主義快速擴展之因素，可分為外部因素與內部因素兩類：外部因素除了冷戰後大環境的權力結構變遷，更是因為：1.東亞各國認知過去保護主義所付出的高額成本，遂希望透過自由貿易協定消除貿易夥伴之關稅壁壘，增加出口與市場競爭力，使國內企業獲得較高獲利與機會，而此亦能加速東亞發展中國家之競爭力與發展，在自由貿易的區域中開發更廣闊的貿易市場；2.區域自由貿易已成為一股趨勢，若不積極參與和簽訂區域貿易協定、自由貿易協定，在新一波的貿易競賽中勢必居於劣勢，為了避免陷入邊緣化的危機，各國皆嘗試加入一或兩個的區域貿易協定，以降低貿易成本、增加商品競爭力。在內部因素方面：1.決策者瞭解自由開放的市場能吸引外國投資與貿易，並淘汰無效率的企業，外部壓力 (external pressure) 將增強國家貿易競爭力，促使產業升級與國內政策與結構遂行改革；❽ 2.

---

❻　Charles W. L. Hill, "The Asian Financial Crisis," http://www.wright.edu/~tdung/asiancrisis-hill.htm，瀏覽日期：2015 年 1 月 22 日。

❼　韓臺武，「東亞區域主義與臺灣的戰略抉擇」，《八十八週年校慶暨第十九屆三軍官校基礎學術研討會論文集》，高雄：鳳山陸軍官校，2012 年，頁 107–108。

經貿實力與政治、外交能力高度相關，強化其政經影響力取得話語權。

　　東亞區域主義的興起除了上述內外部因素外，亦可由經濟、政治面與機制面進行分析，經濟層面首要就是烏拉圭回合的僵局，此次談判主要針對「關稅貿易總協定」(General Agreement on Tariffs and Trade, GATT) 進行討論，貿易的擴張隨著第一次世界大戰的發生而告終止，隨之而來的是各國國內的經濟蕭條，1930 年代進入全球經濟大蕭條，失業問題嚴重、經濟嚴重衰退，各國開始施行保護主義扶植國內的各部門經濟發展，所採行的高關稅政策，間接的導致的第二次世界大戰爆發，高關稅的惡性循環使得經濟停滯不前，由此，各國瞭解到保護主義下的關稅壁壘並不能促成經濟復甦，而是必須形塑一套自由的國際經濟秩序，「布列敦森林體系」(Bretton Woods system)，使美國繼英鎊後成為國際金融貨幣，此體系嵌入了自由主義的妥協，要求國家允諾遵循自由經濟的各項原則，接著「關稅貿易總協定」也成立，藉著關稅的調降而推動國際貿易互惠、非歧視和多邊的原則，數回合的談判中逐漸落實，「關稅貿易總協定」服務於市場經濟，減低了關稅並擴大談判回合的領域，包含最惠國待遇、零關稅壁壘以及自願出口限制等，其中國家保障與零關稅壁壘的矛盾使國家陷入難題，如何在扶植國內弱勢產業和自由貿易下取得平衡？如何在自由市場下保障國家安全？「關稅貿易總協定」雖然有許多理想、理念，但卻缺乏強制力，隨後被「世界貿易組織」取代，「世界貿易組織」成為具有主權和強制力的國際組織，權威地、系統性地解決國際貿易爭端，作出仲裁和制裁，並且能夠審核會員國的國家政策，國家安全的問題和自由主義在此又出現矛盾，國家是否能夠在限定的時間內，保護國內稚齡工業有時間並適應市場的改變。雖然在「世界貿易組織」的架構下亦可達成上述自由貿易之目標，但仍不如自由貿易協定或區域貿易協定所帶來的效果，但隨著 FTA 與區域貿易協定的興起，不同的自貿協議與優惠待遇相互交纏盤根錯節，如同碗中的義大利麵，被稱作「義大利麵碗效應」(spaghetti bowl phenomenon)，在此影響下若國家不進入就可能面臨邊緣化的危機，壓縮貿易空間與國際競爭力，❾在這樣的正負推拉下區域貿易協定與區域主義更成為不可抵擋的潮流。

---

❽　SHUJIRO URATA, "Globalization and the Growth in Free Trade Agreements," *Asia-Pacific Review* (online), Vol. 9, No. 1 (2002), pp.20–32, http://www.wright.edu/~tdung/Globalization_and_FTA.pdf，瀏覽日期：2015 年 1 月 23 日。

❾　李英明，「實現中華經濟圈立足世界」，《國政評論》，2012 年 2 月 3 日，http://www.npf.org.tw/post/1/10304，瀏覽日期：2015 年 1 月 25 日。

　　政治層面上東亞區域主義涵蓋安全治理、衝突解決與合作之概念，東亞區域經歷冷戰洗禮，共同存在痛苦的歷史經驗，故形成政治互信的過程相當困難，東亞之區域安全除存在各國自主之防衛能力，更存在與美國簽署之安全協定，使各國存在猜忌、懷疑，為解決缺乏互信、猜忌所形成之困境，並逃離大國的權力遊戲，故區域內的安全治理與衝突解決成為重要目標，來自大國引力可能造成東亞的分裂，但東亞各國意識到唯有團結才能發揮影響力，遂開始進行機制面的建構，機制面是具體達成上述目標的手段，「透過區域性多邊組織的建立如「亞太經濟合作會議」或「東協區域論壇」的功能來促進區域經濟發展與凝聚區域政治共識❿，東亞區域主義具備地理、經濟、政治與機制一體四面，交互影響、相互補充，型塑多元、複合的東亞區域主義。

　　亞太區域的經濟整合自新世紀始即如火如荼地進行，主要有兩種發展力量。一種力量是「東協加 N」集團，另一種力量則是「泛太平洋夥伴關係加 N」集團，在規模上，有不斷擴大的趨勢。

　　相較於歐洲以及北美地區的區域整合發展，亞洲的區域整合進程明顯落後。過去亞洲區域主義發展具有幾項發展特性：❶

　　1.缺少北美整合中美國霸權的推動，或是歐洲統合中法、德等大國的領導，亞洲區域主義主要是由東協等開發中國家積極提倡。

　　2.過去東亞區域內經貿成長是以市場面非制度為導向。歐美地區最終消費市場皆為區域內國家，並且依靠區域貿易協定作為制度性提升區域內貿易的支撐，但東亞地區過去並沒有高度制度化的區域貿易協定作為促進區域內貿易量之機制，主要是依靠市場生產網絡來增加區域內貿易總量。

　　3.過去既有的區域組織對於推動東亞整體地區的區域整合不具關鍵性影響力，東南亞國家協會實力不足，亞太經合會組織流於鬆散，再加上各國對該組織的長期疑慮亦使其未能扮演核心推動角色。

　　4.在過去以美、日所推動的亞太主義為主的影響下，東亞地區特別強調開放性

❿　黃兆仁，「東亞區域主義與經濟互賴」，《東南亞區域研究通訊》，第 6 期（1998 年），頁 167–184。http://www1.geo.ntnu.edu.tw/~shensm/Course/AsiaPacific/Materials/%E6%9D%B1%E4%BA%9E%E5%8D%80%E5%9F%9F%E4%B8%BB%E7%BE%A9_%E7%B6%93%E6%BF%9F%E4%BA%92%E8%B3%B4.htm，瀏覽日期：2015 年 1 月 25 日。

❶　張亞中主編，《國際關係總論》，臺北：揚智文化，2007 年，頁 408–409。

區域主義原則，對區域外成員國實行非歧視原則，避免建立貿易壁壘。

　　區域經濟合作是當代國際經濟中的普遍想像。無論東亞高峰會，或亞太經合會，都是成員構成不同、目標幾乎相同一致的區域經濟合作形式。區域經濟合作包含許多形態，Bela Balassa 將其總結分為五種形式，❷即自由貿易區、關稅同盟、共同市場、經濟同盟和完全經濟同盟。前三種形式只是依據關稅和非關稅壁壘等國境措施的自由化程度給予的區分，即取消區域內關稅為自由貿易區，處於對區域外徵收共同關稅階段的為關稅同盟，資本和勞動力可以自由流動階段叫做共同市場。若在成員國間採取共同稅收措施、管制方式以及經濟政策的則稱為經濟同盟，而發展到統一預算、統一貨幣制度階段的則為完全經濟同盟。

　　二戰以後，以「非歧視性原則」（最惠國待遇原則）為核心的「關稅暨貿易總協定」／「世界貿易組織」多邊談判機制，在貿易開放與自由化方面取得了前所未有的成績。然而，以區域為基礎的各種優惠或差別待遇性區域貿易安排卻也同時存在。由於自由貿易協定的國際談判和國內調整成本都較低，所以成為 90 年代以來地區主義的主要流行形式。❸

　　亞太區域架構存在幾個發展趨勢，首先，目前在該區域呈現多頭馬車角逐區域架構的建構，尤其是美國、中國、日本、東協，甚至是印度、韓國等，都設法倡導、推動特定之區域安排，使自己成為亞太區域架構的建構者之一，於是形成在建構區域架構過程中多頭馬車的現象；其次，多組區域安排共存、交錯。以亞太區域而言，重要的區域政經安排的構想或實踐目前都同時存在，且在成員上相互交錯重疊。基於各個區域安排在成員、任務、議題上的交錯重疊，不排除將來有相互取代、整合，甚至合併的可能。再者，非傳統安全在該區域的互動可能；最後，則認為認同是造成未來亞太區域架構中，東亞主義與亞太主義的競合將不可避免的因素。❹可以

❷　Bela Balassa, *The Theory of Economic Integration* (Homewood: Richard Irwin, 1961).

❸　在 1948～1994 年間，向 GATT 登記的區域貿易協定一共只有 124 個。但是，自 WTO1995 年 1 月 1 日成立到 2004 年底的十年間，向 WTO 登記的新的區域貿易協定高達 130 多個。上述 250 多個自由貿易協定中，尚在生效的還有 170 多個。根據 WTO 的估計，沒有向 WTO 登記，但是已經生效的區域貿易協定還有 70 餘個，加上正在談判的、準備實行的，到 2005 年底，世界上的 RTA/FTA 數量可能會達到 300 個。

❹　江啟臣、洪財隆主編，《東亞經濟整合趨勢論叢》，臺北：臺灣經濟研究院，2009 年，頁 101。

說，東亞區域主義未來仍充滿不確定性，但其興起過程不僅會對亞太經合會帶來衝擊與挑戰，同時也可能提供亞太經合會不少的機遇；儘管亞太經合會本身面臨許多問題，但作為一「亞太」區域合作機制，亞太經合會仍有許多吸引人之處，亞太經合會在實際運作經驗與制度累積上有著豐富經驗。

對於東亞各國而言，區域主義、區域合作已成為共同政策與目標，透過區域整合將對東亞帶來以下影響： 1.連結來自不同經濟體之競爭力，以刺激生產維持區域之傲人經濟成長； 2.結合區域資本市場分享風險以強化金融穩定，減少資本浪費； 3.增加投資與發展之機會； 4.透過區域機制的建構，妥善處理跨國界之健康、安全與環境議題，然而仍然不能輕視合作過程中所出現的挑戰，必須透過互信、制度、妥協的建立解決整合過程中面臨之挑戰與困境。 ❺

第二節　全球化與區域化下的東亞整合

亞太區域政經整合近十年來出現兩大變化，包括美韓自由貿易協定終獲美國國會通過並將從 2012 年 1 月開始生效，以及「泛太平洋夥伴關係」，全名「泛太平洋戰略經濟夥伴關係協定」（Trans-Pacific Strategic Economic Partnership Agreement，「泛太平洋戰略經濟夥伴協定」）擴大成員談判也頗有斬獲，原預定第一回合磋商於 2015 年底前完成，實際操作於 2015 年 10 月協商完成。

繼 2010 年馬來西亞表達參與「泛太平洋夥伴關係」意願之後，日本也於 2011年 11 月亞太經合會領袖會議正面回應美國，利用 2011 在夏威夷舉辦的亞太經合會年會時機開始參與「泛太平洋夥伴關係」談判。日本於 2013 年 7 月順利加入「泛太平洋夥伴關係」成員行列，加上原先包括美國在內等十一個國家，總計第一回合磋商國共十二國。「泛太平洋夥伴關係」將立刻涵蓋全球四成左右的國內生產總值，成為舉世最大的自由貿易區。

2005 年 5 月 28 日，汶萊、智利、紐西蘭及新加坡四國協議發起泛太平洋夥伴關係，當時正與其他五國磋商，包含澳洲、馬來西亞、秘魯、美國及越南，原先並不大的貿易經濟圈在美國加入後，重要性迅速提高。

2010 年 11 月 14 日，亞太經濟合作會議高峰會的閉幕當天，與會九國同意美國總統歐巴馬的提案，將於 2011 年 11 月的亞太經濟合作會議高峰會完成並宣布《泛

---

❺　Asian Development Bank, *Emerging Asian Regionalism: A Partnership for Shared Prosperity* (Mandaluyong: Asian Development Bank, 2008), p. 13.

太平洋夥伴關係協議綱要》。❻同時，美國積極與東南亞國協各成員國進行協議❼，重申泛太平洋夥伴關係將匯集整個太平洋地區的各經濟體，無論是發達國家還是發展中國家，都能成為一個統一的貿易體。❽泛太平洋夥伴關係可能整合亞太的二大經濟區域合作組織，亦即亞太經濟合作會議和東南亞國協重疊的主要成員國，成為亞太區域內的小型世界貿易組織。❾

　　跨太平洋戰略經濟夥伴協定是一個綜合性的自由貿易協定，包括了一個典型的自由貿易協定的主要內容：貨物貿易、原產地規則、服務貿易、智慧財產權、技術性貿易壁壘、貿易救濟措施、衛生和植物衛生措施、政府採購和競爭政策等。❿

表 12-1　2013 年以來歷次 TPP 談判回合之重要內容、主要爭議議題、談判進展

談判回合	召開時間	會議地點	談判重要內容與進展
第 16 回合，(P11)	2013 年 3 月 4 日～13 日	新加坡	1.關務、電信、法規一致性 (regulatory coherence) 與發展等議題已取得良好進展，後續談判回合將不再對此四項議題進行談判 2.服務貿易、電子商務、SPS 措施、技術性貿易障礙與政府採購等五項議題將持續進行談判 3. TPP 成員國對智慧財產權、環境、競爭政策與勞工等四大爭議議題的立場仍有差距 4.市場進入貨品關稅減讓或服務業開放承諾清單正進行談判與彙整工作，尚未確定消除關稅時程之貨品稅項仍多達一千項
第 17 回合，(P11)	2013 年 5 月 15 日～24 日	秘魯利馬	1. TPP 成員國在 TPP 貿易部長會議的指導下，針對部分膠著的談判議題尋找突破方案 2.目前 TPP 在 29 章議題的談判進展方面，包括服務業、政府採購、SPS 措施、貿易救濟、

❻　2011 年 11 月の妥結目指す首會議で方針確認．日本經濟新聞 (Tokyo). 2010–11–14.

❼　http://www.aseancenter.org.tw/ASEANnewsDetail.aspx?id_news=42，瀏覽日期：2015 年 12 月 22 日。

❽　http://news.xinhuanet.com/world/2011-07/27/c_121725596.htm，瀏覽日期：2015 年 12 月 22 日。

❾　http://mepopedia.com/forum/read.php?413,9302，瀏覽日期：2015 年 12 月 22 日。

❿　簡嘉宏，「何謂《跨太平洋夥伴協定》(TPP)」，http://www.storm.mg/article/30181，瀏覽日期：2015 年 12 月 22 日。

			勞工與爭端解決章節已有具體進展 3. 在技術性貿易障礙、電子商務、原產地規則、投資、金融服務、透明化、競爭政策與環境的法律條文諮商部分亦有斬獲 4. 智慧財產權、競爭政策與環境等議題進展較為緩慢 5. TPP 談判代表在建立有關工業產品、農產品、紡織品與成衣、服務與投資，以及政府採購之全面性套案 (comprehensive packages) 部分，亦有進展 6. TPP 成員國於本回合談判中也討論有關如何能順利將日本整合進入目前正式回合談判之方案，預計日本將可順利參與 2013 年 7 月在馬來西亞舉行之 TPP 第十八回合談判
第 18 回合， (P12)	2013 年 7 月 15 日～24 日	馬來西亞 亞庇市	1. 日本已於 2013 年 7 月 23 日順利加入 TPP 談判，正式成為 TPP 第十二個成員國 2. 各談判小組已分別就市場進入、原產地規則、技術性貿易障礙、投資、金融服務、電子商務與透明化等專章之法律文字中的廣泛技術性議題，達成一致意見，這些法律條文將成為管理 TPP 各國貿易與投資關係之行為規範 3. 部分具爭議的談判議題如智慧財產權、競爭政策與環境等亦發現可望有所進展的共同立場 4. 各國談判代表也朝建構一份具備企圖心的市場進入套案努力。該項具備開放企圖心的套案將為 TPP 國家各自之工業、農業、紡織品與成衣、服務業及投資與政府採購等部門，提供市場進入機會
第 19 回合， (P12)	2013 年 8 月 22 日～30 日	汶　萊	1. TPP 各國貿易部長針對包括目前剩餘敏感及挑戰性議題的可能解決方案，與在最終談判中的議題談判順序等問題，探討如何發展出一項彼此都能接受的套案 2. TPP 各國談判代表在各國部長指導之下，分別就市場進入、原產地規則、投資、金融服務、智慧財產權、競爭政策與環境等議題，進行相關技術層級之談判工作 3. TPP 各國談判代表亦針對市場進入相關議題，如貨品、服務、投資、金融服務、商務人士暫准進入與政府採購等討論開放套案； 4. TPP 成員國在本回合談判持續針對勞工專章尚未解決之議題進行磋商

			5.技術性貿易障礙、電子商務與法律議題等部分談判工作小組，因在舉行談判會議前需額外時間供各成員國進行內部諮商，因此本回合並未召開談判會議

資料來源: 中華經濟研究院 WTO 及 RTA 中心—RTA 議題。https://zh.wikipedia.org/wiki/%E8%B7%A8%E5%A4%AA%E5%B9%B3%E6%B4%8B%E6%88%B0E7%95%A5%E7%B6%93%E6%BF%9F%E5%A4%A5%E4%BC%B4%E9%97%9C%E4%BF%82%E5%8D%94%E8%AD%B0。

表 12-2　2013 年以來歷次 TPP 重要會議

會　議	時　間	地　點
TPP 首席談判代表會議	2013 年 9 月 18～21 日	美國華盛頓
TPP 部長會議 (P12)	2013 年 10 月 3～6 日	印尼峇里島
TPP 領袖高峰會 (P12)	2013 年 10 月 8 日	印尼峇里島
TPP 首席談判代表會議	2013 年 11 月 19～24 日	美國鹽湖城
TPP 部長會議 (P12)	2013 年 12 月 7～9 日	新加坡
TPP 部長會議 (P12)	2014 年 2 月 17～25 日	新加坡
TPP 首席談判代表會議	2014 年 5 月 12～15 日	越南胡志明市
TPP 部長會議 (P12)	2014 年 5 月 19～20 日	新加坡
TPP 首席談判代表會議	2014 年 7 月 3～12 日	加拿大渥太華
TPP 首席談判代表會議	2014 年 9 月 1～10 日	越南河內
TPP 首席談判代表會議	2014 年 10 月 19～24 日	澳洲坎培拉
TPP 首席談判代表會議	2014 年 12 月 7～12 日	美國華盛頓
TPP 首席談判代表會議	2015 年 1 月 26 日～月 1 日	美國紐約
TPP 首席談判代表會議	2015 年 3 月 9～15 日	美國夏威夷
TPP 首席談判代表會議	2015 年 4 月 23～26 日	美國馬里蘭州國家港
TPP 首席談判代表會議	2015 年 5 月 15～25 日	美國關島
TPP 首席談判代表會議	2015 年 7 月 24～27 日	美國夏威夷
TPP 部長會議 (P12)	2015 年 7 月 28～31 日	美國夏威夷
TPP 首席談判代表會議	2015 年 9 月 26～29 日	美國亞特蘭大
TPP 部長會議 (P12) 完成	2015 年 9 月 30 日～10 月 4 日	美國亞特蘭大

近年來這些發展，主要由於世界貿易組織的杜哈回合遲遲未能達成協議，多邊談判體系與最惠國待遇原則嚴重受挫，並直接導致強調差別待遇與經貿結盟的區域主義異軍突起。根據世界貿易組織統計，截至 2011 年 5 月涵蓋商品與勞務的區域貿易協定共有三百八十宗，另有不計其數的區域或雙邊貿易協定刻正進行談判或尚未

正式通報，其中以亞太區域最為活躍，上述美韓自由貿易協定與「泛太平洋夥伴關係」即是顯例。

亞洲的區域經濟整合除東協組織外，以美國所主導的亞太經濟合作會議最具代表性，被稱為亞太主義或開放性區域主義 (open regionalism)。但亞太經濟合作會議性質為經濟體高階官員間的互動平臺論壇性質，對於成員國並沒有強制拘束力；此情況下，亞太經濟合作會議成員國只能各自尋求參與區域經濟整合的管道與機會。❷ 2006 年 6 月開始，「跨太平洋經濟戰略夥伴協定」原始四個國家的貿易協定正式生效，2009 年 11 月在新加坡的亞太經濟合作會議年會上，美國正式宣布參與「泛太平洋夥伴關係」的合作與談判，美國重返亞洲的言論與動作，顯示美國有意藉由參與亞太區域現有的經濟合作機制來號召其他亞太經濟合作會議會員國加入。

「TPP」起初指的是「跨太平洋戰略經濟夥伴協定」(Trans-Pacific Strategic Economic Partnership Agreement，以下簡稱 TPP)，它是當前唯一結合泛太平洋國家簽署的跨區域自由貿易協定。TPP 原本只是紐西蘭、智利、新加坡、汶萊等四個 APEC 會員個體之間的自由貿易協定，而 2006 年剛剛開始正式磋商，當時並未引起太多的注意。

隨著美國在 2009 年 11 月宣示將於 2010 年 3 月進行加入 TPP 第一回合全面性入會談判，業已引發 APEC 會員體熱烈討論，並進而帶動澳洲、秘魯、越南、日本等其他 APEC 會員體相繼表達加入 TPP 的意願，TPP 成員國已有不斷擴增的態勢。以上兩整合勢力不斷擴大的結果，已對亞太地區的政治經濟情勢帶來重大的變動。

以下將分別解釋 EAS「東協加六」與「TPP」兩大集團勢力發展的相關問題，其次就二者整合擴大後對亞太地區產生的效應進行探討，最後則就亞太地區的經濟整合在此兩種勢力相互競合的影響下，呈現的東亞主義與亞太主義相互較勁之態勢，及其對未來亞太地區的政經情勢可能帶來的重大變動，進行深入探討分析。

針對美國所提「泛太平洋戰略經濟夥伴協定」(Trans-Pacific Strategic Economic Partnership Agreement, TPP) 議題，2010 年 APEC 成員國各國領袖認為，歐巴馬總統僅有原則性方向 (如由最早的 P4：新加坡、智利、汶萊、紐西蘭先簽署後，迄今已有美國、澳大利亞、秘魯、馬來西亞、越南等國表示願意加入，形成 P9，未來將由美國等九個國家磋商，並且邀請 APEC 成員國加入)。TPP 協定列有開放條款，揭示在全體 TPP 成員同意的條件下，開放 APEC 會員及其他國家加入，俾擴大成員，共

---

❷　林祖嘉，「參與東亞經濟整合的三點認知」，http://www.npf.org.tw/printfriendly/9134，瀏覽日期：2015 年 1 月 27 日。

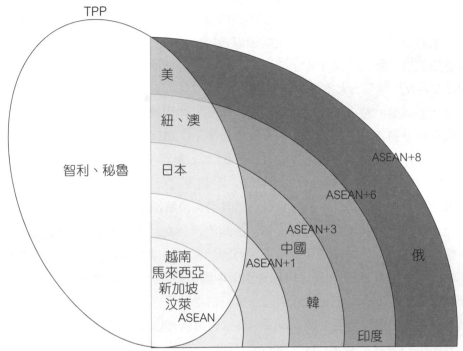

圖 12-1　亞太地區兩種區域整合競合圖

同致力推動投資暨貿易自由化。然則，該協定僅規範 TPP 所有會員國取消關稅和貿易壁壘，目標朝向 2015 年時達成成員國之間零關稅。

　　與會 P9 領袖雖認同 TPP 是促進亞太地區經濟整合的最佳途徑，也重申將在不同談判階段逐步納入其他亞太地區國家。本次馬來西亞首度加入 TPP 談判，日本前首相菅直人則列席為觀察員，南韓和加拿大據傳也有興趣加入。然而，與會各國領袖仍認為，美國未說明清楚 TPP 的未來方向。本文試分析如下： 1.美國未明確指出 TPP 的近程目標，形成各說各話。TPP 也未如同東亞高峰會般，明確決議於 2011 年將形成「十加八」；除「十加六」東亞高峰會成員外，確定將增加美國與俄羅斯，與會國家對 TPP 仍有保留； 2. APEC 高峰會聲明重申推動亞太區域開放自由貿易與投資的決心，並積極磋商「杜哈回合」決議。與會領袖雖承諾將採取具體行動，但未能確定設置時程，形成空談； 3.美國似有意將中國排出於 TPP 之外，使中國對美國充滿疑懼； 4.歐巴馬原期望日本承諾加入 TPP，並於 2011 年美國主辦夏威夷 APEC 年會得以簽訂 TPP，但 2010 年 APEC 地主國日本卻表示將延後半年再決定是否加

入 TPP。日本的考量一方面在於平息日本國內對於擴大貿易自由化的爭議；另一方面也希望避免以地主國地位宣布加入 TPP，造成中國之不愉快。

至此，「泛太平洋夥伴關係」已經形成約有十個亞太經濟合作會議成員國的經濟組織，尤其凸顯以中、美兩國為主要領導者的「東亞」與「亞太」兩種主義的區域貿易整合競賽。可見未來十年至二十年，東亞與亞太政經整合之趨勢，明顯將朝向「ASEAN+N」與「泛太平洋夥伴關係」。

亞太區域經濟整合的趨勢日益明朗，以美、中兩國為首的亞太主義與東亞主義相互競合推動持續向前。近年來較大的變化如下：2011 年美韓雙邊自由貿易協定，獲得美國參眾議院通過，並自 2012 年 1 月生效，美國主導的「泛太平洋夥伴關係」也於 2011 年夏威夷亞太經合會高峰會後，於擴大成員之磋商有較顯著進展。

東協至今成立已逾四十八年之久，尤其是在冷戰結束之後，1990 年代距今二十餘年間，東南亞的區域合作已經從傳統的政治、外交、軍事層面，逐漸邁向經濟層面之整合，在全球化與區域化潮流下，亞洲地區開始學習歐、美地區的經濟整合模式。早於本世紀初 2002 年起，東協分別與中國、日本、南韓、澳紐、印度簽訂各項經濟合作協定，2010 年已成立「中國一東協自由貿易區」，2012 與 2015 年分別建立「日本一東協自由貿易區」與「韓國一東協自由貿易區」。2010 年 10 月於河內召開的第五屆東亞高峰會 (East Asia Summit, EAS)，東協決定正式邀請美國與俄羅斯兩大國參與 2011 年於新加坡舉辦的第六屆東亞高峰會，東協此一作為，將形塑當前的「東協加六」十六國擴增為「東協加八」十八國的跨區域對話架構。

另一方面，中國經濟發展的崛起，改變了亞洲區域整合的格局，自從 1978 年中共十一屆三中全會上確定鄧小平「改革開放」的基本路線後，中國的國內生產總值每年均以接近 10% 的速度快速增長，特別是在 2001 年中國加入世界貿易組織後，中國的人均所得分別由 2002 年的 970 美元增加到 2009 年的 3747 美元，❷中國用短短不到十年的時間就提昇了超過三倍的收入。除此之外，按照美元匯率換算下中國在 2009 年第二季的國內生產總值數字上，正式的超越日本成為世界排名第二大的經濟體，意即日本於戰後保持四十餘年「世界第二、亞洲第一」的位置正式讓與中國，因此，未來中國在亞太地區整合中有著不可或缺的位置。

2002 年 11 月東協與中國正式簽署《東協一中國全面經濟合作架構協定》(Framework Agreement on Comprehensive Economic Co-operation Between ASEAN and PRC)，於 2010 年推動成立「東協一中國自由貿易區」，並積極納入日本與韓國。

---

❷　數據引自中國統計局 http://www.stats.gov.cn/，瀏覽日期：2015 年 1 月 29 日。

中國與東協不斷深入發展政經關係，積極進行包括貿易、科技產業、旅遊、天然資源開發、農業、公共衛生等多項領域合作的規劃與談判。2004 年，中國國務院總理溫家寶更提出穩步推動東亞自由貿易區建設的七項倡議。2008 年全球金融危機發生後，中國也於 2009 年 4 月提出加強與東協多方面合作的「八點計畫」(eight-point plan)，包括成立一百億美元的「中國—東協投資合作基金」，用於雙方基礎設施、能源資源、資訊科技等領域的重大投資合作項目，同時在未來的三到五年，向東協各國提供一百五十億美元信貸；另一方面，中國也再度強調其支持東協在東亞區域合作中繼續扮演主導的角色。❷❸以上發展，在在顯示中國於促成東亞區域經濟合作方面的表現可謂卯足全力，而其擬透過東協來迂迴主導推動東亞自由貿易區的建構之策略也相當明顯。中國期望透過區域化建構一套屬於東亞之區域主義，以回應來自區域外之全球化所帶來之影響。（參見：表 12–3；表 12–4）

表 12–3　中國與東協 2008～2015 年 1～7 月進出口貿易統計

中國與東協 2008 - 2015 年 1-7 月進出口貿易統計

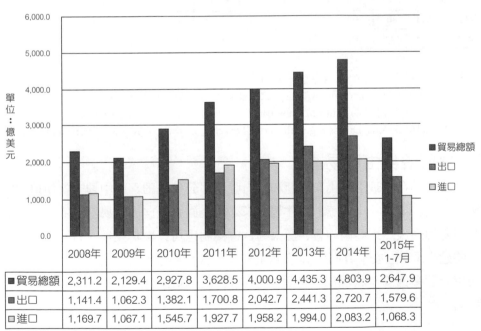

	2008年	2009年	2010年	2011年	2012年	2013年	2014年	2015年 1-7月
■貿易總額	2,311.2	2,129.4	2,927.8	3,628.5	4,000.9	4,435.3	4,803.9	2,647.9
■出口	1,141.4	1,062.3	1,382.1	1,700.8	2,042.7	2,441.3	2,720.7	1,579.6
□進口	1,169.7	1,067.1	1,545.7	1,927.7	1,958.2	1,994.0	2,083.2	1,068.3

資料來源：行政院陸委會「兩岸經濟統計月報」No.267。
　　　　　http://www.mac.gov.tw/lp.asp?CtNode=5990&CtUnit=3996&BaseDSD=7&mp=1
　　　　　中國「海關統計」，http://www.chinacustomsstat.com/aspx/1/Index.aspx。

❷❸　見「中國加強與東協的合作」，http://www.ctpecc.org.tw/regnews/20090420.asp，瀏覽日期：2015 年 1 月 29 日。

表 12–4　臺灣與東協 2008～2015 年 1～7 月進出口貿易統計
臺灣與東協 2008 - 2015 年 1 - 7 月進出口貿易統計

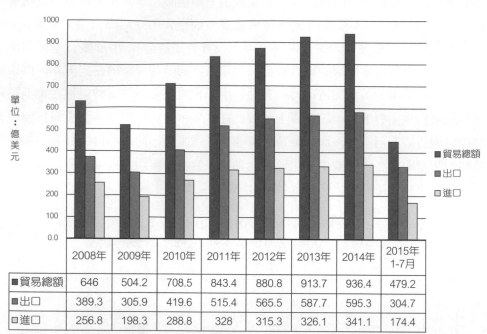

	2008年	2009年	2010年	2011年	2012年	2013年	2014年	2015年 1-7月
■貿易總額	646	504.2	708.5	843.4	880.8	913.7	936.4	479.2
■出口	389.3	305.9	419.6	515.4	565.5	587.7	595.3	304.7
□進口	256.8	198.3	288.8	328	315.3	326.1	341.1	174.4

資料來源：行政院陸委會「兩岸經濟統計月報」No.267。
http://www.mac.gov.tw/lp.asp?CtNode=5990&CtUnit=3996&BaseDSD=7&mp=1。
經濟部國貿局。http://www.trade.gov.tw/Pages/Detail.aspx?nodeID=1375&pid=
516535&dl_DateRange=all&txt_SD=&txt_ED=&txt_Keyword=&Pageid=0。

一、中日韓自由貿易區

　　東亞主義在地理上是由東北亞和東南亞兩部分組成的，而中國期望使這兩部分連接在一起。如果「十加三」合作架構未來能全面實現自由貿易區，就意味東亞經濟共同體的形成。東亞高峰會、亞太經合會機制也可以與其互補。另外，中日韓三國並將建立「東亞安全共同體」，在東協與其他國家已建立的東協區域論壇，以及相關的東北亞多邊安全機制如六方會談 (six-party talks)，在此多邊協商的機制下，進行對話。

表 12-5　2011 年 11 月 19 日，溫家寶宣示之中日韓自由貿易區合作內容❷

政治事務與政治領域的交流與機制化	·充分發揮中日韓合作秘書處的作用，為三國合作提供有力服務和支持
經濟事務	·全面開展陸海聯運合作 ·拓展新興產業合作 ·加快產業升級和經濟結構調整 ·加強金融合作，擴大雙邊貨幣互換規模
環保、科技	·推動東北亞信息服務網絡建設，加強在環保、生物多樣性保護、綠色經濟、防災減災、民生等領域交流與合作 ·加快籌建循環經濟示範基地，促進可持續發展
社會和文化事務	·擴大社會人文交流，加強民間交往，努力實現 2015 年三國人員往來達二千六百萬人次的目標

資料來源：大紀元網，2011 年 11 月 25 日，
　　　　　http://www.epochtimes.com/b5/11/11/26/n3441135.htm%E5%A4%96%E9%9B%
　　　　　BB-%E6%8B%92%E8%88%87%E5%B9%BD%E9%9D%88%E5%85%B1
　　　　　%E8%88%9E-%E7%BE%8E%E6%94%BF%E7%AD%96%E6%A0%A1%E6
　　　　　%BA%96%E4%BA%9E%E5%A4%AA。

　　中日韓三國企圖組成「東北亞共同體」或「東北亞自由貿易區」，日本於過去數年內，一直想透過中日韓三國磋商，先形成「中日韓三國貿易區」，隨後再加強關係，形成「東亞共同體」，中日韓三國領導人會議每年均舉行，中日韓三國自由貿易區 (FTA) 於 2012 年完成。三國自由貿易區已形成，合作內容將對三國國內生產總值之成長均有相當大的助益。例如：政治、經濟、環保科技、社會與文化各層面。❷
（參見表 12-5）

　　於 2003 年三國領導人在印尼峇里島簽署的《中韓日推進三方合作聯合宣言》，並以「中日韓領導人峰會」為對話平臺持續進行。2009 年，中日韓聯合成立產官學聯合研究委員會，進行官方可行性研究。❷2011 年 5 月 22 日中日韓三國領導人於

❷　「拒與幽靈共舞美政策校準亞太」，大紀元網，2011 年 11 月 25 日，
　　http://www.epochtimes.com/b5/11/11/26/n3441135.htm%E5%A4%96%E9%9B%BB-
　　%E6%8B%92%E8%88%87%E5%B9%BD%E9%9D%88%E5%85%B1%E8%88%9E-
　　%E7%BE%8E%E6%94%BF%E7%AD%96%E6%A0%A1%E6%BA%96%E4%BA%
　　9E%E5%A4%AA，瀏覽日期：2015 年 1 月 30 日。

❷　黃暖婷，「由東北亞區域情勢管窺東亞區域整合前景」，《亞太經濟合作評論》，第
　　19 期（2012 年 2 月），頁 115-124。

❷　蔡宏明，「中日韓自貿區的挑戰與前景」，《國政評論》，2011 年，

東京峰會後，中共國務院總理溫家寶宣示中日韓自由貿易區將於 2012 年正式啟動談判，11 月 19 日溫家寶出席中日韓領導人會晤，與韓國總統李明博、日本首相野田佳彥會面時，再度宣示三方要共同努力，確保年內完成中日韓自貿區聯合研究，並期待 2012 年能盡早完成投資協定談判。除此之外，溫家寶的宣示中，也延伸了中日韓的合作內容。

根據中國商務部、日本外務省、韓國外交通商省的公開資料，目前中日韓三方已就二十個議題充分交換意見並達成一定共識，範圍包含貨物、服務、投資章節以及經濟合作領域。在規範性內容方面，三國則就競爭政策等部分達成事實上的協議，而貿易救濟、原產地、通關等五個工作小組管轄領域也已完成報告草案。在此一基礎上，中日韓三國於 2011 年 12 月 14 日就投資協定舉行第十四次談判，而三國元首也在隔年春天正式簽署投資協定，協定並將於次年內生效。㉗此外，2012 年中日韓三國計劃展開自由貿易協定談判，從 2011 年 12 月 12 日起開始制定協商方向，日本與南韓也在 2012 上半年，重啟經濟夥伴關係協定談判。

目前，中日韓三國分別同其他國家締結了自由貿易協定或經濟合作夥伴協定，但彼此之間仍處於研究階段。中日韓三國已就締結自由貿易協定啟動由政府、產業界、學界人士參加的共同研究，在 2012 年中日韓領導人會議前完成。據迄 2010 年民間機構測算，如果中日韓能實現自由貿易，將有力地促進彼此之間的人員、貨物和資金流動，對中日韓三國國內生產總值增長的拉動作用分別為：中國 0.4%，日本 0.3%，韓國 2.8%。儘管如此，中日韓之間要形成自由貿易，還要經過艱苦的談判。㉘其主要原因之一是，中日韓都有各自的難處，一些弱勢產業需要保護。例如，日本、韓國為保護本國農業，在農產品貿易自由化問題上便態度消極。日本對與中國建立自貿區態度相當慎重。但從長遠看，伴隨東亞經濟的發展，東亞各國之間互為市場、互為客源、互通有無的巨大動力勢將催生區域經濟一體化。

中日韓三國的東亞自由貿易區，未來可以在以下七個方面推動區域經濟合作：㉙

---

http://www.npf.org.tw/post/1/9246，瀏覽日期：2015 年 2 月 1 日。

㉗ 黃暖婷，*ibid.*，頁 115–124。

㉘ http://www.beijingreview.com.cn/2009news/guoji/guancha/2010-05/28/content_275175.htm#，瀏覽日期：2015 年 2 月 1 日。

㉙ 劉江永，「通向東亞共同體之路」，《北京週報》，第 23 期（2010 年 6 月 10 日），http://www.beijingreview.com.cn/2009news/guoji/guancha/2010-05/28/content_

1.通過締結投資協定，實現相互投資的便利化和自由化，加深節能環保、資訊通訊、生物醫藥、新材料、新能源、迴圈經濟領域的產業合作，帶動貿易自由化、便利化，在各方條件成熟後爭取締結中日韓自由貿易協定。

2.中日韓展開城市交流合作網建設，進行大型項目合作開發。中國城市化和農村現代化進程將是未來中國經濟發展的增長點。日本和韓國可以在建設可迴圈經濟、綠色環保、科技研發城市，特別是城鄉下水道排水系統建設方面，選擇樣板，參與合作。例如，中國天津濱海新區、唐山曹妃甸園區開發等。

3.觀光旅遊業將有力促進東北亞經濟一體化和人員的自由往來。最近，日本政府宣布從 2010 年 7 月起，將放寬中國赴日旅遊者申辦簽證的條件，將每人年收入二十五萬元人民幣下調至年收入六萬元以上。今後，日本可對中國遊客赴日旅遊繼續提供簽證便利化。例如，日本的沖繩可以效仿韓國的濟州島對中國遊客採取免簽證的作法。

4.中國高速鐵路、高速公路網與朝鮮半島及日本之間可實現海陸空互聯互通。中國大連、天津至香港的大陸沿海港口與日本沖繩之間可開闢相互放射的海上客運「金三角航線」。根據未來中韓與日韓之間海底隧道建設的願景，需要考慮相關基礎設施建設的標準化、便利化、一體化、人性化。

5.伴隨圖門江開發區和環黃渤海經濟圈的進展，在中韓自由貿易協定談判過程中，中方可考慮對來自北韓開城工業園區的進口商品優先減免關稅。這既有利於促使北韓放棄核武器計畫，探索新的國家發展模式，也有利於未來實現東北亞區域經濟、交通運輸的一體化。

6.俄羅斯作為本地區的能源大國，中日韓可與俄羅斯建立原油、天然氣管道網路，有關各國可優勢互補，在能源開發、節能、環保、氣候變化等方面展開密切合作。其中，通過科學的人工增雨雪，進行生態、環境、氣候的綜合治理，非常值得研究和探索。

7.中日韓應攜手合作，發揮各自長處，加強同東協的經貿、金融合作與政策協調，在東北亞與東南亞締結自由貿易協定的基礎上，推動「東協加三」成為「東亞核心共同體」(East Asia Core Community, EACC)。

中日韓自由貿易協定原定於 2014 年底前完成談判，2014 年 11 月 24～28 日在日本東京舉行第六輪談判，因日本與中韓對於「貿易自由化率」的意見不一致，此次談判破局，談判期程延後一年。2015 年 5 月 12 日在南韓首爾舉行第七輪談判，

三國仍因部分敏感議題如汽車、稻米、農業等細項未能達成一致結論，且日本對「貿易自由化率」有較高要求，使得談判仍陷僵局。2015 年 9 月於中國舉行第八輪談判。

2015 年 11 月，在南韓首爾舉行的「中日韓領導人峰會」，三國會後共同發表了《東北亞和平合作聯合宣言》，並強調，未來將加快「中日韓自由貿易協定」(FTA) 的進程。❸

無論中日韓自由貿易區能否順利形成，但隨著中日韓三國間彼此雙邊關係的推進，中日韓間的經貿往來的確有愈趨緊密的趨勢。

二、亞太主義：泛太平洋戰略經濟夥伴協定

美國在 2009 年 11 月的亞太經合會新加坡年會上，正式宣布美國將參與「泛太平洋戰略經濟夥伴協定」，希望藉此和亞太國家建立更緊密的貿易關係，並於 2010 年 3 月 15 日與澳洲、秘魯及越南在澳洲的墨爾本展開第一輪談判，效應所及，已促使國內生產總值約占全部亞太經合會兩成的日本將「泛太平洋戰略經濟夥伴協定」列為經濟外交的主要目標，日本於 2013 年 7 月 23 日順利加入「泛太平洋戰略經濟夥伴協定」談判，正式成為第十二個成員國。

針對美國所提「亞太自由貿易區」與「泛太平洋戰略經濟夥伴協定」議題，2010 年亞太經合會成員國各國領袖認為，歐巴馬總統僅有原則性方向（如由最早 P4：新加坡、智利、汶萊、紐西蘭先簽署後，迄今成員已有美國、澳大利亞、秘魯、馬來西亞、越南、墨西哥、加拿大、日本，形成 P12，中華民國與南韓表示願意加入。「泛太平洋戰略經濟夥伴協定」協定列有開放條款，揭示在全體「泛太平洋戰略經濟夥伴協定」成員同意的條件下，開放亞太經合會會員及其他國家加入，俾擴大成員，共同致力推動投資暨貿易自由化。❸ 然則，該協定僅規範「泛太平洋戰略經濟夥伴協定」所有會員國取消關稅和貿易壁壘，目標是在 2015 年時達成成員國之間零關稅。

美國積極與東南亞國協各成員國進行協定與磋商談判，❸ 重申「泛太平洋戰略

---

❸　「中日韓 FTA、RCEP 談判加速」，http://udn.com/news/story/7898/1286954-%E4%B8%AD%E6%97%A5%E9%9F%93FTA%E3%80%81RCEP%E8%AB%87%E5%88%A4-%E5%8A%A0%E9%80%9F，瀏覽日期：2015 年 12 月 26 日。

❸　「重返亞太──美國亞太經合會展決心」，http://www.ntdtv.com/xtr/b5/2011/11/12/atext616555.html，瀏覽日期：2015 年 2 月 2 日。

經濟夥伴協定」將彙集整個太平洋地區的各經濟體，無論是已開發國家還是發展中國家，都能成為一個統一的貿易體。「泛太平洋戰略經濟夥伴協定」可能整合亞太的兩大經濟區域合作組織，亦即亞太經合會和東協重疊的主要成員國，成為亞太區域內的「小型世貿組織」。

　　2013 年 2 月「泛太平洋戰略經濟夥伴協定」進行第二十一回合談判，由於十二個成員國於經濟發展程度、政治發展與法規之差異，故在三年內二十回合的談判中仍未完成決議，在本次的談判過程中主要集中討論傳統貿易暨投資議題，包括貨品、服務與投資貿易自由化、政府採購、智慧財產權、技術性貿易障礙、食品安全檢驗及動植物防疫檢疫措施、競爭政策、勞工、環境、法規一致化、跨境與中小企業合作等，都仍是各國須持續協商解決之重要議題。❸❸ 2014 年 11 月「泛太平洋戰略經

❸② 「泛太平洋戰略經濟夥伴協定」第一回合談判於 2010 年 3 月 15 日至 18 日在澳洲墨爾本展開，會中各會員國在勞動、投資、紡織品、電子商務等議題上交換意見，此次會議共有約 200 名各國談判代表與會。第二回合的「泛太平洋戰略經濟夥伴協定」談判於 2010 年 6 月 14 日至 18 日在美國舊金山舉行，此次會議的目標為：決定市場進入談判的架構；決定「泛太平洋戰略經濟夥伴協定」談判夥伴之間已成形的自由貿易協定之調和方式。第三回合的「泛太平洋戰略經濟夥伴協定」談判於 2010 年 10 月 4 日至 10 日在汶萊舉行，此次會議除了規劃第四至第九回合談判大綱外，馬來西亞也正式加入「泛太平洋戰略經濟夥伴協定」，使「泛太平洋戰略經濟夥伴協定」成員增加到 9 國。第四回合於 2010 年 12 月 6 日在奧克蘭舉行，討論第三回合所規劃 24 個談判小組的相關問題。第三回合的「泛太平洋戰略經濟夥伴協定」談判於 2010 年 10 月 4 日至 10 日在汶萊舉行，此次會議除了規劃第四至第九回合談判大綱外，馬來西亞也正式加入「泛太平洋戰略經濟夥伴協定」，使「泛太平洋戰略經濟夥伴協定」成員增加到 9 國。第四回合於 2010 年 12 月 6 日在奧克蘭舉行，討論第三回合所規劃 24 個談判小組的相關問題。第五回合於 2011 年 2 月 14 日在智利討論商品貨物的市場開放。第六回合在 3 月 28 日於新加坡討論服務業議題，共有來自 9 國的 400 多位代表與會，討論主題包括有貨物、服務業、投資、政府採購等，會中也同意維持 2010 年 11 月在檀香山所舉行亞太經合會領袖會議的共識。延續第六回合主題，第七回合甫於 2011 年 6 月 20 日在越南舉行，此回合深入討論各國彼此的需求，並在智慧財產權、電信、關稅、投資環境、政府採購等議題上尋求共識。

❸③ 「第 21 回合「泛太平洋戰略經濟夥伴協定」協定談判盼達成初步總結目標」，臺灣經貿網，http://www.taiwantrade.com.tw/CH/bizsearchdetail/7412662，瀏覽日期：2015 年 2 月 1 日。

濟夥伴協定」舉行貿易部長會議，承諾對「泛太平洋戰略經濟夥伴協定」之十二貿易夥伴開放包括貨物、服務、投資、金融服務、政府採購和商務人士暫准進入之市場，並針對尚待協商之智慧財產權、國有企業、環境以及投資等項目持續尋求解決方案，本次會議針對市場進入、區域協定、新貿易議題（網路貿易）、跨部門貿易議題等達成相關協議。❸

歷經小布希「重歐偏亞」的過渡時期，上任兩年的歐巴馬政府以調整美國外交與安全政策的重心，已從歐洲轉到亞洲。歐巴馬的國安團隊認為，美國過去為歐洲與中東付出過多心力；但長遠而言，關注中、日、印度和其他亞洲國家的經濟、政治與戰略動向，對美國的利益更加重要。問題是，美國目前經濟陷入困頓期，無法對亞洲挹注資金，只能一方面透過軍事力量的展現，警告崛起的中國不可侵擾四鄰，另一方面為亞洲盟國與夥伴國家提供精神上的支撐。負責東亞和太平洋地區事務的副國務卿史坦伯格 (Jim Steinberg) 多次表示，「目前亞洲區域的主導機制並不明確，但任何涉及到安全、經濟、商業的重要機制都不應該將美國拋置在外，而且『美國長期於亞洲是一個活躍分子，我們會持續參與事務。』」

當前美國在面臨國內經濟蕭條與北韓挑釁之際，確實必須尋求「亞洲聯盟」，甚而被部分學者視為美國回歸新現實主義。而中國與美國在亞洲區域的勢力競賽，短期很難趨於緩和。歐巴馬 2010 年亞洲行，就其政經戰略而言，由於印度與印尼主觀期待與美國進一步合作，雙方方向一致，經濟合作有其成功之處；但就涉及眾多變項的「G20」與「APEC」多邊國際與區域會議，由於牽涉人民幣議題與美國國內經濟衰退，以及歐巴馬無法具體化美國所提 FTA AP 與 TPP 構想，未能使與會各國領袖接受其建議，亦有如前述失敗之處。

表 12–6　RCEP「東南亞區域全面經濟夥伴協定」與 TPP「泛太平洋戰略經濟夥伴協定」整合現況

	RCEP「東南亞區域全面經濟夥伴協定」	TPP「泛太平洋戰略經濟夥伴協定」
成立時間	2013 年	2005 年
主要推手	東　協	新加坡、智利、美國

---

❸　"TRANS-PACIFIC PARTNERSHIPTrade Ministers' Report to Leaders," Office of the United States Trade Representative-Executive Office of the President, http://www.ustr.gov/about-us/press-office/press-releases/2014/November/Trans-Pacific-Partnership-Trade-Ministers-Report-to-Leaders，瀏覽日期：2015 年 2 月 2 日。

意識型態	泛東亞主義	亞太主義
成員國地區限制	以東亞為主	環太平洋地區
目前參與國家	東協十國、中國、日本、南韓、紐西蘭、澳洲、印度 (10+6)	新加坡、智利、汶萊、紐西蘭 (P4) 澳洲、秘魯、越南、馬來西亞、美國 (P9) 日本、加拿大、墨西哥 (P12)
目前成員數	16	12
人口數	約 33 億	約 15 億
國家型態	發展中國家居多	已開發國家居多

資料來源：中華民國外交部、亞太經合會官方網站、東協官網。

二、東亞主義－區域全面經濟夥伴關係

北京官方為首主導的區域全面經濟夥伴關係 (Regional Comprehensive Economic Partnership, RCEP)，冀望在亞太地區十六國間推行全球最大的自由經濟貿易區，含括了三十四億人口。RCEP 最初由東南亞國協的十個會員國發起，但中國是幕後重要推手。外界普遍視 RCEP 為亞洲版的 TPP。韓國國際經濟政策研究中心的區域貿易首席研究員 Kim Young-gui 分析，中國的終極願景可能是將 TPP 納入亞太自貿區 (Trade Area of the Asia-Pacific, FTAAP) 的旗下。

紐西蘭外交及貿易部 (Ministry of Foreign Affairs and Trade) 發言人則表示，「紐西蘭將視 TPP 與 RCEP 為亞太各國逐步邁向亞太自貿區的關鍵。」

不少人視 TPP 為美國總統歐巴馬卸任前的一大經濟成就。歐巴馬希望 TPP 不只能促進美國經濟發展，更加強美國在東亞地區的影響力，對抗已成泱泱大國的中國。然而，中國外交部發言人華春瑩表示，「我們（中國）希望不論 TPP 也好、RCEP 也好，都能夠對亞洲地區的多邊經濟體產生正面助益。」[35] 日本首相安倍晉三也主張 TPP 未來應招納中國為成員，並表示此舉將穩定亞洲經濟也提升 TPP 的影響力。

東協對外拓展 RTA，是以 1992 年會員國本身建立的 AFTA 為基礎，進而向外發展區域經濟合作的各種可能性，以地緣關係及政治關係為優先考量，從「東協加一」的型態，如「東協與中國」、「東協與日本」、「東協與南韓」等，進而發展為「東協加二」:「東協與澳大利亞、紐西蘭」，「東協加三」: 東協與中國、日本、韓國，以及「東協加六」:「東協與中國、日本、韓國、澳大利亞、紐西蘭、印度」等模式。

從參與協定的國家數量來看，呈現東協對單一國家逐漸轉為東協對多個國家的

---

[35] 簡紹琪，「力抗美國 TPP 中印東協推亞洲自貿區 RCEP」，http://www.storm. mg/article/68903，瀏覽日期: 2015 年 12 月 11 日。

趨勢。隨著大國在「東協 +N」模式中所占比重越來越高，加上美國於 2008 年正式主導跨太平洋戰略經濟夥伴協定的發展，「東協 +N」模式也互別苗頭，於 2011 年首次提出 RCEP 的概念，並於 2013 年起正式展開談判作業，原先預計於 2015 年底前完成簽署，但進度仍未完成。

三、東協主義

　　由於東協十國各成員國之間的發展程度差距頗大，除以東協為一整體概念向外積極洽簽多個區域貿易協定外，幾乎每個成員國也以單一國家為單位，向外發展適合本國條件的區域貿易協定。根據世界貿易組織區域貿易協定資訊系統的統計，在東協各國之中，以新加坡洽簽數量最多且合作範圍最廣，從 2001 年 1 月與紐西蘭成功簽署自由貿易協定及經濟整合協定以來，陸續與日本、歐洲自由貿易區、澳洲、美國、約旦、印度、南韓、巴拿馬、中國、秘魯、哥斯大黎加、海灣合作理事會 (GCC) 及臺灣等地簽訂自由貿易協定；而包含十二個會員國的 TPP 也於 2015 年 10 月談判成功，正在談判中的對象還包括加拿大、烏克蘭及歐盟，在對外發展區域貿易合作的表現上，新加坡可謂成果豐碩，主要是貿易比重與自由開放程度都較高。

　　其次，馬來西亞於 2006 年與日本簽署 FTA 以來，依序與巴基斯坦、紐西蘭、印度、智利及澳洲等地簽署 FTA，洽簽態度也相當積極。其他東協成員國方面，泰國起步最早，於 1991 年便與寮國簽署部分範圍協議 (Partial scope agreement, PSA)，之後與澳洲、紐西蘭及日本分別簽署 FTA。越南雖然起步較晚，至 2009 年才與日本簽署 FTA，以及 2014 年與智利簽署 FTA，但近年來急起直追，正在洽談中的對象包括 EFTA、EU 及歐亞經濟聯盟（由俄羅斯、白俄羅斯、哈薩克合組）等，致力於對外擴展貿易版圖。

　　若從對手國角度觀察，地緣關係是首要因素，以往重點在於區域性產業分工，藉由經濟合作協定發展完整的跨國生產鏈與緊密貿易關係。隨著東南亞國家經濟快速茁壯，布局內需市場也成為重要考量。其中，日本是與東協個別國家簽署 FTA 數量最多的國家，已與新加坡、馬來西亞、泰國、印尼、汶萊、菲律賓及越南等七國完成雙邊 FTA。其次，澳大利亞與紐西蘭緊追在後，與之簽署雙邊 FTA 的東協國家包括新加坡、泰國、馬來西亞等國。

　　另一個值得觀察的重點是，近年大型區域貿易協定方興未艾，RCEP 經常與 TPP 作為對照比較，同樣具有經濟總量涵蓋率高、貿易量占全球比重高，以及參與國家重要性高等性質。相較於 RCEP 以「東協 +N」為基礎，持續以東亞區域為根

表 12-7　東協簽署區域貿易協定的進展

時　間	2001 年之前	2002～2006 年	2007～2011 年	2012～2015 年
東協整體	東協自由貿易區 (AFTA) (1992.1)	東協一中國（貨貿）(2005.1)	東協一中國（服貿）(2007.7)　東協一日本 (2008.12)　東協一南韓 (2010.1)　東協一紐澳 (2010.1)　東協一印度（貨貿）(2010.1)	東協一印度（服貿）(2015.7)
東協個別成員國	泰一寮 (1991.6) 星一紐 (2001.1)	星一日 (2002.11) 星一EFTA (2003.1) 星一澳 (2003.7) 星一美 (2004.1) 泰一澳 (2005.1) 泰一紐 (2005.7) 星一約旦 (2005.8) 星一印度 (2005.8) 星一韓 (2006.3) 星一巴拿馬 (2006.7) 馬一日本 (2006.7)	泰一日 (2007.11) 馬一巴基斯坦 (2008.1) 印一日 (2008.7) 汶一日 (2008～7) 菲一日 (2008.12) 星一中 (2009.1) 星一秘魯 (2009.8) 越一日本 (2009.10) 馬一紐 (2010.8) 馬一印度 (2011.7)	馬一智利 (2012.2) 馬一澳 (2013.1) 星一哥斯大黎加 (2013.7) 星一GCC (2013.9) 越一智利 (2014.1) 星一臺灣 (2014.4)

資料來源：葉華容 (2015)，〈東協區域整合的現況與進展分析，國際經濟情勢雙週報〉，第 1841 期，頁 8。

據地擴展經濟合作版圖，TPP 涵蓋的地理範圍則較廣，橫跨北美洲、南美洲、大洋洲及東亞等地區。交叉比對兩個大型區域貿易協定的參與國家，RCEP 包含東協十國、中國、日本、南韓、印度、澳大利亞及紐西蘭等十六國；TPP 則包含美國、加拿大、墨西哥、智利、秘魯、澳大利亞、紐西蘭、日本、新加坡、馬來西亞、越南及汶萊等十二個國家。重複參與 RCEP 與 TPP 的七個國家為日本、澳大利亞、紐西蘭、汶萊、馬來西亞、新加坡及越南，其中東協國家有四國，包含前述東協各國中洽簽數量最多的新加坡、馬來西亞，以及近年進展加速的越南；而非屬東協的另外三國，則是最積極與東協個別國家洽簽 FTA 的日本、澳洲及紐西蘭。

　　東協經濟共同體於 2015 年底將成立，相關題材引發對於龐大商機的想像空間，各成員國為吸引外資目光並趁勢壯大本國的經貿實力，紛紛針對東協經濟共同體議題，提出各式各樣的經濟對策，希望有效提振投資信心，也在東協經濟共同體的架構下，突出個別優勢，在經濟領域贏得穩健的立足之地。歸納東協各國提出的相關

政策，大致可區分為三大方向：一是企圖建立在東協中特定領域的中心地位；二是擴展對外貿易出口的勢力範圍；三是強化本國中小企業的競爭力，以帶動整體國家競爭力上揚。東協欲建立優勢領域中心地位，看準東協共同體成立的商機，新加坡憑藉本身在區域內科技方面領先的優勢，極欲搶占東協科技中心的地位。總理李顯龍於 2015 年正式啟動「新加坡 2.0 計畫」，宣稱將新加坡打造為智慧國家，政策上全面扶植國內勞工提升技能，希望延續過往的成功經驗，以城市國家之姿，再次進行產業升級，預設目標是全球研究創新中心。

就東協各成員國迎向共同體的重要政策而言，無論是建立優勢中心地位、開發新出口市場或提升中小企業競爭力，各國利益相互衝突的現象在所難免，也成為未來進一步深度合作的隱憂。㊱舉例而言，泰國原本是東協的汽車製造中心與農產品重鎮，但在政變爆發後，產業發展也受到波及，印尼有意爭取東協汽車中心的地位，而越南也在多個農產品項目上與之正面交鋒。在各國利益發生矛盾之際，一旦聯盟關係轉為競合關係，整合效益恐將有所減損。

四、亞洲太平洋經濟合作會議

無庸置疑，東亞地區作為一個整體，因人口集中經濟實力相當強大，有數字可以說明。1960 年，全亞洲的國內生產總值只佔世界的 4%，但目前，此數字是 25%，並且到 2010 年，此數字還會進一步上升到 33% 左右（東亞的國內生產總值佔整個亞洲的 90%）。同樣，2003 年亞洲區域的總出口佔世界總出口的比重也達到了 32%，而 1960 年時這個數字還是 3%。東亞地區經濟實力的壯大及經濟活動的增多，自然有利於東亞地區的經濟合作，也使區域的經濟合作成為必要。同時，東亞各國間經濟的相互依賴關係在加強。在 1960、1970 年代，東亞國家的主要出口對象及外國投資來源都是歐美，即使是 1990 年代初，根據世界銀行資料，東亞國家間（包括中國臺灣及中國香港）的貿易還少於 20%，但到了 2001 年，東亞各國外貿的一半以上、吸收外國投資的 60% 以上的物件都是本區域的國家，且相互依賴的經濟關係還在增長。㊲

㊱ 葉華容，2015，東協區域整合的現況與進展分析，國際經濟情勢雙週報，第 1841 期。

㊲ 餘淼傑，「中國對外貿易三十年 (1978～2008)」，https://www.google.com.tw/url?sa=t&rct=j&q=&esrc=s&source=web&cd=1&cad=rja&uact=8&ved=0ahUKEwi17Kmk9K_KAhWD2KYKHTLjALEQFggcMAA&url=http%3A%2F%2Fmjyu.ccer.edu.c

　　而亞太經合會在地區經濟中的重要性就更大了。擁有二十一個成員的亞太經合會，2004 年總人口高達 26.2 億，約佔全球總人口的 42%，國內生產總值 22.6 萬億美元，約佔全球的 56%，貿易額 8.5 萬億美元，約佔全球的 46%，**❸❽**在全球經濟活動中具有舉足輕重的地位。**❸❾**

　　亞太經合會進程的兩個核心是貿易投資自由化、便利化和經濟技術合作。1994 年在印尼的茂物亞太經合會領導人第二次非正式會議上，領導人制定了《茂物目標》。但是隨著部門自願性提前自由化的失敗，亞太經合會的貿易投資自由化及便利化進程便陷入停滯之中。與此同時，亞太經合會的經濟技術合作也無法找到突破口，一直沒有實質性進展。

　　亞太經合會成立十幾年來，各成員經濟日益開放，貿易投資壁壘也日益消除。據統計，亞太經合會成員平均關稅從 1988 年的 16.6% 下降到 6.4%，降幅高達 61.5%。亞太經合會所有成員半數以上產品稅率均在 5% 以下，許多產品實現了零關稅，同時，非關稅壁壘也逐步消除，貿易透明度得到提高。

　　成立二十七年來，亞太經合會在推動亞太經濟合作方面，做出了很多對會員國的貢獻。首先是成員構成，1989 年亞太經合會剛成立時，只有十二個創始成員；1991 年中國、香港和臺灣同時加入。之後，巴紐、墨西哥、智利、俄羅斯、秘魯、越南先後加入，形成當前亞太經合會二十一個成員的格局。考慮到成員越多工作難度越大，亞太經合會在 1997 年採取了「關門」措施，決定十年內不準備接納新成員。以現況觀察，亞太經合會在十年「關門期」過後，很可能繼續「關門」。其次是目標及工作重點方面。亞太經合會在 1989 年成立時，也只是空泛的談論「推動亞太地區的經濟合作」，1993 年第一次領導人非正式會議上，提出建設「太平洋大家庭」的目標，1994 年更具體提出「茂物目標」，1995 年進一步制定實現「茂物目標」的「大阪行動議程」。第三是在機制和制度方面，亞太經合會也進行很多有益的摸索，單邊行動計畫、集體行動計畫及各個部長會議、成立工作小組等，都是亞太經合會為實現茂物目標所作出的努力。

---

　　n%2Fteaching%2Funder08%2Fchinatrade.pdf&usg=AFQjCNHGOtdWBfIdB3YAeodL Fni-DuSo5g&sig2=CFKUNMPwfAS5iVXZ-flYuw，瀏覽日期：2015 年 12 月 23 日。

❸❽　http://www.apec-conf.org/，瀏覽日期：2015 年 12 月 26 日。

❸❾　楊澤瑞，「東亞合作還是亞太合作──中國與地區各國面臨的兩難選擇」 http://hk.crntt.com/crn-webapp/cbspub/secDetail.jsp?bookid=14781&secid=14792，瀏覽日期：2015 年 12 月 28 日。

亞太經合會推動地區貿易投資自由化的努力遇到體制的限制。一方面，亞太經合會協商一致和非強制性的組織方式是其優勢所在，但另一方面，亞太經合會組織方式的不具強制力使其推動貿易投資自由化的能力不足。

同時，隨著全球和區域經貿環境的演變，經濟全球化飛速發展，使亞太經合會的貿易投資自由化和便利化的內涵較以往更加豐富，知識產權保護、政府採購、規制改革和反腐敗等旨在改善貿易投資環境的「邊界內問題」(behind the border issues) 引人關注。

另外，近年來亞太經合會範圍內的區域貿易協定／自由貿易協定蓬勃興起。目前，亞太經合會成員共簽署了超過四十個區域貿易協定／自由貿易協定，其中包括成員間的十四個。除已經簽署的以外，亞太經合會成員正在談判的或正在進行可行性研究的區域貿易協定／自由貿易協定還有四十餘個，因此，今後數年內亞太經合會成員參與的區域貿易協定／自由貿易協定有可能達到八十個。

據統計，亞太經合會所有成員均不同程度參與區域貿易協定／自由貿易協定，其中尤以新加坡、智利、澳洲、紐西蘭最為活躍。關於區域貿易協定／自由貿易協定對亞太經合會的「茂物目標」到底是「墊腳石」還是「絆腳石」，各界尚在爭論。但不可否認的，由於區域貿易協定／自由貿易協定的興起，亞太經合會對很多成員的吸引力在下降，其結果是貿易投資自由化在亞太經合會進程中分量減輕、亞太經合會在區域經濟合作中作用淡化。而由東協所主導的組織卻逐漸受到各國重視，亦積極的參與其中，在全球化發展受阻與區域化蓬勃發展的今日，東亞整合所帶來的經濟利益、龐大市場、政治效益與軍事安全合作，都將深刻的影響區域內外國家，尤其在 2008 年金融風暴後，東亞區域經濟傲人的成長與恢復力，確實受到關注，然而東亞長期存在之主權、宗教等爭端仍待解決，未來東亞整合將如何前進仍需密切關注，東協共同體的成敗將會是最重要的風向球。

第三節　東亞高峰會之遠景

東亞高峰會是目前唯一「東亞」地區囊括範圍最廣、層疊合作機制最多元的區域架構，儘管東亞高峰會到目前為止都尚未出現正式、具約束性的協議與規章出現，但由於高峰會涵蓋之成員國囊括大部分東亞區域國家，在集體政策宣示上具有極高的象徵意涵，然而東亞高峰會雖強調其區域意涵，但對於區域外勢力也相當重視，尤其強調美國在該區域的影響力與其對於此區域之重視，雖然這些發展主要著眼於

經濟合作，但同時也代表了美國亦欲牽制中國的策略意涵，除此之外相關之區域外國家鑑於中國崛起帶來之壓力，亦積極參與東亞高峰會並拓展其與東協國家之合作與交往程度，東協加三、東協加六等應運而生，❹然而無論是「十加一」或者「十加三」都是由上而下或由小而大的擴張發展，也就是由多層級的東亞次級區域經濟的互動或擴張出發的一種經濟整合現象。❹

　　東亞區域主義主要展現於經濟層面，由於東亞地區一直是區域貿易安排的「落後」地區，在 2000 年前，世界上較大的經濟體中，只有中國、日本、南韓不屬於任何一項區域貿易安排。這種狀況直到新世紀開始後，才有了很大的轉變。❹

　　東亞區域在區域貿易安排方面的「落後」狀況，是歷史和現實的必然結果。從經濟角度觀察，東亞國家對區域外貿易依賴性強，嚴重依賴美國與歐洲的市場，雖然東亞地區內部的貿易在增加，但其貿易結構受國際生產網路影響，因此，亞洲（特別是東亞），不具備與美洲、歐盟鼎立的條件，也不具備從與美洲、歐盟鼎立的過程中獲得利益的條件。很多中國專家都認為，無論是從經濟角度，還是從政治、安全、地區網路等角度，東亞國家都不存在經濟上自成一極、與歐美三足鼎立的可能性。

　　分析「東協加 N」──東亞高峰會（十加八）的推動過程可發現其歷史脈絡，1990 年，當時的馬來西亞總理馬哈迪就提出了東亞經濟合作的概念。十幾年來，東亞經濟合作一直受世人所矚目。但直到近幾年，東亞經濟合作才取得實質性的進展。馬哈迪最初提出的是「東亞經濟集團」，稍後將其改為「東亞經濟核心」。無論何者，剛提出便遭到東亞外國家來自美國的強烈反對；而東亞國家在強大的外部壓力下，敢於採取實質性的步驟明確支援「東亞經濟核心」的國家並不多。這一狀況直到1997 年底東協領導人與中日韓領導人會議（十加三）機制和之後的十加一機制的出現才開始改變。

　　第一次東亞高峰會 2005 年 12 月 14 日於吉隆坡舉行，通過東亞高峰會《吉隆坡宣言》，針對合作的大方向進行規畫，而於主席聲明中可以發現，本次會議關注的焦

❹　徐郁芬、楊昊，「東亞高峰會的區域意涵：形構中的層疊型區域主義與臺灣的因應策略」，《新世紀智庫論壇》，第 38 期（2007 年），頁 96。

❹　張心怡，「評析當前東亞區域經濟整合與臺灣因應之道」，《歐洲國際評論》，第 2 期（2006 年），頁 40。

❹　楊澤瑞，「東亞合作還是亞太合作──中國與地區各國面臨的兩難選擇」，http://www.chinareviewnews.com/crn-webapp/cbspub/secDetail.jsp?bookid=14781&secid=14792，瀏覽日期：2015 年 12 月 2 日。

點除了希望重啟六方會談的政治議題外，東亞各國亦開始重視非傳統安全之議題，如恐怖主義、跨國傳染病之防範、海上安全以及能源安全等議題，更通過《禽流感防、控制與回應》宣言。❸綜觀而言，本次高峰會仍是停留於談話會的形式，並未產生強制與實質上的影響。

　　當年首次東亞高峰會，面臨一系列困難與問題。首先，是成員構成問題。此次十六個國家參與東亞高峰會，是多方爭論和妥協的結果。由於本地區外澳洲、紐西蘭和印度參與了此次峰會，使此次峰會的地域意義大打折扣，也為今後區域外的國家參與東亞高峰會開了先例。不難想像，美國、加拿大、俄羅斯、巴基斯坦等區域大國參與東亞高峰會，只是時間遲早的問題。其次，是東亞合作的前景問題，是建立自由貿易區，還是經濟共同體，甚至共同體或者同盟，抑或僅僅只是一個論壇，這些問題未明確。第三是東亞高峰會的機制問題，是重複十加三機制，還是學習亞太經合會的「領導人－部長－高官－工作組」機制，或是另創新機制，但無論哪種機制，都面臨實際操作的困難。最後，是東亞高峰會的性質問題。東亞高峰會，到底只是一個鬆散的論壇，是十加一、十加三的補充，未來能否發展成一個有約束力的國際組織？

　　目前看來，東協主導了東亞高峰會的進程。在 2005 年 4 月的東協外長會議上，東協確定參加東亞高峰會的新成員的三個標準，即東協的全面對話夥伴國、與東協有實質性的合作關係、是《東南亞友好合作條約》的簽字國。之後，東協又確定東亞高峰會每三年一次在東協各國輪流召開，會期在東協領袖會議之後。很明顯，參與東亞高峰會的新成員只能是東協說了算。東協正是基於其確定的三項標準，確定 2005 年除十加三成員外參加首次東亞高峰會的三個新成員澳洲、紐西蘭和印度。由於東協十國間複雜的政治經濟關係、遲鈍的反應及決策機制，東亞高峰會的未來發展方向只會是在吵吵鬧鬧中摸索。

　　第二屆東亞高峰會在 2007 年 1 月 15 日於菲律賓宿霧舉行，有鑑於氣候變遷所帶來的自然災害與環境變遷，遂召開能源特別會議並簽署《東亞能源安全宣言》，❹

❸　East Asia Summit, "Declaration on Avian Influenza Prevention, Control and Response," Kuala Lumpur, 2005/12/14. http://www.asean.org/news/item/east-asia-summit-declaration-on-avian-influenza-prevention-control-and-response-kuala-lumpur-14-december-2005，瀏覽日期：2015 年 12 月 5 日。

❹　East Asia Summit, "Cebu Declaration on East Asian Energy Security," Cebu, Philippines, 2007/1/15, http://www.asean.org/news/item/cebu-declaration-on-east-asian-

希望透過再生能源的發展、設施的建置與提高石化燃料之效能，透過有效的政策與措施，減少溫室氣體的排放，減緩全球氣候變遷所帶來之影響，除此之外也對消除貧困、教育、傳染病、杜哈回合談判、經濟發展與區域整合、朝鮮半島無核化等議題進行對話，❻但目前看來氣候變遷仍愈趨劇烈，環境汙染問題仍舊是東亞許多國家的棘手問題，東亞存在許多發展中國家，經濟發展、繁榮富庶為發展中國家的主要目標，如何於發展與環保中取得平衡，仍考驗著這些國家領導者。

2007 年 11 月第三屆東亞高峰會更進一步針對氣候變遷與環保問題簽署《氣候變化、能源與環境新加坡宣言》，❻認知到發展與環境保護的兩難，已開發國家施壓限制開發中國家發展汙染性高的工業、產業，但在國家發展的脈絡上，這樣的發展歷程是必經的過程，這樣的壓迫使得開發中國家在發展上愈發困難，此外許多已開發國家甚至轉嫁維護環境的成本於開發中國家之上，加重其經濟負擔，故雖然所有國家都應該應對氣候變化的挑戰，但須根據共同但有區別的責任和能力的原則，發揮作用，此外已開發國家應該利用其科技發揮主導作用，協助開發中國家完成減排目標，在應對氣候變化的廣泛領域中，個體和集體的行動，都須考量到公平性、靈活性、有效性和共同但有區別的責任和各自能力原則，以反映東亞各國不同的社會和經濟環境，猶見東協模式的隱含與影響。

2009 年第四屆高峰會主要針對災害管理與跨國人口走私與販運進行討論，於經濟整合上期望加速完成亞洲綜合開發計劃，加強區域間的連結度與整合。2010 年高峰會同意美國與俄羅斯兩國參與，但也再次重申「東協中心地位」與既定目標、原則，並強調東亞高峰會的領導地位；於 2011 年美、俄兩國首度以會員國的身分參與東亞高峰會。2011 年第六次峰會發布《東亞峰會關於東協互聯互通性的宣言》，東亞整體的互聯互通性成為了合作的優先發展領域，藉此加強東亞區域內之連結，與會國可強化彼此間貿易、投資、旅遊、文化交流與發展，縮小彼此間之隔閡與差距，❼而《東亞高峰會互利關係原則宣言》的發表也與之息息相關，期望透過互惠

---

energy-security-cebu-philippines-15-january-2007-2，瀏覽日期：2015 年 12 月 5 日。

❹ East Asia Summit, "Chairman's Statement of the Second East Asia Summit," Cebu, Philippines, 2007/1/15, http://www.asean.org/asean/external-relations/east-asia-summit-eas，瀏覽日期：2015 年 2 月 5 日。

❻ East Asia Summit, "Singapore Declaration on Climate Change, Energy and the Environment," 2007/11/21, http://www.asean.org/news/item/singapore-declaration-on-climate-change-energy-and-the-environment，瀏覽日期：2015 年 12 月 5 日。

互利與加強相互尊重、主權、平等、領土完整和認同，增進彼此間之瞭解、信任與友誼，促進區域之繁榮、穩定和安全，並將此互利合作擴展至區域內其他論壇與對話中，以上兩項宣言都有助於未來東協在互信互賴的基礎上進行共同體整合與發展。❹

2012 年 11 月在泰國舉行第七屆東亞高峰會，通過《金邊發展宣言》和《關於瘧疾防控和應對瘧疾抗藥性區域合作宣言》，2013 年第八屆高峰會發布《東亞高峰會關於糧食安全的宣言》，糧食問題對人民的生活有著直接影響，並與環境、能源、全球衛生等議題密切相關，糧食問題將一直為高峰會關注的焦點。❹2014 年第九次高峰會，對於鞏固與強化東亞高峰會的聲音再度被提起，亦再次重申東協中心地位的概念，除了對於互利互惠、海上安全、能源、傳染病與災害應變的討論外，鑒於 2015 年將實行之經濟共同體，高峰會期望加強區域經濟整合之進程，加速 RECP 與「泛太平洋戰略經濟夥伴協定」之談判，實現東協經濟互惠互利的願景，作為配套更須有一套監管協調機制。

吾人觀察東亞高峰會的演進，由 2005 年至 2015 年共舉辦十次，合作範圍也逐步擴大，由傳統安全的範疇擴充至非傳統安全領域，雖然東亞高峰會被戲稱作高級談話會 (talking shop)，但其中所隱含的意義仍不可小覷，東亞高峰會是對話的平臺、凝聚共識的場域，雖然缺乏強制力，但由此確實可以觀察東亞，甚至是國際局勢之轉變，可視其為東亞風向球，也是主導東亞走向的主要動力。

---

❹ ASEAN, "Declaration of the 6th EAS on ASEAN Connectivity," November 19, 2011, http://www.asean.org/images/2013/external_relations/eas%20connectivity.pdf，瀏覽日期：2015 年 12 月 6 日。

❹ ASEAN, "DECLARATION OF THE EAST ASIA SUMMIT ON THE PRINCIPLES FOR MUTUALLY BENEFICIAL RELATIONS," 2011/11/19, http://www.asean.org/images/2013/external_relations/Declaration_of_the_6th_EAS_on_the_Principles_for_Mutually_Beneficial_Relations_Clean.pdf，瀏覽日期：2015 年 12 月 6 日。

❹ 東協高峰會關於糧食安全的宣言重點包括：

一、提高生產和供應鏈效率，加強信息共享，尋找最優方案；

二、加強健康管理，樹立營養及健康生活方式意識；

三、解決影響糧食安全的環境問題，在水資源及漁業管理和保護等領域開展合作，加強應對氣候變化的能力、降低氣候變化的影響。https://zh.wikipedia.org/wiki/%E4%B8%9C%E4%BA%9A%E5%B3%B0%E4%BC%9A，瀏覽日期：2015 年 12 月 6 日。

本章小結

　　東協主導東亞高峰會的進程是現實的選擇，但不見得是最佳的選擇。東協十國的經濟實力不到中日韓三國經濟實力的十分之一，雖然東協一再指出東協中心地位 (ASEAN Centrality)，其主導的東亞經濟合作進程目前仍是力不從心。以中國與東協為核心的「東亞高峰會」，於 2005 年底成立迄今，雖未有較具體的實質運作，但成員的擴增與持續運作，顯示東亞主義為主的整合態勢。然而，2005 年新加坡、智利、汶萊和紐西蘭四個原始成員簽署「泛太平洋戰略經濟夥伴協定」(P4) 時，並沒有受到較大的關注。但當 2009 年 11 月美國決定加入，2010 年澳洲、秘魯、越南、馬來西亞亦加入 (P9)，日本於 2013 年 3 月表達加入磋商過程，形成目前第一回合的 P12，加之美國總統歐巴馬已於 2015 年 10 月成功整合了於亞特蘭大舉行的部長會議，目前 TPP 的磋商已對 RCEP 形成巨大之挑戰。

　　臺灣於東亞與亞太政經整合過程中，為避免被邊緣化，適合採取避險策略 (Hedging strategies)，此方法與東協組織，則是相互契合，可以東協經驗為借鏡。

　　然而一如既往，東亞高峰會的象徵性意義仍是大於實質性意義，由於東亞區域內仍存有許多未解決爭端，加上各國權力的角逐，因此東亞高峰會被定義為一個具有共同利益與考量之政治、經濟與政策論壇，參與國領袖藉由此平臺交換意見與討論，共同提升彼此於安全、經濟、政治與軍事之連結，❺而此再一次的呈現東協模式的影響力，東協形塑出一套東協專屬東亞的遊戲規則，有別於過去全球化、區域化，東協模式看似寬鬆、無拘束，但卻能符合東亞之國情、歷史與文化等因素，也因如此藉以凝聚東亞共識。

---

❺　徐郁芬、楊昊，ibid，頁 94。

第五篇

後 2015 年（ASEAN post 2015）東協願景：
2016 年起共同的（Common）
安全文化（2016 迄今）

第十三章　東協政治安全共同體的特徵與展望

兼論新世紀東南亞地區之恐怖主義威脅：東南亞已成為 IS 中轉站？

前　言

東協雖於 2015 年 12 月 31 日正式成立共同體，有東協政治安全共同體 (ASEAN Political-Security Community, APSC)、東協經濟共同體 (ASEAN Economic Community, AEC)、東協社會文化共同體 (ASEAN Socio-Cultural Community, ASCC) 三大支柱東協共同體之間的相互作用（參見圖 13–1）。然則實際上較能實現的可能是除東協政治安全共同體外的兩個共同體，特別是較不具政治敏感性的經濟共同體，然則東協十國仍努力於建設與經營東協政治安全共同體。

本章第一部分將首先回顧東協共同體成立過程，將焦點置於東協政治安全共同體 APSC，該藍圖指出，東協政治安全共同體建設的目的在於提升東協在政治與安全方面的合作水平，確保東協人民以及成員國能夠和平相處，同時與世界其他各國共處於正義、民主與和諧的環境中。

東協政治安全共同體致力於提升東協各國於政治與安全上的合作層級，藉以維繫區域內各國間的和平，並與全球共處於民主、和諧、公平的環境之中。經過將近五十年累積的政治對話 (Political Dialogues) 與信心建立措施 (Confidence–Building Measures, CBS)，東協會員國之間不會因為情勢緊張而爆發武力衝突的事件，各會員國宣誓僅可透過和平的方式，解決區域內的紛爭與歧異，並了解相互依存的地理環境及共同的願景，是維護該區域安全的基本條件❶。

東協政治安全共同體的主要特性包括：1.以各種形式的法律、規章為基礎，並具有共享的價值與規範；2.共同承擔維護區域內各項安全之責，以形成和平、穩固且充滿活力與凝聚力的區域；3.順應高度整合與互助的世界局勢，積極拓展視野（將於第一節詳細敘述）。三大共同體缺一不可，圖 13–1 很清楚地列出三大支柱之間的互動關連性，東協政治安全共同體強化東協的法規及其良善的治理，東協經濟共同體加強東協的整合和競爭力，東協社會文化共同體加強東協人民的福祉與謀生之道；三大支柱並且共同造就和平、繁榮和人本的東協。

---

❶　http://www.asean.org/archive/5187–18.pdf，瀏覽日期：2016 年 5 月 2 日。

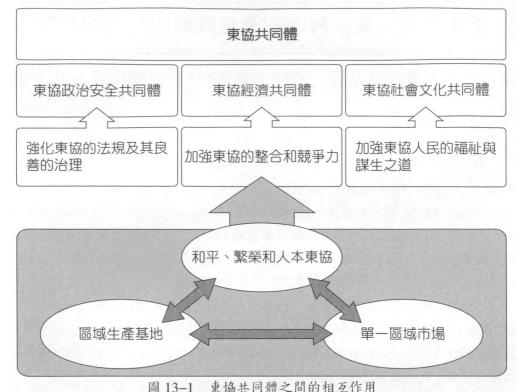

圖 13-1　東協共同體之間的相互作用

資料來源：《新東協·新思路》，2016 年，臺北市：美商麥格羅希爾公司。

第一節　東協政治安全共同體的特徵

如本書第六章所述，東協已完成許多協議，但東協內部並非毫無挑戰。舉例而言，馬來西亞與泰國之間因為泰國南部邊界動盪不安，爭執一直存在；印尼與馬來西亞之間的糾葛，則是為了領土邊界，一部分原因是東協成員國採取互不干預政策。現有的衝突預防機制只能解決國家之間的衝突。東協政策的運作方法是：使個別國家獨立處理本國事務和雙邊關係，以便與聯合國的原則一致。

東協政治安全共同體（ASEAN Political-Security Community，簡稱 APSC），是東協致力於提升各成員國於政治與安全上的合作層級，以維繫區域內各國間的和平，並與全球共處於民主、和諧、公平的環境之中。經過近五年累積的政治對話與信心建立，東協會員國之間未因情勢緊張而爆發武力衝突的案例，各會員國宣誓任何衝突不可使用武力，僅可透過和平的方式，解決區域內的紛爭與歧異，並瞭解相互依

存的地理環境及共同的願景，是維護該區域安全的基本條件。

　　該由「東協政治安全共同體理事會」負責執行，該會除印尼由法政安全統籌部長擔任委員外，其餘國均由外交部長擔任委員，另泰國、柬埔寨與寮國並各增派副總理擔任委員；惟實際業務運作仍落實到「東協政治安全共同體」所屬的部門機構。

一、東協政治安全共同體具有三項特徵

　　第一，擁有共同價值和規範且以制度為基礎的共同體，該特徵體現東協在政治發展上合作的目的，透過強化民主、加強善治與法治，促進並保護人權與基本自由，考慮東協成員國權利和義務的情況下，最終建立具備共享價值與規範以制度為基礎的共同體。在塑造與共享規範的過程中，東協期望能在共同體的各成員之間根據良善的準則規範來達成認同標準；鞏固與強化東協的團結、一致及和諧；並且在東南亞建立一個兼顧和平、民主、包容、參與及透明的共同體。

　　第二，在區域綜合安全上承擔共同責任，建構具有凝聚力、和平、穩定且具活動的區域，此特徵說明東協於區域安全上的要求。東協強調綜合安全，不僅思考「傳統安全」，同時考量經濟、社會文化和環境保護等「非傳統安全」領域。

　　第三，在日益整合與相互依存的世界中保持活力和外向性的區域，該特徵要求東協與其他行為體之間培育與維持友善且互惠的關係，以確保東協人民與成員國處於和平、公正、民主與和諧的環境中。❷因此，東協將持續秉承外向型的發展戰略，於區域及國際上扮演重要角色以促進東協共同利益。東協將運用並維持其中心地位與作為主要驅動力的積極角色，在開放、透明、且具有包容性的區域架構下，支持 2015 年建成東協政治安全共同體。

　　東協根據此三項特徵，依據《東協政治安全共同體藍圖》之內容，詳細規劃東協政治安全共同體。

㈠《東協政治安全共同體的行動計畫》❸(ASEAN Security Community Plan of Action)

　　在 2004 年東協高峰會中，東協進一步提出了東協安全共同體的行動計畫 (ASEAN Security Community Plan of Action)❹，主要具體呈現東協安全共同體的重

---

❷　http://www.asean.org/archive/5187-18.pdf，瀏覽日期：2016 年 5 月 2 日。

❸　參考東協檔案 http://www.aseansec.org/22337.pdf，瀏覽日期：2014 年 11 月 30 日。

❹　參考東協檔案 http://www.aseansec.org/16826.htm，瀏覽日期：2014 年 11 月 30 日。

要規劃方向與目標行動綱領，簡單臚列如下：❺

1.政治發展方面，強調東協安全共同體之政治與安全合作位階。主要行動綱領如打擊貪汙、跨國合作、支持東協大學網絡合作。(Annex I)

2.在規範形塑方面，建構與分享一系列有助於維繫共同體成員，鞏固東協團結之規範。主要行動綱領如：加強實施《東協憲章》與加強《友好合作條約》。(AnnexII)

3.在衝突預防方面，以《東南亞友好合作條約》之內容，使其成為管理國家間互動關係與維繫區域和平、安全與穩定之外交工具。主要行動綱領如：定期舉辦國防部長會議、強化軍民合作、促進文武關係等。(AnnexIII)

4.在衝突方面，東協期待藉著國家層級，雙邊層級以及多邊國際機制之功能發揮以化解衝突。主要行動綱領如：推動與 UN 合作，建立東協相關研究中心，評估建立東協和平與協調機構。(AnnexIV)

5.在後衝突時期的「和平重建」方面，東協希望能推動多元的協助計畫。主要行動綱領如：強化東協人道救援、推動人力資源發展與能力建構。(AnnexV)

㈡「東協政治安全共同體藍圖」(ASEAN Political-Security Community Blueprint, APSC)

2009 年新出爐的「東協政治安全共同體藍圖」(APSC)，首先說明其內涵具有三大特色： 1.依法而行，共享價值與相同準則 (Norm)； 2.以綜合性安全之概念來建構，具有凝聚力、和平與愉悅的區域團體；3.於全球主義日益整合與互賴的世界中，東協安全共同體朝向動態且具向外看 (Outward-looking) 的特質。

1.依法而行，共享價值與相同準則

此為東協國家近年來最強調的，藉由共同的準則可以強化東協共同體，凝聚力與和諧，同時可以於東南亞建構出一個和平、民主、相互容忍，共同參與及透明化的共同體。此原則下，依 2003 年的東協政治安全共同體行動計畫，ASC 將促進於政治發展的合作，東協成員國可以採取的行動如表 13–1。

---

❺　楊昊，「新憲章規範下的東協區域主義：回顧與展望」，《臺灣東南亞學刊》，第 5
　　卷，第 1 期 (2008 年)，頁 147–179。

表 13-1　依法而行，共享價值與相同準則

方　向	主要行動綱領
促進政治發展	1.促進成員國彼此的政治體制、文化與歷史的相互瞭解 (A1.1) 2.採取的方式如透過二軌機制，以及學術交換計畫 (A1.2)
資訊交流的便利化與相互間的支持	東協成員國彼此間協助採取的行動如資訊部長的互通訊息，加強執行能力，其他如交換不同型態的電影、電視、漫畫卡通製作、遊戲軟體與新媒體，加強彼此間的文化交流
加強各種法制合作，強化好的治理	1.強化司法體制與合法交流管道。(A1.3) 2.透過東協司法部長會議，例如比較法學術研討會，大學聯盟會議 3.透過公私不同部門，利用學術與經驗交流，並且透過政府與民間部門的對話，締造新思維，以期建立良善、效能的治理 (A1.4) 4.加強人權保護 (A1.5) 5.透過 ASEAN-ISIS，以推動東協之政治發展 (A1.6) 6.預防，以及與貪汙戰鬥 (A1.7) 7.促進民主之原則 (A1.8) 8.促進本區域和平與穩定 (A1.9)
共享行為準則	另外，東協政治安全共同體在共享行為準則方面，包括東協自由、和平、中立區，東協友好合作協定 (TAC)，以及南海各方行為宣言 (DOC, Declaration on the Conduct of Parties)，有如下之原則： 1.形塑適當的東協機制，以吻合東協憲章之內容 (A2.1) 2.於友好合作條約之理解下，加強成員國之合作 (A2.2) 3.於南海主權之爭議，應以南海行為準則為共有的遵循原則 (A2.3) 4.東南亞無核區條約的執行 (A2.4) 5.促進東協海事合作 (A2.5)

資料來源：作者自製。

2.綜合性安全概念來建構有凝聚力、和平與愉快的區域團體

　　東協綜合性全概念，包含傳統與非傳統安全的領域，包括信心建立措施，預防外交以及衝突與爭端的解決。「東協需要進行更多工作，加強現有的和平解決爭端的機制，以及避免和解決日後的爭端。」該藍圖列出了許多目標，包括對付海盜、恐怖分子和網路罪犯以及推動民主和加強政府行政等。林若雩、孫國祥兩位教授指出：該藍圖要設立的警報系統是在已有的基礎上，推動綜合性安全，避免衝突發生或是避免衝突加劇，並且加強成員國之間軍力合作，深化全球整合與互賴關係。東協相信藍圖將能使得東協的政治與安全合作至更高層次。林若雩教授並提及：第三屆東

協國防部長會議的決議，除了傳統安全外，於非傳統安全的領域（例如自然災害、疾病），也將尋求與公民社會組織 (INGO) 合作，未來並且加強與對話夥伴及朋友的合作關係。（參見表 13–2）

表 13–2　非傳統安全

方　向	行動綱領
非傳統安全	非傳統安全之議題，有下列之行動 (Actions) 準則 (B.4)❻： 1.防止跨國犯罪，加強罪犯之引渡 2.消除海上犯罪與人口販賣，防止海盜行為 3.防止毒品運送與走私 4.對於毒品販賣與運送加強預防，東協成員國並且交換情報資訊 5.依據聯合國憲章，根除與防止小型武器的販賣 6.針對違法的網路犯罪，施以相互間之支援 7.根據國際法規章，對海盜、劫機、船等犯罪，各國相互合作為有效防止恐怖分子，加強邊境之檢查與管理技術合作，（例如對於旅行證件檢察……） 8.針對恐怖分子之行為，反恐合作的確實執行 (B4.2) 　另外，為加強東協於疾病管理與緊急事件之回應能力 (B4.5)，可以通過多邊合作之機制，例如 ARF、ASEAN+3、EAS 等管道。針對東協區域論壇，發展可行的有關人道協助與清除疾病之合作綱領 9.在多邊的共同關注焦點，加強磋商與合作 (C.3) 10.加強東協成員國之內部磋商，並且確實於聯合國與其他國際組織推動與執行，以促進東協之利益

資料來源：作者自製。

二、東協協調理事會與東協人權委員會

在《東協憲章》和《東協政治安全共同藍圖》的架構下，東協成員國之間、東協與其對話夥伴之間互動頻繁，不僅建立起實施共同體發展所必須的機制和規範，而且在促進成員國的政治發展，加強區域和平、安全與穩定，推動對外合作與和諧等方面取得成效，完成藍圖的規劃。

東協政治安全共同體如依其規劃，有下列之基本貢獻：

㈠東協協調理事會 (ASEAN COORDINATING COUNCIL)❼

❻　http://www.aseansec.org/22328.htm，瀏覽日期：2014 年 12 月 1 日。

❼　http://asean.org/storage/2012/05/List-of-ASEAN-Coordinating-Council-ACC-as-of-June-2016_CORD-Revised.pdf，瀏覽日期：2015 年 6 月 8 日。

　　根據《東協憲章》，在東協領導人峰會是東協最高決策機構，下設東協協調理事會、東協共同體理事會和東協秘書處。共同體理事會由政治安全共同體理事會、經濟共同體理事會和社會文化共同體理事會組成。在這三個理事會中又下設各自專門性的部長機構。同時，東協還設置了常駐東協代表委員會，由東協十個成員國各派一名大使級代表組成。而在東協各成員國，也都設立駐該國的東協秘書處。

　　東協協調理事會是東協的總體協調機構，成立於 2008 年 12 月，由東協外長組成，每年舉行兩次會議；《憲章》使得東協秘書長的職能得到了提升，《憲章》規定東協秘書長由東協峰會任命，是東協的高級行政長官；東協政治安全共同體理事會專門負責東協政治安全共同體事務的協調，確保東協峰會相關決議的實施，以實現東協政治安全共同體目標的機構。成立於 2009 年 4 月。該理事會包括東協外長會議、東南亞無核武器區委員會、東協國防部長會議、東協司法部長會議和打擊跨國犯罪部長會議。該理事會每年至少召開兩次會議。常駐東協代表委員於 2009 年 5 月 21 日成立，例會至少每月一次，職責主要是支持各理事會的工作，參加會議，協調東協相關部門的工作。東協政府間人權委員會於 2009 年 10 月 23 日正式起動，其職能在於協調東協成員國之間在人權事務上的合作，全面促進東協人權的保護，每年至少召開兩次會議。東協國防部長擴大會議是由東協防長會議倡議而創建的，其宗旨是增強東協與亞太地區有關國家間的互信與合作，共同應對跨國非傳統安全挑戰。第一次國防部長擴大會議 2010 年 10 月 12 日在河內召開。該會議最初每三年召開一次，後改為每兩年一次。東協國防部長擴大會議是東協國防部長會議的衍生物；國防部長會議開始於 2006 年，它雖非專門為政治安全共同體所設，但在共同體發展中作用匪淺。

　　當然，東協外交部長機制仍然在東協日常運行和政治安全共同體建設中起著核心作用。東協成員國的外交部長除是外長會議和東協區域論壇的成員外，還有兩個新的「頭銜」，即東協政治安全共同體理事會和東協協調理事會的成員。

　　為加強海事合作，東協從 2010 年起，每年舉辦一次東協海事論壇，並在 2010 年邀請其對話夥伴參加海事問題對話與合作，形成東協海事論壇擴大會議。首次擴大會議於 2010 年 10 月在馬尼拉召開。❽

---

❽　《越南拒陸護照案、東表明挺中，東協會議南海角力新舞臺》，印有南海九段線的大陸 2012 年新版護照成為話題。越南當局為了表示抗議，拒絕在印有南海九段線暗紋中國地圖的大陸護照內頁上蓋入出境章，越南當局會給大陸護照持有者單獨開一張落地簽證，入出境章蓋於上。給大陸民眾出境帶來了許多不便。

㈡東協人權委員會 (ASEAN Commission on Human Rights)❾之重要性

　　東協在政治發展方面的合作最顯著的成就主要呈現促進與保護人權方面。東協政府間人權委會成立後，制定 2010～2015 年的五年工作計劃，以及 2010～2011 人權工作的優先項目與行動。更重要的是，由 2010 年第三次會議開始，該委員會著手起草《東協人權宣言》。經過兩年多的研議，宣言草案於 2012 年 7 月先被提交到第四十五次東協外長會議審議，然後在 11 月召開的第二十一屆東協峰會上，領導人通過了這個宣言並簽署了通過該宣言的金邊聲明。宣言為東協的人權合搭起一個規範性的架構，以利於推進東協的人權保護與人權發展。

　　通過《東協人權宣言》後，人權委員會工作的重點轉向宣傳與普及，並討論利用其他法律武器保護人權的可能性。為落實宣言，人權委員會與東協相關部門進行成果協商，並與東協促進與保護婦女兒童權益委員會進行適當的功能磋商。委員會共同舉辦研討會，同意開展聯合行動和人權資訊共享等。此外，人權委員會還加強對外關係，發展與其他人權組織的合作，如聯合國人權委員會、開發計劃署、兒童基金會、難民署，以及聯合國人口基金、生殖權中心 (Center for Reproductive Rights) 等❿。

　　人權委員會設有人權基金，以支持東協的人權促進與保護；委員會注重人權的專題研究，如東協企業的社會責任與人權、移民與人權等。

　　除人權保護外，東協在政治發展方面的合作還顯示於打擊貪汙腐敗方面。於東協的努力下，所有成員國目前都是《聯合國反腐敗公約》的締約國。

　　東協的規範建設成就，主要呈現在以下層面：

　　《東協憲章》是東協共同體建設最基本的法律依據，由於憲章的屬性決定其原則性更勝於操作性，必須制訂相應的實施細則以便落實憲章，這也是共同路線圖所要求的。因此，東協成立落實《東協憲章》高級法律專家組對此事負責。2010 年 4 月，東協外長會議在越南河內簽署了《東協憲章爭端解決機制議制定書》，該議定

---

　　http://www.chinatimes.com/newspapers/20160721000565-260108，瀏覽日期：2016 年 7 月 22 日。

❾　http://asean.org/the-second-regional-consultation-of-the-asean-intergovernmental-commission-on-human-rights-aichr-with-civil-society-organisations-csos-and-the-ninth-meeting-of-aichr-on-the-asean-human-rights-declarat/

❿　趙海立，東盟政治一安全共同體建設：成就與問題，南洋問題研究 (SOUTHEAST ASIAN AFFAIRS) No. 4 2015,（總第 164 期）, pp 1–10。

書，與 2009 年 10 月簽署的《東協優先權與豁免權協議》，顯示東協「建立以制度為
基礎的共同體」轉型的決心，並促進《東協憲章》的實施。不僅如此，2012 年 4
月，東協協調理事會第十次會議通過了《東協憲章解釋的議事規則》，從而進一步提
高了《東協憲章》的可行性。

　　《東南亞友好合條約》是東協的另一重要規範。經過 1987、1988 年和 2010 年
三次修訂後，它對於所有主權國家和由主權國家組成的地區組織開放。2014 年初，
該條約的締約國總數達到三十二個，包含歐盟區域組織與聯合國安理會的五個常任
理事國。

　　事實上，東協區域論壇由 1994 年成立迄今二十二年，並無真正解決任何問題，
區域安全往往是大國角力的場所。以南海問題為例，東協認南海問題是威脅區域安
全與穩定的重要因素，因此，2002 年 11 月東協與中國簽署《南海各方行為宣言》。
各方集體承諾促進南海的區域和平、穩定與互信，以及依據國際法和平解決爭端。
此後，東協不斷強調落實此宣言的重要性，並與中國進行相關合作。2011 年 7 月
21 日，東協－中國部長級會議正式簽署落實《南海各方行為宣言》指針；2012 年 7
月東協發布《海南問題六原則》；2014 年 5 月東協外長會議罕見地發布《關於南海
當前進展的聲明》，此是東協集體支持和平、穩定與法治原則並確保東協的團結與信
任。

　　東協致力於本區域的無核化，早在 1995 年 12 月，《東南亞無核武器條約》就得
以簽署，1997 手 3 月 27 日生效。該條約還包含一個議定書，預備讓美國、俄羅斯、
英國、法國和中國等五個核武國家加入，目的在於使五個核武國家承認並支持東南
亞無核武區地位。該條約為締約國間加強合作，維持東南亞無核武及其他大規模殺
傷性武器提供了堅實的基礎，也顯示了東協為全球核不擴散機制所做出的努力。為
落實該條約，東協在 2007 年制定了為期五年的《加強東南亞無核武區條約實施行動
計劃》（2007～2012 年），2013 年，東協又延長該行動計劃五年（2013～1017 年）。
另外，東協多次將有關該條約的決議提交聯合國大會審議，成為聯合國的決議。然
而盡管東協與上述核武國家進行了多次的磋商，然由於法國、俄羅斯和英國因素，
核武國簽署《東南亞無核武器條約議定書》的問題仍懸而未決。隨著寮國 2011 年
11 月、汶萊 2014 年 2 月加入國際原子能機構，東協所有成員國都已經是國際原子
能機構的成員。

第二節　新世紀以來東南亞地區之恐怖主義威脅情勢

2015 年 10 月 31 日，伊斯蘭國 (Islamic State of Iraq and al-Sham, ISIS, 簡稱 IS) 宣稱攻擊俄羅斯客機**⑪**，並且承認：「伊斯蘭國戰士擊落了西奈省上空的一架俄羅斯客機，機上搭載了二百二十名俄羅斯十字軍分子。感謝真主，無一生還，他們全都斃命了」。這是繼 2015 年上半年馬航 MH 37 被攻擊且無一人生還，一年內出現兩次恐怖主義惡意攻擊航空客機的例子。而西方世界面對此類游擊隊攻擊較戰爭更殘酷的行為，迄今看來似乎手足無措。

接著，於 2015 年 11 月 13 日星期五深夜，法國首都巴黎遭遇該國近代最嚴重的恐怖攻擊，接連發生多起槍擊案與爆炸案，至少造成一百二十九人罹難，三百二十五人受傷，其中九十九人傷勢嚴重。**⑫**總統奧朗德在緊急召開部長會議之後，宣布全國進入「緊急狀態」(l'étatd'urgence)。被宣告進入「緊急狀態」的地區，人民的自由與多項權利均受到限縮。政府可限制民眾的住居或交通、關閉公共設施、且無需法院令狀逕行搜索。

2015 年 11 月在馬來西亞舉行的第十屆東亞高峰會暨「東南亞國協高峰會」(ASEAN Summit)**⑬**，美國總統歐巴馬與馬來西亞總理 Najib Razak 在峰會上，針對 2015 年多起恐怖攻擊發表意見。馬國總理 Najib Razak 譴責伊斯蘭國 (Islamic State, IS) 為「邪惡新勢力」，歐巴馬總統也誓言絕不會讓恐怖分子藏匿在世上任何一個角落。**⑭**

印尼雅加達警察局長 Tito Karnavian 於 2015 年 11 月 26 日表示，印尼是東南亞

---

⑪　根據英國廣播公司 (BBC) 網站報導，伊斯蘭國宣稱擊落失事的俄羅斯客機，但聲明沒有詳細說明伊斯蘭國是如何「擊落」客機。http://www.nownews.com/n/2015/11/02/1865564，瀏覽日期：2015 年 11 月 2 日；twitter.com/newsinai24，瀏覽日期：2015 年 11 月 1 日。

⑫　http://www.storm.mg/article/73824，瀏覽日期：2015 年 11 月 14 日。

⑬　2015 年東協十國於馬來西亞召開的第二十七屆高峰會簽署共同聲明，成立東協經濟共同體 (ASEAN Economic Community, AEC)。共同體將於 2015 年 12 月 31 日正式上路

⑭　然而此次峰會最主要的目的是於 11 月 22 日確保東協經濟共同體 (ASEAN Economic Community, AEC) 成立，納吉甚至表示唯有經濟成長才能確保和平與進步。

恐怖主義中心穆斯林國家應團結對抗。❶⑤東南亞最先出現的伊斯蘭激進組織為「印尼伊斯蘭國」(Islamic State of Indonesia) 及「伊斯蘭祈禱團」(Jemaah Islamiyah)，這些團體致力散播激進思想，在印尼有數千名追隨者，其中已有多人被逮捕。東南亞已成為恐怖主義培育中心與「聖戰士」搖籃。

　　本節將首先介紹恐怖主義之定義並以近期東南亞恐怖主義之最新發展作一回顧；其次，探討目前伊斯蘭國流竄至東南亞區域之情形；再者，分析東南亞國家近期反恐有關之政策與作為，特別是菲律賓總統艾奎諾三世如何成功處理完成與 MNLF、MILF 之間的問題；最後，就中國與東南亞反恐合作之作為及挑戰，作一評析並提出可行對策。

　　「恐怖主義」一詞帶有政治及情感上的含意，其精確的定義便更難以辨識，從學術研究上可以找到上百個恐怖主義的定義。❶⑥恐怖主義的概念具備爭論性，因為國家當局可用以將政敵或其他對手非法化，❶⑦從而使國家武裝部隊可理直氣壯地打擊敵人（當然此武力行為也可能會被敵國描述為恐怖活動）。

一、恐怖主義 (Terrorism) 的定義

　　在 1970 至 1980 年代，聯合國曾經試圖對恐怖主義作出定義，但聯合國成員國對民族解放和民族自決所引起的衝突，因而使用暴力的見解有分歧，最終不了了之」。❶⑧

　　這些見解的分歧使聯合國無法訂立包含單一、全面、具法律約束力的恐怖主義定義在內的《關於國際恐怖主義的全面公約草案》。❶⑨然而，國際社會已採取一系

❶⑤ "Indonesia is capital of terrorism in Southeast," *The Jakarta Post*, Nov. 27, 2015, http://www.thejakartapost.com/news/2015/11/27/indonesia-capital-terrorism-southeast-asia-police.html，瀏覽日期：2015 年 11 月 28 日。

❶⑥ Jeffrey Record, *Bounding the Global War on Terrorism* (Carlisle Barracks, PA: US Army War College Strategic Studies Institute, 2003).

❶⑦ Geoffrey Nunberg, "Head Games/It All Started with Robespierre/"Terrorism": The history of a very frightening word," San Francisco Chronicle, http://articles.sfgate.com/2001–10–28/opinion/17622543_1_terrorism-robespierre-la-terreur，瀏覽日期：2015 年 11 月 2 日。

❶⑧ Angus Martyn, "The Right of Self-Defence under International Law-the Response to the Terrorist Attacks of 11 September," Australian Law and Bills Digest Group, Parliament of Australia Web Site. 12–02–2002，瀏覽日期：2015 年 9 月 25 日。

列公約，列明各種恐怖活動的定義及就此立法管制。自 1994 年，聯合國大會以下列言詞譴責恐怖活動：「企圖引起公眾恐慌的犯罪行動，不論是個人或是團體為追求政治目的而從事此類行為都是不被接受的，不論其背後的性質是政治、意識形態、哲學、種族、宗教等都不能使之合法化」。❷⓪

　　針對恐怖主義的定義，著名學者 Bruce Hoffman 曾指出：「不僅是同一個政府組織裡的部門不能就恐怖主義的定義達成共識，專家及其他於此領域享負盛名的學者也無法就此達成一致意見。」Alex P. Schmidt 在其權威研究《政治恐怖主義：調查指引》裡用了約一百頁的文字測試逾百種恐怖主義的定義，試圖找出一個可被廣泛接納、全面而合理的解釋。在經歷了四年及出版第二版後，施密德仍未能達到目的，他在修改版本裡的第一句便明言「仍在尋找適當的定義」。Walter Laqueur 對於 Schmidt 未能在他的重要著作裡找到恐怖主義的定義感到失望，並指出一則尋找恐怖主義的定義是不可能，二則是不值得這樣做。❷①

　　不過，Bruce Hoffman 也認為恐怖主義的一些主要特徵是可以辨識的，他提出將恐怖分子與其他罪犯作出區分，也將恐怖主義與其他犯罪作出區分，結果得出恐怖主義是：

1. 不可避免地以政治為目的或動機；
2. 訴諸暴力或揚言要訴諸暴力；
3. 計劃要對目標或受害人以外的人物或團體造成深遠的心理影響；
4. 由具備可被識別的指揮系統及隱蔽細胞系統的組織指揮行動，其成員不穿著制服或佩戴可被識別的徽章；
5. 由亞國家組織或非國家行為者干犯。❷②

　　馬歇爾歐洲安全研究中心的 Carsten Bockstette 提出的恐怖主義定義，強調恐怖主義的心理和策略層面：❷③

---

❶⑨　Jörg Friedrichs, *Fighting terrorism and drugs: Europe and international police cooperation* (New York: Routledge, 2008), p. 53.

❷⓪　Measures to Eliminate International Terrorism. United Nations. 09–12–2004 [May 8, 2011]

❷①　Bruce Hoffman, *Inside Terrorism* (New York: Columbia University Press, 2006), p. 34.

❷②　Bruce Hoffman, *ibid*., p. 41.

❷③　Carsten Bockstette, Jihadist Terrorist Use of Strategic Communication Management Techniques (PDF), George C. Marshall Center Occasional Paper Series, 2008,

「恐怖主義是不對稱衝突當中的政治暴力，通過暴力使他人受害或破壞非戰鬥目標（有時是具標誌性的事物）來試圖引起恐慌及心理上的畏懼（有時是無差別的）。這些指揮行動的隱蔽非法組織意在傳達信息。恐怖主義的目標是要透過暴力的表述在傳媒面前曝光以達到最佳的宣傳效果，以影響目標觀眾及達到短期或中期的目的，並進一步追求長期的最終目的的。」

戰略與國際研究中心的 Michael Walzer 提到「恐怖主義唯一廣被認可的特質是涉及暴力行為或其武力威脅」。❷❹不過這說法並未對恐怖主義提供一個可用的定義，因為恐怖主義的許多暴力行為並不視為恐怖主義，如戰爭、暴動、有組織犯罪，甚至是普通的襲擊。不涉及人命傷亡的財物毀壞一般不被視為暴力罪行，但地球解放陣線和動物解放陣線卻將財物毀壞形容為暴力和恐怖主義。❷❺

二、東南亞地區之恐怖主義威脅情勢

依據汪毓瑋教授於其所著《恐怖主義與國家安全》一書中指出，❷❻上世紀存在於東南亞地區的主要恐怖組織儘管大多與伊斯蘭極端主義有關，但仍可進一步區分為兩大類別，亦即分離主義組織（主要在菲律賓南部與泰國南部地區）以及基本教義組織（散布於馬來西亞與印尼），以下分別說明如下：

㈠上世紀東南亞地區已存在分離主義組織以及基本教義組織

1.分離主義組織

---

https://www.google.com.tw/url?sa=t&rct=j&q=&esrc=s&source=web&cd=1&cad=rja&uact=8&ved=0ahUKEwiO7–GKrNnJAhWKGpQKHTRbCFoQFggfMAA&url=http%3A%2F%2Fwww.marshallcenter.org%2Fmcpublicweb%2FMCDocs%2Ffiles%2FCollege%2FF_Publications%2FoccPapers%2Focc-paper_20–en.pdf&usg=AFQjCNEFkZ3J3hEpEG-edDmbiXzd77RCWw&sig2=I2–kfV6vKfmbE3kDu9–hog，瀏覽日期：2015 年 11 月 25 日。

❷❹ Thomas Albert Gilly, Yakov Gilinskiy, *The ethics of terrorism: innovative approaches from an international perspective*. Charles C Thomas Publisher. 2009），p. 30.

❷❺ Daniel Schorn, Ed Bradley, "Extremists Now Deemed Biggest Domestic Terror Threat," CBS News, http://www.cbsnews.com/stories/2005/11/10/60minutes/main1036067.shtml，瀏覽日期：2015 年 11 月 26 日。

❷❻ 汪毓瑋主編，《恐怖主義與國家安全》，臺北：幼獅出版社，2007 年。

菲律賓有名的分離主義莫洛 (Moro) 民族解放陣線，與菲律賓政府在 1976 年底締結《的黎波里協定》，讓民答那峨的十三個穆斯林省分取得自治地位，但 Marcos 總統隨即撕毀該協定。不過，該協定依舊成為菲律賓政府與叛軍間繼續進行談判的基礎，而且直到 1990 年代中期以前，莫洛民族解放陣線還是民答那峨地區影響力最大的獨立運動團體。❷另外，仍然存在阿布薩耶夫集團，1989 年由 Adburajak Janjalani 成立的阿布薩耶夫集團則以建立獨立的「民答那峨伊斯蘭國」為目的，因此經常攻擊菲律賓南部的基督徒。泰國則有北大年聯合解放組織 (Pattani United Liberation Organization, PULO)，1902 年被泰國強行併吞，同樣興起於 1950 年代的北大年聯合解放組織與巴桑全國革命組織 (Barisan Revolusi Nasional, BRN) 都打著「復興北大年國」的旗幟進行活動。❷

2.基本教義組織則一貫散布於馬來西亞及印尼兩回教國

⑴馬來西亞聖戰組織

馬來西亞聖戰組織 (Kumpulan Militan Malaysia, KMM) 是基本教義組織之一，該組織領導者之一 NikAdli 的父親為激進派馬來伊斯蘭黨 (PAS) 的精神領袖。此團體成立於 1995 年，到 2006 年 11 月為止，馬來西亞當局已經逮捕大約六十名涉嫌恐怖活動和罪行的馬來西亞聖戰組織成員，其中數人應是伊斯蘭祈禱團成員。此外，有多達二百名馬來西亞聖戰組織成員潛逃，他們很可能獲得本區域伊斯蘭祈禱團網絡的支持和協助。馬來西亞聖戰組織的精神領袖為 Abu Jibril，他同時為蓋達組織在東南亞地區的主要訓練人，2002 年遭馬來西亞拘留，2003 年因涉及峇里島爆炸案被引渡到印尼受審。

⑵伊斯蘭祈禱團

東南亞地區最引人注目的基本教義組織仍屬以印尼為基地的伊斯蘭祈禱團 (Jemaah Islamiyah，簡稱 JI)，其歷史根源可追溯到崛起於 1940 年代的反殖民統治組織「伊斯蘭教之家」(DarulIslam)。但在印尼獨立後，該組織仍繼續為建立伊斯蘭國家而進行武裝鬥爭，並因此受到政府鎮壓。主要領袖包括 Abu Bakar Bashir 和 Abdullah Sungkar，他們在 1978 年曾因違反戒嚴法被判刑，1982 年獲得假釋後逃入

---

❷   Daniel J. Ringuet, "The Continuation of Civil Unrest and Poverty in Mindanao," *Contemporary Southeast Asia*, Vol. 24, No. 1 (2002), pp. 40–41.

❷   Al-Rashid I. Cayongcat, *Bangsa Moro People in search of Peace* (Manila: Foundation for the Advancement of Islam in the Philippines, 1986), pp.91–95.

馬來西亞並開始重新整編，且改名為「伊斯蘭祈禱團」。㉙ 幾乎所有最初的伊斯蘭祈禱團領導者都曾經到阿富汗受訓，其中 Sungkar 在 1994 年與賓拉登會面並成為其重點援助對象，並於 1998 年印尼總統蘇哈托被推翻後回到爪哇，但直到 2000 年才開始涉及恐怖活動。

㈡近年來東南亞地區仍持續活動的伊斯蘭恐怖組織

　　近年來東南亞地區仍持續活動的伊斯蘭恐怖組織有：伊斯蘭祈禱團、伊斯蘭防衛者陣線（The Front Pembela Islam，簡稱 FPI）、阿布薩耶夫（Abu Sayyaf Group，簡稱 ASG）、真主輔士團（Jemaah AnshorutTauhid，簡稱 JAT）、東印尼聖戰者（Mujahidin Indonesia Timur，簡稱 MIT）、西印尼聖戰者（Mujahidin Indonesia Barat，簡稱 MIB）、馬來西亞聖戰組織（Kumpulan Militan Malaysia，簡稱 KMM）。但並非所有恐怖活動皆來自伊斯蘭教組織，近年來佛教基本教義派興起，例如有「緬甸賓拉登」之稱的激進派緬甸佛教領袖 AshinWirathu、泰國的佛教基本教義派組織 Knowing Buddha Foundation，這些佛教基本教義派多從信仰小乘佛教的國家發展出來，其不斷迫害國內其他少數宗教而形成「佛教恐怖主義」，相互間並有「聯盟」的趨勢。除了基本教義派之外，亦有不少分離主義組織從事恐怖活動，如：菲律賓新人民軍 (New People's Army) 是菲國共產黨的武裝力量、印尼自由巴布亞運動 (Free Papua Movement)、泰國南部的北大年聯合解放組織（Pattani United Liberation Organization，簡稱 PULO）、北大年民族革命陣線（Barisan Revolusi Nasional Melayu Pattani，簡稱 BRN）、新北大年聯合解放組織（New Pattani United Liberation Organization，簡稱 New PULO）。

　　自從 2001 年 9 月 11 日發生在美國本土的恐怖攻擊事件後，美國開始針對發動襲擊的恐怖組織展開報復行動，也讓世界各國開始注意到國家、區域與全球安全的重要性。當時美國政府對於中東恐怖組織的圍剿，使中東的恐怖分子往菲律賓南部、印尼等東南亞國家逃竄，進而加深蓋達組織與東南亞伊斯蘭教激進組織的交流。而在 911 事件之後，東南亞地區也成為了美國反恐戰爭的第二前線 (second front)。近年來 IS 透過網路方式宣揚其激進思想，各地年輕人受到蠱惑前往加入 IS，或是在當地採取孤狼式攻擊。因此，網路安全已成為各國重視的國家安全重點項目之一。

　　許多研究國際政治的學者一直強調，美國不加入於 2005 於年吉隆坡舉辦的東

㉙　新加坡分部由 Ibrahim Maidin 在 1993 年建立，馬來西亞分部由 Hambali 與 Abu Jibril 在 1994 年左右建立，至於整個 JI 的組織發展則於 1999～2001 年間達到高峰。

亞高峰會 (East Asia Summit, EAS)，是美國觀察到此區域的亞太主義（或者稱為 trans-Pacific）優於地區性的東亞架構 (East Asian frameworks)。美國更願意強調亞太經濟合作會議 APEC 的重要性，對於東協組織推動的各種區域性組織，不論是 EAS、ARF，或者東協非正式高峰會議，美國常常認為它們僅是一個 "talkshop"，起不了什麼作用。

　　另方面，在東南亞地區的恐怖分子活動，仍然未全面解除，雖然於菲律賓境內的 ASG 與印尼 JI 恐怖分子的活動較為低迷，但此地區的恐怖主義威脅仍未完全解決。非傳統安領域面臨的挑戰與威脅諸如恐怖主義、毒品走私、跨國犯罪、組織犯罪、傳染疾病、非法移民、資訊安全等議題，都是非傳統安全威脅的來源。然而 911 事件之後，美國擔憂中東地區的恐怖分子與其「基地」，將會慢慢轉往東南亞回教國家發展。東協國家也認知：美國日益嚴肅與認真地觀察回教於東南亞的影響，甚而較觀察中東回教組織來得更加積極。不少美國學者認為，美國對東南亞的外交政策，尤其應更加重視「非傳統安全」(Non-traditional Security) 的領域。❸美國必須長期且持續性地重視東南亞，以避免東南亞成為販毒與人口販子的天堂。

　　也就是說，對於美國過去一再指責部分東南亞國家相關的「傳統安全」領域，例如緬甸的人權，以及傳統的軍事競賽等議題，目前不再是美國國家安全機構的關注焦點；相較而言，美國已將更多關注置於非傳統安全領域的恐怖主義 (terrorism)、海事安全 (maritime security)、東南亞主要民族分離運動（參見表 13-3）、走私 (trafficking，包括武器、槍枝、人口、毒品等)、更多的健康議題如禽流感 (pandemics) 以及環境保護 (environmental protection) 等相關問題。

表 13-3　新世紀以來東南亞主要民族分離運動

運動名稱	區域位置	重大事件
摩洛伊斯蘭解放陣線	菲律賓棉蘭老島	2000 年 4 月，與菲政府衝突升級為「全面戰爭」，被政府軍擊潰 2001 年，與菲政府重開和談，並簽署了停戰協議與和平協議 2002 年，與菲政府武裝衝突再起，和談進度陷入停滯
北大年聯合解放陣線、北大年馬來民族革命陣線、新北	泰國南部宗卡、那拉提瓦、也拉、北大年等府地	2004 年 1～12 月，發動大規模動亂，發生暴力事件近千起，造成 400 餘人死亡，5300 餘人受傷 2007 年 2 月 16～18 日，泰南發生連環爆炸案，

---

❸　此部分如毒品走私、人口買賣、偷渡，如美國要求寮國政府杜絕境內不法行為。

大年聯合解放組織		造成 10 多人死亡、70 多人受傷 截至 2007 年 11 月 6 日，近四年已有 2700 多人在暴力事件中喪生
克倫民族聯盟	緬甸、泰國邊界	1995 年初，緬政府軍趁其內鬨之際，向克倫民族聯盟發起了大規模圍剿，一舉攻克其總部馬納普洛並佔領了其控制區，迫使該部轉移至緬泰邊境西線一帶展開游擊戰爭
緬甸撣族組織	緬甸撣邦	2005 年 4 月 17 日，宣稱成立撣族聯邦政府，脫離緬甸聯邦而獨立，緬甸政府軍宣布撣族組織為非法組織 2009 年 8 月，撣族分離主義與政府軍再度對峙，政府軍進入撣邦果敢地區進行掃蕩

資料來源：「泰國南部發生槍殺爆炸事件」，2007-11-6，
　　　　　http://www.aqid.cn/hunan/HTML/152288.html; Peter Searle,「Ethno-Religious
　　　　　Conflicts: Rise or Decline？Recent Developments in Southeast Asia,」Contemporary
　　　　　Southeast Asia, Vol, 24, No. 1 (April 2002), pp.1–10.

㈢近期東南亞已成為「伊斯蘭國」中轉站

　　最近伊斯蘭國狙擊亞洲，綁架日本人質，也吸納韓國少年。但最驚人的是，有三百多名中國人偷渡到馬來西亞，再轉往敘利亞或者伊拉克的 IS 控制區，IS 也在馬來西亞、印尼、韓國等國吸納生力軍，有些曾在中東受訓的東南亞 IS 分子，更計劃回東南亞行動。[31] IS 過去綁架的都是西方人質，但兩名日本人質在中東被 IS 擄獲，要求日本付出兩億美元贖金，由於日本政府並未就範，其中一人質已被殺，可見 IS 之衝擊面已擴大及整個亞洲。

　　另外，不乏證據顯示，東南亞已成為「伊斯蘭國」中轉站，集中於東南亞印尼、

---

[31]　馬來西亞航空公司最近再「遇襲」，不過此次不是這家國家航空的班機出事，而是其網站遭 IS 駭入，駭客將使用者搜尋網站時出現「page not found」（無法找到相關網頁）的訊息，改寫成「Plane Not Found」（找不到飛機）。網站除了顯示由伊斯蘭國駭客侵入外，也將網頁標題改成「ISIS WILL PREVAIL（伊斯蘭國將戰勝）」字眼。惡名昭彰的黑客組織「蜥蜴部隊」(Lizard Squady) 駭入馬航官網時，貼上一張衣著西裝的壁虎頭圖片宣示成功駭入。馬航官網隨後短暫恢復正常，當時馬航發表文告宣稱網站未被駭，只是暫時故障，不會影響訂票，使用者的資料還是處於保密的狀態。「蜥蜴部隊」也在中午時分通過推特截圖公布部分乘客，包括國際貿工部長慕斯達化等乘客購票資料作出反駁，同時嘲諷馬航對其駭入網站束手無策。「蜥蜴部隊」此前也曾攻擊微軟 XBox 和索尼。

馬來西亞、新加坡、泰國⋯⋯成為中轉站，其中尤以馬來西亞最為顯著。除了有三百多名中國人以馬來西亞為中轉站偷渡到中東的 IS 控制區參與「聖戰」活動。馬來西亞曾截獲大批中國維吾爾族偷渡者，估計目前約有一百名馬來西亞人民身在中東參與「聖戰」。主因馬來西亞對許多伊斯蘭國家人民給予免簽證待遇，加上邊防疏漏，所以成為偷渡者中轉站，經馬來西亞飛往土耳其再轉往敘利亞的 ISIS 前線。㉜

由於具有戰略性的地理位置、馬來西亞給予許多伊斯蘭國家人民享有免簽待遇及馬來西亞人前往許多國家都不需要簽證，加上邊防疏漏，馬來西亞在過去一直被國際販毒集團及人口販賣組織利用為通向全球的轉運站，當局雖然大力打擊，還是無法徹底消除。相對於毒品與人口販賣，恐怖分子入境則顯得更難追蹤，除非事前當局接獲情報。㉝

美國前中央情報局副局長 Michael Morell 曾經警告，若美國不能掌控恐怖組織「伊斯蘭國」，美國本土再出現 2001 年「911 式」的恐怖攻擊，只是時間早晚的問題而已。美國必須大幅度加快對「伊斯蘭國」高層領導人的襲擊步伐。《紐約時報》援引他的話說，「這種襲擊必須是每星期一、兩個人，而不是每三、四個月一、兩個。」㉞同樣情形 2015 年 3 月曼谷爆炸案件發生，死者超過二十人，但泰國方面迄今卻頭緒仍搞不清楚。此爆炸事件應為政治事件，兇手動機仍未明朗，據稱兇手身分為中國維吾爾族，源頭可能與國際恐怖分子伊斯蘭國相關。

㈣新加坡、馬來西亞、印尼都成為恐怖主義之箭靶

以「哈里發王朝」(Caliphat) 的建立，為伊斯蘭國的最終目標，IS 目前以東南亞回教國家為其重要吸納目標，早先也有三個組織表明效忠 IS，也包括 2012 年印尼峇里爆炸案的「伊斯蘭祈禱團」、菲律賓「阿布沙耶夫」，以及多次與蘇國雙方衝突的 BIEF。

㉜　http://www.yzzk.com/cfm/content_archive.cfm?id=1422502786070&docissue=2015–06，瀏覽日期：2015 年 12 月 2 日。

㉝　911 事件發生後，美國保安單位的調查也發現，部分嫌犯曾在馬來西亞出現。馬來西亞執法單位在去年十月突擊檢查吉隆坡郊區一套公寓時意外發現，屋內住有一百五十五名中國維吾爾族人，他們都持有土耳其護照。這些非法移民包括婦女與小孩，儘管他們可能不是要去中東參與「聖戰」，他們的出現還是令馬來西亞與中國當局感到吃驚。

㉞　http://www.voacantonese.com/content/obama-terrorism-speech–20151208/3093215.html，瀏覽日期：2015 年 12 月 3 日。

根據賦予信心國際機構調查，目前印尼約有 72% 穆斯林希望實施伊斯蘭回教法律，印尼國內約有兩億人口為穆斯林，為 IS 招募的重要地點；而西方國家逮捕恐怖思想組織的領袖，在獄中可能大肆宣傳 IS 之教義，反而擴大招攬新血；再者，大量湧入印尼、泰國及馬來西亞之羅興亞 (Rohinya) 難民，也可能成為 IS 的吸納對象。以上所述，東協成員國已有不少公民被吸納成為 IS 之效忠者，例如年紀輕輕僅十六歲的新加坡人，也不乏信奉回教的馬來西亞與印尼的公民。

第三節　「伊斯蘭國」勢力加速東擴東南亞

當前情勢觀察，網絡已經成為 IS 招募人員、募集資金、擴大影響的主要渠道。印尼、馬來西亞政府已認知打擊穆斯林極端恐怖勢力利用網絡進行勢力擴張的重要性。兩國政府一方面加強對網民、尤其是未成年網民的正面引導，加強對真正伊斯蘭教教義的宣傳力度，引導民眾正確認識伊斯蘭教。另一方面，兩國政府還加強監控網絡，對宣揚恐怖主義思想內容的視頻、資訊嚴加管控，並找到源頭進行強力打擊。同時，兩國政府還加強對 IS 在本國境內傳播、擴散的監控，有針對性地加強情報工作，鼓勵民眾與政府加強合作，及時上報身邊的恐怖活動線索。馬來西亞警方的策略顯然是先發制人，在 IS 支持者出國前採取逮捕行動。

一、「伊斯蘭國」勢力加速東擴

印尼衝突政策分析機構 (IPAC) 日前揭露，在敘利亞作戰的印尼與大馬 IS 成員，成立了一個以馬來語為主要語言的「伊斯蘭國組織馬來群島部隊」組織。㉟ 專門研究區域安全與宗教軍事活動的馬來西亞北方大學國際關係學院教授卡瑪魯尼占認為，指東南亞地區出現 IS 分支的說法言之過早，因為目前本區域的 IS 支持者大多選擇到敘利亞參與所謂「聖戰」，而不是在本土發動恐怖襲擊。㊱

目前制約伊斯蘭國在東南亞區域發展的原因，除其東擴規則起步較晚外，還包括兩因素：第一，從伊斯蘭教法學派角度來說，伊斯蘭國信奉的薩拉菲主義屬於罕百里學派，而南亞地區則主要以哈乃斐學派為主，東南亞則屬於沙斐儀派。教法學

㉟　http://www.storm.mg/article-page/41021/14，瀏覽日期：2015 年 12 月 3 日。

㊱　目前沒有實質證據證明大馬已出現 IS 組織分支，他相信印尼反恐組織與專家是為最壞情況做好準備。大馬的「聖戰」分子目前只是模仿 IS 組織的手法與概念吸引追隨者，這並不算是該組織的分支。

派的不同使伊斯蘭國在東南亞、南亞的滲透缺乏類似中東地區的廣泛宗教基礎。第二，南亞等地原生武裝力量對伊斯蘭國東擴持警惕態度。南亞等國特別是巴基斯坦、阿富汗地區傳統上是基地組織和塔利班的勢力範圍，推崇毛拉‧奧馬爾為伊斯蘭世界哈里發 (Caliph of the Islamic State)，而不承認 Abu Bakr al-Baghdadi 的正統地位。

　　前述兩大因素中，後者對伊斯蘭國在此區域的發展更為關鍵，如能處理好其與當地主流武裝組織的關係，未來伊斯蘭國東擴仍具較大潛力。❸❼主因為：第一，南亞、東南亞地區歷史上有較強的聖戰傳統。上世紀 80 年代阿富汗戰爭吸引了來自南亞、東南亞大批的外籍聖戰者，並在戰爭結束后將聖戰思維帶回本國。目前活躍在巴基斯坦、阿富汗境內的塔利班組織、虔誠軍、簡戈維軍以及印尼和菲律賓境內的伊斯蘭祈禱團、阿布沙耶夫武裝組織等，都是「聖戰」的產物。第二，區域內伊斯蘭極端思想盛行，成為滋生恐怖主義的溫床。發起於上世紀 50、60 年代的伊斯蘭復興主義思潮在 70 年代末期出現向極端主義和原教旨主義方向發展的趨勢，而南亞、東南亞則成為這一宗教思想重要接受國。以巴基斯坦為例，在上世紀 80、90 年代，受沙特等國宗教輸出影響，其境內的宗教學校總數一度超過兩萬所，其中很多具有極端主義傾向，成為塔利班等組織崛起和發展的思想基礎。時至今日，上述地區的極端思想和原教旨主義仍有較強的影響，此提供伊斯蘭國等新一代恐怖組織的紮根。第三，伊斯蘭國目前已初步建立官僚機構體制、教育公共衛生系統等，一定程度上對控制區實行國家化管理，這與其他恐怖組織相比，取得某種程度的成功，對全球聖戰者形成示範效應和吸引力。

　　如今，國際主流反恐機構已意識到恐怖主義在上述地區可能出現快速發展的現象，因此將東南亞等國捲入敘利亞及中東、北非亂局列為世界當前面臨的 9 大恐怖主義發展新趨勢之一。

　　中國對 IS 勢力的崛起也感到憂慮，IS 的目標同樣指向中國西部，新疆已被 IS 規劃為理想中的「伊斯蘭國」的版圖。❸❽中國一貫強調與東協共同展開反恐合作，但迄今成效不彰，由 2015 年泰國曼谷爆炸案可知，由於泰國曾將可能涉及恐怖主義

---

❸❼　http://observator-gutentag.blogspot.tw/2014/07/isil.html，瀏覽日期：2015 年 12 月 3 日。

❸❽　ISIS 狙擊亞洲大馬成為恐怖分子轉運站——中國現代國際關係研究院安全與軍控研究所所長李偉曾對媒體表示，一些中國籍聖戰分子偷渡出國參與聖戰，他們的最終目的是回到中國發展組織，進行恐怖襲擊活動。據瞭解，中國方面已鎖定組織偷渡的境外人員身分，將進一步加強與東南亞國家警方的合作，開展跨國緝捕。

的新疆維吾兒族分子驅逐出境，導致這些穆斯林成為曼谷爆炸事件的可能涉案者。

二、東南亞國家近期反恐有關之政策與作為

東南亞各國平日相當重視恐怖主義及其組織的活動，近期東協國家與政府（官方）採取的反恐重要活動如下：

㈠印　尼

2003 年印尼政府制定新《反恐法》，明確定義恐怖主義的行為及刑罰，以及政府能採取的調查、拘留權限。❸❾印尼在 2004 年曾於首都雅加達成立名為「特遣部隊 88」的反恐警察部隊，至今仍是印尼打擊恐怖活動的主力。2015 年 6 月 9 日印尼從軍隊中另外成立一個反恐小組，抽調來自國民軍 (TNI) 陸海空三軍的八十一名隊員成立，由印尼國民軍的指揮官莫多多將軍擔任指揮官。

2015 年 6 月 25 日印尼國防部長利亞米薩特指出，❹⓿面對南海緊張局勢升高的情況，應盡量避免衝突，他並建議中國與東協各國共同巡邏南海。利亞米薩特並透露，中國有意願往這個方向考量，他將在訪問中國後再向東協提案。日本《讀賣新聞》6 月 28 日報導，利亞米薩特在受訪時指出，在南海聯合巡邏的目的，包括防禦麻六甲海盜、反恐等。利亞米薩特並強調，對於南海的領土爭端，印尼至今保持「中立」的立場。他說，南海很重要，中國和東協如能聯合巡邏，將有助於建立各國的信任，並維護南海的和平。

㈡新加坡

新加坡一直是美國的忠實盟友，新加坡的樟宜港長期提供美國軍艦停泊、加水、休息，樟宜港為東南亞唯一可供美國停靠航空母艦的港口，❹❶長期以來，美新之間的緊密合作都讓彼此都蒙其利，新加坡為小國寡民，必須憑藉強國的支持以維繫其國家的安全。2015 年 6 月澳洲總理 Anthony John Abbott 訪問新加坡，兩國不僅簽署《全面戰略夥伴關係協議》，❹❷亦針對反恐議題簽署《澳新諒解備忘錄》。

---

❸❾　Anthony Smith, "US-Indonesia Relations: Searching for Cooperation in the War against Terrorism," Asia-PacificSecurity Studies, Vol.2, No.2, 2003.

❹⓿　印尼國防部長利亞米薩特接受日本《讀賣新聞》訪問時指出，包括印尼、馬來西亞、泰國、新加坡正在南海實施巡邏，中國也有意加入這個框架。

❹❶　吳東林，〈新加坡國防發展與區域安全〉，《臺灣國際研究季刊》，第 9 卷，民國 102 年，頁 128。

㈢泰　國

　　泰國亦為美國堅實盟友之一，除每年例行的「金色眼鏡蛇」聯合軍演，泰國亦為美國的「非北約主要盟國」(MNNA)，今年初泰國原有向中國購置潛艇，但法案在議會被擱置，亦符合其國內主流民意的看法，美國在泰國有明顯的影響力。2016年 6 月美國外交部公布的反恐工作報告中指出，雖然泰國南疆三府（也拉府、北大年府、陶公府）動亂不斷，但與 IS 並無關聯，證明泰國反恐的努力成效卓著。但泰國的假證件問題仍層出不窮，未來政府應著重在毒品與洗錢等議題。

㈣馬來西亞

　　2002 年馬來西亞與美國《美國－馬來西亞共同對抗恐怖主義宣言》，其內容包括資訊的交流、雙方部門合作以及圍堵恐怖分子的資金流通等。但或許因為與印尼有類似的形況，受限於國內廣大穆斯林壓力，政府並無強力且嚴峻的表態支持反恐。

　　今年馬來西亞政府頒布新的《反恐安全法》在國內引起不小爭議，該法案規定只要政府任命的五人委員會批准，政府即可在未經審判下無限期拘留犯罪嫌疑人。馬來西亞政府此作法有違人權，已引起國際社會之關切。

㈤菲律賓：終結 40 年衝突菲達協議穆斯林設莫洛國成功案例

　　對美國而言，菲律賓為其在東南亞的堅實盟友之一，2002 年以來，美國在菲律賓民答那峨地區派駐官兵，提供菲律賓訓練以及情報，協助其打擊阿布薩耶夫 (ASG)。1976 年與 1996 年菲律賓政府與南部的摩洛民族解放陣線（Moro National Liberation Front，簡稱 MNLF）分別簽署《黎波里協定》與《最終和平協定》，促使「民答那峨穆斯林自治區」的成立，而過程中不滿與政府談和的人則於 1980 年代脫離 MNLF 另成立摩洛伊斯蘭解放陣線（Moro Islamic Liberation Front，簡稱 MILF），兩個恐怖組織的勢力範圍是重疊的。

　　起初，菲律賓總統艾奎諾三世認為前項和談是失敗的，自 2012 年 10 月開始與 MILF 談判，並預計於 2016 年成立「摩洛國」取代「民答那峨穆斯林自治區」，這些措施將使 MNLF 被邊緣化，2013 年 9 月 9 日 MNLF 武裝成員攻佔三寶顏市 (Zamboanga) 數座村莊，交火持續至 9 月 28 日才被政府軍平息。2014 年 3 月 27 日菲律賓政府與南部穆斯林叛軍「莫洛伊斯蘭解放陣線」(Moro Islamic Liberation Front, MILF) 簽署《最後和平架構協定》(Final peace agreement)，協定中雙方同意於 2016 年設立「邦薩莫洛」(Bangsamoro) 政治實體，以終結民答那峨島長達四十多年

㊷　http://www.trademag.org.tw/News.asp?id=667565，瀏覽日期：2015 年 12 月 3 日。

的流血武裝衝突。菲國的莫洛分離問題已長達四十餘載，經過長年的協商與討論，漸漸地替這一直潛伏在馬尼拉「中央政府」與「南部回教部落」間的相互猜忌與敵意；帶來了一線希望。❸菲國的莫洛分離運動也慢慢地走向歷史，結束了自 1970 年初期以來的激烈流血衝突。

　　基本上，菲國政府與 MILF 的協商自 2001 年正式啟動，同年馬國因受菲國政府之邀，開始扮演雙方和平協商的仲介。雖然其後在此協調期間，亦有許多國家與非營利組織陸續參與協助，但總體而言馬國自始自終扮演著和平調停的領導角色。諸如 International Contact Group 與 International Monitoring Team 皆為馬國帶領之下形成的維和部隊與監察團。馬來西亞不僅協助衝突兩造回到談判桌上，另組織多國籍的團隊，監督協議內容的執行狀況。馬國在和平調停過程中可說是扮演著舉足輕重的角色。

　　然而，在莫洛分離問題上馬來西亞未必適合擔任調停一職，這牽扯到馬國是否「合宜」擔任調停的問題。一般而言，調停者以大國居多，由於「可信承諾」(credible commitment) 的問題常是造成談判破裂與阻擾和平協商的最大要素，因此在許多和平協商中，具有監督能力的國家或組織是最佳的人選。另一方面，調停者的中立性也是非常重要的要素。

　　菲律賓政府與南部民答那峨島的「莫洛伊斯蘭解放陣線」(MILF) 25 日就和平協議的最後兩份文件達成協議，整個和平協議於焉完成，可望於 2 月在馬尼拉正式簽署，依此協議新政治實體「莫洛國」預訂 2016 年在當地設立。

　　菲律賓政府同意在民答那峨島成立「莫洛國」(Bangsamoro) 政治實體，取代現有的五省穆斯林自治區，軍方權力在這個亞國內將受到限制。菲律賓南部的穆斯林原住民自稱莫洛人 (Moro)，而菲律賓語 Bangsa 的意思即為「國家」。❹

　　MILF 是菲律賓勢力最大的分離組織，約有一萬一千名武裝成員，與政府之間的武裝衝突長達四十年，造成逾十二萬人喪生。雙方在馬來西亞居中協調下斷斷續續談判多年，美國等西方國家也從旁支持，擔心 MILF 盤據的地區成為孕育凱達等極端組織成員的搖籃。菲律賓總統府發言人陳顯達說，「莫洛國綜合協定」是由今天談妥的「正常化附件」和「莫洛國水域補遺」，加上去年簽署的《莫洛國和平架構協

---

❸　http://www.ettoday.net/news/20121008/111765.htm#ixzz3qJwvo3BB，瀏覽日期：2015年 12 月 3 日。

❹　Floyd Whaley, "Philippines and Rebels Agree on Peace Accord to End Insurgency," http://city.udn.com/50132/5057419#ixzz3qJtjz98I，瀏覽日期：2015 年 12 月 3 日。

定》以及「形式與安排」、「財富分享」、「權力分享」等三項附件，組成最終和談協議，並可望在馬尼拉簽署。

　　不過協議的實施效果有待觀察，尤其是 MILF 能否控制莫洛國的安全。至少四個勢力較小的穆斯林分離組織仍在抗拒馬尼拉政府的統治，屆時可能成為造反團體。已有一個組織揚言反抗到底，「莫洛國伊斯蘭自由運動」發言人密斯里說：「我們將繼續奮戰。我們爭取的是一個伊斯蘭國度、伊斯蘭民族和一部伊斯蘭憲法。」

第四節　東南亞國家與中國、美國之反恐互動

　　911 事件發生以前，東南亞各國認為恐怖主義僅是區域性、小規模的活動。事件發生之後，東南亞各國才認知到恐怖攻擊已超越過往，恐怖主義已非國內問題，應透過國際合作來聯合遏止恐怖主義，新加坡、泰國、馬來西亞、菲律賓及越南等國更積極與美國提升雙邊合作的層級。例如菲律賓與美國定期舉行「肩並肩」聯合反恐軍事演習及簽署後勤支援協定，隔年美國給予菲律賓「非北約主要盟國」(MNNA) 的地位、2002 年馬來西亞與美國簽署《共同對抗恐怖主義宣言》、2003 年美國分別與新加坡、泰國、菲律賓、馬來西亞、汶萊、印尼等國舉行的「克拉特」雙邊聯合軍事演習首度以「反恐」為目標、2003 年美國與泰國、新加坡、日本舉行的「金色眼鏡蛇」多邊聯合軍事演習也首度以「反恐維和」為目標、2003 年美國向泰國政府租借土地興建反恐基地，美國則給予泰國「非北約主要盟國」(MNNA) 的地位、東協與澳洲在 2004 年 7 月簽署《東協－澳洲聯合反恐宣言》、2007 年 1 月東協各國在第十二屆東協高峰會上共同簽署《東協反恐公約》(ASEAN Convention on Counter Terrorism)。

一、中國、美國之反恐互動

　　美國亦持續透過東協、亞太經合會、東協區域論壇等多邊組織進行反恐，包括：「美國－東協反恐工作計畫」、2001 年通過之「東協打擊恐怖主義聯合行動宣言」、協助馬來西亞在該國外交部下設「東南亞區域反恐中心」(SEARCCT)、「曼谷美泰執法學院」(ILEA)、「澳印尼雅加達執法合作中心」(JCLEC)、「聯合國安安理會反恐怖主義委員會」(UNCTC)、「G8 反恐行動小組」(CTAG)、「亞太經會反恐怖主義行動專案組織。

　　過去幾年來中國在新疆境內強力剿滅恐怖組織，中國境內的恐怖分子轉而透過

雲南、廣西偷渡出境，再借道東南亞國家進入中東，特別是馬來西亞與部分中東國家的免簽待遇，更使馬來西亞成為東南亞地區反恐的大漏洞。❹因此，中國自 2015 年以來開始將國際反恐合作的目標移轉至東南亞，中國負責反恐事務的中央政法委書記孟建柱於 2 月開始先後訪問印尼、泰國、馬來西亞、新加坡等東南亞國家，期待能與東南亞國家有進一步的反恐合作。

　　2015 年 5 月 14、15 日第十三屆東協區域論壇反恐與打擊跨國犯罪會間會在廣西南寧舉行，中國與東協各國除交換相關訊息外，主要就《反恐與打擊跨國犯罪 2015～2016 工作計畫》討論。但由於近年來中國在南海的填海造陸、開拓疆土，也使南海諸國對中國產生疑慮，未來在國家安全、反恐等資訊的分享上恐怕會更謹慎，避免中國的勢力藉此深入東南亞。2016 年 3 月美國總統歐巴馬就曾抨擊中國新制訂的《反恐法》草案將帶來反效果，該草案規定科技公司需將網路通信密碼、驗證碼提供給中國政府，並讓中國政府安裝後門程式，以便讓中國政府隨時可以窺探公司、企業的內部數據。

　　2015 年 6 月 23、24 日於美國華盛頓舉行的第七輪中、美戰略與經濟對話中，中、美兩國亦討論如何遏止恐怖分子製造爆裂物材料的非法流通。雙方並訂於今年 8 月 3 日在北京舉行為期一週的第二次中美副外長級反恐磋商，將針對恐怖分子的跨國流竄、資金網絡以及中美恐怖主義資訊流通等加強合作。

　　特別值得注意者，2015 年 6 月 25 日印尼國防部長利亞米薩特在接受日本《讀賣新聞》訪問時表示，面對南海緊張局勢升高的情況，應盡量避免區域衝突，他建議中國與東協 (ASEAN) 各國共同巡邏南海,利亞米薩特並透露中國有意願往此方向考量，他將在訪問中國後再向東協提案。❹而在南海聯合巡邏的目的，包括防禦麻六甲海盜、反恐等，目前包括印尼、馬來西亞、泰國、新加坡都在南海實施巡邏，實際上中國也有意加入這個架構。因此，南海聯合巡邏不僅是為反恐，更可避免南海緊張情勢升溫。

　　香港《東方日報》當時報導稱，利亞米薩特建議包括中國在內的聯合和平巡邏，可發出一個訊息，就是沒有單一國家應該在南海水域集結軍力或威脅任何人。報導稱，印尼國防部長的建議還沒有得到回應，有分析抱持悲觀，認為即使各國同意有

---

❹　去 (2014) 年 3 月 8 日馬航空難事件，馬航任由兩名乘客持假護照登機，馬來西亞的安全管理也被國際質疑。

❹　http://www.want-daily.com/portal.php?mod=view&aid=154630#ixzz3hSFiAg8Z，瀏覽日期：2015 年 12 月 4 日。

關建議，在南海聯合巡邏也將難以實行。事實顯示，東協十國與中國在過去十多年來皆致力在南海水域談判建立行為守則，但依然沒有取得重大進展。

二、東協國家反恐之作為

實際上，近來東協國家亦有下列反恐之作為，至少有下述國際與區域合作事項：

1. 2015 年 6 月 30 日聯合國與東協共同宣布將藉由 2011 年簽署的《東協與聯合國全面夥伴關係聯合聲明》(Joint Declaration on Comprehensive Partnership between ASEAN and the United Nations)，在政治安全方面深入合作，共同應對跨國威脅，其中包含：海事安全、暴力極端主義、國際恐怖主義、人口綁架與走私。

2. 2015 年 7 月 2 日第二十三屆東協─歐盟資深官員會議在比利時布魯塞二舉行，雙方皆感興趣且期待進一步共同合作的項目亦有海上安全、跨國犯罪與反恐等議題。

3. 東協自 2014 年底以來，已分別與紐西蘭、日本、印度、澳洲、加拿大、美國、俄羅斯、南韓、中國、日本等國共同重申將加強雙邊國際合作，包含反恐、跨國犯罪等議題。

三、海協兩岸反恐合作暫無可能 (No Respite)

近來於 2015 年 11 月 24 日 IS 發布視頻，點名指出全球反 IS 之國家與地區，中華民國國旗赫然列於其中。而中國國務院發言人安峰山於新聞發布會表示，希望兩岸共同反恐。

依據臺灣媒體之報導，臺灣航空與相關機構回應反恐強化機場巡邏及班機安檢；馬英九總統也曾召開「國家高層會議」做好防衛措施，包括機場、車站、高鐵⋯⋯。然則，反恐已成全球各國之日常事務，各國於反恐各項活動，皆願意主辦參與。而臺灣過去參與國際反恐主要為情報資訊之交換、雙方監控或者必要情況下提供物質之支援，並派人員或軍隊直接參與。現階段而言，臺灣反恐能力相當有限兩岸要合作反恐，技術上雖無太大問題，但事實上暫無可能。

本章小結

誠如部分中國學者所言：「中國是恐怖主義受害方，需國際合作」中國　與東南亞穆斯林國家（如印尼、馬來西亞、汶萊）地土地未必相鄰，但事實上中國歷代許多居民前往東南亞國家謀生，應稱呼東南亞為「南洋」。中國近年來國內的恐怖威脅

加人，然隨著中國的日益崛起，於海外已有許多被攻擊的例子，中國反恐應朝向下列方向：1.要讓現有國際社會成員參與國際反恐；2.反恐要避免雙重標準；3.國際合作務必要關注基本教義派的想法（意識型態）與行為。

新加坡國立大學東亞所所長鄭永年指出，中國需要調整反恐戰略，不能完全重覆美國模式。鄭永年認為中國欲促進各民族的融合，在用強制手段遏止恐怖主義囂張的同時，訴諸文化方式。通過動員溫和穆斯林來全面管控激進穆斯林主義，在有效縮減和控制激進穆斯林的社會基礎的同時，防止激進穆斯林演變成為恐怖主義。換言之，中國需要的是重建文化軟方法，並把之引入反恐。

美國反恐戰略的失敗，說明了恐怖主義越來越甚。首先，軍事手段征服不了恐怖主義，反而導致越來越多的恐怖活動，並且以美國和西方為目標。例如今天的伊斯蘭國的首領，就是過去薩達姆政權的軍人領袖。軍事打擊傷及太多的平民百姓，在一些方面反而有利於恐怖主義的發展。第二，美國推行民主的結果，不僅難以發展出西方式的民主政權，反而使得很多國家面臨甚至成為失敗國家。第三，美國在全球範圍內的反恐，也導致著全球範圍內激進穆斯林的崛起。伊斯蘭國已經吸引了來自包括歐洲、俄國、中國、東南亞等世界各國的年輕人，可以說是「聯合國軍」。實際而言，東協組織雖有聯合反恐機制，但並非十分成功，也牽涉到東協成員國內部不同情勢。以印尼而言，很難克服貧窮問題。各國落實《東協反恐公約》，加強合作方是可行之道。

無論如何，對付恐怖主義已是世界各國的共識，因此不論東協－美國間、東協－中國間，甚至是中美之間，各國皆視恐怖主義為共同的敵人，包括裝備、後勤、人員訓練、資訊交流、跨國犯罪、海事安全、毒品槍械走私等，都是各國為了遏止國際恐怖主義所討論的重點項目。東協國家需要國際（例如美國、歐盟、澳洲）的支援（例如物質、技術、金錢）以彌補其能力之不足，但對於美國藉由反恐合作過度積極地介入東南亞，亦可能引發東南亞部分國家的疑慮，加深東南亞穆斯林的反美情緒，因此東協十國對於國際反恐合作應如何拿捏，實應有通盤之考量，而 2015年年底東協政治安全共同體整合成功後，未來將能在國際合作談判上有更好的籌碼。

總而言之，國際與區域各國間相互合作反恐，有助避免海上衝突與危機處理。中、美、東協反恐互動，特別於打擊海盜或反恐等非傳統安全 (non-traditional security) 領域進行合作，有助區域內外國家的多元合作發展，也有助於區域安全的穩定與繁榮發展。

第十四章　2015年東協成立經濟共同體

一個事實或幻象？

「區域外大國仍然明顯地影響東協成員的立場，特別是部分區域議題如南海爭端與區域政經整合；東協一個重要關注是：即使在2015年之後東協整合仍然只是幻象而已……」

"East Asian Forum: ASEAN Integration remains an illusion" ❶

－Barry Desker (2015/4/1)

前　言

　　東協國家 (ASEAN) 已經於2015年底完成東協經濟共同體 (ASEAN Economic Community, AEC)，其最大的挑戰在於個別的自由貿易協定與東協經濟共同的核心原則不一致，儘管東協內部成員呼籲更進一步的經濟整合；實質上東協欲完成經濟共同體仍有相當程度的困難，尤其在服務業自由化、貿易便捷化、資金自由流通以及技術勞工的移動等方面；不乏國際政經學者認為，如能有金融、人力和技術等更佳資源支持各國政府的政治意志，可促使東協經濟共同體加快腳步。

　　近年來中國、印度崛起，美國再次積極涉入亞太事務等情勢，東協須採取更為平衡的途徑，兼顧其對外關係和2015內部共同體的形成，以獲得最大利益。建構2015年東協經濟共同體之重點，東協經濟整合主要在透過經濟規模增加，拓展其全球的利益，而對內部的整合關注較小。然而，東協國家逾90%的公司為中小企業，人數占各國就業人口的45～92%；加上資金短缺、員工數量與能力的不足，以及法令限制等因素，對東協的中小企業的成長造成一定阻礙，東協經濟共同體難以成功。❷

　　東協經濟共同體 (ASEAN Economic Community, AEC) 為東協成立近五十年的夢想，目標在於建立單一市場，除了具備高度競爭能力外，也期待能發展為平衡的經濟發展機制，於危機來臨時，可以集體行動，共同應付來自外部的各種經濟風險

---

❶ Barry Desker, "ASEAN Integration remains an illusion," *East Asian Forum*, 2 April, 2015, http://www.eastasiaforum.org/2015/04/02/asean-integration-remains-an-illusion/，瀏覽日期：2015年4月2日。

❷ 《東協瞭望》，第4期，2011年8月，http://www.aseancenter.org.tw/upload/files/OUTLOOK_004_01.pdf，瀏覽日期：2015年4月2日。

與外在衝擊。 ❸

　　舉例而言，存在於本區域重要的整合機制例如 ASEAN+3 與 RCEP 即有互相競爭的可能，東協不必於兩機制中作選擇。並且，正與東協進行 RCEP 多邊磋商中的中、日、韓、印、紐、澳六國，都已與 ASEAN 簽訂雙邊自由貿易協定，毋需再與東協個別國家進行一對一磋商。

　　東協整體而言，正如學者 Barry Desker 所言，若與歐洲及北美自由貿易區相比，東協的整合無論於廣度或深度都明顯不足，且東協經常被視為一外交社群 (diplomatic community)，其對外活動與十國之人民未必相關，主因十國多元複雜的政經、法律系統與不同的經濟發展程度。❹ 東協應提供更多促進民間認識和參與的機會，東協積極培植中小企業，在目前相關的推動措施中強化監督機制，為東協中小企業量身訂做適當的政策條款，以及建立相關的評估機制，促進各國的中小企業發展。

第一節　東協經濟共同體的成立過程與願景 (the Vision of AEC)

　　1967 年成立的東協組織，印尼、馬來西亞、菲律賓、新加坡、泰國等五個國家為創始成員，對外宣稱將進行經濟合作與發展，然而實際上卻是一個推動區域和平與安全的政治組織，主要目的仍然在於緩和區域內部國家間衝突，建構區域的安全共同體。而 1992 年東協高峰會提議於未來十五年內，分次將商品貿易關稅降至 0〜5%，此為東協國家首次彰顯其推動區域經濟合作的目標。❺

　　2002 年正式推動的東協自由貿易區 (ASEAN free trade area，以下簡稱 AFTA)，主要為六個早先成員國包括印尼、馬來西亞、菲律賓、新加坡、泰國與汶萊提前啟動，其餘四個成員國越南於 2003 年，寮國與緬甸於 2005 年，柬埔寨於 2010 年方啟動此一目標。2002 年東協自由貿易區的正式啟動，不僅使東協十國於經濟合作與發

---

❸　http://agreement.asean.org/media/download/20140119155656.pdf，瀏覽日期：2015 年 7 月 2 日。

❹　葉蕙君、林芩妤，「東協經濟共同體（專題）：發展與回顧（上）」，2015 年，http://ppt.cc/rKwvR，瀏覽日期：2015 年 8 月 5 日。

❺　"What is the ASEAN Community 2015?" http://www.thailand-business-news.com/asean/50381-what-is-the-asean-community-2015.html，瀏覽日期：2015 年 4 月 3 日。

展有所助益，也使東協各國凝聚力與政治合作更上一層樓。進而，東協成員國能積極努力，於亞太及東亞區域政經整合發揮更佳作用。

2003 年第九屆東協領袖會議 (ASEAN Summit) 中，東協各國領袖決議於 2020 年建立「東協共同體」(ASEAN Community)，其中包括「東協政治－安全共同體」(ASEAN Political-Security Community, APSC)、「東協經濟共同體」(ASEAN Economic Community, AEC) 與「東協社會－文化共同體」(ASEAN Socio-Cultural Community, ASCC) 等三大支柱。在 2007 年第十二屆東協領袖會議中，各國領袖更決議將實現共同體之理想提前至 2015 年完成，並且共同簽署《加速實現東協共同體之宿霧宣言》(Cebu Declaration on the Acceleration of the Establishment of an ASEAN Community)，同意在 2015 年以前加快建立東協經濟共同體。 ❻

東協會員國經濟部長於 2007 年 8 月 24 日召開的第三十九屆東協經濟部長會議中，研議通過東協經濟共同體藍圖 (ASEAN Economic Community Blueprint)，奠定於 2015 年成立東協經濟共同體之基礎。2007 年 11 月 19 日，東協十國領導人在新加坡召開高峰會議後，共同簽署了東協經濟共同體藍圖。東協經濟共同體的宗旨，在於促進東協內部的貨品、服務、技術性勞工、投資以及資本的自由流通等，使得東協各國能達成更進一步的經濟整合，對於臺灣影響深遠，未來將配合 RCEP，使得東協、東北亞（中國、日本、南韓）、與南亞（印度）整合成為一個「以東協為核心」(ASEAN-centered)、涵蓋全球最多人口的自由貿易區 (FTA)。 ❼

2014 年，東協多數國家的經濟保持穩定成長，少數國家則是較慢的經濟成長。據各國官方的初步統計，印度尼西亞經濟成長率為 5.1%，馬來西亞為 5.5% 至 6%，菲律賓為 6.1%，新加坡為 2.8%，泰國為 0.8%，越南為 5.98%。其中，印尼經濟成長速創下 2009 年以來的最低點，菲律賓低於政府預定的 6.5% 至 7.5% 的增長目標，新加坡經濟成長受到了國際市場需求波動和國內經濟轉型的雙重影響，泰國因政局動蕩對經濟成長造成較大衝擊，越南則超過政府預計的 5.8% 增長目標。 ❽2014 年

---

❻　臺灣東南亞國家協會研究中心，《2009～2015 年東協共同體路徑圖中譯本》，臺北：財團法人中華經濟研究院臺灣東南亞國家協會研究中心，2011 年，頁 10–11、32–33。

❼　John Ravenhill, "A Three Bloc World? The New East Asian Regionalism," International Relations of the Asia Pacific, Vol. 2, No. 2 (2002), pp. 167–195.

❽　參見「東盟經濟轉型加速將邁入共同體時代」，華夏經緯網，2015 年 2 月 6 日，http://www.chinanews.com/hb/2015/02-06/7042886.shtml，瀏覽日期：2015 年 2 月 9

8 月 25～28 日第四十六屆「東協經濟部長會議」及其他相關會議於在緬甸奈比多舉行。❾本次會議中，東協各國經濟部長持續針對《東協經濟共同體藍圖》(ASEAN Economic Community Blueprint) 執行成效進行檢視。目前為止，針對各國於 2013 年通過的 229 項優先完成項目，東協執行率已達到 82.1%，與《東協共同體建構金邊議程》(Phnom Penh Agenda for ASEAN Community Building) 之規劃相符，主要聚焦於建立東協經濟共同體 (ASEAN Economic Community, AEC) 過程中的潛在衝突領域與措施。

《東協經濟共同體藍圖》最後執行階段，東協針對當年至 2015 年年底之期間，提出三項主要優先推動工作：1.優先推動影響層面較大的 AEC 重要項目，提供較為快速的政策執行機制；2.加強與東協各國的中小企業、一般民眾及其他利益關係者溝通 AEC 整合目標；3.完成 2015 年後的 AEC 整合進程，將未能於 2015 年完成的 AEC 整合目標納入下階段優先推動項目。東協經濟共同體藍圖旨在 2015 年成立涵蓋 6.25 億人口的東協自由貿易經濟共同體 (ASEAN Economic Community, AEC)，成為單一的自由貿易區域，屆時將解除區域內的 70% 貨物關稅，並期許在 2020 年前成為貨物、服務、投資、技術性勞工和資本自由流通的地區，推動經濟公平發展、減少貧窮並縮小社會差異。❿（參見圖 14-1）

2014 年 11 月 12 日東協於緬甸首都奈比多 (Nay Pyi Taw) 舉行第二十五屆東協峰會及相關會議，主題為「團結一致，邁向和平繁榮的共同體」(Moving Forward in Unity to a Peaceful and Prosperous Community)，會後東協第二十五屆主席緬甸總統 Thein Sein 發表聲明，重申東協國家矢志達成以東協經濟共同體為主的東協共同體目標，並強調東協應加強其效能、連結以及各項區域經濟合作。⓫

然則，東協在 2007 年草擬東協憲章 (ASEAN Charter)，並於 2008 年公布且付諸

日。

❾　葉俊廷，「第 46 屆『東協經濟部長會議』聚焦東協經濟共同體之整合現況」，中華經濟研究院（WTO 及 RTA 中心），2014 年 9 月 4 日，http://web.wtocenter.org.tw/Page.aspx?pid=253810&nid=120，瀏覽日期：2015 年 2 月 12 日。

❿　東協經濟共同體藍圖，http://www.digitimes.com.tw/tw/dt/n/shwnws.asp?id=0000414134_7SC2N1JN2D3SWQ50CE5G6，瀏覽日期：2015 年 2 月 15 日。

⓫　"President U Thein Sein makes speech at Press Conference on ASEAN Summit and Related Summits," http://www.president-office.gov.mm/en/?q=issues/asean/id-4537，瀏覽日期：2015 年 2 月 18 日。

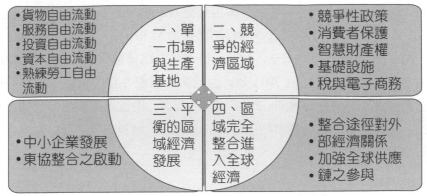

圖 14-1　東協經濟共同體 (AEC) 四大支柱

資料來源：
http://www.aai.or.id/v3/index.php?option=com_content&view=article&id=335:notulen-seminar
-nasional-asosiasi-advokat-indonesia-mempersiapkan-advokat-menghadapi-era-masyarakat-
ekonomi-asean-di-tahun-2015&catid=96:umum&Itemid=550, 2015/07/26

實行後，東協雖自稱其三個支柱（政治安全共同體、經濟共同體與社會文化共同體）
已然完成 90%，未來東協共同體可望有成。❷但有識之士不難發現，東協之整合僅
是表面，僅是政府（官方）間的制定計畫文件、組織執行委員會與其他類似的活動
而已。但實際上，很少針對重要事項－如評估各項活動之效能 (effectiveness of
measures) 與執行的程度。如何降低相關經濟整合的交易成本 (transaction costs)，以
及增加東協內部流動與相關改善以深化東協整合。

　　在執行時間表部分，該藍圖規劃 2009 年短期內落實必須優先執行的整合動作；
到 2011 年，透過多個已經存在的東協和國家級行動計畫，可望實現多項經濟整合承
諾。2012～2015 年間，則進入東協經濟共同體實現的最後階段，相關的部門和機構
將提出必要的建議，以檢視有哪些可以進一步推進的項目。此外，藍圖也要求東協
會員國遵守一個以規則為基礎的系統，以便確實有效遵守經濟承諾，因此會有東協
共同體計分機制，對整個共同體推定的進展進行審查和評估。

　　在藍圖中，東協將透過四大關鍵支柱實現經濟整合目標，分別是：1.單一市場
和生產基地 (Single Market and Production Base)，包含貨物、服務和投資的自由化、
關稅透明化、廢除非關稅貿易壁壘等；2.高度競爭的經濟區域 (Competitive

---

❷　參見 East Asia Forum, "ASEAN Integration remains an illusion,"
　　http://www.eastasiaforum.org/2015/04/02/asean-integration-remains-an-illusion/　瀏覽
　　日期：2015 年 5 月 8 日。

Economic Region)； 3. 一個公平經濟發展的區域 (Equitable Economic Development)；以及 4. 必須充分讓區域融入全球經濟體系的目標 (Integration into the Global Economy)❸。在執行時間表部分，該東協經濟共同體藍圖規劃 2009 年短期內落實必須優先執行的整合動作；到 2011 年，透過多個已經存在的東協和國家級行動計畫，可望實現多項經濟整合承諾。2012～2015 年間，則進入東協經濟共同體實現的最後階段，相關的部門和機構將提出必要的建議，以檢視有哪些可以進一步推進的項目。

第二節　東協經濟共同體的內涵與發展進程

　　AEC 執行單位為東協經濟共同體理事會 (AEC Council)，該理事會為常設性機構（無實體辦公室，以每年召開二次會議形式進行），除印尼由經濟統籌外，其餘會國均由經濟（貿工）部長擔任。

　　「東協暨東亞經濟研究院」(Economic Research Institute for ASEAN and East Asia, ERIA) 曾經針對東協整合進行期中盤點工作，提出 AEC 迄至 2012 年所獲得的初步整合成效。依據圖 14-1 東協經濟共同體四大支柱，第一支柱包括五項核心要素： 1. 商品自由流通 (Free flow of goods)； 2. 服務自由流通 (Free flow of services)； 3. 投資自由流動 (Free flow of investment)； 4. 資本自由流動 (Free flow of capital)； 5. 技術勞工的自由移動 (Free flow of skilled labour)。第二支柱明列，東協應在競爭政策、消費者保護、智慧財產權、基礎建設發展、避免雙重課稅、電子商務等領域，加速落實與法規制定。第三支柱著重促進中小企業發展，以及實現《東協整合倡議》(Initiative for ASEAN Integration, IAI)，以消除東協十國的發展落差。第四支柱則強調「東協中心地位」(ASEAN Centrality)，並提升東協在全球供應網絡的參與。 ❹

---

❸　李佳翰，「東協經濟共同體藍圖」，Digitimes，2015 年 3 月 3 日，http://www.digitimes.com.tw/tw/dt/n/shwnws.asp?id=0000414134_7SC2N1JN2D3SWQ50CE5G6#ixzz3nxeX9Ftuhttp://www.digitimes.com.tw/tw/dt/n/shwnws.asp?id=0000414134_7SC2N1JN2D3SWQ50CE5G6，瀏覽日期：2015 年 2 月 19 日。

❹　李佳翰，ibid.，http://www.digitimes.com.tw/tw/dt/n/shwnws.asp?id=0000414134_7SC2N1JN2D3SWQ50CE5G6#ixzz3nxeX9Ftuhttp://www.digitimes.com.tw/tw/dt/n/shwnws.asp?id=0000414134_7SC2N1JN2D3SWQ50CE5G6，瀏覽日期：2015 年 2 月 19 日。

　　首先，東協經濟效益在東協經濟共同體之下相對於基準點將增加 5.3%。所有東協國家都獲利，只不過不論是絕對值或相對於國內生產毛額 (Gross Domestic Product, GDP) 來說，有些獲得比其他國家較大利益。其次，若估計境內措施的直接效果，以及 AEC 所帶動的最佳實作範例，那麼預估的結果顯示光是競爭政策的推動，就可使東協六國的每人 GDP 成長 26～38%。⓯而且因創造了更多生產網絡機會，以及擴增更多提升生產力的最佳實作，AEC 應該有助於東協後進國家（柬埔寨、寮國、緬甸、越南，簡稱 CLMV）各國向老的東協六國靠近。

　　其次，於貿易便捷化方面，目前東協已有五個成員國針對對外貿易事務設立「國家單一窗口」(National Single Window, NSW)，各成員國預計於 2015 年進一步設立「東協單一窗口」(ASEAN Single Window, ASW)，將成為全球第一個區域級單一窗口，以全力推動東協對外貿易。

　　於投資自由化方面，東協各成員國以 2009 年簽署的《東協全面投資協定》(ASEAN Comprehensive Investment Agreement, ACIA) 為基礎，推動各國之間大多數製造業項目之投資自由化，並設定外資持股至少不低於 70% 的最低門檻，為東協區域內投資活動帶來鼓舞作用。

　　2014 年亞洲開發銀行研究所 (Asia Development Bank Institute) 與亞洲開發銀行 ADB 及東南亞國家協會 (ASEAN) 共同合作撰寫的「東協 2030－邁向沒有國界的經濟共同體」(ASEAN 2030-Toward a Borderless Economic Community) 於新加坡發表報告指出，東南亞國家協會應致力於到 2030 年時成為一個無國界的經濟共同體，屆時東協國家將可享有當今已開發國家的生活水準。⓰當前東協各國面臨的挑戰包括加強總體經濟和金融穩定性；維持公平且具包容性的成長；促進競爭力和創新；保護環境並善加利用自然資源。若不進行改革，東協國家將陷入中等收入陷阱，每年國內生產毛額 (GDP) 成長不超過 3%，無法面對自然災害、氣候變遷，甚至無法處理

⓯　李隆生，「以東協為軸心的東亞經濟整合：從區域主義到全球化」，《亞太研究論壇》，第 33 期（2006 年 9 月），頁 101–124，http://www.rchss.sinica.edu.tw/capas/publication/newsletter/N33/33_03–1.pdf，瀏覽日期：2015 年 2 月 22 日。

⓰　「報告：東協應打造無國界經濟體」，中央社，2014 年 7 月 17 日，https://tw.news.yahoo.com/%E5%A0%B1%E5%91%8A-%E6%9D%B1%E5%8D%94%E6%87%89%E6%89%93%E9%80%A0%E7%84%A1%E5%9C%8B%E7%95%8C%E7%B6%93%E6%BF%9F%E9%AB%94-100828526.html，瀏覽日期：2015 年 2 月 19 日。

政治緊張情勢。

2014 年緬甸總統 Thein Sein 在東協商務與投資高峰會 (ASEAN Business and Investment Summit，ABIS) 中表示，到 2050 年，東協經濟共同體可能成為全球第四大經濟體。❶現今會員國的 GDP 總和已經有 2.5 兆美元，而且區域全面經濟夥伴協定 (RCEP) 和自由貿易協定 (FTA) 的計畫，將更有助於東協加強區域經濟的整體化。

東協十國以降低雙邊貿易關稅為目標，分別與域外國家簽定雙邊自由貿易區 (AFTA)，如 2002 年與中國簽署「東協－中國自由貿易區」(ASEAN-China Free Trade Area, ACFTA)、2005 年與韓國簽署「東協－韓國自由貿易區」(ASEAN-Korea Free Trade Area, AKFTA)、2008 年與日本簽署「東協－日本全面經濟夥伴協定」(ASEAN-Japan Comprehensive Economic Partnership, AJCEP)、2009 年與印度簽署「東協－印度自由貿易區」(ASEAN-India Free Trade Area, AIFTA) 以及同年的澳紐簽署「東協－澳紐自由貿易協定」(ASEAN-Australia-New Zealand Free Trade Area, AANZFTA)。

根據 2011 年 11 月第十九屆東協高峰會議通過《東協區域全面性經濟夥伴關係協定架構》文件，以及於 2013 年初展開「區域全面經濟夥伴協定」(Regional Comprehensive Economic Partnership, RCEP) 談判，RCEP 之目的在於整合既有的市場開放，以建立一個占全球經濟產值三分之一，擁有超過三十億人口，生產總值 (GDP) 合計超過十六兆美元的自由貿易區。RCEP 以追求現代化、全面性、高品質且互利互惠為目標，主要特性包括：1.與 WTO 原則一致；2.各成員國的貿易自由化程度要高於目前東協已簽署的各項 FTA；3.不與現有雙邊或多邊 FTA 牴觸；4.談判完成後經全體成員國同意，開放「外部經濟夥伴」(external economic partners) 參與；5.根據各國不同的經濟發展情況，保持一定的彈性措施等。❶兩者目的雖難完全一致，但透過區域範疇建構自由貿易區域的目的，並非單純放棄本國弱勢產業或以犧牲方式換取強勢產業發展，相對的在整體利大於弊的評估中，東協各國政府得

❶ 「東協經濟共同體 2050 年全球第 4」，中央社，2014 年 11 月 12 日，https://tw.news.yahoo.com/%E6%9D%B1%E5%8D%94%E7%B6%93%E6%BF%9F%E5%85%B1%E5%90%8C%E9%AB%94-2050%E5%B9%B4%E5%85%A8%E7%90%83%E7%AC%AC4-150647714.html，瀏覽日期：2015 年 2 月 19 日。

❶ 徐遵慈，「東協『區域全面經濟夥伴協定』(RCEP) 的最新發展與對臺灣之影響」，《經濟部電子報》，第 250 期 (2014 年 1 月 16 日)，http://twbusiness.nat.gov.tw/epaperArticle.do?id=246939648，瀏覽日期：2015 年 2 月 18 日。

以透過適當地輔助方式，建立弱勢產業再轉型基礎，避免被壟斷的危機。

一、單一市場和生產基地

依據東協經濟共同體藍圖，東協國家之執行率已達到 82.1%，**⑲**與《東協共同體建構金邊議程》(Phnom Penh Agenda for ASEAN Community Building) 之規劃相符，主要聚焦於建立東協經濟共同體 (ASEAN Economic Community, AEC) 過程中的潛在衝擊領域與措施。

換言之，在達成 2015 年東協共同體完成前夕之東協經濟，事實上朝向三個方向擴大合作：1.加快經濟整合過程，2.縮小成員國之間發展差距，3.重視中小企業之發展。

首先，於達成東協經濟整合方面，2014 年與 2015 年東協十個成員國的經濟部長，多次於東協部長會議、東協高峰會與相關會議多次密集協商，符合 2007 年所提的東協 2020 願景 (2020 vision)，將東協建立成為一個穩定、繁榮、具有競爭力的區域經濟體。

其次，於縮小成員國間之發展差距，各成員國無不戮力以赴，如 2013 年東協人均 GDP 已達 2,400 億美元，2014 年增長 5.1%，人均 GDP 到達 3,837 億美元。然則，東協六國與新成員四國於經濟發展、社會福利等方面仍存在差距，此為東協共同體的主要障礙之一。為了減少成員國間之發展差距，提高各國之競爭力，早於 2000 年東協第四次領導人會議，東協決定推出《東協整合倡議》(IAI, 2002～2008)，隨後並制定了各階段之工作計畫。IAI 已於 2012 年完成，共計實施 232 個項目。2014 年，東協推動的工作包括，一村一品「改善農村生活條件」的準則，東協借鏡日本的成功經驗，根據各成員國的具體情況採用不同的模式以發展本國經濟**⑳**。東協各國並提出 2015～2020 東協架構下的教育發展與方向，同意於人員交流、人力資源開發、資訊技術培訓、英語學習等方面，也有許多交流。

再者，東協將協助各國中小企業 (Small and Medium Enterprise, SME) 的發展。

---

⑲　徐遵慈，「「東協經濟共同體」：進展、成果與挑戰」，《經濟部電子報》，第 267 期（2015 年 7 月 8 日），http://twbusiness.nat.gov.tw/epaperArticle.do?id=274169856，瀏覽日期：2015 年 2 月 18 日。

⑳　"ASEAN Launches Our Village One Product Guidelines," *ASEAN Secretariat News*, 18 March, 2014, http://www.asean.org/news/asean-secretariat-news/item/asean-launches-one-village-one-product-guidelines，瀏覽日期：2015 年 2 月 25 日。

東協各國仍然屈於發展中國家，而中小企業於各國經濟成長過程中增加就業機會有其重要性，近些年東協極為重視中小企業之發展。2014 年 9 月已有東協中小企業協會共同完成「2015 年後之願景、使命與戰略目標」❷。

東協中小企業為扶助東協中小企業家，還共同決定為女性中小企業之融資制定一套行動議程。2014 年 11 月東協－美國促進會也對中小企業議題賦予關注，2014 年 11 月於曼谷成立「東協中小企業網路論壇」，納入許多有名的專家、學者，以及由政府退休之人員（退休官員），推動「東協中小企業信用評級標準」，來協助東協中小企業。

二、東協經濟共同體為一競爭的經濟區域

此一東協經濟共同體 AEC 支柱包含若干境內的行動領域，以提升東協的競爭力，包括下列事項：

㈠競爭政策

若干的倡議正在落實之中，包括成立東協競爭專家小組 (Expert Group On Competition)、《東協競爭政策區域綱領》(Regional Guidelines on Competition Policy)，以及《競爭政策手冊》(Competition Policy Handbook) 與《東協企業法規》(Laws in ASEAN for Business)。其中的綱領提供國際層級的國家經驗與最佳實作範例，而手冊則提供適用於東協國家的競爭法實質與程序層面的基本概念。

㈡智慧財產權 (Intellectual Property Rights, IRP)

東協國家的地位基本上是屬於開發中國家的使用者，雖說新加坡對其高科技與生物醫學部門的智慧財產權保護相當感興趣。但其他的東協國家則較關切其傳統與在地文化、草藥以及作物的保護。智慧財產 (Intellectual Property, IP) 與 IPR 的發展攸關建立東協成為一創新與競爭性的經濟區域，東協在 2011 年 8 月通過《2011～2015 IPR 行動計畫》(IPR Action Plan 2011～2015)。東協亦與其對話夥伴和國際組織合作，以強化 IP 的能力建構。東協各國之間的利益衝突相當稀少，而主要的衝突是為已開發國家和外國 MNCs 在品牌商品、專利醫藥、資訊科技 (Information technology, IT) 軟體以及線上音樂和電影等方面執行 IPR 而發生。

❷　"ASEAN SMEs Reaffirm 2025 vision," *ASEAN Secretariat News*, 2014/9/17, http://www.asean.org/news/asean-secretariat-news/item/asean-smes-reaffirm–2025–vision，瀏覽日期：2015 年 2 月 26 日。

㈢基礎建設發展

運輸和 IT 基礎建設對東協國家的商品、資本、勞工、人民與想法的移動甚為攸關。2010 年通過的《汶萊行動計畫》(Brunei Action Plan) 即包含 2011～2015 年所要實行的策略行動，如 ASEAN Strategic Transport Plan 2011～2015，以真正落實基礎建設發展的需求。❷❷

三、促進中小企業發展以實現《東協整合倡議》(Integration ASEAN Initiative, IAI)❷❸

IAI 是針對 CLMV 各 IAI 是針對 CLMV 各國確定並執行技術協助和能力建構的一個平臺，東協六國、東協對話夥伴以及亞洲開發銀行 (Asian Development Bank, ADB) 都參與 IAI 的計畫。同時還通過了新《IAI 策略架構》(IAI Strategic Framework) 以及《工作計畫一與二》(Work Plan I and II) 以加速 CLMV 方案的執行。並將優先領域的範圍擴大超越區域整合原來所專注的基礎建設、人力資源發展、ICT 和能力建構，而含括旅遊、貧窮和生活品質。

第三節　2015 年以後的東協經濟共同體 (AEC)

2015 年東協經濟共同體的實現可以從兩方面來解釋：1.它表示條列於《東協經濟共同體藍圖》裡的所有行動和措施完全執行；2.它表示達成了 AEC 的單一市場與生產基地、競爭性經濟區域、均等經濟發展以及整合入全球經濟的目標。成績卡只監控《東協經濟共同體藍圖》裡指示的特定行動與措施的完成情形，它並未顯示東協經濟共同體的目標到底達到了甚麼程度。

一、2015 年實現《AEC 藍圖》

目前最優先的是改善《AEC 藍圖策略行動》的執行情形，以便盡可能達到 2015 年的時程標的。較有問題的領域是服務自由化、貿易便捷化以及技術勞工的流動等相關措施。❷❹如何在區域與國家層次加強行動以縮減執行上的差距，實攸關重

---

❷❷　http://www.eria.org/ASEAN%20Strategic%20Transport%20Plan.pdf，瀏覽日期：2015 年 2 月 26 日。

❷❸　http://www.asean.org/storage/images/archive/22325.pdf，瀏覽日期：2015 年 2 月 26 日。

❷❹　"ASEAN Economic Community Blueprint," *ASEAN Secretariat*, http://www.asean.org/

要。如前所述，執行的障礙包括立法與管制的限制，以及如何有效協調各國之政府部會以達到執行目標。比較需要的是讓立法議員、政府官員、企業領袖以及一般大眾願意接受貿易與投資自由化的利益，以及不行動的成本。

任何的 FTA 都有贏與輸，贏家是直接從自由化與整合獲得利益的企業、投資者、勞工和消費者，而輸家則是那些必須面臨外國供應者、投資者以及專業人力競爭的企業和勞工。大家都必須對 FTAs 的政治經濟有較深刻的瞭解，決策者必須努力推銷自由化的想法，發起並傳布關於經濟整合利益的研究，向私部門和勞工諮詢以確認短期的輸家，並找尋機制透過財務與技術協助以補償這些輸家．讓廠商追求新的商業機會．而勞工則取得因應新工作的訓練。從東協六國若干部門達成《東協經濟共同體藍圖》2010 年目標的情形即可看出，有些國家像是新加坡，在這些目標上比其他國家較為成功。

目前東協形成的共識是，要在 2015 年底完全實現《東協經濟共同體藍圖》是不可能的，尤其消除 NTBs 和基礎建設的投資都需要很長的消化期間。目前較重要的是，即使完全實現要延至 2015 年之後，還是必須維持住持續執行的動力。位於雅加達 ERIA 2012 年的《東協經濟共同體藍圖實行之期中審查》裡指出，東協經濟共同體 2015 的驅動已造成東協 FDI 的增加，部分要歸功於東協經濟共同體的措施。關稅的削減或消除已導致從東協個別國家進口量的上升，而且區位的分布也已超越過去集中於新加坡和馬來西亞相互貿易的現象。在貿易便捷方面，東協的私部門也指出，近幾年來許多東協國家在關務以及進出口通關上的改善。在投資自由化方面，若以最低容許外人股份比例 70% 做為衡量指標，那麼大多數東協國家在 ACIA 的產品部門上的承諾已經非常開放了。不過，在需要削減 ACIA 保留清單的產業數目上，還是有更多的開放空間。

二、實現東協經濟共同體目標

在推動東協經濟共同體的貿易與投資的自由化和便捷化方面，有一個需要注意的地方：必須同時顧及改善治理和遵守法則，並提升地方企業和勞工的能力，以在區域和國際競爭。《東協經濟共同體藍圖》所列出的 2008～2015 年行動計畫綱領，並不足以實現東協經濟共同體的目標，需要做得更多。

㈠東協經濟共同體的均等經濟發展

---

archive/5187–10.pdf，瀏覽日期：2015 年 3 月 2 日。

1.產品部門自由化

關稅的消除大致上都跟上時程，甚至還超過。不過，FTA 優惠關稅的利用率仍低。有些像是原產地規則 (Rules of Origin, ROO) 與認證以及關務程序等問題都有在注意，還需要更加簡化關務程序，以及提升海關作業的確定性（包括消除貪腐）。要改善優惠關稅的使用情形，需更多宣導與強化網頁資訊，以及針對中小企業的訓練計畫。非關稅貿易壁壘 (Non-Tariff Barriers to Trade, NTBs) 的消除非常緩慢，包括管理/管制體系與沒有效率的貿易物流等，都會妨礙供應鏈。這類障礙都可在世界銀行營業難易指標 (Ease of Doing Business Index) ㉕和物流表現指標 (Logistics Performance Index)㉖裡看到，同時需要更多的努力與行動。

2.服務部門自由化

服務部門將會在東協經濟裡扮演更重要的角色，以支持消費服務的成長和生產的服務投入，以及諸如電信、運輸和物流、教育與健康醫療等服務部門的發展。ERIA 的《期中審查》發現，服務自由化的利益超越了關稅的消除。

3.投資自由化、便捷化和保護

各國必須再度檢視其排除清單，並避免投資政策方向的改變，以對投資者造成不便，同時，外來投資者常常在取得各種諸如土地、融資和技術勞工等生產要素上遭致困難。設立經濟特區將可為 FDI 創造有利於投資的環境，其中一個很好的例證，就是馬來西亞南部的伊斯甘達 (Iskandar) 經濟特區，成功地吸引鄰近之新加坡前來投資，後者的企業面臨土地與工資成本上升，以及嚴重之勞工短缺的困境。同時，東協國家也須加倍努力以協助地方中小企業的發展，使他們能夠與外來投資者以及供應者競爭，並參與合資以利用新的商業機會。

4.東協技術專業人力的移動

㉕　World Bank, *Doing Business 2013; Smarter Regulations for Small and Medium-Size Enterprises* (Washington DC: World Bank, 2013), http://www.doingbusiness.org/~nedua/GIAWB/Doing%20Business/Documets/Annual-Reports/English/DB13-full-report.pdf，瀏覽日期：2015 年 3 月 3 日。

㉖　World Bank, "Connecting to Compete: Trade Logistics in the Global Economy," http://www-wds.worldbank.org/external/default/WDSContentServer/WDSP/IB/2008/03/24/000333038_20080324065758/Rendered/PDF/430050WP0Conne1e0Box32734401PUBLIC1.pdf，瀏覽日期：2015 年 3 月 5 日。

有些限制外人就業的國內管制措施需要重新檢討，包括憲法的限制。東協的專業團體應該定期聚會，以相互瞭解並探索共同的願景以及互動的機會。國家層次的專業教育和訓練（包括英語能力）有需加強，這樣當邀請外國專業人才移入時，本國的專業人力也能夠進入其他的東協國家市場。

㈡競爭的經濟區域

這包含削減或消除各種妨礙商品、服務、投資、資本和技術勞工移動的境內措施，以及對外國供應商、投資者和專業人才的國民待遇。競爭政策的有效實行，將可確保本國（民間與國營企業）與外國投資者公平的營業環境。目前，基於若干國家的敏感考量，AEC 並無開放政府採購的規定。不過，開放政府採購是大多數 FTAs，包括若干東協國家參與協商的《跨太平洋夥伴協定》(Trans-Pacific Partnership, TPP) 的標準內容——一個較好的妥協方式，是同意設立一個開放外人競標的門檻。AEC 鑑於氣候變遷的衝擊，也需要採行一區域的環境標準，並訂定基本勞工標準以保護低技術勞工。貪腐是反競爭的行為，也是若干東協國家的弱點所在，故必須基於效率和平等的考量予以控制。

㈢東協 CLMV 四國縮減與東協六國之經濟發展差距

《AEC 藍圖》有關中小企業發展的策略行動以及《東協整合倡議》，都不足以縮減各國國內和國家之間的發展差距。促進 CLMV 四國的經濟加速和均等發展，是確保縮減其與東協六國之差距。東協可以探討東協六國如何對 CLMV 提供更多的協助，以達中所得國家的地位（可把越南排除在外，因為它已經達到中低所得國家的地位了）。協助行動包括學習他們的最佳作法、鼓勵私部門投資的移入，以及對公部門管理、人力資源發展、都市與運輸發展，和農業發展等提供更多的技術協助。CLMV 將是東協相連計畫以及東協基礎建設基金的主要受益者，包括亞銀的大湄公河次區域 (Greater Mekong Sub-region, GMS) 發展計畫之行動和措施。

另外，東協是否可採行類似歐盟的結構與凝聚基金 (structural and cohesion fund) 也受關注，首先要解決資金來源以及可能的受益者等議題。歐盟是最大的經濟體也是最富有的經濟體，而東協不同，其每人所得最高的國家反而是新加坡和汶萊的小經濟體。較可能的是，對基金計算程式達成共識，例如基於所有東協十國每人所得的加權平均之偏異，或基金來源純粹是自願性的。

㈣完全整合進入全球經濟體系

　　AEC 的發展卡在此第四支柱有最佳的成績表現。東協是六億人口的市場，超越了北美自由貿易區 (North American Free Trade Area, NAFTA) 和歐盟 (EU) 的人口規模，不過卻只有他們經濟規模的一部分。因此，東協必須實行開放區域主義，透過各種的跨東協 FTAs，以擴大其經濟網絡，更進一步整合入全球生產網絡和供應鏈，並在 WTO 扮演更積極的角色。

　　2012 年 11 月，東協與六個 FTA 夥伴包括中國、日本、南韓、印度、澳洲和紐西蘭，發起了《區域全面經濟夥伴協定》(Regional Comprehensive Economic Partnership, RCEP)，協商於 2013 年初開始進行，並預定於 2015 年底結束。RCEP 嘗試強化東協中心性 (ASEAN centrality) 的態勢，因為有些人憂慮東協中心將因經濟重心移向中、日、韓而被掩蓋。由於只有部分東協國家是 TPP 的成員，所以 RCEP 將可沿著亞洲 FTA 的軌跡將東協結合起來。若東協能因 AEC 而整合起來，它將可更為強勢與有效地追求其在國際與區域舞臺的既定目標。

第四節　東亞地區多重制度競爭形成制度過剩 (Institutional Surplus)

　　東協於新世紀以來顯著的成就之一，即是與外在大國維持良好的關係，舉其舉犖大者如：1. 2005 年成立的東亞高峰會 (East Asia Summit，EAS)，成員已包括東協與區域內外八國－中、日、南韓、印度、紐西蘭、澳洲、美國、俄羅斯；2. 由 2003 年起東協加三，成員為東協與東北亞重要的中、日、韓三國；3. 東協正在推動，且期待 2016 年年底前磋商完成的《區域綜合經濟夥伴協定》。

　　東亞地區多重制度競爭的背後，由於與該區域相關的主要行為體對塑造東亞經濟秩序有著不同的利益偏好和戰略訴求，他們各自極力推動對自身有利的區域機制，從而形成制度過剩 (Institutional Surplus)。㉗ 另外，中國已經成為日本、南韓和東協的第一大交易夥伴國，在東亞地區的政治和經濟分量增大，東協和日本的主導權將不可避免地受到挑戰，制衡中國成為東亞地區政治經濟格局的重要主題。制衡與反制衡的矛盾進一步成為支配東亞經濟地區主義的基本因素。

　　東協自由貿易區於 2002 年 1 月啟動，東協六個原始成員國（汶萊、印尼、馬來西亞、菲律賓、新加坡和泰國）極力推動。東協自由貿易區，其餘四個新成員國分

㉗　李巍，「東亞經濟地區主義的終結？制度過剩與經濟整合的困境」，《當代亞太》，第 4 期（2011 年），頁 6–32。

別於 2003 年（越南）、2005 年（寮國和緬甸）和 2010 年（柬埔寨）實現這一目標。東協自由貿易區的順利推動成立，不僅使得東協區域經濟合作向前邁進一步，而且也增強東協的政治凝聚力，有利於東協在更大範圍的東亞和亞太經濟整合中發揮更積極的作用。㉘正是因為東協在內部建成了自由貿易區，它才得以在對外經濟關係中有同樣聲音，從而在區域經濟合作的制度建設中獲得更大的發言權。

如以西方國際關係解釋此東南亞區域整合情況，雖然西方國際關係學界和經濟學界產生了眾多關於區域主義的理論解釋，但這些理論大多用於解釋某一區域主義實踐因何成功，很少去解釋並不太成功的區域主義。對東亞經濟區域主義，很多學者都將關注的重點放在東亞區域合作的進展及其宣導的新的區域主義模式和規範上。然實質而言，研究東南亞區域整合，既有的三種主要國際關係理論均有其適用性，也有其侷限性。就某種程度而言，三者並非全然互斥，而可為互補之用：若能依不同時期、不同環境而結合這三項學派，確實有助我們瞭解東南亞區域合作的現實面。㉙必須承認，這樣的融合或許破壞理論的純粹性，有時也會讓人產生治絲益棼的困擾，但學習理論的目的，是為了讓研究者能以更全面的分析工具來理解並解釋現實情況，這樣的理論融合有其實用性與必要性。

Peter J. Katzenstein 認為，日本對美國在軍事與經濟上的高度依賴阻止日本去追求較封閉的、內向型的東亞區域主義。此觀點常被視為具有說服力，因其強調一定規模的區域內經濟活動是區域經濟整合的必要條件，但 Katzenstein 沒有說明究竟多大規模的區域內經濟活動才能產生區域經濟整合，而且，區域內經濟活動規模與區域內經濟整合二者之間因果關係，仍然值得探討。例如，西歐各國在冷戰初期同樣存在對美國經濟上的高度依賴，但是西歐各國卻通過區內經濟整合，逐漸降低了對美國的依賴。㉚同樣，該理論也不能解釋東協自由貿易區的建立，因為很多東協國

㉘　Charles Morrison, "Introduction," in Charles Morris on, et al., *East Asia and the International System* (New York: Trilateral Commission, 2001), p. 7。有學者指出，美國和 IMF 在東亞金融危機中的表現製造了深刻而強大的怨恨政治 (politics of resentment) 情緒，參見 Richard Higgott, "The Asian Economic Crisis: A Study in the Politics of Resentment," *New Political Economy*, Vol. 3, No. 3 (1998), pp. 333–356.

㉙　Peter J. Katzenstein and Nobuo Okawara, "Japan, Asian-Pacific Security, and the Case for Analytical Eclecticism," *International Security*, Vol. 26, No. 3 (2001/02), p. 154.

㉚　Peter J. Katzenstein, et al., *Asian Regionalism* (N.Y.: Cornell University Press, 2000), p. 22.

家都與區域外的中國、日本和美國保持著緊密的貿易和投資關係。因此，依賴區域
外強權理論將經濟條件作為經濟整合的第一動力，並不能解釋全球很多已經成功的
經濟地區主義，也不能完全解釋東亞經濟區域主義的不足。

一、「十加三」制度未能形成東北亞自由貿易區

　　於本世紀開始進行的「十加三」架構，是 2003 年中國倡議「中國－東協自由貿
易區」以來，中國與東協共同推動並加入日本與韓國，期待「十加三」架構能順暢
完成，起初外界認為中日韓三國領袖與東協十國領袖共聚一堂開會，必能很快形成
自由貿易區，並進而形成東亞共同體，但此期待未能實現。❸

　　「十加三」機制得以建立，顯示東亞經濟合作和區域治理邁出決定性的一步。
同時，作為東亞經濟地區主義的一種新的制度架構，「十加三」之後還被賦予了新的
區域戰略意義，即與其他區域經濟集團特別是歐盟和 NAFTA 展開更加平等的競爭。
而由於美國經濟的全面復興，其在這一時期對東亞具有封閉性質的經濟地區主義，
沒有表現出傳統的強力反對立場，而是表現出相對的自信和樂觀，認為這並不會對
其在東亞地區的存在構成嚴重威脅。在此情況下，「十加三」架構下的東亞經濟合
作，特別是金融和貨幣合作取得了一些積極進展。這些進展顯示在 2000 年 5 月達成
的清邁倡議 (CMI)。協議各方約定，在一國發生流動性短缺或出現嚴重的國際收支
失衡時，可以向另一國申請貸款。此後，清邁倡議經歷多邊化的過程。2010 年 3
月，規模為 1,200 億美元的東亞外匯儲備庫正式生效。它在某種程度上呈現出 1997
年因美國反對而夭折的亞洲貨幣基金組織 (AMF) 的構想，而採行另外一種形式得以
恢復。

　　「十加三」的制度架構至今也沒有成功推動東亞自由貿易區的建設。貿易領域
的成就是在「十加一」架構下取得的，主要是中國政府在 2000 年 11 月正式倡議的
中國－東協自由貿易區。❸此後，中國與東協國家分階段實現 90% 的貿易產品的零
關稅，並實質性地開放服務貿易市場。2010 年，中國－東協自由貿易區正式運作，
成為世界上由發展中國家組成的最大的自由貿易區。

---

❸　秦亞青，《東亞地區合作》，北京：中國經濟科學出版社，2010 年，頁 102–103。

❸　Joseph Yu-Shek Cheng, "The ASEAN-China Free Trade Area: Genesis and Implications," *Australian Journal of International Affairs*, Vol. 58, No. 2 (2004), pp.257–277.

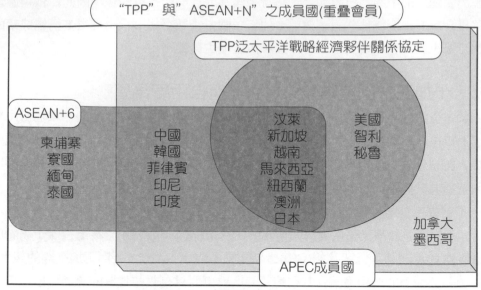

圖 14-2   東亞經濟整合之 FTA

資料來源：筆者自行整理繪製

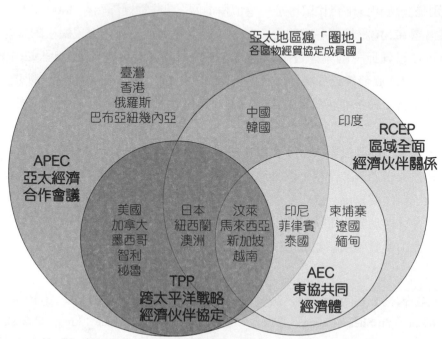

圖 14-3   亞太與東亞經濟整合 TPP and RECP

資料來源：筆者自行整理繪製

二、東亞區域整合制度過賸，可能形成功效不彰

新世紀第一個十年的中後期，東亞經歷了制度建立的第三波浪潮，主要成果就是東亞峰會 (East Asia Summit，EAS) 和中日韓領袖峰會的建立，它程度上是第二波浪潮的繼續。❸「十加三」架構的建立及其最初的成果，對東亞經濟區域主義特別是金融區域主義產生了樂觀預期，很多學者都認為該架構會自然形成為體現東亞共同體身分認同的新機制，但這預期並未順利實現。除了東協十國和中日韓三國外，2005年底馬來西亞舉行的 EAS 首屆峰會上，澳大利亞、紐西蘭和印度也正式加入 EAS 峰會，又稱「十加六」峰會。不僅如此，2010年美國和俄羅斯首次作為觀察員與會，2011年兩國正式加入 EAS。東亞峰會的擴充，進一步使其與傳統的「十加三」東協與東北亞三國架構漸行漸遠。

與「十加三」架構幾乎只專注於地區經濟議題不同，東亞峰會是一個討論議題更加廣泛的區域機制。但過去的幾次峰會中，與會領導人除了發表關於能源與環境合作的宣言之外，並沒有達成任何實質性的區域經濟合作協議。同時，「十加三」架構也並沒有被東亞峰會所取代，而是繼續存在，使得東亞峰會在該地區的制度權威性一開始就顯得不足。面對東亞峰會和「十加三」機制的日益徘徊不前，2008年底，中日韓領袖開始脫離「十加三」架構，在三國輪流召開獨立的峰會，並於2011年在韓國設立秘書處。❹已舉行三屆峰會在經濟合作的具體內容和機制建設上取得進展，如決心推進中日韓自由貿易區聯合研究；舉行中日韓工商峰會；成立由外長組成的三方委員會；建立包括央行行長定期磋商機制等十五個部長會議機制。

另一個多邊機制是中日韓三國合作機制的升級，是該區域大國開始另闢蹊徑、發揮主導作用的意涵，也是對東協主導下與東北亞三國東亞經濟合作的回應，三國希望透過加強彼此合作，加快區域經濟合作步伐。但峰會成立以來，還只是在建立一些具體的功能性機制上發揮作用，其推動三國在經濟領域中的實質性合作效果，尚待觀察。

過去二十年經過三波制度建設的浪潮，各種制度倡議和制度建設層出不窮，在涉及東亞的地緣範圍內，出現了上述五種主要的經濟合作機制，在不同的議題領域和次區域內發揮主導作用，從而形成異常複雜且相互競爭的區域制度網路。然而，

❸ 「東協+3」v.s.「跨太平洋策略性經濟夥伴協定+N」

❹ 溫家寶出席第三次中日韓領導人會議，參見 http://www.fmprc.gov.cn/chn/pds/ziliao/zt/ywzt/2010nz t/wjbdhrmzsfwbcx.drczrhhy/t704646.htm，瀏覽日期：2015年3月18日。

大規模的制度安排並沒有深化東亞經濟區域主義，反而帶來制度的過剩。導致的後果是，在涉及東亞的地緣範圍內，至今尚未出現一個制度化程度高、治理能力強的區域機制，以推動東亞經濟進行更高層次和更廣議題的經濟整合。正是由於該區域的領導人在一年之中需頻繁參加各種峰會，為減少外交成本，將幾個峰會整合並同時召開，以減少國家領導人出訪的頻率，逐漸成為新趨勢。這也反應出過剩可能帶來的區域經濟合作的無效性。

表 14–1　主要行為者機制偏好分析：於亞太與東亞區域多邊自由化市場

區域或國家	偏好的經濟整合機制	（預計）成立時間	機制（制度）戰略目標
東協組織	東協經濟共同體 (AEC)	2015.12.31 已成立	以東協中心 (ASEAN Centrality) 為主旨，運用區域內外大國以制衡中、日，保持本身之主導 (dominant) 地位。
	區域綜合性經濟夥伴協定 (RCEP)	預計 2015.12.31 磋商完成（未能完成）	
日本	中日韓（東北亞）自由貿易區 (CJK free trade agreement)	磋商中	運用區域外大國（美國）力量制衡中國，並期待推動中日韓東北亞自由貿易區
	東亞共同體 (EAEC)	1991 年馬哈迪倡議 EAEC，但未成功	
中國	一帶一路（海上、陸地） (One Belt, One Road)	預計 2020 年成立	2013 年推動一帶一路，2015 年加上亞投行；防止區域外大國（美國）力量進入東亞。
	東協加三（中日韓） (ASEAN+3)	磋商中	
	東協加一（中國） (ASEAN+1)	2010 年正式啟動	
美國	TPP 泛太平洋夥伴協定 (Trans Pacific Partnership)	2015.10.18 已磋商完成	維持美國對亞太與東亞區域經濟整合的參與，避免被排除於外。
	TTIP 泛美國—歐盟 (Transatlantic Trade and Investment Partnership)	預計 2015.12.31 磋商完成（未能完成）	

資料來源：作者自行整理製作，2015 年 12 月 2 日。

第五節　東亞區域的大國角力方興未艾

長期以來，美國一直是東亞政治經濟版圖上的關鍵行為者 (player)。冷戰結束以來，保持對東亞政治經濟秩序建設的強力介入，防止自身被排除在外，是美國東亞

戰略一以貫之的內容。美國一方面通過其在冷戰期間就已形成的與日本、南韓、菲律賓、泰國以及澳大利亞的五大雙邊軍事同盟，即所謂的「輪軸－輪柄」(hub and spoke) 戰略，牢牢控制著東亞的安全版圖；❸❺另一方面又通過跨太平洋範圍的區域多邊經濟合作機制建設，來確保對東亞經濟整合的參與，同時還對任何旨在排除美國的區域經濟合作機制倡議保持高度警惕甚至予以公開反對。1992 年馬哈迪的「東亞經濟集團」(EAEG) 倡議和 1997 年日本的「亞洲貨幣基金組織」倡議，都因美國的反對而流產。

　　1990 年代，美國努力於 APEC 架構下推動亞太地區貿易自由化，以分享東亞經濟成長的成果。作為該機制的核心創建者，美國既想透過亞太經濟整合來與歐盟展開全球層面的地緣經濟競爭，又力圖確保在亞太區域的經濟領導力，並防止日本於東亞區域坐大，從而實現其一箭雙雕的目的。但在 1997 年的亞洲金融危機中，美國主導的 APEC 無所作為，對東南亞困境一籌莫展，更這打擊東亞國家對該機制的信心；與此同時，由於 APEC 堅持開放的區域主義 (open regionalism) 原則，其成員國日益增多，但國際機制所慣有的「議而不決」的缺陷也在 APEC，其貿易自由化目標沒有實現，每年度領袖峰會也難以達成任何實質性協議，APEC 的權威進一步喪失。APEC 的經歷也證明瞭集體行動的經典邏輯，即在一個不斷擴大的集團中，搭便車現象導致通過合作來提供公共物品的困難。APEC 的名存實亡削弱美國對東亞經濟整合的制度控制力，特別是隨著「十加三」機制的不斷發展，在事實上對 APEC 形成制度挑戰甚至制度替代，美國日益感受到其在東亞的經濟地位。

　　為了繼續掌握東亞區域主義的主導權，東協採取穩定而靈活的策略，利用中國和日本之間的領導權競爭，以及其對別國不具威脅性的優勢和自身整合的經驗，掌握了對東亞峰會的制度主導地位，成為最大贏家。具體表現有三： 1.成員國資格的擴大，能夠防止東協的主導權旁落； 2.區外國家參與峰會所需具備的三項條件中，有兩項直接與東協有關，一是須為東協的對話夥伴國，二是須簽署由東協提出的東南亞友好合作條約，這使得東協在未來東亞峰會的擴大過程中擁有決策權； 3.明確規定東亞峰會在東協成員國內部輪流舉辦，其他國家沒有舉辦權。

　　東協五個創始會員國印尼、馬來西亞、菲律賓、新加坡及泰國對於東協目標的認同與理解較為一致，而教育水平的發展與落差，致使國家間對於目標達成的期許

---

❸❺　Mohan Malik, The East Asia Community and the Role of External Powers：Ensuring Asian Multilateralism Is Not Shanghaied," *The Korean Journal of Defense Analysis*, Vol.19, No. 4 (2007), pp. 29–50.

亦有差異。❸❻ 2010 年的統計指出，印尼、馬來西亞、新加坡三個國家在本區域的多數經濟指標上佔有相當比例，如 49.4% 的國土面積、44.8% 的人口比例、63.9% 的 GDP、66.3% 的貿易額以及 76.1% 的外國直接投資，過度的集中與掌握，讓這三個國家願意領導東協國家的經貿統整，但相對的在沒有更多誘因引導下，可能無法說服其他國家的人民支持此項政策。

雖然最初美國並未接受日本的邀請而擔任東亞峰會的觀察員，但它對東亞峰會的制度設計過程始終保持密切關注。隨著美國主導並積極推動的 APEC 在東亞地區的影響力日漸式微，以及「十加三」架構下的東亞金融區域主義逐漸形成規模，特別是中國－東協自由貿易區的建立凸顯中國在東亞經濟合作中的強大影響力，美國期望透過對新的區域機制建設發揮影響來介入東亞經濟體系，其具體表現例如支持其傳統盟友、號稱美國在亞太地區副警長 (US Deputy sheriff) 的澳大利亞加入東亞峰會，以確保其不會發展成為一個封閉的地區組織，而東亞峰會的最終制度設計結果也符合美國所期望。美國於 2015 年 10 月終於完成與十一國的 TPP 談判，也可看成‧為東亞經濟整合注入強力劑，東協推動的 RCEP 仍然有許多問題待協商；正如有些學者指出，美國希望東亞峰會終究是一個討論問題的「空洞論壇」，而不要成為有實質內容較佳的區域整合組織，更不要走向如歐盟般的國家集合體，以免與美國在亞太地區分庭抗禮，弱化其在該區域強大的存在和主導作用；希望它保持開放性質，以便美國在認為必要時參加進來；希望它始終由東協這一中小國家集團發揮主要作用，避免由大國特別是由中國在其中起主要作用，以防止其挾東亞峰會而坐大。

本章小結

任何形式的制度化不可能一蹴即成，東協經濟共同體 2015 年底已經建構完成，然是否能發揮既定力量，達成一定目標仍在未定之數。東協組織更重要者為提升治理能力，東協各國更應戮力思考後東協 2015 年 (Beyond ASEAN 2015) 的政治穩定、經濟成長、社會發展將是影響東協共同體成敗的關鍵性因素。目前東協成員國融入東協經濟共同體的歷程，願景與挑戰之間存在差距。例如成員國政府宣導不足、東協法律文件的翻譯進度落後、對於東協經濟共同體創造的優勢不夠瞭解，以及成員國民間企業組織鬆散等，可能使得成員國對於東協經濟共同體的關注程度不大。例如，東協應提供更多促進民間認識和參與的機會，東協積極培植中小企業，在目前

---

❸❻   盧信吉，「現階段東協經濟共同體之評析」，《全球政治評論》，第 50 期（2015 年），頁 19–24。

相關的推動措施中強化監督機制，為東協中小企業量身訂做適當的政策條款，以及建立相關的評估機制，促進各國的中小企業發展。

東亞區域整合的機制從 AFTA、十加一、十加三、RCEP（十加六）至東亞高峰會（十加八），或有疊床架屋的情況，造成制度過剩，影響東協經濟共同體的順利形成。但事實上，這幾項機制不見得彼此完全互斥，或可將其視為東亞區域經濟整合的連續性進程，不斷納入相關國家（區域內外大國），最終達成東亞區域整合之目的。

在東亞區域中的美日中等大國角力依舊方興未艾，但東協組織仍意圖以東協擁有之龐大資源與人口紅利為基礎，加之「東協中心」的積極思維模式，可望達成亞洲開發銀行所預測 2030 年東協可達今日已開發國家的生活水準，2050 年成為全球第四大經濟體，以其旺盛的企圖心與當前先進國家缺乏的豐沛資源，東協經濟共同體確實是指日可待，絕非只有幻象而已。亞洲開發銀行所預測 2030 年東協可達今日已開發國家的生活水準，2050 年成為全球第四大經濟體，以其旺盛的企圖心與當前先進國家缺乏的豐沛資源，未來東協經濟共同體發揮功能確實是指日可待，絕非只是幻象而已。

第十五章　東協社會文化共同體

成立背景、現狀與未來遠景

前　言

東協於 2003 年正式通過「東協社會文化共同體」(ASCC) 的構想，並且通過相關一系列的文件以持其藍圖建設，2015 年底東協將正式成立東協社會文化共同體。東協宣稱 ASCC 已實現逾九成以上之目標。

2007 年 11 月 20 日，於新加坡所舉辦的第十三屆東協高峰（領袖）會議，東協領袖同意發展東協社會文化共同體藍圖 (ASCC Blueprint)，簽署共同《東協憲章》，提出加強開發人力資源，鼓勵社會各部門參與，增強東協大家庭意識，並設立了專門負責東協社會文化事務的理事會。❶ 相較於「政治安全共同體」(ASEAN Political-Security Community, APSC)、「東協經濟共同體」兩大支柱，東協共同體的「第三」支柱，亦即東協社會文化共同體（ASEAN Socio-Cultural Community，以下簡稱 ASCC），受到的關注與重視不若前兩者。

東協社會文化共同體欲實現「以人民為本」並富有社會責任的東協共同體，達到東協各會員國與人民間持久性的和平相處團結一致，同時尋求建立一個福利生活普及並具關懷與分享的社會。

東協社會文化共同體較為軟性，還能協調經濟戰略，承認彼此間的教育學位，加強彼此間的宏觀經濟政策，及拉近各種金融政策的諮詢。東協十國將相互承認八種職業專業人士的教育文憑，這些專業人士可在東協共同體內就職，這些職業包括：工程師、建築師、護士、醫生、牙醫、會計師、測量師和旅遊專業人士❷。

ASCC 於後 2015 年必須達到「快速、實質、行動」(quick, tangible action) 三層次，且東協人道救援協助之努力更須持續，例如東協人道主義援助災害管理協調中

---

❶ 參見東協社會文化共同體藍圖 (2009), File Format: PDF/Adobe Acrobat
ASEAN SOCIO-CULTURAL COMMUNITY BLUEPRINT ASCC Blueprint
http://www.asean.org/archive/5187-19.pdf

❷ ASEAN: A Community of Opportunities, (overview PPT) in Jan 2015
http://www.slideshare.net/channyleang/asean-a-community-of-opportunities-overview-ppt-jan2015

心，簡稱 AHA 中心 (Humanitarian assistance through the ASEAN Coordinating Centre for Humanitarian Assistance, AHA Centre)。2014 年 12 月，東協秘書處提出其已達東協社會文化共同體目標 97%。❸AHA 中心人道主義援助是一個政府間組織，旨在促進東盟成員國，聯合國和國際組織之間以及與災害管理和應急合作和協調。

另外，東協社會文化共同體關注氣候變遷與環境保護之問題。其中最顯著案例為近期大湄公河流域正經歷不尋常的長旱，除了柬埔寨，越南、泰國、老撾和緬甸等東南亞國家的旱情也很嚴重，有些地區的溫度經常飆升到 40°C。處於湄公河上游的中國最近從雲南開壩向下游排水救急，可見非傳統安全之氣候變遷等災難問題治理與回應，顯得愈來愈重要。泰國、緬甸及柬埔寨 4 月間迎接當地傳統新年潑水節，但受到乾旱持續擴大的影響，縮小、簡化慶祝規模。因此，東協面對以上環境永續發展重大問題時，應有更大、更高層次的跨國合作思維，諸如東南亞非傳統安全領域之人類安全治理等。

聯合國開發計畫署在 1994 年的《人類發展世界報告》中提出了人類安全的概念，十年來，這一概念一直處於演變之中。世界面對的風險和威脅在變，人類安全的定義也在發生變化。（人類安全包括環境安全，如空氣、水、土地和森林惡化等等。）❹

近年人類安全治理理論的緣起與演進，安全治理概念的形成從傳統轉向非傳統、全球治理理論運用於各國實踐的新趨勢。例如東協戰略暨國際研究中心 (ASEAN-ISIS)，則是另一種協助東協釋放「試探氣球」的方式，傳統安全治理許多東協重大議案或決案之提出，例如東協區域論壇設置、東協憲章之推動（如非傳統安全治理如人類安全、跨國犯罪、環境問題、反恐、毒品）都是首先由 ASEAN-ISIS 學者建議方式提出，於東協重要會議（部長會議、高峰會議）中得到肯定，而於日後逐漸成為東協的重要決策。就霾害、空汙、乾旱、水資源等等相關環境等問題而言，ASEAN-ISIS 也有值得運用為非傳統安全主要的治理機制，進而維護並確保東協區域之社會文化共同體之建構。

下列簡單敘述東協社會文化共同體 (ASEAN Socio-Cultural Community, ASCC)：

---

❸ ASCC Blueprint implementation rate: 97%, (as of December 2014)
❹ 參閱東協社會文化共同體與實施藍圖中譯本 www.aseancenter.org.tw/upload/files/ASEAN.roadmap.pdf

一、ASCC 成立目的

實現以人民為本並富有社會責任的東協共同體，達到東協各會員國與人民間持久性的和平相處與團結一致，同時尋求共同認同，進一步建立一個福利生活普及並具關懷與分享的社會。

二、ASCC 具體內容

涵蓋人類發展（human development，如教育、推廣資通訊、促進科學科技應用、婦女就業等）、社會福利及保障（如減貧、促進健康、傳染病控制、反毒、災害復原等）、社會正義（如促進弱勢族群權益、保障外勞、企業社會責任等）、環境永續（如霾害處理、森林水源管理、生物多樣性等）及建立東協認同。

三、ASCC 運作機制

由「東協社會文化共同體理事會」負責執行達成「東協社會文化共同體」的目標，該理事會由各會員國指派文化、教育勞動、社會福利、旅遊等相關部門部長擔任委員；惟實際業務運作仍落實到「東協社會文化共同體」所屬的東協各部長機構，相關部長機構共十二個。❺

第一節　東協社會文化共同體的成立背景

本節將介紹東協社會文化共同體的成立背景，2003 年 10 月，東協第九次領袖會議通過《東協國家協調一致宣言II》，各成員國同意於 2020 年成立「東協共同體」(ASCC Community) 的構想，它包括「東協安全共同體」後修正為「政治安全共同體」(ASEAN Political-Security Community, APSC)、「東協經濟共同體」(ASEAN Economic Community, AEC) 和「東協社會文化共同體」(ASENA Social-Cultural Community, ASCC) 三大支柱。2007 年 1 月 13 日，第十二屆東協領袖會議通過《宿霧宣言》，提出將東協共同體建成時間從 2020 年提前到 2015 年年底。

2007 年 11 月 20 日在第十三屆東協高峰會中，東協提出以確保能採取明確行動來建立東協社會文化共同體。東協社會文化共同體的設立，旨在為強調「和諧」與「人本」的東協，孕育人力、文化與自然等資源，以利其永續發展。東協社會文化共同體將以共享的區域認同為基礎，結合整個東南亞地區，成為彼此關懷的夥伴社

❺　Ibid.

群；並以提升弱勢團體與農村人口的生活水準為目標，攜手促進社會發展，主動關切此社群中的各個領域，尤其是婦女、青年與在地社區等議題。❻

尤其，東協社會文化共同體重視「縮小發展落差」(Narrowing the Development Gap, NDG) 的社會面向，以拉近會員國間的貧富發展落差。2009 年是東協推進社會文化共同體建設進程的的關鍵一年，3 月 1 日，東協發布了《東協社會文化共同體藍圖》(ASEAN Social Cultural Community Blueprint)，確立了東協社會文化共同體的建設目標、基本特徵、構成要素和具體措施。❼該藍圖提出東協社會文化共同體將「建立身分認同、建設關愛分享的社會、達到以人為本、激發人們的社會責任感作為最重要的目標，並促進東協長久的區域穩定和團結，尊重各國的差異，力求在社會文化層面上促進縮小各國差異。

東協社會文化共同體包含下列特徵： 1.人類發展； 2.社會福利和保護； 3.社會正義和權利； 4.確保環境永續發展； 5.建立東協認同； 6.縮小發展落差。最後，並有但書： 此藍圖不應牴觸《東協保障與提升外籍勞工權利宣言》的基本原則。

儘管如此，現階段東協社會文化共同體仍面臨許多挑戰，學者並提出「缺乏強有力的領導權、資源不足的困境，以及社會轉向的政治接受度」等三個戰略層面的困難。自 2009 年開始，東協在高峰會體制內納入公民社會團體的對話平臺與空間，也使得區域內若干威權政體並沒有打算真正開放政治空間，讓社會與政治改革地力量藉著東協社會文化共同體平臺與架構徹底落實。例如，2012 年柬埔寨擔任輪值主席國時，對於東協公民社會會議 (ACSC/APF 2012) 的干預，不僅將人民的聲音與意見樣板化，更嚴重地鬆動、瓦解共同體的公民社會基礎。

---

❻ 孫國祥，東協憲章簽署之意義及其對東南亞整合的影響 https://tw.search.yahoo.com/search?fr=yfp-t-900-tw&p=2007%E5%B9%B411%E6%9C%8820%E6%97%A5%E5%9C%A8%E7%AC%AC13%E5%B1%86%E6%9D%B1%E5%8D%94%E9%AB%98%E5%B3%B0%E6%9C%83%E4%B8%AD%EF%BC%8C%E6%9D%B1%E5%8D%94%E6%8F%90%E5%87%BA%E4%BB%A5%E7%A2%BA%E4%BF%9D%E8%83%BD%E6%8E%A1%E5%8F%96%E6%98%8E%E7%A2%BA%E8%A1%8C%E5%8B%95%E4%BE%86%E5%BB%BA%E7%AB%8B%E6%9D%B1%E5%8D%94%E7%A4%BE%E6%9C%83%E6%96%87%E5%8C%96%E5%85%B1%E5%90%8C%E9%AB%94%E3%80%82，瀏覽日期： 2016 年 5 月 2 日。

❼ ASENA Social-Cultural Community，詳見 http://www.asean.org/asean-socio-cultural/

　　ASCC 的藍圖是在 2009 年 3 月 1 日於泰國舉辦的第十四屆東協領導人會議中通過。在實際案例方面，除了 2015 年東南亞霾害問題加劇，東協十國當中，遭受霾害的國家至少有六個，包括泰國（南部）、越南（南部），以及汶萊、印尼、馬來西亞和新加坡（大部分地區）。菲律賓宿霧市和柬埔寨金邊霧霾的起源也可能是印尼，而不是本國。印尼在 2014 年 9 月批准《東協跨境煙霾汙染協議》，並成為最後一個批准這份協議的東協成員國。

　　2013 年 10 月的第二十三屆東協高峰（領袖）會議上，東協發布《東協社會文化共同體藍圖 (2009～2015) 期中報告》(Mid-Term Review of the ASEAN Socio-Cultural Community Blueprint 2009～2015)。❽該報告以《東協社會文化共同體藍圖 (2009～2015)》為建構標準，並訂立關聯性、效果、效率、可持續性和影響五個評估標準，全面與系統性評估了東協社會文化共同體建設的進展，從區域與國家層面審視東協社會文化共同體建設的成效，並提出東協社會文化共同體的未來展望。

　　1980 年代以來，隨著全球性區域整合趨勢，而出現新區域主義理論，國際關係學者提出諸如非傳統收益的經濟整合理論、多邊視角的經濟整合理論等新區域主義理論。新區域主義理論認為，區域與「區域意識」密切相關，區域意識越強，區域融合度就越高。「新區域化」是一個包括文化、安全、經濟政策和政治制度的等在內的從「異質」到「同質」的過程，區域化需要由某種程度的「文化同質」來啟動，安全上的對立會導致經濟上的紛爭，經濟政策的相容性也同樣重要。因此，東協共同體的政治安全、經濟、社會文化三支柱符合新區域主義的理論。

　　東協「社會文化共同體」建設，是由該區域多元社會和多元文化的區域情勢所決定。東協各成員國有不同的種族、語言、宗教信仰和民族文化，是全球民族、宗教與文化最為豐富和複雜的地區。此背景下，東協區域整合必須首先確立各成員國民眾對東協的認同感和歸屬感，避免區域整合中涉及社會文化的負面阻礙因素，以得到區內民眾的廣泛支持。另一方面，東協各成員國地理位置相近，歷史背景和社會文化方面有許多相似和淵源，東協需在區域內整合社會文化資源，使各成員國在區域整合中獲得社會文化利益的最大化。在東協區域整合進程中，相對於政治安全和經濟發展，社會文化是區域整合的更高層面。因而儘管東協較容易整合政治與經濟，但區域社會文化整合更為重要和緊迫，它是東協共同體建設的民眾認同和社會

❽　Mid-Term Review of the ASEAN Socio-Cultural Community Blueprint 2009～2015，詳見： http://www.asean.org/mid-term-review-of-the-asean-socio-cultural-community-blueprint-2009-2015/

基礎，社會文化共同體的建設勢必有利於促進政治安全共同和經濟共同體的發展。

　　以東協外部而言，東協需要透過建構社會文化共同體來強化東協作為一個區域組織於國際事務中的地位。東協地處兩大洲和兩大洋之間，地理位置十分重要，一直是大國角逐的熱點地區。東協由多元種族和多元文化的成員國組成，這來自於外來移民與文化的衝擊和影響。當前，全球性區域經濟一體化已經超越了單純的經濟範疇，兼有政治、外交、社會和文化方面的戰略意義。區域外大國透過更加優惠的貿易和投資條件將成員國的經濟利益緊密聯繫在一起，經濟利益的融合又加強了成員國之間的政治、外交關係，並擴大其社會文化的影響，形成各種利益共同體。東協成員國意識到需要加速社會文化方面的建設，用同一個聲音說話，團結一致、共同努力，增強整體凝聚力，才能使東協作為一個融合度更高的區域組織來更全面和更積極地參與國際事務，在全球議題扮演重要角色，提升東協的國際影響力。

第二節　東協社會文化共同體的內容

　　2009 年 3 月，東協公布《東協社會文化的共同體藍圖》(ASEAN Social-Cultural Community Blueprint)，確立了東協社會文化共同體建設目標和措施，其建設目標是「推動東協共同體的建設，建立一個以人為本、有社會責任感、以實現東協各國人民和國家間的團結、穩定與統一，塑造共同的身分、建立一個有共同關懷、福祉共享、包容與和諧的社會，增強與改善本區域人民的生活與福利」。

　　東協社會文化共同體（ASEAN Socio-Cultural Community，簡稱 ASCC）會議於 2010 年 8 月 16 日假越南峴港市召開，東協副秘書長 Mr. Dato Misran Kairman、越南總理阮晉勇及東協十個會員國主管社會文化領域的高級官員均出席該會議。會議討論有關東協社會文化共同體計畫之執行情形，為推動東協 2015 年 ASCC 整體計畫之執行，阮總理晉勇在會中表示四大重點：1.建議東協會員國努力推動，並採取符合 ASCC 整體計畫承諾事項及制定優先執行的措施，其中致力滙集各項適合的力量、加強檢查及監督工作，以確保達成本案協議執行之成效。2.重視並加強東協社會文化領域主管機關間之配合及互動，尤其是東 ASCC 委員會之管理角色。3.採取適合的措施，以確保符合 ASCC 整體計畫擬定執行的力量，其中應先擬定適合的執行運作機制，以確保能揮動東協內部力量（包括民間力量）參與執行且取得成效之目標。4.東協會員國應積極並主動將 ASCC 整體計畫執行的措施及目標，併入為發展其本國的目標及措施，確保 ASCC 計畫的活動及目標之本土化，以協助推動及補

充其本國發展之需求。❾

　　2010 年該會議中討論東協提倡之 ASCC 計畫活動業已達成若干成就，其中包括建立東協社會文化活動的法律架構、建立 ASCC 計畫優先執行及執行進程，包括有關勞動、醫療、教育、環保及氣候變遷的執行及處理措施、對保護移民勞工、婦女及兒童人權提供人道之協助等。另外，會議亦討論為復甦及穩定發展東協經濟有關人力及技能，及加強婦女及兒童福利的發展草案內容，俾利於東協 2010 年 10 月舉辦之第十七屆高峰會議通過。

　　東協社會文化共同體的設立，旨在為強調「和諧」與「人本」的東協，孕育人力、文化與自然等資源，以利其永續發展。東協社會文化共同體將以共享的區域認同為基礎，結合整個東南亞地區，成為彼此關懷的夥伴社群；並以提升弱勢團體與農村人口的生活水準為目標，攜手促進社會發展，主動關切此社群中的各個領域，尤其是婦女、青年與在地社區等議題。

　　ASCC 的藍圖描繪出區內東協的互相合作和 ASCC 致力於維護東協對於提升人民生活品質的承諾，而 ASCC 要達到這些設想的目標需有以人本和對社會負責為基礎且具體有成效的行動，這套合作活動的基礎是在東協共同體的三大支柱是相互依存和相互關聯，且必須確保三大支柱為互補和團結的前提上制定的。

㈠ ASCC 的範圍、領域

　　ASCC 的藍圖在 2009 年 3 月 1 日於泰國舉辦的第十四屆東協領導人會議中通過。雖然各方論點不一，ASCC 的範圍大致可分為下列十幾個領域❿：

1. 文化藝術

　　東協努力促進區域內人民的東協意識和社會意識，並維護東盟文化遺產，發展文化創意產業。ASEAN Committee on Culture and Information (COCI) 是一個東協在文化合作方面重要的機構，成立於 1978 年，其使命是通過其文化領域的各種項目和活動促進東協有效合作，活絡區域內的文化，包括保護和保存文化遺產，促進文化產業與合作生產和文化展示，他們每年舉行一次會議，制訂並同意的項目，以履行其使命⓫。

---

❾　http://tecohcm.org.vn/business-news-detail/6/1125，瀏覽日期：2016 年 2 月 2 日。

❿　http://www.aseansec.org/index2008.html，瀏覽日期：2016 年 3 月 20 日。

⓫　http://www.aseancultureandinformation.org/coci/publication.php，瀏覽日期：2016 年 4 月 2 日。

2. 東協與災害管制

東協災害管理委員會 (ACDM) 在東盟常設委員會 (ASC) 於 2003 年初作出決定後成立，該 ACDM 由主要幾個國家的機構負責東協成員國的災害管。而 ACDM 承擔區域內各國全面協調和實施區域活動的責任。

3. 東協與教育

教育為東協的發展核心之一，創造一個以知識為本的社會，有助於提高東協的競爭力。在第十一次的首腦會議，東協領導人提出了新的方向，東協合作已涉及教育，以東協為一個實質集體，在教育方面加強區域合作，東協教育部長會議確定了四個重點，即❷：⑴促進公民的東協意識，特別是青年；⑵加強東協通過教育的身分；⑶建立東協在人力資源領域的教育；⑷加強東協大學網絡 (AUN)。對此，各種項目和活動也已經或正在發展組織履行的指示。

4. 東協與環境保護

ASEAN Ministerial Meeting on Environment (AMME) 成立於 1981 年。在許多東協國家，土地資源和陸地生態系統面臨越來越大的壓力，由於人口增長和擴大農地森林和其他生態變成敏感地區，還有由於加速工業化和城市化東協成員國汙染加劇。東協在 2020 年遠景規劃要求一個乾淨和綠色的東協與完全建立可持續發展機制，以保護該地區的環境，自然資源的可持續性和人民高品質的生活。

5. 東協與霾害

COP to AATHP (Conference of the Parties to the ASEAN Agreement on Transboundary Haze Pollution) 於 2003 年成立，組織東協國家層級的整合性防災分工體系，並陸續批准《東協跨域霾害汙染協定》除了對區域內會員國的跨域霾害聯防合作、援助等工作提供一系列的規範與標準作業程序，對於區域外行為者所援助的資源亦提供了正式的法律架購。

6. 東協與勞工

東協的勞動人口達 2.85 億，東協瞭解創造就業機會的重要性，並發展勞動力的素質和提供工人社會保障。東協勞工部長會議 (ALMM) 是東協勞動的領導，勞工事務官員會議 (SLOM) 負責監測 ALM 方案的實施進展，設立了四個 SLOM 附屬機構，分別為：⑴ SLOM-WG，重點放在人力資源、社會保障、勞動關係、技能開發等主

---

❷　http://www.aunsec.org/，瀏覽日期：2015 年 2 月 2 日。

要方面方面；⑵ ACMW，委員會成立是一個後續的《東協宣言》以保護和促進農民工的權利；⑶東協職業安全及健康網 (OSHNET)❸，改善工作環境安全與衛生；⑷工作場所愛滋病毒預防和控制 SOLM 工作小組。東協為了提高競爭力，人力資本在社會進步和經濟成長上持有關鍵，因此定期舉辦會議，以確保足夠的就業機會、提升勞力品質和提供勞工安全福利。❹

7.東協的農業發展和消除貧窮：

處理有關農村發展和消除貧困的問題，縮小地區貧富差距，AMPDPE 部門發展下列措施與計畫：⑴東協農村青年志願者的投入，以青年志願者的專業支持該地區農村社區的發展；⑵透過與中日韓建立網絡、學習考察和交流經驗，交換城市建設計畫；⑶分享泰國的 Mankong 方案，該方案是在全市範圍內「無貧民窟城市」房屋發展計劃，並配合其他基層經濟發展和扶貧方案，例如一村一品（一村一產品），城市社區和鄉村基金 (UCVF) 和充足經濟基金。目的為農村發展、消除貧窮及縮小城鄉差距，發展重點放在五個方向：知識、資源、專業技術、區域合作、公共設施的充足性。

8.東協的科學與科技：

東協科學和技術委員會成立於 1978 年，目前的科技合作的重點有九個領域，即：⑴食品科學與技術；⑵生物技術；⑶氣象和地球物理；⑷海洋科學和技術；⑸非傳統能源的研究；⑹微電子和信息技術；⑺材料科學與技術；⑻空間技術和應用；⑼科技基礎設施和資源開發。科學和技術的創新可成為經濟發展有力的決定因素、教育計劃以及保護環境，用以維持經濟成長、提高社會福祉進而促進東協一體化。東協科學和技術委員會成立重點在於使東協有科技上的競爭力、應用的技術和足夠且訓練有素的專業人才，成為強大的網路和科技的中心。

9.東協的社會福利和發展

ASEAN Ministerial Meeting on Social Welfare and Development (AMMSWD) 每三年舉行一次會議，監督東協內工作的全面合作。2007 年 12 月，東協發表在2007～2010 對社會福利和社會發展的工作計畫，新的工作計劃突出三大重點，整合

---

❸ (www.aseanoshnet.org)，瀏覽日期：2015 年 2 月 2 日。

❹ http://asiapanda.blogspot.tw/2010/05/asean-community.html，瀏覽日期：2015 年 6 月12 日。

東協區域內各國一起解決「社會福利」、「家庭」和「兒童」問題。東協雖然經濟成長迅速，但社會經濟差距依然存在，因此成立用以提升弱勢族群和農村人口的生活水平。

10.東協與婦女：

　　東協對於婦女問題的指導原則主要有兩個文件：一是 The Work Plan for Women, Äôs Advancement and Gender Equality (2005～2010)，主要是對於女性地位與性別平等的議題，在 1988 年提高女性地位的宣言中紮根；二是 The Work Plan to Operationalize the Declaration on the Elimination of Violence against Women (2006～2010)，針對消除對婦女的暴力行為，且這兩個宣言也代表著東協領導人認識到婦女在社會上的重要性。事實上，婦女生產力不可小覷，因此努力促進婦女的地位，並積極參與區域性及國際性婦女地位提升活動。

11.東協與青少年

　　建立一個關懷與分享的共同體鼓勵更多的機構合作，促進青少年對於東協的認識，並促進青少年與學生參與國家和區域活動，使他們對實現東協共同體有機會創造的貢獻，並從教育中提升其競爭力、就業能力、領導能力與對於區域的認識。

　　第十二屆東協高峰會《宿霧宣言》鼓勵東協成員國更多制度上的合作以期在年輕人的領域推展東協意識，並促進東協青年和學生參與更多國家和區域性的活動。[15]而永珍行動計畫 (The Vientiane Action Programme, VAP) 則要求更多在地青年參與當地生產勞動，並鼓勵激發他們創業精神和就業能力，目標為建立共同關懷社會的社區。

　　東協的青年合作促進可持續發展由 the Work Programme on Preparing ASEAN Youth for Sustainable Development 計畫主導，此方案對於青年發展列出下列四點核心[16]：(1)政策發展；(2)促進東協意識和公民責任；(3)促進青年就業；(4)資訊的交換和促進同伴關係，增加東南亞青年的競爭力。

　　東協行動計畫的四個核心要素如下：

[15]　The 12th ASEAN Summit's Cebu Declaration Towards One Caring and Sharing Community　https://www.talkvietnam.com/2007/01/the-12th-asean-summit-one-caring-and-sharing-community-ends-successfully/

[16]　http://asean.org/asean-socio-cultural/asean-ministerial-meeting-on-youth-ammy/overview/

⑴建構關懷互愛的社會以處理貧窮、公平和人類發展的議題。

⑵透過建造有競爭力的人力資源基礎和適當的社會保護系統，以處理經濟結合所造成的社會衝擊。

⑶加強環境的可持續發展和健全的環境治理。

⑷在 2020 年之內加強對東協共同體的區域社會凝聚力。

　　在《東協峇里第一協定》的聲明和《東協峇里第二協定》的聲明以及河內行動計畫 (Hanoi Action Plan, HAP) 之中，加入東協在 2020 年的展望，東協的目標是一起創造在更深的理解和合作的團結一致的凝聚力、公平與和諧社會基礎下的東協。⑰ 其主要特點包括：

⑴將會通用公平的管道機會：針對逐漸浮現的宗教、族群、語言、性別和社會和文化背景的障礙。

⑵充分的培育人類的潛能，以便所有人有意義的參與在競爭的世界中，提供社會福利和尊嚴是最為重要的情形。

⑶贊同社會規範和公正分配藉由處理貧窮和公平議題，並且特別照顧弱勢群體：兒童、青年、婦女、老人和殘疾人士——這些可能是被虐待、疏忽和歧視的族群。

⑷為了傳承給後代，對於環境和自然資源的保護和持續發展的管理。

⑸民間社會的參與，以提供東協更多政策的選擇。

⑹人們的身體和心靈上的健康，以及使人民居住在和諧環境當中。

⑺東協公民相互意識到共同體的歷史聯繫和文化遺產以及區域的普遍身分認同。

　　簡而言之，東協社會文化共同體具體有六大目標，具體措施則有三百三十九項，以下將有相關之說明。⑱

㈡社會文化共同體建設的目標、任務

　　《東協社會文化共同體藍圖》提出東協社會文化共同體建設的六大目標、任務如下：

---

⑰　執行方法也包括：1.經濟快速增長造成消費和生活方式的改變；2.增加基礎設施和個人流通性更加開放的體制；3.改善因家庭角色和結構轉變所造成的兒童和老人照顧方面問題；4.藉由資訊的提升，提高速度和質量的學習並發展人的技能，從而縮小數位差距鴻溝；5.城市化的迅速發展及其對就業和提供基本服務的衝擊；6.經濟整合在勞動力市場造成的變化；7.開發可持續利用自然資源以滿足發展需要。

⑱　東協社會文化共同體具體有 6 大目標，詳見 http://www.asean.org/storage/images/2013/factsheet/2013%20(6.%20Jun)%20-%20ASCC.pdf

1.人類發展

東協社會文化共同體建設把人類發展放在第一位，優先推動教育發展，注重投資人力資源開發，加強婦女、青年、老人、殘疾人的創業技能和公務員能力的培養。

2.社會福利和社會保障

加強醫療保健、控制傳染病、減緩貧苦來確保社會福利和保障，促進形成健康的生活方式，建立社會安全網絡，提升抗災和災後復能力，加強糧食安全和保障，遠離毒品，促進東協形成一個安全、穩定和無毒的環境，提升人們的生活幸福度。

3.社會正義和公民權利

它包括勞動力、社會福利和婦女兒童三大方面的發展，目標是致力於推動社會公正，使東協區域內的民眾能夠享受平等的權利和福利，特別是弱勢和邊緣化人群如婦女、兒童、老人、殘疾人和外來勞工。

4.確保環境可持續發展

東協要積極參與應對全球環境的挑戰，實現區域可持續發展的目標，促進各種資源的可持續發展、管理和保護。在解決全球環境問題的同時，注重東協跨境環境管理和汙染防治，通過環境教育促進可持續發展和公眾參與，促進無害環境技術，提高東協城市生活質量，協調環境政策和建設基礎的數據庫。

5.建立東協身分認同

東協的身分是本區域的利益基礎，這是區域的集團人格、特點、價值觀和信仰，以及作為一個東協共同體的願望。東協將立足於統一的多元化精神，促進不同層次社會的共意識和價值觀，促進東協的共同體意識，促進東協文化遺產的保護和文化產業的創造力，參與社會共同體的建構。

6.縮小發展差距

在東協加強合作，減少發展差距，特別是東協六個老成員國（文萊、印度尼西亞、馬來西亞、菲律賓、新加坡和泰國）於開發中國家四個新成員和東協四個新成員國（柬埔寨、寮國、緬甸和越南）之間在社會層面的發展差距，擴大區域內永久發展，促進區域的開發。 ⑲

---

⑲　ASEAN socio-cultural community－ASCC，瀏覽日期：2016 年 3 月 10 日。
　　http://www.asean.org/storage/images/2013/factsheet/2013%20(6.%20Jun)%20-

(三)社會文化共同體建設的資金來源與應用

1. 資金來源

　　東協社會文化共同體建設的資金來源分為區內、區外兩大部分，前者為東協自身規劃設立的區域資金項目和在成員國層面吸收的資金，後者則通過與國際組織和夥伴國家的合作來拓展資金來源。區域內部來源包括；(1)東協區域特殊預算和基金。一是促進東協發展作的預算和基金，來自成員國國家預算的支持和捐贈，如東協人道主義援助合作中心、東協基金(ASEAN F Foundation)等[20]；二是專項基金，如東協科學技術基金、東協霧霾基金等。(2)區域項目和會議的資金。它包括成員國的資金，相關國家担負的會議主辦費用。(3)對成員國項目進行的現金和實物援助。區域外部來源包括：(1)支持區域與國家層面的多年計劃項目或一次性活動，如東協—聯合國愛滋病規署流行病預防、東南亞泥炭地森林持續管理和東協緊急傳染病援助基金；(2)透過專家、顧問與其他人力資源來提供技術支援，如「東協與聯合國國際減炭戰略牛津飢荒教濟委員會」減炭計劃；(3)利用與區外夥伴的信任關係建立支持特殊項目的基金，如日本資助建立的東協文化基金、韓國資助建立的東亞青年交換基金。

2. 資金應用

　　2009～2012年，東協社會文化共同體建設所收到的贊助占獲贈資金總額的55.64%，大約有六十億美元在區域內流動。東協根據損贈基金數量和項目的不同規模，對合作項目採取基金配對的手段，更加青睞給予短期且小型的戰略性項目以全額基金支持，並對特定優先部門長期和短期項目進行率先分配，如青年、教育和環境領域等。東協注重全面拓展支持的運用範圍，通過舉辦自上而下的東協會議和定期區域會議，確保東協社會文化共同體藍圖的工作得到區域和國家的支持，包括對

　　%20ASCC.pdf，計畫並透過各種次區域合作架構解決社會發展問題，如汶萊—印尼—馬來西亞—菲律賓的東協東部增長區、大湄公河次區域、伊洛瓦底江—湄南河—湄公河合作戰略、印尼—馬來西亞—泰國增長三角、越南—寮國—東埔寨—泰國東北部—緬甸的沿東西經濟走廊、東協—湄公河流域發展合作計劃、東埔寨—寮國—越南發展三角、東埔寨—寮國—泰國翡翠三角和東埔寨—寮國—緬甸—越南合作計劃等。瀏覽日期：2015年8月2日。

[20]　http://aseanfoundation.org/，ASEAN F Foundation 東協基金會是 1997 年由東協 30 週年紀念高峰會議期間，東協領導人在 1997 年 12 月成立，以幫助實現共同繁榮和可持續的未來所有東協 10 個成員國。

國家性工程和項目的支持，對文化、資訊、科學、技術、青年、環境、災難管理、健康和傳染性疾病等重點領域的區域方案和項月山的以及跨部門議題的資金支持。

㈣社會文化共同體建設的管理機制

1.建立管理機構和部門

　　東協社會文化共同體建立的管理機構和部門主要三個：⑴東協秘書處 (ASEAN Secretariat, ASEC)。它是東協的常設機構，在東協各委員會間具體指導和協調工作，對相關計劃的開展進行傳達，其下設項目執行機構 (Project Management Unit, PMU) 和相關工作組，並在對應成員國設立執行小組；⑵東協社會文化共同體管理委員會。它是對東協社會文化共同體建設負責的最高機構，負責聯繫東協成員國領導人、加強各成員國合作、確保藍圖執行、為實施優先項目合作獲得財政支持、定期回顧總結發展情況；⑶社會文化共同體職能管理部門。下設中期報告 (Mid-Term, MTR) 官方工作小組，主要職責是通過召開區域和國家分析會議，編寫東協社會文化共同體發展中期報告，總結建設中區域和國家層面的情況；另有東協社會文化共同體高級辦公委員會 (Senior Officials' Committee for the ASCC, SOCA)、東協社會文化共同體合作會議、東協社會文化共同體部門 (ASEAN Social-Cultural Department, ASCCD) 等 ㉑。

2.發揮各機構、部門的作用

　　東協社會文化共同體建設注重平等有效地發揮各機構和部門的作用，同時與建設高效的項目機制相結合，運用結果導向管理 (Results-Based Management, RBM) 方法，使相關機構和部門在核心行政系統之內高效選擇項目與合作。各機構和部門主管採取責任制，確保完全行使相應國家和工作的任務計劃，圍繞藍圖目標採取一致行動。東協在區域內建立相關策略和計劃的溝通平臺，根據需求提供多層次的指導和相關議題的最新信息，還把項目與知識管理系統 (Knowledge Management, KI)、計劃管理系統和其他利益相關者的合作關聯起來，提供符合實際的更有效的數據和信息分享平臺，增加各成員國獲得的便利性，促進資源白的整合與協同發展。項目機制中最突出的是始建於 2007 年、完善於 2012 年的東協監督系統 (ASEAN Community Progress Monitoring System, ACPMS) 和計分制度，它圍繞東協社會文化共同體的六大發展目標設立二十八個量化指標，分為人類發展、社會福利和保障、社會公平和權利、確保環境可持續性和縮小發展差距五類，通過國際、區域和國家

㉑　http://www.thesundaily.my/news/1575294，瀏覽日期：2014 年 2 月 2 日。

三個層面的數據搜集，對藍圖的進展、成果和影響進行有效跟踪、解釋、評估和反饋。

第三節　東協社會文化共同體的成效

根據 ASCC 的藍圖在 2009 年 3 月 1 日於泰國舉辦的第十四屆東協領導人會議中通過。東協社會文化共同體的設立，旨在為強調「和諧」與「人本」的東協，孕育人力、文化與自然等資源，以利其永續發展。東協社會文化共同體將以共享的區域認同為基礎，結合整個東南亞地區，成為彼此關懷的的夥伴社群；並以提升弱勢團體與農村人口的生活水準為目標，攜手促進社會發展，主動關切此社群中的各個領域，尤其是婦女、青年與在地社區等議題。❷❷

《東協社會文化共同體藍圖 (2009～2015) 中期報告》，以 2013 年 6 月 28 日為主要官方文件資料截止日期，以 2013 年 6 月 20 日為措施執行的截止點，在東協社會文化共同體藍圖建設的六大目標和三百三十九項具體措施中，共有二百九十三項已獲得實施，完成率為 86.4%。在區域層面，東協在發展內容和措施上均取得新進展；在國家層面，各成員國為實現東協社會文化共同體的相標作出了積極的貢獻。ASCC 的範圍大致可分為下列幾個領域❷❸：

一、人類發展指標

東協在人類發展的二百一十六項行動計劃中，執行六十一項，完成五十七項。雖然人類發展任務的推動最為緩慢和艱難，但在提高幸福感、生活水平和提供等發展機會仍取得有效成就，教育方面的體現最顯著。東協建立大學聯盟系統和科技專用基金，旨在大力發展教育的基礎，在區域內共享高等教育資源，提升教學質量；通過東協證書認證框架首創包含教育、勞動、服務等部門的跨平臺認證體系。自東協社會文化共同體進程啟動以來，東協各成員國的人類發展指標均有所提升。2005～2011 年，東協平均成人完成教育年限由 6.4 年升至 6.8 年，東協六個老成員國由 7.5 年增加至 8 年（2010 年數據），東協四個成員國由 4.6 增加到 5 年（2010 數據）。其中，東協六個老成員國和東協四個新成員國青年預期教育完成年限在原來 13 年和 9.7 年的基礎上都有所增加。在初等教育入學率上，東協整體由 2000 年的 88.9%

❷❷　http://jasonlena60.blogspot.tw/，瀏覽日期：2015 年 1 月 2 日。

❷❸　Ibid., http://jasonlena60.blogspot.tw/，瀏覽日期：2015 年 1 月 2 日。

上升至 2010 年的 93.9%；2000～2010 年，東協的成人識字率由 92% 升至 96.9%，其中東協六個老成員國接近 100%，東協四個新成員國由 81% 增加 92%。因此，東協在人類發展中以教育為核心，而教育發展也帶來了就業、生產率、勞動者保障的進步。2009～2011 年，東協老的六個成員國失業率由 3.84% 降至 3.02%，區域性的熟練技工的工資差異也有所下降，反映了熟練技工的人數或素質的上升。

二、社會福利和社會保障

在社會福利和社會保障的九十四項目標任務中，東協完成了九十一項，完成率達 97%。據 2011 年東協公布的實施聯合國千年發展目標進展狀況，東協在消除貧窮、飢餓和疾病方面均有較大進展。2005～2010 年，東協人類發展指數 (HDI) 由 0.635 升至 0.657，絕對貧困人口比重由 32.8% 降至 15.3% 左右，尤其是印尼和越南由 40% 降至 20% 以下。東協人口預期壽命由 2008 年的平均 71.07 歲升至 2010 年的 71.57 歲，嬰兒死亡率由 2000 年的 36% 降至 2010 年的 22.7%，特別是東協四個新成員國的嬰兒死亡率下降迅速。2000～2010 年，東協的疾病發生率下降明顯，虐疾由每 10 萬 345.3 例降至 189 例，肺結核則由 164.3 例降至 133.1 例。作為愛滋病高發區，寮國的愛滋病發病率由 2000 年的每 100 人超過 1.5 例降至 2011 年的接近 0.5 例。

三、社會正義和公民權利

在社會正義和公民權利的二十八項行動計劃中，東協完成二十一項，完成率為 78%，成員國共簽訂了十五個代表性的協議，主要集中於 2010 年和 2012 年，以「推動和保護婦女和兒童權益」最具代表性。東協加強關注弱勢和邊緣群體，包括兒童、老人、婦女、勞工、移民、殘疾人，重視保護和發展他們的權益，著力促進性別平等。東協建立了促進和保護婦女兒童委員會和老齡人協會，第十九屆東協領袖會議將 2011～2020 年宣布為殘疾人十年期，2010 年起東協設立了東協兒童論壇。同時，東協加強網絡平臺建設，包括東協老齡化研究網絡、東協家庭發展網、倡導企業家精神的東協專家網等。

四、確保環境可持續發展

在確保環境可持續發展上，東協共達成二十四項具體協議。對藍圖環境行動計劃的執行有三個方面： 1.加入國際性的環保公約。所有成員國參與了《聯合國氣候

變化條約》和《東京條約》，大多數成員國還批准了關於有害垃圾行動的《巴塞爾公約》、管理有害化學物品的《斯德哥爾摩公約》、保護臭氧層的《維也納公約》和關於放射性物質的《蒙特利條約》。2.制定東協的環境保評估指標和標準，運行綜合性的東協環境運行指數 (Environment Performance Indicator, EPI)，各成員國還在 2009 年就空氣質量良好標準的關鍵指數達成統一，在區域內共享天氣預報和氣候監控的信息，對海洋文化遺產領域和遺產公園的標準也達成一致。3.落實政策和項目執行。

2013 年，東協提出可持續消費和生產比環境可持續發展更重要的概念，並建立東協高級環境辦公室，主導建設東協十年可持續消費和生產框架項目；成員國在各類教育課程融入環境教育的要素；發起環境可持續城市、低碳社會和環境可持續項目等獎項，促進示範效應；多數東協成員國採取了海岸線綜合管理策略，提出《東協海洋水質管理指導方針和監管指南》，作為東協水質量問題和解決方法。2005～2010 年，東協區域人口獲得改善的飲用水的比例由 70.78% 升至 74.4%，民眾獲得改善的衛生設施的比例由 63.61% 上升至 69.15%。

五、建立東協身分認同 (Identity)

東協各成員國在達成身分證同意識的目標上形成了高度一致，確保了行動計劃的完整性和持續性，完成五十項任務中的四十八項，占比約 96%，還達成十四項成成果協議。東協主要以「人」為中心建立身分認同意識，旨在使民眾瞭解東協區情及其成員國國情，通過多樣化的信任和能力培養活動，更深入地認識和瞭解東協，主要有四方面措施：利用主流媒體、商業頻道及網絡和新媒體作為溝通與互動的工具，促進東協意識的傳播；透過東協藝術節、東協城市文化展、東協學習測驗課程、東協角和東協紀念日等活動，提升民眾對東協的身分認同和對各國豐富文化遺產和傳統的認識；以教育為主要手段，把青年人作為主要目標對象，在中小學課程中融入東協知識，在高等教育中有針對性地開展旨在深入探究東協政治、經濟、社會和文化等各方面的學習課程；發揮青年人在參與能動性、利用信息和交流技術和分享創意的激情和潛質，鼓勵青年人投入實踐活動，培養他們成為種子力量。

六、縮小發展差距 (Gap)

根據期中報告，此項是藍圖中唯一 100% 完成的目標任務。縮小發展差距的成果主要表現於兩個「東協一體化倡議」(IAI) 工作計劃，分別為「東協一體化倡議 (2002～2008)」和「東協一體化倡議 (2009～2015)」。通過兩個 IAI 工作計劃的實施，

東協六個老成員國和四個新成員國間在發展差距縮小上取得一定的成就。2005～
2010 年，東協六個老成員國和四個新成員國的人類發展指數差距由 25% 縮小到
22.9%，嬰兒死亡率的差距由 2.1 歲縮小至 1.8 歲，成人識字率的差距由 17.2% 降至
7.1%，獲得改善的飲用水人口比例的差距由 25.37% 降至 13.65%，獲得改善的衛生
設施人口比例的差距由 31.87% 降至 25.95%。2000～2010 年，東協 6 個老成員國和
4 個新成員國的貧困率（每日生活費在 1.25 美元貧窮線下的貧窮人口比例）差距由
15 個百分點縮小至 1.4 個百分點。

　　ASCC 反映了東協的社會文化議程的重點是根除貧困和人類發展。它是無法逃
避的連結經濟和安全的東協共同體的支柱。社會不公平現象可以對經濟發展構成威
脅，並反過來破壞政治制度。經濟不穩可能加劇貧窮、失業、饑餓、疾病和疾病。
社會不穩定因素可以得出環境稀缺性或利用環境資產的利益相關者之間分配不公。
未能解決這些關鍵和持續的社會問題可能進一步導致經濟和政治的混亂。

　　總之，在 ASCC 將會在社會景觀中有深刻的改變。包括：1.經濟快速增長造成
消費和生活方式的改變；2.增加基礎設施和和個人流通性更加開放的體制；3.改善
因家庭角色和結構轉變所造成的兒童和老人照顧方面問題；4.藉由資訊的提升，提
高速度和質量的學習並發展人的技能，從而縮小數位差距鴻溝；5.城市化的迅速發
展及其對就業和提供基本服務的衝擊；6.經濟一體化在勞動力市場造成的變化；7.
開發可持續利用自然資源以滿足發展需要。

第四節　東協社會文化共同體的具體實踐

　　2016 年開始，東協區域內的八種科別文憑可以在十國境內暢行無阻相互承認，
一國文憑可以在十國就業。這八種專科文憑包括工程師、建築師、護士、醫生、牙
醫、會計師、測量師和旅遊專業資格認證。此為容易理解之範疇，但 ASSC 並非僅
僅侷限於此，同樣可依「東協方式」處理之。中國與美國在此區域，也用盡力氣，
爭取於非傳統安全領域之合作。以下舉出美國駐東協大使 Nina Hachigian 於當地努
力，一個其親身經歷之著名例子。另外，也舉出中國於湄公河流域之作為。

一、南海問題並非僅有領土爭議：環境保護之案例

　　「東協方式」是否真的有效，可以南海的相關資源保護（特別是漁業資源）為
例子說明。依據美國駐東協大使 Nina Hachigian 所言，她所觀察到於南海海域的非

法逮捕（漁獲）的行為，令人驚心動魄。㉔根據統計全球 40% 鮪魚成長於南海，漁業資源於南海是數百億的產業 (multibillion dollar industry)。

㈠海洋資源之維護

南海各項海洋資源不只漁業、生物資源，甚至還有許多石油蘊藏，此亦是南海聲索國不願隨意放棄主權的原因。但是，南海週邊國家，特別是東協成員國，面對數以千萬計的非法捕魚，未通報及未妥善管理 (Illegal, unreported, and un regulated, IUU) 的捕魚行為，明知愈來愈複雜繁多，但東協卻無一定的規範來遏抑此種行為，全球 40% 於南海的鮪魚資源已日漸消失，70% 的漂亮珊瑚礁也處於日益下降、稀少貧瘠的情況。㉕

事實上，這些採用非法方式捕獲海洋資源的船隻，都已聰明地遠離南海主權聲索國所宣稱的「歷史性水域」或「200 海浬專屬經濟區」以避免被控訴違法或被逮捕、驅離捕魚海域。

東協國家明顯知道此違法濫捕方式之嚴重，也瞭解情勢雖然險惡，但維護海洋生態未為晚矣，而東協也存在不少瞭解現況的海洋專業人士；近兩年來，印尼已開始對非法捕魚者施以法律懲罰，菲律賓也開始對濫捕建立懲罰的制度。

漁業資源也在海域上流動，只有區域性的管理與決議才可杜絕該項偷捕行為。東亞高峰會成員關心海洋資源與生態環境之保護，因此東亞高峰會採取東協方式，透過尋求共識來決議，對於相關的違法濫捕、破壞生態等情事，除與東協成員國達成共識外，另外還請澳洲、紐西蘭、中國、日本、南韓、印度、美國、俄羅斯等計十八國，對於種種不合法或濫捕的行為，制定一套相關的行為準則來依法行事。

東協此種方式獲得美國總統 Obama 的歡迎與支持，他宣布美國作為國際社會成員，針對 IUU 不合法行為的懲罰，以及保護海洋龐大資源，將訂出明確的規範。Obama 提出兩項決定：1.美國推動 TPP 也是保護海洋資源的另一種方式，TPP 將訂定高標準來防止違法捕魚行為。2.美國協助亞洲國家來防止濫捕行為與濫捕船隻入港。美國也同意於必要時，協助亞洲國家使用武力來對付違法的捕魚分子（跨國公

㉔ Ambassador Nina Hachigian's Remarks at ASEAN-U.S. Trade and Environment Dialogue on IUU in Kuala Lumpur Malaysia, 15 September, 2015, http://asean.usmission.gov/remarks11052016.html，瀏覽日期：2015 年 10 月 19 日。

㉕ Ambassador Nina Hachigian's Remarks at the 4th Maritime Institute of Malaysia South China Sea Conference, 8 September, 2015, http://asean.usmission.gov/remarks0921 2015.html，瀏覽日期：2015 年 10 月 19 日。

司）。㉖

㈡湄公河流域之水資源管理與環境保護

　　為了幫助東南亞國家紓解旱情，中國政府近期下令位於湄公河上游的雲南省景洪水電站在 2016 年 3 月 15 到 4 月 10 日期間開閘放水，補充湄公河水流量。然而中國泄洪紓困的睦鄰義舉，卻在東南亞國家引發不同爭議，當地媒體有下列三種意見：1.認為中國在水資源問題上向包括越南在內的東南亞國家伸出援手，其實是在緊張的南海爭議上拉攏東南亞國家；　2.此說明湄公河流域各國日後將在水資源問題上受制於中國。　3.轉述美國媒體分析意見稱，為了爭奪湄公河水資源，流域所經各國日後可能因搶水而爆發戰爭。　4.近年來中國為解決自身存在的水資源匱乏問題，計劃針對國際河流實施大規模河流改道或興修大型水利工程，從而給未來的自然生態環境乃至國際關係處理埋下巨大隱憂。

　　中國是全球排名水資源最貧乏的國家之一，須以占全球水資源 6% 的淡水儲量撐起全球大約五分之一人口的生存。然而，湄公河是東南亞最大的一條區域河流。發源於中國西部青海省境內，河流全長四千八百八十公里，中國境內段被稱為「瀾滄江」，下游稱作「湄公河」，分別流經寮國、緬甸、泰國、柬埔寨、越南五個東協國家。

　　根據緬甸媒體評論：近二十年來，湄公河下游五國因遭遇持續天災，圍繞湄公河水源問題引發的爭議也持續不斷。值得注意的是，不管是發生旱災還是洪澇，湄公河下游國家的主流媒體都矛頭指向中國，指責中國政府在瀾滄江上遊興建大型水利工程，是導致湄公河下游水量異常的主因。對此，緬甸、泰國、越南當地民眾近年舉行過多次大小規模的示威活動，明顯的例子有：緬甸政府數年前難以抵抗強大的民意壓力，中途下令停止密松水庫大型水電站修建項目。導致投資方中國蒙受巨大經濟損失，也使得中國政府經營多年的睦鄰形象大打折扣。㉗日後如何在水資源問題冰釋前嫌並且扭轉局面，考驗當今中國政府領導班子的集體智慧。

㉖　Presidential Task Force releases action plan to combat illegal, unreported, and unregulated fishing and seafood fraud, NOAA News, 15 March, 2015, http://www.noaanews.noaa.gov/stories2015/20150315-presidential-task-force-releases-action-plan-to-combat-illegal-unreported-and-unregulated-fishingaand-seafood-fraud.html，瀏覽日期：2015 年 10 月 20 日。

㉗　http://www.appledaily.com.tw/realtimenews/article/new/20160326/825179/，瀏覽日期：2016 年 3 月 27 日。

近年東南亞地區多國頻頻遭遇旱災。繼泰國遭遇旱災之后，越南最近也出現旱災，緬甸則同時遭遇乾旱和洪災。中國總理李克強親自主持的「瀾滄江—湄公河合作機制領導人會議」，是一個解決湄公河水資源問題的重要契機，通過與會各國領導人給予的重視與支持，該機制將發揮出超越以往多個湄公河原有合作機制的效能，進一步豐富大陸與東協國家的合作內涵。

第四十八屆東協外長會議 2015 年 8 月 4 日在馬來西亞首都吉隆坡開幕。會議旨在總結建設東協共同體方面的進展，為 2015 年 11 月在吉隆坡舉行的第二十七屆東協峰會做準備。據菲律賓外交部長 Albert del Rosario 透露，即使北京反對，藉由東協會議期間，美國就南海爭端問題提出「三停」(Three Halts) 倡議，也就是要求北京「停止填海、停止建設、停止可造成緊張的侵犯行為」，以降低區域緊張情勢。❷❸中國與美國隔空交戰，但兩國都不是東協成員，包括美國國務卿凱瑞、中國外交部長王毅及日本、韓國等國家外交部長都獲邀出席參加東協論壇會議，南海議題特別是中國南海島嶼造陸成為吉隆坡會議的中心議題。

近年來，東協社會文化共同體建設進展快速，在人類發展、社會福利和社會保障、社會正義和公民權利、環境可持續發展、建立東協身分認同和縮小發展差距等六個方面成效顯著。然而，東協社會文化共同體建設仍然存在目標與現實的差距，主要有下面五個問題，東協也已發現和正視這些問題，提出相關對策，並期盼未來能積極處理與解決。

㈠資金來源問題

包括項目執行部門無基金自主權、申請過程緩慢和項目本身高度依賴損贈者、資金預算和實際所需缺口較大等問題。東協將進一步優化預算分配管理系統，分類管理資金，按領域和項目的關鍵性排序，合理配置資金資源，建立制度化的捐贈協調機制。

㈡人力資源問題

目前仍發現對技術專家資質認同不一致、工作員素質參差不齊、某些部門人力資源不足的問題。東協將更加重視人力資源，通過訓練課程，提升工作人員的意識和業務水平，建立可流動的工作隊伍，形成規範一致的工作方法，培養良好的工作文化氛圍。

---

❷❸　http://www.appledaily.com.tw/realtimenews/article/new/20150804/662431/，瀏覽日期：2015 年 1 月 20 日。

㈢跨部門合作問題

跨部門議題的合作仍存在障礙，導致資源分配怠滯和工作低效，出現重復性工作。東協將對各部門的權力和義務更清晰有效地界定，同時加強協作，不斷完善合作機制和網絡，優化配置各項資源，選擇優先合作的範圍和項目，提高效率。

㈣監督系統問題

監督和計分制度的某些部分（如指標、算法和評估方法）週於復雜，標準模糊，數據整合不完全；東協數據庫無法監督成員國所有的資源分派、花費和流向問題；於部分監督領域難以設立指標和進行量化評估。東協將精簡監督體系，統一相關指標、算法和評估方法，保證指標和數據的準確與及時處理，形成適時監督訊息共享平臺。

㈤計劃修正問題

相關綱領和行動計劃存在瑣碎化現象；執行時在區域和國家層面存在落差，仍有 9.37% 的行動計劃不受東協相關部門的直接控制。東協將緊扣中期報告的行動計劃，根據其目標和意義進行審核、重新定義或整合，強化優先順序，更審慎考慮各成員國的差異，促進協同一致。

2015 年年底起，東協社會文化共同體的發展會有新的戰略定位，主要是集中於兩個發展目標，一是 2015 年年底東協共同體正式建立，另一是全面推動 2015 年後在全球層次的發展進程。對於前者，東協將繼續加速推動社會文化共同體的建設，建立單一市場更加單一的經濟共同體和一個更和諧和穩固的政治安全共同體，維持東協的區域中心地位；對於後者，東協將加速推動全球層次的發展，在建設東協社會文化共同體中適應快速變化的全球和區域發展環境,應對日益複雜化的地緣狀況。

隨著全球化與區域化的雙軌發展，使東亞政治秩序受到相當的衝擊。在經濟全球治理發展的動力下，「競爭與合作」和「整合與分工」是經濟全球治理的重要特徵。在全球治理發展同時，同時也興起區域治理的重要性，透過區域聯合治理提高其在全球體系的優勢地位。在上述背景和條件下，亞洲各個次區域都出現了一些地區性組織，其形式各異，適合各次區域本身的情況。次區域組織的目標逐漸擴展，也正逐漸成為管理方式的組織部分。

本章小結

於 2015 年的東協高峰會，東協十個領導人一致同意：未來十年東協必須更加努

力，使 2015 年擬定目標提前實現，使東協能夠永續發展，更有活力、更具包容性。（「Post-2015 Vision-ASCC」An ASEAN Socio-Cultural Community that is inclusive, sustainable, resilient, dynamic and engages and benefits the people）

　　東協十個成員國或者仍然小而發展落後，無法與美、加及歐盟西方進工業國家比擬，儘管存在多項困難與挑戰（如東協之領導、治理能力、政治貪汙腐敗……），但東協組織確實展現過人努力與決心，東協社會文化共同體強調區域內共同合作，致力的重大目標： 1.人類發展； 2.社會福利和保護； 3.社會正義和權利； 4.確保環境永續發展； 5.建立東協認同； 6.縮小發展落差。東協未來欲扮演全球的重角色，與其下定決心，努力達成目標，是有意義的漸進成長。

第十六章　結　論

東協後 2015 年 (ASEAN post 2015) 願景

前　言

2015 年 11 月 22 日，第二十七屆東協峰會於馬來西亞首都吉隆坡，馬國首相 Najib Razak 以東協輪值主席國身分宣布，東協共同體將於 2015 年 12 月 31 日正式成立。該共同體可望成為全球第四大經濟體。❶當日簽署成立東協共同體《吉隆坡聯合宣言》和 2025 年東協共和體願景《吉隆坡聯合宣言》。至 2020 年，東協共同體國內生產總值估計將達到 4.7 兆美元；至 2030 年，該共同體可望成為全球第四大經濟體。見證東協共同體成立及誕生。Najib Razak 形容該共同體是個「具指標意義的成就」，為全球共同見證。

長達五十年的光陰，東協組織隨著時日的發展與時俱進，不僅跳脫過去被視為「脆弱無助」、「落後國家」的形象；相反地，東協組織朝向更加團結的區域組織 (regional organization)，本身亦扮演愈來愈重要的角色，不僅於區域政經整合日益重要，東協也扮演全球性角色 (global role)。

2015 年底，於臺灣的《經濟日報》有一篇報導指出「宗教、語言差異⋯⋯東協四十八歲面臨八大挑戰」，內容未必完全正確，但指出一般人民對東協仍然缺乏正確認識。報導認為東協仍有八大挑戰必須克服：❷ 1.東南亞在宗教、語言、種族等方面差異都很大，如果東協成員國不能瞭解彼此差異，將是弱點。 2.東協達成的協議中執行的很少。東協沒有強制履行承諾的中央機制，也沒有正常運作的爭端解決機構，是造成以上結果的原因。 3.東協經濟共同體 (AEC) 要獲得成功，東協須更關注中小企業、小型農戶及創業家，應提供更多資訊和技術協助。 4.東協經濟共同體與東協政治安全共同體 (APSC) 及社會文化共同體 (ASCC) 的關係必須更密切。如果缺

---

❶ http://house.cnyes.com/global/news/20151124174245294590510.do

❷ 「宗教、語言差異⋯⋯東協 48 歲面臨 8 大挑戰」經濟日報編譯林文彬／綜合外電報導 http://udn.com/news/story/6809/1109482-%E5%AE%97%E6%95%99%E3%80%81%E8%AA%9E%E8%A8%80%E5%B7%AE%E7%95%B0%E2%80%A6%E6%9D%B1%E5%8D%9448%E6%AD%B2-%E9%9D%A2%E8%87%A88%E5%A4%A7%E6%8C%91%E6%88%B0

乏強健的政治安全架構，也沒有社會文化支撐，AEC 將無法維持下去。5.東協人民對東協仍缺乏認同感，不認為自己是東協人，東協仍被視為決策者及政府官員的論壇。6.東協缺乏「東協事務優先」的觀念，官員仍希望有自主權，這使東協鼓勵合作的能力受限。7.東協國家對彼此的認識仍不夠深。8.東協十國之間的關係持續緊張，這從他們協商成立東協經濟共同體 (AEC) 的過程就看得出來。

可見，不僅是東協內部，即使是 2015 年資訊充足的今日，對於東協不甚瞭解者仍大有人在。近半個世紀以來，這十個皆屬中小型國家的東南亞區域組織，其發展過程並不被看好，早期於 1950、1960 年代，無論是 1954 年東南亞公約組織 (SEATO)、1961 年東南亞協會 (ASA)、或 1963 年馬菲印組織 (Maphilindo)，都不被看好。1967 年東協成立之初，也只被國際關係學者視為是個「短暫的反共次區域組織，不久即將消失（泡沫）掉」；中國當時也嘲諷東協只是個「美帝國主義的馬前卒」。

如今東協早非昔日吳下阿蒙，2017 年東協即將慶祝她的五十歲生日。吾人可以明顯看到東協於歷經 1960、1970 年代的共黨滲透，冷戰時期的美蘇兩大超強競賽，與上世紀末的 1997～1998 年亞洲金融危機後，東協不斷地健全體質以迎接快速的亞洲鉅變。新世紀起，東協的表現更加亮眼，以東協為主導的「東協加一」、「東協加三」（中、日、韓）、「東協加六」（亦即 RCEP），不斷引領東亞政經整合。並且，有鑒於東北亞三國中日、日韓、中韓彼此間互有心結情勢之賜，東協一貫對外宣稱對於東亞整合，東協居於中心地位 (ASEAN Centrality) 的主動角色與領航者席次 (driver's seat)。

一、東協之發展獨領風騷，五個十年各有春秋

東協第一個十年（1967～1977 年）成立之初，外表看起來是經濟文化組織，但本質卻是政治意涵較高的「反共或非共」的結盟組織。1971 年《吉隆坡宣言》表明「東南亞為一和平、自由、中立區」，避免受到任一大國或外力的控制。馬來西亞、新加坡與印尼三國要求共管馬六甲海峽，反對將馬六甲海峽國際化，加強東協組織獨立自主性，此一階段為東協組織建立制度的時期。

第二個十年（1977～1987 年），是東協強化國際聲望的時期。此期間，1978 年年底越南入侵柬埔寨，其背後支持者為前蘇聯老大哥，東協深感安全受到威脅，當時印支問題成為國際焦點，東南亞區域糾葛形成一方為東協組織（背後為美國），另一方為越南（背後為蘇聯），兩方對立的狀態。柬埔寨問題成為東協組織加強團結的

因素，東協不僅向聯合國控訴，也加強內部凝聚力與區域合作的意識型態，提升本身之國際地位。

第三個十年（1987〜1997 年），此階段為東協組織迅速擴充時期。由原來之五國到六國 (1984) 至十國 (1999)，於政治協調與經濟合作皆有良好的表現，誠然是東協政治經濟實力上升之階段。上世紀末東協以建構「大東協十國」(Grand ASEAN-10) 為目標，同時開始朝向建立「東協共同體」為最終目標。此十年東協與中南半島三國改善關係，隨著 1989 年越南由柬埔寨撤軍，柬埔寨問題由國際爭端轉向為內政治理問題。老東協六國與新東協四國包括越南及中南半島三國 (VLMC) 改善關係，東協組織不僅擴充為十國，形象也大為好轉，形成「較全方位的區域組織」。

第四個十年（1997/8〜2007 年）東協十國邁入新的二十一世紀，由上世紀末亞洲金融風暴 (1997〜1998) 危機中迅速復甦，轉向建立「東協共同體」(ASEAN Community)。2003 年 10 月，為東協重要的里程碑。第九次東協領導人高峰會，東協通過《峇里第二協約》，預定於 2020 年建立包括政治安全共同體、經濟共同體與社會文化共同體等三大支柱的「東協共同體」。2005 年東協推動成立「東亞高峰會」(East Asia Summit)，為「十加六」之開端，於 2007 年東協高峰會再度決議，隨著亞洲政治經濟社會的重大變化，東協必須修改其時程，將東協共同體提前於 2015 年實現，《東協憲章》也依時程於 2008 年公布。

二、新世紀起東協成為「閃亮巨星」，扮演全球性角色

第五個十年（2007〜2017 年），新世紀起東協成為「閃亮巨星」。東協加強其政經實力的擴充，並以其優勢如人口紅利、豐沛自然資源，以及團結一致的十國，推動東協與區域內外大國之關係，2011 年東協通過《峇里第三協約》，東協強調自身為區域整合之推手引擎，欲建立東協中心地位。東協有十個對話夥伴國，而其 1994 年推動成立的「東協區域論壇」(ARF)，迄目前已共有二十八成員國（包括美、日、中、韓、歐盟）。東協由 2013 年起，推動區域綜合性經濟夥伴協定 (RCEP)，以整合五個「ASEAN+1」，成員包括東協十國與中國、日本、南韓、印度、紐西蘭、澳洲等共十六國，原本期待 RCEP 於 2015 年底完成磋商，現改為預定 2016 年達成，東協充分展示其全球化之角色與東協中心地位之野心。

不難理解，東協組織既已於亞洲淬歷精煉數十年之久，當然不是省油的燈，過去「看衰」它的大國也改弦更張，紛紛表達密切交往的善意。2015 年間，日本首相安倍足跡踏遍十國，而中國國家主席習近平與總理李克強也是「二一添作五」，每個

人分別走訪五國，也造訪所有十個東協國家。除了中國、日本兩東亞大國外，東南亞國家領袖已接受美國歐巴馬總統之邀，2016 年 2 月初前往加州度假聖地陽光莊園 (Sunnylands) 參加高峰會。此係美國總統歐巴馬 2015 年 11 月訪問亞洲時，邀請東協十國領袖赴美參加峰會齊聚陽光莊園。歐巴馬此舉被視為除溝通 TPP 與 RCEP 外，與東協討論如何因應中國於南海主權強硬態度亦是會談重心之一。「美國─東協」高峰會除南海議題外，美國當利用此良機與東協十國充分溝通。實際而言，包括全球共同反恐、東亞高峰會、香格里拉對話、亞太圓桌論壇，東協十國「無役不與，誰與爭鋒」，十個輪值主席國也練就一身主持會議的好功夫。

東協成員國處理國際與區域手法圓融且靈活，也早為各方稱許。因為東協諸國深切瞭解，單一個別國家對歐美而言是無足輕重，但一個「團結而對外口徑一致」的東協，將使本區域各個內外大國不敢小覷東協的影響力。而且，東協共同體的三個支柱──東協政治安全共同體、東協經濟共同體、東協社會文化共同體亦皆於 2015 年底開始建立，但估計東協經濟共同體可先達到成果約 90%。然則，未來東協共同體是否能夠達到如歐盟般的規模，目前看來雖有希望，但仍然言之過早。

第一節　研究發現

不可否認，當 2012 年東協十成員國於柬埔寨首都金邊舉行第四十五屆東協外長會議，首次未能達成一致共識並對外發表公報時，許多東協學者與國際人士對東協抱持懷疑態度，且擔憂東協組織可能分裂、瓦解。

然則，由於五十年長時期磨合、共處與相互學習的過程，東協已然形成一個具思考、檢討、創造能力的組織。一方面東協組織仍然存在其矛盾，例如泰柬邊境問題、越柬歷史仇恨、菲馬沙巴主權問題……，但這些都不再是使東協分裂的原因；另一方面，東協深知任一國家單獨對外，都不會是國際舞臺的要角，因此團結一致 (unity) 對外，非僅於現實有其必要，且可以保障東協的整體利益。毫無疑問，東協內部成員國仍存在糾紛、矛盾（但歐盟國家何嘗不是，希臘帶來的經濟崩潰使歐盟各國心理恐慌迄今難解），這些潛在因素可能破壞東協團結。

但是，所有東協成員國認知，東協高峰會的存在，由 1967 年開始，東協經歷了衝突 (Conflict)、協商 (Coordination)、合作 (Cooperation) 以及當前甫成立的東協共同體共同 (Common) 的東協「4C」安全文化。東協「4C」安全文化的理論與實踐，東協組織由一個不成熟的毛頭小孩，歷經多次挫折、考驗，如今五十歲的東協已經長

成半老徐娘，經驗豐富行事穩健，而靈活的「東協方式」，透過彼此間的協商、溝通，達到各方面皆可接受的結果。

印尼東協研究之學者 Dinna Wisnu 指出，東協成員國之間仍能持續強大的理由有四個主要的承諾 (commitment)： 1.彼此間的友誼植基於相互的尊敬與互不干涉原則 (respect and principle of non-interference)； 2.相互間的信任基礎，使得成員國間可以適當處理爭端與解決衝突、矛盾； 3.東協作為一個工具平臺，提供予成員國加強合作與超越之表現 (strengthen cooperations for member countries)。如果要找另一（第四）個承諾 (the fourth commitment)，那能是什麼呢？依其研究認為，是東協以條約、規範約束所有成員國，產生更大動能來有利全世界，有共同聲音。大多數國際關係學者同意東協國家的強項，即是靈活的外交 (flexible diplomacy) 手腕。 ❸

過去二十五年間，筆者長期研讀東協成立四十八年來，數以千計、卷帙浩繁的東協各種會議文件、宣言、備忘錄，基於對東協的整體瞭解，有下列之研究發現：

一、東協組織未來應會更加團結一致，經過磨合與長期相互瞭解，絕不可能「崩潰」、「瓦解」

首先，東協初期於菲馬、新印、菲泰間的矛盾，已經有效的化解經驗，使東協更具信心。

其次，東協各成員國深刻認知瞭解，單靠自己個別能力，無法解決區域內外衝突（菲國總統艾奎諾三世於南海主權問題上，應有深刻體會）。

再者，東協成員深知其組織可作為對外「團結一致」的有利武力，可以挑戰任何外在的負面能量，早於 1960 年代印尼外交部長 Adam Malik 與馬來西亞前首長 Tun Abdul Razak 指陳；另外，新加坡外交部長 Rajaratnam 也曾表示，東南亞區域決不可能形成如巴爾幹半島 (Balkanization)，區域內成員相互衝突，將不利團結。

二、東協上個世紀成員國已擴充至十個，短期內應當不會有新成員

作為一個次區域組織，東協由早期注重政治議題，避免衝突以達和平與安全目的。東協造就其卓越的溝通技巧與協商能力。東協目前的核心價值並不那麼絕對或強硬 (absolute or rigid)，東協深切瞭解彼此間互賴依存 (interdependence) 的重要性，

---

❸ Dinna Wisnu, 2013, "Why ASEAN Could Stay Strong?", Journal of ASEAN Studies, Vol.1, No.1 (2013), pp.15–24.

也不會使用斷然決絕的手段來解決問題。❹相反地，東協無異由重視溝通磋商的經驗中獲得省悟：「有些問題目前短時間內無法解決，必須暫時擱置，以待來日」。因此，有包容力、手腕靈活、多方協調成為東協重要行事特徵，東協成立與發展即將五十年，其核心價值已不只是表面上的政治、經濟、社會，而涵蓋許多非傳統安全的事務。

綜觀當前東協的全球性發展，東協已是一個重要的區域組織，著重對外夥伴關係、區域主義與多邊合作。東協成員國的公民也日益瞭解東協組織本身的重要性，不僅於日常生活中如此，於對外事務，東協公民 (citizen) 也會利用此一平臺，與全球各地的人民、社群交往。東協日常工作項目繁重，且於 2015 年形成東協共同體，因而短時間內較不易引進新成員。

三、東協對外聯繫 (connectivity) 計劃，已有相當亮眼成績

本書闡釋東協組織「4C」安全文化，由衝突、協商、合作到共同的安全文化，可由新世紀東協全面性對外聯繫計劃 (ASEAN connectivity project) 得到證實。

東協推出此一計劃之背景，最早於 2009 年 7 月 20 日於泰國普吉島的第四十二屆外交部長會議，泰國總理 Abhisit Vejjajiva 所提出，目的要實現 2015 年東協共同體，應朝向不論是貨物、人民、投資、旅遊……多方面「無障礙」的環境，東協成員也必須針對此一目標而共同努力。

2011 年由印尼外交部完成的一份研究指出，此一計劃可以加強東協成員國間的經濟發展與跨境的社經互動。迄今為止，東協聯繫計劃仍有許多陸地 (land) 與海洋 (maritime) 聯繫工作在進行。❺然而，此一計劃亦有其兩難之處。一方面，此聯繫計劃相當耗費成本，東協成員國間的經濟差距相當明顯，部分東協較富有國家對於可能要求資助貧窮國家頗感不悅 (unhappy)；同時於面對外國投資與合作時，部分較富有國家喜歡以個別國家名義，而非整個東協名義來推動。另一方面，證據顯示較鉅額的貿易或貨物往來，事實上以「ASEAN+N」方式向外進行經濟合作時，可以吸引較多的外國投資。

2016 年美國也正式將「美國－東協」(US－ASEAN) 加強聯繫之計劃正式端上檯面；其他如日本、歐盟也對與東協加強聯繫，有極高興趣。

---

❹　Joseph Frankel, 1979, International relations in a changing world. p.93.

❺　See the Center of Policy Analysis and Development for Asia-Pacific and African Region at the Indonesia's ministry of Foreign Affairs (2011).

四、東協互不干涉 (non-interference) 可能必須重新思考予以調整

David Martin Jones 曾指出，《東協憲章》也可能有兩個相互矛盾之處，一是東協欲維持其一貫的互不干涉 (non-interference) 他國內政，以為本區域和平的基礎；另一則是東協欲推動民主與基本自由 (democracy and fundamental freedoms)。❻因此《東協憲章》表明東協強調民主價值、良善治理與拒絕違憲及透過非民主程序而達成政權的改變（移轉）。不言可喻，於 2008 年開始執行的《東協憲章》，或許沒有真正強制力，但作為東協組織的行為規範，《東協憲章》仍是各成員國家必須遵守的行為方式。筆者認為，東協仍然必須使用更強有力的外交手挽，來促使各層面達到成功。

東協對外團結一致，共同發聲，實際上可以使非東協國家認為東協是一個「可信任的組織」(reliable organization)，而事實上東協組織制定的政策也可代表各東協成員國，並促使其行為準則也趨向一致。

五、東協成員國實力差距仍然懸殊，影響東協共同體建設

及始於二十一世紀，東協各成員國政治制度多樣，意識型態各異，發展階段不同，且相互之間存在著不同形式的爭端，這為東協政治安全共同體建設設置了重重障礙。

東協共同體的建設不是一句空話，需要的是人員、物質和金錢的大量投入。對東協弱小國家而言，能否承擔起此項負擔還是個問題。例如，作為東協的輪值主席國，應主辦各種多如牛毛活動，對小國即是一筆不輕負擔，目前為止東協各國間貧富差距仍然很大，影響東協共同體建設。

東協主席由各國依其所屬國家的英文首字字母順序輪流擔任，2011 年原應由越南交棒汶萊，惟各國領袖於第十六屆東協高峰會同意由印尼代替擔任輪值主席，因此形成 2011 年印尼擔任東協主席職務（與東協秘書處）；2012～2014 年則分別由柬埔寨、汶萊及緬甸擔任東協輪值主席；2015～2016 年則分別由馬來西亞、寮國擔任東協輪值主席。

---

❻　Jones, David Martin, 2008, "Security and Democracy: the ASEAN Charter and the Dilemmas of Regionalism in Southeast Asia", International Affairs 84: 4, 735–756.

六、東協核心地位 (Centrality Status)，仍然有待觀察、驗證

　　如果僅以2012年金邊外長高峰會要斷言「東協中心地位」不可行，或以泰國、緬甸持續存在軍人干政情形而指稱東南亞國家不存在民主制度，是太過莽撞地妄下結語。東協存在歧異的歷史背景，宗教文化語言的多元化，較世界其他區域更為複雜。「東協方式」與「東協中心地位」或有其不可避免的缺失，但東協十個成員國藉著彼此間的互信，對於爭端矛盾的解決，採取磋商、溝通、協調的方式，至少做到1967年以來，各國政府不以軍事武力對抗，更形成東協日益重視治理與政府負責任的有效管理。

　　當然，有些國家的民主化不被肯定，如老東協成員泰國、新加坡、馬來西亞，民主有倒退疑慮；新東協成員柬埔寨、緬甸，步履更為搖擺不定。而東協方式如不干涉它國內政，往往是這些國家的「緩衝」(buffer)，但歷史發展與政治改革並非一蹴可成，「東協方式」強調中庸、緩和，也許正是減少衝突的重要因子，也更加可以加強東協中心地位的穩固。

第二節　2016年蔡英文總統提「新南向政策」

　　2016年民進黨總統當選人蔡英文，於2015年9月22日總統參選期間在民進黨黨慶年度例行的外交使節酒會上，提出未來將推動「新南向政策」，深化東南亞及印度的關係，把臺灣過去「南進政策」主要引導企業增加在東南亞國家的投資，轉為多元、多面向的夥伴關係，並建立未來雙方的民間交流、文化、教育研究等多方面的連結。❼她並承諾執政後將成立一個專案小組，積極執行此政策目標。依據民進黨國際部主任黃志芳說法，新南向政策是正面思考的政策，與舊的南向政策有三個不同❽：　1.不僅止於投資，而是多面向；　2.不是單向，而是雙向互惠的雙贏，包括

---

❼　蔡英文宣布「新南向政策」時強調，東協和印度即將成為世界上強大的經濟體，在臺灣希望推動貿易多元化的同時，強化臺灣對東協和印度的整體關係，是理所當然的選擇。參見 http://www.ettoday.net/news/20150922/568327.htm，瀏覽日期：2016年2月18日。

❽　http://udn.com/news/story/6656/1217095-%E3%80%8C%E6%96%B0%E5%8D%97%E5%90%91%E6%94%BF%E7%AD%96%E3%80%8D%E8%88%87%E8%A5%BF%E9%80%B2%E7%9B%B8%E8%BC%94%E7%9B%B8%E6%88%90，瀏覽日期：2016年2月10日。

可吸引東南亞國家高科技等優秀人才來臺；　3.不侷限在東南亞，還包括印度次大陸的諸多國家。

　　東協十國現有 6.25 億人口，排名全球第三，國內生產毛額合計 2.4 兆美元，名列全球第七，且已於 2015 年底建立「東協經濟共同體」(ASEAN Economic Community, AEC)。印度現有 12.9 億人口，排名全球第二，國內生產毛額合計 1.9 兆美元，名列全球第十。東協與印度因為勞動成本低，又擁有廣大且年輕的勞動力，2014 年東協五國的經濟成長分別為：菲律賓 6.1%、越南 6.0%、馬來西亞 6.0%、印尼 5.7% 與泰國 0.7%，印度則為 7.2%。IMF 2015 年 8 月最新《世界經濟展望報告》亦指出，東協及印度在擴大內需的支撐下，企業獲利仍維持強勁成長，將是亞洲及世界經濟成長的驅動器。

一、1993～1994 年：李登輝的「南向」政策

　　前總統李登輝主政時的南向政策，大約於 1993、1994 年提出，概括來說，當時南向政策就是我國為了拓展國際經貿關係與外交空間所發展出的政策，而因為東南亞地區與我國具有地緣關係，所以南向政策便以東南亞各國為主要的經貿對象。

　　「南向政策」其實就代表我國政府對東南亞地區的一個整體政策的總稱；也可視為是李登輝前總統所提出的「務實外交」(Pragmatic Diplomacy) 的一部分。

　　1993 年南向政策的提出除了經濟因素之外，背後的考量因素是想藉著我國對東南亞的投資，能與東南亞各國建立外交關係，進而提升我國國際地位的政治目的。1993、1994 年李登輝的「南向」，當時是臺灣經濟最亮麗的「臺灣奇蹟」時期。除了李登輝前總統曾經訪問新加坡，被稱為「來自臺灣的總統」外，訪問了菲律賓與印尼，與總統 Fidel V. Ramos 及印尼總統 Soeharto 於峇里島 (Bali Island) 見面；當年副總統連戰也曾訪問泰國、馬來西亞。

　　1993 年下半年臺灣開始積極地推動對外投資政策。1980 年代中期後，由於臺灣外滙存底大幅增加，政府也大幅放寬對海外投資範圍，加上當時臺幣急速升值，使傳統勞力密集產業快速移住東南亞國家。1990 年起開放對中國間接投資及貿易後，中國迅速取代東南亞，成為臺灣企業投資的主要地區。為避免對中國投資過度集中，進而左右臺灣經濟，經濟部在 1993 年 11 月 9 日公布《南進投資政策說帖》。❾

　　我政府先由時任經濟部長的江丙坤於 1993 年夏天宣布要將東南亞列為未來加強投資的地區，是第一波南向政策（1994～1996 年）之啟動；1993 年 11 月公布

---

❾　彭百顯主編，《南向政策與臺灣經濟未來》(臺北市：新社會基金會，1995)。

《南進投資政策說帖》，後於 1994 年至 1996 年推動（第一期）《加強對東南亞地區經貿工作綱領》，實施範圍涵括泰、馬、印、菲、星、越、汶等七國，我國南向政策遂正式展開。鑑於區域經濟整合趨勢及「東協自由貿易區」(ASEAN Free Trade Area-AFTA) 成立，該工作綱領於 1996 年底實施屆滿後，自 1997 年起延長三年至 1999 年底，並擴大實施範圍，涵蓋寮國、緬甸、柬埔寨、澳洲及紐西蘭等國，全名亦改為《加強對東南亞及紐澳地區經貿工作綱領》，等於是第二波南向政策（1997～2002 年）。❿

第二波南向政策起初計畫是以三年為期，但實施第一階段後於 1996 年底經過評估，政府決定再延長三年，並擴大其實施範圍；之後又為了因應東協整合趨勢，保持我國在東南亞的競爭力，又再度延長了三年，此政策一共延長了兩次，延續至 2002 年。

當時南向政策較著重在投資關係，因而被認為有著與西向較勁之意味。新的南向政策則是較為多元，從產業、觀光、年輕人創業，到文化、農漁醫療等，是朝向多面向的政策。臺灣可以和東協國家進行產業合作，以文化上的優勢，反向操作共同開發中國市場，新南向與西進是「相輔相成」。

二、2000～2008 年：陳水扁時期

陳水扁擔任第一任總統時，對中國釋出相當善意；在兩岸經貿政策上，提出「積極開放、有效管理」取代「戒急用忍」政策，簡化中國投資產業分類且大幅放寬投資中國項目與金額上限，甚至推動兩岸直航。

雖然「積極開放、有效管理」延續「戒急用忍」政策的基本思維，期待建構穩健的兩岸經貿政策，並促使臺商在放眼天下的同時，能夠根留臺灣；但是扁政府很快就發現兩岸經貿互動發展之快，猶如脫韁野馬，同時感受到中國對自己與民進黨政府的敵意與不信任，於是在 2002 年宣示將繼續推動南向政策。呂秀蓮副總統在同年 8 月率官員前往印尼，經濟部長林義夫亦於 10 月帶領投資團前往菲律賓考察，並尋求與東南亞國家洽簽自由貿易協定 (FTA)。

2006 年更改弦易轍，提出「積極管理、有效開放」政策，以期進一步管控臺商至中國之投資行為。陳水扁當時雖然試圖平衡經濟過度集中中國的論述與方案，但被對岸貼上「臺灣要走自己的路」之臺獨標籤，而無法有效凝聚共識。國際環境的

---

❿　黃奎博、周容卉，2014，我國「南向政策」之回顧與影響，http://nccur.lib.nccu.edu.tw/bitstream/140.119/73884/1/61-69.pdf，瀏覽日期：2016 年 2 月 12 日。

改變也是一項重大因素。中國國力在改革開放後快速崛起，成為國際上舉足輕重的國家；1997 年東亞金融風暴後中國更積極拉攏東南亞國家，使得臺灣漸失國際空間，遑論與東南亞國家簽訂 FTA，進行區域整合，最終落得邊緣化的下場。由此可知，一項政策能否成功推行，除應配合當下的時空環境，更需凝聚國內共識。

　　2002 年 7 月 29 日，陳水扁出席亞洲臺灣商會聯合總會年會時指出，「臺灣要走自己的路，走出臺灣的前途」。中國市場不過是全球市場的一部分，不是臺灣對外市場的唯一，他要求臺商在開拓市場時更應重視對東南亞的投資。並宣示重啟「南向政策」。之後，陳總統曾於 2002 年 8 月間指示提升臺灣與東南亞關係，使加強對美國、日本、歐盟及東南亞之關係成為臺灣當時外交工作之四大重點，而「南向政策」亦成為當時臺灣增進與亞太地區各國關係的努力方向之一。此波「南向政策」之目的在降低臺灣對中國的依賴性，以確保國家安全，與第一波南向政策著重經貿，尋找最適合的生產環境有所不同。為加強與東南亞經貿投資，2002 年 8 月 15 日於行政院召開「我國參與國際經貿事務策略小組」會議中，通過加強東南亞經貿投資配套措施，包括：

1. 建置東南亞經貿投資總人口網站，以利廠商評估赴東南亞投資利益與風險。
2. 解決臺商投資困難。
3. 協助紡織業者赴東南亞地區投資。
4. 加強雙邊資訊產業交流合作。
5. 透過 WTO 架構協助廠商尋求商機。
6. 協助臺商建立東南亞行銷通路。
7. 推動雙邊部長級經貿合作會議。
8. 建置東南亞勞工引進臺灣事宜的協商機制。
9. 其他有助於加強雙邊經貿投資措施等項。

三、2008～2016 年：馬英九時期

　　蔡英文提出外交政策，主張「穩定持續國際關係」、「與全球友邦營造永續關係」並「推動新南向政策」，總統府當晚立即發布新聞稿回應。❶馬英九時期主張「活路外交」，我國已與美國恢復「貿易與投資協定」下的談判，與日本簽定有關投資、海關、專利、電子商務等二十五個協定、與紐西蘭、新加坡簽署經濟合作或夥伴協

---

❶　〈小英提新南向政策總統府：無新意〉，http://www.cna.com.tw/news/aipl/20150922 0508-1.aspx，瀏覽日期：2016 年 1 月 23 日。

定。與十一國簽訂「青年打工度假協定」。我國也與東協多個國家完成經貿協定之可行性研究，中華民國護照更獲得一百四十八個國家或地區的免簽證待遇。遠遠超過前兩任總統執政時代的五十四國。至於南向政策方面，總統府陳以信指出，馬政府執政七年，我國對東協十國出口比例從 14% 穩定上升到 19%，同時將我國對中國（含香港）出口依賴從上任時的 40%，拉下一個百分點到 39%。數據證明馬總統成功分散我國出口市場，降低對大陸經濟過度依賴的風險。其他如在印度設處、在緬甸設機構，與東南亞國家簽訂三十五項協定，顯示前兩任政府都推動失敗的「南向政策」，馬總統也已經成功做到。

四、未來四至八年 (2016.5～2024.5)：蔡英文的新南向政策

　　蔡英文表示將建立「新南向政策研究小組」（新南向政策辦公室及智庫）：

1. 國家級南向「東協中心」組織、智庫，擴展至東協、印度南亞次大陸。
2. 加強公共外交 (Public diplomacy)。
3. 以人為核心的經濟戰略。希望未來以五年為期，與東協、南亞國家推動農業、經濟等發展。建立與東協、南亞國家二十一世紀新的夥伴關係。 ❷

　　蔡英文強調現今亞太地區經濟整合，最後一定會一體化，「這不是你重視哪裡而我不重視哪裡的問題，也不必要從政治角度強調，畢竟，每個國家都重視東協」。而新、舊南向政策的區隔有二：昔日是為了牽制無節制的西向，是政治目的；今日民進黨再提南向政策，是先肯定東協的基礎：「新南向政策的精神有二，一是臺灣在精神上應該把自己當成東協國家的一員，二是臺灣企業要把東協市場當臺灣內需市場的延伸，拓展東協市場。」 ❸

　　展望未來，東協如何發展，2020、2030 甚至 2050 年，若東協無法保持活力大步向前，將失去競爭力而萎縮；若東協內部團結、加強合作，能將自身視為和平、自由、中立組織，確實與大國保持等距，並如過往般由中得利，則東協的未來仍然將能優游於亞洲與全球，也可達成其區域政經整合中擔任「駕駛人員」的角色。

---

❷ 黃志芳，民進黨將成立新南向政策辦公室及智庫，http://www.chinareviewnews.com/doc/1041/9/4/3/104194380.html?coluid=93&kindid=8110&docid=104194380，瀏覽日期：2016 年 4 月 15 日。

❸ 民進黨國際部主任黃志芳接受媒體訪問表示，亞太地區經濟整合最後一定會一體化，何須從政治角度特別強調。https://theinitium.com/article/20160126-taiwan-new-southward-policy-Tsai/，瀏覽日期：2016 年 1 月 27 日。

五、臺灣新總統蔡英文「新南向政策」剖析

2016 年總統大選前，民進黨候選人蔡英文即提出「新南向政策」，意圖未來將我國對外之經貿外交與政經版圖擴大至東協與南亞的印度、巴基斯坦、孟加拉、斯里蘭卡等共十六國。

蔡總統此項政策，未必是其勝選之重大理由。但國人近八年來普遍認為馬政府施政過度向中國傾斜，且其宣稱 ECFA 的簽署，以及服貿、貨貿可能帶給臺灣的利基，但民眾可能認為僅「造福大企業富豪利益，一般老百姓平民無感」。

事實上，東協十國於成立將近五十年以來，於國際與區域的迅速發展為眾所目睹，美國總統歐巴馬除由 2009 年起，每年與十國領導人於紐約召開「美國－東協高峰會議外」，美國推動的 TPP 已有四個東協成員國（汶萊、新加坡、馬來西亞、越南）參加。而中國則指陳美國此舉係在分化中國與東協的關係，並於南海議題採取針對中國、挑撥情感的作法。

顯而易見，東協十國已是當前東亞與亞太區域的重要行為者，也是區域內外大國爭相拉攏的重要對象。除歐巴馬強力與東協釋出善意外，日本首相已遍訪東協十國，中國國家主席習近平與總理李克強兩人也遍訪了十個東協國家。

除了蔡總統審時度勢，善用臺灣既有的超過二十萬東南亞外籍配偶的自然優勢外，同時也善用眾多臺商已於東協國家建立良好的人脈與貿易投資關係。

由此可知，除了「有意義的參與外」(participation) 外，東協十國與印度確定是我國開拓對外關係的重心，「新南向政策」當然是蔡總統全球外交政策的重心，此不只是符合迫切的國家需求，同時也符合目前全球與區域的發展趨勢。

全球將近二百個國家，我國雖多有交往且同時維持二十二個邦交國。但不可否認，由於國家資源有限，小國外交還是必須將資源進行最有效的利用。新政府的全球外交布局，可能必須審時度勢，必要時臚列重要區域與重要國家的優先次序，（如美、日、中、歐盟、東協、南亞……），對於駐外代表與大使之設置，亦不必率由舊章，僅由基層外交官管道，而可以多甄補產官學界有良好認知與瞭解區域政經情勢之重量級人士參與。

2016 年 8 月 16 日蔡英文總統召集對外經貿戰略會談，並通過《新南向政策綱領》；未來不排除在適當時機，和對岸就相關領域議題協商與對話，促使新南向政策與兩岸關係相輔相成，共創區域合作典範。

包括行政院長林全、國發會主委陳添枝、陸委會主委張小月與國防、經濟、外交等部會首長在蔡英文召集下，就有關新南向政策的議題進行討論，並通過新南向

政策的政策綱領。蔡英文裁示，新南向政策是現階段臺灣整體對外經貿戰略重要一環，為了能有秩序和步驟展開相關工作，由國安會進行統籌工作。另外，總統府也成立新南向政策辦公室，國安會則在對外經貿戰略會談下成立專責的工作小組，行政院與各部會將陸續啟動與新南向有關的各項工作。

　　國安會於「對外經貿戰略會談」下成立工作小組專責此一工作，不排除適當時機，和對岸就相關領域議題協商與對話，促使新南向政策與兩岸關係相輔相成，共創區域合作典範。短中程目標分為四個部分：1.結合國家意志、政策誘因跟企業商機，促進並擴大貿易、投資、人才等雙向交流；2.配合經濟發展新模式，推動產業新南向戰略布局；3.充實並且培育新南向人才，突破發展瓶頸；4.擴大多邊及雙邊協商，加強經濟合作化解分歧。對外經貿戰略會談也提出《十大行動準則》，可謂一掃過去籠統敘述而較完整詮釋新南向政策的政策內涵。

　　一言以蔽之，臺灣與東南亞為近鄰，彼此關係重要性不言可喻。筆者認為臺灣新總統蔡英文大力推動「新南向政策」，未來如欲重啟關心與熱情，必須有下列要件：

1.戰略與戰術並重，有對應之配套措施。
2.十六國之歧異性很大，各國因應策略不盡相同且必須分開處理。
3.全方位思考新南向政策之政治、經濟、貿易、投資多方利益。
4.全球外交布局靈活，可能必須審時度勢，必要時臚列重要國家的優先次序。
5.精心挑選駐外代表與大使，甄聘人才亦不宜率由舊章，僅由基層外交官管道拔擢。
6.「新南向政策」當然是蔡總統全球外交政策的重心，但並非針對中國。

結　論

　　東協已進入第五個十年週期，但其未來發展仍是兼具向前邁進與不確定的狀態；由積極面而言，東協的發展更具制度化與合法化，例如東協與大國（如：中、印、日、美）合作推動成立政治安全、經濟與文化共同體；然而另一方面，東協亦面對諸多挑戰，包括即將來臨的經濟整合，東協內部的衝突，如泰緬的問題，有關緬甸政治改革的問題，以及環境汙染、反恐威脅和禽流感等跨國問題。

　　雖然東協的「互不干涉」(non-interference) 原則於近幾年多多少少似有「稀釋」趨勢，但對此區域的有效率多邊主義與合作而言，仍然是一項障礙。東協未來能否形成一個成功的區域組織，端賴東協組織是否維持團結一致，具備良好的治理能力，並持續推動內部之制度改革。

　　東協新本世紀想達成其主導區域政經整合之意願，並以東協中心地位 (ASEAN centrality) 方式來完成。然而近幾年東協部分國家內部治理不佳，民主化程度退後，例如泰國軍人政變控制國家與議會，緬甸、馬來西亞，甚至李光耀過世後的新加坡，都面臨民主績效不彰與內部政治紛擾問題，但因東協採行「互不干涉」原則，即使成立人權委員會，仍無法真正改善相關的不符民主程序，東協必須正視這些問題，改善相關事實。

　　東協依據自身實力型塑出一套東協專屬的東亞遊戲規則，東協於兼顧全球化、區域化的原則下，依據自身實力採行的東協模式看似寬鬆、無拘束，但卻能符合東亞國情、歷史與文化等因素，也因如此模式藉以凝聚東南亞共識與東協中心地位。「東協方式」如不干涉他國內政，究竟是該組織處理矛盾的「緩衝」(buffer) 方式，或是歷史發展與政經改革的「良方」(recipe)？仍然值得東協組織針對此矛盾，加以深思熟慮，取得成員國共識。

　　依當前情勢分析，東協持續整合與鞏固東協中心性，將能最大化東協各國與區域之利益。東協在後 2015 時代期待政治方面能維持和平與穩定、提升東協地位，經濟方面能增強競爭力、改善人民生活，區域內事務也能有效治理。未來十國積極攜手，努力實踐「東協共同體 2025 願景」，朝向「繁榮、和平與人本」的未來東協應屬樂觀可期。

參考書目

中文書目

專　書

Anderson, Benedict，吳叡人譯。《想像的共同體—民族主義的起源與散佈》。臺北：時報文化出版，1999 年。

Battistella, Dario，潘革平譯。《國際關係理論》。北京：社會科學文獻出版社，2010 年 11 月第 1 版。

Wendt, Alexander，秦亞青譯。《國際政治的社會理論》。上海：上海人民出版社，2000 年。

Appignanesi, Richard & Modernismm, Post，黃訓慶譯。《後現代主義》。臺北：立緒文化公司，2001 年。

Brown, Chris& Ainley, Kirsten，吳志成、劉豐等譯。《理解國際關係（第三版）》。北京：中央編譯出版社，2010 年 1 月第 1 版。

Collins, Alan，楊紫函譯。《東南亞的安全困境》。臺北：國防部史政編譯室，2004 年。

Dougherty, James E. & Pfalezgraff, Robert L，胡祖慶譯。《國際關係理論導讀》。臺北：五南圖書出版公司，1995 年。

Dougherty, James E. & Robert L. Pfaltzgraff，閻學通、陳寒溪等譯。《爭論中的國際關係理論》。北京：世界知識出版社，2003 年。

Everett, Michael W. and Mary A. Sommerville，楊連仲譯。《東南亞的多邊合作》。臺北：國防部史政編譯局，1996 年。

Heywood, Andrew，白雲真、羅文靜譯。《全球政治學》。北京：中國人民大學出版社，2014 年 1 月第 1 版。

Holsti, K. J，李偉成、譚溯澄合譯。《國際政治分析架構》。臺北：幼獅文化事業公司，1988 年。

Katzenstein, Peter J.，宋偉、劉鐵娃譯。《國家安全的文化：世界政治中的規範與認同》。北京：北京大學出版社，2009 年 3 月第 1 版。

Morgenthau, Hans Joachim，李保平、徐晰、郝望譯。《國家間政治—尋求權力與和平的鬥爭》。北京：中國人民公安大學出版社，1990 年。

Sørensen, George，李酉潭、陳志瑋譯。《最新民主與民主化》。新北：韋伯文化，2003 年 1 月。

Thiparat, Pranee & Abul Ahsan，黃偉傑譯。《美國在亞洲的角色：亞洲觀點》。臺北：國防部史政編譯室，2003 年。

Waltz, Kenneth，胡祖慶譯。《國際政治體系理論》。臺北：五南圖書出版公司，1991 年。

中華人民共和國編。《中國外交概覽》。中國世界知識出版社，1989 年。

方文秀、吳明澤。《臺灣參與東亞經濟整合之影響評估》。臺北：中華經濟研究院、經濟部研究發展委員會，2005 年。

方長平。《國際利益的建構主義分析》。北京：當代，2002 年。

方連慶、劉金質、王炳元主編。《戰後國際關係史 (1945–1995)》。北京：北京大學出版社，1999

年。

日本防衛廳防衛研究所編，曾清貴譯。《東亞戰略概觀》。臺北：國防部史政編譯室，2001 年。

王士錄、王國平。《從東盟到大東盟－東盟 30 年發展研究》。北京：世界出版社，1998 年 3 月第
　1 版。

王士錄、王國平。《從東盟到大東盟──東盟 30 年發展研究》。北京：世界知識出版社，1998
　年。

王士錄、王國平合著。《走向 21 世紀的東盟與亞太》。北京：當代世界出版社，1999 年。

王子昌。《東亞區域合作的動力與機制》。北京：中國社會科學出版社，2004 年。

王子昌。《東盟外交共同體－主體及表現》。北京：時事出版社，2011 年 1 月第 1 版。

王子昌、郭又新。《國家利益還是地區利益－東盟合作的政治經濟學》。北京：世界知識出版社，
　2005 年 4 月第 1 版。

王正毅。《邊緣地帶發展論－世界體系與東南亞的發展》。上海：上海人民出版社，1997 年。

王高成。《交往與促變：柯林頓政府對中共的外交戰略》。臺北：五南圖書公司，2005 年。

王傑主編。《國際機制論》。北京：新華出版社，2002 年。

王逸舟主編。《全球化時代的國際安全》。上海：上海人民出版社，1999 年。

王逸舟主編。《國際政治學：歷史與理論》。臺北：五南圖書公司，1999 年。

王緝思。《冷戰後美國的全球戰略和世界地位》。臺北：五南圖書公司，2001 年。

王緝思、查道炯主編。《中國學者看世界 6：非傳統安全卷》。香港：和平圖書公司，2006 年。

包宗和、吳玉山主編。《爭辯中的兩岸關係理論》。臺北：五南圖書，1999 年。

臺灣東南亞國家協會研究中心。《2009–2015 年東協共同體路徑圖中譯本》。臺北：財團法人中華
　經濟研究院臺灣東南亞國家協會研究中心，2011 年。

巨克毅主編。《東亞安全戰略與軍力發展》。臺北：鼎茂圖書出版，2008 年。

田中青。《站在起跑線上的東南亞》。臺北：五南，1993 年 6 月。

石之瑜。《後現代的政治知識》。臺北：元照，2002 年。

朱陽明主編，《亞太安全戰略論》。北京：軍事科學出版社，2000 年。

朱雲漢、賈國慶主編，《從國際關係理論看中國崛起》。臺北：五南，2010 年 9 月初版。

江啟臣、洪財隆主編，《東亞經濟整合趨勢論叢》。臺北：臺灣經濟研究院，2009 年。

艾利森布洛諾斯基編著，胡保鳳等譯。《21 世紀東南亞國協巡禮》。臺北：渤海堂文化公司，
　1988 年 7 月。

吳金平等編，《美國與東亞合作》。北京：世界知識出版社，2005 年。

吳俊才。《東南亞史》。臺北：正中書局，1977 年 1 月。

吳建德。《中國威脅論後冷戰時期中共軍備的擴張》。臺北：五南，1996 年。

吳玲君。《規則優勢下的亞太區域經貿整合》。臺北：洪葉文化，2015 年 1 月初版。

宋玉華。《開放的區域主義與亞太經濟合作組織》。北京：商務印書館，2001 年。

宋興洲。《動態的東亞經濟合作：理論性徵辯與實踐》。臺北：鼎茂圖書出版公司，2005 年。

宋鎮照。《臺海兩岸與東南亞──三角政經關係之解析》。臺北：五南，1999 年。

宋鎮照。《東協國家的政經發展》。臺北：五南，1996 年 5 月。

宋鎮照、林若雩、陳佩修、楊昊等著。《中國與東協的新政治經濟－建構主義的觀點》。臺北：五南，2010 年 12 月初版。

李一平、莊國土主編，《冷戰以來的東南亞國際關係》。廈門：廈門大學出版社，2005 年。

李文志。《後冷戰時代美國的亞太戰略：從扇形戰略到新太平洋共同體》。新北：學英文化事業公司，1997 年。

李曉崗。《「9·11」後美國的單邊主義與世界》。天津：天津人民出版社，2007 年。

李瓊莉。《亞太安全秩序的區域多邊途徑－衝突預防概念與實踐》。新北：生智，2014 年 10 月。

沈玄池。《國際關係》。臺北：高立圖書公司，2002 年。

汪毓瑋。《恐怖主義與國家安全》。臺北：幼獅文化出版社，2007 年。

阮宗澤。《中國崛起與東亞國際秩序的轉型：共有利益的塑造與拓展》。北京：北京大學出版社，2007 年。

周煦。《冷戰後美國的東南亞政策》。臺北：生智文化事業有限公司，2003 年。

肯尼斯華爾茲著，胡少華等譯。《國際政治理論》。北京：中國人民公安大學，1992 年版，

金榮勇。《東亞區域意識下的亞太戰略發展》。臺北：國立政治大學國際關係研究中心。

洪鎌德。《當代政治經濟學》。臺北：揚智文化事業股份有限公司，1999 年。

倪世雄。《西方國際關係理論》。上海：復旦大學出版社，2003 年。

倪世雄。《當代國際關係理論》。臺北：五南圖書出版公司，2006 年。

唐希中等著。《中國與周邊國家關係 1949–2002》。北京：中國社會科學，2003 年。

徐遵慈主編，《東南亞區域整合──臺灣觀點》，臺北：財團法人中華經濟研究院臺灣東南亞國家協會研究中心，2012 年。

徐遵慈主編。《東協共同體與臺灣──回顧與展望》。臺北：財團法人中華經濟研究院臺灣東南亞國家協會研究中心，2015 年。

秦亞青。《西方國際關係理論經典導讀》。北京：北京大學出版社，2009 年 4 月第 1 版。

秦亞青。《權力‧制度‧文化－國際關係理論與方法研究文集》。北京：北京大學出版社，2005 年 7 月第 1 版。

秦亞青主編。《東亞地區合作 2009》。北京：經濟科學出版社，2010 年。

耿協峰。《新地區主義與亞太地區結構變動》。北京：北京大學出版社，2003 年。

袁易。《中國遵循國際導彈建制遞解析──一個社會建構論的觀點》。臺北：五南，2004 年 3 月。

袁易。「安全全則」與美中關係：一個認知社群的分析架構」，收錄於包宗和、吳玉山主編，《爭辯中的兩岸關係理論》。臺北：五南圖書出版公司，1999 年，頁 389–432。

馬洪、鹽谷隆英。《經濟整合過程中東亞經濟的前景──The prospect of the East Asian economy in the process of economic integration》。香港：香港科文出版公司，2003 年。

馬普強主編。《當代東南亞國際關係》。北京，世界知識，2000 年 2 月第 1 版。

高長。《大陸經改與兩岸經貿關係》。臺北：五南圖書出版公司，1994 年。

高朗。《中華民國外交關係的轉變：1972–1992》。臺北：五南圖書出版公司，1994 年。

張亞中。《國際關係總論》。臺北：揚智文化事業股份有限公司，2003 年。

張佩珍。《兩岸經貿互動之新思維架構──全球化與大陸化》。全球化時代下的兩岸關係與中國大陸研討會，國立政治大學社會科學學院、行政院大陸委員會，財團法人兩岸共同市場基金會合辦，2001 年 12 月 22 日。

張劍華。《東南亞的變局》。臺北：正中書局，1979 年 2 月初版。

張錫鎮。《東南亞政府與政治》。臺北：揚智文化事業股份有限公司，1999 年。

張獻。《APEC 的國際經濟組織模式研究》。北京：法律出版社，2001 年。

張蘊嶺。《21 世紀世界格局與大國關係》。北京：社會科學文獻出版社，2001 年。

張蘊嶺。《東北亞區域經濟合作》（北京：世界知識出版社，2004 年）。

張蘊嶺。《東亞經濟社會發展的穩定與安全》。北京：中國社會科學出版社，2001 年。

張蘊嶺、周小兵主編。《東亞合作的進程與前景》。北京：世界知識出版社，2003 年。

梅平主編，《東亞合作還是亞太合作－亞太地區合作的機制與方向研究》，北京：世界知識出版社，2010 年。

莫大華。《建構主義國際關係理論與安全研究》。臺北：時英出版社，2003 年。

莫金蓮。《亞太區域合作研究》。長沙：湖南人民出版社，2007 年。

許敦茂。《泰中建立憶述》。北京：新華出版社，1991 年。

郭定平。《東亞共同體建設的理論與實踐》。上海：復旦大學出版社，2008 年。

郭秋永。《政治學方法論研究專集》。臺北：臺灣商務印書館，1988 年。

郭樹勇。《從國際主義到新國際主義：馬克思主義國際關係思想發展研究》。北京：時事出版社，2006 年。

郭樹勇。《建構主義與國際政治》。北京：長征，2001 年。

陳水逢。《東南亞各國的政治社會動態》。臺北：臺灣商務印書館，1977 年。

陳玄洙、歐拜·烏·哈克編。《S. 拉惹勒南政治主編集》。拉惹勒南訪問紀，1981 年。

陳欣之，《東南亞安全》。臺北：生智文化事業有限公司，1999 年。

陳牧民，《國際安全理論－權力、主權與威脅》。臺北：五南圖書出版公司，2009 年。

陳建人。《東盟的今天與明天－東盟發展趨勢及其在亞太的地位》。北京，經濟管理，1999 年。

陳柏宇。《國際關係的亞洲學派－中國、日本與印度的「再世界化」》。臺北：臺大政治中國中心，2013 年 3 月。

陳添枝。《不能沒有 ECFA：東亞區域經濟整合對臺灣的挑戰》。臺北：兩岸交流遠景基金會，2010 年。

陳添枝、鹽谷隆英。《迎向東亞經濟整合》。臺北：中華經濟研究院，2005 年。

陳嶽、陳翠華。《李光耀－新加坡的奠基人》。北京：時事出版社，1990 年。

陳鴻瑜。《東南亞國家協會之發展》。南投：國立暨南國際大學東南亞研究中心出版，1997 年 3 月。

陸建人。《東盟的今天與明天－東盟的發展趨勢及其在亞太的地位》。北京：經濟管理出版社，1999 年 9 月第 1 版。

陸建人。《東盟的今天與明天──東盟的發展趨勢及其在亞太的地位》。北京：經濟管理出版社，1991 年。

童振源。《東亞經濟整合與臺灣的戰略─The East Asian economic integration regime and Taiwan's strategy》。臺北：政大出版社出版：國立政治大學發行，2009 年。

黃星球、莊國土。《東盟研究》。北京：世界知識出版社，2012 年 12 月第一版。

黃朝翰。《中國與亞太地區變化中的政治經濟關係》，廣州：暨南大學出版社，1990 年。

黃德福。《民主與民主化》。新北：韋伯文化，1998 年 10 月初版。

楊作洲。《南海風雲》。臺北：正中書局，1993 年。

楊昊、陳琮淵主編。《臺灣東南亞研究新論─圖像與路向》。臺北：洪葉文化，2013 年 10 月初版。

楊建成。《華人與馬來亞建國》。中國學術著作獎助委員會，臺北，1972 年 3 月初版。

楊棟樑、鄭蔚。《東亞一體化的進展及其區域合作的路徑》。天津：天津人民出版社，2008 年。

葉仕臻譯。〈東南亞諸國海軍航空兵力〉，《亞太安全譯文彙集 III》。臺北：國防部史政編譯局，1999 年。

詹滿容、林文程。《亞太集體安全體系之建構與我國扮演之角色》。臺北：行政院研究發展考核委員會，1996 年。

趙萬裡。《科學的社會建構─科學知識社會學的理論與實踐》。天津：天津人民，2001 年。

劉大年、史惠慈、李淳、顧瑩華，區域整合論壇研究─東亞區域經濟整合之研究，2010 年。

劉迪輝、汪新生（主編），《東盟國家內外關係》。香港：天馬圖書有限公司出版，2002 年。

劉復國。《東南亞恐怖主義與亞太安全》。臺北：遠景基金會，2007 年。

蔡東杰。《兩岸外交策略與對外關係》。臺北：高立圖書公司，2001 年。

蔡東杰。《全球與亞太區域戰略格局發展》。臺北：鼎茂圖書，2009 年。

蔡東杰。《東亞區域發展的政治經濟學》。臺北：五南，2007 年。

衛民。《中華民國的雙邊外交」─功能外交的探討》。臺北：業強出版社，1993 年。

衛林等編。《第二次世界大戰後國際關係大事紀》。北京：中國社會可續出版社，1991 年。

鄭先武。《安全、合作與共同體─東南亞安全區域主義理論與實踐》。南京：南京大學出版社，2009 年 2 月第 1 版。

蕭全政。《政治與經濟的整合》。臺北：桂冠圖書，1994 年。

閻學通。《中國與亞太安全：冷戰後亞太國家的安全戰略走向》。北京：時事出版社，1999 年。

閻學通、王緝思。《中國學者看世界》。香港：和平圖書公司，2006 年。

謝益顯主編。《中國外交史 1949–1979》。河南：河南人民出版社，1988 年。

蘇浩。《從啞鈴到橄欖：亞太安全合作研究》。北京：世界知識出版社，2003 年。

顧長永。《臺灣與東南亞的政治經濟關係》。臺北：風雲論壇出版社，1998 年。

中文期刊

Wendt, Alexander，秦亞青譯「為什麼世界國家是歷史的必然：目的論與無政府邏輯」，《世界經

濟與政治》，第 11 期（2003 年），頁 57–62。

Wendt, Alexander，「國際政治中的三種無政府文化」，《美歐季刊》，第 15 卷，第 2 期（2001
　　年），頁 153–198。

Smoke, Richard，王海濱譯，「國家安全事務」，《政治科學大全》，第 8 卷（1983 年），頁 329–
　　457。

于迎麗，「APEC 高峰會及對東亞經濟合作的影響」。《臺灣經濟研究月刊》，第 32 卷，第 11 期
　　（2009 年），頁 86–89。

方長平，「國家利益建構的國內層次研究」，《歐洲》，第 3 期（2002 年），頁 21–26。

王岩，「中國與新加坡關係的發展：回顧與展望」，《南洋問題研究》，第 1 期（1995 年），頁 41–
　　53。

代帆，張博。「阿羅約時期菲美安全合作及其影響」，《東南亞研究》，第 4 期（2015 年），頁 27–
　　37。

田中青，「試論東亞共同體」，《當代亞太》，第 10 期（2004 年），頁 12–18。

石之瑜，「作為藝術的政治學——兼評建構主義的科學哲學立場」，《美歐季刊》，第 15 卷，第 2
　　期（2001 年），頁 293–310。

石之瑜，「現實主義國際政治學的知識脈絡」，《問題與研究》，第 39 卷，第 7 期（2000 年），頁
　　37–53。

朱奕嵐，「FTAAP 的前景與亞太區域經濟整合的未來」，《臺灣經濟研究月刊》，第 29 卷，第 12
　　期（2006 年），頁 62–66。

江啟臣，「『東協－中國 FTA』與臺灣應有之策略思維」，《當代中國研究通訊》。第 4 期，頁 21。

江啟臣，「2000 年後亞太區域架構的發展與演變：兼論對臺灣的政治經濟意涵」，《全球政治評
　　論》，第 21 卷（2008 年）頁 83–106。

江啟臣，「亞太區域經濟整合與亞太自由貿易區」，《亞太經濟合作評論》，第 15 卷（2007 年）頁
　　16–28。

宇都宮溪，東協在大國參與區域整合後之多邊主義策略，全球政治評論 (Review of Global
　　Politics) 第四十七期 (2014) No.47，頁 121–144

吳玲君，「東協國家 APEC 政策的政經因素」，《問題與研究》，第 39 卷，第 3 期（2000 年），
　　頁 39–55。

吳玲君，「亞太安全理事會與臺灣之角色」，國立政治大學關系研究中心（2002 年）。

吳玲君，「亞太經濟合作會議與區域安全」，《問題與研究》，第 37 卷，第 11 期（1998 年），頁 1–
　　13。

吳玲君，「東協國家與東亞經濟合作：從「東協加三」到「東亞高峰會」。《問題與研究》，第 46
　　卷，第 2 期（2007 年），頁 117–139。

吳祖田，「東南亞國家協會組織之發展與回顧」，《問題與研究》，第 37 卷，第 8 期（1998 年），
　　頁 35–48。

吳榮義，「我國參與亞太經濟整合的策略」。《亞太經濟合作評論》，第 16 期（2009 年）頁 7–17。

宋偉，「國際組織的結構主義分析」，《東南亞研究》，第 1 期（2002 年），頁 72–77。

宋國誠，「論中共經濟國力－歷史累積、戰略目標與前景預測」，《問題與研究》，第 40 卷，第 3 期（1997 年），頁 43–65。

宋興洲、林佩霓，「東南亞國協與區域安全」，《全球政治評論》，第 25 期（2009 年），頁 1–52。

宋鎮照，「東亞區域經濟整合與臺灣區域發展」，《海峽評論》，第 181 期（2006 年），頁 23–25。

宋鎮照，「從東亞經濟整合趨勢看臺灣區域發展思維與策略」，《立法院新聞》，第 34 卷，第 8 期（2006 年），頁 9–26。

宋鎮照、蔡相偉，「亞太經貿開啟雙軸競爭格局之新秩序：RCEP vs. TPP 發展之政經分析」，《戰略安全研析》，第 90 期（2012 年），頁 13–24。

李峰，鄭先武，「印度尼西亞與南海海上安全機制建設」，《東南亞研究》，第 3 期（2015 年），頁 52–61。http://www.chinathinktanks.org.cn/content/detail/id/2899412

李隆生，「以東協為軸心的東亞經濟整合：從區域主義到全球化？」，《亞太研究論壇》，第 33 期（2006 年），頁 101–124。

李學保，「全球化背景下的安全：國家的地位與作用」，《現代國際關係》，第 5 期（2004 年），頁 14。

李瓊莉，「日本與亞太多邊機制的形成」，《遠景基金會季刊》，第 11 卷，第 2 期（2010 年），頁 99–138。

李瓊莉，「亞太綜合性安全合作的發展」，《新世紀亞太情勢與區域安全》，臺北：國立政治大學國際關係研究中心（2003 年），頁 170–171。

李瓊莉，「東亞『新區域主義』的發展對 APEC 的影響：從東亞高峰會觀之」，《亞太經濟合作評論》，第 13 卷（2005 年），頁 33–43。

李瓊莉，「東南亞安全中的經濟因素：從亞洲風暴到巴厘協議」，國立政治大學國際關係研究中心（2006 年）。

李巍，「東亞經濟地區主義的終結？──制度過剩與經濟整合的困境」，《當代亞太》，第 4 期（2011 年），頁 6–32。

沈明室，「影響臺海安全之印度與澳洲因素」，《國防政策評論》，第 3 卷，第 1 期，2002 年，頁 2。

沈松僑，「和解的東亞共同體如何可能？」，《臺灣社會研究》，第 71 期（2008 年）頁 281–286。

亞太安全合作理事會中華民國委員會，《亞太安全合作理事會中華民國委員會會訊》，第 1 期（1997 年），頁 2–4。

周忠菲，「美國的 APEC 戰略：『變調』還是『不變調』？──對 APEC 峰會的展望」，《臺灣經濟研究月刊》，第 33 卷，第 11 期（2010 年），頁 97–102。

林正義，「亞太安全保障的新體系」，問題與研究，卷 35 期 12（1996 年），頁 1–18。

林正義，「東南亞區域安全體系的研究：理論與實際」，中央研究院東南亞研究論文系列，第 23 號（1998 年 10 月），頁 1–123。

林永芳，「東亞區域經濟整合中、美因素的影響」，《國家發展研究》，第 9 卷，第 2 期（2010

年），頁 81–121。

林若雩，「中共與東南亞之經濟整合現狀與發展」，《中華歐亞基金會研究通訊》，第七卷，第 12 期（2004 年）。

林若雩，「評析中國於東亞高峰會之角色」，《臺灣國際研究季刊》，第 1 卷，第 4 期（2005 年），頁 65–90。

林若雩，「二十一世紀初東南亞的安全策略與大國關係——兼論臺灣因應之道」，《國家發展研究》，第六卷第二期。（2007 年 6 月），頁 29–66

林若雩，「東協與中國達成《南海行動宣言》的意涵與臺灣的因應之道」，《新世紀智庫論壇》，July（2011 年），第 55 期，頁 56–70。

林若雩，「近期美國派遣拉森號軍艦進入南海之情勢分析」（An Analysis of the US'S Lassen Patrolling in the South China Sea），《展望與探索》，2015 年，頁 27–35。

林若雩，《2015 年の ASEAN 経済共同体一事実か幻想か?》一日文版『問題與研究』問題と研究季刊，（2015 年）第 44 卷 3 号，pp. 1–44

林若雩，「剪不斷理還亂：中國大陸南海島嶼造陸的戰略意涵」。《展望與探索》（2014 年），第 12 卷第 11 期。

林若雩，「近期越南強化南海維權作為」。《展望與探索》（2014 年），第 12 卷第 3 期。

林若雩，「蔡英文的『新南向』政策，牛肉在哪裡?」，風傳媒，2016 年 5 月 17 日。http://www.storm.mg/article/118918.

林若雩，《南邊鄰居結盟辦喜事，台灣如何思考自己的未來?》，風傳媒，2016 年 1 月 3 日。06:20 http://www.storm.mg/article/77245

林欽明，「東協公民社會會議／東協人民論壇在東協高峰會上的地位」，《戰略安全研析》第 97 期（2013/5/1），頁 35–44。

林姮妤，「解構溫特建構的『康得文化』一從康得的『盧梭難題』到溫特的『康得難題』」，《淡江人文社會學刊》，33 期，頁 40–71。

林碧炤，「國際衝突的研究途徑與處理方法」，《問題與研究》，第 35 卷，第 3 期（1996 年），頁 6–7。

林碧炤，「論集體安全」，《問題與研究》，第 33 卷，第 8 期，1994 年 8 月，頁 3–4。

金秀琴，「東亞區域經濟整合之發展及對我國之影響」，《經濟研究》，第 4 期（2003 年），頁 235–261。

金榮勇，「形成中的東亞共同體」，《問題與研究，第 44 卷，第 3 期（2005 年），頁 33–56。

金榮勇，「東亞金融風暴對東協組織的影響」，《問題與研究》，第 38 卷，第 2 期（1999 年），頁 55–68。

金榮勇，「緬甸軍人政府的未來發展——加入東協後之展望」，《問題與研究》，第 38 卷第 3 期（1997 年），頁 81–90。

金榮勇，美國在東亞戰略角色之調整，國際關係學報第二十三期（2007 年 1 月），頁 91–122。

金燦榮，「中國是恐怖主義受害方，需國際合作」，中國評論新聞 hk.crntt.com/doc/93_10095_

103490577_1.html，2014 年 11 月 24 日

門洪華，「中國和平崛起的國際戰略框架」，《世界經濟與政治》，第 6 期（2004 年），頁 14–19。

姜文學，「TPP 在美國重塑國際貿易秩序中的雙重功能」，《財經問題研究》，第 12 期，（2012年），頁 81–89。

施冠宇，「亞洲區域整合現況與未來發展」，《臺灣經濟研究月刊》，第 30 卷，第 12 期（2007年），頁 18–26。

施偉仁、許倫彰，「東亞高峰會成立的意涵與臺灣的因應策略：全球化與區域化的觀點」。《新世紀智庫論壇》，第 38 期（2007 年），頁 100–113。

洪財隆，「東亞高峰會」後的東亞經濟整合趨勢兼談臺灣因應之道」，《臺灣經濟研究月刊》，第 29 卷，第 1 期（2006 年），頁 90–94。

洪財隆，「經濟整合之路 東亞走得辛苦」，《財經. 文化週刊》，第 175 期（2005 年）。

洪讀，「東協為核心的區域經濟整合及對我國的衝擊」，《國家政策論壇季刊》，2004 年 1 月。

胡學雷，「國際社會結構是觀念建構嗎?」，《世界經濟與政治》，第 6 期（2002 年），頁 16–20。

范林詠，「APEC 空洞化之危機──亞洲區域經濟整合對臺灣之影響」，《亞太經濟合作評論》，第 14 期（2006 年），頁 93–104。

徐堅，「和平崛起是中共的戰略選擇」，《國際問題研究》，第 2 期（2004 年），頁 3。

徐堅，「當前國際關係調整中的若干趨向」，《綜合論壇》，第 2 期（2003 年），頁 7–16。

秦亞青，「文化、文明與世界政治：不斷深化的研究議程」，《世界經濟與政治》，第 11 期（2010年），頁 4–15。

秦亞青，「國家身分、戰略文化和安全利益」，《世界經濟與政治》，第 1 期（2003 年），頁 10–15。

秦亞青，「國際政治的社會建構─溫特及其建構主義國際政治理論」，《美歐季刊》，第 15 卷，第 2 期（2001 年），頁 231–264。

秦亞青，「國際體系的無政府性──評溫特『國際政治的社會理論』」，《美國研究》，第 2 期（2001 年），頁 135–145。

翁明賢，「全球化下國家安全戰略的另類思維：建構主義的觀點」，《新世紀智庫論壇》，27 期（2004 年），頁 11–18。

袁易，「海牙反彈道導彈擴散準則：國際規範之建立」，《問題與研究》，第 42 卷，第 3 期（2003年），頁 1–26。

袁易，「對 Alexander Wendt 有關國家身分與利益分析之批判；以國際防擴散建制為例」，《美歐季刊》，第 15 卷，第 2 期（2001 年），頁 265–291。

馬櫻，「論東南亞區域主義的特點」，《東南亞研究》，第 3 期（2001 年），頁 4–9。

高木誠一郎，「中國經濟社會發展及國際情勢」，《中國的發展與今後的亞洲》，2006 年，頁 142。

高長、吳瑟致，「中國崛起對東亞區域主義的影響」，《遠景基金會季刊》，第 10 卷，第 2 期（2009 年），頁 1–48。

張中勇，「美國當前的國際衝突的認知與處理策略──從『美國和平研究中心』研究論述觀察」，

《美歐月刊》，第 10 卷，第 5 期（1995 年），頁 40–52。

張中勇，「國際恐怖主義的演變與發展」，《戰略與國際研究》，第 4 卷，第 1 期（2002 年），頁 1–57。

張心怡，「『東協 +3』 V.S. 『跨太平洋策略性經濟夥伴協定 +N』：亞太經濟整合的擴大及其效應」，《國際關係學報》，第 29 期（2010 年），頁 131–168。

張惠玲，「亞洲金融危機對中共區域霸權目標之影響」，《問題與研究》，第 39 卷，第 2 期（2000 年），頁 51–66。

張遠鵬，「APEC 與東亞區域經濟合作」，《臺灣經濟研究月刊》，第 31 卷，第 11 期（2008 年）頁 93–97。

曹雲華，「大東盟之戰略與中共對外政策之新課題」，《東南亞研究》，第 1 期（1997 年），頁 2–4。

曹雲華，「在大國間周旋」，《暨南學報》哲社版，2003 年 3 月。

梁嘉桓，「東亞共同體：歐盟模式?」，《展望與探索》，第 8 卷，第 3 期（2010 年），頁 84–91。

莫大華，「治絲愈棼的國際關係理論研究──對黃旻華先生的評論之回應」，《問題與研究》，第 39 卷，第 11 期（1999 年），頁 95–101。

莫大華，「國際關係建構主義理論的心物二元論：Alexander Wendt 量子社會科學理論的分析與批判」，《問題與研究》，第 49 卷，第 1 期（2010 年），頁 29–58。

莫大華，「論國際關係理論中的建構主義」，《問題與研究》，第 38 卷，第 9 期（1999 年），頁 93–109。

莫大華，「澳洲參與五國防禦安排對東南亞區域安全的影響」，《問題與研究》，第 37 卷，第 9 期（1998 年），頁 19–30。

許志嘉，「中共對臺軍事孤立策略與效果」，《東亞研究》，第 35 卷，第 2 期（2004 年），頁 83。

許峻賓，「TPP 的發展與我國因應之道」，《臺灣經濟研究月刊》，第 35 卷，第 6 期（2012 年），頁 61–69。

許峻賓，「亞太地區區域主義的發展，《臺灣經濟研究月刊》，第 30 卷，第 8 期（2007 年），頁 88–93。

陳佩修，「邁向『安全共同體』的建構? 論東南亞國協『安全治理』的機會與限制」，《全球政治評論》，第七期（2004 年），頁 67–84。

陳勁，「緬甸在東協的角色及影響」，《問題與研究》，第 39 卷，第 9 期（2000 年），頁 13–34。

陳建榮，「第二軌道外交與東盟地區論壇」，《東南亞研究》，第 4 期（2004 年），頁 45。

陳峰君，「加強中國與東盟合作的戰略意義」，《國際政治研究》，第 1 期（2004 年），頁 24–29。

陳德民，「多極化仍是當今世界的發展趨勢」，《現代國際關係》，第 11 期（1999 年），頁 4–9。

陳鴻瑜，「後冷戰時期東亞權力關係變化：對文化經濟論之批評」，《東南亞季刊》，第 1 卷，第 1 期（1996 年），頁 1–12。

陸建人，「中國－東盟建立對話夥伴關係 15 年回顧與展望」，《廣西大學學報》，第 29 卷，第 2 期（2007 年），頁 1–6。

章百家，「改變自己，影響世界——20 世紀中國外交基本線索芻議」，《中國社會科學，第 1 期（2002 年），頁 4–19。

童振源，「東亞經濟整合與臺灣的戰略」，《問題與研究》，第 45 卷，第 2 期（2006 年），頁 25–60。

童益民，「東亞經濟整合對 APEC 的衝擊」，《亞太經濟合作評論》，第 13 期（2005 年），頁 21–32。

黃旻華，「評『論國際關係理論中的建構主義』」，《問題與研究》，第 39 卷，第 11 期（2000 年），頁 71–94。

黃啟成，「國家主權與人權－亞洲人權的回應」，《香港文化研究》，第七期（1997 年），頁 8。

楊永明，「東協區域論壇：亞太安全之政府間多邊對話機制」，《政治科學論叢》，第 11 卷（1999 年），頁 145–180。

楊昊，「安全治理」的理論與實踐：以東南亞國協安全治理模式的建構與演化為例」，《臺灣政治學刊》，第 9 卷，第 2 期（2005 年），頁 153–231。

楊昊，「Amitav Achaya. 2002 Regionalism and Multilateralism: Essays on Cooperative Security in the Asia-Pacific」，《臺灣東南亞學刊》，第 2 卷，第 2 期（2005 年），頁 159–163。

楊昊，「東協峇里第三宣言後的集體外交新挑戰」，2011/1/11。

楊昊、黎依芯，「脆弱的共同體？東南亞人口販運的非傳統安全挑戰與區域回應」，《臺灣東南亞學刊》10:3 2015.10，頁 105–134。

鄒念祖，「聯合國國際人權外交－中共的認知與政策」，《問題與研究》，第 38 卷，第 8 期（1999 年），頁 90–91。

廖文義，「國際關係理論中的建構主義學派」，《通識研究集刊》，第九期（2006 年），頁 247–270。

翟坤、餘翔，「從東盟年會看東盟合作機制的發展」，《現代國際關係》，第 9 期（2000 年），頁 29–30。

趙海立，「冷戰後中國對東南亞國際政治行為的基本特徵」，《南海問題研究》，第 4 期（2004 年），頁 64–70。

劉大年，「全球區域整合下臺灣的思維」，《經濟前瞻》，113 期（2007 年），頁 52–58。

劉復國，「綜合性安全與國家安全－亞太安全概念適用性之檢討」，《問題與研究》，第 38 卷，第 2 期（1999 年），頁 21–37。

劉善國，「巴基斯坦政局從動蕩步入穩定」，《南亞研究季刊》，第 3 期（1997 年），頁 17–22。

劉德海，「陸克文亞太共同體倡議之研析」，《WTO 研究》，14 期（2010 年），頁 133–150。

範菊華，「規範與國際制度安排：一種建構主義闡釋」，《現代國際關係》，第 10 期（2002 年），頁 56–61。

蔡東杰，東南亞地區反恐情勢與未來發展，第二屆恐怖主義與國家安全學術研討暨實務座談會論文，汪毓瑋主編，《恐怖主義與國家安全》，Page(s) 42–54.

蔡佩蓉，「從區域主義的實踐論中共與東協簽署自由貿易協定之影響」，《共黨問題研究》，第 28 卷（2002 年 12 月）。

鄭永年，中國需要調整反恐戰略不能重復美國模式 (2015/10/30) www.tglj.com/thread-2329-1-1.html

http://news.cnyes.com/20151020/20151020081906537342810.shtml

鄭端耀，「國際關係『社會建構主義理論』評析」，《歐美季刊》，第 15 卷，第 2 期（2001 年），頁 199-229。

鄭端耀，「國際關係『新自由制度主義』理論之評析」，《問題與研究》，第 36 卷，第 12 期（1997 年），頁 1-22。

鄭端耀，「國際關係攻勢與守勢現實主義理論爭辯之評析」，《問題與研究》，第 42 卷，第 2 期（2003 年），頁 1-18。

餘碁鎵，「21 世紀的亞太共同體」，《臺灣經濟研究月刊》，第 33 卷，第 4 期（2010 年），頁 49-54。

盧信吉，「現階段東協經濟共同體之評析」，《全球政治評論》，第 50 期（2015 年），頁 19-24。

盧業中，「東協區域合作：國際關係理論的再檢視」，《亞太經濟合作評論》，第 12 期（2004 年），頁 87-100。

賴怡忠，「歐巴馬時代的美國——亞太關係展望」，《臺灣國際研究季刊》，第 5 卷，第 1 期（2009 年），頁 43-79。

嶽宏傑、馮禎，「國際生產網路：東亞新國際分工形式的思考」，《現代商貿工業》，第 2 卷，第 50 期（2007 年），頁 50。

謝福進，「東協國家之安全觀及其對中共威脅認知的演變」，《海華與東南亞研究》，第 3 卷，第 4 期（2003 年），頁 1-36。

藍玉春，「從建構主義探討形塑中的歐洲認同」，《全球政治評論》，第 25 期（2009 年），頁 81-116。

顧長永，「臺灣與亞太區域的『複合互賴』發展」，《東南亞季刊》，第 1 卷，第 4 期（1996 年），頁 72-73。

魏百谷，「俄羅斯與東南亞國協的關係：政治熱，經濟冷」，www.aseancenter.org.tw/upload/files/outlook006-03.pdf《2013》

蕭全政，東亞「區域主義」的發展與臺灣的角色。《政治科學論叢》第十四期，民國 90 (2001) 年 6 月，頁 201-222

學位論文

丁銘泉。《現實主義下的東南亞區域安全》。國立中山大學碩士論文，1995 年。

林若雩。「新加坡、臺灣、南韓的政治市場與威權轉型之比較」。國立臺灣大學政治學研究所博士論文，1995 年。

黃旻華。「國際關係批判理論的重建與評論：科學實存論的觀點」。中山大學政治學研究所碩士論文。

葉定國。「論臺灣的國家安全——一個國際關係建構主義觀點的研究」。國立中山大學中山學術研究

所博士論文，2004 年。

研討會論文

方天賜。「民族主義與恐怖主義」。收錄於張亞中主編，《國際關係總論》，臺北：揚智，2003 年。

王冠雄。「南海海域非傳統因素對我國安全影響之探討」。發表於亞太和平觀察研討會，2006 年。

李文志。全球「治理」下亞太安全研究的省思與提示：歷史制度論的觀點，2005 年臺灣的東南亞區域研究年度論文研討會，2005 年 4 月 28、29 日，南投：埔里。

李寅豪、沈明室。「東協非傳統安全機制之形成」。發表於陸軍官校八十九週年校慶學術研討會，2013 年 5 月 27 日。

林正義。「後冷戰時期中華民國國防戰略選擇途徑」。行政院大陸委員會及空軍官校社會科學部軍事社會科學研究中心合辦「後冷戰時期兩岸國防軍事發展學術研討會」論文，高雄空軍官校，1996 年。

林若雩、林正義。「東協建構安全共同體：安全思維的轉變，1967–2007」。

林若雩。「臺灣在東亞區域整合的危機與挑戰」。第五屆兩岸遠景論壇：「東亞區域整合與兩岸關係」研討會，2005 年。

林若雩。「亞洲價值的再檢視——金融風暴的政治經濟分析」。《世界新格局與兩岸關係研討會論文集》，上海：國際問題研究所及淡江大學國際研究院編印，1999 年 10 月。

徐本欽。「中國的過去，現在與未來」。國際學術研討會論文集，1992 年。

袁易。「中國參與外空建置之解析：一個建構論的觀點」。行政院國家科學委員會專題研究計畫成果報告，2009 年 11 月 6 日。

張錫鎮。「中國同東盟的睦鄰互信夥伴關係」，收錄於《中國的發展與二十一世紀的國際格局》，北京：北京大學國際政治系出版，1998 年。

陳文賢。「印度在新世界秩序形塑中的角色」，收錄於施正鋒主編，《外交戰略》，臺北：國家展望文教基金會，2004 年，頁 321–342。

黃競涓。「國際關係理論中的後實證主義學派」。收錄於張亞中主編，《國際關係總論》，臺北：揚智，2003 年。

趙文志。「東南亞國家協會的發展與挑戰——從集體行動邏輯的觀點分析之」。臺灣東南亞區域研究論文研討會，2005 年。

蔡東杰。「東南亞地區反恐情勢與未來發展」。第二屆恐怖主義與國家安全學術研討暨實務座談會論文，2006 年。

羅致政。「轉型中的東亞戰略環境」，「中國的發展與今後之亞洲－臺日論壇 2006 年臺北會議論文集」。中華歐亞基金會主編，臺北，世界和平研究所出版，2006 年。

報　紙

《人民日報》，2004 年 08 月 04 日，版 3。

《大公報》，香港，1998 年 12 月 16 日。

《大公報》，香港，2000 年 7 月 19 日。

《中國時報》，2004 年 11 月 3 日，版 A14。

《中國時報》，2004 年 12 月 2 日，版 A4

《聯合報》，2003 年 10 月 8 日，版 12。

《聯合報》，2003 年 10 月 26 日，版 2。

《朝日新聞》，2002 年 1 月 14 日，版 1。

《商業時報》，新加坡，1998 年 8 月 29 日～30 日，東南亞專版。

《新華月報》，1993 年 6 月，頁 107–108。

《新華月報》，1995 年 9 月，頁 146。

英文書目

Book

Acharya, Amitav, "Collective Identity and Conflict Management in Southeast Asia," in Emanuel Adler and Michael Narnetteds., *Security Communities* (Cambridge: Cambridge University Press, 1998)

Acharya, Amitav, Constructing a Security Community I Southeast Asia: ASEAN and the Problem of Regional Order (London: Routledge, 2001).

Acharya, Amitav, "Regional Institutions and Regional Security Order: Norms, Power and Prospects for Peaceful Change", in Alagappa, Muthiah, ed., *Asian Security Order: Instrumental and Normative Features,* Stanford University Press, 2003.

Acharya, Amitav, "Regionalism and Regime Security in the Third World:Comparing the Origins of the ASEAN and GCC," in Brain L.Job eds., *The Insecurity Dilemma: National Security of Third World States* (Boulder: L. Rienner Publisher, 1992).

Acharya, Amitav, "Regionalism and the Emerging World Order:Sovereignty Autonomy, Identity," in Shaun Breslin, Christopher W. Hughes et aleds., *New Regionalisms in the Global Political Economy* (London and New York: Routledge, 2002).

Acharya, Amitav, "The ARF Could Unreal," in Derek da Cunha eds., *The Evolving Pacific Power Structure* (Singapore:Institute of Southeast Asia Studies, 1996).

Acharya, Amitav, "The Periphery as the Core: The Third World and Security Studies," in Keith Krause and Michael C.Williamseds., *Critical Security Studies: Concepts and Cases* (Minneapolic: University of Minnesota Press, 1997).

Acharya, Amitav, 《Realism, Institutionalism and the Asian Economic Crisis》, Contemporary Southeast Asia, Vol.21, No.1 (April 1999).

Acharya, Amitav, and Stubbs Richard, Theorizing Southeast Asian Relations: Emerging debates (New York: Routledge, 2009).

Acharya, Amitav, *Constructing a Security Community in Southeast Asia: ASEAN and the Problems of Regional Order* (London and New York: Routledge, 2001).

Acharya, Amitav, Pierre Lizee and Sorpon Peou, *Cambodia—1989 Paris Peace Conference: Background Analysis and Documents* (Millwood, NY: Kraus, 1999).

Acharya, Amitav, *Regionalism and Multilateralism: Essays on Cooperative Security in the Asia-Pacific* (Singapore: Times Academic Press, 2002).

Acharya, Amitav, *The Quest for Identity: International Relations of Southeast Asia* (London: Oxford University Press, 2000).

Acharya, Amitav, Whose ideas matter? —Agency and Power in Asian Regionalism (New York: Cornell University Press, 2009).

Acharya, Amitav, Theoretical Perspectives on International Relations in Asia.

Acharya, Amitav. A New Regional Order in South-East Asia: ASEAN in Post-Cold War Era, (Adelphi Paper 279, Oxford University Press, London, 1993).

Acharya, Amitav. Preventive Diplomacy: Concept, Theory, and Strategy, paper prepared for Peace and Security in Western Pacific, Jointly Sponsored by The 21st Century Foundation and The Pacific From CSIS, August 29—31, 1996, Taipei, Taiwan.

Acharya, Amitav, *Constructing a Security Communityi in Southeast Asia: ASEAN and the Problem of Regional Order* (London: Routledge, 2001).

Admiral Thomas Fargo, "Press Conference with Thai National Media, Commander, U.S. Pacific Command, Bangkok," Transcripts Speech and Testimony, 2004.06.25.

Adler, Emanuel and Michael Barnett, *Security Community* (Cambridge: Cambridge University Press, 1998).

Adler, Emanuel & Barnett, Michael, *Security Community* (Cambridge:Cambridge University Press, 1998).

Adler, Emanuel & Beverly Crawford, *Progress in Postwar International Relations* (New York: Columbia University Press, 1991).

Adler, Emanuel and Michael Barnett, "A Framework for the Study of Security Communities," in Emanuel Adler and Michael Barnetteds., *Security Communities* (Cambridge:Cambridge University Press).

Adler, Emanuel, *Communitarian International Relations:The Epistemic Foundations of International Relations* (London: Routledge, 2005).

Adler, Emanuel, "Cognitive evolution: A dynamic approach for the study of international relations and their progress," in E.Adler and B. Crawford, eds., *Progress in postwar International Relations*, (New York: Columbia University Press, 1991).

Aksu, Esref and Joseph A. Camilleri, *Democratizing global governance* (Palgrave Macmillan, 2002).

Alagappa, Muthiah, "Regional Arrangements, the United Nations, and International Security: A Framework for Analysis," in Thomas G. Weisseds., *Beyond UN Subcontracting: Task-sharing with Regional Security Arrangements and Service-proving NGOs* (Houndhills: Macmillan Press, 1998).

Alagappa, Muthiah, "Regional Institutions, the United Nations, and International Security: A framework for Analysis," *Third World Quarterly*, Vol.18, No.3. (1997).

Alagappa, Muthiah, "Regionalism and Security: A Conceptual Investigation" in Andrew Mark and John Ravenhilleds., *Pacific Cooperation: Building Economic and Security Regimes in Asian-pacific Region* (Boulder: Westview Press, 1995).

Alagappa, Muthiah, *Asian Security Orders: Instrumental and Normative Features* (Stanford: University Press, 2003).

Alagappa, Muthiah, *Asian Security Practice: Material and Ideational Influences* (Stanford: Stanford University Press, 1998).

Alan Collins, Southeast Asia: Traditions and Modernity in the Contemporary World (Lynne Rienner, 2003).

Ali, Hashim Mohammed, "Prospects for Defense AND Security Cooperation in ASEAN," paper presented to the conference on *ASEAN and the Asia-Pacific Region: Prospects for Security Cooperation in the 1990s.* (1998).

Amin, Samir, "Regionalization in Response to Polarizing Globalization," in Bjorn Hettne, Andras Innotai and Osvaldo Sunkeleds., *Globalism and the New Regionalism* (Basingstoke: Macmillan, 1999).

Antoliks, Michael, *ASEAN and the Diplomacy of Accommodation* (Armonk: East Gate books, 1990).

Art, Robert J, and Jervis, Robert, International Politics, (Longman, 9th edition, 2008).

Ayoob, Mohammed, "Defining Security: A Subaltern Realist Perspective," in Keith Krause and Michael C. Williams eds., *Critical Security Studies: Concepts and Cases* (Minneapolis: University of Minnesota Press, 1997).

Ayoob, Mohammed, "Security in the Age of Globalization: Separating Appearance from Reality," in Ersel Aydinli and James N.Rosenaueds., *Globalization, Security, and the Nation-State* (Albany: State University of New York Press, 2005).

Baldwin, David, *Neorealism and Neoliberalism: The Contemporary Debate* (New York: Columbia University Press, 1993).

Baldwin, Thomas, "The territorial state," in H. Gross and R. Harrisoneds., *Jurisprudence:Cambridge Essays* (Oxford: Claredon Press, 1992), pp. 207–230.

Beeson, Mark., 2009, Institutions of the Asia-Pacific: ASEAN, APEC, and beyond.

Beeson, Mark., 2001., "Japan and Southeast Asia: The Lineaments of Quasi-Hegemony," In The Political Economy of South-East Asia, eds"ю Garry Rodan, London New York: Routledge.

Bergsten, C. Fredand Krause, Lawrence B., *World Politics and International Economics* (Washington: the Brookings Institution, 1975).

Blomquist, Hans C. 1997. Economic Interdependence and Development in East Asia, Westport: Praeger.

Bloom, William. Personal Identity and International Relations, (Cambridge: Cambridge University Press, 1990).

Booth, Ken and Tim Dunne, Worlds in Collision: Terror and the Future of Global Order (Palgrave Macmillan, 2002) Chpt.1−2.

Booth, Ken, and Steve Smith, "Critical Security Studies and World Politics (Boulder Lynne Rienner Publishers, 2005).

Booth, Ken, and Steve Smith, *International Relations Theory Today* (Cambridge: Polity Press, 1995).

Booth, Ken, and Steve Smith, "Critical Security Studies and Regional Insecurity: The Case of Southern Africa," in Keith Krause and Michael C. Williameds., *Critical Security studies: Concepts and Cases* (Minneapolis: University of Minnesota Press, 1997).

Boucher, David, *Political Theories of International Relations: From Thucydides to the present* (London: Oxford University Press, 1998).

Bounding, Kenneth E., *Conflict and Defense: A General Theory* (New York: Harper & Row, 1963).

Boutros-Ghali, Boutros, *An Agenda for Peace: Preventive Diplomacy, Peacemaking and Peace-Keeping* (New York: United Nations, 1992).

Broinouski, Alison, *Understanding ASEAN* (New York: St. Martin's Press, 1982).

Brown, David, *The state and ethnic politics in southeast Asia* (Routledge, 1993).

Bruce St. John, Ronald, *Revolution, Reform and Regionalism in Southeast Asia: Cambodia, Laos and Vietnam* (London: Routledge, 2006).

Bull, Hedley, *The anarchical Society: A Study of Order in World Politics* (Houndmills: Palgrave, 3rd eds., 2002).

Bull, Hedley. and Watson, Adam. The Expansion of International Society, (Oxford: Oxford University Press, 1984).

Burchill, Scott and Andrew Linklator, *Theories of International Relations* (NY: St. Martin's Press, 1996).

Burchill, Scott and Andrew Linklator, "The Role of Certain Sectors in Shaping and Articulating the ASEAN Way," in R.P. Anand & Purificacion V. Quisumbingeds., *ASEAN: Identity, Development and Culture* (Manila: U.P. Law Center and East-West Center Culture Learning Institute, 1981), pp. ix-xxviii & pp. 130–148.

Burchill, Scott and Andrew Linklator, *Theories of International Relations* (London: Palgrave, 1996).

Buzan, Barry, "A Framework for Regional Security Analysis," in Barry Buzan and Gowher Rizvi eds., *South Asian Insecurity and the Great Powers* (London: Macmillan, 1986).

Buzan, Barry, "Asia-Pacific: What Sort of Region in What Sort of World?" in Anthony Mc Graw and Christopher Brook eds., *Asia-Pacific in the New World Order* (London: Routledge, 1998).

Buzan, Barry, "The Logic of Regional Security in the Post− cold War World," in Bjorn Hetnne, Andras Innotai and Osvaldoeds., *The New Regionalism Future of Security and Development*

(London: Macmillan Press, 2000).

Buzan, Barry, "Third World Regional Security in Stuctural and Historicak Perspective," in Brian J. Jobeds., *The Insecurity Dilemma: National Security of Third World State* (Boulder: Lynne Rienner, 1992).

Buzan, Barry, Charles Jones, and Richard Little, *The Logic of Anarchy* (New York: Columbia University press, 1993).

Buzan, Barry, *From International to World Society? English School Theory and the Social Structure of Globalization* (Cambridge: Cambridge University Press, 2004).

Buzan, Barry, *International Society and Its Critics* (Oxford: Oxford University Press, 2005).

Buzan, Barry, Ole Waver and Jaap de Wilde, *Regions and Powers: The Structure of International Security* (Cambridge: Cambridge University Press, 2003).

Buzan, Barry, Ole Waver and Jaap de Wilde, *Security:Anew Framework for Analysis* (Boulder: Lynne Rienner, 1998).

Buzan, Barry, *People, State and Fear: The National Security Problem in International Relations* (Chapel Hill: The University of North Carolina Press, 1983).

Buzan, Barry, *People, States, and Fear: An Agenda for International Security Studies in the Post-cold War Era* (Boulder: Lynne Rienner, 1991).

Buzan, Barry, *The United States and the Great Powers: World politics in the Twenty-first Century* (Cambridge: Polity Press, 2004).

Caballero– Anthony, Mely, "Non-State Regional Governance Mechanisms for Economic Security: The Case of the ASEAN People's Assembly," in Helen E. S. Nesaduraieds., *Globalization and Economic Security in East Asia: Governance and Institutions* (London: Rpitledge, 2006).

Caballero-Anthony, Mely, Ralf Emmers and Acharya Amitav, Non-Traditional Security in Asia: Dilemmas in Securitisation (Burlington: Ashgate Publishing Company, 2006).

Cai, Kevin G. 2001. "Is a Free Trade Zone Emerging in Northeast Asia in the Wake of the Asian Financial Crisis?" Pacific Affairs74(1); 7–24.

Campbell, David, *Writing Security* (Minneapolis: University of Minnesota Press, 1992).

Carpenter, William M., and David G. Wiencek, *Asian Security Handbook 2000* (New York: M.E. Sharpe, 2000).

Carr, E. H., *Twenty Years' Crisis 1919–1939* (New York:Harper Torchbooks, 1939/1964).

Carter, Ashton B., William J Perry and John D. Steinbruuner, *A New Concept of Cooperation Security* (Washington D.C.: The Brook Institution, 1992).

Case, William, *Contemporary authoritarianism in Southeast Asia: structures, institutions and agency* (Routledge, 2010).

Case, William, *Politics in Southeast Asia: democracy or less* (Routledge, 2002).

Castro, Renato Cruz De, "Managing 'Strategic Unipolarity': The ASEAN State'Responses to the

POST-cold War Regional Environment," in Derekda Chnhaed., *Southeast Asian Perspectives on Security* (Singapore: Institute of Southeast Asian Studies, 2000).

Catharin Dalpino & David Steinberg, *Georgetown Southeast Asia Survey 2003–2004* (Washington DC: Georgetown University, 2004).

Chan Heng Chee & Obaid ul Hag ed., The Prophetic and The Political: Selected Speeches and Writing of S. Rajaratnam, (Graham Brash, Singapore, 1989).

Chinyong Liow, Jeseph, and Ralf Emmers, *Order and Security in Southeast Asia: Essays in Memory of Michael L. eifer* (London: Rouledge, 2006).

Chung, Chein-Peng, *Southeast Asian-China Relations: Dialectics of 'Hedging' and 'Counter-Hedging* (Southeast Asian Affairs, 2004).

Clarke, Gerald, *The Politics of NGOs in South East Asia* (Routledge, 1998).

Claude, Inis L., *Power and International Relations* (New York: Rand House, 1965).

Clinton, Hillary. 2011. "America's Pacific Century: The Future of Geopolitics will be decided in Asia, not in Afghanistan or Iraq, and the United States should be right at the Center of the Action," Foreign Policy, 189.

Cohen, Benjamin J., *Crossing Frontiers: Explorations in International Political Economy* (Westview Press, 1991).

Colin, S. Gray, *The Geopolitics ofsuper power* (Lexington: University Press of Kentucky, 1988).

Collins, Alan, Contemporary Security Studies, (Oxford University Press, 2007).

Collins, Alan, *Security and Southeast Asia* (Singapore: Institute of Southeast Asian Studies, 2006).

Collins, Alan, *Southeast Asia:Traditions and Modernity in the Contemporary World* (Lynne Rienner, 2003).

Collins, Alan, *The Security Dilemmas of Southeast Asia* (Singapore: Institute of Southeast Asian studies, 2000).

Copper, F. John, *China Diplomacy* (San Francisco: Westview Press, 1992).

Cossa, Ralph A., *Asia Pacific Confidence and Security Building Measures* (Washington, D.C.: Center for Strategic and International Studies, 1995).

Cox, Robert, *Production, Power and World Order* (New York: Columbia University Press, 1987).

Cunha, Derekda, *Southeast Asia Perspective on Security* (Singapore: Institute of Southeast Asian Studies, 2000).

Daljit Singh, "ASEAN Counter-Terror Strategies and Cooperation: How Effective?" in Kumar Ramakrishna and See Seng Tan, eds. *After Bali: the Threat of Terrorism in Southeast Asia* (Singapore: Institute of Defense and Strategic Studies, 2003).

D.R. San Desai, Southeast Asia: Past & Present (Westview Press, 1998).

Dalpino, Catharin, "US-Southeast Asia Relations: Denouement and Delay", Comparative Connections: A Quarterly E-Journal on East Asian Bilateral Relations. 2010.

David A. Lake and Patrick M. Morgan, *For efforts to consider the interplay between global and regionalorder* (Regional Order: Building Security Press, 1997).

David Boucher, 1998," Political Theories of International Relations: From Thucydides to the present", London: Oxford University Press.

David P. Forsythe, Human Rights in International Relations. Cambridge, Cambridge University Press, 2002.

Dent, Christopher, *East Asian Regionalism*, Routledge, 2008.

Desmond Ball and Amitav Acharya, eds., *The Next Stage: Preventive Diplomacy and Security Cooperation in the Asia-Pacific Region* (Canberra: Strategic and Defence Studies Centre, Australian National University, 1999).

Deutsch, Karl, *Political Community and the North Atlantic Area* (Princeton: Princeton University Press, 1957).

Deutsch, Karl, *Political Community at the International Level, Garden City* (NY: Doubleday and Company, Inc., 1954).

Deutsch, Karl, *The Analysis of International Relations, Englewood Cliffs* (NJ: Prentice-Hall, Inc., 1968).

Dewi, Anwar. Fortuna, "Indonesia: Domestic priorities Define National Security", in Muthiah Alagappaed., *Asian Security Practice: Material and Ideational Influences* (Stanford: Stanford University Press, 1998).

Dewi, Anwar. Fortuna, "National versus Regional Resilience? An Indonesian Perspective," in Derekda Cunhaed., *Southeast Asia Perspectives on Security* (Singapore: Institute of Southeast Asian Studies, 2000).

Dewi, Anwar. Fortuna, *Indonesia in ASEAN: Foreign Policy and Regionalism* (Singapore: Institute of Southeast Asian Studies, 1994).

Dewitt, David B. and Carolina G.Hernandez, *Development and Security in Southeast Asia Vol.3* (Aldershot: Ashgate, 2003).

Diehl, Paul F. and Joseph Lepgold, Regional Conflict Management (Lanham: Rowman &Little Field Publishers, 2003).

Diehl, Paul F., "Can East Asia be Like Europe? Exploring Selected Conditions for Regional Integration", in Lee Poh Ping, Tham Siew Yean and Yu, George T., The Emerging East Asian Community: Security and Economic Issues, Universiti Kebangsaan Press, Kuala Lumpur, 2006.

Diehl, Paul F., and Joseph Lepgold, "Interregionalism and Regional Avtors: The EU-ASEAN Example", in Wim Stokhf, Paul van Velde and Yeo Lay Hweeeds., *The Eurasian Space: Far More than Two Continents* (Singapore: ISEAS Publications, 2004).

Donald G. Mc Cloud, Southeast Asia: Tradition and Modernity in the Contemporary World (Westview Press, 1955).

Dougherty, James E. & Pfaltzgraff Jr, Robert L. Contending Theories of International Relations, (US: NY, 2001).

Draft Paper for the Conference on International Relations in Asia: The New Regional System," George Washington University, 27–29 September 2007.

Emmers, Ralf, Cooperative Security and the Balance of Power in ASEAN and the ARF (London: Routledge Curzon, 2003).

Ererett, Michael W.and Mary A.Sommerville, *Multilateral Activities in Southeast Asia* (Washington, D.C.: National Defense University, 1995).

Fargo, Admiral Thomas "Press Conference with Thai National Media, Commander, U.S. Pacific Command, Bangkok," Transcripts Speech and Testimony, 2004.06.25.

Feld Werner J. and Jordan, Robert S. International Organizations: A Comparative Approach, 2nd ed. (New York: Praeger, 1988).

Fensom, Anthony 2013, Taiwan takes another step towards trade's big leagues by signing a new free trade agreement with Singapore.

Ferguson, James R., New Forms of Southeast Asian Regional Governance: "From Codes of Conduct" to "Greater East Asia," in Andrew T.H. Tan & J.D. Kenneth Boutlin eds., *Non－Traditional Security Issues in Southeast Asia* (Institute of Defense and Strategic Studies, 2001).

Fewsmith, Joseph, *"Dilemmas of Reform in China," Political Conflict and Economic Debate* (New York: M.E. Shape, 1994).

Fifield, Russel H., The Diplomacy of Southeast Asia, 1954–1958 (Hamden: Archon Books, 1968).

Fifield, Russell H., "The Role of Certain Sectors in Shaping and Articulating the ASEAN Way," in R.P. Anand & Purificacion V. Quisumbingeds., *ASEAN: Identity, Development and Culture* (Manila: U.P. Law Center and East-West Center Culture Learning Institute, 1981).

Finnemore, Martha, *National Interests in International Society* (Ithaca and London: Cornell University Press, 1996).

Fox, William T.R., *The Super-Powers: The United States, Britain, and the Soviet Union－Their Responsibility for peace* (New York: Harcourt Brace, 1944).

Friedland, Jonathan 1994. "The Regional Challenge," Far Eastern Economic Review.

Friedrich Kratochwil, Rules, Norms, and Decisions (Cambridge: Cambridge University Press, 1989).

Frost, Ellen, Asia's New Regionalism, (Lynne Rienner, 2008).

Funston, John, "ASEAN and the Principle of Non-Intervention: Practice and Prospects," in David Dickens & Guy Wilson-Roberts eds., *Non Intervention and State Sovereignty in the Asia-Pacific* (New Zealand, Wellington: Centre for Strategic Studies).

Gamble, Andrew and Anth Fny Payne. 1996. Regionalism and World Order, New York: St. Martin's Press.

Gilpin, Robert, "Economic Dimension of International Security," in Henry Bienen ed., *Power,*

Economics and Security (Boulder: Westview Press, 1992).

Gilpin, Robert, "The richness of the tradition of political realism," in R. Keohane, ed., *Neorealism and its Critics* (New York: Columbia University Press, 1986).

Gilpin, Robert, *Global Political Economy: Understanding the International Economic Order* (Princeton: Princeton University Press, 2001).

Gilpin, Robert, *The Political Economy of International Relations* (Princeton University Press, 1987).

Gilpin, Robert, *War and Change in World Politics* (Cambridge: Cambridge University Press, 1981).

Godement, Francois, *The Downsizing of Asia* (New York: Routledge, 1999).

Goh, Evelyn, "The Hydro-Politics of the Mekong River Basin: Regional Cooperation and Environmental Security," in Andrew T.H. Tan and J.D.Kenneth Boutineds., *Non-traditional Security Issues in Southeast Asian* (Singapore: Institute of Defence and Strategic Studies, 2001).

Goldstein, Joshua S. and John R. Freeman, *Three-Way Street: Strategic Reciprocity in World Politics* (Chicago: University of Chicago Press, 1990).

Goldstein, Joshua, *International Relations:4th edition* (Pearson Education, Inc., 2001).

Gordenker, Leon & Weiss, Thomas G, *NGO participation in the International Policy Process, NGOs, the UNand Global Governance* (Lynne Reinner Publishers, 1996).

Gordenker, Leon & Weiss, Thomas G, "Devolving Responsibilities: A framework for analyzing NGOs, and Service," in Thomas G. Weissed., *Beyond UN Subcontracting: Task-sharing with Regional Security Arrangements and Service-providing NGOs* (Houndmills: Macmillan Press, 1998).

Gordon, Bernard K. "Southeast Asia after the Cold War," in James C. Hsiung ed., Asia Pacific in the New World Politics, (Lynne Rienner Publishers, Boulder & London, 1993).

Gordon, Bernard K., *The Dimension of Conflicts in Southeast Asia, 1966* (Englewood Cliffs: Prentice-Hall, 1986).

Greenstein, Fred I. Polsby, Nelson W., International Politics, (Massachusetts: Addison — Wesley Publishing Company).

Grieco, Joseph M., "Anarchy and the Limits of Cooperation: A Realist Critique of the Newest Liberal Institutionalism," in David A. Baldwin, ed., *Neorealism and Neoliberalism: The Contemporary Debate* (New York: Columbia University Press, 1993).

Gupta, Desh, *The Contagious East Asian Crisis," in Desh Guptaed., Issue in East Asian Crisis* (Rohtak: Spellbound Publishers, 1999).

Gurtor, Mel, *Pacific Asian Prospects for Security and Cooperation in East Asia* (Lanham: Rowman& Little Field Publishers, 2002).

Guzzini, Stefano and Leander Anna, Constructivism and International Relations: Alexander Wendt and his critics (New York: Routledge, 2006).

Haacke, Jurgen, *ASEAN's Diplomatic and Security Culture: Origins, Development and prospects*

(London and New York: Routledge, 2003).

Haas, B. Ernst. The Uniting of Europe, (Stanford Ca.: Stanford University Press, 1958).

Haftendorn, Helga, Robert O.Keohane and Celeste A.Wallander, *Imperfect Union: Security Institutions over Time and Space* (Oxford: Oxford University Press, 1999).

Halliday, Fred, *Two Hours Shook the World: September 11, 2001: Causes and Consequences* (London: Saqi Books, 2002).

Hanggi, Heiner, "Internationalism: Empirical and the Theoretical Perspectives," paper prepared for the workshop *Dollars, Democracy and Trade* (2000).

Hanggi, Heiner, "Interregionalism as a Multifaceted Phenomenon," in Heiner Hanggi, Ralf Roloff and Jurgen Rulandeds., *Interregionalism and international Relations* (London: Routledge, 2006).

Hanggi, Heiner, "Interregionalism: A New Phenomenon in International Relations," in Heiner Hanggi, Ralf Roloff and Jurgen Rulandeds., *Interregionalism and international Relations* (London: Routledge, 2006).

Hanggi, Heiner, *Regionalism through Interregionalism: East Asia and Paradigm Shifting?* (London: Routledge Curzon, 2003).

Hasenchever, Andreas, *Theories of International Regimes* (New York: Cambridge University Press, 1997).

Hasenclever, Andreas, Peter Mayer and Volker Rittberger, *Theories of International Regimes* (Cambridge: Cambridge University Press, 1997).

Hass, Ernst B., "The study of Regional integration: Reflections on the Joy and Anguishof Pretheorizing," in Richard A. Falk and Paul H. Mendlovitzeds., Regional Politics and World Order (San Francisco: W.H. Freeman, 1973).

Hass, Ernst B., "Words can hurt you: or who said what to whom about regimes," in S. Krasner, ed., *International Regimes* (Ithaca: Cornell University Press, 1983), pp.23–59.

Hass, Ernst B., *Beyond the Nation-state* (Stanford: Stanford University Press, 1964).

Hass, Ernst B., *The Obsolescence of Regional Integration Theory*, Research Series No. 25, (Berkeley: Institute of International Studies, 1975).

Heidhues, Mary Somers, Southeast Asia: A Concise History (London: Thames & Hudson, 2000).

Held, David and Anthony Mc Grew, *The Global Transformations Reader: An Introduction to the Globalization Debate* (Cambridge: Polity Press, 2003).

Hobson, John M. The State and International Relations, (UK: Cambridge, 2000).

Hughes, Chris and Yiyi Lu "The East Asian Model to Creating a Regional Community", (The Strait Times, December 24th, S19. 2005).

Hurell, Andrew, "Regionalism in the Theoretical Perspective," in Louise Fawcett and Andrew Hurelleds., *Regionalism in World Politics: Regional Organization and International Order* (Oxford: Oxford University Press, 1995).

Hurell, Andrew, "The Regional Dimension in International relations Theory," in May Farell et al. eds., Global Politics of Regionalism (London: Plutopass, 2005).

Huxley Tim, "The ASEAN State's Defense Politics, 1975–1978: Military Responses to Indochina?," *Working Paper No.88* (Canberra: The Strategic and Defense Studies Centre, Australian National University, 1984).

Huxley, Tim. "ASEAN Security Co-operation", in Alison Broinowski ed., ASEAN into the 1990's, (London: The Macmillan Press, 1990).

Hvee, Helge, "Explaining the Regional Phenomenon in and Era of Globalization," in Richard Stubbs and Geoffey R.D. Underhilleds., *Political Economy and the Changing Global Order* (Oxford: Oxford University Press, 2000).

Ide Anak Agung gde Agung, 1973, "Twenty Years Indonesian Foreign Policy 1945–65", Mouton & Co.

Ingles, Jose D., "Problems and Progress in Regional Interaction", The Case of ASEAN Anand& Quisumbing (Asean: Identity, Development and Culture, 1982).

Irvine, David, "Making Haste Slowly: ASEAN from 1975," in Alison Broinowskied., *Understanding ASEAN* (London: Macrnillan, 1982).

Jackson, Robert, and Sorenson, Georg, Introduction to International Relations: Theories and Approaches, (Oxford University Press, 2nd edition, 2003).

Jacobson and Robert Putnam, *Double-Edged Diplomacy* (Berkely: University of California Press, 1993).

Jan, R.K (ed.), 1984, China and Malaysia, 1949–1983, Radiant Publisher, Doc.42, 43.

Jepperson, Ronald L. Wendt, Alexander. and Katzenstein, Peter J. "Norms, Identity, and Culture in National Security," in Peter J. Katzenstein, ed., The Culture of National Security: Norms and Identity in world Politics, (New York: Columbia University Press, 1996).

Job, Brian.L., "Matters of Multilateralism: Implications for Regional Conflict Management," in David A. Lake and Patrick M. Morganeds., *Regional Orders: Building Security in a new World* (University Park P.A.: The Pennsylvania State University Press, 1997).

Job, Brian.L., "Track II Diplomacy: Ideational Contribution to the Evolving Asian Security Order," in Muthiah Alagappaed., *Asian security Orders: Instrumental and Normative Features* (Stanford: Stanford University Press, 1998).

Johnston, Alastair Iain, *Cultural Realism: Strategic Culture and Grand Strategy in Chinese History* (Princeton: Princeton University Press, 1994).

Jonsson, Christer, "Cognitive Factors in Explaining Regime Dynamics," in Volker Rittbergered., *Regime Theory and International Relations* (Oxford: Clarendon Press, 1993).

Jorgensen-Dahl, Arnfinn, *Regional Organization and Order in Southeast Asia* (London: Macmillan University Press, 1982).

Jorgensen-Dahl, Arnfinn, *Regional Organization and Order in South-East Asia* (The Macmillan Press, 1982).

Joshua Goldstein, 2001, International Relations:4th edition, Pearson Education, Inc.

Kacowicz, Arie M., "Regionalization, Globalization, 'Negative' Peace in the World," *Working Paper Series on Regional Security No.2* (University of Wiconsin, 1999).

Kahin, George Mct., "The Role of The United States in Southeast Asia", in Lau Teik Sooned., *New Directions in the International Relations of Southeast Asia* (Singapore: Singapore University Press, 1973).

Kang, David C.2009. "Between Balancing and Bandwagoning: South Korea's Response to China," Journal of East Asian Studies 9(1); 1–28.

Kataenstein, Peter J., and Rudra Sil, "Rethinking Asian Security: A Case for Analytical Eclecticism," in J. J. Suh et al. eds., *Rethinking Security in East Asia* (Stanford: Stanford University Press, 2004).

Katzenstein Peter J., *The Culture of national security: norms and identity in world politics* (New York: Columbia University Press, 1996).

Katzenstein, Peter J. and Keohane Robert O., Anti-Americanisms In World Politics (New York: Cornell University Press, 2007).

Katzenstein, Peter J., "Introduction: Asian Regionalism in Comparative Perspective," in Peter J.Katzenstein and Takashi eds., *Network Power: Japan and Asia* (Ithaca, New York: Cornell University Press, 1997).

Katzenstein, Peter J., "Regionalism and Asia," in Shaun Breslin, Christopher w. Hughes et al.eds., *New Regionalism in the Global Political Economy* (London: Routledge, 2002).

Katzenstein, Peter J., *A World of Regions: Asia and Europe in the American Imperium* (Ithaca, New York: Cornell University Press, 2005).

Katzenstein, Peter J., Cultural Norms and National Security: Police and Military in Postwar Japan (New York: Cornell University Press, 1996).

Katzenstein, Peter J., *The Culture of National Security: Norms and Identity in World Politics* (New York: Columbia University Press, 1996).

Keohane, Robert and Joseph Nye, *Power and Interdependence* (New York: Harper Colline Publishers, 1989).

Keohane, Robert O., "International liberalism reconsidered," in J.Dunn. ed., *The Economic Limits to Modern Politics* (Cambridge: Cambridge University Press, 1990).

Keohane, Robert O., "Neoliberal Institutionalism: A Perspective on World Politics," in Keohane ed., *International Institutions and State Power* (Boulder: Westview Press, 1989).

Keohane, Robert O., "The Theory of Hegemonic Stability and Change in International Economic Regimes, 1967–1977," in Keohane ed., *International Institutions and State Power* (Boulder, Colorado: Westview Press, 1989), pp. 74–100.

Keohane, Robert O., "Theory of world politics: Structural realism and beyond," in R. Keohaneed., *Neorealism and its Critics* (New York: Columbia University Press, 1986).

Keohane, Robert O., *After Hegemony*: Cooperation and Discord in the World Political Economy (Princeton: Princeton University Press, 1984).

Keohane, Robert O., After Hegemony: Cooperation and Discord in the World political Economy (Princeton: Princeton University Press, 1989)

Keohane, Robert O., *International Institutions and State Power: Essays in International Relations Theory* (Boulder: Westview Press, 1989).

Keohane, Robert, *Neorealism and its Critics* (New York: Columbia University Press, 1986).

Khien Theeravit, "The Unite States, Thailand and the Indochinese Conflict," in Hans H.Indorf ed., *Thai-American Relations in Contemporary Affairs* (Singapore: Executive Publications, 1982).

Khong, Yuen Foong, "ASEAN and the Southeast Security Complex," in David A Lake and Patrick M. Morgan eds., *Regional Orders: Building Security in a New World* (University Park, PA: the Pennsylvania State University press, 1997).

Khong, Yuen Foong, *Southeast Asia's Emerging security and Economic Institution* (Southeast Asia Affairs, 1995).

Kissinger, Henry A., Diplomacy (New York: Towchstone, 1994).

Khoman, Thanat, "ASEAN Conception and Evolution," in the ASEAN Reader, Institute of Southeast Asian Studies, Singapore, 1992.

Kowert, Paul. and Legro, Jeffrey. "Norms, Identity, and Their Limits: A Theoretical Reprise", in Peter J. Katzenstein ed., The Culture of National Security: Norms and Identity in World Politics, (New York: Columbia University Press, 1996).

Kramer, Stephen, "Regimes and the limits of realism," in S. Krasnered., *International Regimes* (Ithaca: Cornell University Press, 1983).

Kramer, Stephen, "Structural causes and regime consequences:Regimes as intervening variables," in S.Krasnered., *International Regimes* (Ithaca: Cornell University Press, 1983), p. 121.

Kramer, Stephen, "Westphalia and all that," in J. Goldstein and R. Keohaneeds., *Ideas and Foreign Policy* (Ithaca: Cornell University Press, 1993).

Kramer, Stephen, *Defending the National Interest* (Princeton: Princeton University Press, 1978).

Krasner, Stephen, *International Regimes* (Ithaca: Cornell University Press, 1983).

Kratochwil, Friedrich, "Sovereignty as dominium: Is there a right to humanitarian intervention?" in G. Lyons and M. Mastandunoeds., *Beyond Westphalia* (Baltimore: Johns Hopkins University Press, 1995).

Kratochwil, Friendrich V., *Rules, Norms and Decisions: On the Conditions of Practical and Legal Rezoning in International Relations and Domestic Affairs* (Cambridge: Cambridge University Press, 1989).

Krause, Keith, and Michael C. Williams, Critical Security Studies: Concept and Cases (Minneapolic: University of Minnesota Press, 1997).

Krauusr, Keith R., *Culture and Security* (Frank Cass Publishers, 1999).

Kupchan, Charles A., "Regionalizing Europe's Security: The Case for a New Mittle-Eropa," in Edward E. Mansfield and Helen V. Milnereds., *The Political Economy of Regionalism* (New York: Columbia University Press, 1997).

Kyodo News Internationa, "ASEAN——Japan Ties Mature with Security Talks, Says Wong", August 2, 1999

L. Lisa., 1993. "The rational state choice of multilateralism," In Multilateralism Matters: The Theory and Praxis of an Institutional Form, eds. John G. Ruggie. New York: Columbia University Press.

Lahteenmaki, Kaisaand Jyrkikakanen, "Regionalization and Its Impact on the Theory of International Relations," in Bjorn Hettne, Andras Innatai and Osvaldo Sunkeleds., *Globalism and the New Regionalism and the New Regionalism* (Basingstoke: Macmillan, 1995).

Lahteenmaki, Kaisa, and Jyrkikakanen, "Regionalization and Its Impact on the Theory of International Relations," in Bjorn Hette, Andras Innatai and Osvaldo Sunkeleds., *Globalism and the New Regionalism* (Basingstoke: Macmillan, 1999).

Lake, David A., and Patrick M. Morgan, "Regional Security Complex: A system Approach," in David A. Lake and Patrick M. Morganeds., *Regional Orders: Building Security in a New World* (University Park, PA: The Pennsylvania State University Press, 1997).

Lake, David A., and Patrick M. Morgan, *Regional Orders: Building Security in New World* (University Park, PA: The Pennsylvania State University Press, 1997).

Larry M. Wortzel，Dana R. Dillon, "Improving Relations with India Without Compromising U.S. Security", The Heritage Foundation，Backgrounder # 1402 December 11，2000.

Lau Albert, Southeast Asia and the Cold War (New York: Routledge, 2012).

Lee Poh Ping, Tham Siew Yean and Yu, George T., The Emerging East Asian Community: Security and Economic Issues, Universiti Kebangsaan Press (Kuala Lumpur, 2006).

Leifer, Michael, "The ASEAN Regional Forum," *Adelphia Paper 302* (London: Oxford University Press, 1996).

Leifer, Michael, "Indochina and ASEAN: Seeking a New Balance" Contemporary.

Leifer, Michael, "Vietnam's Foreign policy in the Post-Soviet Era: Coping with Vulnerability," in Robert S. Ross, ed., *East Asia in Transition: Towarda New Regional Order, Armonk* (NY: M.E. Sharpe, 1995).

Leifer, Michael, *ASEAN and the Security of Southeast Asia* (London: Routledge, 1989).

Leifer, Michael, *Indonesia's Foreign Policy* (London: Allen and Unwin, 1983).

Leifer, Michael, Kin Wah Chin and Leo Suryadinata, *Michael Leifer: selected works on Southeast Asia* (Institute of Southeast Asian Studies, 2005).

Leifer, Michael. The ASEAN Regional Forum, Adelphi Paper 302 (New York: Oxford University Press, 1996).

Levy, Jack, "What Do Great Powers Balance Against and When?," in T.V. Paul, et. al. eds., *Balance of Power: Theory and Practice in the 21st Century* (Stanford: Stanford University Press, 2004).

Li, Rex, *A rising China and security in east Asia: identity construction and security discourse* (Routledge, 2008).

Lin, Juo-yu, co-author with Catharin Dalpino, "China and Southeast Asia: The Difference of a Decade," *CNAPS survey paper* (2002–2003) (Washington, DC: the Brookings Institution, 2003).

Lincoln, Edward J., *East Asian-Economic Regionalism* (Washington: The Brooking Institution, 2004).

Liow, Joseph Chinyong and Ralf Emmers, *Order and security in Southeast Asia: essays in memory of Michael Leifer* (London: Routledge, 2006).

Little, Richard, "International Relations and Large-scale Historical change," in A.J.R. Groomand Margot Lighteds., *Contemporary International Relations: AGuide to Theory* (London: Pinter Publishers, 1994).

Lyn, Jones and Steven E. Miller, *Perils of Anarchy: Contemporary Realism and International Security* (Cambridge, Mass.: MIT Press, 1996).

Mack, Andrew and John Raven Hill, *Pacific Cooperation: Building Economic and Security Regimes in the Pacific, St. Leonard's* (NSW: Allen & Unwin, 1994).

Mahathir, Mohamad, *A New Deal for Asia (*Selangor: Pelanduk Publications, 1999*)*.

Manfield, Edward D., and Helen V. Milner, *The Political Economy of Regionalism* (New York: Columbia University Press, 1997).

Manske and Werner Draguhn，2002 Asia-Pacific Economic Cooperation (APEC): the first decade. London: Routledge Curzon.

Markets Parrenas, Julius Caesar F, 2000, APEC and the Development of Asia's Bond Seoul, 2005, APEC after Busan: new direction/ Andrew Elek。Korea: Korea Institute for International Economic Policy.

Martha Finnemore, National Interest in International Society (Ithaca: Cornell University Press, 1996).

Maswood, Javed. International Political Economy and Globalization, (New Jersey: World Scientific, 2000).

Mc Sweeney, Bill, Security, Identity and Interests: A Sociology of International Relations (Cambridge: Cambridge University Press, 1999).

Mc Cargo, Duncan, *Tearing apart the land: Islam and legitimacy in Southern Thailand* (Cornell University Press, 2008).

Mc Cloud, Donald G., *Southeast Asia: Tradition and Modernity in the Contemporary World* (Boulder: Westview Press, 1995).

Mckay, John., 2005, A renewed vision for APEC: meeting new challenges & grasping new opportunities. Seoul, Korea: Korea Institute for International Economic Policy.

Mearsheimer, John J., *The Tragedy of Power Politics* (New York: W.W. Norton& Company, 2001).

Mearsheimer.John J., *Tragedy of Great Power Politics* (W. W. Norton & Company, 2003).

Mitrany, David. The Functional Theory of Politics, (New York: St. Martin's Press, 1975).

Mohamad, Mahathir. Speech at the First ISIS National Conference on National Security, July 1986, at ISIS (Malaysia), Kuala Lumpur; cited from Muthiah Alagappa ed., Asian Security Practice: Material and Ideational Influences.

Morgenthau, Hans J., *Politics among Nations: The Struggle for Power and Peace* (New York: Knopf, 1948/1973).

Mutimer, David, "Critical Security Studies: A Schismatic History", in Collins Nanto, Dick, *East Asian Regional Architecture: New Economic and Security Arrangements and US Policy*, CRS Report for Congress, updated January 4, 2008.

Narine, Shaun, Explaining ASEAN: Regionalism in Southeast Asia (Boulder: Lynne Rienner Publisher, 2002).

Nathan, Andrew J. and Robert S. Ross, *The Great Wall and the Empty Fortress: China's Search for Security* (New York: W.W. Norton, 1997).

Neher, Clark D. Southeast Asia in the New International Era third edition, (Oxford: Westview Press, 1999).

Nesadurai, Helen E.S., *Globalization and Economy Security in EAST Asia: Governance and Institutions* (London: Routeledge, 2006).

Nesadurai, Helen E.S., *Globalization, Domestic Politics, and Regionalism: The ASEAN Free Trade Area* (New York: Routeldge, 2003).

Neufeld, Mark. The Restructuring of International Relations Theory, (UK: Cambridge, 1995).

Nicholas Onuf, World of Our Making (Columbia: University of South Carolina Press, 1989).

Nicholson, Michael, *International Relations: A Concise Introduction* (London: Palgrave Macmillan, 2002).

Nye, Joseph S., Jr., *Bound to Lead: The changing Nature of American Power* (New York: Basic Books, 1990).

Nye, Joseph S., Jr., *International Regionalism: Readings* (Boston: Little, Brown & Co, 1968).

Nye, Joseph S., *Peace in Parts: Integration and Conflict in Regional Organization* (Boston: Little, Brown &Co., 1971).

Olson, Mancur, The Logic of Collective Action (Cambridge, MA: Harvard University Press, 1965).

Onuf, Nicholas, *The Republican Legacy in International Thought* (Cambridge: Cambridge University Press, 1998).

Onuf, Nicholas, *World of Our Making* (Columbia, SC: University of South Carolina Press, 1989).

Onuf, Nicholas, *World of Our Making: Rules and Rule in Social Theory and International Relations*,

University of South Carolina Press, 1989.

Owen, Norman G., *The Emergence of Modern Southeast Asia* (Honolulu: University of Hawaii Press, 2005).

Oye, Kenneth A., "Explaining Cooperation under Anarchy, Hypothesis and Strategies" in Kenneth A. Oye ed., *Cooperation under Anarchy* (Princeton University Press, 1986).

Palmer, Norman D., *The New Regionalism in Asia and the Pacific* (Lexington: Lexington Books, 1991).

Palmer, Ronald D. and Thomas J Reckford, *Building ASEAN: Twenty Years of Southeast Asian Cooperation* (New York: Praeger, 1987).

Pempel, T. J. 2005. "Introduction: Emerging Webs of Regional Connectedness," In Remapping East Asia: the construction of a region, Ithaca: Cornell University Press.

Peter Katzenstein, ed., The Culture of National Security: Norms and Identity in World Politics (New York: Columbia University Press, 1996).

Policy Memo, New Power Dynamics in Southeast Asia, November 9, 2006.

Puchala, Donald, The Integration Theories and the Study of International Relations (In Charles, 1984).

Pumphrey, Carolyn W. The Rise of China in Asia: Security Implications, (Carlisle, Pa. US Army War College, Strategic Studies Institute, 2002)

Reus-Smit, Christian. "Constructivism," in Sott Burchill ed., Theories of International Relations, (NY: Palgrave, 2001).

Rajaratnam, S. "ASEAN: The Way Ahead", in The ASEAN Reader, Institute of Southeast Asian Studies, Singapore, 1992.

Risse, Kappen Thomas, *Bringing transitional Relations Back In: Non-State Actor, Domestic Structure, and International Institutions* (Cambridge: Cambridge University Press, 1995).

Risse, Thomas, "Bringing transitional Relations" in Kappen ed., *Non-State Actor, Domestic Structure and International Institutions* (Cambridge: Cambridge University Press, 1995).

Rjendran, M., *ASEAN's Foreign Relations: The Shift to Collective Action* (Kuala Lumpur: Arenabukuadn, 1985).

Roett, Riordan. MERCOSUR: Regional Integration world Markets, (London: Lynne Rienner Press, 1999).

Rosenau, James N., "Governance in the Twenty-first Century," in Rorden Wikinsoned., *The Global Governance Redder* (London: Routeldge, 2005).

Rosenau, James N., *Along the Domestic-Foreign Frontier* (Cambridge: Cambridge University Press, 1997).

Rosenau, James N., *Turbulence in World Politics* (Princeton: Princeton University Press, 1990).

Ross, Robert S., "A Realist Policy for Managing US-China Competition", *Policy Analysis Brief* (The Stanley Foundation, 2005).

Ross, Robert S., *China, The United States and the Soviet Union: Tripolarity and policy Making in the Cold War, Armonk* (NY: M.E. Sharpe, 1993).

Ross, Robert S., *East Asia in Transition. Toward a New Regional Order* (Singapore: Institute of Southeast Asian Studies, 1995).

Ross, Robert S., *Negotiating Cooperation: The United Stated and China, 1969–1989* (Stanford: Stanford University Press, 1995).

Ruggie, John Gerard. 1975. International Responses to Technology: Concepts and Trends. International Organization 29(3): 557~583.

Ruggie, John, "International regimes, transactions, and change: Embedded liberalism in the postwar economic order," in S. Krasner, ed., *International Regimes* (Ithaca: Cornell University Press, 1983), pp.195–232.

Ruggie, John, *Multilateralism Matters* (New York: Columbia University Press, 1993).

Ruland, Jurgen, "Interregionalism: An Unfinished Agenda," in Heiner Hanggi et al.eds., *Interregionalism and international Relations* (London: Routledge, 2006).

Russett, Bruce M., "A Neo-Kantian Perspective: Democracy, Interdependence and International Organization in Building Security Communities," in Emanuel Adler and Michael Barnetteds., *Security Communities* (Cambridge: Cambridge University Press, 1998).

Russett, Bruce M., and John R.Oneal, *Triangulating Peace: Democracy, Interdependence and International Organizations* (New York: Norton & Company, 2002).

Russett, Bruce M., *Grasping the Democratic Peace* (Princeton University Press, 1993).

Sato, Yoichiro and Limaye, Satu, eds., Japan in a Dynamic Asia: Coping with the New Security Challenges, (Lexington Books, 2006).

Schiffer, Michael and L. Alan Winters, "Regional Integration as Diplomacy," *World Bank Policy Research Working Paper 1801* (1997).

Scholte, Jan A., *An Critical Introduction* (London: Macmillam, 2000).

Schultz, Michael, and Fredrik Soderbaum, *Regionalization in a Globalizing World: A Comparative Perspective on Forms, Actors and Processes* (London and New York: Zed Books, 1993).

Schultz, Richard, *Security Studies for the 1990s* (New York: Brassey, 1993).

Schweller, Randall L. 1999. "Managing the Rise of Great Powers: History and Theory," In Engaging China: The Management of an Emerging Power, eds. Alastair Iain Johnston and Robert S. Ross. London: Routledge; 1–31.

Scott Burchill and Andrew Linklator, 1995, 1996," Theories of International Relations," London: Palgrave.

Segal, Gerald, *The Great Power Triangle* (New York: St. Martin's Press, 1982).

Severino, Rodolfo C. "What Asean is and what it stands for," Remarks at the Research Institute for Asia and the Pacific, University of Sydney, Australia, 22 October 1998, in his "Asean: Rises to the

Challenge," published by the Asean Secretariat, Jakarta, 1999.

Severino, Rodolfo C., "Weathering the Storm: ASEAN's Response to Crisis," in Roddfo C. Severino, Jr. ed., *ASEAN Faces the Future: Collection of Speeches of Roddfo C. Severino, Jr.* (Jakarta: ASEAN Secretaritat, 2001).

Severino, Rodolfo, *Southeast Asia in Search of an ASEAN Community: insights from the former ASEAN Secretary-General* (Singapore, ISEAS, 2006).

Seyom Brown, Human Rights in World Politics. New York: Longman, 2000.

Shafie, Mohamed Ghazali, "Reflection on Asian: 30 Years and visions of the future," paper presented at *ASEAN Roundtable* (1997).

Shambaugh, David and Michael Yahuda, *International Relations of Asia* (Lanham, London, Toronto: Rawman & Littlefield Publishers, Inc., 2008).

Shambaugh, David, ed., Power Shift: China and Asia's New Dynamics, (University of California Press, 2005).

Sharon Siddique, The Second ASEAN Reader (Institute for Southeast Asian Studies, 2003).

Sheehan, Michael, *International Security: An Analytical Survey* (Boulder: Lynne Rienner, 2005).

Sheehan, Michael, *The balance of Power: History and Theory* (London: Routledge, 1996).

Sheldon, W.Simon, *The Economic Crisis and ASEAN States' Security* (Carlisle, PA: USArmy War College, 1998).

Siddique, Sharon and Sree Kumar, *The Second ASEAN Reader* (Singapore: Institute for Southeast Asian Studies, 2003).

Singh, Daljit, "Evolution of the Security Dialogue Process in the Asia-Pacific Region," in Derekda Cunhaed., *Southeast Asia Perspectives on Security* (Singapore: Institute of Southeast Asian Studies, 2000).

Singh, Hari, "Hegemony and Construction of Region," in Sarah Owen Vandersluised., *The State and Identity Construction in International Relations* (New York: St. Martin's Press, 2000).

Singh, Lalita Prasad. Power Politics and Southeast Asia (Atlanta Highlands, N.J.: Humanities Press, 1979).

Smith, Steve, "The Contested Concept of Security," in Ken Boothed., *Critical Security Studies and World Politics* (Boulder: Lynne Rienner Publishers, 2005).

Smith, Steve, "The Increasing Insecurity of Security Studies: Conceptualizing Security in the Last Twenty Years," in Stuart Croft and Terry Terriffeds., *Critical Reflections on Security and Change* (London: Frank Cass Publishers, 2000).

Snitwongse, Kusuma and Bunbongkarn, Suchit, "New Security Issues and Their Impact on ASEAN," in Simon S. C. Tay, Jesus P, Estanislao and Hadi Soesastro eds., *Reinventing ASEAN* (Singapore: Institute of South East Asian Studies, 2003), chpt 8.

Snitwongse, Kusuma, "Meeting the Challenges of Southeast Asia," in Robert Scalapine et al. ed.,

Regional Dynamics: Security, Political and Economic Issues in the Asia-Pacific Region (Jakarta: Centre for Strategic and International Studies, 1990).

Snyder, Glenn H and Paul Diesing, *Conflict Among Nations: Bargaining, Decision-making and System Structure in International Crises* (NJ: Princeton University Press, 1997) pp.462–470.

Snyder, Glenn H., *Alliance Politics* (Ithaca: Cornell University Press, 1987).

Soemardjan, Selo, "The Role of Certain Sectors in Shaping and Articulating the ASEANway," in R.P. Anand and Purificacion V. Quisumbingeds., *ASEAN: Identity, Development and Culture* (Manila: U.P. Law Center and East-West Center Culture Learning Institute, 1981), pp. ix-xxviii, pp.130–148.

Soesastro, Hadi, "The Institutional Framework for APEC: AN ASEAN Perspective", in Chia Siow Yue, APEC: Challenges and Opportunities, (Institute of Southeast Asian Studies, Singapore, 1994).

Soesatro, Hadiand Anthony Bergin, *The Role of Security and Economic Cooperation Structures in the Asia Pacific Region* (Jakarta: CSIS, 1996).

Sokolsky, Richard. Rabasa, Angel. and Neu, C.R. The Role of Southeast Asia in U.S. Strategy Toward China, (Santa Monica, Calif: RAND 2000).

Solidium, Estrella D., *The Politics of ASEAN: An Introduction to Southeast Asian Regionalism* (Singapore: Eastern University Press, 2003).

Solingen, Etel, *Regional Orders at Century's Daw: Global and Domestic Influences on Grand Strategy* (Princeton: Princeton University Press, 1998).

Sopiee, Noodin, "ASEAN and Regional Security," in Mohammed Ayoobed, Regional Security in the Third World (London: Croon Helm, 1986).

Sopiee, Noodin, "ASEAN towards 2020: Strategic Goals and Critical Pathways," paper presented to *2nd ASEAN Congress* (Kuala Lumpur, 1997).

Sorensen, Georg (1997), "An analysis of contemporary statehood: Consequences for conflict and cooperation," *Review of International Studies*, 23, 253~269.

Spanier, John. American Foreign Policy Since World War II, (Washington, D.C.: Congressional Quarterly, 1998).

Steven J. Brams and D. Marc Kilgour., *Game theory and national security* (New York: Basil Blackwell, 1988).

Strange, Susan, "Political Economy and International Relations," in Ken Booth and Steve Smith eds., *International Relations Today* (Polity Press, 1995).

Suh, J.J., Katzenstein, Peter J., Carlson, Allen, Rethinking Security in East Asia: Identity, Power and Efficiency, (Stanford University Press, 2004).

Sukhumbhand, Paribatra, "Dictates of Security: Thailand's relations with the PRC," in Joyce K.Kallgren, Noordin Sopiee and Soedjati Djiwandonoeds., *ASEAN and China: An Evolution Relationship* (Berkeley: Institute of East Asian Studies, University of California, 1988).

Suriyamongkol, Marjorie L., *Politics of ASEAN Economic Cooperation* (New York: Oxford University

Press Inc., 1999).

Swaine, Michael D. and Alastair Iain Johnston, 1999 "China and Institutions", in Economy and Oksenberg, China Joins the World.

Swaine, Michael D. and Ashley J. Tellis, Interpreting China's Grand Strategy: Past Present and Future (Santa Monica: RAND Corporation, 2000).

Tay, Simon S.C., "ASEAN Cooperation and Environment," in Mya Thaned., *ASEAN Beyond the Regional Crisis: Challenges and Initiatives* (Singapore: Institute of Southeast Asian Studies, 2001).

Teo, Chu Cheow Eric, Pac Net 55 一Geo Strategic Imperatives of the East Asia Summit, 2005.

Terriff, Terry, "The Environmental Degradation and Security," in Richard H. Shultz, Roy Godson and George H. Questereds., *Security Studies for the 21st Century* (London: Brassey's, 1997).

Terriff, Terry, Stuart Croft, Lucy James and Patrick M. Morgan, *Security Studies Today* (Cambridge: Polity Press, 1999).

Terry, Sarah, *Defining Security: Normative Assumption and Methodological Shortcomings* (First Annual Graduate Student Symposium, University of Calgary, 1998).

Than, Mya, *ASEAN Beyond the Regional Crisis: Challenges and Initiatives* (Singapore: Institute of Southeast Asian Studies, 2001).

Tickner, Ann J., "Envisioning Security," in Ken Booth and Steve Smith eds., *International Relations Theory Today* (Cambridge: Polity Press, 1995).

Tow, William T., "Alternative Security Models: Implications for ASEAN," Andrew T.H.Tan & J.D. Kenneth Boutlin eds., *Non-Traditional Security Issues in Southeast Asia* (London: Institute of Defense and Strategic Studies, 2001).

United Nations, *Human Development Report* (New York: Oxford University Press, 1994).

Walker, Stephen, "Symbolic interactionism and international polities: Role theory's contribution to international organization," in M. Cottam and C. Shih eds., *Contending Dramas: A Cognitive Approach to International Organizations* (New York, Pracger, 1992).

Walker, Stephen, *Role theory and Foreign Policy Analysis* (Durham: Duke University Press, 1987).

Wallerstein, Immanuel, *The Modern World-System 1.* (New York: Academic Press, 1974).

Walt, Stephen M. 1991. "Alliance Formation in Southwest Asia: Balancing and Bandwagoning in Cold War Competition." In Dominoes and Bandwagons, eds. Robert Jervis and Jack Snyder. New York: Oxford University Press.

Walt, Stephen M., "Rigor or Rigor Mortis? Rational Choice and Security Studies," in Michael E. Brow and Owenk Cote et al. eds., *Rational Choice and Security Studies: Stephen Walt and His Critics* (Cambridge: The MIT Press, 2000).

Walt, Stephen M., The Origins of Alliances (Ithaca: Cornell University Press, 1987).

Walter, Andrew. 1993. World Power and World Money: The Role of Hegemony and International Monetary Order, New York: Harvester Wheatsheaf.

Waltz, Kenneth N. Man, the State, and War, (New York: Columbia University Press 1959)

Waltz, Kenneth N. Theory of International Politics (Reading, Massachusetts: Addison-Wesley Publishing Company, 1979).

Waltz, Kenneth, *Man, the State and War* (New York: Columbia University Press, 1959).

Waltz, Kenneth, *Theory of International Polities* (Boston: Addison-Wesley, 1979).

Wanandi, Jusuf, "Security Issues in the ASEAN Region", in Karl D. Jackson and M.Hadi Soesastro eds., *ASEAN Security and Economic Development, Research, Papers and Policy Studies No. 11* (Berkeley, CA: Institute of East Asia Studies, University of California, 1984).

Wanandi, Jusuf, "The Architecture f Security Cooperation for a Durable Regional Security in East Asia," in *Security Cooperation in East Asia* (Peking: Peking University Press, 2006).

Wanandi, Jusuf, "The Future of ARF and CSCAP in the Regional Security Architecture," in Jusuf Wanandied., *Asia Pacific after the Cold War* (Jakarta: Centre for Strategic and International Studies, 1999).

Wang Gungwu, "Reflections of an East Asia Community", in Lee Poh Ping, Tham Siew Yean and Yu, George T., The Emerging East Asian Community: Security and Economic Issues, (Universiti Kebangsaan Press, Kuala Lumpur, 2006).

Waver, Ole, "Insecurity, Security, and Asecurity in the West European Non-war Security," in Emanuel Adler and Michael Barnetteds., *Security Communities* (Cambridge: Cambridge University Press, 1998).

Waver, Ole, "Security and Desecuritization," in Ronnie D. Lipschutzed., *On Security* (New York: Cambridge University Press, 1995).

Weatherbee, Donald, E., International Relations in Southeast Asia: The Struggle for Autonomy, (Rowman and Littlefield, 2005).

Weber, Adam. 1949. "Objectivity" in Social Science and Social Policy. In The Methodology of the Social Sciences, by Max Weber, translatcd and cdited by Edward A. Shils and Henry A. Fitch. Glencoe, Ill.: Free Press.

Weber, Steve. 1993. "Shaping the postwar balance of power: multilateralism" In Multilateralism Matters: The Theory and Praxis of an Institutional Form, eds. John G. Ruggie. New York: Columbia University Press.

Wei, Shang-Jin.and Frankel, Jeffrey A. "Open versus Closed Trade Blocs", in: Takatoshi Ito and Anne Krueger, eds., Regional versus Multinational Trade Arrangements, (University of Chicago Press, 1997).

Weiss, Thomas G. and Leo Gordenker, *NGOs, the UN, and Global Governance* (Boulder: Lynne Rienner, 1996).

Weiss, Thomas G., *Beyond UN Subcontracting: Task-sharing with Regional Security Arrangements and Service-Providing NGOs* (Houndmills: Macmillan Press, 1998).

Welty, Thomas, *The Asians: Their Heritage and Their Destiny* (New York: J.B. Lippincott, 1965).

Wendt, Alexander and Ian Shapiro, "The misunderstood promise of realist social theory," in K. Monroeed., *Contemporary Empirical Political Theory* (Berkeley: University of California Press, 1997).

Wendt, Alexander and Raymond Duvall, "Institutions and international order," in E.O. Czempiel and J. Rosenaueds., *Global Changes and Theoretical Challenges* (Lexington: Lexington Books, 1989).

Wendt, Alexander, "What is IR for?', Notes toward a post-critical view," in R. Wyn Jones and R. Tooze eds., *Critical Theory and World Polities* (Boulder, Lynne Rienner, forthcoming, 1999).

Wendt, Alexander, *Social Theory of International Politics* (Cambridge: Cambridge University Press, 2000).

Wendt, Alexander, *Social Theory of International Politics* (Cambridge, United Kingdom, 2008) chpt. 4, 6.

Wendt, Alexander. Social Theory of International Politics, (U.K.: Cambridge University Press, 1999).

Wight, Martin. "The three traditions of international theory," in G. Wight and B. Porter, eds., International Theory: The Three traditions, (Leicester: Leicester University Press 1991).

Wyn Jones, Richard, *Security, Strategy and Critical Theory* (Boulder: Lynne Rienner, 1999).

Yarbrogh, Beth V. and Yarbrough, Robert M., *Cooperation and Governance in International Trade: The Strategic Organization Approach* (Princeton University Press, 1992).

Yuan, Jing-domg, *Asia-Pacific Security: China's Conditional Multilateralism and Great Power Entente* (Pennsylvania: Strategic Studies Institute (SSI) of The U.S. Army War College, 2000).

Zehfuss, Maja, Constructivism in International Relations (Cambridge: Cambridge University Press, 2002).

Katzenstein, Peter J. et al, *Asian Regionalism* (Cornell University Press, 2000), p.22.

Morrison, Charles, " Introduction," in Charles Morris, et al., *East Asia and the International System* (NY: Trilateral Commission, 2001).

Periodical Papers:

Abdulgaffar, Peang-Meth. "Understanding Cambodia's Political Developments", Contemporary Southeast Asia, Vol.19, No.3 (December 1997).

Acharya, Amitav, "Constructing Security and Identity in Southeast Asia," *Brown Journal of World Affairs*, Vol12, No.2. (2006).

Acharya, Amitav, "How Ideas Spread Whose Norms Matter? Norms Localization and Institutional Change in Asia Regionalism," *International Organization*, Vol58, No1 (2004).

Acharya, Amitav, "Realism, Institutionalism and the Asian Crisis," *Contemporary Southeast Asia*, Vol.21, No.1 (1999).

Acharya, Amitav, "Regional Military Security Cooperation in the Third World: A Conceptual Analysis of the Relevance and Limitation of ASEAN," *Journal of Peace Research*, Vol.29, No.1 (1991).

Acharya, Amitav, "Seeking Security In The Dragon's Shadow: China and Southeast Asia In The Emerging Asian Order," *Institute of Defense and Strategic Studies (IDSS) Working Paper Series* (Singapore), No.44 (March 2003).

Acharya, Amitav, "The Association of Southeast Asian Nation:Security Community or Defense community?," *Pacific Affairs*, Vol.64, No.2.

Acharya, Amitav, "Transnational Production and Security:Asia's Growth Triangles," Contemporary Southeast Asia, Vol.17, No.2 (1995).

Acharya, Amitav, "Will Asia's Past Be It's Future?", *Internatioal Security*, Vol.28, No.3 (Winter 2003/04), pp. 149–164.

Acharya, Amitav, A Concert of Asia, *Survival*, Vol.41, No.3 (1999).

Acharya, Amitav, and Richard Stubbs, "Theorizing Southeast Asian Relations: An Introduction," in "Special Issue: Theorizing Southeast Asian Relations: Emerging Debates," *The Pacific Review*, Vol.19, No.2 (2006).

Acharya, Amitav, "A Regional Security Community in Southeast Asia? ", The Journal of Strategic, Vol.18, No.3 (September 1995).

Acharya, Amitav, "Asia Is Not One", *The Journal of Asian Studies*, Vol.69, Issue 04 (November 2010), pp. 1001–1013.

Adler, Emanuel, "Imagined (security) communities: Cognitive regions in international relations," *Millennium,* Vol.26 (1997), pp. 249–277.

Adler, Emanuel, "Seizing the middle ground: Constructivism in world politics," *European Journal of International Relations*, Vol.3 (1997), pp. 319–363.

Adler, Paul and Bryan Borys, "Materialism and idealism in organizational research," *Organization Studies*, Vol.14 (1993), pp. 657–679.

Alagappa, Muthiah, "Regionalism and Conflict Management: A Framework for Analysis," *Reviews of International Studies*, Vol.21, No.4. (1995).

Alagappa, Muthiah, "Regionalism and the Quest for Security: ASEAN and the Cambodia Conflict", *International Affairs,* (Winter 1993).

Alagappa, Muthiah, "Regionalism and the Quest for Security: ASEAN and the Cambodian Conflict," *Journal of International Affairs*, Vol.46, No.2 (1993).

Alexander Wendt, "Anarchy Is What States Make of It: The Social Construction of Power Politics," International Organization, Vol. 46 (1992), pp. 391–425.

Alexander Wendt, "The Agent-Structure Problem in International Relations Theory," International Organization, Vol. 41 (1987), pp. 335–370.

Almaty Kazakh Commercial TV2003 May 2, 2002, in FBIS, May 2, 2002 (Document ID:

CEP20020502000119).

Amitav Acharya and J.D. Kenneth Boutin, "An Elusive Partnership: Canada and Asia Pacific Security", Canadian Studies 1997 (Department of Diplomacy, National Chengchi University, 1998), in Chinese.

Amitav Acharya, "Realism, Institutionalism, and the Asian Economic Crisis", Contemporary Southeast Asia, vol.21, no.1 (April 1999), p.21.

Andreas, Hasenclever. Mayer, Peter. and Rittberger, Volker. "Interest, Power, Knowledge: The Study of International Regimes," Mershon International Stuies Revew, Vol.40, Supplement 2 (Oct. 1996).

Antolik, Michael, "The ASEAN Regional Forum (ARF): The Spirit of Constructive Engagement", Contemporary Southeast Asia, Vol. 16, No. 2 (1994), pp.117–136.

Antolik, Michael, "Social relations and the individuation of thought," Mind, Vol.102 (1993), pp. 247–261.

Anwar, Dewi Fortuna. "Changes and Continuity in Indonesia's Regional Outlook", in Jeshurun Chandran ed., China India Japan and the Security of Southeast Asia (Singapore Institute of Southeast Asia Studies, 1993).

Ayoob, Mohammed, "From Regional System to Regional Society: Exploring Key Variable in the Construction of Regional Order," Australian Journal of International Affairs, Vol.53, No.3 (1999).

Ba, Alice D. 2006. "Who's socializing whom? Complex engagement in Sino-ASEAN relations," Pacific Review 19(2); 157–179.

Balakrishnan, K.S., "Malaysian's Foreign Policy in the Age of Globalization: Theoretical.

Baldwin, David, "Security Studies and End of War," World Politics, Vol.48, No.1 (1995).

Baldwin, David, "The Concept of Security," Review of International Security, Vol.23, No.1 (1997).

Ball, Desmond, "Arms and Affluence Military Acquisitions in the Asia-Pacific Region", International Security, Vol.18, No.3 (1993).

Banlaoi, Rommel C., "The Role of Philippine-American Relations in the Global Campaign Against Terrorism: Implications for Regional Security," Contemporary Southeast Asia, Vol.24, No.2 (2002).

Barkin, J. Samuel, "Realist Constructivism and Realist Constructivisms", International Studies Review, No.6 (2005), pp.349–352.

Barkin, J. Samuel, "Realist Constructivism," International Studies Review, No.5 (2003), pp.325–342.

Barnett, Michael, "Partners in Peace? The UN, Regional Organization, and Peace Keeping", Review of International Studied, Vol.21, No.4 (1995).

Bilson, Kurus, "The ASEAN Triad: National Interest, Consensus-Seeking, and Economic Co-operation", Contemporary Southeast Asia, Vol. 16, No. 4 (1995), pp. 404–420.

Bilson, Kurus, "Understanding ASEAN: Benefits and Raison d'Etre", Asian Survey, Vol. 33, No. 8 (1993), pp.819–831.

Bisley, Nck, "East Asia'fs Changing Regional Architecture: Towards an East Asian Economic

Community", *Pacific Affairs*, Vol.80, No.4 (2007–2008), pp.603–625.

Blank, Stephen J., "Who's Minding the store: The Failure of Russian Security Policy" *Problems of Post-Communism*, Vol. 45, No.2 (1998).

Boli, John and George Thomas, "World culture in the world polity: A century of international non-governmental organization," *American Sociological Review*, Vol.62 (1997), pp. 171–190.

Booth, Ken, "A Security Regime in Southern Africa: Theoretical Consideration," *Southern Africa Perspectives*, No.30 (1994).

Booth, Ken, "Human Wrongs and International Relations," *International Affairs*, Vol.71, No.1 (1995).

Booth, Ken, "Security and Emancipation", *Review of International Studies*, Vol.17, No.4 (1991).

Booth, Ken, "Security in anarchy: Utopian realism in theory and practice," *International Affairs*, Vol.67 (1991), pp. 527–545.

Bradford, John F., "The Growing Prospects for Maritime Security Cooperation in Southeast Asia," *Naval War Collect Review*, Vol.58, No.3 (2005).

Brecher, Michael, "International Studies in the Twentieth Century and Beyond:Flawed Dichotomies, Synthesis, Cumulation," *International Studies Quarterly*, Vol.43, No.2 (1999).

Busse, Nicholas, "Constructivism and Southeast Asia," The Pacific Review, Vol.12, No.1 (1999).

Buszynski, Leszek. "ASEAN's New Challenges", Pacific Affaires, Vol.170, No.4 (Winter 1998).

Buzan, Barry and Richard Little, "The idea of 'international system': Theory meets history," I*nternational Political Science Review*, Vol.15 (1994), pp. 231–255.

Buzan, Barry, "From international system to international society: Structural realism and regime theory meet the English school," *International Organization*, Vol.47 (1993), pp. 327–352.

Buzan, Barry, "New Patterns of Global Security in the 21st Century," *International Affairs*, Vol.67, No.3 (1999).

Buzan, Barry, "The Southeast Asian Security Complex," *Contemporary Southeast Asia*, Vol.10, No.1 (1988).

Caballero-Anthony, Mely, "Nontraditional Security and Multilateralism in Asia: Reshaping the Contours of Regional Security Architecture?", *Policy Analysis Brief*, The Stanley Foundation, (2007).

Campbell, Donald, "Common fate, similarity, and other indices of the status of aggregates of persons as social entities," *Behavioral Science*, Vol.3 (1958), pp.14–25.

Campbell, Donald, "On the conflicts between biological and social evolution and between psychology and moral traditions," *American psychologist*, Vol.30 (1975), pp. 1103–1126.

Cha, Victor D. 2009. "Powerplay Origins of the U.S. Alliance System in Asia," International Security 34(3): 168–196.

Chalmers, Malcolm. Confidence-Building in South-East Asia (U.K.: Westview Press, 1996).

Chanda, Nayan. "Fear of the Dragon," Far Eastern Economic Review, April 13, 1995.

Chandra, Alexander C., "Indonesia's Non-State Actors in ASEAN: A New Regionalism Agenda for Southeast Asia," *Contemporary Southeast Asia*, Vol.26, No.1 (2004).

Charrier, Philip, "ASEAN's Inheritance: The Regionalism of Southeast Asia, 1941–1961", *The Pacific Review*, Vol.14, No.3 (2001).

Chase-Dunn, Christopher, "Interstate system and capitalist world economy: One logic or two?" *International Studies Quarterly*, Vol.25 (1981), pp. 19–42.

Chau, Andrew, "Security Community and Southeast Asia: Australia, the U.S. and ASEAN's Counter-terror Strategy", *Asian Survey*, Vol. 48, No. 4 (2008), pp.626–649.

Checkel, Jeffrey T., "Norms, Institutions, and National Identity in Contemporary Europe," *ASEAN Working Papers*, WP98/16, Copenhagen University of Oslo.

Corwe, Jr. William J. and Romberg, Alan D. "Rethinking Security in the Pacific," Foreign Affairs, Vol.70, No.2 (Spring 1991).

Cox, Robert, "Social forces, states and world orders: Beyond international relations theory," in R.Keohane ed., Neorealism and its Critics (New York: Columbia University Press, 1986), pp. 204–254.

Cronin, Audreu Kurth, "Behind the Curve: Globalization and International Terrorism," *International Security*, Vol.27, No.3 (Winter 2002/03), pp. 30–58.

Damon Bristow, "Five Power Defense Arrangements: Southeast Asia's Unknown Security Organizations," *Contemporary Southeast Asian*, Vol. 27, No.1 (2005), pp. 1–20.

Dennis J. Blasko, Philip T. Klapkis and John F. Corbett, Jr., "Training Tomorrow's PLA: A Mixed Bag of Tricks, *"The China Quarterly"*, No. 146 (1996).

Denon, David B. H., and Wendy Friman, "China's Security Strategy: The View from Beijing, ASEAN, and Washington," *Asian Survey*, Vol.35, No.4 (1996).

Denon, David B. H. and Evelyn Colbert, "Challenges forthe Association of Southeast Asian Nations (ASEAN)", *Pacific Affairs*, Vol. 71, No.4 (1998), pp.505–523.

Dent, Christopher M., 2009, Taiwan and the New East Asian Regionalism。Issues & Studies。45:4: 107–158.

Desker, Barry, and Kumar Kamakrishna, "Forging an Indirect Strategy: in Southeast Asia," *Washington Quarterly*, Vol. 25, No.2 (2002).

Deudney, Daniel, "Dividing Realism: Structural Realism vs. Security Materialism on Nuclear Security and Proliferation," *Security Studies*, No.1 (1993), pp.7–37.

Dewitt, David B., "Common, Comprehensive, and Cooperative Security," *The Pacific Review*, Vol.7, No.1 (1994).

Dibb, Paul. Hale, David D. and Prince, Peter. "The Strategic Implications of Asia's Economic Crisis", Survival, Vol. 40, No.2 (Summer 1998).

Dittmer, Lowell, "The Strategic Triangle: An Elementary Game-Theoretic Analysis", *World Politics,*

No.31 (July 1981).

Doidge, Mathew, "Joined at Hip:Regionalism and Internationalism," *Journal of European Integration*, Vol.29, No.2 (2007).

Dosch, Jorn, "ASEAN's reluctant liberal turn and the thorny road to democracy promotion", The Pacific Review (2008), 21:4, 527–545.

Dunne, Tim, and Nicholas J.Wheeler, "We the Peoples: Contending Discourses of security in Human Rights Theory Practice", *International Relations*, Vol.18, No.1 (2004).

Dupot, Alan, "ASEAN's Response to the East Timor Crisis," *Australian Journal of International Affairs*, Vol.54, No.2 (2000).

Elman, Colin, "Why not Neorealist theories of foreign Policy?," *Security Studies*, Vol.6 (1996), pp. 7–53.

Emmers, Ralf, "The influence of the balance of power factor within Southeast Asia," *Contemporary Southeast Asia*, Vol.23, No.2 (2001).

Emmerson, Donald K., "ASEAN as an International Regime", *Journalof International Affairs*, Vol.41, No. 1 (1987), pp. 1–16.

Farrell, Theo. "Constructivist Security Studies: Portrait of a Research Program," International Studies Review, Vol.1, Issue 1, 2002.

Fifield, Russell H., "ASEAN, Kampuchea and the United Nations," *Asia Pacific Community: A Quarterly Review*, Vol.17 (Summer 1982).

Finnemore, Martha. and Sikkink, Kathrtn. "International Norm Dynamics and Political Change," International Organization, Vol.52, No.4, Autumn 1998

Finnemore, Martin. "Organization as Teachers of Norms: The United Nations Educational, Scientific and Cultural Organization and Science Policy," International Organization, Vol.47, N0.4, (Autumn 1993).

Fishers, Charles W., "Southeast Asia: the Balkans of the Orient?A Study in Continuity and Change," *Geography*, Vol.47 (1968).

Floydm, Rita, "Towards a Consequentialist Evaluation of Security: Bringing Together the Copenhagen and the Welsh Schools of Security Studies," *Review of International Studies*, Vol.33 (2007).

Freeman, Lawrence. "International Security: Changing Targets," Foreign Policy, Issue 110, (Spring 1998).

Fukuyama, "Francis The end of history?" *The National Interest*, Vol.16 (1989), pp. 3–18.

Funston, John, "Challenges Facing ASEAN in a More Complex Age," *Contemporary Southeast Asia*, Vol.21, No. 2 (1999), pp.205–219.

Funston, John, "ASEAN: Out of its Depth?", *Contemporary Southeast Asia*, Vol. 20, No. 1 (1998), pp. 22–37.

Funston, John, "The Third Indochina War and Southeast Asia," *Contemporary Southeast Asia*, Vol. 1,

No. 3 (December 1979), pp. 268–289.

Ganesan, N., "ASEAN's Relations with Major External Powers," *Contemporary Southeast Asia*, Vol.22, No.2 (2000).

Ganesan, N., "Flexibility or Irrelevance: Ways Forward for the ARF," *Contemporary Southeast Asia*, Vol.21, No.1 (1999).

Ganesan, N., "Rethinking ASEAN as a Security Community in Southeast Asia," *Asian Affairs: An American Review*, Vol.21, No.4 (1995).

Garrett, Geoffery and Peter Lange, "Internationalization, Institutions, and Political Change", *International Organization*, Vol. 49, No. 4 (Autumn 1995), pp. 627–55.

George, Jim. "International Relations and the Search for Thinking Space: Another View of the Third Debate," International Studies Quarterly, Vol.33, No.3 (Sep.1989).

Gilpin, Robert. 1987. The Political Economy of International Relations, Princeton, NJ: Princeton University Press.

Gilson, Julie, "New Interregionalism?The EU and East Asia," *Journalof European Integration*, Vol.27, No.3 (2005).

Goodman, Allan, "Vietnam and ASEAN: Who Would Have Thought It Possible?", *Asian Survey*, Vol. 36, No.6 (1996), pp. 592–600.

Gurtov, Melvin. China and Southeast Asia－The Politics of Survival, (Heath Lexington Books, Toronto & London, 1971)

Haacke, Jurgen, "ASEAN and Political Change in Myanmar: Toward a Regional Initiative?", Contemporary Southeast Asia, Vol.30, No.3, (2008.)

Haacke, Jurgen, "Policy Networks and Economic Cooperation in the Asia Pacific," *Pacific Review*, Vol.7, No.4 (2001).

Haacke, Jurgen, "The concept of Flexible Engagement and the Practice of Enhanced Interaction: Intramural Challenges to the 'ASEAN Way'," *The Pacific Review*, Vol.12, No.4 (1999).

Hammerstad, Ann, "Domestic Threats, Regional Solutions? The Challenge of Security Integration in Southern Africa," *Review of International Studies*, Vol.31, No.1 (2005).

Harbom, Lotta, and Peter Wallensteen, "Armed Conflict and Its International Dimension, 1946–2004," *Journal of Peace Research,* vol.42, No.5 (2005).

Hass, Ernst B., "The Balance of Power: Prescription, Concept, or Propaganda?," *World Politics*, Vol.5, No.4 (1953).

Hass, Peter, M., "Knowledge, Power and international policy coordination," *International Organization*, Vol.46 (1992), pp. 1–390.

Hass, Peter, M., "Introduction: Epistemic Communities and International policy Co-ordination", *International Organization*, Vol.46, No.1 (1992).

Hay, Simon J., "The 1995 ASEAN Summit: Scaling a Higher Peak," *Contemporary Southeast Asia*.

Vol.18, No.3 (1996), pp. 254–274.

Helen E. S. Nesadurai (2009) ASEAN and regional governance afterthe Cold War: from regional order to regional community?, The Pacific Review, 22:1, 91–118.

Heller, Dominik, "The Relevance of the ASEAN Regional Forum (ARF) for Regional Security in the Asia-Pacific" *Contemporary Southeast Asia*, Vol.27, No.1 (2005), pp. 123–45.

Henning, Randall C. "Systemic Conflict and Regional Monetary Integration: The case of Europe." International Organization, Vol.3, No.52, (Summer 1998).

Herz, John. "Idealist internationalism and the security dilemma," World Politics, 2, 1950.

Holsti, Karl, "National role conceptions in the study of foreign policy," International Studies Quarterly, Vol.14 (1970), pp. 222–309.

Hopf, Ted, The Promise of Constructivism in International Relations Theory, International Security, Vol.23, No.1, Summer (1998).

Hu, Weizing. "China's Security Agenda After the Cold War", Pacific Review, Vol.8, No.1 (1995).

Huntington, Samuel, "The clash of civilizations?," *Foreign Affairs*, (1993) summer edition, pp. 22–49.

Huund, Markus, "From Neibourhood Watch Group' to Community?," *Australian Journal of International Affairs*, Vol.56, No.1 (2002).

Huxley Tim, "Singapore and Malaysia: A Precarious Balance?," *The pacific review*, Vol.4, No.3 (1991).

Huxley Tim, "Southeast Asian in the Studies of International Relations: Rise and Decline of a Region," *The Pacific Review*, Vol.19, No.2 (1996).

Huxley Tim, "Southeast Asian's Arms Race: Some Notes on Recent Developments," *Arms Control*, Vol.11, No.1 (1990).

Ian Tsung-Yen Chen & Alan Hao Yang, A harmonized Southeast Asia? Explanatory typologies of ASEAN countries' strategies to the rise of China, The Pacific Review, 26:3, 265–288 (2013).

ICC International Maritime Bureau, "Piracy and Armed Robbery Against Ships," *ICC International Maritime Bureau Annual Report* (2001), pp. 5.

Ikenberry, John G.2003. "Strategic Reactions to American Preeminence: Great Power Politics in the Age of Unipolarity." National Intelligence Council (28 July, 2003).

Jervis, Robert, "A Political Science Perspective on the Balance of Power and the Concert," *America Historical Review*, Vol.97 (1990).

Jervis, Robert, "Cooperation under the Security Dilemma," *World Politics*, Vol.32, No.2 (1978).

Jervis, Robert, "From Balance to Concert: A Study of Security Cooperation," *World Politics*, Vol.38 (1985).

Jervis, Robert, "Security Regimes," *International Organization*, Vol.36, No.2 (1982).

Jones, David Martin, "Security and Democracy: The ASEAN Charter and the Dilemmas of Regionalism in South-East Asia", International Affairs, Vol.84. No.4, (2008).

Jones, David, and Mike L. R. "Amith, ASEAN's Imitation Community", *Orbis*, 2002, pp. 93–109.

John Funston, "Challenges Facing ASEAN in a More Complex Age", Contemporary Southeast Asia, 21:2 (August 1999), pp. 205–219.

Jones, David, and Mike Lawrence Smith, "The Changing Security Agenda in Southeast Asia: Globalization, New Terror, and the Decisions of Regionalism," *Studies in Conflict and Terrorism*, Vol.24 (2001).

June, Teuful Dryer, "The New Officer Corps;Implications for the Future," *The China Quarterly*, No. 146 (June 1996).

Kacowicz, Arie M., "Regionalization, Globalization, and Nationalism: Convergent, Divergent, or Overlapping?," *Social Transformation and Humane Governance*, Vol.24, No.4 (1999).

Kaelberer, Matthias, "The Euro and European Identity: Symbols, Power and the Politics of European Monetary Union," *International Studies*, Vol.30 (2004).

Kai He, Does ASEAN Matter? International Relations Theories, Institutional Realism, and ASEAN, Asian Security, 2:3, 189–214 (2006).

Kang, David C. "Between Balancing and Bandwagoning: South Korea's Response to China," Journal of East Asian Studies 9(1); 1–28. (2009).

Kang, David C., "Getting Asia Wrong: The Need for New Analytical Frameworks", International Security, Vol. 27, No 4, Spring (2003).

Katada, N., "Why Did Japan Suspend Foreign Aid to China," *Social Science Japan Journal*, Vol.4, No.1 (April 2001), pp. 39–58.

Katsumata, Hiro, "The role of ASEAN Institutes of Strategic and International Studies in Developing Security Cooperation in the Asia-Pacific Region," *Asian Journal of Political Science*, Vol.11, No.1 (2003).

Katzenstein, Peter J. "Regionalism and Asia", New Political Economy, Vol.5, No.3, 2000.

Katzenstein, Peter J., "Regionalism in Comparative perspective," *Cornell University, ARENA Working Papers WP/1* (1996).

Keohane, Robert and Lisa Martin, "The Promise of institutionalism theory," *International Security*, Vol.20 (1995), pp. 39–51.

Keohane, Robert and Lisa Martin, "The Promise of Institutionalist Theory," *International Security*, Vol.19, No.1 (1995).

Keohane, Robert O., "International institutions: Two approaches," *International Studies Quarterly*, Vol.32 (1988), pp. 379–396.

Keohane, Robert O., "International Institutions: Two Approaches," *International studies Quarterly*, Vol.32, No.4 (1988).

Keohane, Robert O., "International relations theory: Contributions of a feminist standpoint," *Millennium*, Vol.18 (1998), pp. 245–253.

Keohane, Robert O., "Reciprocity in international relations," *International Organization*, Vol. 40 (1986), pp. 1–27.

Khong, Yuen Foong and Helen E. S. Nesadurai.2007, "Hanging Together, Institutional Design, and Cooperation in Southeast Asia: AFTA and the ARF", In Crafting Cooperation Regional International Institutions in Comparative Perspective, eds.Amitav Acharya, New York: Cambridge University Press.

Khoo, Nicholas, "Constructing Southeast Asian Security: the pitfalls of imagining a security community and the temptations of orthodoxy", Cambridge Review of International Affairs (2004), 17:1, 137–153.

Kolodziej, Edward, "Renaissance in Security Studied? Caveat Lector," *International Studies Quarterly*, Vol.36 No.4 (1992).

Kraft, Herman, "The Autonomy Dilemma of Track II Diplomacy in Southeast Asian," *The Pacific Review*, Vol.13, No.3 (2000).

Kramer, Stephen, "Compromising Westphalia," *International Security Press (1995/1996).*

Krasner, Stephen, "Global communications and national power: Life on the Pareto frontier," *World Politics*, Vol.43 (1991), pp. 336–366.

Krasner, Stephen, "Sovereighty: An Institutional Perspective", *Comparative Political Studies*, Vol.21, No.1 (1988).

Kratochwil, Friedrich, "Of systems, boundaries, and territoriality," *World Politics*, Vol. 39 (1986), pp. 27–52.

Kratochwil, Friedrich, "On the Notion of 'Interest' in International Relations," *International Organization*, Vol.36 (1982), pp. 1–30.

Kratochwil, Friedrich, "The embarrassment of changes: Neo-realism as the science of realpolitic without politics," *Review of International Studies*, Vol.19 (1993), pp. 63–80.

Kupchan, Charles A., and Cliford A. Kupchan, "The Promise of Collective Security," *International Security*, Vol.20 No.1 (1995).

Lancaster, Sandra. and Foddy, "Margaret. Self-extensions: A conceptualization," Journal for the Theory of Social Behaviour, 18., Vol.23, 1998.

Lapid, Yosef. "The Third Debate: On the Prospects of International Theory in a Post-Positivist Era," International Studies Quarterly, Vol.33, No.3 (Sep. 1989).

Lee Jones (2010) ASEAN's unchanged melody? The theory andpractice of 'non-interference' in Southeast Asia, The Pacific Review, 23:4, 479–502.

Legro, Jeffrey W., "Which Norms Matter? Revising the 'Failure' of Internationalism," *International Organization*, Vol.51 (1997), pp.31–56.

Leifer, Michael, "Indochina and ASEAN: Seeking a New Balance," *Contemporary Southeast Asia*, Vol.15, No.3 (1995).

Lim, Robyn, "The ASEAN Regional Forum: Building on Sands," *Contemporary Southeast Asia*, Vol.20, No.2 (1998).

Lim, Robyn. "The AESAN Regional Forum: Building on Sand", Contemporary Southeast Asia, Vol.20, No.2 (August 1998).

Lin, Juo-yu, " 'Go South' means more than business", Taiwan Journal, Vol.XXI No.38 (October 1, 2004).

Lin, Juo-yu, "The Taiwan Factor in Sino-ASEAN Relations," *Asian Culture: The Asian Society in Singapore* (June 2007), pp. 1–25.

Lin, Juo-yu," The East Asian Alternatives: Strategic Competition between the US and China Related to AC FTA ". Tamkang Journal of International Affairs，Vol. VIII No. IV, (April, 2005)

Lipson, Charler, "International Cooperation in Economic and Security Affairs", World Politics (October 1984), pp. 1–23.

Langhammer, Rolf J., "ASEAN Economic Co-operation: A Stock–Taking from a Political Economy Point of View", ASEAN Economic Bulletin (November 1991), pp. 137–150.

Little, Richard, "Deconstructed the Balance of Power: Two Traditions of Thought," *Review of International Studies*, Vol.15, No.2 (1989).

Mabee, Bryan. "Security Studies and the 'Security State': Security Provision in Historical Context," International Relations, Vol.17, No.2, 2003.

Makik, J. Mohan. "Myanmar's Role in Regional Security; Pawan or Pivot", Contemporary Southeast Asia, Vol.19, No.1 (June 1997).

Malcolm, Chalmers, "ASEAN and Confidence Building:Continuity and Change after the Cold War," *Contemporary Security Policy*, Vol.18, No.1 (1997), pp. 36–56.

Manfield, Edward D., Jon C. Pevehouse and David H. Braece, "Preferential Trading Arrangements and Military Disputes," *Security Studies*, Vol.9 (1999/2000).

Manfield, Edward D., Jon C. Pevehouse, "Trade blocs, Trade flows and International Conflict," *International Organization,* Vol.54 (2000).

Manske and Werner Draguhn，2002 Asia-Pacific Economic Cooperation (APEC): the first decade. London: Routledge Curzon.

Marchand, Marianne H., and Morten Boas, "The Political Economy of New Regionalism," *Third World Quarterly*, Vol.20, No.5 (1999).

Mark Beeson, Living with Giants: ASEAN and the Evolution of Asian Regionalism TRaNS: Trans–Regional and–National Studies of Southeast Asia, 1, pp 303–322 (2013).

Mark, J. N., "The ASEAN Way of Multilateral Cooperation and Regional Arms Register?", K.L. conference (1994).

Marnika, Maurice, "Regional Peace Keeping: The case for Complimentary efforts," *Peace Keeping and International Relations*, Vol.25, No.3 (1996).

Mc Donald, Matt. "Human Security and the Construction of Security," Global Society, Vol.16, No.3, 2002.

Mearsheimer, John, "Black to the future: Instability in Europe after the Cold War," *International Security*, Vol. 15 (1990), pp. 5–56.

Mearsheimer, John, "The False Promise of International Institutions," *International Security*, Vol.19, No.3 (1994), pp. 5–49.

Mearsheimer, John, "Why we will soon miss the Cold War," *The Atlantic*, Vol. 266 (1990), pp. 35–50.

Medeiros, Evan S. 2005. "Strategic Hedging and the Future of Asia-Pacific Stability," Washington Quarterly 29(1); 145–67.

Medeiros, Evan S. 2005. "Strategic Hedging and the Future of Asia-Pacific Stability," Washington Quarterly 29(1); 145–67.

Mely, Caballero-Anthony. "Mechanisms of Dispute Settlement: The ASEAN Experience", Contemporary Southeast Asia, Vol.20, No.1 (Aprilnm1998).

Miller, Benjamin, "The Concept of Security: Should be Redefined?," *Journal of Strategic Studies*, Vol.1 (2001).

Miller, Benjamin, "When and How Regions Become Peaceful: Potential Theoretical Pathways to Peace," *International Studies Review*, Vol.7 (2005).

Miller, Helen V., "The Assumption of Anarchy in International Relations Theory: A Critique," Review of International Studies, Vol.17 (1991).

Mohammed Ali, Hashim. "Regional Defence From the Military perspective," ISIS Focus, Institute of International and Strategic Studies (Malaysia), No.58 (January 1988).

Morgenthau, Hans, *Scientific Man vs. Power Politics* (Chicago: University of Chicago Press, 1946).

Morten Valbjørn, 2005, After the Cultural Turn: International Relations Theory Meets Area Studies: Papers Prepared for Presentation at NSU Winter Symposium Study Circle 2, Ry Højskole Denmark March 11–13 2005.

Munro, H. Ross. "Awakening Dragon: The Danger in Asia is From China", Policy Review (Fall 1992).

Narine, Shaun, "International Theory and Southeast Asia: The Case of ASEAN," *World Affairs*, Vol.161, No.1 (1998).

Narine, Shawn, "ASEAN and ARF," *Asian Survey*, Vol. 37, No.10 (1997), pp. 961–978.

Nathan, Laurice, "Domestic Instability and Security Communities," *European Journal of International Relations*, Vol.12, No.2 (2006).

Newman, Edward "Human Security and Constructivism," International Studies Perspectives, Vol.2, 2001.

Nischalke, Tobias Ingo, "Insights from ASEAN's Foreign Policy Cooperation: The 'ASEAN Way' a Real Spirit or a Phantom," *Contemporary Southeast Asia*, Vol. 22, No. 1 (2000), pp. 89–112.

Nischalke, Tobias, "Does ASEAN measure up? Post-cold War Diplomacy and the Idea of Regional

Community," *The Pacific Review*, Vol.15, No.1 (2002).

Nye, Joseph S. and Sean Lynn-Jones, "International Security Studies: A Report of a Conference in the State of the Field," *International Security*, Vol.12, No.4 (1988).

Nye, Joseph S., Jr., "China's Re-emergence and the Future of the Asia Pacific," *Survival*, Vol.39, No.4 (1997), pp. 65–79.

Nye, Joseph S., Jr., "Redefining the National Interest," *Foreign Affairs*, Vol.78, No.4 (1999), pp. 22–35.

Nye, Joseph S., Jr., "What New World Order?", *Foreign Affairs*, Vol.71, No.2 (1992), pp. 83–96.

Onuf, Nicholas and Frank Klink, "Anarchy, authority, rule," *International Studies Quarterly*, Vol.33 (1989), pp. 149–174. Rosenau, James N., "The Relocation of Authority in a Shrinking World," *Comparative Political*, Vol.12, No.3 (1992).

Onuf, Nicholas, "Levels," *European Journal of International Relations*, Vol.1 (1995), pp. 35–58.

Onuf, Nicholas, "The Constitution of International Society", *EJIL*, (May 1994), pp. 1–19.

Pangestu, Mari. "The Future of ASEAN," The Indonesian Quarterly, XXV/4。

Patomaki, Heikki & Wight, Colin. "After Post-positivism? The Promise of Critical realism," International Studies Quarterly, Vol.44, 2000.

Powell, Robert. "Absolute and relative gains in international relations theory," American Political Science Review, Vol.85, No.4. (Dec. 1991).

Prueher, Joseph. "Asia-Pacific security and China", Vital Speeches of the Day, 1999, Vol.65, Issue 6.

Ramcharan, Robin, "ASEAN and Non-Interference: A Principle Maintained," *Contemporary Southeast Asia*, Vol. 22, No. 1 (April 2000), pp. 60–88.

Ressa, Maria, "Uncovering Southeast Asia's Jihad Network," (a three-part *CNN Special Report on Terrorism in Southeast Asia*, October 29, 2002).

Robert H. Bates Source: PS: Political Science and Politics, Vol.30, No.2 (Jun., 1997), pp. 166–169.

Rosecrance, Richard, "A New Concert of Powers," *Foreign Affairs*, Vol.71, No.2 (1992).

Ross, Robert S., "A Realist Policy for Managing US-China Competition," *Policy Analysis Brief* (2005).

Ross, Robert S., "China and the Cambodian Peace Process: The Benefits of Coercive Diplomacy," *Asian Survey*, Vol.31, No.12 (December 1991).

Roy, Denny, "China's Reaction to American Predominance," *Survival*, Vol.45, No.3 (Autumn 2003), pp. 57–78.

Roy, Denny. 2005. "Southeast Asia and China: Balancing or Bandwagoning?" Contemporary Southeast Asia 27(2); 305–322.

Ruggie, John, "Territoriality and beyond: Problematizing modernity in international relations," *International Organization*, Vol.47 (1993), pp. 139–174.

Ruggie, John, "What Makes the World Hang Together? Neo-Utilitarianism and the Social

Constructivist Challenge," *International Organization*, Vol.52 (1998), pp. 855–885.

Ruland, Jurgen, "ASEAN and the Asian Crisis: Theoretical Implications and Practical Consequence foe Southeast Asian Regionalism," *The Pacific Review*, Vol.13, No.3 (2000). Ruggie, John, "Continuity and transformation in the world polity," *World Politics*, Vol.35 (1983), pp. 261–285.

Saludo, Ricardo, "Crossroads for ASEAN: At 30 the Association of Southeast Asian Nations embraces an entire region and Braces for bigger trials in coming years," *Asia Week* (December 12, 1997), pp. 35–37, pp. 52–54.

Solidum, Estrella D., "The Role of Certain Sectors in Shaping and Articulating the ASEAN Way", in R.P. Anand & Purificacion V. Quisumbing (eds.), ASEAN: Identity, Development and Culture (Manila: U.P. Law Center and East-West Center Culture Learning Institute, 1981), pp. ix-xxviii & pp. 130–148.

Sam, James Busumtwi. "Development and Human security," International Journal, Vol.LVII, No.2, 2002.

Sartori, Giovanni, "The essence of the political in Carl Schmitt," Journal of Theoretical Politics, Vol.1 (1989), pp. 63–75.

Schiffer, Michael, "Four ways to fight terror today," *Star Tribune (*March 25, 2007*).*

Schmitt-Egnder, Peter, "The Concept of Region: Theoretical and Methodological Notes on Its Reconstruction," *Journal of European Integration*, Vol.24, No.3 (2002).

Searle, Peter, "Ethno-Religious Conflicts: Rise or Decline?Recent Developments in Southeast Asia," *Contemporary Southeast Asia*, Vol.24, No.1 (2002).

Seth Jones, David, "ASEAN Initiatives to Combat Haze Pollution: An Assessment of Regional Cooperation in Public Policy-making," *Asian Journal of Political Science*, Vol.12, No.2 (2004).

Shambaugh, David, "Containment or Engagement of China: Calculating Bei Jing's Responses", *International Security*, Vol. 21, No.2 (1996), 180–209.

Shee Poon-Kim, "A Decade of ASEAN, 1967–1977," *Asian Survey*, Vol. 17, No.8 (1977), pp. 753–770.

Shee, Poon-Kim, "East Asian New Regionalism: Towards economic Integration?," *Ritsumeikan International Affairs,* Vol.1 (2003).

Sheldon W. Simon, "The ASEAN Economic Crisis and ASEAN Political and Security Concerns," *International Studies Notes*, Vol. 23, No.3 (1998), pp.1–7.

Simon, Sheldon W., "Alternative Visions of Security in the Asia Pacific," *Pacific Affairs*, Issues 69 (1996), pp. 381–396.

Simon, Sheldon W., "Is there a US Strategy for East Asia?", *Contemporary Southeast Asia*, Vol.21 (1999), pp.325–43.

Simon, Sheldon W., "The ASEAN Economic Crisis and ASEAN Political and Security Concerns," *International Studies Notes*, Vol.23, No.3 (1988), pp. 1–7.

Simon S. C. Tay with Obood Talib, "The ASEAN Regional Forum: Preparing for Preventive Diplomacy", Contemporary Southeast Asia, 19:3 (December 1997), 252–268.

Simon, W. Seldom. "Security Prospect in Southeast Asia: Collaborative efforts and the ASEAN Regional Forum", The Pacific Review, Vol.11, No.2 (1998).

Singh, Bhubhindar, "ASEAN's Perceptions of Japan: Change and Continuity", Asian Survey, Vol. XLII. NO.2, (March/April 2002.) pp. 293–294.

Slocum, Nikki and Luk Van Langenhove, "The Meaning of Regional Integration: Introducing Positioning Theory in Regional Integration Studies", European Integration, Vol.26, No.3 (September 2004), pp.227–252

Smith, Anthony L., "ASEAN 9th Summit: Solidifying Regional cohesion, Advancing External Linkages," Contemporary Southeast Asia, Vol.26, No.3 (2004).

Smith, M.L. and D.M. Jones, "ASEAN, Asian Values and Southeast Asian Security in the New World Order", Contemporary Security Policy, Vol. 18, No. 3 (1997), pp.126–156.

Smouts, Marie-Claude, "The Proper use of Governance in International Relations," International Social Science Journal, Vol.50 (March 1998), pp. 81–90.

Snyder, Glenn H., "The Security Dilemma in alliance Politics," World Politics, Vol.34, No.3 (1984).

Snyder, Glenn H., "Alliance Theory: A Neorealist First Cut," Journal of International Affairs, Vol.44, No.1 (1990).

Snyder, Glenn H., "Alliance Theory: A Neorealist First Cut," Journal of International Affairs, Vol.44, No.1 (1990).

Solingen, Etel, "ASEAN, Quo Vadis? Domestic Coalitions and Regional Cooperation," Contemporary Southeast Asia, Vol.21, No.1 (1999).

Spinder, Manuela, "New Regionalism and Construction of Global Order," CSGR Working Paper No.93/02 (The University of Warwick, 2002).

Stephan Haggard and Beth A. Simmons, "Theories of International Regimes," International Organization, Vol.41, No.3 (1987).

Sterling-Folker, Jennifer, "Realism and the Constructivist Challenge: Rejecting. Reconstructing or Reading," International Studies Review, Vol.4, No.1 (2002).

Storey, Ian James, "Creeping Assertiveness: China, the Philippinesand the South China Sea Dispute," Contemporary Southeast Asia, Vol.21, No.1 (1999), pp. 95–118.

Sukhumbhand, Paribatra, "From ASEAN Six to ASEAN Ten: Issues and Prospects," Contemporary Southeast Asia, Vol.16, No.3 (1994), pp. 243–258.

Sukma, Rizal. "Recent Development in Sino-Indonesian Relation: An Indonesian View," Contemporary Southeast Asia, Vol.16, No.1, June 1994.

Sutter, Robert, "China-Southeast Asia Relations: Trends, Issues, and Implications for the United States," CRS Report for Congress (Washington, DC: Congressional Research Services, May 20,

1997).

Takashi, Terada., 2006. "Forming an East Asian Community: A site for Japan-China Power Struggles", Japanese Studies, 26(1); 5–17.

Tay, Simon S. C. with Obood Talib, "The ASEAN Regional Forum: Preparing for Preventive Diplomacy," *Contemporary Southeast Asia*, Vol.19, No.3 (1997), pp. 252–268.

Thompson, William R., "The Regional Sub-system: A Conceptual Explication and a Proposition Inventory," *International Studies Quarterly*, Vol.17 (1973).

Tong, Goh Chok. "Give China 'Time and Space'," Far Eastern Economic Review, May 25, 1995.

Waldron, Arthur, "After Deng the Deluge: China's Next Leap Forward," *Foreign Affairs*. Vol.74, No.5 (1995), pp. 148–53.

Walsh, James. "China: The World's Next Superpower", Time (Asia Edition), May 10 1993.

Walt, Stephen M., "International relations, One world, many theories," *Foreign Policy*, Vol.110 (1998), pp. 29–46.

Walt, Stephen M., "International Relations: One World, Many Theories," *Foreign Policy,* Vol.1 (1998), No.110.

Walt, Stephen M., "Testing Theories of Alliance Formation: The Case of Southeast Asia," *International Organization*, Vol.43, No.2 (1992).

Walt, Stephen M., "The Renaissance of Security," *International Studies Quarterly*, Vol.35, No.2 (1991).

Waltz, N. Kenneth. "Structural Realism after the Cold War," International Security, Vol.25, No.1, (Summer 2000).

Wanandi, Jusuf, "ASEAN's China Strategy: Toward Deeper Engagement," *Survival,* Vol.38 No.3 (1996), pp. 117–25.

Wang Jisi, "China's Changing Role in Asia", The Atlantic Council Paper, For Obama's China policy, please refer to EAI Background Brief No.426 on "Obama's China Policy: Continuity Rather Than Change"ю (January 2004).

Wang Yong, "East Asia Community and Non-traditional Security: A proposal from China," a paper presented to the conference *The Confidence building andpeace building in Asia* (Japan, Tokyo, Waseda University, Sept 2005).

Ward, Adam, "China and America: Trouble Ahead?", *Survival,* Vol.45, No.3 (2003), Autumn 2003, pp. 36–56.

Webber, Douglas, "Two Funerals and a Wedding? The Ups and Downs of Regionalism in East Asia and Asia-Pacific after the Asian Crisis," *The Pacific Review*, Vol.14, No.3 (2001), p.361.

Wallar, James, "Achieving the Promise of the ASEAN Economic Community: Less Than You Imagine, More Than You Know", *The National Bureau of asian Research*, July 2014.

Webber, Douglas, "Two Funerals and a Wedding? The Ups and Downs of Regionalism in East Asia and Asia-Pacific after the Asian Crisis," *The Pacific Review*, Vol.14, No.3 (2001), p.361.

Weiner, Myron, "Security, Stability, and International Security," *International Security*, Vol.17, No.3 (1992/1993).

Wendt, Alexander and Daniel Friedheim, "Hierarchy under anarchy, Informal empire and the East German state," *International Organization*, Vol.49 (1995), pp. 689–722.

Wendt, Alexander and Michael Barnett, "Dependent state formation and Third World militarization," *Review of International Studies*, Vol.19 (1993), pp. 321–347.

Wendt, Alexander E. "Constructing International Politics," International Security, Vol.20, No.1, (Summer 1995).

Wendt, Alexander, "Why a World State Is Inevitable," *European Journal of International Relations*, Vol.9, No.4 (2003).

Wendt, Alexander, "Agency, Teleology and World State," *European Journal of International Relations,* Vol.11, No.4 (2005).

Wendt, Alexander, "Anarchy Is What Make of It: The Social Construction Of Power Politics," *International Organization*, Vol.88, No.2 (1994).

Wendt, Alexander, "Anarchy is what states make of it: The social construction of power politics," *International Organization*, Vol.46, No.2 (1992), pp. 391–425.

Wendt, Alexander, "Collective Identity Formation and International State," *American Political Science Review*, No.88 (June 1994).

Wendt, Alexander, "On the Via Media: A Response to the Critics," *Review of International Studies*, Vol.26, No.1 (2000).

Wendt, Alexander, "The Agent-Structure Problem in International Relations Theory," *International Organization*, Vol.41 (1987), pp. 335–370.

Wendt, Alexander, "Anarchy is what states make of it. The social construction of power politics," *International Organization*, Vol.46 (1992), pp. 391–425.

Wendt, Alexander, "Collective identity formation and the international state," *American Political Science Review*, Vol.88 (1994), pp. 384–396.

Wendt, Alexander, "On constitution and causation in international relations," *Review of International Studies*, Vol.24, special issue (1998), pp.101–117.

Wendt, Alexander, "The agent-structure problem in international relations theory," *International Organization*, Vol.41 (1987), pp. 335–370.

Wesley, Michael, "The Asian Crisis and the Adequacy of Regional Institutions," *Contemporary Southeast Asia*, Vol.21, No.1 (1999), pp. 54–73.

Wilcox, Francis O., "Regionalism and the United Nations," *International Organization*, Vol.19, No.3 (1965).

Williams, John, "Pluralism, Solidarism and the Emergence of World Society in English School

Theory," *International Relations*, Vol.19, No.1 (2005).

Williams, Michael C., "The Institute of Security: Elements of a Theory of Security Organization," *Cooperation and Conflict*, Vol.32, No.3 (1997).

Williams, Michael C., "Words, Images, Enemies: Securitization and International Politics," *International Studies Quarterly*, Vol.47 (2003).

Wohlforth, William C., "The Stability of a Unipolar World," *International Security*, Vol.24, No.1 (1999), pp. 5–41.

Yoshimatsu, Hidetaka, "Collective Action Problems and Regional Integration in ASEAN," *Contemporary Southeast Asia*, Vol.28, No.1 (2006).

Higgott, Richard, "The Asian Economic Crisis: A Study in the Politics of Resentment," *New Political Economy*, Vol.3, No.3 (November 1998).

Cheng, Joseph, "The ASEAN China Free Trade Area: Genesis and Implications," *Australian Journal of International Affairs*, Vol.58, No.2 (2004).

Katzenstein, Peter J. and Nobuo Okawara, "Japan, Asian-Pacific Security, and the Case for Analytical Eclecticism," *International Security*, Vol.26, No.3 (2001–2002), pp. 153–185.

Mohan Malik, "The East Asia Community and the Role of External Powers: Ensuring Asian Multilateralism Is Not Shanghaied," *The Korean Journal of Defense Analysis*, Vol.19, No.4 (2007), pp. 29–50.

Ravenhill, John A," Three Bloc World? The New East Asian Regionalism," *International Relations of the Asia Pacific*, Vol.2 (2002), pp. 167–195.

官方資料

《中國對外經濟貿易年鑑》，1984 年。

《中國外交概覽》，1993 年。

《中國外交概覽》，1994 年。

中國海關總署《海關統計》1988 年 –1992 年，引自《中國與發展中國家的經貿合作》。

中共 2002 國防白皮書。http://www.fas.org/nuke/china/doctrine/natdef 2002.html.

日本國外務省，「外交青書 2000 年」，第一部。

The United States Commission on National Security, A Concert for Preserving Security and Promoting Freedom, (Washington, GPO, Dec 2000).

National Intelligence Council (National Foreign Intelligence Board, NIC), Global Trend 2015, (Washington, GPO, Dec 2000). http://www.cia.gov/cia/publications/globaltrends 2015/

Department of USA, The United States Security Strategy for the East Asia-Pacific Region, 23 Nov. 1998.

Stick to Basic, Opening Statement by Professor S. Jayaumar, Minister for Foreign Affairs, at the 31st ASEAN Ministerial Meeting, 24th July 1998, Manila, http://www.aseansec.org/amm/amm31oss.htm.

"ASEAN Leaders Sign ASEAN Charter", Media Release, November 20, 2007, www.aseansec.org/21086.htm.

The ASEAN Charter, Public Affairs Office, ASEAN Secretariat, Jakarta, December 2007.

ASEAN Declaration on the South China Sea, Manila, Philippines, July 22, 1992.

Protocol Amending the Agreement on the Establishment of the ASEAN Secretariat, Manila, Philippines, July 22, 1992.

Agreement between the Government of Indonesia and ASEAN relating to the Privileges and Immunities of the ASEAN Secretariat, Jakarta, January 20, 1979.

Protocol Amending the Treaty of Amity and Cooperation in Southeast Asia, Manila, December 15, 1987.

Protocol Amending the Agreement of the Establishment of the ASEAN Secretariat, Bandar Seri Begawan, July 4, 1989.

Manila Declaration of 1987, Manila, December 15, 1987.

Declaration of the Admission of Brunei Darussalam into the Association of Southeast Asian Nations, Jakarta, January 7, 1984.

ASEAN Foreign Ministers' Call for a Comprehensive Political Settlement of the Kampuchean Problem issued in Bandar Seri Begawan, July 3, 1989.

Eighth ASEAN Ministerial Meeting, Kuala Lumpur, May 13–15, 1975.

Declaration of ASEAN Concord, Bali, February 24, 1976.

Treaty of Amity and Cooperation in Southeast Asia, Bali, February 24, 1976.

Agreement on the Establishment of the ASEAN Secretariat Bali, February 24, 1976.

Ninth ASEAN Ministerial Meeting, June 1976.

Tenth ASEAN Ministerial Meeting, July, 1977.

Meeting of the ASEAN Heads of Government (2nd Summit), Kuala Lumpur, August 4–5, 1977.

Eleventh ASEAN Ministerial Meeting, June 1978.

Second to Seventh ASEAN Ministerial Meetings, 1968–1974.

Agreement for the Establishment of a Fund for ASEAN, Cameron Highlands, Malaysia, December 17, 1969.

Zone of Peace, Freedom & Neutrality Declaration (Kuala Lumpur Declaration), Kuala Lumpur, Malaysia, November 27, 1971.

The ASEAN Declaration (Bangkok Declaration), Bangkok, August 8, 1967.

First ASEAN Ministerial Meeting, Bangkok, August 8, 1967.

網路資源 Websites:

臺灣國際研究學會，http://www.tisanet.org.

亞太與臺灣安全專題楊永明，http://club.ntu.edu.tw/~yang/Class−94−01−APTS.htm.

美國國務院國際資訊局，http://usinfo.state.gov.

ASEAN, http://www.asean.org.

Building an Open and Inclusive Regional Architecture for Asia. (*Policy Dialogue Brief*, March 2007) http://www.stanleyfoundation.org/publications/pdb/pdbasiaarch307.pdf.

http://www.stanleyfoundation.org/resources.cfm?id=213.

Crossman, Linda, Myanmar's rohingya refugees the search for human security. M.A., Georgetown University Liberal Studies, 2014, 127 Pages, AAT 1568320.

ERIA, Framing the ASEAN socio-cultural community post-2015, http://www.eria.org/ERIA-RPR-2014-01.pdf.

Ku, Samuel C. Y., The ASEAN Socio-Cultural. Community (ASCC): Development and Prospect. 2011, CIER, TAIPEI, www.aseancenter.org.tw/upload/files/S3-2-Ku.pdf.

Nattanun Siricharoen、Waralak V. Siricharoen, PERSPECTIVE FOR SUGGESTION ABOUT COMMUNICATION PLAN/STRATEGY OF THAILAND USING FOR ASEAN ONE COMMUNITY RELEVANT TO THE 3 PILLARS: APSC, AEC, AND ASCC, 2014, http://sdiwc.net/digital-library/perspective-for-suggestion-about-communication-plan--strategy-of-thailand-using-for-asean-one-community-relevant-to-the-3-pillars-apsc-aec-and-ascc.

RAND

http://www.rand.org/publications/MR/MR1170.

http://www.rand.org/pubs/monograph_reports/MR1170/MR1170.bib.pdf.

Stanley foundation, http://www.stanleyfoundation.org/articles.cfm?id=382.

Washington Observer weekly Issue, http://www.WashingtonObserver.org.

White house

www.whitehouse.gov/new/releases/2003/02/counter_terrorism/.

www.usindo/org/US%20Policy%20Review.htm.

www.asiafoundation.org/pdf/WorkPap13.pdf.

http://www.cfr.org/index.html.

Other Websites

http://www.newtaiwan.com.tw/bulletinview.jsp?period=462&.

http://www.want-daily.com/portal.php?mod=view&aid=154630#ixzz3hSFiAg8Zttp://www.want-daily.com/portal.php?mod=view&aid=154630#ixzz3hSFiAg8Zttp://www.want-daily.com/portal.php?mod=view&aid=154630#ixzz3hSFiAg8Z

http://www.ettoday.net/news/20121008/111765.htm#ixzz3qJwvo3BB.

http://www.yzzk.com/cfm/content_archive.cfm?id=1422502786070&docissue=2015−06.

大紀元新聞網，2004 年 9 月 9 日，http://dajiyuan.com/b5/4/9/9n655423.htm.

林正義，「中共與東南亞國家的軍事交流：解放軍外交」，http://www.inpr.org.tw/inprc/pub/jounals/
　　150-9/m155_4.htm

林祖嘉，「中共、東協、與東亞自由貿易區對臺灣可能造成的衝擊」，2002 年 6 月 27 日，
　　http://www.npf.org.tw/PUBLICATION/TE/091/TE-B-091-019.htm.

林欽明，「東協區域經濟整合」，《臺經月刊》，2002 年 7 月，http://www.tier.org.tw/07publication/
　　tiermon/9107/mon9107_10.htm

《西安日報》，2004 年 8 月 20 日，http://big51.chinataiwan.org/web/webportal/W4461036/A31566.
　　html.

洪財隆，「東亞區域整合型態與臺灣處境之探索」，臺灣經濟研究院，2004 年 2 月 24 日，
　　http://www.tier.org.tw/ctasc/issue/FTARTAsindex.htm#Article4.

胡聲平，「2004 年 7 月 12 日對丁永康於和平論壇發表之『和平崛起與兩岸關係』論文評論」，
　　http://www.peaceforum.org.tw/onweb.jsp?webcd=33333332:5&webitem_no=845.

馬國電子新聞，「拉菲達：東協澳紐經濟協成立」，2002 年 7 月 8 日，
　　http://mytrade.com.my/MALAYSIA/NEWS/Y2002/M07/NEWS_200207031.HTM.

許峻實，「第 36 屆 ASEAN 經長會議邁向「東協共同體」之路」，
　　http://www.tier.org.tw/pecc/ctpecc/new_page_12.htm.

蕭新煌，「重新認識東南亞的幾個課題：臺灣觀點」，
　　http//www.sinica.edu.tw/isear/newsletter/ 第三期 /recognize.ntm.

鄭先武，「安全複合體理論與東亞安全區域主義」，
　　http://club.news.sina.com.cn/thread-268929-1-1.html.

鄭必堅，「中國的發展與和平崛起新道路」，第 30 屆世界高峰年會演講內容，
　　http://big5.china.com.cn/chinese/zhuanti/xxsb/709763.htm.

蔡宏明，「APEC 在促進區域整合之現況與展望」
　　http://isc01.moea.gov.tw/-ecobook/season/sate16.htm//.

劉伯松，「中美對弈人權棋」，2000 年 3 月 9 日，
　　http://www.zaobao.com/zaobao/special/china/sino-us/pagrs/sino-us090300.html.

陳鴻瑜，「東協對中共的政策」，http://www.inprnet.org.tw./inprc/pub/biweekly/110-9/m119-3.ptm.

熊光楷專訪，http://big5.china.com.cn/chinese/zhuanti/xxsb/532226.htm.

泰亞青，「亞歷山大‧溫特：建構主義的發展空間」，http://cache.chat.dayoo.com/2004/node_2075/
　　node_2840/node_2842/2005/05/23/111681580877778.shtml.

泰國總理 Chuan Leekpi 在東協第六屆高峰會議發言，1998 年 12 月 15 日，
　　http://www.mofa.gov.vn/english/phatbieutl.html.

金燦榮，「中國是恐怖主義受害方，需國際合作」，2014 年 11 月 24 日，
　　http://www.chinareviewnews.com/doc/1034/9/0/5/103490577.html?coluid=93&kindid=10095&doci
　　d=103490577.

鄭永年，「中國需要調整反恐戰略不能重復美國模式」，2015 年 12 月 20 日，

http://news.cnyes.com/20151020/20151020081906537342810.shtml.

葉蕙君、林芩妤，〈東協經濟共同體（專題）：發展與回顧（上）〉，《東協瞭望》，第 11 期，2015 年，http://www.aseancenter.org.tw/CenStudyDetail.aspx?studyid=27&natstudyid=3.

黃黎洪，「東亞自貿區談判的制度交疊研究」，2015 年，http://agreement.asean.org/media/download/20140119155656.pdf.

徐遵慈，「東協『區域全面經濟夥伴協定』(RCEP) 的最新發展與對臺灣之影響」，《經濟部電子報》，250 期，2014 年 1 月 16 日，http://twbusiness.nat.gov.tw/epaperArticle.do?id=246939648.

徐遵慈，「『東協經濟共同體』：進展、成果與挑戰」，《經濟部電子報》，267 期，2015 年 7 月 8 日，http://twbusiness.nat.gov.tw/epaperArticle.do?id=274169856.

溫家寶出席第三次中日韓領導人會議，參見 http://www.fmprc.gov.cn/chn/pds/ziliao/zt/ywzt/2010nzt/wjbdhrmzsfwbcx.drczrhhy/t704646.htm.

外媒：東盟經濟轉型加速將邁入共同體時代，華夏經緯網，2015 年 2 月 9 日，http://www.chinanews.com/hb/2015/02–06/7042886.shtml.

"ASEAN Economic Community Blueprint," ASEAN Secretariat, http://www.asean.org/archive/5187–10.pdf

報告：東協應打造無國界經濟體，中央社，2014 年 7 月 17 日，https://tw.news.yahoo.com/%E5%A0%B1%E5%91%8A–%E6%9D%B1%E5%8D%94%E6%87%89%E6%89%93%E9%80%A0%E7%84%A1%E5%9C%8B%E7%95%8C%E7%B6%93%E6%BF%9F%E9%AB%94–100828526.html.

東協經濟共同體 2050 年全球第 4，中央社，2014 年 11 月 12 日，https://tw.news.yahoo.com/%E6%9D%B1%E5%8D%94%E7%B6%93%E6%BF%9F%E5%85%B1%E5%90%8C%E9%AB%94–2050%E5%B9%B4%E5%85%A8%E7%90%83%E7%AC%AC4–150647714.html.

東協經濟共同體藍圖，http://www.digitimes.com.tw/tw/dt/n/shwnws.asp?id=0000414134_7SC2N1JN2D3SWQ50CE5G6.

周方銀，「21 世紀海上絲綢之路建設的戰略意義與策略選擇」，中國國際交流協會網頁，http://www.cafiu.org.cn/web/NewsInfo.asp?NewsId=1964.

東協瞭望，第 4 期，2011 年 8 月，http://www.aseancenter.org.tw/upload/files/OUTLOOK_004_01.pd; http://d.wanfangdata.com.cn/ExternalResource/llj200603101%5E1.

ASEAN-China Expert Group on Econmic Cooperation Closer ASEAN-China Economic Relations in the 21 Century, (2001.10), http://www.us.asean.org/asean.asp.

Ailean S.P. Baviera, PASCN Paper, No.99–117 (1999), http://pascn.pids.gov.ph.disclist/d 99/s00–17.pdf.

Indonesia Propose That an ASEAN Security Community be Formed, 30 August 2003, http://www.rsi.com.sg/eglish/view.2003092018349/1.html.

James Robert Kerrey & Rebert A Manning, http://www.ciao.org/conf/crf 25/.

Joint Press Communique, The First ASEAN Finance Ministers Meeting, Phuket, 1 March 1997, http://www.aseansec.org/economic/prfin1.htm.

Madelaine K. Albright, ASEAN Regional Forum, Kuala Lumper, July 27, 1997, http://Secretary.state.gov/www/statement/970727.html.

Shi Chunlia, China-Australia Relations: A Chinese View, http://www.aiia.asn.an/news/chunlai.html.

Sukhumbhand Paribatra, http://www.mfa.go.th/Policy/fm03.htm/.

Xiu-Chuan Kweng " The International Strategy of China's Peaceful Rise," Study Post (Beijing), http://www.china.org.cn/chinese/zhuanti/xxsb/548118.htm.

Washington Observer weekly Issue 201, November 22, 2006, http://www.newtaiwan.com.tw/bulletinview.jsp?period=462&.

http://www.want-daily.com/portal.php?mod=view&aid=154630#ixzz3hSFiAg8Z.

http://www.ettoday.net/news/20121008/111765.htm#ixzz3qJwvo3BB.

http://www.yzzk.com/cfm/content_archive.cfm?id=1422502786070&docissue=2015–06.

Barry Desker (1st April, 2015), East Asian Forum, 2011, "ASEAN Integration remains an illusion", http://www.eastasiaforum.org/2015/04/02/asean-integration-remains-an-illusion/.

East Asia Forum: "ASEAN Integration remains an illusion", http://www.eastasiaforum.org/2015/04/02/asean-integration-remains-an-illusion/.

重要文獻

1. ASEAN Basic Documents, The ASEAN Declaration, Bangkok, 8 August 1967, http://www.asean.org/3628.htm.

2. ASEAN Basic Documents, Zone of Peace, Freedom and Neutrality Declaration, Kuala Lumpur, 27 November 1971, http://www.asean.org/3629.htm.

3. ASEAN Basic Documents, Declaration of ASEAN Concord; Treaty of Amity and Cooperation in Southeast Asia, Bali, 24 February 1976, http://www.asean.org/3630.htm. And http://www.asean.org/3631.htm

4. ASEAN Basic Documents, Declaration of ASEAN Concord II (Bali Concord II); Bali, 8 October 2003, http://www.asean.org/15159.htm.

5. ASEAN Development Bank, Asian Development Outlook 1997 and 1998, (New York: Oxford University Press, 1997).

6. Treaty of Amity and Cooperation in Southeast Asia (TAC), Indonesia, 24 February 1976, Article 13.

7. The ASEAN Regional Forum: A Concept Paper.
   Chairman's Statement, The First Meeting of The AESAN Regional Forum, Thailand, 25 July 1994.

8. Final Report of the East Asia Study Group, ASEAN+3 Summit, 4 November 2002, Phnom Penh, Cambodia.

9. NTS Alert (Consortium of Non-Traditional Security Studies in Asia), "ASEAN Ministerial Meeting:

Taking Stock of Challenges," Centre for NTS Studies, S. Rajaratnam School of International Studies, Nanyang Technological University, Singapore, August 2008/1.

10.《峇里第三宣言》(2011), Bali Declaration on ASEAN Community in a Global Community of Nations, Bali Concord III, Bali, Indonesia, 17 November 2011, The Asean Declaration (Bangkok Declaration).

11. ASEAN Community vision 2015《東協共同體的願景 2015》, http://www.google.com.tw/url?sa=t&rct=j&q=&esrc=s&source=web&cd=11&ved=0ahUKEwihjee_7fXLAhUBoZQKHQIeAXIQFghUMAo&url=http%3A%2F%2Fwww.philmstq.org%2Fwp-content%2Fuploads%2F2014%2F01%2FASEAN-COMMUNITY–2015.pdf&usg=AFQjCNGo–6UmaCsL78EHWkLz6DGOyUIlTg.

12. ASEAN Capital Markets Forum (ACMF) Implementation Plan, http://www.theacmf.org/ACMF/upload/asean_cg_scorecard.pdf.

13. ASEAN Community Vision–2025,《東協願景 2025》, http://www.asean.org/storage/images/2015/November/aec-page/ASEAN-Community-Vision–2025.pdf.

14. ASEAN Community vision (2025),《東協共同體的願景 2025 吉隆坡宣言》, Kuala Lumpur Declaration on ASEAN 2025: FORGING AHEAD TOGETHER——http://www.asean.org/storage/images/2015/November//KL%20Declaration%20on%20ASEAN%202025%20Forging%20Ahead%20Together.pdf.

15.《東協願景 2025：合作共創繁榮》(2015), ASEAN 2025: FORGING AHEAD TOGETHER (ASEAN Community Vision 2025).

本書推薦參考：東協重要官方文件

1. 第一屆東協部長會議聯合新聞稿 (1967), Joint Press Release Of The First ASEAN Ministerial Meeting Bangkok, 8 August 1967.

2. 第二屆東協部長會議聯合新聞稿 (1968), Joint Communique Of The Second ASEAN Ministerial Meeting Jakarta, 6–7 August 1968.

3.《建立管理東協基金控制、支出與會計規範協定》(1969), Agreement for the Establishment of a Fund for ASEAN Rules Governing the Control, Disbursement and Accounting of the Fund for the ASEAN Cameron Highlands, 17 December 1969.

4. 第三屆東協部長會議聯合公報 (1969), Joint Communique Of The Third ASEAN Ministerial Meeting Cameron Highlands, 16–17 December 1969.

5. 東協發布《和平、自由與中立區宣言》特別外交部長會議聯合聲明 (1971), Joint Press Statement Special ASEAN Foreign Ministers Meeting To Issue The Declaration Of Zone Of Peace, Freedom And Neutrality Kuala Lumpur, 25–26 November 1971.

6. 第四屆東協部長會議聯合公報 (1971), Joint Communique Of The Fourth ASEAN Ministerial Meeting Manila, 12–13 March 1971.

7. 第五屆東協部長會議聯合公報 (1972), Joint Communique Of The Fifth ASEAN Ministerial Meeting Singapore, 13–14 April 1972.

8. 第六屆東協部長會議聯合公報 (1973), Joint Communique Of The Sixth ASEAN Ministerial Meeting Pattaya, 16–18 April 1973.

9. 第七屆東協部長會議聯合公報 (1974), Joint Communique OF The Seventh ASEAN Ministerial Meeting Jakarta, 7–9 May 1974.

10. 第八屆東協部長會議聯合公報 (1975), Joint Communique Of The Eighth ASEAN Ministerial Meeting Kuala Lumpur, 13–15 May 1975.

11. 《峇里第一宣言》 (1976), The Declaration of ASEAN Concord, Bali, Indonesia, 24 February 1976

12. 《東南亞友好合作條約》 (1976), Treaty of Amity and Cooperation in Southeast Asia Indonesia, 24 February 1976.

13. 《建立東協秘書處協定》 (1976), Agreement on the Establishment of the ASEAN Secretariat Bali, 24 February 1976.

14. 第九屆東協部長會議聯合公報 (1976), Joint Communique Of The Ninth ASEAN Ministerial Meeting Manila, 24–26 June 1976.

15. 第十屆東協部長會議聯合公報 (1977), Joint Communique Of The Tenth ASEAN Ministerial Meeting Singapore, 5–8 July 1977.

16. 《印尼政府與東協秘書處間關於東協秘書處特權與豁免協定》 (1979), Agreement Between the Government of Indonesia and ASEAN Relating to the Privileges and Immunities of the ASEAN Secretariat Jakarta, 20 January 1979.

17. 《東協工業計劃基礎協定》 (1980), Basic Agreement On ASEAN Industrial Projects Kuala Lumpur, 6 March 1980.

18. 《汶萊加入東南亞國家協會宣言》 (1984), Declaration of the Admission of Brunei Darussalam into the Association of Southeast Asian Nations, Jakarta, January 7, 1984.

19. 《修訂東南亞友好合作條約協議》 (1987), Protocol Amending the Treaty of Amity and Cooperation in Southeast Asia Philippines, 15 December 1987.

20. 《馬尼拉宣言》 (1987), Manila Declaration Philippines, 15 December 1987.

21. 《修訂建立東協秘書處協定協議》 (1989), Protocol Amending the Agreement of the Establishment of the ASEAN Secretariat Bandar Seri Begawan, 4 July 1989.

22. 《東協南海宣言》 (1992), ASEAN Declaration on the South China Sea, Manila, Philippines, July 22, 1992.

23. 《修訂建立東協秘書處協定協議》 (1992), Protocol Amending The Agreement On The Establishment Of The ASEAN Secretariat Manila, Philippines, 22 July 1992.

24. 《峇里第二宣言》 (2003), DECLARATION OF ASEAN CONCORD II (BALI CONCORD II)

25. 東協憲章 (2007), The ASEAN Charter, http://www.asean.org/archive/publications/ASEAN-Charter.pdf.

26. 東協共同體路線圖 2009-2015，Roadmap for an ASEAN Community (2009-2015), http://www.asean.org/storage/images/ASEAN_RTK_2014/2_Roadmap_for_ASEAN_Community_20092015.pdf

27. 東協政治安全共同體藍圖 (2009), ASEAN Political-Security Community, APSC Blueprint. http://www.asean.org/archive/5187-18.pdf; http://www.asean.org/storage/images/archive/22337.pdf.

28. 東協經濟共同體藍圖 (2009), ASEAN Economic Community, AEC Blueprint, http://www.asean.org/communities/asean-economic-community.

29. 東協社會文化共同體藍圖 (2009), ASEAN SOCIO-CULTURAL COMMUNITY BLUEPRINT, ASCC Blueprint http://www.asean.org/archive/5187-19.pdf; http://www.asean.org/storage/2016/01/ASCC-Blueprint-2025.pdf.

30. 《峇里第三宣言》(2011), Bali Declaration on ASEAN Community in a Global Community of Nations, Bali Concord III, Bali, Indonesia, 17 November 2011, The Asean Declaration (Bangkok Declaration).

31. ASEAN Community in Figures (Special Edition) 2014, http://www.asean.org/images/ASEAN_RTK_2014/ACIF_Special_Edition_2014.pdf.

32. Master Plan on ASEAN Connectivity, http://www.asean.org/images/ASEAN_RTK_2014/4_Master_Plan_on_ASEAN_Connectivity.pdf; http://www.asean.org/archive/documents/19thsummit/CS.pdf.

33. 《東協─日本對話關係》(2014) ASEAN-JAPAN DIALOGUE RELATIONS, http://www.asean.org/news/item/asean-japan-dialogue-relations.

34. 全球思考，區域繁榮─東協經濟共同體 (2015)。 AEC 2015 ASEAN Economic Community─Thinking Globally, Prospering Regionally, http://www.asean.org/resources/item/thinking-globally-prospering-regionally-asean-economic-community-2015.

35. 《關於實現東協共同體的奈比都宣言》(2015), Nay Pyi Taw Declaration on Realisation of the ASEAN Community by 2015, http://www.asean.org/news/asean-statement-communiques/item/nay-pyi-taw-declaration-on-realisation-of-the-asean-community-by-2015.

36. 《東協共同體的願景 2015》, ASEAN Community vision 2015, http://www.google.com.tw/url?sa=t&rct=j&q=&esrc=s&source=web&cd=11&ved=0ahUKEwihjee_7fXLAhUBoZQKHQIeAXIQFghUMAo&url=http%3A%2F%2Fwww.philmstq.org%2Fwp-content%2Fuploads%2F2014%2F01%2FASEAN-COMMUNITY-2015.pdf&usg=AFQjCNGo-6UmaCsL78EHWkLz6DGOyUIlTg.

37. ASEAN Capital Markets Forum (ACMF) Implementation Plan, http://www.theacmf.org/ACMF/upload/asean_cg_scorecard.pdf.

38. 《東協願景 2025》，ASEAN Community Vision-2025, http://www.asean.org/storage/images/2015/November/aec-page/ASEAN-Community-Vision-2025.pdf.

39. 《東協共同體的願景 2025 吉隆坡宣言》，ASEAN Community vision (2025)，Kuala Lumpur Declaration on ASEAN 2025: FORGING AHEAD TOGETHER──http://www.asean.org/storage/

images/2015/November//KL%20Declaration%20on%20ASEAN%202025%20Forging%20Ahead%20Together.pdf.

40.《東協願景 2025：合作共創繁榮》(2015)，ASEAN 2025: FORGING AHEAD TOGETHER (ASEAN Community Vision 2025), http://www.asean.org/storage/2015/12/ASEAN−2025−Forging-Ahead-Together-final.pdf.

歷屆東協正式高峰會會議簡介與成果表

第1屆
1976年2月23-24日
印尼峇里島

本屆會議為東協成立以來第一次高峰會議,五國共同發表《東南亞友好合作條約》和《東協協調一致宣言》(The Declaration of ASEAN Concord,又稱《峇里第一協約》)。

第2屆
1977年8月4-5日
馬來西亞吉隆坡

本屆會議恰逢東協成立十週年,與會各國除檢視過去十年的成果外,並決議擴大與日本、澳洲、加拿大的經濟合作,同時東協對於聯合國安全理事會建議越南加入東協一事表示歡迎。

第3屆
1987年12月14-15日
菲律賓馬尼拉

本屆會議除通過《馬尼拉宣言》外,各國外交部長共同簽署一項協議來修訂《東南亞友好合作條約》,使東協外的國家能加入該條約。

第4屆
1992年1月27-29日
新加坡

本屆會議通過了《1992年新加坡宣言》,目標在於:(1)促進東協政治、安全、經濟與功能性合作,(2)加強與對話夥伴國的合作關係,(3)重組東協機構。另外六國簽署《加強東協經濟合作協定》持續進行內部整合。

第5屆
1995年12月14-15日
泰國曼谷

1995年7月越南已成為東協第七個成員國，本屆高峰會除七成員國外，寮國與柬埔寨以觀察員身分參加，本次會議通過《曼谷宣言》與《東南亞無核區條約》。本屆會議仍著重在推動東協的整合，並持續參與國際與區域的合作，強化亞太地區的和平、安全與繁榮。

第6屆
1998年12月15-16日
馬來西亞吉隆坡

本屆會議的主題為「團結、合作為一個和平、穩定與均衡發展的東協」，會議通過了《河內宣言》、《河內行動計畫》、《大膽措施聲明》等協定。

第7屆
2001年11月5-6日
汶萊斯里巴加灣

本屆會議通過了《關於反恐聯合行動的2011東協宣言》，並檢視《河內行動計畫》執行成效以及東協秘書處的功能與角色。

第8屆
2002年11月4-5日
柬埔寨金邊

本屆會議通過了《東協旅遊協定》、《反恐宣言》、《南海各方行為宣言》。

第9屆
2003年10月7-8日
印尼峇里島

本屆會議通過了《東協協調一致第二宣言》（Declaration of ASEAN Concord II，又稱《峇里第二協約》），期待在2020年建立一個動態、有凝聚力、彈性與整合的東協共同體。

第10屆
2004年11月29-30日
寮國永珍

本屆會議的主題為「透過更好的團結、經濟整合與社會進步促進一個安全與動態的東協家庭」，與會各國簽署了《東協安全共同體行動計畫》、《東協社會文化共同體行動計畫》、《關於反對人口買賣的東協宣言》、《東協促進爭端解決機制議定書》。

第11屆
2005年12月12-14日
馬來西亞吉隆坡

本屆會議的主題為「一個願景、一個認同、一個共同體」，並通過了《建立與實施東協單一窗口協定》、《關於建立東協憲章的吉隆坡宣言》。

第12屆
2007年1月11-14日
菲律賓宿霧

本屆會議的主題為「一個關愛與分享的共同體」，並通過了關於東亞能源安全的《宿霧宣言》、《關於保護與提升移工權力的東協宣言》以及《東協反恐公約》。

第9屆
2003年10月7-8日
印尼峇里島

本屆會議通過了《東協協調一致第二宣言》（Declaration of ASEAN Concord II，又稱《峇里第二協約》），期待在2020年建立一個動態、有凝聚力、彈性與整合的東協共同體。

第10屆
2004年11月29-30日
寮國永珍

本屆會議的主題為「透過更好的團結、經濟整合與社會進步促進一個安全與動態的東協家庭」，與會各國簽署了《東協安全共同體行動計畫》、《東協社會文化共同體行動計畫》、《關於反對人口買賣的東協宣言》、《東協促進爭端解決機制議定書》。

第11屆
2005年12月12-14日
馬來西亞吉隆坡

本屆會議的主題為「一個願景、一個認同、一個共同體」，並通過了《建立與實施東協單一窗口協定》、《關於建立東協憲章的吉隆坡宣言》。

第12屆
2007年1月11-14日
菲律賓宿霧

本屆會議的主題為「一個關愛與分享的共同體」，並通過了關於東亞能源安全的《宿霧宣言》、《關於保護與提升移工權力的東協宣言》以及《東協反恐公約》。

第13屆
2007年11月18-22日
新加坡

本屆會議主題為「處在活力亞洲中心的東協」，會議發表了《關於氣候變遷、能源與環境的新加坡宣言》，各國領袖並正式簽署《東協憲章》。

第14屆
2009年2月26日-3月1日
泰國華欣

本屆會議主題為「東協人民的東協憲章」。此次會議為《東協憲章》生效後舉行的首次東協高峰會，因此會議重點在於落實《東協憲章》。另外東協各國共同簽署並發表了《東協政治安全共同體藍圖》、《東協社會文化共同體藍圖》、《2009-2015年東協共同體路徑圖宣言》、《實現東協千年發展目標聯合宣言》、《東協石油安全協定》、《東協全面性投資協定》等文件。

第15屆
2009年10月23-25日
泰國華欣

本屆會議主題為「增強內外連結，賦予人民權利」。除探討氣候變遷、災害應變、食品安全、生質能源發展、教育合作以及加強各國聯繫等議題外，與會各國領導人了《成立東協跨政府人權委員會宣言》。

第16屆
2010年4月8-9日
越南河內

本屆會議主題為「邁向東協共同體：從願景到行動」。東協各國主要討論如何確保東協金融體系的穩定、持續復甦與發展，促進東協各國間經濟、社會安全網絡、教育等方面的合作，加強基礎建設、與非政府部門間的對話，縮小東協各成員國間的發展落差，並發表《東協領袖回應氣候變遷聯合聲明》。

第17屆
2010年10月28-30日
越南河內

承襲上次會議的主題，本屆會議強調一個保持彈性、動態與關懷的東協：以人為本、良好的連結，強化東協的和平與穩定以及在區域架構中的中心地位，拓展與深化外部關係，並發表了《加強東協婦女與兒童福利與發展宣言》。

第18屆
2011年5月7-8日
印尼雅加達

本屆會議主題為「全球共同體中的東協共同體」，並持續朝向「以人為本、以人民為中心、以規則為基礎」的東協發展，東協各國亦共同發表了三項聲明：《全球共同體中的東協共同體聯合聲明》、《建立東協和平及和解機構聯合聲明》、《加強合作對抗東南亞走私聯合聲明》。

第19屆
2011年11月14-19日
印尼峇里島

延續上一屆會議的精神，東協在本屆會議發表了以「全球共同體中的東協共同體」為主題的《峇里宣言》（Bali Concord III，又稱《峇里第三協約》），東協持續朝內、外並進的路線發展。另外針對洪災造成的糧食問題而發表了《洪災防範、緩和、疏導、復原及重建聲明》。

第20屆
2012年4月3-4日
柬埔寨金邊

本屆會議以「東協：共同體與共同命運」為主題，並發表《金邊宣言》。此外會議中討論各項廣泛議題：如《2009-2015年東協共同體路徑圖宣言》、建立東協共同體、緬甸與南海等議題，發表了《關於建立東協共同體的金邊議程》、《建立2015年東協無毒品區宣言》、《全球中庸行動概念文件》。

第21屆
2012年11月18日
柬埔寨金邊

本屆會議延續上屆之主題，持續推動《金邊宣言》與《關於建立東協共同體的金邊議程》，本次會議並宣布啟動區域全面經濟夥伴關係（Regional Comprehensive Economic Partnership，簡稱RCEP）談判。

第22屆
2013年4月24-25日
汶萊斯里巴加灣

本次會議主題為「我們的人民，我們共同的未來」，主要討論實現東協共同體（包括政治安全、經濟與社會文化）、對外關係、東帝汶申請加入、南海、中東及朝鮮半島等議題。

第23屆
2013年10月9-10日
汶萊斯里巴加灣

沿襲上屆會議主題，本次會議仍著重在2015年年底前建立「政治團結、經濟一體、負責社會」的東協共同體為目標。此次會議發表了《強化災難管理合作宣言》、《強化社會保護宣言》、《消除暴力對待婦女與兒童宣言》。

第24屆
2014年5月10-11日
緬甸奈比多

本屆會議以「團結朝向和平與繁榮的共同體邁進」為主題，本次會議除檢視東協共同體成立之進展外，並討論南海相關議題，與會各國同意儘速完成《南海行為準則》。本次會議發表了《奈比都宣言-實現東協共同體》。

第25屆
2014年11月11-13日
緬甸奈比多

本屆會議主題與上屆相同，仍舊以實現東協共同體為主要議題，內容包括強化東協機構、維持東協中心性等，並發表了《關於東協共同體後2015年願景的奈比都宣言》、《2014年氣候變遷聯合聲明》、《強化東協秘書處與檢視東協機構宣言》。

第26屆
2015年4月26-28日
馬來西亞吉隆坡&浮羅交怡

本屆會議主題為「我們的人民，我們的共同體，我們的願景」，議題以在年底前實現東協共同體為主，並討論2015年之後的願景。會後發表了《關於以人為本、以人民為中心的東協的吉隆坡宣言》、《關於全球中庸行動的浮羅交怡宣言》、《關於復原制度化的氣候變遷宣言》。

資料來源：東協官網，由作者自行整理
http://www.asean.org/asean/asean-structure/asean-summit

東協區域論壇歷屆會議內容簡介

第一屆 1994年7月25日 泰國曼谷	● 在首屆會議中，東協區域論壇確立其目標為維持與強化亞太區域的和平與繁榮。此目標分成三階段：①促進信心建立措施、②發展預防性外交機制、③發展衝突解決機制，以第一軌與第二軌並進的方式進行。
第二屆 1995年8月1日 汶萊	● 本屆會議決議：（1）在東協部長與後部長會議前先行舉辦東協區域論壇資深官員會議；（2）東協區域論壇將沿兩軌道進行，第一軌為政府，第二軌為非政府組織；（3）東協區域論壇的決議應由各成員國間謹慎與廣泛的協商，並達成一致後做出；（4）設立「會期間輔助小組」（ISG）與「會期間會議」（ISMs）以協助東協資深官員會議。 ● 柬埔寨加入。
第三屆 1996年7月23日 印尼雅加達	● 訂定參與東協區域論壇的資格與規範。強調東協各國簽署的《東南亞無核區條約》對於區域安全及世界和平與穩定的 ● 貢獻。 對於南海議題，呼籲各國以和平方式解決，並遵守1982年聯合國海洋法公約。 ● 印度與緬甸加入。
第四屆 1997年7月27日 馬來西亞梳邦在也	● 本屆會議持續討論各國在區域和平及穩定上的進展，除再次強調《東南亞無核區條約》、以及和平解決南海問題外，亦希望可以在《化學武器公約》、《禁止生物武器公約》上取得進展。

第五屆
1998年7月27日
菲律賓馬尼拉

- 期待恢復南、北韓北京的官方對話，並啟動關於朝鮮半島和平進程的四方會談。
- 呼籲尚未加入的國家加入《化學武器公約》。
- 加強國際掃雷合作。
- 蒙古加入。

第六屆
1999年7月26日
新加坡

- 各國一致認為《東南亞友好合作條約》是加強區域安全的重點文書。
- 希望各國承諾依國際法及《聯合國海洋法公約》的原則和平解決南海問題。
- 探討信心建立措施與預防性外交的重疊部分，並發展預防性外交的概念與原則。

第七屆
2000年7月27日
泰國曼谷

- 各國一致認為區域內各國將持續努力，通過對話與合作，在國家與國際層面，面對全球化經濟、政治、社會的影響。
- 大國間建設性的作用與穩定的關係，仍對區域和平及穩定有重大影響。
- 各國亦關注印尼、東帝汶、朝鮮半島、南海等區域的情勢。
- 北韓加入。

第八屆
2001年7月25日
越南河內

- 除回顧過去的活動外，亦規劃了下一年度的會期間工作計劃。
- 強調信心建立是東協區域論壇進程的基礎，採用預防性外交的概念與原則報告。

第九屆 2002年7月31日 汶萊	● 各國關注恐怖主義對於區域安全的影響，將加強反恐及打擊跨國犯罪的合作。 ● 持續就東亞各區域的爭端討論及交換意見。
第十屆 2003年6月18日 柬埔寨金邊	● 各持續推動預防性外交工作，並加強合作以應對國際恐怖主義、跨國犯罪、海盜等威脅。
第十一屆 2004年7月2日 印尼雅加達	● 各國討論朝鮮半島、印尼、緬甸、伊拉克、南海等地的情勢。 ● 關注非法走私輕武器的問題。 ● 巴基斯坦加入。
第十二屆 2005年7月29日 寮國永珍	● 持續朝建立預防性外交措施努力，以包含信心建立措施與預防性外交的會期間輔助小組取代過去信心建立措施的會期間輔助小組。 ● 東帝汶加入。

第十三屆 2006年7月28日 馬來西亞吉隆坡	● 關採納預防性外交的概念與原則作為東協區域論壇發展的指標。 ● 將舉辦第一次東協區域論壇專家與名人會議。 ● 孟加拉加入
第十四屆 2007年8月2日 菲律賓馬尼拉	● 將持續強化與其他區域及國際安全組織的一軌、二軌聯繫。 ● 斯里蘭卡加入。
第十五屆 2008年7月24日 新加坡	● 加強與現有區域及新區域的對話與合作，以維持與提升區域的和平與安全。 ● 強化論壇各成員國的角色，強調實際的合作。
第十六屆 2009年7月23日 泰國	● 持預防性外交活動應加入聯合國與東協憲章的原則，並由官方授權開始擬定工作計畫。 ● 東協區域論壇的工作方式將更有效率、更及時。

第十七屆 2010年7月23日 越南河內	● 由高級官員發展預防性外交工作計畫，並以自1994年以來的東協區域論壇文件與一、二軌外交為基礎。
第十八屆 2011年7月23日 印尼峇里島	● 採納海上安全工作計畫。 ● 強調以與東協區域論壇相關之支柱，發展政治與安全合作的區域架構。
第十九屆 2012年7月12日 柬埔寨金邊	● 將持續提升信心建立措施，進而實現預防性外交。 ● 針對提升東協區域論壇與東協國防部只擴大會議的合作效益交換意見，並討論如何以東協為中心角色協助合作。
第二十屆 2013年7月2日 汶萊	● 藉由東協區域論壇為平台，合作打擊網路威脅與犯罪。 ● 歡迎東協區域論壇專家與名人會議對於東協區域論壇提供更多貢獻，特別在於預防性外交。

| 第二十一屆
2014年8月10日
緬甸奈比多 | ● 將持續實現與加強信心建立措施，並發展預防性外交的規範與能力。
● 強化東協區域論壇的角色，以發展區域安全架構。 |
| 第二十二屆
2015年8月6日
馬來西亞吉隆坡 | ● 強化一軌與二軌間的聯繫。
● 強調東協區域論壇專家與名人會議的重要性，也鼓勵發展1.5軌進程，以支持東協區域論壇作為複雜的政治與安全議題的討論平台。 |

目前東協區域論壇共27個成員國：馬來西亞、泰國、菲律賓、新加坡、印尼、越南、寮國、緬甸、柬埔寨、汶萊、中國、日本、南韓、印度、澳洲、紐西蘭、歐盟、加拿大、美國、俄羅斯、巴布亞紐幾內亞、北韓、蒙古、巴基斯坦、東帝汶、孟加拉、斯里蘭卡。

資料來源：ARF 官網 http://aseanergionalforum.asean.org/，由作者自行整理

附錄 3

東南亞國家協會憲章
（2008 年 12 月 15 日生效）

高郁萍、于一新、李俐涓譯

序　言

　　我們，東南亞國家協會（東協）會員國的人民，由汶萊王國、柬埔寨王國、印度尼西亞共和國、寮國人民民主共和國、馬來西亞、緬甸聯邦、菲律賓共和國、新加坡共和國、泰王國和越南社會主義共和國之國家元首或政府首長：

　　對於在曼谷頒布東協宣言，建立東協及其擴張之重大成就，表示滿意；回顧在永珍行動綱領、吉隆坡制訂東協憲章宣言、宿務提出東協憲章藍圖宣言，決定制訂東協憲章；注意到東協人民和成員國之相互利益和相互依存，以及東協成員國受到地域、共同目標、共同命運之限制；受到一個願景、一個認同，和一個關懷與分享的共同體之鼓舞及團結一起；團結在一個共同的願望和集體意志；生活在一個永久和平、安全與穩定，永續經濟增長、共同繁榮和社會進步之地區，促進我們的主要利益、理想和願望；尊重友好和合作的根本重要性，主權、平等、領土完整、不干涉內政、協商一致和異中求同之原則；堅持民主原則、法治和良政，尊重和保護人權與基本自由；決議確保永續發展，以造福當代和後代子孫，並將人民之福祉、生活和福利置於東協建構共同體進程之核心；深信有必要加強現有的區域團結來實現東協共同體，使之在政治上團結，經濟整合和對社會負責任，以有效地回應當前和未來的挑戰和機遇；致力於透過加強區域合作和整合，特別是通過峇里東協第二和諧宣言之規定，擬建立東協共同體，包括東協安全共同體、東協經濟共同體和東協社會文化共同體，加強共同體建設、區域合作和一體化；茲決定透過本憲章建立一個東協之法律與制度框架。

　　為此，東協成員國的國家元首或政府首長，在歷史性時刻的東協成立 40 週年聚集在新加坡，同意本憲章。

第一章　宗旨及原則
第 1 條　宗　旨

　　東協之宗旨為：

1. 為了保持及加強和平、安全與穩定，並進一步加強該地區和平導向的價值；
2. 促進更大的政治、安全、經濟和社會文化合作，來強化區域之活力；

3. 維護東南亞為無核武器區，也無任何其他大規模殺傷性武器；

4. 確保東協人民和各會員國生活在一個公正、民主、和諧的環境；

5. 為創建一個穩定、繁榮、高度競爭和經濟整合之單一市場和生產基地，有效促進貿易與投資；使得貨物、服務和投資能自由流通；便利商界人士、專業人士、人才和勞動力之移動；以及資本之自由流動；

6. 通過東協內部的相互援助與合作，以消除貧困和縮小發展差距；

7. 正視東協會員國之權利及責任，加強民主、善政和法治，促進和保護人權與基本自由；

8. 根據全面安全原則，對各種形式的威脅、跨國犯罪和跨國界的挑戰，做出有效反應；

9. 為了促進永續發展，以便確保保護該區域的環境、自然資源之永續性、維護文化遺產，和人民之高生活品質；

10. 透過在教育、終身學習、科學與技術間更緊密的合作，來發展人力資源，以提高東協人民的力量並強化東協共同體；

11. 透過提供人力發展、社會福利及正義的平等機會，來增進東協人民的生活與社會福祉；

12. 加強合作，為東協人民建立一個安全、可靠和無毒品的環境；

13. 為了促進以人民為本的東協，鼓勵社會各階層參與東協整合與共同體建構，並從中獲益；

14. 透過對多元文化與區域遺產的高度認知，來增強對東協的認同；

15. 在區域建構上，維持東協之核心與積極角色；東協在其對外關係及合作上扮演主要推動力，而該區域建構是公開、透明和包容的。

第 2 條　原　則

1. 為追求第 1 條所述之宗旨，東協和其會員國重申並堅持東協之宣言、協定、公約、協約、條約和其他文件所規定的基本原則。

2. 東協及其會員國應遵照以下原則：

(1) 尊重東協所有成員國之獨立、主權、平等、領土完整和民族認同；

(2) 共同承諾和集體的責任，加強區域內的和平、安全與繁榮；

(3) 放棄侵略和武力威脅、使用武力，或採取其他違反國際法之行動；

(4) 依靠和平解決爭端；

(5) 不干涉東協成員國之內政；

(6) 尊重每一個會員國國家生存不受外來干涉、顛覆和脅迫之權利；

⑺在嚴重影響東協共同利益的問題上加強磋商；

⑻堅持法治、善政、民主的原則和憲政政府；

⑼尊重基本自由，促進和保護人權，促進社會公正；

⑽遵守聯合國憲章和國際法，包括東協成員國所簽署的國際人權法；

⑾不參與任何由東協成員國、非成員國，或任何非國家之行為者所採取之利用東協成員國領土，威脅及東協成員國之國家主權、領土完整或政治及經濟穩定的政策或活動；

⑿尊重東協人民之不同文化、語言和宗教，同時強調他們異中求同之共同價值觀念；

⒀東協對外政治、經濟、社會和文化關係保持核心地位，仍採取積極參與、向外看的、包容性和非歧視性之立場；

⒁遵守多邊貿易規則和東協制訂的規則，俾有效實施經濟承諾，逐步消除區域經濟整合以及市場導向經濟之一切障礙。

第二章　法律人格

第 3 條　東協的法律人格

　　東協，作為一個政府間之國際組織，於此賦予其法人資格。

第三章　會員國資格

第 4 條　會員國

　　東協會員國，包括汶萊王國、柬埔寨王國、印度尼西亞共和國、寮國人民民主共和國、馬來西亞、緬甸聯邦、菲律賓共和國、新加坡共和國、泰王國和越南社會主義共和國。

第 5 條　權利與義務

1.東協成員國根據本憲章應享有平等的權利和義務。

2.會員國應採取一切必要措施，包括制定適當的國內立法，以有效地執行本憲章，並遵守所有會員國的義務。

3.對於嚴重違反或不遵守本憲章，將依第 20 條之規定處理。

第 6 條　新會員的加入

1.申請及加入東協之程序須經過東協協調委員會之批准；

2.加入應根據以下標準：

⑴地理位置在被認可為東南亞區域內；

⑵獲全體東協會員國承認；

⑶遵守協議約束和憲章；

⑷有能力與意願履行成員國之義務；

3.加入，應由東協協調委員會推薦，再經東協高峰會以共識決議。

4.申請國被接納為東協時應簽署同意憲章之文件。

第四章　機　關

第 7 條　東協高峰會

1.東協高峰會議應由會員國的國家元首或政府首長組成。

2.東協高峰會應：

⑴是東協的最高決策機構；

⑵對有關東協目標之實現、對成員國利益攸關之重要問題，和東協協調委員會、東協共同體委員會和東協各類部長組織提交之所有問題加以審議，提供政策指引與作成決議；

⑶在每一個特別部際會議時指示相關之部長，並處理有關東協共同體委員會臨時提出的重要問題。處理該類問題之議事規則應由東協協調委員會訂定；

⑷採取適當的行動，以處理影響東協之緊急情況；

⑸對第七章和第八章的問題作出決定；

⑹授權設立和解散各類部長級機構和其他東協機構；和

⑺任命東協秘書長，賦予其部長級地位；他是經由東協外長會議推薦，再經國家元首或政府首長同意任命。

3.東協高峰會議應：

⑴每年舉行兩次，由出任東協主席職務之會員國主辦；

⑵在必要時經東協會員國同意召集臨時或特別會議，由出任東協主席職務之會員國主持。

第 8 條

1.東協協調委員會應由東協各國外交部長組成，且一年至少開會兩次。

2.東協協調委員會應：

⑴籌備東協高峰會議；

⑵協調執行東協高峰會之協議和決議；

⑶和東協共同體委員會協調以強化政策的一致性、有效性並且相互合作；

⑷東協共同體委員會的報告呈送東協高峰會；

⑸協調考慮東協秘書長關於東協工作之年度報告；

⑹將考慮東協秘書長關於東協秘書處和其他相關組織之運作的報告；

⑺經由秘書長推薦後，批准副秘書長一職的委任和任期；

⑻執行憲章內所規定的工作或東協高峰會所指派的其他工作。

3.相關資深官員應支援東協協調委員會。

第 9 條　東協共同體委員會

1.東協共同體委員會應包含東協政治安全共同體委員會、東協經濟共同體委員會、東協社會文化共同體委員會。

2.各東協共同體委員會應在相關的東協各類部長級會議各有其權限。

3.各會員國應在各東協共同體委員會中指派其國家代表。

4.為了實現東協共同體三大支柱的目標，各東協共同體委員會應：

⑴確保執行東協高峰會相關決議；

⑵在其權限內協調不同部門的工作；以及與其他共同體委員會有關的問題；

⑶對於其權限內之問題，提交報告和建議予東協高峰會。

5.各東協共同體委員會一年至少應開會兩次，且應由擔任東協主席之會員國之部長出任主席。

6.相關資深官員應支援各東協共同體委員會。

第 10 條　東協各類部長級組織

1.東協各類部長級組織應：

⑴依據其各別制定之使命執行職務；

⑵在其各別權限內實行東協高峰會的協議和決議；

⑶在其各別職務範圍內強化合作以支持東協的整合與共同體的建立；

⑷向其各個共同體委員會提交報告和建議。

2.東協各類部長級組織得在其權限內使所屬的高級官員與附屬機構執行其職務，如附錄一所規定的。在常設代表委員會之建議下，而不需修正憲章的條款，東協秘書長可將附錄予以更新。

第 11 條　東協秘書長與東協秘書處

1.東協秘書長應由東協高峰會指派，五年任期滿後不再續任，以東協會員國的字母順序輪流選出，需具有正直的想法、能力和專業經驗及性別平等的觀念。

2.秘書長應：

⑴依據本憲章的條款、東協相關的文件、協議以及已制定的慣例，完成其職務與責任；

⑵促進並監督東協協議和決議的進度，並對東協之工作向東協高峰會提交年度報告；

⑶出席東協高峰會、東協共同體委員會、東協協調委員會以及東協各類部長級組織與其他相關的東協會議；

⑷提出東協之觀點，並依據給予秘書長之政策指示與命令出席外部團體的會議；

⑸對副秘書長一職的任免提出建議，須經東協協調委員會之批准。

3.秘書長應該同時也出任東協總行政長官。

4.秘書長應有四名副秘書長協助，其等級與身分和副部長相當。副秘書長對秘書長負有執行職務之責任。

5.四名副秘書長應該和秘書長國籍不同，且來自四個不同的東協會員國。

6.四名副秘書長應包含：

⑴兩位副秘書長應三年任期滿後不再續任，需是東協會員國的國民，以東協會員國的字母順序輪流選出，需具有正直的想法、能力和專業經驗及性別平等的觀念；

⑵另兩位副秘書長任期為三年，可再續任三年。這兩位副秘書長應以功績為標準公開甄選。

7.東協秘書處應由秘書長與所需的幕僚人員組成。

8.秘書長與其幕僚應：

⑴堅持高道德標準與效率，且勝任執行其職責；

⑵不尋求或接受東協以外的政府或外部團體的指示；

⑶東協秘書處官員應避免採取影響其立場之行動，他們僅對東協負責。

9.各東協會員國應尊重秘書長及其幕僚之職務的東協特性，且不應企圖影響他們，使之失職。

第 12 條　派駐東協常設代表委員會

1.各東協會員國應指派一東協常設代表，其等級視同於駐雅加達大使。

2.常設代表集體組成常設代表委員會，應：

⑴支援東協共同體委員會和東協各類部長級組織之工作；

⑵和各國東協國家秘書處與其他東協各類部長級組織協調工作；

⑶與東協秘書長和東協秘書處就其業務相關的事務進行聯繫；

⑷促進東協與外部夥伴的合作；

⑸執行其他由東協協調委員會所決定的工作。

第 13 條　東協國家秘書處

　　東協各會員國應設立一東協國家秘書處，應：

1. 負責東協事務；
2. 應作為東協事務的國家層級資訊貯藏庫；
3. 以國家層級協調執行東協之決議；
4. 協調並支援本國對東協會議的準備工作；
5. 促進本國對東協之認同和認知；
6. 致力於東協共同體的建立。

第 14 條　東協人權委員會

1. 遵從東協憲章中關於提昇和保護人權與基本自由的目的與原則，東協應設立一東協人權委員會。
2. 東協人權委員會之運作應符合東協外長會議之決議。

第 15 條　東協基金會

1. 東協基金會應支持東協秘書長且和相關的東協組織合作，藉由促進更大認知東協之認同感、人與人之間的交流，在商業部門、公民社會、學術往來和東協其他的利害關係人有更緊密的合作，來支持建構東協共同體。
2. 東協基金會應對東協秘書長負責，並經由東協協調委員會向東協高峰會提交報告。

第五章　與東協相關的實體組織

第 16 條　與東協相關的實體組織

1. 東協得和一些支持東協憲章，特別是有共同目的與原則的實體組織交往。這些相關的實體組織列表於附錄二中。
2. 交往的程序與標準的規則經由東協秘書長的建議後，由常設代表委員會加以規定。
3. 經由常設代表委員會的建議，不需修正憲章的條款，東協秘書長可將附錄二予以更新。

第六章　豁免權與特權

第 17 條　東協的豁免權與特權

1. 為完成東協之目的的必要，東協應在其會員國之領土享有豁免權與特權。
2. 此豁免權與特權應記載在東協與地主國間簽訂之協議。

第 18 條　東協秘書長與東協秘書處職員的豁免權與特權

1. 參與東協官方活動或在會員國代表東協之東協秘書長與東協秘書處的職員，應

享有獨立執行其職責所必要之該種豁免權與特權。

2.依本條之豁免權與特權應分別記載於各別的東協協議中。

第 19 條　常設代表與官員關於東協職責的豁免權與特權

1.參與東協官方活動或在會員國間代表東協之東協會員國的常設代表和會員國的
官員，應享有執行其職責所必要之該種豁免權與特權。

2.常設代表與東協官員的豁免權與特權應受 1961 年維也納外交關係公約之規範
或遵守與東協會員國有關之國內法。

第七章　決策制定

第 20 條　協商與共識

1.東協的決策之基本原則應以協商和共識為基礎。

2.共識未能達成時，東協高峰會議得做出特別決定。

3.本條第一款和第二款之規定不應影響該相關東協法律文件中規定的決策方式。

4.與東協憲章發生嚴重牴觸或是衝突的事件，該問題應提交東協高峰會作成決定。

第 21 條　執行與程序

1.每個東協共同體委員會均應自行制定程序規則。

2.執行經濟承諾時，得經共識採用「東協減 X」模式，允許彈性參與。

第八章　爭議之解決

第 22 條　一般性原則

1.成員國應盡力以和平方式，透過對話、協商和談判等及時的方式解決爭議。

2.東協應在各個東協合作領域維持和建立解決爭議之機制。

第 23 條　斡旋、調解與仲裁

1.身為爭議事件當事國的成員國，為了能夠在協議的時限內解決爭議，無論何時
都應該同意訴諸於斡旋、調解和仲裁。

2.爭議事件的當事國家，得請求東協主席或東協秘書長，依據其職權提供斡旋、
調解和仲裁。

第 24 條　特殊文件中的解決爭議之機制

1.關於特殊東協文件的爭議，應該依循該特殊文件所規定的機制與程序處理。

2.與東協文件的解釋和適用無關的爭議，應該根據東南亞友好合作條約及其程序
規定和平地處理。

3.在其他方面未有特殊規定的情況下，與東協經濟協議的解釋或適用有關的爭議，

應該根據東協促進爭議解決機制議定書 (Protocol on Enhanced Dispute Settlement Mechanism) 處理。

第 25 條　爭議解決機制的建立

　　在無特別規定的情況下，當本憲章或其他東協規定，在解釋或適用上發生爭議時，應當建立適當的爭議解決機制，包括仲裁在內。

第 26 條　未解決之爭議

　　當爭議在適用前條規定後，如仍未獲得解決，應該將此爭議送交東協高峰會做成決定。

第 27 條　依　從

1.東協秘書長，在東協秘書處或其他經指定之東協機構的協助下，應該監控由東協爭議處理機制所做出的決議、建議和決策是否被遵循，並應該呈交報告給東協高峰會。

2.任一成員國，倘若受到不遵循爭議處理機制所做出的決議、建議和決策的行為之影響，得向東協高峰會呈報並靜候其決定。

第 28 條　聯合國憲章之規定與相關國際程序

　　除非本憲章之中另有規定，東協成員國有權援引聯合國憲章第 33 條第一項，或爭端國立於平等地位之其他國際法律機制，要求和平解決爭端。

第九章　預算及財政

第 29 條　一般性規定

1.東協應該根據國際標準，建立其財政規則和程序。

2.東協應該遵守健全的財政管理政策、業務和預算紀律。

3.財政會計應該受到內部和外部的審計。

第 30 條　東協秘書處的預算及財政

1.為有效執行職務，應給予東協秘書處必要的財政資源。

2.東協秘書處可使用的預算，由成員國經每年平等均攤捐款支應。

3.東協秘書長必須準備東協秘書處年度的預算報告，經由常設代表委員會 (Committee of Permanent Representatives) 呈交東協協調委員會 (ASEAN Coordinating Council) 批准。

4.東協秘書處的預算使用必須遵守由常設代表委員會之提議，經東協協調委員會同意之財政規則和程序。

第十章　行政與程序

第 31 條　東協主席

1.東協的主席，由成員國按照其國名的英文字首順序每年輪值。

2.每一年東協僅有一個成員國：

(1)積極地推動和增進東協的利益及福祉，包括透過政策、協調、共識和合作建立東協共同體。

(2)確保東協為一核心組織。

(3)確保能夠有效且即時地回應影響東協的緊急議題或危機，包括提供斡旋和其他安排立即解決相關問題。

(4)代表東協加強和促進與區域外夥伴的關係。

(5)執行其他交付的工作和職務。

第 32 條　東協主席的角色

　　輪值東協主席的成員國家，應執行下列工作：

1.積極地推動和增進東協的利益及福祉，包括透過政策、協調、共識和合作建立東協共同體。

2.確保東協為一核心組織。

3.確保能夠有效且即時地回應影響東協的緊急議題或危機，包括提供斡旋和其他安排立即解決相關問題。

4.代表東協加強和促進與區域外夥伴的關係。

5.執行其他交付的工作和職務。

第 33 條　外交協定及慣例

　　東協及其成員國家，在進行東協相關活動時應該遵守現存外交協定和慣例。任何改變均應該由常設代表委員會建議並經東協協調委員會批准。

第 34 條　東協的工作語言

　　東協的工作語言是英語。

第十一章　認同與符號

第 35 條　東協認同

　　為了完成共同的命運、目標和價值，東協應該促進共同的東協認同和其人民的歸屬感。

第 36 條　東協信念

　　東協的信念即為：「同一願景、同一認同、同一共同體。」

第 37 條　東協會旗

　　東協的會旗圖樣如附錄三所示。

第 38 條　東協會徽

　　東協的會徽圖樣如附錄四所示。

第 39 條　東協紀念日

　　每年的 8 月 8 日訂定為東協紀念日。

第 40 條　東協會歌

　　東協應該擁有會歌。擔任主席，該輪值國家必須擔任下列組織的主席：

第十二章　對外關係

第 41 條　對外關係的經營

1. 東協應該與其他國家、次區域、區域和國際組織、機構，發展友善的關係以及互惠的對話、合作和夥伴關係。

2. 東協的對外關係，應該謹守本憲章規定之目的和準則。

3. 東協應該成為區域安排之首要的推動力量，並且在區域合作和共同體的建構上維持其核心地位。

4. 在推動東協成員國對外關係時，成員國應基於統一、團結和協調，力求發展出共同的立場和尋求聯合行動。

5. 東協在對外關係上的策略方向，應該由東協外長會議提議再經東協高峰會確定。

6. 東協外長會議應確保東協在對外關係上持之以恆和一致性。

7. 東協可以與其他國家、次區域、區域和國際組織、機構訂定協議。簽定該協議的程序，必須由東協協調委員會和東協共同體委員會商議之後決定。

第 42 條　對話協調者

1. 東協成員國擔任協調者應在協調與促進東協與其他相關對話夥伴國、區域和國際組織、機構的關係時，依次承擔所有的責任。

2. 在與對外夥伴的關係上，協調國家尚必須：

⑴代表東協，基於互相尊重與平等，遵守東協之原則，和增進關係。

⑵主持東協與其他對外夥伴國之間的會議。

⑶獲得東協在第三國和國際組織之委員會的支持。

第 43 條　東協在第三國和國際組織的委員會

1. 東協在第三國之委員會得在非東協國家中設立，它由東協成員國之外交代表團長組成。相同的委員會亦得以在國際組織中設立。該委員會應在東道國和國際

　　組織促進東協的利益和認同。

2. 東協外長會議應該決定前述委員會的程序規定。

第 44 條　外部夥伴的地位

1. 為了經營東協的對外關係，東協外長會議可以授予外部機構具備對話夥伴國、
　 局部對話夥伴國、發展夥伴國、特別觀察國、貴賓國之不同正式地位，抑或是
　 在這之後所授予的其他地位。

2. 外部夥伴在沒有被賦予任何正式地位之情況下，亦可依據程序規則，受邀參加
　 東協會議或合作活動。

第 45 條　與聯合國體系或其他國際組織和機構的關係

1. 東協得尋求與聯合國體系，以及其他次區域、區域、國際組織和機構，適當的
　 地位關係。

2. 東協協調委員會應決定東協參與其他次區域、區域、國際組織或機構。

第 46 條　非東協成員國委任駐東協的代表

　　非東協成員國以及相關的政府間組織，得委任其大使駐節東協。東協外長會
議應對於該委任行為做出決策。

第十三章　一般性與最後規定

第 47 條　簽署、批准、寄存與生效

1. 本憲章應由所有東協成員國簽署。

2. 本憲章應由各東協成員國依其各自本國程序進行批准。

3. 各國批准之文件應送交至東協秘書長寄存，秘書長應迅速將所有批准該憲章的
　 國家名單通知所有成員國。

4. 當第十個成員國的批准文件寄存在東協秘書長次日起的三十日，本憲章正式生
　 效。

第 48 條　修正案的提出

1. 每一個成員國皆有權提出東協憲章的修正案。

2. 成員國提出的修正案，必須經過東協協調委員會以共識決提交東協高峰會做出
　 最後決定。

3. 經由東協高峰會一致同意的修正案，必須再由所有成員國依據第 47 條的程序予
　 以批准。

4. 東協憲章的修正案，應自最後批准者寄存東協秘書長次日起的三十日正式生效。

第 49 條　參考的用語及程序規則

　　除非本憲章之中另有規定，東協協調委員會應決定參考的用語及程序規則，並確保其一致性。

第 50 條　復　審

　　自本憲章生效起算五年後，或是東協高峰會另有決議，本憲章得重新進行審查。

第 51 條　憲章的解釋

1. 成員國得提出請求憲章之解釋，東協秘書處應該依據東協協調委員會所訂定的程序規定進行釋憲。

2. 任何因釋憲而起的爭議，應該依據本憲章第八章的相關規定予以解決。

3. 在本憲章之中所出現的標題僅供參考。

第 52 條　法定權力的延續性

1. 任何在本憲章生效之前即已存在的條約、公約、協定、協約、宣言、議定書和其他東協文件，在本憲章生效之後仍繼續有效。

2. 倘若東協成員國依該文件和本憲章致使權利和義務發生牴觸時，則以東協憲章的規定為優先。

第 53 條　原始文本

　　經簽署後的本憲章英文原始文本，應該存放在東協秘書長，秘書長應將驗證後的副本給予每一成員國。

第 54 條　東協憲章的登記

　　依據聯合國憲章第 102 條第一段之規定，本憲章應由東協秘書長向聯合國秘書處提出登記。

第 55 條　東協財產

　　東協組織的資產和基金應該屬於東協。

兩岸關係與政府大陸政策　趙春山／主編

　　1949 年政府遷臺以來，兩岸分治已超過一甲子，期間的發展，可謂曲曲折折。本書主要在回顧過去六十多年的兩岸關係發展，並探討「大陸政策」和「兩岸關係」兩個部分。有關政府大陸政策方面，書中除了描述政府在不同階段的政策內容，並且分析了影響政府決策的各項環境因素，其中包括：中共的對臺政策，中國大陸內部的政治、經濟和社會發展，以及國際和兩岸周邊地區情勢的變化；至於兩岸關係方面，本書強調的是兩岸經濟、文化和社會互動的問題，也包括兩岸協商的過程。期望透過本書的出版，能使國人對於兩岸關係與大陸政策有更完整的認識。

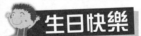